Heinz-Joachim Fischer

Rom

*Zweieinhalb Jahrtausende Geschichte,
Kunst und Kultur der Ewigen Stadt*

Kunst-Reiseführer

Die wichtigsten Orte auf einen Blick

Ara Pacis ★ (D 6)	238		Piazza Venezia ★ (E 4)	162
Campo dei Fiori ★ (C 4)	249		Quirinalspalast ★ (G 3)	271
Diokletiansthermen – Museo Nazionale Romano ★★ (G 6)	283		S. Andrea al Quirinale ★ (F 5)	275
			S. Carolino ★ (F 5)	276
Domus Aurea ★ (F 4)	189		S. Clemente ★ (G 3)	307
Engelsburg ★ (C 6)	348		S. Costanza ★	288
Fontana di Trevi ★★ (E 5)	209		S. Ivo ★ (D/E 5)	227
Forum Romanum ★★ (F 3)	167		S. Lorenzo fuori le Mura ★ (K 5)	290
Il Gesù ★ (D 4)	241		S. Maria della Vittoria ★ (G 6)	280
Kaiserforen ★★ (E/F 4)	195			
Kapitol ★★ (E 4)	155		S. Maria Maggiore ★★ (G 5)	293
Kapitol. Museen ★★ (E 4)	159			
Kolosseum ★★ (F/G 3)	187		S. Maria sopra Minerva ★ (E 5)	223
Lateransbasilika ★★ (H 3)	303			
Mark-Aurel-Reiterstandbild ★★ (E 4)	158		S. Paolo fuori le Mura ★	335
			S. Pietro in Vincoli ★ (G 4)	310
Mark-Aurel-Säule ★ (E 5)	210		S. Sabina ★ (E 2)	332
Museo e Galleria Borghese ★ (F/G 8)	266		Sixtinische Kapelle ★★ (B 6)	378
			Spanische Treppe und Piazza di Spagna ★★ (E 6)	214
Palatin ★★ (F 3)	179			
Pantheon ★★ (E 5)	219		Stanzen des Raffael ★★ (B 6)	374
Peterskirche ★★ (A/B 5)	360			
Petersplatz ★★ (A/B 5/6)	358		Tempietto ★ (C 3)	346
Palazzo Barberini ★ (F 6)	277		Titus-Bogen ★ (F 3)	177
Palazzo und Galleria Doria Pamphili ★ (E 5)	204		Trajansforum ★★ (E 4)	199
			Vatikanische Museen ★★ (B 6)	368
Piazza della Bocca della Verità ★ (E 3)	327		Via Appia Antica ★ (H 1)	320
Piazza Navona und Vier-Ströme-Brunnen ★★ (D 5)	229		Villa Giulia – Museo Nazionale Etrusco ★ (E 8)	269
Piazza del Popolo ★ (D 7)	259		Villa Farnesina ★ (C 4)	344

★
Umweg lohnt

★★
keinesfalls versäumen

Inhalt

Lebensalltag – Kultur – Geschichte

Vorwort 12

Vita Romana – Leben in Rom in Kürze 13

Das moderne Rom 33
Einwohnerzahl und Fläche 33 · Politik und Verwaltung 33 · Verkehr 34 · Wirtschaft 36 · Religion, Wissenschaft, Kultur 36

Palazzi der Macht – Das politische Rom 38

Die Geheimnisse des Vatikans – Aber wie ist er wirklich? 47

Deutsche in Rom 63

Der kranke Marmor 69

Storie di Roma – Geschichten Roms 73
Die Ewige Stadt 73 · Vom Mythos in die Geschichte 75 · Imperium Romanum – Die Kaiser des Reiches und ihre Bauwerke in Rom 79 · Das vorchristliche Rom 88 · Das frühchristliche Rom 89 · Die römisch-deutschen Kaiser 91 · Exil und Rückkehr der Päpste 92 · Humanismus – Renaissance – Barock 94 · Von der Französischen Revolution bis heute 98 · Papsttum 99 · Daten zur Geschichte: Römische Kaiser und Päpste 112

Vedute di Roma – Ansichten von Rom 122
Die Hügel 122 · Mauern und Stadttore 123 · Der Tiber und die Brücken 127 · Die Plätze 132 · Straßen 136 · Treppen 139 · Römische Brunnen 143 · Mosaiken 146

Visita di Roma – Besichtigungsgänge

Kapitol und Piazza Venezia 154

Kapitol 155
Kapitolsplatz 156 · Kapitolinische Museen 159 · S. Maria in Aracoeli 161

Piazza Venezia 162
    Palazzo Venezia 161 · Nationaldenkmal für Viktor
    Emanuel II. 162

Forum Romanum und Palatin 166

Forum Romanum 167

Palatin 179

Vom Kolosseum zu den Kaiserforen 186

Kolosseum 187

Entlang der Via dei Fori Imperiali 189
Domus Aurea 189 · Triumphbogen des Konstantin 191 · S. Francesca Romana 192 · Basilika des Maxentius 193 · SS. Cosma e Damiano 194

Kaiserforen 195
Vom Caesar- zum Nerva-Forum 195 · Trajansforum 199

Von der Piazza Venezia zur Piazza di Spagna 202

Von der Piazza Venezia zum Palazzo Colonna 203
Palazzo Bonaparte 203 · Palazzo und Galleria Doria Pamphili, Collegio Romano und Sant'Ignazio 204 · Börse, S. Marcello, Palazzo Colonna und SS. Apostoli 207

Fontana di Trevi und Umgebung 209
Fontana die Trevi 209 · Galleria dell'Academia Nazionale di San Luca 210

Piazza Colonna und Umgebung 210
Mark-Aurel-Säule 210 · Piazza Montecitorio 211 · Palazzo Montecitorio (Camera dei Deputati) 213

Entlang der Via del Corso 213
S. Lorenzo in Lucina 213 · Palazzo Ruspoli 213 · S. Carlo al Corso 214

Rund um die Piazza di Spagna 214
Spanische Treppe 214 · Via Condotti, Via del Babuino und Via Margutta, Palazzo di Propa-

ganda Fide 216 · S. Andra delle Fratte, SS. Trinità dei Monti, Palazzo Zuccari 217

Innenstadt zwischen Via del Corso und Tiber   218

Vom Pantheon zum Palazzo Madama   219
Pantheon 219 · Piazza della Minerva 222 · S. Maria sopra Minerva 223 · S. Maddalena, S. Luigi dei Francesi 224 · Palazzo Madama 226

Vom Corso del Rinascimento zum Palazzo Braschi   227
Palazzo della Sapienza und S. Ivo 227 · Palazzo Massimo alle Colonne 228 · Palazzo Braschi 229

Piazza Navona und Vierströmebrunnen   229
Palazzo Pamphili, Vier-Ströme-Brunnen 230 · S. Agnese in Agone 231

Westlich der Piazza Navona   232
S. Maria dell'Anima 232 · S. Maria della Pace 233 · Chiesa Nova – Santa Maria in Vallicella und Oratorio dei Filippini 234 · S. Salvatore in Lauro 235

Vom Palazzo Altemps zum Mausoleum des Augustus   235
Palazzo Altemps 235 · S. Agostini, Palazzo Borghese 236 · Mausoleum des Augustus 237 · Ars Pacis Augustae 238 · San Girolamo 239

Südlich des Corso Vittorio Emanuele   240

Am Corso Vittorio Emanuele   241
Il Gesù 241 · Republikanisches Forum (Largo di Torre Argentino) 243 · S. Andrea della Valle 245 · Museo Barracco, Palazzo della Cancelleria 247

Zwischen Campo de' Fiori und Tiber   249
Campo de' Fiori 249 · Palazzo Farnese 250 · S. Giovanni dei Fiorentini 251 · S. Maria di Monserrato, S. Eligio degli Orefici 252 · Palazzo Spada 253

Um die Via Arenula und das Marcellus-Theater   254
S. Carlo ai Catinari 254 · Palazzo Cenci, Portikus der Octavia und Marcellus-Theater 255 · Ghetto und Tempel des Apollo Sosianus, · S. Maria in Campitelli 256 · Fontana delle Tartarughe 257

Zwischen Piazza del Popolo und Villa Borghese — 258

Piazza del Popolo — 259
S. Maria del Popolo 260 · S. Maria dei Miracoli und S. Maria in Monte Santo 262

Pincio und Villa Medici — 262

Museen-Park der Villa Borghese — 264
Museo e Galleria Borghese 266 · Zoologischer Garten, Galleria Nazionale d'Arte Moderna 268 · Villa Giulia – Museo Nazionale Etrusco, Stadio Flaminio und Parco della Musica 269

Vom Quirinal nach S. Lorenzo fuori le Mura — 270

Quirinal — 271
Palazzo del Quirinale 271 · Piazza del Quirinale und Palazzo della Consultà, Palazzo Pallavicini-Rospigliosi, S. Andrea al Quirinale 275 · S. Carlo alle Quattro Fontane (San Carolino) 276 · Palazzo Barberini – Galleria Nazionale d'Arte Antica 277 · Tritonenbrunnen 278 · S. Maria della Concezione 280 · S. Maria della Vittoria 280 · Moses-Brunnen 281 · S. Susanna, S. Bernardo alle Terme, Piazza della Repubblica, Hauptbahnhof (Stazione Centrale Roma Termini) 282

Diokletiansthermen — 283
Museo Nazionale Romano 285 · S. Maria degli Angeli 286

An der Via Nomentana — 287
Porta Pia und Villa Torlonia, S. Agnese fuori le Mura 287 · S. Costanza 288

Vom Norden Roms nach San Lorenzo — 289
Priscilla-Katakomben 289 · Kaserne der Prätorianer, Città Universitaria, S. Lorenzo fuori le Mura 290 · Campo Verano 291

Zwischen S. Maria Maggiore und Lateran — 292

Zwischen Viminal und Esquilin — 293
Santa Maria Maggiore 293 · S. Pudenziana 297 · S. Prassede 298

Vom Esquilin zum Lateran 299
S. Martino ai Martiri 299 · Museo Nazionale d'Arte Orientale, Santa Bibiana, Basilica di Porta Maggiore, S. Croce in Gerusalemme 300

Lateran 301

Westlich des Lateran 306
SS. Quattro Coronati 306 · S. Clemente 307 · S. Pietro in Vincoli 310

Vom Celio zur Via Appia 312

Caelius 313
S. Gregorio Magno, SS. Giovanni e Paolo 313 · S. Stefano Rotondo 314 · S. Maria in Domnica 316

Von den Caracalla-Thermen zur Via Appia Antica 316
Caracalla-Thermen 316 · Grabstätte der Scipionen 317 · Kolumbarium des Pomponius Hylas, Pratorio di S. Giovanni in Oleo, S. Giovanni a Porta Latina 318 · Porta S. Sebstiano und Drusus-Bogen 318

Via Appia Antica 320
Domitilla-Katakomben, Kalixtus-Katakomben 321 · S. Sebastiano fuori le Mura, Grabmal der Cäcilia Metella 322 · Villa der Quintilier, Casale Rotondo 323

Von der Tiberinsel zum E.U.R.-Viertel 324

Tiberinsel 325
Ponte Fabricio, S. Bartolomeo 326 · Ponte Rotto 327

Um die Piazza della Bocca della Verità 327
S. Maria in Cosmedin 327 · Vesta-Tempel und Tempel der Fortuna Virilis 329 · Haus der Kreszentier, Janus-Bogen, S. Giorgio in Velabro 330 · Bogen der Geldwechsler, S. Giovanni Decollato 331

Aventin 332
S. Sabina, Piazza dei Cavalieri di Malta 332

Südlich des Aventin 333
Cestius-Pyramide und Protestantischer Friedhof 333 · Monte Testaccio 334 · Museo Centrale Montemartini,

S. Paolo fuori le Mura 335 · E.U.R. (Weltausstellungsgelände) 336

Trastevere – Jenseits des Tiber 338

Trastevere 339
S. Crisognio, S. Cecilia 340 · S. Francesco a Ripa, S. Maria in Trastevere 342 · Villa Farnesina und Palazzo Corsini – Galleria Nazionale d'Arte Antica 344

Vom Gianicolo zur Engelsburg 345
S. Pietro in Montorio und Tempietto des Bramante, Fontana Paola 346 · Piazza Garibaldi, S. Onofrio, Villa Doria Pamphili 347 · Via della Conciliazione, Engelsburg 348

Im Norden 349
Villa Madama 349 · Foro Italico 350 · Stadio Flaminio, MAXXI – Museo Nazionale delle Arti del XXI Secolo, Moschea e Centro Culturale Islamico 351 · MACRO – Museo d'Arte Contemporanea, Dives in Misericordia 353

Vatikan – Città del Vaticano 354

Peterskirche und Petersplatz 355

Vatikanische Museen 368

Dintorni di Roma – Umgebung von Rom 386

Im Nordwesten 387
Cerveteri, Tarquinia 387 · Bracciano 388

Im Südosten 389
Cinecittà, Albaner Berge 389

Im Westen 391
Ostia Antica 391

Im Osten 393
Tivoli 393 · Subiaco, Palestrina 395

Glossar kunst- und kulturgeschichtlicher Begriffe 396

Reiseinformationen von A bis Z 402

Anreise 403 · Apotheken 404 · Auskunft 404 · Auto, Mietwagen und Motorroller 405 · Banken 406 · Bibliotheken und Institute 406 · Diplomatische Vertretungen 407 · Einkaufen 407 · Eintrittspreise 408 · Erste Hilfe/Krankenhäuser 408 · Essen und Trinken 408 · Kulinarischer Spachführer 408 · Feiertage 410 · Internet 410 · Kreditkarten 410 · Literaturauswahl 410 · Museen 411 · Notruf 411 · Öffentliche Verkehrsmittel 412 · Öffnungszeiten 412 · Post 413 · Rauchverbot 413 · Reisedokumente 413 · Reisen mit Handicap 413 · Reisen & Genießen 414 · Reisezeit 416 · Restaurants und Einkaufstipps 416 · Stadtrundfahrten und Ausflüge 423 · Telefonieren 423 · Übernachten 424 · Unterhaltung 429 · Veranstaltungen 430 · Ziffern (lateinisch) 431

Register 432

Verzeichnis der Karten und Pläne 442

Verzeichnis der zitierten Literatur 443

Abbildungsnachweis 444

Impressum 448

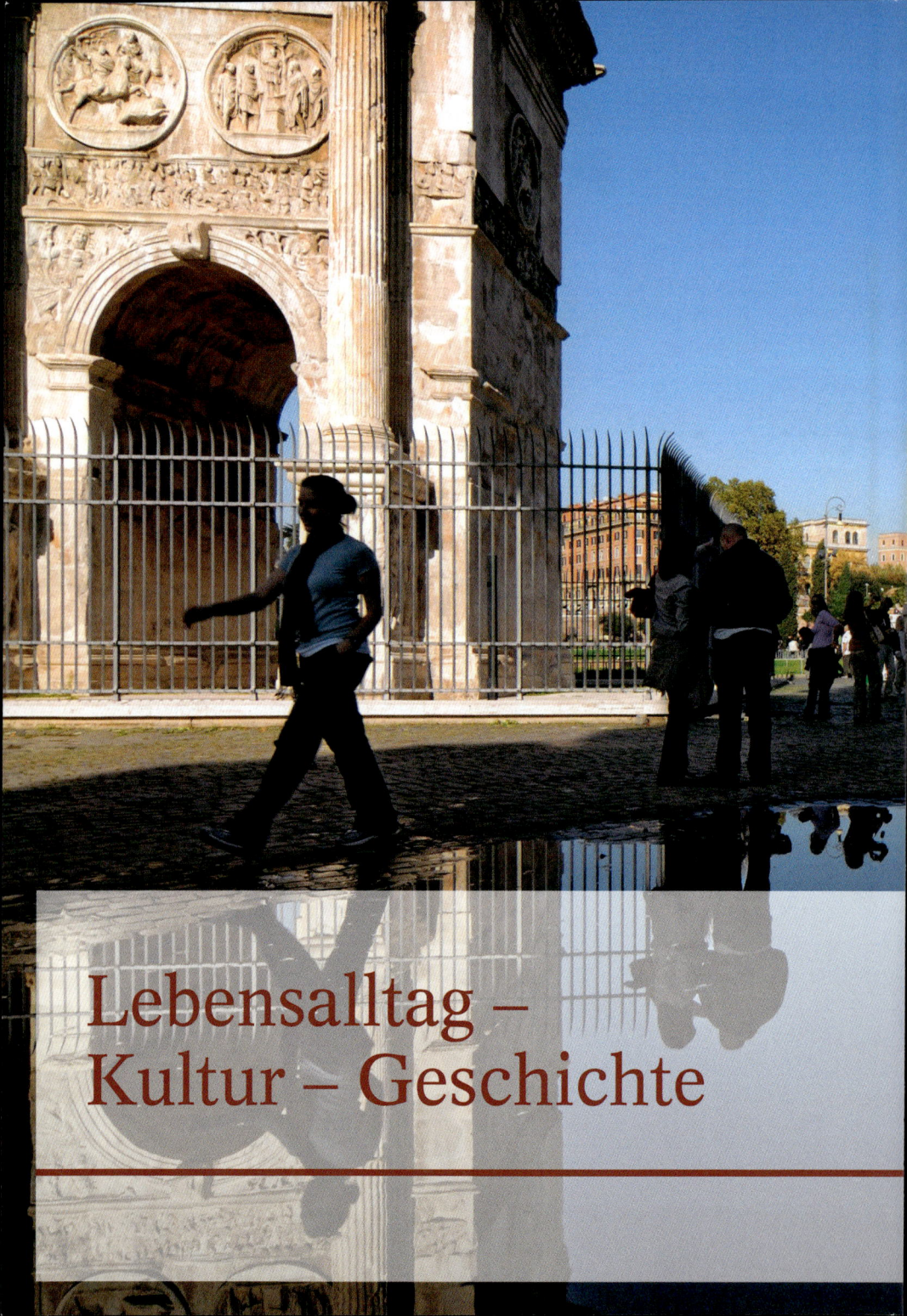

Lebensalltag – Kultur – Geschichte

Vorwort

Ja, es stimmt. Rom ist wirklich diese einzigartige, wunderbare Stadt, als die sie immer gerühmt wird. Die ›Ewige‹, nicht weil sie in Geschichte und Kunst erstarrt ist, sondern weil sie ihren Bewohnern und Besuchern Leben gibt, ein nirgendwo sonst erfahrbares Hochgefühl. Ob kurz oder lang. Für einen Blitzbesuch, ein Wochenende, oder auf Dauer. Ich habe das Glück, seit vielen Jahren in Rom zu leben, römische Himmelsluft zu atmen und zugleich den oft mühevollen Alltag mit Römern zu teilen, wie nebenbei unendliche Kultur und Schönheit zu besitzen und ungemein stolz darauf zu sein. Von all dem will ich mitteilen in diesem Buch.

Dabei scheint über Rom eigentlich schon alles geschrieben zu sein. Und doch wieder nicht. Nicht so, wie ich Rom erfahren habe, wie ich es Ihnen nahebringen will. Es bleibt jedoch ein kühnes Unternehmen, einen Kunstreiseführer über die Ewige Stadt im 3. Jt. nach ihrer Gründung vorzulegen, wo schon so viel Gelehrtes, Geistreiches, Amüsantes über sie zu Papier gebracht worden ist. All diesen Autoren bin ich zu Dank verpflichtet. Und Dank gilt auch Ihnen: Sie, liebe Leserin, lieber Leser, haben nicht nach anderen Büchern gegriffen, sondern nach diesem, dem Ergebnis meines römischen Lebens.

Mich als Studenten, der einige Jahre in Rom verbrachte, führten zuerst Freunde in die Geheimnisse der römischen Kunstwerke ein. Professoren römischer Universitäten verfeinerten diese erste Bekanntschaft mit kundigen Darstellungen, sodass ich mich bald selbst traute, Besuchern Kirchen und Paläste, Säulen und Standbilder zu erklären. Viele Bücher benutzte ich dafür, in die Mysterien der Stadt einzudringen. Doch bald zeigte sich, dass die größte Kunst eines Cicerone in Rom darin besteht – wegzulassen, sei es auch noch so gescheit, informativ, wertvoll und aktuell. Während der Jahre als Journalist in Rom vertiefte sich mir die Freundschaft zur Stadt und ihren Bewohnern zur Liebe. Viele haben daran Anteil – italienische Kunstexperten, nicht zuletzt auch die Direktoren und Mitarbeiter der Kulturinstitute der deutschsprachigen Länder. Ihnen allen, die mir hilfreich waren, danke ich für vieles – von der geteilten und auf diese Weise doppelt intensiven Zeit bei Besichtigungen bis hin zu wertvollen Ratschlägen.

So bildeten sich während all der Jahre römische Mosaiksteine, in Zettelkästen und Zeitungsartikeln verstreut, persönliche Erlebnisse, in Kopf und Herz aufbewahrt. Wenn ›mein‹ so gewachsener, mit neuen Elementen bereicherter und zu einem einheitlichen Gesamtbild gestalteter Rom-Führer anderen nützlich sein kann, sie nicht von dem ›Kunst-Ungeheuer‹ Rom abhält, vielmehr hier und dort den Zugang erleichtert, bin ich's zufrieden. Rom, einst die Hauptstadt der Welt, ist im neuen Jahrtausend faszinierend wie immer.

Heinz-Joachim Fischer

Vita Romana – Leben in Rom

Römische Tageszeiten

Der Flug von München oder Stuttgart nach Rom dauert genauso lange und kostet ebenso viel wie der nach Hamburg. Und doch ist auf dem römischen Flughafen Leonardo da Vinci in Fiumicino draußen am Meer oder auf dem von Ciampino am Fuß der Albaner Berge alles ganz anders als nördlich der Alpen. Erst recht auf dem Hauptbahnhof Roms, der Stazione Termini, mitten in der Stadt, mitten im Menschengewimmel. Noch mehr springt der Unterschied in alle Sinne, wenn man sich einem Reisebus anvertraut oder es mit dem eigenen Auto gewagt hat und sich in einem chaotischen Blechgetümmel wiederfindet.

Mit Zeit und Lärm, mit Ordnung und Regeln wird im Süden großzügiger umgegangen als im Norden. Und das erscheint plötzlich gut so. Auch den Besuchern. Den Römern ohnehin. Polizisten, die nicht so ›scharfprüferisch‹ dreinblicken, Gepäckbänder, die nur zögernd die Koffer hergeben, Zöllner, die es mit der Kontrolle nicht so genau nehmen, und ein höherer Himmel signalisieren, dass wir am Mittelmeer gelandet sind. Wer nach den schweren deutschen Autos in eines der gelben, schwachmotorig-blechernen Taxis steigt, wer nach den glatten Betonbändern der Heimat jenseits der Alpen die holprigen Wege spürt, die bekanntlich alle nach Rom führen, dem verdichten sich die ersten Eindrücke zur Ahnung eines neuen Lebensgefühls.

La notte – Nachts

Glücklich, wer spät abends noch neugierig ist. Denn so schnell wie nachts gelangt man tagsüber nie durch die Stadt, vom Kapitol nach Sankt Peter, von der Porta Pia im Osten zum Gianicolo-Hügel im Westen, vom Forum Romanum zur Piazza del Popolo oder zur Cestius-Pyramide, so ungestört kann man im Sonnenlicht nie Pantheon oder Kolosseum, Palazzo Farnese oder die Kirche Santa Maria Maggiore betrachten. Der Schein des Mondes reicht für einen Nachtspaziergang aus. Die schwächliche Straßenbeleuchtung stellt den silbrigen Lichtgeber nicht in den Schatten, entspricht eher mittelalterlichen Vorstellungen von Helligkeit, erinnert an Fackeln. Aber ist das von Schaden? Die Bauwerke der Vergangenheit wirken auch bei gedämpftem Licht. Vielleicht bevölkern sich dann die Plätze, beginnen die dunklen Schatten der Nacht plötzlich zu flüstern, spricht die Geschichte beredter und mächtiger zu uns.

Die Innenstadt ist klar markiert. Im Norden, Westen und Süden vom Bogen des Tibers, der geruhsam am Mausoleum des Kaisers Augustus, dann an dem des Hadrian, der Engelsburg, und der Tiberinsel vorbeifließt; im Süden und Osten von der Aurelianischen Stadtmauer mit den Toren der Heiligen – Porta San Paolo, Sebastiano, Giovanni, Lorenzo –, weiter mit der Porta Maggiore und der Porta Pia. Da findet man auch um halb drei Uhr morgens eine geöffnete Bar – keinen Amüsierbetrieb, sondern jene geniale italienische Erfindung für Speis und Trank auf die schnelle. Einen aufmunternden Espresso, einen wärmenden *liquore* oder ein kühles Bier, ein kräftigendes *tramezzino con prosciutto e formaggio*, mit Schinken und Käse, oder eine kleine heiße Pizza servieren ein freundlicher Domenico oder eine müde Giulia auch zu nachtschlafender Zeit. Nicht nur Hunger und Durst kann man ihnen anvertrauen, sondern auch die Begeisterung über die römischen Wunderwerke oder einen Kummer, von dem die Stadt heilen soll.

Zwischen 3 und 4 Uhr morgens erlischt auch das Leben auf der Via Veneto, dem ›Boulevard‹ zwischen der Piazza Barberini und der Porta Pinciana. Aus der Zeit des glitzernden Dolce Vita in den 1950er- und 60er-Jahren hat sich die Prachtstraße einen Glanz bewahrt, der die Lust des Römers an der Fassade, dem schönen Schein repräsentiert. Die Kellner im Café de Paris oder bei Doney schieben dem Liebespaar gar nicht mehr nur verstohlen gähnend den *scontrino*, den Kassenzettel, zum Bezahlen hin, fächeln mit der Serviette kurz die Luft und löschen die Lichter. Der Geräuschpegel des römischen Verkehrs hat nun seinen niedrigsten Stand erreicht. Ganz ruhig ist es freilich noch immer nicht. Das da und dort in den engen Straßen aufsteigende Motorengedröhn vereinigt sich über den Dächern zu einer stetig schwingenden Lärmglocke. Rom scheint zu schlafen, doch der Puls schlägt noch vernehmlich.

La mattina – Morgens

Um 4.30 Uhr klingelt bei Gustavo und Anna draußen im Quartiere Tiburtino im Osten Roms, Richtung Tivoli, der Wecker. Gustavo muss um 5 Uhr das zehnstöckige Mietshaus verlassen, um rechtzeitig zu seiner Arbeitsstätte im 80 km entfernten Civitavecchia zu gelangen. Vor 20 Jahren schickten die Eltern – ähnlich ihren Vorfahren vor zwei Jahrtausenden – den damals 16 Jahre alten Analphabeten aus dem fernen Kalabrien nach Rom. Das waren harte Zeiten, da bald auch Frau und Kinder ernährt werden mussten. Jetzt hat sich Gustavo als Hilfsarbeiter ›auf dem Bau‹ eine gewisse Fertigkeit im Anbringen von Betonverschalungen erworben und verdient gut. Von Zeit zu Zeit gibt es Ärger mit den Lohnzahlungen, weil die bauführende staatliche Gesellschaft seiner Firma nicht die vereinbarten Gelder überweist. In der Hauptstadt findet der Bauarbeiter keinen Platz. So fährt Gustavo mitten in der Nacht zur Arbeit.

Anna macht sich nun in der Küche zu schaffen. Da sie tagsüber als Näherin arbeitet, muss sie wie viele römische Frauen ihren eigenen Haushalt in aller Frühe führen. Wenn sie aus dem Fenster schaut, sieht sie, dass jetzt in den umliegenden Mietskasernen immer mehr Lichter angehen. Die Mehrzahl der Römer wohnt schon längst nicht mehr in der Innenstadt, deren Grenzen noch die Kaiser des Imperium Romanum vor 2000 Jahren für eine Bevölkerung von rund einer Million gezogen haben; auch nicht in den Vierteln, die in der ›Gründerzeit‹ gebaut wurden, nach der Einigung Italiens im Jahr 1870, als Rom Hauptstadt des Königreichs Italien wurde und für die Zuwanderer stattliche Wohnungen geschaffen werden mussten. Nach dem Ende des Zweiten Weltkriegs, als immer mehr Italiener aus dem Süden zuströmten, entstanden links und rechts der Ausfallstraßen – auch diese von römischen Konsuln oder Kaisern angelegt – aus Baracken, den *borgate*, neue Siedlungen, die *quartieri popolari*, für ›das Volk‹.

Um 6.30 Uhr weckt Anna ihre drei Kinder, zwölf, elf und zehn Jahre alt, sucht die ersten Streitereien zu schlichten und verfrachtet schließlich das Mädchen und die beiden Jungen in ihren kleinen Fiat. Den öffentlichen Verkehrsmitteln mag sie ihre Kinder nicht anvertrauen. Ins Zentrum hinein dauert es nicht lange, aber die Querverbindungen zwischen den Stadtvierteln sind schlecht, und eine Stunde Fahrt in vollgepressten Bussen, dazu das Warten beim Umsteigen – all das erscheint vielen Eltern für ihre Kinder nicht recht bekömmlich. Die römischen Behörden haben manche Anstrengung unternommen, das öffentliche Verkehrsnetz dichter zu spannen. Vor allem wollten sie der einen, noch unter Mussolini gebauten U-Bahn-Strecke weitere hinzufügen: vom bevölkerten Südosten durchs Zentrum hindurch nach Nordwesten, von Nord nach Süd. Für die drei Millionen Bewohner des Großraums Rom sind die bestehenden Metropolitana-Linien jedoch zu wenig. So bleibt der Hauptteil des öffentlichen Transports bei den rumpelnden Bussen und den altertümlichen Straßenbahnen, die in den engen Straßen und zwischen den unzähligen Autos nur mühsam vorankommen.

Langwierig

Ganze 20 Jahre zog sich der Bau des etwa 14 km langen U-Bahn-Tunnels in der klassischen Erde hin, von der jeder Kubikmeter den Archäologen heilig ist.

Die Hauptstraßen und Plätze ziehen wie ein Magnet Jung und Alt an. Draußen zu sein, andere zu treffen, miteinander zu reden, Arm in Arm zu flanieren, in Gruppen beieinander zu hocken, Kurven mit der Vespa zu drehen oder mit dem schweren Motorrad anderen zu imponieren, das gefällt und ist ein Vergnügen

Lebensalltag – Kultur – Geschichte

In Rom gibt es fast alle Spezialitäten der italienischen Regionen zu kaufen: Hirtenkäse, duftenden Schinken, frische Salami, deftige Leberwürste, zahllose Sorten Olivenöl

Jeden Morgen stürzen sich Hunderttausende am eigenen Steuer in den Verkehr, der gegen 8 Uhr zu beängstigender Stärke anschwillt. Blechlawinen ergießen sich über die Einfallstraßen, verteilen sich zwischen Kirchen und Palästen und finden auf geheimnisvolle Weise Platz; angesichts fehlender Parkhäuser ein schieres Wunder, das nur deshalb möglich wird, weil einsichtsvolle Polizisten oft vor dem Buchstaben des Gesetzes fantasievolle Gründe für seine Übertretung gelten lassen. Wer zu spät kommt, den bestraft das Leben; er kann nicht einmal falsch parken, nicht einmal einen Stellplatz für den Motorroller finden. Doch auch dann noch geht es irgendwie weiter.

Rote Signale, weiße Doppellinien auf der Fahrbahn, Einbahnstraßenzeichen, Halteverbote gehören einer idealen Ordnung an, die auf dem Boden römischer Tatsachen nicht verwirklicht werden kann. Kampf bis auf den Zentimeter, Streit um einen Parkplatz, Hupkonzerte in verstopften Straßen, Slalomkurven ohne markierte Fahrspuren, meterweises Vorwärtskriechen in endlosen Staus – das sind die Ingredienzien des römischen Verkehrs. Jeder regt sich dabei über Unsitten auf, von denen er selbst nicht frei ist, erweist sich als ein auf den kleinsten Vorteil bedachter Schlaukopf und verzichtet aber auch großzügig auf die Vorfahrt, fiebert vor Nervosität und zeigt Engelsgeduld, ist rücksichtslos und in der nächsten Minute vollendet höflich, abweisend und beim ersten persönlichen Kontakt von lächelndem Charme. Mag in nördlichen Ländern der Volkscharakter von der Straßenverkehrsordnung unterdrückt sein, hier entfaltet er sich lebhaft.

Neben dem Auto für den Hauptverdiener besitzen viele römische Familien eines zum Einkaufen. Zwischen 8 und 9 Uhr ist die ideale Zeit, zu einem der vielen Märkte der Stadt zu fahren. Dann ist die Ware noch nicht ausgesucht. Die Händler sind noch nicht ermüdet, und ihr Witz wirkt lebhaft. Die Langschläfer fehlen im Gemenge. Unter dem

Römische Tageszeiten

Gemüsemarkt auf dem Campo de' Fiori

Beifall der umstehenden Hausfrauen kann man einen Fischverkäufer wegen eines bedenklich riechenden Kabeljaus schelten oder ihn wegen der knackigen Schalentiere loben; man meint, dass sie in der Nacht zuvor draußen im nahen Mittelmeer gefangen wurden. Bedächtig wählt man ein junges Täubchen aus, und niemand wird einen zu schnellerer Entscheidung drängen wollen. Denn Speis und Trank sind in Rom eine besonders ernste Sache, der sich nur Lebensverächter und Griesgrame nicht mit der notwendigen Aufmerksamkeit widmen. Es versteht sich hier von selbst, dass Obst und Gemüse, Schinken und Salami, Brot, Käse und Fleisch jeden Tag frisch eingekauft werden.

In mattinata – Am Vormittag

Vor 11 Uhr erwacht in den Ministerien und Parteibüros, in der Abgeordnetenkammer und im Senat der politische Betrieb der Hauptstadt. Parlamentarier und Beamte, Manager der Staatsindustrie, Bankchefs und Gewerkschafter beginnen nach Sitzungen bis tief in die Nacht hinein ihr Tagewerk. Sie werfen einen Blick in die Zeitungen, der sich zuweilen voll Missfallen oder Schadenfreude an einer heftigen Attacke auf einen Kollegen festsaugt, rufen empört bei bekannten Journalisten an, beraten mit Freunden, was gegen böswillige Verleumdungen und zur Überwindung einer Krise, vor allem was zu Nutz und Frommen der Partei und der *clientela,* der politischen Familie mit ›Hausvater‹ und ›Gesinde‹, also zum Besten von Volk und Vaterland zu tun sei.

Die Fantasie der Politiker bringt schon in den ersten Morgenstunden Kabinettstücke besonderer Art hervor. Es gilt, stets den eigenen Vorteil auch auf verschlungenen Wegen zu erreichen.

Die früheren Parteien von Don Camillo und Peppone – die Democrazia Cristiana der katholischen Christdemokraten und den Partito

Comunista der ungläubigen, aber vielleicht herzensguten Kommunisten – gibt es schon lange nicht mehr. Ein Wirbelsturm namens Silvio Berlusconi überzog nach der weltpolitischen Wende Italien. Der Mailänder Medien-Milliardär bestimmte von 1994 an die italienische Politik. So und so, in der Regierung und in der Opposition. Selbst noch nach seinem Rücktritt im November 2011, als er wegen der großen Euro-Krise dem Wirtschaftsprofessor und ehemaligen EU-Kommissar, Mario Monti aus der Lombardei, im Amt des Ministerpräsidenten weichen musste. So sind es nun vor allem linke »Demokraten« vom Partito Democratico und Rechte von Berlusconis »Volk der Freiheit« (Popolo della Liberta), die man auf den Hauptplätzen des politischen Rom, der Piazza Colonna und der Piazza Montecitorio trifft.

Jeder kennt da jeden. Selbst wenn man sich im Plenarsaal der Abgeordnetenkammer gerade – zuweilen gar handgreiflich – beschimpft hat, so nimmt man sich draußen vertraulich beim Arm, duzt sich weiterhin, verspricht beim nächsten Mal Mäßigung und meint, die Politik dürfe man nicht zu blutig-ernst sehen. Des einen Aufstieg scheint des anderen Fall, aber auf wunderbare Weise erheben sich die Gestürzten wieder, überleben jene von vorgestern noch bis übermorgen. Die Classe politica steht in Italien in keinem guten Ruf. Das Ergebnis der Politik ist – »all' italiana«, wie die Klagen der Römer über die schlecht funktionierende Administration und eine überbordende Bürokratie, wie vermeintliche oder wirkliche Skandale vermuten lassen.

Das schönste Verwaltungsgebäude in Rom ist ›das Kapitol‹, der Sitz des Bürgermeisters, der Senatorenpalast auf dem Kapitolinischen Hügel hoch über dem Forum Romanum. Von 11 bis 12 Uhr herrscht dort im »Saal des Julius Caesar« emsige Betriebsamkeit. Der Stadtrat muss einen Bebauungsplan verabschieden, muss Projekte des Kulturassessors billigen, mit denen dieser auch die wenig begüterten Schichten der *misera plebs contribuens,* des schon im Altertum bekannten ›armen, aber steuerzahlenden Volkes‹ erreichen will. Alle Bürgermeister, welcher politischen Couleur auch immer, rechts oder links, wollen stets die vier ewigen Grundübel Roms bekämpfen: öffentlicher und privater Verkehr müssten ausbalanciert, neue Wohnungen gebaut werden; die Stadtplanung müsse in geordneten Bahnen verlaufen, das Gesundheitswesen noch mehr nach sozialen Maßstäben strukturiert werden. – Beamte und Angestellte in den über die ganze Stadt verstreuten Ministerien der italienischen Regierung, in den Ämtern der *comune,* der Provinz Rom in der Via Quattro Novembre beim Quirinal, und der Region, des ›Landes‹ Lazio, draußen in der Via della Pisana, in den Konzernzentralen der Staatsindustrien, der Banken und Versicherungsgesellschaften, in den Einrichtungen für den Fremdenverkehr prägen den Charakter Roms als Dienstleistungszentrum.

Mezzogiorno – Mittags

Punkt 12 Uhr verkündet ein Kanonenschuss vom Gianicolo-Hügel herab den *mezzogiorno.* Die Römer, ziemlich nüchtern noch vom ge-

Römische Tageszeiten

wöhnlich kargen Frühstück, erinnern sich daran, dass bald Zeit zum Mittagessen sei und Lästiges verschoben werden müsse. Die einen haben sich beim Bäcker ein Stück weißer Pizza geholt, schieben eine dicke Scheibe Mortadella hinein, und der Imbiss ist fertig; andere suchen sich Gesellschaft und gehen schnell in eine Pizzeria, Rosticceria, Tavola calda oder in eine der zahlreichen Trattorie, Osterie oder in ein Ristorante. Vieles in Rom ist in den letzten Jahren anders geworden, die meisten sagen, schlechter; die Qualität von Speis und Trank hingegen blieb gleich gut; da verstehen die Römer keinen Spaß. Jeder hat seine Vorlieben bei der Wahl des Ristorante, für den ›Mario am Pantheon‹ oder den an der Spanischen Treppe, Präferenzen, die selten mit der Speisekarte allein, häufiger jedoch mit der Freundlichkeit von Wirt und Kellnern zusammenhängen. Da sitzen sie einträchtig beisammen, die Chefs und ihre Angestellten, linke und rechte Politiker, und vergessen bei *pasta* und *bistecca* allen Streit. Zur Mittagszeit wird in Rom wenig gearbeitet. Da einen Termin zu vereinbaren gelingt nur zum Gespräch beim Essen.

Nur ein paar Schritte vom *centro storico*, dem historischen Stadtzentrum entfernt, und wir sind in einem der römischen Parks, in der Villa Borghese bei der Via Veneto oder auf dem Palatin-Hügel unter Bäumen und an alten Palastmauern. Wenn die Tramontana, der kalte Nordwind, den Himmel von allen Wolken blitz-blank-blau gefegt hat, wenn im Februar schon linde Frühlingslüfte über blühende Mimosenbäume wehen oder die Novembersonne noch wärmt, dann lustwandelt es sich gut unter den Pinien des Pincio, wird man unter südlich weitem Himmel für viele Misshelligkeiten des Alltags entschädigt, stellt sich jenes Lebensgefühl von leichtem Ernst und wissender Heiterkeit ein, das nur in Rom zu spüren ist.

Mit zunehmender Stunde mehren sich die Herren, die zwischendurch in der Bar noch einen Kaffee oder schon einen Aperitif nehmen

19

Lebensalltag – Kultur – Geschichte

Die Anlage der Villa Borghese, jenseits der antiken Stadtmauer im Norden Roms gelegen, ist einer der beliebtesten und größten Parks in Roms. Neben künstlichen Seen und Imitationen antiker Architektur, Marmorstatuen und Denkmälern berühmter Künstler befinden sich auch mehrere Museen, ein Zoologischer Garten und eine Pferderennbahn auf dem Gelände

Prima serata – Früher Abend

Gegen 17 Uhr geht es auf den Busbahnhöfen in den Außenvierteln rings um die Stadt oder am Hauptbahnhof hektisch zu. Auf der Piazza Fermi vor der U-Bahn-Station im E.U.R.-Quartier entlädt die *corriera* Arbeiter von den Fabriken links und rechts der Via Pontina. Vor allem im Süden und im Osten Roms sind seit Kriegsende Mittel- und Kleinbetriebe entstanden, für Möbel und Baumaterialien, für chemische und pharmazeutische Produkte, Nahrungsmittel und Elektrogeräte, riesige Lagerhallen für die Belieferung der größten italienischen Stadt, die nach dem letzten Stand auf einer Fläche von 1507 km^2 über drei Millionen Einwohner zählt. Dass Rom kaum Industrie besitzt, sondern von Handel, Handwerk und Dienstleistungen lebt, hat auch angenehme Seiten; die Umwelt wird, abgesehen von Müllhalden, Abwässern und Autoabgasen, weniger belastet.

Wenn um 18 Uhr in der Kirche San Lorenzo in Lucina einige Frauen in aller Stille zum abendlichen Gebet zusammenkommen, drängen sich draußen auf dem lärmigen Corso elegante Damen, hübsche Mädchen *(belle ragazze)*, geschniegelte *signorini* (Herrchen) und Jeans-Jünglinge mit dem Blick ›Was kostet die Welt‹, weichen geschickt den flinken Taxis aus, entgehen mit Mühe den Autobus-Kolossen. Die Straßen zwischen der Spanischen Treppe, der Via del Tritone, dem Corso und der Piazza del Popolo sind ein einziges Kaufhaus.

Nach 18 Uhr beginnt die Zeit der römischen Diebe. Weder arm noch reich, weder jung noch alt bleiben von ihnen verschont. Im Freundeskreis geht der Stoff aus persönlichen Erlebnissen mit Raub und Diebstahl nicht aus, und manche Erzählung wird damit gekrönt, man habe die Spitzbuben noch weglaufen sehen. Eine besondere Spezies von Ganoven, *scippatori*, gehen mit einem Motorroller in den Straßen auf Jagd nach Handtaschen oder Armbanduhren. ›Leichte‹ Kriminalität nimmt überhand, ›schwere‹ hingegen, wie Raubmord, kommt seltener vor als in anderen Hauptstädten. Dabei teilen sich Italiener und die neuen Zuwanderer aus Albanien oder Rumänien diese Eigentumsdelikte. Ratsam ist es für römische Familien und Besucher, Türen und Fenster gut zu sichern, Bargeld und Schmuck nicht in größeren Mengen mit sich herumzutragen.

Wie überall in der Welt wird spätestens gegen Abend das Fernsehgerät eingeschaltet. Um 20 Uhr beginnt im Ersten Programm der staatlichen Rundfunk- und Fernsehgesellschaft RAI die am meisten gesehene und beliebteste ›Tagesschau‹. Manchmal verspätet sie sich um einige Minuten, weil Sprecher oder Techniker noch nicht disponiert sind. Obwohl die meisten Italiener der Politik überdrüssig sind, wie sie sagen, nimmt doch den längsten Teil der Nachrichten die Innenpolitik ein. Journalisten reden sich fest, und wegen der Ausgewogenheit muss zu umstrittenen Themen – das sind fast alle – jede der im Parlament vertretenen Parteien zu Worte kommen. In Rom kann das Publikum neben den drei öffentlich-rechtlichen noch zu zahlreichen anderen, privaten TV-Programmen (und Rundfunkstationen), linken und rechten, amüsanten und frivolen, seine Zuflucht nehmen.

Seconda serata – Am späten Abend

Wenn im Olympiastadion um 21 Uhr am Mittwoch die Flutlichtanlage eingeschaltet ist, herrscht König Fußball. Die römischen Untertanen sind in zwei Lager gespalten. Die einen schwören auf den Verein Lazio, der 1974 zur tosenden Begeisterung seiner Anhänger die italienische Fußballmeisterschaft gewann, doch jetzt zum Kummer seiner *tifosi* ›keine Bäume mehr ausreißt‹. Die anderen gehen für »AS Rom« durchs Feuer; diese Mannschaft ist im italienischen *campionato* oft ganz obenauf. Zuweilen rangiert sie sogar vor den reichen Vereinen aus Mailand und Turin, was für einen Römer, in dem auch das Herz des unterdrückten Südlers schlägt, wahrer Seelenbalsam ist und bei einigen mehr zählt als 2500 Jahre ruhmvoller Geschichte. Andere suchen im Teatro dell'Opera, in der römischen Oper, in den zahlreichen Theatern und bei den unzähligen Konzerten – etwa in einer alten Kirche oder im Kreuzgang eines Klosters –, in Ausstellungen und Vorträgen in einem der vielen internationalen Institute, in Kabaretts, Jazz- oder Kinoclubs das moderne Kulturleben.

Die römischen Studenten – das sind seit Langem um die 150 000 – begehen den Feierabend auf ihre Art, so wie alle anderen auch sonst in der Welt. Eine Kategorie unter ihnen führt freilich ein Eigenleben: die Eleven der päpstlichen Universität, die sich in der Hauptstadt der katholischen Kirche auf das Priestertum in aller Herren Länder vorbereiten; sie sollten um 23 Uhr längst schlafen, denn für sie beginnt der Tag in aller ›Herrgottsfrühe‹ mit der Messe. Die ›normalen‹ Stu-

Lebensalltag – Kultur – Geschichte

Nachts auf der Via della Conciliazione

denten privatisieren zumeist; nur wenige engagieren sich in politischen Parteien oder Sportclubs. Die Studentenrebellion von 1968 mit Tumulten und Molotow-Cocktails, mit Hass gegen die Amerikaner und die Padroni, gegen alle, die Herrschaft ausüben, mit mörderischem Terrorismus und intellektueller Liebe zur Arbeitermacht, flackert nur von Zeit zu Zeit wieder auf. Etwa wenn Professoren zu antiklerikalen Protesten gegen den Papst und Demonstrationen für bessere Studienbedingungen auffordern.

Kurz vor Mitternacht kann es geschehen, dass ein Römer, der gemütlich zu Hause sitzt, plötzlich aufspringt, seine Familie ins Auto lädt und durch die Stadt fährt, an Plätzen und Kirchen, Brunnen und Palästen vorbei, staunend, bewundernd, als sähen er und die Seinen Rom, den Glücksfall der Geschichte, zum ersten Mal. Sie gehen über die Via della Conciliazione auf den Petersplatz zu, hinter dem sich als trutzige Festung die größte Kirche der Christenheit erhebt und über dem die mächtige Kuppel des Michelangelo im dunklen Nachthimmel schwebt. Dann steigen sie die Via Sacra, den ›Heiligen Weg‹, zum Kapitol empor, wie vor ihnen die siegreichen Feldherrn des Imperium Romanum oder die Dichterfürsten des Mittelalters, und blicken hinunter auf das Forum, aus dem die Geschichte der Stadt und des Erdkreises wuchs. Dann fahren die Römer zufrieden nach Haus und sagen einander: Darum beneidet uns die Welt.

Römische Jahreszeiten

Schnee in der Sieben-Hügel-Stadt

Am frühen Morgen blieben die gewohnten Verkehrsgeräusche aus. Das beunruhigte, obwohl Sonntag und das Fest der Heiligen Drei Könige war, hinderte am Weiterschlafen und befahl, der Sache auf den Grund zu gehen. Ein Blick aus dem Fenster klärte alles: Es schneite, und das kommt in Rom höchst selten vor; *ad ogni morte di Papa,* wie man sagt, nur wenn ein Papst stirbt, nicht alle Tage, nicht alle Jahre. Da es in Rom werktags wie sonntags nur wenige Zeitungsboten gibt – das ist Sache beflissener Hauswarte, freundlicher Zugehfrauen oder eben die eigene –, führte mein erster Gang durch die Via Flaminia vorsichtig über nicht geräumte Bürgersteige zum Kiosk am Ponte Milvio. Da herrschte große Aufregung. Der eine spottete über die angebliche Klimaerwärmung, für die der Schnee ein schlagender Beweis sei; der andere schob das weiße Ereignis auf die Päpste aus dem Norden, denen es auf diese Weise wohl recht heimatlich werden sollte.

Zunächst waren alle Römer auf der Straße vergnügt über den so wenig gewohnten Einfall des himmlischen Sankt Petrus. Denn wenn es in Rom schneit, hört jeder Ernst auf. Da kann niemand erwarten, dass alles seinen gewohnten Gang geht. Nur die Zeitungen müssen natürlich da sein, auch am Sonntag, ja gerade am Feiertag. Denn den römischen Familienvater erheben die Nachrichtenblätter über jede Bemühung zugunsten von Küche und Kindern. Gut, die Zeitungen wurden verkauft. Aber den Blumenmann Pericle, der seinen Stand mit den bunten Blüten neben dem Kiosk längst hätte geöffnet haben müssen, ihn hatte offenbar der Schnee zu Hause festgehalten.

Oder die Befana? Jene hexenartige Sagengestalt, die in Italien am Dreikönigstag, an Epiphanias – die etymologische Verballhornung ist offenkundig – die Kinder beschenkt, nachdem die Heiligen Drei Könige bekanntlich nach Köln emigrierten und dort mit einem stattlichen Reliquienschrein sich als Gastarbeiter für die Errichtung eines schönen Doms verdingten. Seit Jahrhunderten schon reitet die Befana unverdrossen bei jedem Wetter auf ihrem Besen, macht ab und zu einen Ausflug auf den Brocken im deutschen Harz und hat in diesem Jahr von dort als Überraschung für die römischen Kinder Schnee mitgebracht. Pünktlich um Mitternacht fing es an zu schneien. Mit den ersten Flocken stellte auch der Flughafen von Fiumicino seinen Betrieb ein. Wer nicht imstande sei, auf einem Besenstiel zu fliegen, habe in der Luft nichts mehr zu suchen. Verkehrsruhe galt bald auch für den Hauptbahnhof, die Stazione Termini.

Um 9 Uhr morgens waren die Straßen noch leer. Die Autos an den Bürgersteigen hatten Schneehauben tief über die Scheiben gezogen. Aber dann regten sich die römischen Kinder und forderten gebieterisch ihre Väter auf, ihnen die Befana-Freuden direkt zu bescheren. Da half kein Hinweis auf die Glätte der Straßen. Solche Ausflucht wurde mit der Frage nach den Fahrkünsten abgeriegelt, auf die hin jeder italienische Mann sich nur in die Brust werfen kann. Immerhin gestatteten die Söhne das Anlegen von Schneeketten, an die sich auch die Römer in den letzten Jahren mit zunehmendem Wintersport in den Bergen der Abruzzen gewöhnt haben.

Aber noch wichtiger als die Schneeketten war der Fotoapparat. Gewöhnlich fotografieren die Römer nicht die Monumente ihrer Stadt. Wozu auch, sie haben sie ja. Doch die römischen Kirchen und Paläste, Plätze und Brunnen im Schnee, noch dazu in einer Zeit, da die Römer sie kaum mit Touristen teilen müssen – das ist ein Schauspiel, das man mit der Kamera bis zum nächsten ›Papsttod‹ festhalten muss: die Engelsburg mit weißen Zinnen, die Engel auf der Brücke mit weißen Flügeln. Ein hoher Weihnachtsbaum aus dem Bayerischen Wald steht mitten auf dem Petersplatz und dazu eine Krippe mit übermannsgroßen Figuren und jetzt zu allem Übermaß Schnee, genauso weiß wie in der Hohen Tatra, nur nicht so tief. Wenn er wollte, der Papst, könnte er sich die Ski anschnallen und die Treppe der Piazza hinunterfahren. Sage niemand, das sei lediglich eine hypothetische Betrachtung. Die Monsignori im Vatikan zittern schon, wenn sie an die Ski-Passion des Papstes denken. Die Prälaten erschraken, als der Papst beim Angelus-Gebet zuerst etwas mitleidig bemerkte, nicht alle Römer hätten Angst vor Schnee, ein paar Mutige seien ja doch gekommen, und daran einen Gruß an alle anschloss, die in den Bergen zum Skifahren weilten.

An den linken Kolonnaden lieferten sich angehende Kleriker eine Schneeballschlacht, ein ›nordisches Spiel‹, das die Römer seit 14 Jahren – eine ganze Kindergeneration lang – nicht treiben konnten. Ein würdiger, schon etwas älterer Priester mit langer Soutane und einem noch längeren weißen Schal um Hals und Hüften ging kopfschüttelnd an den raufenden Theologie-Studenten vorbei. Junge Ordensschwestern standen frierend nicht weit entfernt und schienen nicht wenig Lust zu haben, auch einen Schneeball in Richtung Seminaristen zu werfen.

Kapitol, Forum Romanum, Kolosseum und Palatin hatte die Befana kräftig eingezuckert. Die lange Treppe zur Kirche Santa Maria in Aracoeli auf dem Kapitolinischen Hügel, die ›Himmelssteige‹, war fast unpassierbar, sodass die kleinen Römer zu den traditionellen Kinderpredigten am Dreikönigstag dort wohl von der anderen Seite ins Innere der Kirche gehen mussten. Der Schutzmann auf der ›Straße der Kaiserforen‹ hatte es schon längst aufgegeben, auf die Einhaltung der Verkehrsregeln zu achten, und wunderte sich ein wenig, dass ein Auto bei Rot tatsächlich hielt. Ein paar Männer von der Stadtreinigung verteilten einige Schaufeln Salz auf dem Corso Vittorio Emanuele in der Nähe der Piazza Navona. Würde das ausreichen, wenn am Montag das ›normale‹ Leben in Rom mit seinem chaotischen Verkehr wieder einsetzte? Doch das waren ›deutsche‹ Gedanken, die am Sonntag noch keinen Römer beschwerten. Morgen würde man schon sehen. Und wenn manches nicht seinen gewohnten Lauf ging, machte es auch nichts. Denn Schnee in Rom – wie gesagt, ›nur wenn ein Papst stirbt‹.

Am Sonntag schien der Schneefall noch pures Vergnügen zu sein, zum Ergötzen aller Kinder und jener, die sich angesichts einiger rieselnder Flocken noch so fühlen, ein Geschenk der Befana, der doppelgesichtigen, bös-guten Hexe am Dreikönigstag. Aber am Montag setzte die Kälte ein und jagte das Thermometer auf eine Tiefe, die mit der ›Säule des Merkur‹, wie das Quecksilberthermometer in Italien genannt wird, noch nie in der Ewigen Stadt gemessen wurde. Minus zehn Grad in der Urbs, nicht in den nahe liegenden Bergen, sondern fast auf Meereshöhe, nicht in der Nähe des Polarmeeres, sondern an den gewöhnlich lieblichen Gestaden des Mare Mediterraneum.

Und Italien hatte am Montag seine Regierung verloren. Natürlich. Denn was nützte ein Minister, wenn das Ministerium leer ist, wenn der Pförtner nicht zu seinem Arbeitsplatz kommen kann – das wollten sich die italienischen Politiker ersparen, und sie verschoben deshalb den Beginn der italienischen Innenpolitik im neuen Jahr auf das Tauwetter. Recht hatten sie. Denn im Unterschied zu nördlichen Klimazonen sind mehr als zehn Zentimeter Schnee und zehn Grad unter Null in Rom ein Jahrhundertereignis. Vielleicht sogar noch seltener.

Natürlich fragten viele Römer, weshalb bei Schnee und Eis alles zusammenbrechen müsse, weshalb der Flughafen zunächst seinen Betrieb einstellen musste, um ihn dann nur vermindert wieder aufzunehmen, weshalb der Verkehr im Hauptbahnhof fast gänzlich zum Erliegen gekommen sei, warum einige Unglückliche am Samstag auf der Fahrt von Florenz nach Rom 15 Stunden im Zug verbringen mussten, dann bei der Ankunft weder Bus noch Taxi fanden und zähneklappernd alle öffentlichen Verkehrsmittel zum Teufel wünschten.

Um da zwischen Nachlässigkeit und höherer Gewalt unterscheiden zu können, muss von einem Fußballspiel zwischen dem römischen Verein Lazio und der Mailänder Mannschaft Milan berichtet werden, einem Spiel, das zunächst am Sonntag wegen der zehn Zentimeter Schnee ausfiel. Die Entscheidung des Schiedsrichters, das Spiel abzusagen, schien vernünftig, ebenso wie die des Bürgermeisters, den auf Montag angesetzten Schulbeginn nach den Weihnachtsferien hinauszuschieben. Damit war auch den Angestellten in den Büros der Ministerien und Konzerne, der Banken, Justizgebäude und Läden die Erlaubnis erteilt, das Erscheinen am Arbeitsplatz ins eigene Ermessen zu stellen, am Montag, Dienstag und wer weiß wie lange noch … Welcher italienische Chef wollte schon die Verantwortung für die risikoreiche Anfahrt oder den noch gefahrvolleren Fußweg zur Arbeitsstelle übernehmen? Auf vielen Straßen war überraschend viel Salz gestreut worden, doch die Bürgersteige waren von dieser Sorgfalt ausgenommen. Die Römer beklagen sich zwar leicht über den Staat und die Versäumnisse der öffentlichen Verwaltung, doch mit ein paar Handvoll Sand oder Asche selbst die Wege weniger halsbrecherisch zu machen kommt ihnen nicht in den Sinn.

Winter in Rom

Der altrömische Schriftsteller Titus Livius, der von 59 vor bis 17 nach Christus lebte, hielt es immerhin für erwähnenswert, dass 400 Jahre vor ihm, im Winter 399/98 v. Chr., der Tiber zufror. Der Kirchenvater Augustinus (353–430 n. Chr.) wollte nicht in Vergessenheit geraten lassen, dass im Jahr 177 v. Chr. der Schnee 40 Tage lang die Straßen Roms unsicher machte, und überlieferte dieses erinnerungswürdige Ereignis der Nachwelt. Dass der Schnee liegenblieb, kam also auch früher – wenn auch selten – vor, in jüngster Zeit: 1903 für sieben Tage, 1956 für sechs Tage.

Das Fußballspiel war abgesagt. Aber am Montagnachmittag saßen 40 000 Römer im Olympiastadion und feuerten ihre Mannschaft Lazio an – leider weder im wörtlichen noch im übertragenen Sinn mit Erfolg. Die kälteerprobten Mailänder gewannen 1:0. Nach dem Spiel fuhren alle Zuschauer mit ihren Autos einträchtig nach Haus, als ob es trotz Schnee und Eis keine Schwierigkeiten mit dem Straßenbelag gäbe. Da soll sich nun einer auskennen. Auf der Stadiontribüne bei fünf Grad minus zu hocken ist offenbar attraktiver, als dem normalen Lauf des römischen Lebens beizuwohnen.

Jene, die jetzt alles nicht so schlimm finden und auf die Ausnahmesituation eines Jahrhundertereignisses verweisen, haben im Unterschied zu den Folgen bei anderen Naturkatastrophen ein starkes Argument für sich. Die meisten Auswirkungen von Schnee und Eis regulieren sich mit aller Wahrscheinlichkeit in Rom von allein. So war es auch. Wenn auch erst nach überraschend langem Warten. Aber was bedeuten einige Tage im Leben des ›ewigen‹ Rom?

Ostern in Rom

Eine ›fixe Idee‹ breitet sich immer mehr über die Welt aus: Ostern in Rom zu sein. So jedenfalls sehen es die Römer. Verärgert, empört und schließlich nur noch resigniert betrachten sie die Scharen von Touristen und Pilgern, die aus aller Herren Länder über die Stadt herfallen. Auf den ersten Blick schon stellen sie fest, ob der Passant ein Fremder ist, auf den zweiten, welcher Nation er angehört. Deutsche, Amerikaner, Franzosen sind unverkennbar, von Japanern und Afrikanern zu schweigen. Vor den Besuchern der Ewigen Stadt sind kein Ristorante und keine Bar, kein Brunnen und keine Sakristei sicher. Ihre Neugier auf römische Sehenswürdigkeiten ist unersättlich.

Wie viele Fremde – nicht-römische Italiener gehören für einen echten Romano auch dazu – die Stadt zu Ostern heimsuchen, weiß niemand. Es mögen einige Hunderttausende sein, das lässt die Römer kalt. Aber sie erhitzen sich im Gespräch, ob es mehr Touristen oder mehr Pilger seien, Reisende, die wegen der Kunst und Kultur nach Rom kommen und den Papst, weil er denn schon hier ist, ›mitnehmen‹, oder Andächtige, die des Oberhaupts der katholischen Christenheit wegen in die Ewige Stadt wallfahren und der Kunst, vor allem in den Kirchen, eben weil sie auch vorhanden ist, nur einen Blick gönnen. Einer, der aus seinem souveränen Antiklerikalismus (mit einer kleinen Schwäche für den Papst) kein Hehl macht, plädiert für die Überzahl der kunstfreudigen Touristenscharen; ein anderer schätzt die Frommen in der Mehrheit und führt als Beweis den Verkehr um Sankt Peter an.

Damit ist es an den Ostertagen zum Verzweifeln. Schon vor Jahren wurden Vorträge darüber gehalten, wie man das Nadelöhr des (rechten) Lungotevere an der Engelsburg vermeiden könnte, dass die Autokolonnen wenigstens ebenso schnell fahren sollten, wie der Fluss dahinzieht. Durch Tunnel geht es jetzt besser. Gegenüber der Engelsburg, die für geraume Zeit ihren Engel an die Restaurierungswerkstatt abgeben musste und ohne den Namensgeber Sankt Michael nur noch als Grabmal des Kaisers Hadrian dalag, gibt es Wohnungen mit einem wunderschönen Blick, doch mit inzwischen unlösbaren Problemen: Die Bewohner leben in einem permanenten Belagerungszustand, manche sind nahe daran auszuziehen. So viele Menschen eilen an ihnen vorbei – ein unauflösliches Knäuel, schon am Beginn der Via della Conciliazione.

Die Pilger sputen sich, weil die Kirche besonders zu Ostern aus dem Füllhorn ihrer Gnadenschätze Vergünstigungen für das Himmelreich über die Gläubigen gießt. In der Woche zum Palmsonntag waren es junge Leute aus aller Welt, die zu Zehntausenden zeigten, dass nicht nur Fußball und Pop-Konzerte ihr Interesse erregen, sondern auch Kirche und Papst. Nun sind es Gläubige und weniger Gläubige, die mit dem Papst am Gründonnerstag die Feier des Abendmahls begehen, die am Karfreitag vor dem Kolosseum den Kreuzweg Jesu Christi beten, am Samstag die Liturgie der Osternacht erleben, am Ostersonntag die Auferstehungsmesse mitfeiern wollen, bis dann am Sonntagmittag der Papst von der Benediktionsloggia des Petersdomes feierlich den Segen erteilt und unzählige Luftballons in den Himmel steigen, Grüße aus Rom in die Welt tragend.

Sommer

Wenn der Sommer naht und die große Hitze ihre unabweisbaren Boten schickt, verändert sich Rom. Dabei richtet sich der Beginn der *estate romana* weniger nach der Sommerwende als nach dem Heiligenkalender der katholischen Kirche. Sankt Johannes am 24. Juni, Peter und Paul am 29. sind die Eingangspforten ins römische Sommerparadies. Man spürt, wie es von Tag zu Tag weniger Römer werden in der Stadt. Die Schulen haben Jungen und Mädchen in die Ferien entlassen und werden sie erst Ende September, Anfang Oktober wieder aufnehmen. Nur die Abiturienten müssen noch einen ganzen Monat lang ihre Prüfungsarbeiten vollenden und die mündlichen Examina ablegen. So bringen viele Familienväter erst einmal Frau und Kinder in die Urlaubsquartiere am Meer oder in den Bergen. Zunächst Ferien ohne Familie. Das sind Ferien von der Familie – und die sind manchem Römer nicht unwillkommen.

Andere müssen im Juni etwas tun, was den meisten im Grund widerstrebt: lang im voraus zu planen. Wieviel schöner wäre es, sich im Juli oder August der Eingebung des Augenblicks zu überlassen und einfach in die Ferien drauflozufahren, statt des Meeres, wie man noch im Juni gedacht, die Berge zu wählen, statt eine Besichtigungsreise zu unternehmen, wie ursprünglich überlegt, sich doch einfach faul an den Strand zu legen. Aber leider können auch Millionen von Individualisten nicht einfach ihren plötzlichen Einfällen folgen. Im Sommer wollen diese Millionen gut über die Apennin-Halbinsel verteilt sein, sonst gerät der Individualismus mit den Naturgesetzen in Kon-

Lebensalltag – Kultur – Geschichte

Römische Dachlandschaft mit Gartenidylle

»Getrennt durch unregelmäßig gezackte Buchten von Leere, belauern einander proletarische Dachterrassen mit Leinen voll bunter Wäsche und Tomatenstöcken in Zinkwannen und herrschaftliche Terrassen mit Kletterpflanzenspalieren auf Holzgerüsten und weiß lackierten Gartenmöbeln aus Gusseisen unter einrollbaren Markisen ...«

Italo Calvino, »Herr Palomar«

flikt; wo ein Individualist ist, kann nicht zugleich an derselben Stelle ein zweiter sein. Außerdem kommen zu den Italienern noch Millionen aus dem ausländischen Norden, da kann es eng werden. Pensionen und Hotels, Flugzeuge, Eisenbahn und Fähre müssen vorher bestellt werden, auch wenn man nicht will.

Denn jeder römische Familienvater sieht voraus, dass am Tag der gebuchten Abfahrt die Schwiegermutter unpässlich ist, das Kind Keuchhusten hat und der Freund spontan seinen 50. Geburtstag feiert. Wenn man sich festlegt, entgehen einem todsicher die schönsten Gelegenheiten des Lebens. Aber die Frau ist unerbittlich und schickt ihren Giovanni – zum Beispiel zur »Tirrenia«, jener Schiffsgesellschaft, welche den Fährbetrieb im italienischen Mittelmeer regelt und damit den Zugang zu den beliebtesten Ferienorten auf Sardinien oder Sizilien. Man weiß zwar, dass etwa der Fährbetrieb zwischen Civitavecchia, dem Haupthafen Roms, 78 km nordwestlich, und Olbia an der Nordostküste Sardiniens pünktlich mit dem Eintreffen der ersten Touristenscharen ins Stottern und Stocken gerät; deshalb, weil die Seeleute jetzt den günstigsten Moment sehen, auf ihre harten Arbeitsbedingungen aufmerksam zu machen. So bilden sich im Juli in Civitavecchia und im August in Olbia jeweils Heerlager von reisebereiten, im doppelten Sinn ›kochenden‹ Auto-Familien, und mit der geplanten Abfahrtszeit ist es dann doch nichts. Aber ohne Reservierung wäre man noch schlimmer dran; und so hat es einen Sinn, dass sich nun in der römischen Via Bissolati vor dem Büro der »Tirrenia« Menschenschlangen bilden, als ob es die Tickets umsonst gäbe. Die Menschentrauben vor der römischen »Tirrenia«-Filiale sind – wie die Schwalben für den Frühling – der sichere Hinweis darauf, dass nun in Rom der Sommer mit dem Urlaub beginnt.

So entvölkert sich die Stadt langsam. Der chaotische Verkehr verliert zunächst seine schlimmsten Schrecken und wird dann mit zunehmendem Juli ganz passabel, bis es im August fast eine Freude ist, in Rom Auto zu fahren, wenn auch mit Vorsicht vor jenen Römern, die jetzt ihr Talent zum Rennfahrer entdecken. Märkte und Geschäfte leeren sich, bis in der Mitte des August, an *Ferragosto*, dem ›Fest der Aufnahme Mariens in den Himmel‹ am 15. des Monats – benannt nach den Feriae Augusti des römischen Kaisers, der dem höchstsommerlichen Monat seinen Namen gegeben hat –, auf dem Höhepunkt der römischen Ferien also, Straßen und Plätze wie ausgestorben erscheinen.

Da könnte von Ende Juni bis Ende August, Anfang September die Stunde des gewitzten Rom-Besuchers schlagen. Zumindest für jene Touristen, die auch heißen Temperaturen gewachsen sind oder sich ihnen durch die Wahl einer kühlen Unterkunft und durch die Verlegung des Besichtigungsprogramms in die Morgen- und Abendstunden anpassen können. Denn im Sommer kann auch ein Mitteleuropäer die Tücken des römischen Verkehrs meistern, findet ohne große Mühen einen Parkplatz in der Nähe seines Ziels und sieht die Schönheit von Straßen und Plätzen nicht von Blechlawinen überschwemmt. Wenn die Sonne steil am Himmel steht und der Asphalt träge vor Hitze kocht, überraschen Kirchen, Paläste und Museen mit wohltätiger Frische, spenden die Gebäude Schatten, geben dicke Mauern noch die Grade weniger warmer Jahreszeiten wieder. Kein römischer Polizist wird dem Fremden verwehren, seine Füße im Wasser eines Brunnens zu kühlen. Manche Museen mögen geschlossen sein, aber es sind immer noch welche geöffnet. Auch einige Kaffee-Bars haben ihren Betrieb eingestellt, doch auch da findet sich immer wieder eine, die den Gast zu laben bereit ist. Man achte darauf, was die Römer zur Bewältigung von Hitze und Durst zu sich nehmen: einen *caffè freddo*, einen Eiskaffee, eine *granita di caffè*, ein Kaffee-Eis, eine *spremuta di limone*, ein Zitronenwasser, insgesamt wenig Eis und tagsüber keinen Alkohol. Am Abend schmecken Wein und Bier noch einmal so gut. Gewiss, das sonst quirlende römische Leben pulsiert langsamer, fast schwerfällig unter dem Druck der Hitzeglocke. Sicher, viele Dienste werden nun in Rom nicht mehr geleistet, doch die meisten braucht ein Tourist ohnehin nicht. Aber jetzt, zwischen Juni und September, ist die Gelegenheit, die Einzelheiten Roms mit allen Sinnen wahrzunehmen, ohne dass überall Autos dazwischenfahren und die Betrachtung einer Palastfassade, einer Kirchenkuppel dröhnend unterbrechen. Schlendern, stehenbleiben, schauen und staunen, sich geruhsam irgendwo anlehnen, ein Wappen deuten, eine Inschrift übersetzen, sich andächtig einem Blick widmen, ein Panorama aufnehmen, dazu ist jetzt Zeit.

Die Stadtverwaltung bemüht sich überdies von Jahr zu Jahr mehr, auch jenen Römern etwas zu bieten, die nicht wegfahren wollen oder können. Die Besucher profitieren davon. Neben den traditionellen kulturellen Veranstaltungen hat man sich manches einfallen lassen, was bei Jung und Alt, bei Alt oder Jung Anklang findet. Unter dem Titel ›Tevere Expo‹ etwa verbirgt sich ein besonderes Schauspiel. Von der Engelsbrücke bis hinauf zum Ponte Cavour, etwa gut 300 m lang, stellen auf den Kais des Tibers die Regionen Italiens ihre besonderen Produkte aus. Rasch hat sich daraus ein Volksfest entwickelt. Eine Blaskapelle der Finanzbehörden wechselt zwischen Märschen und volkstümlichen Opernmelodien, vom Radetzky-Marsch bis zu Verdi und Puccini. Scheinwerfer des Heeres beleuchten die Szene in den Nationalfarben Grün, Weiß und Rot und geleiten eine Barke, die ob der großen Zahl der Passagiere zu sinken droht, von einem zum anderen Ufer, immer wieder. Die Lichter der Stände spiegeln sich vielfach im Tiber, der an diesem Abend leise gurgelnd vorbeifließt und nicht einmal nach den Abwässern der Großstadt riecht.

Die Kais, die sonst wenig zum Spaziergang einladen und häufig genug von den Wassern des Flusses bedeckt sind, dienen jetzt der vergnüglichen Promenade der Römer. Sie genießen diesen Spaziergang am Fluss in großen Scharen, machen sich immer wieder aufmerksam auf die Kulisse: den Rundbau der Engelsburg, die vornehmvollkommene Kuppel der Peterskirche und den Riesenbau des Justizpalastes.

Ein Sprung vom Tiber hinauf auf den Gianicolo, der nicht zu den klassischen Hügeln Roms gehört, aber dafür einen lohnenden Rundblick auf alle sieben bietet: an der sogenannten Tasso-Eiche finden zehn Tage lang Konzerte statt. Moderne Musik und Jazz. Da sitzen sie, die jungen Römerinnen und Römer, und träumen bei schnellen und langsamen Rhythmen in die Sommernächte hinaus. Ein paar Meter weiter auf der Höhe des Janus-Hügels starren Kinder um elf Uhr nachts auf ein Puppentheater. Der Alltag einer Hausfrau, einer Mutter, wird dargestellt. Das Publikum lacht. Der Pinocchio, das hölzerne Bengele, bekommt Schläge. Die Kinder, die noch längst nicht die Schule besuchen, jubeln. Der Eimer, den Pulcinella zum Schluss einladend hinaushält, bleibt nicht leer.

Zu den traditionellen Sommervergnügen von Römern und Fremden gehörte lange Verdis »Aida« in den Caracalla-Thermen – wahrlich ein göttliches Schauspiel, wie der greise Arthur Rubinstein sagte. An die zwanzig Mal hörte und sah der legendäre Pianist die Oper. Aber die Aufführung in den römischen Ruinen beeindruckte den 91 Jahre alten Künstler aufs neue. Wohin auch könnte ein ›falscher‹ Obelisk besser passen als in die Mitte des jahrhundertealten Gemäuers! Der Triumphmarsch der Oper, wo könnte er effektvoller erschallen als unter römischem Nachthimmel zur Sommerszeit! In den Caracalla-Thermen, deren Pfeiler es an Größe mit denen der Peterskirche aufnehmen, hat man die Bühne und ein Halbrund von Rängen errichtet, das 5000 Zuschauern Platz bietet. Raum ist genug für Festzüge, für Szenen mit Hunderten von Sängerinnen und Sängern, Kamele und Pferde tummeln sich auf der Bühne. Bunte Scheinwerfer senden ihre langen Finger auch zu den Zuschauern. Ein göttliches Schauspiel, und alles vor der Kulisse, die von Roms Geschichte gestellt wird.

Und schließlich ist es ihr Verdi, dessen Melodien den Italienern vertraut sind. So sehr, dass auf den oberen Rängen, wohin die Stimme der Sänger nicht mehr getragen wird, wo Orchester und Solisten schon wegen der Entfernung auseinanderfallen, die Besucher helfend einspringen können: »Celeste A-i-hi-da!« Aber die Musik ist nicht das Wichtigste.

Wichtig ist, dass in diesem Sommer das römische Volk wieder Besitz nimmt von den Monumenten, die sonst den Fremden überlassen zu sein scheinen, von den Kirchen und Plätzen, den Parkanlagen der alten Adelsvillen und dem Fluss, der sich durch die Stadt schlängelt. Die Maxentius-Basilika zwischen dem Kapitol und dem Forum, sonst nur von Touristen beachtet, ist von den Römern wiederentdeckt worden. Konzerte werden dort gegeben; da aber die Musik vom Verkehrslärm oft beeinträchtigt wird, sehen sich die Römer dort jetzt lieber Filme an. Auch das Theater des alten Ostia, tagsüber von schwitzenden Touristen bestaunt, erfreut abends die Italiener: Shakespeare, Plautus, Aristophanes, Aischylos, Goldoni. Wenn sich ein Fremder hinzugesellt, ist es auch recht.

Allerheiligen

Römisches Leben – es zeigt sich selbst auf den Friedhöfen. Der Unterschied zwischen Deutschen und Italienern, Katholiken und Pro-

Noch schöner als das Abendessen zu Hause ist die ›cena fuori‹, das Mahl außer Haus. Auf der Piazza della Rotonda vor dem Pantheon lässt sich ein lauer Sommerabend in einer Trattoria bis in die Nacht verlängern

testanten, Juden und Christen wird auch an den Stätten ihrer letzten Ruhe deutlich. ›Gottesacker‹ sind sie allesamt nicht, keine parkähnlichen Anlagen, in denen die Natur mit Bäumen, Sträuchern und Wiesen die Todeszeichen einbettet. Auf einem italienischen Friedhof, dem *camposanto*, dominiert der Stein, in welcher Form auch immer, selbst in jener, die alle möglichen Gedanken, nur nicht die an Tod, hervorzurufen scheint, und – der lebende Mensch. Man möge sich davon auf dem Campo Verano, dem Hauptfriedhof Roms hinter der Kirche San Lorenzo fuori le Mura, am 1. November, dem kirchlichen Fest von Allerheiligen *(Ognissanti)* überzeugen. Schon vor dem Eingang suchen die Blumenstände eine gar zu traurige Stimmung zu vertreiben. Die schönsten und kräftigsten Farben sind für einen Friedhofsbesuch gerade richtig. An *Ognissanti* entwickelt sich auf dem **Campo Verano** fast ein Volksfest. Mit Kind und Kegel ziehen die römischen Familien zu ihren Verstorbenen, und auf dem Gang zum Grab wird wortreich und lautstark das Andenken der lieben Tante, des verehrten Großvaters, des reichen Onkels beschworen. Den Toten erweist man Ehre, indem sie lebhaft im Gespräch vergegenwärtigt werden. Der Schmerz, der dabei geweckt wird, ist tief. Doch er schneidet nicht so stark ins Gemüt, dass die Freude über das eigene Leben und an den weiteren Plänen des Tages ihn nicht bewältigen könnte.

Auf dem **Cimitero Israelitico,** der einen Teil des Verano einnimmt, ruhen die römischen Juden, die in Rom immer eine stattliche Gemeinde bildeten und lange Zeit, vom 16. bis 19. Jh., im Ghetto am Tiber neben der heutigen Synagoge eingeschlossen waren. Ganz anders als der Campo Verano ist der **Protestantische Friedhof** neben der Cestius-Pyramide, der römische Cimitero, der den Nichtkatholiken vorbehalten war und ist. Hier sind neben anderen August Goethe, der vor seinem berühmten Vater im Jahr 1830 starb, die Schriftstellerin Malwida von Meysenbug (gestorben 1903), die englischen Dichter Percy Bysshe Shelley und John Keats begraben.

Eine würdige, von Ruhe und Ernst – dicht neben dem Getriebe von Sankt Peter – erfüllte Stätte ist der **Camposanto Teutonico** im Vatikan. Die Tradition dieses Friedhofs, der den in Rom gestorbenen deutschen Katholiken reserviert ist, reicht weit zurück. Erde vom Kalvarienberg zu Jerusalem, dem Leidenshügel Jesu Christi, habe man hierhergebracht, heißt es, und unter Karl dem Großen im Jahr 799 sei der Friedhof eingerichtet worden. Es ist ein Ort der Stille und des Friedens, hoch darüber wölbt sich die Kuppel von Sankt Peter. Den Camposanto Teutonico aufsuchen zu wollen gewährt jedem Deutschen die Erlaubnis, in den Vatikan einzudringen, vorbei an den Schweizergardisten, die diesen Wunsch stets respektieren. Der Tod scheint in Rom eingebettet zu sein in die Abfolge der Generationen, das Wort von der Ewigen Stadt gewinnt – paradox genug – selbst auf den Friedhöfen eine Dimension in die Zukunft hinein, wo es doch meist nur von der Vergangenheit gilt. Groß ist in Rom die Gewissheit, dass die Geschichte immer weiter geht, die kleine des Einzelnen, die große der Ewigen Stadt.

Das moderne Rom in Kürze

Einwohnerzahl und Fläche

Rom ist nicht nur ein Traum, als Ziel von Millionen Touristen Jahr für Jahr. Sondern zuallererst und ganz real eine Metropole mit 2,7 Mio. Einwohnern in den Grenzen des Comune di Roma (der Gemeinde) auf 1285 km² (im Vergleich dazu: Berlin 891 km²), mit rund 4 Mio. auf 5351 km² in der Provincia di Roma (in Stadt und Land der Provinz) und mit 5,5 Mio. auf 17 207 km² innerhalb der Regione Lazio (Region Latium). So ist Rom auf einzigartige Weise ewig und modern: *Caput mundi*, Hauptstadt der Welt, wie es seit der Antike heißt, die ›Stadt der Städte‹ mit einem unvergleichlichen Flair, einer mehr als zweieinhalb Jahrtausende währenden Geschichte ohnegleichen, mit weltberühmten Sehenswürdigkeiten und unerreichten Kunstwerken; und zugleich eine Millionenstadt mit allen Problemen der modernen Zeit, die politisch, wirtschaftlich und sozial etwas widerwillig in der Gegenwart angekommen ist; Gründerin Europas, doch auch an den Rand der kontinentalen Union gerückt; Weltstadt und dennoch zum Teil sogar ›Dritte Welt‹, wie die Päpste und die jeweiligen Oppositionspolitiker im Stadtrat auf dem Kapitol stets monieren.

Politik und Verwaltung

Die heutige Millionen-Metropole ist für ihre Bewohner wie für die Besucher mehr als nur der Rahmen einer Kunst- und Schaubühne, die Stätte eines historischen Welttheaters, das hier sein eindrucksvollstes Stück zur Aufführung brachte und immer noch bringt. Die äußeren Bedingungen sind daher für Touristen und Kunstliebhaber wichtig:

Rom ist die Hauptstadt der Republik Italien (Repubblica Italiana), Sitz des Staatspräsidenten (im Quirinalspalast), der Regierung mit dem Palazzo Chigi als amtlicher Residenz des Ministerpräsidenten, und der beiden Häuser des Parlaments, des Senats im Palazzo Madama und der Abgeordnetenkammer im Palazzo Montecitorio.

Zudem schließt die Stadt Rom im Westen den Staat der Vatikanstadt (Stato della Città del Vaticano) ein, den kleinsten Staat der Welt (0,44 km²), mit dem Papst als Souverän, der zugleich das geistliche Oberhaupt der Katholiken in aller Welt ist, Bischof von Rom und ›Oberster Priester, Summus Pontifex der Universalen Kirche‹ – ein Zentrum der Christenheit.

Außerdem ist die Stadt Rom Verwaltungs-Hauptort der gleichnamigen Provinz und der Region Lazio (Latium). Seine heutige Bevölkerungszahl von 2,7 Mio. hat Rom in den 1970er-Jahren des 20. Jh. erreicht, nachdem die Stadt in der Antike schon einmal eine Million zählte, innerhalb der noch heute deutlich sichtbaren Aurelianischen

Mauern. Im 14./15. Jahrhundert war die Einwohnerzahl bis auf 20 000 gesunken, und auch 1871 – als Rom vollgültige Hauptstadt des Königreichs Italien wurde – hatte die Stadt nur ein Zehntel davon (rund 270 000). In dem weiten Stadtgebiet leben die Menschen in sehr unterschiedlicher Dichte zusammen. Nach einer heftigen Zunahme der Bevölkerung in den 1950er- und 60er-Jahren durch Zuwanderer aus Süd- und Mittelitalien hält sich die Zahl relativ konstant durch Zuwanderung, auch illegale, von Gastarbeitern und Immigranten aus Ost- und Südosteuropa, Afrika, Asien und Amerika, aus Polen und Rumänien, Somalia und dem Maghreb, den Philippinen und dem katholischen Lateinamerika.

Rom war traditionell in 22 *rioni* unterteilt, alte Viertel, deren Gliederung zum Teil noch auf Kaiser Augustus zurückgeht, 18 neue Stadtteile *(quartieri)*, 11 Vororte *(suburbi)* und den Agro Romano, das römische Land ringsum. Heute erstrecken sich die Vororte des Großraums Rom im Osten bis zu den Albaner Bergen, im Westen bis zum Meer bei Ostia, im Süden und Norden weit in die römische Ebene (Campagna). Im Gefolge einer Verwaltungsreform ist der Comune di Roma jetzt zur Erleichterung der Verwaltung in 20 Bezirke *(circoscrizioni)* aufgeteilt worden. Die Stadt wird vom Senatorenpalast auf dem Kapitol, dem Sitz des Bürgermeisters und des Stadtrats, regiert. Alle fünf Jahre finden Kommunalwahlen statt, die darüber entscheiden, welches der beiden politischen Lager, der linken oder der rechten Mitte, das prestigereiche Amt des römischen Bürgermeisters besetzen darf.

Die Stadt erstreckt sich zu beiden Seiten des Tibers, etwa 20 bis 30 km von der Mündung dieses Flusses in das Tyrrhenische Meer bei Ostia entfernt. In der Antike konnten sogar Seeschiffe, lange Zeit auch Lastkähne bis in die damaligen Stadthäfen – unterhalb des Aventin-Hügels und an der Ripetta beim Mausoleum des Augustus – gelangen. Der Tiber trägt heute nur kleine Schiffe und Hausboote. Für die Geschichte Roms, für Wirtschaft und Handel, spielt der Fluss kaum eine Rolle. Fahrten für Touristen sind auf dem Tiber im Sommer möglich, doch sind die Uferanlagen zum Schutz vor Hochwasser sehr hoch gebaut, sodass die Sicht begrenzt ist. In Ostia, das im Altertum zu den wichtigsten Häfen des Mittelmeers gehörte, liegen nur noch Fischerboote und Segelyachten. Roms Hafen ist Civitavecchia im Norden, und er ist mehr für Fähr- und Kreuzfahrtschiffe von Bedeutung als für die Wirtschaft.

Verkehr

Schon früh erkannten die Römer im Altertum die Bedeutung von guten Verkehrswegen. Die damals angelegten **Konsularstraßen** – Via Aurelia, Cassia, Flaminia, Salaria, Tiburtina, Prenestina, Casilina, Tusculana und Appia – erfüllen, ausgebaut und verbreitert, ihren Zweck noch immer. Neue kamen hinzu, sodass die Provinz Rom über ein

Verkehr

Die Vespa gehört fest zum Stadtbild Roms und ist nach wie vor ein wichtiges Verkehrsmittel

sehr gutes, dichtes Straßennetz verfügt. Dem Autoschnellverkehr dienen der große Autobahnring um Rom (Grande Raccordo Anulare), Autobahnen Richtung Norden (Florenz, Bologna, Mailand, Brenner), Süden (Neapel, Bari, Reggio Calabria, Sizilien), Nordwesten (Civitavecchia, Flughafen Fiumicino), Osten (L'Aquila, Pescara) und Südwesten (Latina). Zwei große internationale Flughäfen, der Aeroporto Leonardo da Vinci, 25 km westlich der Stadt am Meer gelegen, und der Aeroporto di Ciampino, etwa 12 km entfernt an der Via Appia (vornehmlich Charterflüge), schließen Rom an das nationale und internationale Flugnetz an.

Rom bildet einen wichtigen Knotenpunkt für den Eisenbahnverkehr zwischen Nord- und Süditalien. Die meisten Fernzüge treffen auf der Stazione Termini, zuweilen auch Tiburtina oder Ostiense ein. Regionalzüge verbinden das Zentrum mit Außenvierteln, Vororten und Städten in Latium, so von Termini nach Ostia (Cristoforo Colombo) oder Fiumicino (Ort und Flughafen).

Das Streckennetz der Metropolitana, der U-Bahn, besteht nur aus zwei Linien von insgesamt 38 km, sie bilden eine X-Form mit der Kreuzung unter der Stazione Termini. Die Linie A führt von der Stazione Battistini im Nordwesten über Sankt Peter, Flamino/Piazza del Popolo und Piazza di Spagna, San Giovanni, Cinecittà nach Anagnina im Südosten, die Linie B führt von Rebibbia im Nordosten über die Stazione Tiburtina und die Stazione Termini zum E.U.R.-Viertel und nach Laurentina im Süden; zwei weitere Strecken sind im Bau. Traditionell dauert das in Rom jedoch sehr lange.

Der Berufsverkehr wird hauptsächlich von Autobussen bewältigt. Oder auch nicht gemeistert und auf den privaten Autoverkehr geschoben, mit den bekannten chaotischen Folgen. Wer es nicht eilig hat, kann für eine Fahrt um die Innenstadt – im oder gegen den Uhrzeigersinn – die Circolare benutzen, die einzig noch verbliebene Straßenbahn.

Wirtschaft

Im Altertum war Rom als Hauptstadt des Imperium Romanum das erste Wirtschafts- und Handelszentrum des Mittelmeerraums. Diese Bedeutung hat es nicht mehr wiedererlangt, weder unter den Päpsten noch im Königreich Italien seit 1871 oder jetzt in der Republik. Das Zeitalter der industriellen Revolution, die Entwicklung der modernen europäischen Handelsströme berührte Rom nur am Rand; es lag geografisch abseits und fand nur schwer Anschluss an den wirtschaftlich weiter vorangeschrittenen Norden. Die Lombardei, Piemont und Ligurien waren und bleiben die wirtschaftlichen Schwerpunkte Italiens, obwohl Anstrengungen unternommen werden, der bevökerungsreichsten Stadt Italiens auch die entsprechende, durch Industrie gestärkte Wirtschaftskraft zu verleihen.

Da ein großer Teil der italienischen Unternehmen im Besitz des Staates ist, gewann Rom nach dem Zweiten Weltkrieg als Verwaltungszentrum der Staatsbetriebe auch wirtschaftlich zunehmend an Bedeutung. ›Junge‹, hochtechnologische Industrien kommen hinzu, sodass die Zahl der kleinen Industriebetriebe am Stadtrand und in der weiteren Umgebung gewachsen ist. Darüber hinaus garantiert die Lage in der Mitte Italiens für die Wirtschaft eine Brückenfunktion zwischen Nord und Süd. Die Mehrzahl der Beschäftigten arbeitet in der Verwaltung und im Dienstleistungsgewerbe. Die meisten Arbeitsplätze bietet traditionell der tertiäre Bereich der Wirtschaft, darunter nicht zuletzt die touristischen Einrichtungen der Stadt.

Religion, Wissenschaft und Kultur

Konfessionen und Nationalkirchen

In Rom, dem Zentrum der katholischen Kirche, sind fast 99 Prozent der Bevölkerung – im direkten Sinne des Wortes – ›römisch‹-katholisch. Die jüdische Synagoge, Kirchen für andere christliche Gemeinschaften und die große Moschee zeigen jedoch, dass in Rom viele Konfessionen und Kulte vertreten sind. Einige Länder haben eine eigene Nationalkirche in Rom, die deutsche ist Santa Maria dell'Anima neben der Piazza Navona.

Jahrhundertelang war Rom die Hauptstadt des päpstlichen Kirchenstaates, die des geeinigten Königreichs Italien wurde es erst 1870/71. Deshalb kommt die dominierende Rolle einer politischen Hauptstadt auf kulturellem und wissenschaftlichem Gebiet neben den konkurrierenden Zentren der ehemaligen Republiken, Herzogtümer und Königreiche auf italienischem Boden nicht so eindeutig zur Geltung wie in anderen, stets zentral regierten Staaten. Das päpstliche Rom zeigt sich besonders bei den Universitäten: Jahrhunderte hindurch hatten päpstliche Hochschulen und Ordensinstitute, vor allem die Universität Sapienza und das Collegium Romanum der Jesuiten, für die höhere Bildung gesorgt. Erst von 1932 bis 1935 wurde die Universitätsstadt mit der Università di Roma errichtet. Zu dieser staatlichen Universität, La Sapienza, der mit etwa 150 000 Studenten größten Europas, kommen noch weitere, Tor Vergata und Roma Tre; außerdem die Università Cattolica del Sacro Cuore, eine katholische Fakultät für Medizin und die Internationale Universität für Sozialstudien Pro Deo.

Eine besondere Rolle in der katholischen Kirche nehmen die päpstlichen Universitäten Roms ein, an der Spitze die Jesuitenhochschule

Religion, Wissenschaft, Kultur

Pontificia Universitas Gregoriana, die für die Ausbildung von Priesteramtskandidaten und Theologen aus aller Welt zuständig sind. Zahlreiche Bibliotheken, staatliche, päpstliche und private, in erster Linie die Vatikanische und die italienische Nationalbibliothek, stellen nicht nur moderne Literatur, sondern auch alte Bücher, Wiegendrucke, Handschriften und Pergamente aus alter Zeit für umfassende Studien bereit.

Mit seinen Bauwerken, Museen und Kirchen bietet Rom einzigartige Möglichkeiten für künstlerische, historische, archäologische und kirchlich-theologische Studien. Zahlreiche italienische und päpstliche Akademien und Institute kümmern sich um die Erforschung der römischen Vergangenheit und um die Pflege von Wissenschaft und Kultur. Daneben unterhalten viele ausländische Nationen in Rom bedeutende Akademien und wissenschaftliche Institute; so Deutschland das Goethe-Institut (für kulturellen Austausch und Sprache), die Villa Massimo (für Schriftsteller und Künstler), das Historische Institut, das Archäologische Institut und die Hertziana-Bibliothek (Kunstgeschichte) oder die Casa di Goethe; auch Österreich und die Schweiz besitzen Kulturinstitute in Rom. Rund 30 Theater erfüllen den Wunsch nach Schauspielen und Unterhaltung. Einige Orchester, das der Accademia di Santa Cecilia, der Oper und der RAI (der staatlichen Rundfunk- und Fernsehgesellschaft), und Kammerorchester garantieren ein musikalisch hohes Niveau. Und in den Sommermonaten werden in Kirchen und auf Plätzen Konzerte gegeben; erfreuen sich Opernaufführungen unter freiem Himmel regen Zulaufs.

Der Blick vom Gianicolo, dem Hügel am rechten Tiberufer, reicht über Rom mit seinen Barock- und Renaissancekuppeln, den antiken und modernen Monumenten über die Vorstädte hinaus bis zu den Gipfeln des Apennin

Palazzi der Macht – Das politische Rom

Die 315 Senatoren der Republik Italien, die, wie die Verfassung vorschreibt, auf regionaler Basis gewählt werden, mindestens 40 Jahre alt sind und eine der beiden Kammern des Parlaments bilden, besitzen eine traditionsreiche Versammlungsstätte. Der **Palazzo Madama** wurde schon im 16. Jh. als römische Stadtresidenz der Florentiner Familie Medici errichtet. Seinen Namen verdankt er der »Madama« Margarete von Parma (1522–86), einer natürlichen Tochter des deutschen Kaisers Karl V. und der Holländerin Johanna van der Gheenst (s. S. 224). Seit einiger Zeit dient die **Villa Madama** der italienischen Regierung zu repräsentativen Zwecken. Ministerpräsident oder Außenminister empfangen hier Staatsgäste zum politischen Gespräch in kunstreicher Atmosphäre, und wenn die Unterredung einmal ins Stocken gerät, hilft ein Blick aus dem Fenster, ein Hinweis auf dieses oder jenes berühmte Monument unten in der Stadt. Noch mehr Bewunderung zeigen die Besucher aus aller Herren Länder beim festlichen Staatsbankett am Abend, wenn Rom heraufglitzert und die Räume im warmen Licht erstrahlen. Dann kommen, bis ins letzte Detail ausgeleuchtet, die Grotesken, Stuckdekorationen und Malereien erst ganz zur Geltung; und was in den Verhandlungen tagsüber noch nicht gelang, glückt vielleicht zur Abendstunde in beschwingter Laune.

Tagsüber – das bedeutet, dass man etwa in dem nahen Außenministerium schwierige bilaterale Fragen erörtert hat. Dieses Ministero degli Affari Esteri, der Auswärtigen Angelegenheiten – wegen des Ortes kurz ›**Farnesina**‹ genannt, doch nicht zu verwechseln mit der durch die Fresken des Raffael viel schöneren Villa Farnesina gegenüber der Innenstadt am Tiber –, ist das klotzigste unter den Regierungsgebäuden in Rom. Den weißen, einförmigen Block jenseits des nördlichen Tiberbogens in der Nähe des Olympiastadions kann man nicht übersehen. Er scheint außen und innen zu gigantisch geraten, worüber auch jene klagen, die darin arbeiten. Er sei zwar eindrucksvoll-stattlich, für weiter gespannte Ambitionen konzipiert, als sie Italien jetzt als europäische Mittelmacht hege, doch kein zweckmäßiger Büropalast.

Tagsüber – das besagt für den Ministerpräsidenten harte Arbeit in seinem Amtssitz im **Palazzo Chigi** an der Piazza Colonna. Rom kann schönere und großartigere Plätze vorweisen als diese Piazza Colonna mit der Triumphsäule des Kaisers Mark Aurel, auf deren Spitze der hl. Paulus das Schwert seines christlichen Wortes zückt; doch hier sind wir im Zentrum des Zentrums, in der Mitte zwischen der Piazza Venezia im Süden und der Piazza del Popolo im Norden. Die Via del Corso führt vorbei; die Via del Tritone, eine beliebte Geschäftsstraße, stößt auf den Palazzo; gegenüber liegen ein bekanntes Kaufhaus und die Galleria Colonna mit ihrer marmornen Pracht. Hier sind wir im Knotenpunkt der Machtstränge. Von hier aus zieht der italienische Regierungschef seine Fäden, leitet den Consiglio dei Ministri, den Ministerrat, und bespricht sich mit den Parteiführern der Koalition. Dem italienischen Ministerpräsidenten konzediert die Verfassung nur eine allgemeine Richtlinienkompetenz: »Er sorgt für die einheitliche Führung von Politik und Verwaltung, indem er die Amtstätigkeit der Minister fördert und koordiniert« – eine etwas vage Arbeitsbeschreibung. Im Erdgeschoss des Palazzo Chigi warten meist Journalisten, wie die Jäger im Anschlag, eines Ministers habhaft zu werden. Häufiger als in anderen Ländern suchen sie Antwort auf die Frage: »Steht die nächste Regierungskrise bevor?«

Wappen der Chigi Papst Alexander VII. 1655–67

Im Innern des alten Palazzo läuft eine moderne Regierungsmaschinerie. Nicht immer reibungslos – was die italienische Innenpolitik viel interessanter macht. Doch die Turbulenzen des Regierungsgeschäfts entsprechen der aufregenden Baugeschichte des Palastes mit allein fünf berühmten Architekten und zahllosen weniger bekannten und den wechselhaften Besitzverhältnissen. Der 1580 begonnene Palast kam erst 1659 zu jener Familie der Chigi, die ihm seinen heute noch geltenden Namen gab. Man vermutet ganz richtig, dass in jenem Jahr ein Chigi-Papst, Alexander VII. (1655–67), auf dem höchsten Thron der Kirche saß, ein Mann, der den Ruhm seines Hauses durch den Erwerb dieses Palazzo zu mehren suchte. Der Name Chigi blieb dem Palast, als er 1917 vom Königreich Italien erworben wurde. Von 1923 bis 1959 war er der Amtssitz des Außenministers. Erst seit 1961 amtiert im Palazzo Chigi der italienische Regierungschef. Der faschistische Diktator Mussolini herrschte vom **Palazzo Venezia** aus, immerhin 21 Jahre lang, während die Hausherren des Palazzo Chigi in der Regel nur knapp ein Jahr bleiben, bis sie die Schlüssel einem anderen übergeben müssen.

Ohrenbetäubend ist der Verkehr auf dem Corso am Regierungssitz. Um den auswärtigen Staatsmännern den Lärm und den Römern die Belästigungen durch dahinbrausende Fahrzeugkolonnen von offiziellen Besuchern zu ersparen, kann der Ministerpräsident die Konsultationen in die erwähnte Villa Madama verlegen oder – ebenso hübsch – in das **Casino der Villa Doria Pamphili** an der alten Via Aurelia im Westen, über das Trastevere-Viertel hinaus, am Gianicolo-Hügel vorbei. Die Bemerkung erscheint fast überflüssig, dass auch hier ein Papst mit seinem Nepoten eine schöpferische Rolle spielte. Innozenz X. aus der römischen Nobelfamilie der Pamphili, dessen Pontifikat von 1644 bis 1655 währte, der also der Vorgänger des Chigi-Papstes war, ließ für den Fürsten Camillo Pamphili einen riesigen Park anlegen, bis heute einer der größten in Rom. An Sonn- und Feiertagen ergehen sich die Römer darin und genießen die Früchte des sonst eher verwerflichen päpstlichen Nepotismus alter Zeiten. Gerade bei schwierigen Regierungskonferenzen kann es nützlich sein, in der Villa zu erwähnen, dass man im *Casino di Allegrezza* tage, im ›Pavillon der Fröhlichkeit‹, dass man sich an den Treppen und Terrassen, an den Statuen, Büsten und Reliefs, den Ornamenten und Malereien erfreuen dürfe, trotz des harten politischen Geschäfts. Über einen Gartenweg hinweg erblickt man, gar nicht weit entfernt, die

Lebensalltag – Kultur – Geschichte

Wappen der Pamphili Papst Innozenz X. 1644–55

mächtige Kuppel von Sankt Peter, und wenn es ausländische Regierungschefs klug anstellen, suchen sie sich diesen Hintergrund für wichtige Erklärungen aus. Das verleiht jeder Rede ›Format‹. Wenn die Staatsmänner mit politischem Geschick Lebensfreude verbinden, wünschen sie sich als Lohn für die anstrengenden Verhandlungen eine Trattoria in dem nahen Viertel von Trastevere mit seinen verwinkelten Gassen und malerischen Plätzen. Bei Pasta und Wein gewinnt man Abstand zu den politischen Problemen.

Papst Innozenz X. selbst sollten die Regierungen bei ihren Konferenzen nicht in den Genius Loci miteinbeziehen. Denn er scheint kein sehr friedliebender Herr gewesen zu sein. Dem Westfälischen Frieden von 1648, als nach dem Dreißigjährigen Krieg die feindlichen Parteien in Deutschland ausgeblutet waren, verweigerte er seine Anerkennung, obwohl in seinem Wappen eine Taube den Ölzweig hält. Höchstes Symbol des Friedens!? Ja und nein. Die Bibelfesten unter den Heraldikern werden einwenden, dass die ›Taube mit dem Ölbaumblatt‹ im 1. Buch Mose, der Genesis, den Stammvater Noah in der Arche hatte wissen lassen, dass die Wasser sich verlaufen hätten auf Erden, dass nun das Leben wieder beginne. Dasselbe Wappen finden wir auch noch an anderer hervorragender Stelle in Rom: auf dem **Palazzo Pamphili** an der Piazza Navona, der noch 1960 für Brasilien als Botschaft zu haben war und nun diesem südamerikanischen Land eine stattliche Vertretung an einem der schönsten Plätze Roms bietet, und am **Palazzo Doria,** der einen weiten Komplex zwischen Piazza Venezia, Via del Corso und Piazza del Collegio Romano einnimmt und die sehenswerte Kunstsammlung der Galleria Doria Pamphili beherbergt. Für die Erforschung blaublütiger Stammbäume sei vermerkt, dass die Pamphili sich mit den Doria verbanden und später in ihnen aufgingen; daher der Doppelname.

Genug der Vergangenheit! Zurück zu den modernen Machtzentren der italienischen Regierung. Schon beim Außenministerium der ›Farnesina‹ zeigte sich, dass Italien trotz der zweieinhalb Jahrtausende römischer Geschichte ein junges Gebilde ist. Es musste sich seit der Einigung zum Königreich Italien im Jahr 1870, wenige Monate bevor auch den Deutschen der erste nationale Einheitsstaat gelang, die Stätten der Machtausübung erst schaffen. Deshalb sind die meisten Ministerien in Rom Bauwerke des Königreichs Italien zwischen 1870 und 1946, als der Monarchie durch einen Volksentscheid ein Ende gesetzt wurde. Im Zweiten Weltkrieg musste man etwa die Arbeiten an den massiven Gebäuden im E.U.R.-Viertel (*Esposizione Universale di Roma,* eine für 1942 geplante Weltausstellung) im Süden der Stadt einstellen. Ein charakteristisches Beispiel für die damalige prätentiöse Architektur ist der 1920 fertiggestellte **Palazzo del Viminale** auf dem gleichnamigen Hügel, in dem das Innenministerium eingerichtet ist.

Die Baumeister sollten in jenen Jahrzehnten die eher beschauliche Stadt des Papstes am Rande Europas zur Kapitale eines modernen europäischen Staates mit imperialen Ambitionen umgestalten. Das päpstliche Rom war in seiner Ausdehnung um 1870 nicht über die Grenzen der römischen Kaiserzeit, ersichtlich an der Aurelianischen Stadtmauer und dem Tiber, hinausgewachsen; ja es vermochte die Räume des kaiserlichen Rom gar nicht zu füllen. So wurden die Ministerien über das Stadtgebiet innerhalb der Mauern verstreut. Nördlich des Forum Romanum, nördlich von Kapitol und Palatin, dem antiken Zentrum der Macht, und östlich der vom Tiber umflossenen Innenstadt entstanden, anschließend an den Quirinalspalast, die Residenz der Könige, die Schaltstellen der einzelnen Regierungsressorts. An der Achse der Via XX Settembre, hinaus zur Via Nomentana – es war Mussolinis Weg vom Büro im Palazzo Venezia nach Hause zur Villa Torlonia – wurden das Verteidigungsministerium (Heer), das Haushalts- und Schatzministerium, die Ministerien für Landwirtschaft und Forsten sowie Arbeit und die Ministerien für öffentliche Arbeiten und Transport aufgereiht. Im Viertel um die prächtige Via Veneto, an der Stadtmauer im Osten (Verteidigungsministerium – Luftwaffe), am Tiber (Verteidigungsministerium – Kriegsmarine und Justiz), in Trastevere (öffentliche Bildung) und schließlich im E.U.R.-Komplex (Finanzen, Handelsmarine, Post, Außenhandel, Gesundheit) suchte man die Plätze für die neue Macht.

Die gigantischen Gebäude der Nationalbibliothek und des Justizpalastes, der zugleich Respekt und kafkaeske Gefühle der Verlorenheit erweckt, Universität und Kliniken, Nationalbank und Museen verliehen der Mitte des Staatswesens neuen Glanz. Die fieberhafte Bautätigkeit der Herren des Königreichs wirkte auf manche wie die Bemühungen eines Parvenüs, der seinem gerade erworbenen Reichtum Bestand verleihen will. Solche Reserven pflegten in Rom vor allem jene, die dem Papst nahestanden, dem ›Gefangenen im Vatikan‹, der seinen Kirchenstaat 1870 eingebüßt hatte und noch nicht durch die Lateranverträge von 1929 versöhnt war. Ob nun die Bauwerke des Königreichs in Rom vor dem gestrengen Auge des architektonischen und historischen Richters Gnade finden oder nicht – sie wurden in der Stadt zu Kristallisationspunkten der weiteren urbanen Entwicklung.

Das Königreich Italien war von Anfang an konstitutionelle Monarchie. So wurde den Abgeordneten 1871 ein stattlicher Palast zugewiesen, der **Palazzo Montecitorio,** direkt neben dem Palazzo Chigi. Deshalb hat es heute der Ministerpräsident nicht weit, seinen Abstimmungssiegen oder -niederlagen in der Kammer beizuwohnen. Wenn man auf der Piazza di Montecitorio im Süden des Palazzo neben dem ägyptischen Obelisken steht, sieht man sofort, dass an der barocken Palastfassade eine Meisterhand am Werk war, die des Bernini. Er begann den Bau um 1650 im Auftrag – wie könnte es anders sein – eines Papstes, Innozenz X., des Pamphili, der seinen Verwandten aus der Ludovisi-Familie damit Gunst erweisen wollte. Nachdem im Jahr 1871 die Abgeordneten in Berninis Palast eingezogen waren, stellte sich bald heraus, dass er zu klein war und sein Inneres den Zwecken nicht gerecht werden konnte. So wurde er Anfang des 20. Jh. umge-

Palast der Abgeordnetenkammer

Die Überlieferung leitet den Namen Montecitorio von Monte accettorio, ab acceptandis suffragiis, ab; hier sei man schon im Altertum zur Stimmabgabe gegangen – womit wir uns in schönster Eintracht mit der heutigen Bestimmung befänden.

Lebensalltag – Kultur – Geschichte

baut und erweitert. Daher zeigt der Palazzo der Abgeordnetenkammer auf seiner Nordseite an der Piazza del Parlamento nun nicht mehr die sanften Schwünge des Barock, sondern die imponieren-wollenden Aufbauten der ersten Jahrzehnte des letzten Jahrhunderts.

In dem gestrengen Innern bildet der Plenarsaal mit seinen vornehmen Farben, der Holzvertäfelung und den ältlichen Dekorationen eine würdige Bühne für diese gegenüber dem Senat politisch wichtigere Kammer des Parlaments. Die Ränge steigen so steil an, dass man fast fürchtet, die Abgeordneten würden bei lebhaften Debatten aufeinanderfallen. In der Tat sind hier – zwar nicht wegen der Statik, doch wegen ihres Temperaments – die Volksvertreter schon aneinandergeraten, haben sich nicht gescheut, ihren Argumenten mit Ohrfeigen und Fausthieben Nachdruck zu verleihen. Neofaschisten und Kommunisten waren die erbittertsten Kampfhähne – Hähne, denn in den 1950er- und 60er-Jahren gab es noch nicht so viele weibliche Onorevoli, Ehrenwerte, wie die Anrede trotz aller politischer Skandale unterschiedslos für alle Abgeordneten lautet. Beängstigend eng wird es, wenn der Präsident der Republik gewählt wird, in einer gemeinsamen Sitzung der beiden Kammern, der 315 Senatoren und der 630 *deputati*, und dazu der Vertreter der Regionen. Mehr als 1000 Wahlberechtigte im muschelförmigen Plenarsaal, dazu alle Besucherlogen voll – da flieht man gern in den *Transatlantico* davor, eine lange Wandelhalle, so genannt, weil sie an die Gesellschaftsräume der luxuriösen Überseedampfer erinnert.

Doch auch im entgegengesetzten Fall, wenn in der Kammer eine Debatte vor fast leeren Rängen stattfindet, wenn nur ein Dutzend Abgeordnete die Gesetzgebung voranbringt, ist die Versuchung groß, die Aula des Palazzo Montecitorio zu verlassen und eines der vielen *ristoranti* der Umgebung anzusteuern. Ein Onorevole stahl sich aus dem Plenarsaal davon, ein anderer gab die Sitzung seiner parlamentari-

Der barocke Palazzo Montecitorio dient seit 1871 als Sitz der Abgeordnetenkammer (Stich von Giovanni Battista Piranesi)

Palazzi der Macht – Das politische Rom

schen Kommission auf, ein dritter ließ seinen Fraktionschef in den nahen Büros für die einzelnen Partei-›Gruppen‹ zurück, der vierte kommt gerade von der Lektüre der Zeitungen mit den neuesten Personal-Spekulationen – da sitzen sie nun, etwa im Ristorante Fontanella Borghese gegenüber dem Palazzo Borghese – richtig: von einem Kardinal, Camillo Borghese, dem späteren Paul V. (1605–21), erbaut – und tun nichts anderes als im Plenarsaal auch: sie reden, allerdings essend und ohne Geschäftsordnung. Die Abgeordneten sind keineswegs ›einfarbig‹, sondern gehören verschiedenen Parteien an. Sie haben schon bei der Pasta die Innenpolitik wieder in Ordnung, wissen, wie es der farblos erscheinende Parteichef besser hätte anstellen müssen, wie die Christlichen Demokraten zurückfinden könnten zu früherem Ansehen, wie die anderen sich weiter an führender Stelle des Regierungsbündnisses halten. Jeder entwickelt seine Theorien und Hypothesen, und alle haben das Gefühl, dass Rom noch immer der Nabel der Welt sei.

Dann gehen sie wieder an die Arbeit – das heißt, es war ja ein ›Arbeitsessen‹, bei dem die politische Dialektik geschärft wurde, bei dem man dem anderen ein wenig in die Karten hat schauen dürfen und von dem man in jedem Fall sich klüger erhebt. Der Christliche Demokrat und der Linksdemokrat konnten einst ein gutes Stück zusammen den Weg zu ihren Parteizentralen gehen. Die Democrazia Cristiana (DC) hatte sich in dem etwas verlassen wirkenden Palazzo del Gesù eingerichtet, zumindest mit ihrem Vorstand; ihre Verwaltungszentrale hingegen befand sich draußen im E.U.R.-Viertel, wo im Palazzo Sturzo mehr Platz für die vielen organisatorischen Aufgaben einer Volkspartei war. Von der Direktion des Partito Comunista war es zur Piazza del Gesù, zu den Christlichen Demokraten, viel näher als zur Zentrale der Sozialisten in der Via del Corso. Erklärt das vielleicht den historischen Kompromiss, die alten Bemühungen des Partito Comunista um die Democrazia Cristiana, die lang gesuchte Allianz zwischen zwei so grundverschiedenen Parteien?

Wenige Meter von den demokratischen Palazzi erhebt sich das Kapitol, seit alters als Mitte Roms geheiligt. Auf dem Kapitolinischen Hügel standen in der Antike die Tempel der vornehmsten Götter, des Jupiter und der Juno; recht besehen, existieren sie noch heute dort, denn die Fundamente von damals bieten jetzt einer Kirche und den Palästen den stützenden Untergrund. Rom hat viele Metamorphosen im Lauf seiner Geschichte erlebt. Hier ist eine, ohne dass die Würde des Ortes davon nur im geringsten beeinträchtigt worden ist. Im **Senatorenpalast** auf dem Kapitol residiert der Bürgermeister.

Besitzt irgendwo auf der Welt ein Stadtvater einen schöneren Amtssitz? Zwar hat der *Sindaco di Roma* nicht mehr die Macht, irgendeinen vom nahen Tarpejischen Felsen zu Tode stürzen zu lassen, aber für seine Mühen im Amt wird er Tag für Tag, Stunde um Stunde entschädigt, hinten hinaus mit dem Blick über das Forum Romanum, vorn mit dem Kapitolsplatz vor der Tür, dessen feinsinnige Linien Michelangelo entworfen hat. Welcher Stadtrat kann sich rühmen, seine

Parteizentralen

Die DC-Führung residierte an dem Platz, an dem die Hauptkirche des Jesuitenordens steht, Il Gesù, die Mutter aller Barockkirchen. Der fromme Name scheint angemessen für die katholischen Politiker, während die Kommunisten viel Spott erdulden mussten, weil ihre ›Direzione‹ ein paar Schritte weiter in der Via delle Botteghe Oscure liegt, in der ›Straße der dunklen Geschäfte‹. Die meisten wissen natürlich, dass nicht Anti-Kommunisten der Straße den Namen gaben, sondern einfach die früher dort eingerichteten und schlecht beleuchteten Läden.

43

Lebensalltag – Kultur – Geschichte

Im Palazzo Farnese, einem Meisterwerk der Renaissance-Baukunst, residiert die Französische Botschaft (Stich von Giovanni Battista Piranesi)

Debatten im »Saal des Julius Caesar« unter den wachsamen Augen einer Statue des ersten ›Kaisers‹ zu führen? Natürlich kann die Stadt nicht mit der Rendite aus den Leistungen des Altertums verwaltet werden, auch wenn viele Römer davon leben, doch wegen ihres Amtssitzes sind Roms Bürgermeister und Stadträte zu beneiden.

Noch einmal wird Neid geweckt im politischen Rom, Traurigkeit von Deutschen darüber, dass Deutschland aufgrund der politischen Ereignisse in der ersten Hälfte des 20. Jh. seine schönen Gebäude in Rom verlor. Sie wurden konfisziert. So hat die Nation, deren Reich einst römisch war – ›Heiliges Römisches Reich (Deutscher Nation)‹, mit Karl dem Großen am Weihnachtstag des Jahres 800 beginnend und erst unter Napoleon endend –, keinen repräsentativen Palazzo mehr, und den Deutschen in Rom bleibt nur, mit Anstand die Gebäude der anderen Länder zu bewundern.

Das hält sich bei den Botschaften der Vereinigten Staaten und Russlands in Grenzen; bei den ersten, weil der **Palazzo Margherita** zwar imposant an der Kurve der Pracht-Via Veneto liegt, doch wuchtig auch die architektonischen Schwächen des 19. Jh. verrät; bei der zweiten, weil sich die **Villa Abamelek** hinter hohen Mauern an der Via Aurelia Antica versteckt – was sie jedoch nicht vor Dieben geschützt hat. Aber ohne Einschränkung ist unser Beifall für die französische Botschaft, den **Palazzo Farnese,** den triumphalen Abschluss der Renaissance-Baukunst in der Ewigen Stadt. Stolzer kann sich eine Nation in der Fremde nicht präsentieren als Frankreich hier in Rom, auch wenn *grandezza* und *gloria, grandeur et gloire* nur ausgeborgt sind, von italienischen Baumeistern, einem Antonio da Sangallo dem Jüngeren, einem Michelangelo, einem Giacomo della Porta. Eine kleine Variante ist bei diesem Auftraggeber anzumerken. Mit dem Bau des Palazzo wurde schon 1514 begonnen, als Alessandro Farnese noch Kardinal war; erst 20 Jahre später wurde er Papst, als Paul III. (1534–

Palazzi der Macht – Das politische Rom

49) – ein mutiger Mann, der von der Zukunft viel erwartete und viel erhielt. Nur wenige Schritte sind es von der Piazza Farnese zum **Palazzo Spada** an der Piazza Capo di Ferro, doch mitten durch dichtes römisches Leben. So ist im Gewirr der engen Gassen die Architektur des Palazzo Spada nur schwer zu würdigen, in dem heute der *Consiglio di Stato* seinen Sitz hat, der Staatsrat, die vereinigte italienische Staatsraison. Außerdem beherbergt der Palazzo Spada die Galleria Spada, eine Gemäldegalerie berühmter Bilder. Glückliche Staatsräte, die es zur Kunst so nahe haben.

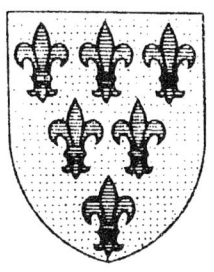

Wappen der Farnese Papst Paul III. 1534–49

Fast sind wir am Schluss unseres Ganges durch das politische Rom mit den Palazzi der Macht. Doch zwei Visiten müssen wir als höfliche Ausländer noch abstatten. Die erste führt uns, wie auch jeden Staatsgast bei einem offiziellen Besuch, an die Piazza Venezia, zum ›Altar des Vaterlandes‹ mit dem Grabmal des Unbekannten Soldaten. Viele sprechen mit wenig Respekt von diesem mitten in der Stadt hoch aufragenden **Denkmal für Viktor Emanuel,** den ersten König des geeinten Italiens, nennen es sogar abschätzig wegen seiner ungewöhnlichen Gestalt ›Schreibmaschine‹. Viele wenden ein, sein kalter weißer Kalkstein passe nicht in die warmen Travertinfarben des übrigen Rom, andere meinen, es stehe einfach am falschen Platz. Aber hier ist nun einmal die Mitte der Stadt, und weil die patriotischen Politiker damals so sehr über die nationale Einheit freuten, war ihnen der würdigste Boden Roms gerade gut genug, Italien zu feiern.

Einen außergewöhnlichen Rundblick über Rom genießt man auch, wenn man beim Präsidenten der Republik in dessen Amtssitz, den **Quirinalspalast,** eingeladen ist. Ein Frühstück im viereckigen Turmzimmer des Palastes zur Morgenstunde, wenn die Sonne noch unverbraucht die Kuppeln der Kirchen und die Dächer der Paläste aufhellt, bleibt unvergesslich. Nach vier Seiten öffnet sich die Aussicht, und was für eine! Dem Belvedere kommt zugute, dass wir uns im Quirinal auf einem der höchsten der klassischen sieben Hügel Roms befinden. Die Höhe von 50 m über dem Meer und damit der etwas frischere Wind können kaum der Grund gewesen sein, warum Gregor XIII. (1572–85) hier der Überlieferung nach die Sommerresidenz der Päpste einrichten wollte; denn der Vatikanische Hügel steigt sogar bis auf 60 m an, und die Nähe zum Tiber mit seinem damals malariafördernden Wasser ist fast gleich.

Vielleicht liebte es Gregor XIII. auch nur, eine neue Idee zu verwirklichen. Er war ein unternehmungsfreudiger Papst, mit Weitblick und Scharfsinn begabt. Nicht umsonst haben wir ihm den Gregorianischen Kalender zu verdanken, die Reform, die durch Ausschaltung von zehn Tagen zwischen dem 4. und 15. Oktober 1582 den Kalender der Menschen wieder dem Stand der Sonne anglich. Da jedoch Gregor XIII. auch die von den Protestanten wenig geschätzte Gegenreformation betrieb, nahmen die evangelischen Länder Europas den päpstlichen Kalender erst mehr als 100 Jahre später an, Russland gar erst 1923, sodass die Russische Oktoberrevolution von 1917 im November stattfand.

Der Garten des Quirinalspalastes (Stich von G. B. Falda)

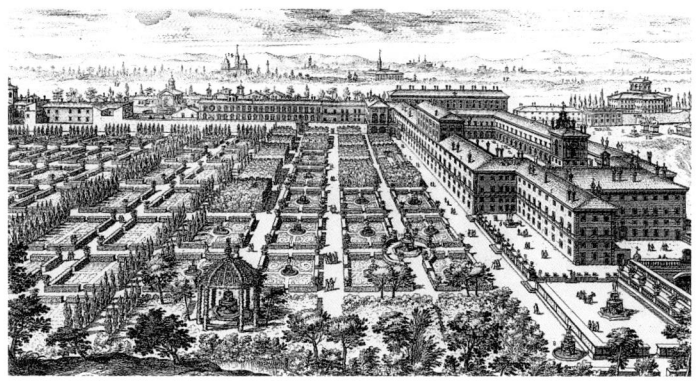

Aber der Quirinal heute ist von konfessionellem Zwist gänzlich frei. Wahrscheinlich ging es Gregor XIII. nur um eine Abwechslung zum Vatikanischen Palast, als er eine Residenz auf diesem Hügel aufschlagen wollte. Dort stand zuvor eine Villa des Kardinals Ippolito d'Este, des Sohnes der Lukrezia Borgia, also des Enkels Papst Alexander VI. (1492–1503). Vielleicht schwebte dem Papst vor, was Kardinal Ippolito in der berühmten Villa d'Este zu Tivoli bei Rom durch das heitere Zusammenspiel von Natur und Kunst, von Landschaft, Wasser und Architektur erreicht hatte, mitten in der Stadt hervorzubringen. Die vatikanische Palastanlage wird ihm schon zu alt, zu unpraktisch und unbequem gewesen sein, und seinen Nachfolgern wohl auch, denn schon Klemens VIII. zog 1592 in den Quirinal um, lange bevor der Bau ganz abgeschlossen war (zwischen 1730 und 1740). Als 1870 Papst Pius IX. von den Italienern in den Vatikan zurückgedrängt wurde, fühlte er sich wohl auch wohnungsmäßig strafversetzt. Im Quirinal lebte es sich besser.

Dort durften dann die italienischen Könige residieren und nach ihnen, ab 1947, die Präsidenten der Republik Italien. Etwas von diesem festlich-unbeschwert-repräsentativen Lebensgefühl, das von dem Palazzo del Quirinale ausgeht, teilt sich mit, wenn der Staatspräsident zum Nationalfeiertag Anfang Juni in den Palast bittet. Da drängen sich in den gepflegten Gärten italienische Politiker und ausländische Diplomaten, hohe Militärs und Beamte, berühmte Leute und solche, die es waren oder werden wollen. Der Sekt – der beste Spumante, den Italien hervorbringt, der dem Champagner nicht nachsteht – perlt aus unversiegbaren Quellen, und der reichgedeckten Buffet-Tische vermögen auch die vielen Gäste nicht Herr zu werden. Wenn man dann auf die Terrasse des Parks tritt, hinüberschaut zur Kuppel von Sankt Peter im feurig-gleißenden Abendlicht und unter sich die ›Stadt der Städte‹ liegen sieht, aus der nur sanft der Lärm heraufbrodelt, stellt sich für einen Moment die Ahnung ein, was Könige und Päpste hier einst gefühlt haben. Nicht nur im Palazzo del Quirinale kann man dies nachempfinden. Rom schenkt große Gefühle.

Die Geheimnisse des Vatikans – Aber wie ist er wirklich?

Wenn die Ampel am Borgo Pio vor der Porta Sant'Anna Grün zeigt, ist der Weg in den Vatikan noch längst nicht frei. An der Grenze, über die man mitten in Rom in den kleinsten Staat der Welt gelangen will, halten Posten der Schweizergarde – seit 1506, bald einem halben Jahrtausend, die treue Wachmannschaft der Päpste – den Fremden an. Erst wenn man einen triftigen Grund für den Besuch im **Stato della Città del Vaticano (S. C. V.)** genannt hat, die Post etwa, die Redaktion des »Osservatore Romano«, der offiziellen Zeitung des Kirchenstaates, oder die Biblioteca Vaticana, wird man eingelassen. Besser noch, man vermag einen Monsignore oder gar Kardinal als Ziel des Besuches und Garanten für den Eintritt anzugeben. Vom Rang des Erwähnten fällt ein Glanz auf den Einlass Begehrenden, und der Schweizer gibt seinem ohnehin gestrafften Körper noch mehr ehrerbietige Festigkeit, wenn es sich um eine Exzellenz, einen Bischof, oder gar eine Eminenz, einen Kardinal, handelt.

Mit dem Plazet der Gardisten, die gewöhnlich in einer einfachen dunkelblauen Uniform hier stehen, nicht im gelb-blau-roten Paradegewand, ist der Zugang zum vatikanischen Staat noch nicht gewonnen. Zehn Meter weiter stoppen päpstliche Gendarmen mit derselben Frage nach dem »Wohin« den Eindringling und verweisen ihn, wenn kein ›exzellenter‹ oder ›eminenter‹ Grund vorliegt, in die Wachstube. Dort muss ein Formular ausgefüllt werden: »Name, Beruf, wohnhaft in, Adresse in Rom, Art des Ausweises, ausgestellt von, am soundsovielten mit der Nummer, polizeiliches Kennzeichen des Autos, wünscht den Eintritt zu, aus folgendem Grund, Datum, Uhrzeit, S. C. V.«. Als Lohn für rückhaltloses Offenlegen von Identität und Besuchsmotiv erhält man einen *permesso di accesso*, eine Zutrittserlaubnis zur Vatikanstadt, anstandslos, ohne Visum im Pass und ohne jede Gebühr.

Mit dem Passierschein in der Hand besitzt man schriftlich, dass hier ein wirklicher Staat seine Souveränität ausübt, wenn auch nur auf 44 ha, auf jenem hügeligen Gelände, das seit der Antike *Vaticanus ager* heißt, das ›vatikanische Feld‹ zwischen dem Monte Mario im Norden und dem Gianicolo-Hügel im Süden. Ein Staat, dessen Existenz und Legitimität von kaum jemandem ernsthaft in Frage gestellt werden. Der amerikanische Präsident oder der russische Außenminister oder der deutsche Bundeskanzler sind gleich begierig, dieses Gebilde zu betreten und seinem Souverän, dem Papst, ihre Aufwartung zu machen. Die einen meinen, das Oberhaupt der katholischen Kirche müsse kraft seiner Stellung und Würde über einen eigenen Staat verfügen, die anderen treffen sich wenigstens darin, dass der Staat sinnvoll sei, damit der Papst von keiner anderen Macht abhänge und auch auf großmächtige Staaten keine Rücksicht nehmen müsse.

> ›Se Cristo vedesse …‹
>
> *Es kann nicht ausbleiben, dass angesichts des vatikanischen Auskunftheischens der Scherz der Römer mit der Abkürzung S. C. V. (für Stato della Città del Vaticano) in den Sinn kommt: ›Se Cristo vedesse‹, wenn das Christus sähe, und umgekehrt: ›Vi cacciarebbe subito‹, würde er euch (alle sofort aus dem Tempel) verjagen.*

Lebensalltag – Kultur – Geschichte

So sind es die meisten zufrieden, völkerrechtlich seit dem Wiener Kongress 1815, inneritalienisch seit 1929.

Ein Staat also, mit genau umrissenen Grenzen, der ein eigenes Oberhaupt hat, den Papst, eine Regierung, den *governatorato* im Gouverneurspalast hinter der Peterskirche, und knapp 1000 Untertanen, die einen vatikanischen Pass besitzen dürfen. Ein Staat, der – zur Freude der Sammler – eigene Briefmarken drucken und Münzen prägen kann, der in der Schweizergarde eine winzige ›Streitmacht‹ und in den päpstlichen Gendarmen eine Wachpolizei unterhält, der auf Steuern verzichtet, sodass vatikanische Bürger und einige beneidete Begünstigte die Waren des täglichen Bedarfs wie Butter und Fleisch in der Annona, dem vatikanischen Supermarkt, und vor allem Benzin an besonderen Tankstellen in und außerhalb des Vatikans kaufen können; ein Staat mit Radiosender (Radio Vaticana) und einem Eisenbahnanschluss, der freilich im Vergleich zum nahen Hubschrauberplatz heutzutage – im Zeitalter der schnellen Bewegungen und Sicherheitsprobleme – immer mehr an Bedeutung verliert, mit Elektrizitätswerk, Postamt und vor allem einer umfangreichen Baubehörde, die den größten Teil der Angestellten und Arbeiter des Vatikans für sich beansprucht – was angesichts der vielen jahrhundertealten Gebäude nicht weiter verwunderlich ist. Aber Strom und Post gehören schon zu jenen Dingen, die jede Kleinstadt zu ihren Errungenschaften zählt, ebenso wie Apotheke, Buchhandlung, Druckerei oder die IOR-Bank, zu denen man nun mit gültigem Passierschein über die belebte **Via del Pellegrino** neben der Porta Sant'Anna gelangt.

Mit der Schweizergarde unterhält der Vatikan eine eigene winzige ›Streitmacht‹

Der Vatikanstaat ist also eine Kleinstadt. Eine Kleinstadt mit allen notwendigen Einrichtungen, die im wesentlichen den Kirchenstaat ausmachen. Ein paar weitere Kirchen, die drei anderen Patriachal-Basiliken vor allem, San Giovanni, San Paolo und Santa Maria Maggiore, und traditionsreiche Gebäude in Rom sowie die Sommerresidenz der Päpste in Castel Gandolfo, etwa 25 km von Rom entfernt, hoch über dem Albaner See, haben exterritorialen Status und gehören ›von außerhalb‹ zum Staat dazu. Das ist der sichtbare Standort des Heiligen Stuhls, der Zentrale der katholischen Kirche mit dem Papst an der Spitze.

Diesmal sind wir mit einem Monsignore an der **Porta Sant'Anna** verabredet, zur Mittagszeit, wenn in den vatikanischen Amtsstuben schon der größte Teil der Tagesarbeit getan ist. Der Fremde ist pünktlich, eingedenk, dass man ›jenseits des Tibers‹ – so nennt das politische Rom den Vatikan – die üblichen Verspätungen der Politiker ›diesseits‹ des Flusses, in der italienischen Politik-Zentrale, missbilligt. Sehr pünktlich, so bleibt Zeit, den Strom der Passanten zu beobachten, einige der etwa 2000 Angestellten des Vatikans, die ihre Büros oder Werkstätten jetzt zur Mittagspause verlassen, Zivilisten oder Priester. Wenige Frauen sind darunter, ein paar Ordensschwestern, aber sie verlieren sich in dem männlichen Strom. Dass die zivilen Angestellten des Vatikans in einer Gewerkschaft organisiert sind, wacker für ihre Rechte eintreten, auch mit Streikdrohungen, sei nur am Rande erwähnt.

Ein paar Schritte von der Porta Sant'Anna, auch Porta Angelica genannt, entfernt, erhebt sich trutzig ein mächtiges Bollwerk, halbkreisrund und gewiss 30 m hoch. Sein martialisches, möglichen Gegnern Respekt einflößendes Aussehen lässt den Schluss zu, dass dieser **Torrione di Nicolò V,** der ›Gefechtsturm Papst Nikolaus' V.‹ (1447–55), ebenso wenig zum Spaß errichtet wurde wie die abweisend emporragenden Mauern rings um die 0,44 km^2. Aus welchem Grund aber mussten hier Bastionen angelegt werden? Die hohen Mauern rings um den Vatikan wurden von Papst Leo IV. (847–55) im 9. Jahrhundert zum Schutz gegen muslimische Feinde errichtet, nachdem Sarazenen im Jahr 846 die beiden verehrtesten und reichsten Kirchen Roms und des Abendlands, Sankt Peter und Sankt Paul vor den Mauern geplündert und gebrandschatzt hatten.

Doch die Bischöfe von Rom hatten als Stadtherren auch Probleme mit den eigenen Untertanen. Dennoch konnten sie in den ersten nachchristlichen Jahrhunderten, nach den Zeiten der Verfolgung durch die römischen Kaiser und vor allem nach dem Sinneswandel Kaiser Konstantins (312–37) zugunsten des Christentums, nicht nur ihre geistliche, sondern auch ihre weltlich-politische Stellung erhöhen. Die Wanderungen der germanischen Völker mit den ›Besuchen‹ in Rom förderten eher ihre langsam wachsende Macht. Später, besonders im dunklen 10. Jh. bedrängten Adelsfamilien die Bischöfe; es war schon viel, die häufigen Wirren jener dunklen Jahrhunderte zu überstehen. Dann suchten die römischen Päpste Schutz im Norden, bei den deutschen Königen, und vergrößerten den Kirchenstaat, das ›Patrimonium Petri‹.

Im Mittelalter residierten die Päpste im Lateranpalast am anderen Ende der Stadt. Auf dem Vatikan-Hügel gab es neben der ersten Peterskirche aus dem 4. Jh. nur ein bescheidenes Bischofshaus; doch immerhin konnte dort der Frankenkönig Karl der Große im Jahr 800 zur Kaiserkrönung Wohnung nehmen. Erst nachdem die Päpste aus dem demütigenden Exil in Avignon, aus der babylonischen Gefangenschaft der Kirche von 1309 bis 1377, nach Rom zurückgekehrt waren, schlugen sie ihre Residenz neben Sankt Peter im Vatikan auf. Der Bau ihres Palastes und bald die Wiedererrichtung der zerfallenen Basilika war Ausdruck ihres gestiegenen Machtbewusstseins in der Renaissance – der Zeit des Turmbauers, Nikolaus' V (1447–55).

Bis 1870 war das geistliche Oberhaupt der Kirche auch weltlicher Herr über den großen **Kirchenstaat,** nicht immer zur Zufriedenheit der Untertanen. Da waren schützende Wehrwerke nicht gänzlich unsinnig. Es ist eine Ironie der Geschichte, dass im Jahr 1870 der Papst vom Ersten Vatikanischen Konzil mit der Gloriole des unfehlbaren Summus Pontifex, eines absolutistischen Monarchen, umgeben wurde und noch im selben Jahr seines Staates verlustig ging, da dieser vom neuen Königreich Italien annektiert wurde. In die päpstliche Hauptstadt Rom drangen italienische Truppen ein, doch vor den Mauern des Vatikans machten sie halt. Erst 1929 fand der faschistische Diktator Mussolini die Lösung, um den Papst als ›Gefangenen im Vatikan‹ und die Millionen betrübter Katholiken über den Verlust des stattlichen Territoriums der Kirche zu trösten: Die vatikanische Residenz erhob man zum Staat, der geistliche Herr wurde – wieder – weltlicher Souverän, doch ein absoluter Monarch ohne Land und fast ohne Untertanen; um so leichter konnte er seine moralische Autorität entfalten.

Genug der Geschichte und der Erklärung für das Bollwerk. Der Monsignore kommt. Wie die meisten vatikanischen Prälaten hat Monsignore C. – C wie ›Cicerone‹ – wenig mit dem Stato della Città del Vaticano zu tun, sondern mit dem Heiligen Apostolischen Stuhl als der Zentralregierung der katholischen Kirche unter dem Papst. Denn ›der Vatikan‹ ist für die meisten nicht der kuriose Zwergstaat, 140-mal kleiner als die Mini-Republik San Marino, sondern die unzugängliche Spitze einer Kirche mit mehr als einer Milliarde Katholiken, das geheimnisvolle Innere einer Institution, ›nicht von dieser Welt‹, und dennoch schon zwei Jahrtausende auf Erden.

Unersteigbar, undurchdringbar wirken die Festungs- und Stützmauern des päpstlichen Palastes links von uns, als wir die **Via del Belvedere** auf die langen Trakte der heutigen Museen zuschreiten. Rechts erstreckt sich ein kleines Viertel relativ flacher Häuser mit vorwiegend ›praktischen‹ Einrichtungen, fast kleinstädtische Gemütlichkeit verbreitend. Die Mauern links mussten nie Kanonenschüssen standhalten, aber sie haben immer Unbefugten den Zugang verwehrt, fremde Neugier zurückgewiesen. Manchmal mögen einen angesichts die-

Die Geheimnisse des Vatikans

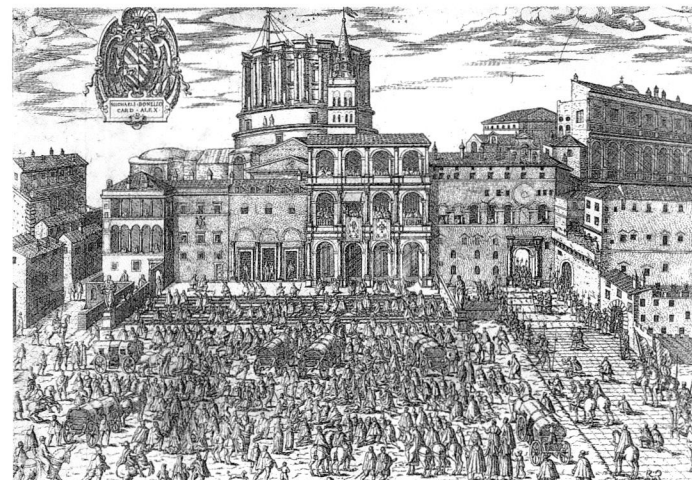

Der Papst spendet den Segen vor der im Bau befindlichen Peterskirche (1567). Dem monumentalen Bau fehlen noch die Kolonnaden von Bernini und die Kuppel von Michelangelo

ser aufeinandergetürmten Steine, angesichts der Höhe des Palastes Gefühle beschleichen, wie sie Kafka in seinem Roman »Das Schloss« zu wecken versteht – Gefühle der Aussichtslosigkeit, den Geheimnissen dieses ›verschlossenen Schlosses‹ beizukommen. Der begleitende Geistliche lächelt dazu.

Die katholische Kirche wird über und hinter diesen Mauern regiert. Doch nur zum Teil. Die meisten der vatikanischen Kongregationen, Tribunale, Sekretariate, Kommissionen, Räte, Büros und Verwaltungen haben ihren Sitz nicht in den vatikanischen Palastbauten, jenem Komplex rechts des Petersplatzes zwischen der Porta Sant'Anna und der Basilika, der mit den Museumsbauten im Norden durch lange Galerien verbunden ist, der alles in allem 1400 Zimmer, Säle und Kapellen auf 30 000 m² umfasst, denen 20 Innenhöfe (25 000 m²) Licht geben. Man sollte meinen, 1400 Räume müssten für die Verwaltung der Kirche ausreichen; aber ein großer Teil wird von den zahlreichen Museen des Vatikans eingenommen.

So sind die meisten kirchlichen Ministerien und Ämter **außerhalb der Vatikan-Mauern** zu finden, etwa im ›Palast der Kongregationen‹ an der Piazza Pio XII direkt vor dem Petersplatz oder an der Piazza San Calisto in Trastevere. Oder sie haben ihren eigenen Palast, wie die Kongregation für die Glaubenslehre den Palazzo del Sant'Uffizio links neben den Kolonnaden des Petersplatzes, die Kongregation für die Evangelisierung der Völker den Palazzo di Propaganda Fide an der Spanischen Treppe mitten in der Stadt oder die Gerichtsbehörden in dem Palazzo della Cancelleria, einem Meisterwerk der Renaissance-Architektur, in der Nähe der Piazza Navona.

Von dort aus greift ›Rom‹, wie katholische Gläubige den Vatikan auch nennen, immer wieder in den Organismus der Kirche überall in der Welt ein. »*Roma locuta, causa finita*« – Rom hat gesprochen, der Fall ist abgeschlossen –, dieses Wort gilt heutzutage, wie wir noch in der Papstgeschichte erfahren werden, mehr als in jenen ersten nachchristlichen Jahrhunderten, da es erfunden wurde. Wie ›Rom‹ freilich hinter den Mauern der Palazzi zu seiner Weisheit kommt, in welcher Erleuchtung es die Bischöfe für Lateinamerika oder Ozeanien ernennt, mit welcher theologischen Erkenntnis vor jenen Theologen gewarnt wird, welchen römischen Einsichten dieses Projekt in den Ländern der dritten Welt seine Förderung verdankt, welchen katholischen Ehen die Nichtigkeit zuerkannt wird, das findet nicht immer eine leichte Erklärung.

In letzter Instanz wird die katholische Kirche vom **Apostolischen Palast** im Vatikan her regiert. Hoch über dem Petersplatz, gegenüber den päpstlichen Gemächern, auf der anderen Seite des Damasus-Hofes, haben das Staatssekretariat und der ›Rat für die öffentlichen Angelegenheiten der Kirche‹ ihren Sitz. Sie sind die Schaltzentrale der römischen Kurie, allen Kongregationen und Kommissionen, Räten und Sekretariaten vorangestellt, das Staatssekretariat mit dem Kardinalstaatssekretär an der Spitze und dem Substituten, dem ›Innenminister‹, an der zweiten Stelle und der ›Rat‹ unter dem Kardinalstaatssekretär als Präfekt und dem Sekretär, dem ›Außenminister‹ des Vatikans.

Einen von diesen dreien – der Kardinal wacht also in Personalunion über ›Sekretariat‹ und ›Rat‹ – als Besuchsgrund ›vor den Mauern‹ anzugeben verschafft bei jedem Wachposten, Türsteher oder Fahrstuhlführer noch tieferen Respekt. Da wird man im Wagen freundlich durchgewunken, darf im Cortile del Belvedere das Auto parken wo man will und sich seinen Weg unter den Hinweisen, nicht Befehlen, des Personals bahnen, bis man zu den Loggien hoch über dem Damasus-Hof in die Vorzimmer der vatikanischen Mächtigen gelangt ist. Staatssekretariat und Rat spiegeln direkt den Willen des Papstes wider, verkörpern am deutlichsten, was der ›Heilige‹ oder ›Apostolische Stuhl‹ ist: Ein souveräner Staat mit einem unbedeutenden Territorium, die Leitung der katholischen Kirche, das ausführende Organ für den Primat des Papstes über die Katholiken in aller Welt, ein Völkerrechtssubjekt, das von Staat zu Staat Beziehungen mit anderen Ländern pflegt und seine Stimme in internationalen Organisationen erhebt, das diplomatische Vertreter entsendet und akkreditiert, eine absolutistische Monokratie, die ohne Macht Herrschaft ausübt, die mit ihrem geistlichen und moralischen Anspruch auch auf Widerrede stößt und doch in diesem Gegensatz Bestand hat. In dieser Verbindung – oder in diesem Paradox – von höchster Prätention, die Gewissen von Millionen von Menschen zu bestimmen, und zwergenhafter Machtbasis, die, von den Steinmauern eindrucksvoll drapiert, mehr verborgen als offenbart wird, liegt das Geheimnis des Vatikans.

Und in seinem Alter von zwei Millennien, selbst wenn es ein weiter, von Unebenheiten und Abweichungen nicht freier Weg war von jenen Steinmauern unter der Petersbasilika, die nach Ansicht von Archäologen das Grab des heiligen Petrus markieren, bis zu jenem Anspruch eines unfehlbaren Primats, der aus den Vatikanischen Mauern hinaus in alle Welt getragen wird.

Der Weg zum Papst selbst beginnt am **Portone di Bronzo,** dem Bronzetor rechts am Petersplatz unter den Kolonnaden, den Säulenreihen des Bernini. Wenn man nicht sogar das Privileg hat, mit dem Auto bis in hinauf in den Damasus-Hof fahren zu dürfen. Am Bronzetor stehen erwartungsvoll die Bischöfe aus der Weltkirche, die bei dem vom Kanonischen Recht alle fünf Jahre vorgeschriebenen *Ad limina*-Besuch – ›an den Schwellen‹ der Gräber der Apostel Petrus und Paulus in Rom – vor den vatikanischen Behörden und dem ›Stellvertreter Christi‹ Rechenschaft über ihre Bistumsleitung ablegen müssen, und jene, die beim Papst zu einer Privataudienz vorgelassen sind. Auch hier gilt es zunächst, das dienstliche Misstrauen der Schweizergardisten zu zerstreuen. Man muss angemeldet sein.

Der langsam ansteigende **Corridore del Bernini,** der Aufgang des Bernini, zwingt zu bedächtigem, fast schon andächtigem Schreiten, das auf der Scala Pia geradezu fromm zu werden droht, nicht wegen des Namens der Treppe (pia bedeutet auch fromm) – der geht auf Pius IX. zurück –, sondern wegen der ›steigenden‹ Pracht. In der Tat tragen die Höhenunterschiede nicht wenig zur Ehrfurcht bei, je näher man dem Papst, das heißt dem Niveau seiner Räume kommt. Denn jetzt am Ende der Scala Pia vor dem **Damasus-Hof** befinden wir uns schon 19 m über dem Petersplatz.

Wir vertrauen uns wieder einer Wache an und müssen noch einmal so hoch steigen, diesmal jedoch mit dem Fahrstuhl, bevor wir am Anfang jener Saalflucht stehen, die schon seit Jahrhunderten die Besucher des Papstes im beabsichtigten Abstand hält: Sala Clementina, del Concistorio, dei Sediari, del Gendarme, d'Angolo (dem Ecksaal, aus

Der deutsche Kardinal Joseph Ratzinger winkt nach seiner Wahl zum Papst am 19. April 2005 vom Balkon des Petersdomes den Gläubigen zu. Er gab sich den Namen Benedikt XVI.

Lebensalltag – Kultur – Geschichte

Die Größe des Petersdomes, in dem etwa 60 000 Besucher Platz finden, ist auch im Innern eindrucksvoll

dem manche voll Ehrfurcht ›Engelssaal‹ machen, weil *angelo* so ähnlich und viel frömmer klingt), degli Arazzi (der Wandteppiche), Guarda Nobile (der Nobelgarde), del Trono (des Thrones), Anticamera Segreta, dei Papi, di San Giovanni, del Tronetto; erst dann befindet man sich vor der Bibliothek, dem Arbeitszimmer des Papstes.

Diese Säle, die auf vier Seiten um einen Innenhof angelegt sind, erfüllen bei den vielen Audienzen des Papstes eine wichtige Funktion; die Besucher können voneinander getrennt werden, und dem Papst bleibt jederzeit ein freier Zu- und Abgang gewahrt. Besonders eindrucksvoll ist bei diesem Rundgang durch so feierliche Hallen – ich gestehe es – der Blick aus dem Südfenster auf die Piazza San Pietro und ganz Rom, der wohl schönste Logenplatz 50 m über der Stadt.

Die meisten, die den Papst sehen wollen, müssen sich jedoch mit Geringerem bescheiden: am Sonntag mit einem Blick vom **Petersplatz,** wenn der Papst von einem Fenster des obersten Stockwerks des Palastes aus den traditionellen »Angelus« betet und danach seinen Segen erteilt; am Mittwoch mit der Teilnahme an einer Generalaudienz in der großen Halle, die nach Plänen des italienischen Architekten Nervi im Auftrag Pauls VI. 1971 fertiggestellt wurde. Dieser Papst hatte während seines Pontifikats von 1963 bis 1978 Freude am Bauen; die neue Audienzhalle, Konstruktionen in den Museen und Restaurationen zeugen davon. Paul VI. kannte den Vatikan genau, da er schon als Monsignor Montini mehr als 30 Jahre darin gedient hatte, und wusste, was den Palästen nottat: Modernisierung und Sanierung – zeitgemäße Beleuchtung in den Sälen, funktionierende Aufzüge, Heizung, Klimaanlagen.

Bei der **Audienzhalle** machte der päpstliche Eifer nicht einmal an den Vatikan-Grenzen halt. Die Aula musste zum größten Teil auf italienischem Territorium errichtet werden, sodass nur die Bühne für den Papst zum Vatikan-Gebiet gehört. Dennoch sehen sich die Pilger vor der Audienz zunächst wieder mit Schweizergardisten konfrontiert, die sich aber hier ohne Rückfragen mit der Eintrittskarte zufriedengeben; anderes wäre freilich bei Tausenden auch nur schwer möglich. Die Wachhabenden mustern mit kritischen Blicken die Menschenströme, und oft wird auch der Inhalt der Taschen kontrolliert, seitdem im Mai 1981 ein Attentäter bei der Generalaudienz auf dem Petersplatz mit einer Pistole auf den Papst schoss und ihn lebensgefährlich verletzte.

Leichter – und natürlich gratis – ist der Eintritt in die **Basilika des hl. Petrus,** in die majestätischste Kirche der Christenheit, den Hohen Tempel des Katholizismus, die Apotheose des Papsttums; besonders zur Winterszeit, wenn die Versuchung gering ist, nur leicht bekleidet Sankt Peter zu besichtigen. Dem Allerheiligsten der katholischen Kirche soll man sich züchtig nahen, zumindest den kirchlichen Anstandsregeln des Landes entsprechend; darauf achten hier die päpstlichen Türhüter.

Leicht, doch gewöhnlich nur noch mit langem Anstehen in endlosen Warteschlangen – doch auch das geht vorüber – gelangt man in

Lebensalltag – Kultur – Geschichte

Geheimarchive?

Die Verliese des Vatikans existieren vornehmlich in der Fantasie der Schriftsteller. Folterkammern und verborgene Geheimarchive scheinen zu jener Institution zu passen, die ihren Einfluss in der Welt nicht nur auf den Glauben gründet, sondern auch auf Strukturen der Macht, seien sie auch ohne Divisionen.

die **Vatikanischen Museen.** Allerdings ist da, im Norden der Vatikanischen Mauer, ein kräftiges Eintrittsgeld zu entrichten. Kunst und Geschichte der Päpste, die sich hier enthüllen, sind nicht tote Fossilien, getrennt von der Gegenwart, gesammelt allein zum Ergötzen der Nachfahren. Die Sixtinische Kapelle oder die Stanzen des Raffael ›leben‹, weil der Leitstern des Papsttums die Auftraggeber von damals mit dem Herrn von heute verbindet, der übrigens eifersüchtig über seine Schätze wacht und kein Stück veräußern lässt, weil der Glaube und die Überzeugung der Künstler von einst noch heute in der vatikanisch-katholischen Kirche lebendig sind.

Wer von dem eigentlichen Museumstrakt im Norden (mit dem achteckigen Belvedere-Hof) durch die langen Galerien am Hof ›des Pinienzapfens‹, an der Bibliothek und dem Geheimarchiv, am großen Belvedere-Hof vorbeiwandert, begibt sich durch Jahrhunderte und endet in den verschachtelten Sälen und Kapellen, die in der Vergangenheit entstanden, deren Geist jedoch beständig von Papst und Kardinälen in die Gegenwart übersetzt wird.

In früheren Zeiten, als der Vatikan vor allem weltlich-herrscherliche Residenz ohne Publikumsverkehr und Terrorismus-Angst war, begaben sich die Päpste zur Entspannung in die Vatikanischen Gärten. Seitdem Autos und Touristen vom Vatikan Besitz ergriffen haben, ist das nicht mehr ratsam. Viele Gründe gibt es, durch den **Arco delle Campane,** links von der Peterskirche, oder unmittelbar daneben an der Kirche **Santa Maria di Pietà** am Camposanto Teutonico in den Vatikan zu fahren. Ein einziger triftiger genügt, der den Wachpolizisten zufriedenstellt. Dann ist man gleich an der Sakristei von Sankt Peter vorbei hinter der Basilika.

Hier kann man am besten die Stärke der Mauern begutachten, auf denen sich die ›Kuppel aller Kuppeln‹ erhebt. Atemberaubend ist der Anblick dieser Kirchenkrönung, wenn man sich etwas höher hinauf in die Vatikanischen Gärten begibt, den Palazzo San Carlo (mit der ›Kommission für die Sozialen Kommunikationen‹, der vatikanischen ›PR-Abteilung‹), das Gebäude mit dem päpstlichen Gericht und dem Wachkorps und den Bahnhof links liegen lässt, ebenso wie den Gouverneurspalast, das Äthiopische Kolleg, das Funkzentrum und die Gebäude von Radio Vatikan. Den Johannes-Turm in der Westecke des Stadtstaates ließ Johannes XXIII. als Alternativ-Wohnung restaurieren, benutzte ihn jedoch nie; der Turm kam zu Ehren beim Besuch des amerikanischen Präsidenten George W. Bush im Juni 2008, weil man die amerikanischen Sicherheits-Agenten vom Apostolischen Palast fernhalten wollte.

Von den **Gärten** aus, etwa in der Höhe des Casino Pius IV., des Sitzes der Päpstlichen Akademie, gehen dem Besucher die Größe und Höhe von Kirche und Palast erst ganz auf und dazu die Weite der Museen mit ihren vielen Abteilungen, von denen jede zahlreiche Räume und Magazine hat. Von der Zecca, der ehemaligen Münzstätte – heute Wohnung einflussreicher Prälaten –, wirkt die zinnenbewehrte Sixtinische Kapelle zwischen Basilika und Palazzo wie eine kleine Ar-

Die Geheimnisse des Vatikans

che Noah, die sich dorthin verirrt hat. Wenn man sich nicht einer Gruppenführung oder -fahrt durch die Gärten angeschlossen hat, geht man am besten hier in Begleitung eines Bischofs spazieren, der im Vatikan bekannt ist oder der wenigstens eine violette Schärpe trägt. Das gibt in den Augen der Wachhabenden Kredit und gestattet ungestörtes Schauen. Der Geistliche betet derweil sein ›Brevier‹, die den katholischen Priestern für die einzelnen Tageszeiten vorgeschriebenen Psalmen und Orationen, angesichts der übermächtigen Mauern.

Kunst der Päpste – die Fresken in den Stanzen des Raffael gehören zu den bedeutendsten Werken in den Vatikanischen Museen

Als Pilger in Rom – Heiliges Jahr

Jahr für Jahr sind es Millionen, die sich nach Rom aufmachen, weil die Ewige Stadt für sie auch die Heilige ist, ein Zentrum der Christenheit, die Wirkungsstätte des Papstes. Auf dem **Petersplatz** hat man sie an einem x-beliebigen Sonntagmittag alle zusammen: eine lebhafte Gruppe aus Neapel, die sich zu einem Gemeinschaftsfoto vor dem Obelisken aufstellt, doch immer wieder tanzt eine(r) aus der Reihe; zwei Ordensschwestern aus dem afrikanischen Angola, die sehnsüchtig zu einem Fenster des vatikanischen Palastes emporblicken; junge Priester in langen Talaren aus Südamerika, Bischöfe aus den Vereinigten Staaten im eleganten schwarzen Anzug mit einem baumelnden Kreuz auf der Brust, bärtige Hierarchen aus dem Orient, Inder und Chinesen, Peruaner und Deutsche. Sie alle demonstrieren, dass in Rom das Herz der Christenheit schlägt.

Millionen von Neugierigen, Touristen und Pilger, begeben sich immer wieder auf den Weg, um das römische *Spectaculum mundi*, das ›geistliche Welttheater‹ der Kirche, zu bestaunen. Wer es miterleben

Papst Bonifaz VIII. verkündet das Heilige Jahr 1300 (Fragment eines Giotto zugeschriebenen Freskos in der Basilika S. Giovanni in Laterano)

Als Pilger in Rom – Heiliges Jahr

will, kann sich etwa einem der nun noch zahlreicheren Pilgerzüge anschließen, an der Spitze oft ein katholischer Bischof. Wenn diese Gruppen dann in Rom ungeniert die Kirchenlieder ihrer Heimat singen, wird sich kein Römer missbilligend nach einem »Großer Gott, wir loben Dich« umdrehen. Auch wer sich etwa profaneren Unternehmen anvertraut oder gar mit dem Auto anreist, merkt bald, dass nicht nur im Heiligen Jahr die Pilger den Ton in Rom angeben.

Nicht nur im sogenannten Heiligen Jahr, das die Kirche des Papstes normalerweise nur alle 25 Jahre feiert – ausgerichtet nach der Geburt des Jesus von Nazareth. Auch wenn im letzten Jahrhundert dies öfter geschah: 1900 – 1925 – 1933 – 1950 – 1975 – 1983 und schließlich 2000. In Erinnerung an Christi Auferstehung wurden 1933 und 1983 zusätzliche Jubeljahre ausgerichtet. Unwichtig, wie immer nun die Wissenschaft das Erdenleben des Jesus Christus exakt datieren mag. Heiliges Jahr ist gleichsam immer in der Ewigen Stadt Rom, oder der Papst erhebt den persönlichen Besuch zur Pilgerfahrt.

Für die anrückenden Massen der auch religiös Interessierten sind die Römer mit jener Gleichgültigkeit gerüstet, die in der Geschichte schon viele Wogen über der Stadt zusammenbrechen und wieder abfließen sah. Einiges wird getan, doch lange nicht genug zur Bändigung des stärkeren Verkehrs. Da werden beträchtliche Fußmärsche erzwungen und moderne Touristen wieder zu wandernden Pilgern.

Doch warum sollte es dem Besucher Roms heute besser ergehen als vor 1000 Jahren oder vor 500? Immer nahmen die Christen die Misshelligkeiten einer Reise in die Stadt des Papstes auf sich. Sie waren weniger sicher als heute, heil oder überhaupt in ihre nordische Heimat zurückzukehren. Gefahren in den Alpen, Wegelagerer hinter dem Brenner, Räuber – und Schlimmeres – in den Gasthöfen der Städte, Betrüger vor den Kirchen warteten auf sie. Die Reiseberichte aus allen Jahrhunderten sind voll solcher Schrecken. Und dennoch: wie ein Magnet zieht die Stadt Rom die Völker und vornehmlich die germanischen an. Selbst Goethe blieb von dem »Genius des katholischen äußeren Gottesdienstes« nicht unberührt.

So machen sich die Deutschen seit Jahrhunderten auf, den Genius Loci, das Faszinierende auch des ›Heiligen Rom‹ aufzuspüren. Der Drang der Germanen nach Süden hat Geschichte gemacht; die südliche Halbinsel lockte immer wieder, verführte selbst die Nüchternen. Das galt noch mehr für die Frommen. Die Gläubigen ersehnten die römischen Apostelgräber. Was der Papst zu bieten hatte, inmitten der prächtigen Kirchen und der unermesslichen Reliquienschätze als Statthalter Christi, Nachfolger Petri und Besitzer der Schlüssel, als Inhaber der geistlich maßlosen Macht, im Himmel und auf Erden zu binden und zu lösen, das konnte ihnen der Krummstab zu Mainz und Magdeburg nicht verschaffen. Daran glaubten die Christen fest, das ließ sie die Unbill der weiten Reise ertragen. Da war man außerdem dem Einerlei des gewohnten Lebens, auch der Sorge um das tägliche Brot enthoben – Klöster am Wege gab es genug –, und am Ende winkte das ewige Leben.

»*So haben auch im Jubeljahr die Römer den großen Zugang nach der Brücke hin derart geregelt, dass auf einer Seite, die Stirn nach der Engelsburg gerichtet, die Leute gehen, die zu Sankt Peter pilgern, und auf der anderen Seite die zum Hügel.*«
Dante Alighieri, »Göttliche Komödie«, (Inferno, 18. Gesang)

Verkehrsregulierung

Mit Vorliebe trifft die römische Stadtverwaltung Verbote ähnlich jener Regelungen, von der Italiens größter Dichter, Dante Alighieri, in der »Göttlichen Komödie« für das erste Heilige Jahr 1300 berichtet (s. o.). Die damals noch viel schmalere Brücke zum Mausoleum des Kaisers Aelius Hadrian, der alte Ponte Elio, wurde zur Einbahnstraße erklärt. Dieses System ist in Rom ausgebaut worden und im Zeitalter des Automobils durch die Erfindung der Fußgängerzonen ergänzt.

Lebensalltag – Kultur – Geschichte

Die sieben Pilgerkirchen und die unter Papst Sixtus V. aufgestellten Obelisken (Stich von Nicolai van Aelst, 1589)

Anno Domini 1300: Scharen von Pilgern sind zur Jahrhundertwende in Rom. Deshalb verkündet Bonifaz VIII. als erster Papst am 23. Februar den gläubigen Fremden für das Jahr 1300 und für jedes folgende 100. Jahr »nicht nur volle und ganze, sondern übergroße Verzeihung«, wenn sie in den Basiliken der heiligen Apostelfürsten Petrus und Paulus mit Andacht beteten. die kann ein jeder für seine Sünden gebrauchen.

Zwei Jahrhunderte später bot Alexander VI., der berüchtigte Renaissance-Fürst aus dem Haus der Borgia, ein anderes Bild des Papsttums. Dennoch waren die Pilger auch im »Heiligen Jahr« 1500 wieder da, um an den Gräbern der Apostel zu beten. Sankt Peter sahen sie als riesigen Bauplatz. Die alte Basilika war verfallen. Gelder aus aller Welt ermöglichten den Neubau. Ein paar Jahre später (1510/11) zog auch Martin Luther, halb als Pilger, halb ›geschäftlich‹, nach Rom. Er war entsetzt sowohl über Papst Julius II., dem Kunst und Kriege mehr bedeuteten als die notwendige Erneuerung der Kirche, als auch über die Stadt Rom und die Römer, die sich wenig darum scherten, Zentrum der noch ungeteilten abendländischen Christenheit zu sein, und das schon gar nicht als moralische Verpflichtung nahmen.

Das Jubeljahr 1600 wurde anders gefeiert. Inmitten herrlicher Neubauten stand ein Scheiterhaufen, der des Philosophen und Theologen Giordano Bruno, der als Ketzer auf dem Campo de' Fiori verbrannt wurde. Die Gegenreformation war entflammt. Drei Jahrhunderte später, anno 1900, errichtete man in der Stadt, deren Herr nicht mehr der Papst war, sondern das liberal-bürgerliche Königreich Italien – Giordano Bruno ein Denkmal.

Gläubige und Nichtgläubige anzuziehen, ist die Absicht der Päpste durch die Jahrhunderte; auch dafür machten sie Rom so schön, nicht umsonst. So wie schon das Buch Mose den Frommen im Jubeljahr gute Taten, etwa Schuldenerlass oder Freilasung von Sklaven, empfahl. Jeden Sonntag um 12 Uhr scharen sich die Pilger zu Zehntausenden um den Obelisken auf der **Piazza San Pietro** und erwarten den Segen des Papstes oder wollen nur die weiße Gestalt im Fenster des Vatikanischen Palastes hoch über der Menge sehen: Nonnen aus Indien, Prälaten aus den Vereinigten Staaten, Maroniten aus dem Libanon, Indios aus Lateinamerika, Arbeiter aus dem Ruhrgebiet, Bauern aus Polen, Italienerinnen aus dem Süden. Die ihn am Sonntag erleben, gehen oft auch am Mittwoch zur Papstaudienz, in der Halle dicht neben Sankt Peter oder auf dem Platz davor. Ihn noch einmal zu erblicken, ist stundenlanges Warten und Stehen wert. Gebannt schauen auch die zu ihm auf, die Italienisch nicht verstehen, freuen sich um so mehr, wenn der Papst sich in ihrer Sprache an sie wendet. Rollstühle werden freundlich geschoben, feurige Italiener umwerben deutsche Mädchen, amerikanische Damen hauchen begeistert »*wonderful*«, Blitzlichter zucken, die weiße Gestalt entschwindet.

Der Pilger sucht auch in den weniger Heiligen Jahren das Tor des Petersdomes, mit dessen feierlicher Öffnung durch den römischen Bischof am Weihnachtstag das jeweilige besondere Jahr beginnt. Rechts in der Vorhalle beugen sich dann Pilger nieder, um das Gemäuer zu küssen. Gleich hinter dem Tor die »Pietà« des Michelangelo, liebliches Madonnengesicht. Die Hallen von Sankt Peter sind am Morgen immer gefüllt. Gedränge und Gewoge der Massen, Schrittescharren, wehende Gewänder, vielsprachiges Getuschel in den Beichtstühlen, rasche Kniebeugen, von irgendwo ein Kirchenlied, heftiges Gebimmel. In der Mitte unter der Kuppel die großen Worte, mit denen nach römischem Verständnis das Papsttum begonnen hat: »TV ES PETRVS – Du bist Petrus, und auf diesen Felsen will ich meine Kirche bauen, dir will ich die Schlüssel des Himmelreiches geben.« In der Erde versteckt, weit unter dem Boden, zeigt man das Grab des Petrus. Welch ein Schrein für ein einfaches Grab!

Weiter zieht es den Besucher zu den Heiligen Pforten der drei anderen Patriarchalbasiliken: **San Giovanni in Laterano, San Paolo fuori le Mura** und **Santa Maria Maggiore**. Die Bischofskirche des Papstes beim Lateranpalast wirkt kahl, riesig – ohne Maß. Für ein Trinkgeld beleuchtet der Custode die Köpfe der Apostelfürsten über dem Altar. Silbern fordern die Reliquien Verehrung. Treten wir in die

Kirche des Paulus, so umgibt uns feierliches Dunkel. In der unter der Kirche liegenden Nekropole hat man noch nicht nach dem Grab des Völkerapostels geforscht. Seine Kirche ist manchem lieb als Stätte ökumenischer Begegnungen.

Kanoniker aus vielen Ländern prägen das internationale Bild der altehrwürdigen Basilika von Santa Maria Maggiore. Wenn sie am Sonntagnachmittag die Vesper singen, hat man genügend Muße, das strahlend erleuchtete Apsismosaik zu betrachten. Die Schönheit des mittelalterlichen Marienbildes versöhne selbst hartnäckige Protestanten, heißt es in Rom.

Mit dem Besuch der vier Patriarchalbasiliken wäre nun der Ablasspflicht Genüge getan. Wer jedoch mehr für sein Seelenheil tun will, kann – am frömmsten zu Fuß – noch zu den drei weiteren stets hochverehrten Pilgerkirchen gehen: **San Lorenzo fuori le Mura** am Hauptfriedhof des Campo Verano, **Santa Croce in Gerusalemme** nicht weit von San Giovanni in Laterano, und **San Sebastiano fuori le Mura** an der Via Appia.

Die Bewohner der Stadt geben sich bei allem gleichgültig. Aber ihr häufig zur Schau gestellter *indifferentismo* ist nur die halbe Wahrheit. Nicht allein die Hoteliers und die vielen, die vom Tourismus leben, stört es empfindlich, wenn die Fremden nicht so zahlreich kommen wie erhofft. Jeder fühlt sich getroffen, wenn Rom fremden Augen nicht anziehend erscheint. Kriminalität, die ›kleine‹ der Taschendiebe und Straßenräuber, ist lästig, aber nicht lebensgefährlich. Kritische Stimmen warnen regelmäßig, der vernachlässigte römische Stadtorganismus sei den Millionen Pilgern und Besuchern nicht gewachsen. Etwa im April 2005 beim Tod Johannes Pauls II. und der Wahl Benedikts XVI.

Weitplanende Organisation ist jedoch schwierig in einer Stadt, in der selbst das Ausheben einer Sickergrube für ein Zeltlager jugendlicher Wallfahrer weit vor den Toren der Stadt an der Via Appia Antica im Heiligen Jahr 1983 zu einem Zerwürfnis zwischen Vatikan, Stadtverwaltung, Justiz und Archäologen führte. Der Grund: Katakomben liegen darunter. Pessimisten malen dann stets ein düsteres Bild: Schmutz, schlechtes Wasser, mangelhafte Kanalisation, fehlende Krankenhausbetten gefährdeten die Gesundheit; Katastrophen, Seuchen, Zusammenbruch des gesamten Verkehrswesens seien unvermeidlich.

Von all diesen Schwierigkeiten wird man in der Begeisterung vielleicht wenig merken, oder sie großzügig übersehen. Da erliegt man dem römischen Paradox, dass die Stadt, die am stärksten das Religiöse veräußerlicht hat, in vielen Menschen das Innerste zu rühren vermag, dass in der Spannung zwischen zum Äußersten gesteigerter Pracht und dem einfachen Ursprung des Glaubens sich das Erlebnis ›Rom‹ vollzieht. Der Papst erteilt »Urbi et Orbi«, der Stadt und dem Erdkreis, seinen Segen. Wenn dann die bunten Luftballons aufsteigen, kann Rom für Hunderttausende von Pilgern, für Millionen überall der glückliche Nabel der Welt sein.

Deutsche in Rom

Die aus dem Norden treiben sich seit mehr als zwei Jahrtausenden mit Vorliebe in Rom herum. In der Antike gehen blonde Germanen über die römischen Foren; man findet in der Hauptstadt des Imperium die Sklav(inn)en von jenseits der Alpen apart. Im Mittelalter und während der Reformation sind die Angehörigen der ›teutschen Nation‹ oft etwas lästig, herrschsüchtig oder kritikeifrig. Später sind die Deutschsprachigen nur noch verliebt in die Ewige Stadt, pflegen ein besonderes Verhältnis. Jetzt gibt sogar ein deutscher Papst, Joseph Ratzinger als Benedikt XVI., im Vatikan und von Rom aus in der katholischen Weltkirche den Ton an.

Zu den Zeiten Caesars und der Imperatoren sind es die Angehörigen unterworfener Stämme im Norden des Reiches; in den Jahrzehnten der Völkerwanderung herrschen sie über die Römer, im Jahr 410 Alarich und seine Westgoten, 455 Geiserich und die Vandalen, im Jahr 500 Theoderich und die Ostgoten. Die Krönung des Frankenkönigs Karl durch Papst Leo III. im Jahr 800 stellt die Beziehungen zwischen Deutschen und Römern auf eine friedlichere Grundlage, auf die des Heiligen Römischen Reiches Deutscher Nation, auch wenn es bei den damit anhebenden Besuchen deutscher Könige in Rom oft nicht ohne

Panninis Gemälde »Galerie der Ansichten des modernen Rom« von 1759, das als Pendant seines Bildes »Galerie der Ansichten des antiken Rom« entstand, vervollständigt die Sammlung von Eindrücken und Erinnerungen der großen Italien-Bildungsreise um römische Palazzi und Kirchen aus Renaissance und Barock

Waffengewalt abgeht. Erst 1452 endet die Serie dieser imperialen Zeremonien mit Kaiser Friedrich III. und Papst Nikolaus V. Deutsche Könige wollen in Rom nicht nur gekrönt, sondern manche auch begraben sein, wie Otto II., der 983, erst 28 Jahre alt, in Rom stirbt und in der Peterskirche bestattet wird.

Die Päpste deutscher Abstammung: der erste – Gregor V. (996–999), der seinen 16-jährigen Vetter Otto III. zum Kaiser krönt – und der letzte – Hadrian VI., Hadrian Florensz aus Utrecht (1522/23), der Lehrer Kaiser Karl V. – fanden ihre letzte Ruhestätte in der Ewigen Stadt. An Hadrians Grabmal in der deutschen Nationalkirche Santa Maria dell'Anima stehen die Worte des lateinischen Schriftstellers Plinius: PROH DOLOR QUANTUM REFERT IN QUAE TEMPORA VEL OPTIMI CUIUSQ(ue) VIRTUS INCIDAT (Wehe, wie viel hängt davon ab, in welche Zeit auch des besten Mannes Wirken fällt), ein resigniertes Resümee dieses Papstes, dessen Bemühen um eine Reform der Kirche in der Zeit der Reformation scheitert.

Dass eine Reise nach Rom oder gar ein Aufenthalt in der Ewigen Stadt bis in die jüngste Zeit ein Abenteuer sein kann, schreckt weder Könige noch Künstler, weder Handwerksgesellen noch -meister aus deutschen Landen. Deutsche Zünfte, Schuster und Buchdrucker etwa, sind im Rom des 15. und 16. Jh. vertreten. Im 18. Jh. beginnt ein wahrer Pilgerstrom deutscher Künstler nach Rom: Dichter und Schriftsteller, Kunstgeschichtler und Komponisten, Historiker und Philosophen. Lessing, Herder, Winckelmann, Goethe, Angelika Kauffmann, August von Platen, Theodor Mommsen und Ferdinand Gregorovius, Schopenhauer und Nietzsche, Mendelssohn, Liszt und Wagner. Das **Caffé Greco** (s. S. 416) in der Via Condotti ist mehr unter dem Namen ›deutsches Café‹ bekannt. Auf preußische Generäle und Diplomaten wie Helmuth von Moltke, Bartholdy oder Wilhelm von Humboldt übt Rom eine besondere Anziehungskraft aus.

Gedenktafeln erinnern noch heute an diese Deutschen: Via del Babuino Nr. 79 an Richard Wagner, Via Sistina Nr. 56 an Nietzsche, vor allem jedoch die Casa di Goethe in der Via del Corso Nr. 18 an den Dichterfürsten. Für den Ruhm Goethes schenkt Kaiser Wilhelm II., der 1888, im Jahr seiner Thronbesteigung, selbst in Rom weilt, Anfang des 20. Jh. (1904) der Stadt Rom sogar ein gewaltiges Denkmal (von Eberlein, in der Villa Borghese). Die Malerschule der Nazarener vereint in Rom bedeutende Künstler aus Deutschland.

Wir müssen uns versagen, ins Detail zu gehen oder dem Ehrgeiz der Vollständigkeit nachzugeben. Deshalb nur ein paar Schlaglichter auf die Geschichten von Deutschen in Rom: Unter dem Protektorat des deutschen Kardinals Schönberg hält Nikolaus Kopernikus im Jahr 1500 Vorlesungen an der Universität Sapienza. Im Jahr 1707 gibt Georg Friedrich Händel ein Orgelkonzert in der Lateranbasilika. Von April bis Juli 1770 wohnen Leopold und Wolfgang Amadeus Mozart an der Piazza Nicosia; der junge Komponist und Virtuose Wolfgang spielt zum Entzücken der Römer eigene Konzerte, auch im Pontificium Collegium Germanicum et Hungaricum, dem deutsch-ungarischen

Theologenkonvikt. Wilhelm von Humboldt residiert als preußischer Vertreter bis 1808 in der Villa Malta in der Nähe der Porta Pinciana bei der Via Sistina; zwei seiner Kinder liegen auf dem römischen Friedhof der Nicht-Katholiken begraben, ebenso wie ›Goethe Filius‹, Goethes Sohn August. Im Jahr 1818 schließt der preußische Gesandte beim Papst, der Historiker Niebuhr, ein Konkordat mit der Kirche ab; ein Jahr später, zur 300-Jahr-Feier der Reformation, wird in seiner Residenz, dem Palazzo Orsini a Monte Savello im Marcellus-Theater, der erste protestantische Gottesdienst in Rom gefeiert. Richard Strauss beeindrucken besonders die Caracalla-Thermen für seine Sinfonische Fantasie »aus Italien«, 1887.

Keine andere Sprach-Nation entfaltet in Rom auch in der Gegenwart ein so reiches geistiges Leben wie die deutsche, mit den **Institutionen** von drei Staaten, der Bundesrepublik Deutschland, Österreichs und der Schweiz. Damit knüpft sie an die Zeit an, die keine so scharfen politischen und nationalen Grenzen kannte, leistet einen besonderen Beitrag innerhalb der Europäischen Union. Dem dienen in erster Linie die traditionsreichen Kulturinstitute: das ›Deutsche Historische‹, jetzt draußen in der Via Aurelia, das ›Archäologische‹ in der Via Sardegna, das ›Kunsthistorische‹, die Biblioteca Hertziana im Palazzo Zuccari in der Via Gregoriana an der Spanischen Treppe, die Künstlerakademie der Villa Massimo in der Nähe der Via Nomentana, die römische Görres-Gesellschaft mit Sitz im Vatikan und die verschiedenen Schulen deutscher Sprache.

Die beiden **deutschen Nationalkirchen,** die katholische Santa Maria dell'Anima und die Christuskirche der Evangelisch-Lutherischen Gemeinde in der Via Toscana/Sicilia, sammeln die Christen verschiedener Konfessionen. Drei Kollegien, Collegio Teutonico (mit dem Camposanto neben Sankt Peter), Santa Maria dell'Anima (mit der Gemeindekirche) und das Collegium Germanicum et Hungaricum, ziehen Priester und Priesteramtskandidaten zur Ausbildung oder zu weiteren Studien aus Deutschland und den umliegenden Ländern nach Rom. Die deutsche Buchhandlung Herder an der Piazza Montecitorio gegenüber der Abgeordnetenkammer hält ein reiches Sortiment mit Büchern deutscher Sprache, aber auch theologische und kunstgeschichtliche Fachliteratur bereit. Journalisten aus den Ländern deutscher Sprache bilden in Rom das zahlenmäßig stärkste Kontingent in der Auslandspresse. Am 19. April 2005 wird der Deutsche Joseph Ratzinger zum Oberhaupt der katholischen Kirche gewählt – Benedikt XVI. – und eine weitverbreitete Tageszeitung titelte: »Wir sind Papst«.

Johann Wolfgang von Goethe – Karneval und Elegien

Kein deutscher Rom-Führer kommt ohne die Worte aus, die Johann Wolfgang von Goethe 1828 seinem Sekretär Eckermann diktierte:

»Ich kann sagen, dass ich nur in Rom empfunden habe, was eigentlich ein Mensch sei. Zu dieser Höhe, zu diesem Glück der Empfindung bin ich später nie wieder gekommen, ich bin, mit meinem Zustand in Rom verglichen, eigentlich nachher nie wieder froh geworden.« Sie können schon gar nicht fehlen, nachdem sich das Goethische Erlebnis zum 200. Mal gejährt hat. Vom 29. Oktober 1786 bis zum 22. Februar 1787 und vom 7. Juni 1787 bis 23. April 1788 – zwischendurch trieb es den knapp 40-jährigen Dichter nach Süditalien –, also fast 15 Monate lang weilte Goethe in Rom, der »Hauptstadt der Welt«, wie er in der »Italienischen Reise«, der persönlichen autobiografischen Beschreibung des insgesamt fast zwei Jahre währenden Aufenthalts in Italien, anmerkt. Eine Tafel am Haus Nummer 18 in der Via del Corso und die dortige Casa di Goethe, die zu einer lebendigen Begegnungsstätte für Interessierte aus aller Welt geworden ist, weisen neben dem Goethe-Denkmal im Park der Villa Borghese auf die römische Hoch-Zeit des deutschen Dichterfürsten hin.

Den Tagebuchnotizen Goethes und seinen Briefen verdanken wir anregende Gedanken, kluge Einsichten und treffende Bemerkungen über Rom und die Römer, über römische Kunstwerke und das Alltagsleben, die noch heute Geltung haben und durch ihre präzise Schilderung fesseln. Es scheint, dass sich Goethe während des ersten Auf-

Johann Heinrich Wilhelm Tischbeins Gemälde »Goethe in der Campagna« entstand 1787. Der Maler ging 1779 nach Rom, um die Werke der Antike, Michelangelos und Raffaels zu studieren, und reiste 1787 mit Goethe nach Neapel

enthalts vor Begeisterung kaum fassen konnte, als ob ihm Rom den Atem nehme und zugleich neues Leben gebe: »Denn es geht, man darf wohl sagen, ein neues Leben an ...«; so notiert, gleich nach der Ankunft am 1. November 1786. Die Stadt überwältigt den aus Deutschland Geflohenen, und der Dichter gibt sich diesem Glück hin, so vollständig, dass er darüber zuweilen sogar das Schreiben vergisst oder hintanstellt.

Goethes Ansichten über Kunstwerke und Kunstepochen werden wir nicht in allen Punkten teilen können. Wir haben in den zwei Jahrhunderten seither durch die Kunstgeschichte gelernt, unsere Aufmerksamkeit allen Stilperioden zuzuwenden und danach unsere Vorliebe zu verteilen, ohne deshalb die Gegenstände unseres geringeren Interesses zu verachten. So verschloss sich Goethe der Kunst ganzer Jahrhunderte, anderes würdigte er erst gar nicht eines Blickes. Das antike Rom ging ihm über alles. Mittelalter, Renaissance und Barock galten ihm wenig oder gar nichts: »Gestehen wir jedoch, es ist ein saures und trauriges Geschäft, das alte Rom aus dem neuen herauszuklauben, aber man muss es denn doch tun und zuletzt eine unschätzbare Befriedigung hoffen. Man trifft auf Spuren einer Herrlichkeit und einer Zerstörung, die beide über unsere Begriffe gehen. Was die Barbaren stehen ließen, haben die Baumeister des neuen Rom verwüstet.« Für die Symbiose der Jahrhunderte, die alles in Rom nebeneinander gelten lässt, war Goethe noch nicht offen genug.

Während seines zweiten Aufenthalts, vom 7. Juni 1787 bis zum 23. April 1788, nach dem Erlebnis Süditaliens, vertieft sich Goethe in die Einzelheiten – Roms, der Römer und der Römerinnen, des römischen Lebens. Er beschäftigt sich zudem auch mehr mit eigenen schriftstellerischen Projekten und pflegt die Kontakte zur deutschen Künstlerkolonie in der Ewigen Stadt. Am originellsten sind seine Beobachtungen des Karnevalstreibens, das ihm in der Abhandlung »Das Römische Karneval« zur Allegorie des römischen Lebens, ja des Lebens überhaupt wird.

Nur einige Sätze aus dem Kapitel »Aschermittwoch« seien zitiert, weil sie uns das Treiben auf den Straßen und Plätzen Roms wie einen Spiegel des menschlichen Lebens vorhalten: »Wenn uns während des Laufs dieser Torheiten der rohe Pulcinell ungebührlich an die Freuden der Liebe erinnert, denen wir unser Dasein zu danken haben, wenn ein Baubo auf öffentlichem Platze die Geheimnisse der Gebärerin entweiht, wenn so viele nächtlich angezündete Kerzen uns an die letzte Feierlichkeit erinnern, so werden wir mitten unter dem Unsinne auf die wichtigsten Szenen unsers Lebens aufmerksam gemacht. Noch mehr erinnert uns die schmale, lange, gedrängt volle Straße an die Wege des Weltlebens, wo jeder Zuschauer und Teilnehmer mit freiem Gesicht oder unter der Maske ..., mehr geschoben wird als geht, mehr aufgehalten wird als willig stille steht, nur eifriger dahin zu gelangen sucht, wo es besser und froher zugeht, und dann auch da wieder in die Enge kommt und zuletzt verdrängt wird. Dürfen wir fortfahren, ernsthafter zu sprechen ..., so bemerken wir ... dass Freiheit

»Wenn man so eine Existenz ansieht, die zweitausend Jahre und darüber alt ist, durch den Wechsel der Zeiten so mannigfaltig und vom Grund aus verändert, und doch noch derselbe Boden, derselbe Berg, ja oft dieselbe Säule und Mauer, und im Volk noch die Spuren des alten Charakters, so wird man ein Mitgenosse der großen Ratschlüsse des Schicksals ... Und dieses Ungeheuere wirkt ganz ruhig auf uns ein, wenn wir in Rom hin und her eilen, um zu den höchsten Gegenständen zu gelangen. Anderer Orten muss man das Bedeutende aufsuchen, hier werden wir davon überdrängt und überfüllt. Wie man geht und steht, zeigt sich ein landschaftliches Bild aller Art und Weise, Paläste und Ruinen, Gärten und Wildnis, Fernen und Engen, Häuschen, Ställe, Triumphbögen und Säulen, oft alles zusammen so nah, dass es auf ein (Zeichen-)Blatt gebracht werden könnte. Man müsste mit tausend Griffeln schreiben, was soll hier eine Feder!«
Johann Wolfgang von Goethe, 5. November 1786

und Gleichheit nur in dem Taumel des Wahnsinns genossen werden können, und dass die größte Lust nur dann am höchsten reizt, wenn sie sich ganz nahe an die Gefahr drängt und lüstern ängstlich-süße Empfindungen in ihrer Nähe genießt. Und so hätten wir, ohne selbst daran zu denken, auch unser Karneval mit einer Aschermittwochsbetrachtung geschlossen, wodurch wir keinen unsrer Leser traurig zu machen fürchten. Vielmehr wünschen wir, dass jeder mit uns, da das Leben im ganzen, wie das Römische Karneval, unübersehlich, ungenießbar, ja bedenklich bleibt, durch diese unbekümmerte Maskengesellschaft an die Wichtigkeit jedes augenblicklichen, oft gering scheinenden Lebensgenusses erinnert werden möge.«

Am vollkommensten, wie mir scheint, hat Goethe sein Lebensgefühl in Rom in den »Römischen Elegien« ausgedrückt. Die fünfte und der Anfang der siebten seien hier wiedergegeben, weil nur die Dichterworte jene Heiterkeit des Glücks zurückrufen, die zuweilen auch flüchtigere Besucher Roms empfinden.

Froh empfind' ich mich nun auf klassischem Boden begeistert,
Vor- und Mitwelt spricht lauter und reizender mir.
Hier befolg' ich den Rat, durchblättre die Werke der Alten
Mit geschäftiger Hand, täglich mit neuem Genuß.
Aber die Nächte hindurch hält Amor mich anders beschäftigt;
Werd' ich auch halb nur gelehrt, bin ich doch doppelt beglückt.
Und belehr' ich mich nicht, indem ich des lieblichen Busens
Formen spähe, die Hand leite die Hüften hinab?
Dann versteh' ich den Marmor erst recht: ich denk' und vergleiche,
Sehe mit fühlendem Aug', fühle mit sehender Hand.
Raubt die Liebste denn gleich mir einige Stunden des Tages,
Gibt sie Stunden der Nacht mir zur Entschädigung hin.
Wird doch nicht immer geküßt, es wird vernünftig gesprochen;
Überfällt sie der Schlaf, lieg' ich und denke mir viel.
Oftmals hab' ich auch schon in ihren Armen gedichtet
Und des Hexameters Maß leise mit fingernder Hand
Ihr auf den Rücken gezählt. Sie atmet in lieblichem Schlummer,
Und es durchglühet ihr Hauch mir bis ins Tiefste die Brust.
Amor schüret die Lamp' indes und denket der Zeiten,
Da er den nämlichen Dienst seinen Triumvirn getan.

O wie fühl' ich in Rom mich so froh! gedenk' ich der Zeiten,
Da mich ein graulicher Tag hinten im Norden umfing.
Trübe der Himmel und schwer auf meine Scheitel sich senkte,
Farb- und gestaltlos die Welt um den Ermatteten lag,
Und ich über mein Ich, des unbefriedigten Geistes
Düstre Wege zu spähn, still in Betrachtung versank.
Nun umleuchtet der Glanz des helleren Äthers die Stirne;
Phöbus rufet, der Gott, Formen und Farben hervor.
Sternhell glänzet die Nacht, sie klingt von weichen Gesängen,
Und mir leuchtet der Mond heller als nordischer Tag.

Der kranke Marmor

Akute Gefährdung der Altertümer

Der Anblick der marmornen Triumphsäulen in Rom bedrückt. Wo früher das hochgemute Gesicht eines Feldherrn und die stolzen Mienen seiner Offiziere überlegenen Sieg ausdrückten, starren nun ausgehöhlte, totenhafte Masken. Wo einst die kraftvollen Körper der Soldaten, die bebenden Nüstern der Pferde Kampfeslust verbreiteten, siechen nun lepröse Marmorleiber zu Skeletten dahin. Was in Marmor gehauen für die Ewigkeit zu sein schien, zeigt nicht mehr nur die Spuren der Vergänglichkeit. Vieles ist bereits vergangen, verloren für immer. Das sei das Ergebnis einer langwierigen Stein-Krankheit, sagen die Experten, leicht zu erklären: $SO_2 SO_3 - H_2SO_4 - CaCO_3 - CaSO_4$; so werde aus Marmor mithilfe schwefliger Umwelteinflüsse Gips, ganz einfach Gips, der in Rom langsam von Säulen und Tempeln, von Triumphbögen und Palastfassaden abfällt und sich mit dem Staub der Gosse mischt.

Ein Gang durch das historische Zentrum Roms, von der Piazza del Popolo im Norden die Via del Corso hinunter über die Piazza Venezia, vorbei an den Kaiserforen und dem Forum Romanum bis zum Kolosseum und den Triumphbögen des Titus und des Konstantin, stimmt besorgt. Um viele Monumente stehen eiserne Gerüste; grüne Schutzplanen verbergen Marmorreliefs.

Ein genauer Blick lehrt, dass es nicht um Schönheitskorrekturen geht, sondern um Substanz-Operationen, darum, den weiteren Verfall aufzuhalten, zu retten, was noch gerettet werden kann. Die Kunsthistoriker und Gesteinsexperten hatten seit Langem gewarnt. Jetzt, da der Schaden so weit fortgeschritten ist, nimmt man erschrocken wahr, dass dringende Hilfe fast schon zu spät kommt. Sonst können unsere Kinder und Enkel auf den Reliefbändern zu Ehren des Trajan und des Mark Aurel statt kämpfender Krieger und schnaubender Pferde nur noch Gerippe sehen.

Nicht allein der Zahn der Zeit hat an den jahrhundertealten Meisterwerken römischer Bildhauerkunst aus dem Marmor von Paros und Carrara genagt. Gewiss, er hatte an den 30 m hohen Triumphsäulen, die heute statt der Kaiser die Apostel Petrus und Paulus auf ihre Spitze tragen, reiche Beute. Aber seit einigen Jahrzehnten sind schärfere und gewalttätigere Feinde hinzugekommen: die Abgase des Millionenheeres der römischen Autos, die Vibrationen, hervorgerufen von schweren Motoren und vorbeirüttelnden Bussen, die feine tödliche Risse im Gestein bewirken, dazu die jetzt überall verbreiteten Heizungen, die im Winter die Bauwerke oft mit einer öligen Rußschicht zudecken. Die Schwefel- und Stickstoffverbindungen, die das moderne Leben in einer Millionenstadt begleiten, führen ihren eigenen Kampf mit den Legionen der römischen Kaiser und den feindlichen Barbaren, den Dakern und Markomannen, den Quaden und Sarma-

> »Die Feinheit des Werkes ist verloren. Es bleiben nur geringe Spuren der ursprünglichen Oberfläche. Wenn man die Oberfläche berührt, behält man in den Händen Stückchen von Marmor, der wie Zucker scheint. Der Prozess, der den Stein zu Gips und Mehl werden lässt, ist nach wissenschaftlichen Erkenntnissen in einem weit fortgeschrittenen Stadium irreversibel. Was man machen kann, ist allein, diesen Verfall mit vorsichtigen Eingriffen zu bremsen; in der Zwischenzeit muss sich die Stadt in Ordnung bringen.«
>
> Adriano La Regina

ten. Die Siegesaussichten der steinernen Imperatoren scheinen gegenwärtig nicht günstig.

Der verantwortliche Denkmalpfleger für Rom und das Latium, Adriano La Regina, sprach Anfang der 1980er-Jahre ohne Schonung von den Schäden der Marmorplastiken. Der fast ohnmächtige Herrscher über die Altertümer zählte viele Objekte in Rom auf, die akut gefährdet seien oder an denen schon Gerüste stehen. Da finden sich fast alle Tempel, an der Spitze der des Saturn auf dem Forum Romanum, die Triumphbögen, besonders der des Septimius Severus und der des Konstantin, die Obelisken, zahlreiche Statuen, Inschriften und Gemälde, die alten Tiberübergänge des Ponte Milvio und des Ponte Fabricio, das Kolosseum ebenso wie der kleine Elefant des Bernini vor der Kirche Santa Maria sopra Minerva. In seiner Sorgenliste ganz vorn rangierte das bronzene Reiterstandbild des Kaisers Mark Aurel. Es stand auf dem Kapitolsplatz, bevor es in die Werkstatt zu den Restauratoren kam. Anders war der Zerfall der Bronze nicht aufzuhalten.

Doch was mit einem Standbild möglich ist, versagt bei einer ganzen Stadt. Denn rings um das alte Rom herum mit seinen Säulen und Tempeln lebt es und quirlt es, brodelt unverbannbar der Verkehr. Man kann eine einzelne Straße schließen, wie die Via della Consolazione, die zu Füßen des Kapitolinischen Hügels zwischen den Tempeln hindurchführte. Aber man kann nicht alle Monumente Roms mit Friedhofsstille umgeben oder ins Museum sperren. Etwas anderes kommt hinzu. Die Römer haben immer mit ihren Altertümern gelebt, zwanglos, selbstverständlich, mit einer gewissen Nachlässigkeit. Wären sonst Ruinen entstanden und stehengeblieben? Vieles Neue hat nur deshalb gebaut werden können, weil man Altes einfach überging. Rom wäre nicht Rom geworden, wenn die Römer und ihre Bauherren übertriebene Rücksicht auf die Vergangenheit gezeigt hätten. Manchen mag es respektlos erscheinen, dass sie Steine und Marmorplatten aus dem Kolosseum brachen und etwa in neuen Gebäuden, dem Palazzo Venezia, dem Palazzo Farnese oder dem der Cancelleria wieder-, manchmal vielleicht sogar besser verwendeten.

Ein allgemein gültiges Konzept, ein Patentrezept für das ›Aufheben‹ der gestalteten Kultur Roms ist noch nicht gefunden. Bloße Konservierung – ganz Rom in einen luftdichten Plastikbeutel verpackt – kann weder wünschenswerte noch realisierbare Maxime zur Rettung der überkommenen Kulturgüter sein. Jeden Tag will hier das Problem gelöst sein, wie die Ewige Stadt mit den Bedürfnissen einer Millionenbevölkerung und den Schätzen ihrer Geschichte leben kann, ohne dabei die Zukunft zu verlieren und die Vergangenheit einzubüßen. Der langjährige Bau der Metropolitana, der Untergrundbahn, durch die Innenstadt, mitten durch den an klassischem Schutt reichen Boden – mit der Möglichkeit, archäologisch kostbare Schätze zu finden, freilich auch mit der Gefahr, dass Vasen und Statuen von gierigen Baggern zermalmt werden könnten –, deckte die tausend Schwierigkeiten des römischen Lebens zwischen gestern und morgen auf.

Mit den vom italienischen Staat bereitgestellten Mitteln sind die notwendigen Arbeiten in Rom kaum auszuführen. Doch die Probleme sind nicht allein finanzieller Art. Die Zahl aller mit der Pflege der Denkmäler betrauten Experten müsste um ein Vielfaches wachsen. Das würde langfristige Planung verlangen bei gleichbleibender Bereitschaft und Fähigkeit, sich Denkmalpflege etwas kosten zu lassen, und zwar in gewaltigen Dimensionen. Dies könnte die römischen Kräfte, vielleicht gar die des italienischen Staates überfordern.

Nicht umsonst bat der ehemalige Bürgermeister von Rom, der Kunsthistoriker Giulio Carlo Argan, die UNESCO um Hilfe, mit dem betrüblichen Eingeständnis über den Zustand der Denkmäler: »Obwohl einige Erfolge in der Forschung zu verzeichnen sind, muss man sagen, dass gegenwärtig keine vorbeugende und heilende Therapie gefunden worden ist und dass, wenn auch einige Restaurierungseingriffe ermutigende Ergebnisse erbracht haben, diese so langsam, kostspielig und schwierig sind, dass sie nicht auf so ausgedehnten Flächen angewandt werden können wie denen von Rom, die schon von dem Übel angegriffen sind.« Es lässt sich wohl nicht verhindern, dass die Kunstschätze Roms ›alt‹ werden, dass sie immer mehr Spuren der Vergänglichkeit aufweisen. Aber rasch muss man Vorsorge treffen, dass der Zerfall, den der Mensch und die modernen Lebensumstände heute beschleunigen, nicht weiter um sich greift.

Marode Bausubstanz – Altstadtsanierung oder behutsame Restaurierung?

Doch das sind nicht die einzigen römischen Sorgen mit alten Bauten. Das historische Zentrum, das *centro storico* in der Tiberschleife, ist zwar nicht der älteste Teil der Hauptstadt, hat vielleicht auch nicht die berühmtesten *monumenti*, aber seine Bausubstanz versetzte die Urbanisten in Alarm. Es ist malerisch, gewiss, was man halt so malerisch nennt, wenn man an enge Gassen ohne Bürgersteig denkt, an deren Ende Kirchenkuppeln schweben; an Häuser mit abblätterndem Putz, zwischen denen plötzlich die Fassade eines stolzen Adelspalastes aufsteigt; an Plätze mit Brunnen und alten Standbildern, an kleine Handwerksläden und praktische Geschäfte.

Aber die Bewohner in diesen vom Tiber umarmten Vierteln, in den Rioni Ponte und Parione, sind voller Sorge. Ihre Häuser mögen vielleicht für den Touristen beneidenswerte Plätze sein, wären als Kulisse einer italienischen Oper noch immer unübertroffen, doch mitten im Denkmalschutz wohnt es sich schlecht. ›Sanierung‹ heißt das Wort, mit dem man diesen Römern Hoffnung macht und Schrecken einjagt. Denn sie wohnen dort seit Generationen. Ohne dass sie es so recht merkten – südliche Gleichgültigkeit hat diese Entwicklung begünstigt –, begannen ihre Häuser zu zerfallen. Die Besitzer hatten auch nicht das Geld für größere Reparaturen. Die Mieten waren und sind zudem bescheiden. Einige Gewitzte haben ihre Häuser an italienische oder ausländische Firmen verkauft, die dann in den alten Gebäuden Luxuswohnungen oder Büros einrichteten und an begüterte Italiener oder ›Romantiker‹ aus dem Ausland vermieteten. So bleiben die Bauten erhalten, doch die Römer fühlen sich von den reichen Fremden in ihrer angestammten Heimat gestört und bedroht.

Guter Rat ist teuer. Von den Mieten, die dort seit Jahren gezahlt werden, lässt sich eine Sanierung nicht finanzieren. Aber kann der Staat oder die Stadt Rom den Alteingesessenen mit öffentlichen Geldern aus den dunklen Behausungen, die oft ohne ausreichende sanitäre Anlagen sind, begehrte Luxusappartements schaffen? Was gilt mehr: das Recht auf Heimat seit Generationen oder das Geld der Reichen, die darauf warten, dass die Häuser am Farnese-Platz oder am Campo de' Fiori frei werden und sie dort ›sanieren‹ können? Soll man die römische Altstadt verfallen lassen, bis man eine sozialpolitisch und wirtschaftlich befriedigende Antwort gefunden hat, um ein nicht unumstrittenes Ideal von sozialer Wohnungsgerechtigkeit durchzufechten? Denn die öffentliche Hand kann nicht alle Wohltaten in der Innenstadt verteilen, wo draußen in den Außenbezirken noch Baracken stehen und Tausende auf eine Wohnung warten.

Solche Überlegungen lasten auf den Römern links und rechts des Corso Vittorio Emanuele. Mut macht es ihnen, wenn ein Sanierungsprojekt von der Stadt in Angriff genommen wird, wie das am Tor di Nona im Norden des inneren Tiberbogens. Dann beunruhigen wieder Fragen, welche Auswirkungen das geplante Mietrahmengesetz hier haben werde. Müssen die alten Händler, die geschickten Handwerker dann wegen der neuen Regelung weichen? Ein ›Komitee von Handwerkern und Händlern des historischen Zentrums‹ hat sich gebildet, damit die kunstvollen Restauratoren, die fleißigen Schuster, die Schreiner und Schmiede, die Lieferanten von Öl und Wein, Käse und Wurst nicht aus dem Schatten des Pantheons, aus dem Umkreis der Piazza Navona durch höhere Abgaben vertrieben werden. Aber zwischen den Schleifen des Tibers hat man im Laufe der Geschichte schon größere Sorgen erlebt. So wird man wohl auch diesmal in Rom keine ›sauberen Lösungen‹ treffen, die das Unterste zuoberst kehren und den Charakter dieses Rom zerstören.

Viele Alteingesessene halten sich hartnäckig und bewahren ›das Römische‹ des historischen Zentrums, auch wenn manche weichen müssen. Hier und da sieht man sorgfältig erneuerte Fassaden oder Baugerüste, die auf gründliche Restaurierung schließen lassen. Einiges verändert sich, was für die Betroffenen zuweilen mit Opfern verbunden ist. Doch andererseits ist zu begrüßen, dass man nicht tatenlos dem Verfall wertvoller Bausubstanz zusieht. Es wird viel restauriert, doch nicht ›saniert‹. Man vergreift sich nicht gewaltsam blind an ganzen Straßenzügen – das würde auch die wirtschaftlichen und finanziellen Mittel der Römer übersteigen –, sondern stärkt vereinzelt dem Alten die gebrechlichen Mauern. Das ist nicht wenig und bewahrt Rom vor schlimmerem Schaden. Bei kühnen Projekten sind die Römer doppelt skeptisch.

Storie di Roma – Geschichten Roms

Die Ewige Stadt

Es gibt keine ›Geschichte Roms‹. Noch niemandem ist gelungen, eine vollständige Geschichte jener Stadt zu schreiben, welche zu Recht die ›Ewige‹ heißt, *caput mundi*, Haupt der Welt, genannt, Mittelpunkt des Imperium Romanum, eine exemplarische Geschichte der Stadt, die das Zentrum der abendländischen Christenheit war und noch immer das der katholischen Kirche ist, die lange die Mitte der europäischen Kunst blieb. Keiner vermochte alles zu berichten, was sich in dieser Stadt seit mehr als zweieinhalb Jahrtausenden an Großem ereignet hat, was an Kunst geschaffen wurde, wie Rom gewachsen ist und sich in allen Jahrhunderten durch die Kraft des Aufnehmens und Angleichens behauptet hat wie keine andere Stadt dieser Welt – was Rom gewesen ist, was es für die Welt bewirkte und noch bedeutet.

Der eine hat dies herausgegriffen, der andere jenes, und es entstanden bewundernswerte Geschichtswerke. Das fing schon früh an. Bereits im Altertum verspürte man das Bedürfnis, die Geschichte dieser einzigartigen Stadt aufzuschreiben. Caesar, Sallust und Livius, Vergil und Horaz, Ovid und Tacitus, römische Schriftsteller also der beiden Jahrhunderte vor und nach Christus, stillten nicht nur den Wissensdurst ihrer Zeitgenossen an der römischen Geschichte vom Mythos bis in die jeweilige Gegenwart, sondern auch den künftiger Geschlechter. In den folgenden Jahrhunderten fühlten sich immer wieder bedeutende Geister von der Geschichte Roms und des Imperiums herausgefordert. Je weiter die Geschichte Roms voranschritt, desto reicher wurde die Literatur, desto mehr variierte der Blickwinkel der Betrachter, wie etwa bei dem großen christlichen Kirchenlehrer Augustinus (354–430) in seinem »Gottesstaat«. Denn aus dem Caput mundi, dem Haupt des Römischen Reiches, erwuchs das Zentrum der Christenheit, die Stadt der Päpste.

Bedeutende Historiker, gerade deutscher Sprache, ein Theodor Mommsen oder Ferdinand Gregorovius, Leopold von Ranke oder Ludwig von Pastor etwa, alle vom ursprünglichen historischen Wagemut des 19. Jh. getragen, wandten ihre ganze Gelehrsamkeit verschiedenen Geschichten Roms zu, der antiken »Römischen Geschichte« (Mommsen), der »Geschichte der Stadt Rom im Mittelalter« (Gregorovius), jener der Päpste und des Papsttums (Ranke und Pastor). Umfangreiche grandiose Werke verfassten sie, die noch heute durch ihr immenses Wissensmaterial und die gestalterische Kraft, ihre Übersichten und Ordnungslinien beeindrucken. Und dennoch können sie nicht mehr als eben Geschichten Roms sein. Nicht Anekdoten, beileibe nicht, aber doch nur einzelne Stämme und Zweige dieses riesigen Baumes ›Rom‹. So wollen auch wir nichts anderes, als einige ›Geschichten‹ der römischen Geschichte kennenlernen, jene großen Kapitel, welche die Antike, das Christentum und das Papsttum auf

Lebensalltag – Kultur – Geschichte

römischem Boden geschrieben haben, jene Geschichten von den Ursprüngen der in Mythen getauchten Stadtgründung bis an die Schwelle zum Weltreich, dann die des Imperium Romanum und der Kaiser, die des christlichen Rom und schließlich die besondere des Papsttums, seiner Idee und seiner Träger.

Unsere Aufgabe ist freilich nicht die abstrakte Geschichtsbetrachtung, sondern besteht immer im Besehen der Zeugnisse, die uns in Stein und Farbe überliefert sind und uns in der Stadt vor Augen liegen. Deshalb findet jeder Blick in die historische Vergangenheit, auf die Folge der Ereignisse seine Entsprechung in dem, was Künstler geschaffen haben, was man in seinen vielfachen Beziehungen ›Kunstgeschichte‹ nennt, wie Architekten, Bildhauer und Maler und, nicht zu vergessen, Dichter, Schriftsteller und Handwerker ein Stück ihrer Zeit durch ihre Werke festgehalten, für die Nachwelt ›aufgehoben‹ haben.

Dann wird uns das antike Rom beschäftigen, das christliche der ersten Jahrhunderte, das mittelalterliche, die Stadt der Renaissance und des Barock in besonderer Weise. Das bringt mit sich, dass wir unsere Aufmerksamkeit nicht nur einzelnen Kunstwerken schenken, den Foren und Tempeln, den Säulen und Triumphbögen, den Kirchen und Palästen, Brunnen und Plätzen, sondern auch der Stadt insgesamt, ihrer urbanistischen Entwicklung, ihrem Wachsen und Abnehmen, der allgemeinen Bautätigkeit und Bevölkerungsentwicklung. Überschneidungen, Überlappungen, auch Wiederholungen, freilich unter einem neuen Licht, werden sich dabei nicht vermeiden lassen, wenn unser Gang von der profanen in die ›heilige‹ Geschichte der Ewigen Stadt führt. Und schließlich werden wir immer wieder in einzelnen ›Porträts‹ von der unpersönlichen Geschichte der Epochen zu den lebendigen Geschichten der Kaiser und Päpste, der mythischen Gestalten und der Heiligen, der Künstler und Politiker übergehen, werden

Die bronzene Wölfin im Kapitolinischen Museum, das Wahrzeichen Roms, stammt aus dem 6. Jh. v. Chr. und stand bis zum Jahre 65. v. Chr. auf dem Kapitol. Bei den Figuren der legendären Stadtgründer Romulus und Remus handelt es sich um Ergänzungen aus der Renaissance

die Brücke schlagen von den die Weltgeschichte bestimmenden Geschehnissen am Unterlauf des Tibers bei den sieben Hügeln zu den die Kultur des Abendlandes prägenden Kunstwerken in Rom.

Vom Mythos in die Geschichte

So will es das Merkwort, so wollte es der Lateinlehrer, und so bleibt es erst einmal: »Sieben, fünf, drei – Rom kroch aus dem Ei«, genau am 21. April 753 v. Chr., wie es der altrömische Schriftsteller Varro errechnete und wie es heute die Römer Jahr für Jahr feiern. Dazu erzählen sie, die Gründer der Stadt seien Romulus und Remus gewesen. Romulus habe die erste Siedlung auf dem Palatin umgrenzt und den Bewohnern Regeln für das Zusammenleben und eine militärische Ordnung gegeben. Dann habe er die Römer auf dem Palatin mit den Sabinern auf dem Quirinal zu einer Gemeinde zusammengeführt. Auch die Herkunft der beiden Brüder ist von Legenden umwoben: Romulus und Remus seien Söhne des Gottes Mars und der Rhea Silvia, der Tochter des Königs Numitor von Alba Longa in der Nähe. Ein Bruder des Numitor, Amulius mit Namen, habe jedoch diesen König vom Thron vertrieben und dessen Tochter Rhea Silvia zur Vestalin bestimmt, ihr damit das Keuschheitsgebot auferlegt, um legitime Nachkommen und eine Gefährdung seiner usurpierten Stellung zu verhindern. Nach einer anderen Version wurde Rhea Silvia in den Tiber gestürzt. Um seine Macht weiter zu sichern, ließ Amulius die beiden unbequemen Neffen gleich nach ihrer Geburt aussetzen, angeblich, weil ihm ein Orakel geweissagt hatte, Romulus werde König einer berühmten Stadt. Wie das Glück Roms es jedoch wollte, wurden die Zwillinge von einer Wölfin gesäugt, weshalb man dieses Tier in das Wappen der Stadt aufnahm. Später fand die beiden Brüder ein Hirte, Faustulus, und zog sie groß.

Und die Römer erzählen seit Jahrtausenden weiter: Als Romulus und Remus kräftige Männer waren, rächten sie, wie nicht anders der Gerechtigkeit halber zu erwarten war, ihren entmachteten Großvater, töteten den Onkel. Sie gründeten, dem Orakel und der Pflicht entsprechend, Rom. Romulus geriet mit Remus jedoch in Streit, weil dieser die von Romulus errichtete Mauer spöttisch übersprang und damit die vom Bruder gezogenen Grenzen missachtete; so tötete Romulus den Remus. Ein bisschen später raubten sich die Römer die Sabinerinnen, Mädchen aus den nahe gelegenen Bergen, zum Zwecke einer zahlreichen Nachkommenschaft. Kriege mit den Nachbarn blieben nicht aus. Doch es sind im Mythos immer wieder die Frauen, die versöhnungstiftend eingreifen. Auch der Tod des Stadtgründers Romulus ist von Sagen umgeben. Die eine meldet, er sei einem Mordanschlag zum Opfer gefallen, die andere, er sei mit seinem Pferd in einer Erdspalte verschwunden oder nach einem Unwetter zu den Göttern erhoben worden. In der Tat wurde Romulus in der Antike von den Römern als Gott verehrt. Die Abstammung vom Kriegsgott Mars mag dabei in den ersten Jahrhunderten der besondere Stolz der Römer, der Leitfaden der Geschichte gewesen sein.

Was es auch immer mit den Sagen um Romulus und Remus, der göttlichen Herkunft und dem bösen Onkel, mit der Wölfin und dem gnädigen Hirten auf sich hat – und das sind längst nicht alle Mythen, die sich um die Anfänge Roms ranken –, aus dem Dunkel des Mythos entsteht geschichtlich greifbar Anfang des ersten Jahrtausends v. Chr. am Unterlauf des Tiber-Flusses auf jenen Hügeln, deren Namen und Siebenzahl klassisch werden – Kapitol, Palatin, Aventin, Caelius, Esquilin, Viminal und Quirinal –, vornehmlich jedoch auf dem Palatin eine Siedlung, die um 650 v. Chr. Gestalt und Namen annimmt. Die Bewohner dieser Hügelstadt richten sich zwar nach den kulturell überlegenen, von außerhalb Italiens eingewanderten Etruskern des Umlands aus, übernehmen wohl auch von dem etruskischen Geschlecht ›Rumlna‹ den Namen, bleiben aber in ihrer Sprache und in der Ordnung ihres Gemeinwesens latinisch, den hier seit Vorzeiten wohnenden Italikern verwandt.

Da die Hügel durch ihre geringe Höhe und flache Gestalt militärisch keinen Schutz gewähren, sind die Römer gezwungen, sich durch kriegerische Tüchtigkeit verteidigungsbereit zu halten, eine Tugend, die dann auch für Angriffsunternehmen taugt. Die Siedlung wird größer und schafft sich ihre religiöse, politische und militärische Mitte auf dem Kapitol. Könige aus dem Etruskerland im Norden regieren die Stadt, bis die Römer um 510 v. Chr. den König Tarquinius vertreiben, damit die etruskische Vorherrschaft abwerfen und eine Republik errichten. Patrizier übernehmen die politische und religiöse Führung in der Verwaltung der *res publica,* der öffentlichen Sache, und bilden für Jahrhunderte eine Schicht verantwortungsbewusster Bürger, die sich in den verschiedenen Ämtern dem Staat zur Verfügung stellen. Die Vornehmen sehen jedoch ihre Stellung durch die Plebejer, das arme Volk, bedrängt und entwickeln daher ein wirksames staatliches System für den Ausgleich der sozialen Spannungen und wirtschaftlichen Interessen, zur Befriedung der Plebs und zum Gedeihen der Republik. Deshalb kann Rom trotz der inneren Auseinandersetzungen in einem sich kräftig erweiternden Stadtstaat, trotz der Bedrohungen durch die Nachbarstämme und des überraschenden Einfalls der Gallier – 387 v. Chr., so sehr lag Rom am Boden, dass es seine Rettung allein dem Geschnatter der wachsamen Gänse auf dem damals allein befestigten Kapitol verdankte – im vierten vorchristlichen Jahrhundert seine Macht in Latium erweitern.

Ungefähr seit 270 ist die Römische Republik Herrin von ganz Mittel- und Süditalien. So fühlt sie sich militärisch und wirtschaftlich stark genug, den Kampf um die Vorherrschaft im Mittelmeerraum aufzunehmen. Am Ende der drei Punischen Kriege (264–241, 218–201, 149–146 v. Chr.) sind die Karthager, die mächtigsten und heftigsten Konkurrenten, besiegt. Rom kann von keiner Macht mehr gehindert werden, sich alle Länder an den Küsten des Mittelmeeres zu unterwerfen.

Vom Mythos in die Geschichte

Cicero beschuldigt Catilina im Senat der Verschwörung (Fresko von Cesare Maccari im Palazzo Madama, 1889)

Je weiter die Macht Roms sich ausdehnt, je mehr Völker des Mittelmeeres die militärische Überlegenheit Roms und den unbedingten römischen Herrscherwillen in einem immer größeren Staatsverband kennenlernen, desto heftigere Spannungen und Erschütterungen treten im Innern auf. Bauern, Soldaten und Beamte, Patrizier und Plebejer geraten aneinander. Bürgerkriege sind die Folge. Revolutionäre Bewegungen, wie die der Gracchen (133–121 v. Chr.), Sklavenaufstände, wie des Spartakus (73–71 v. Chr.), Kämpfe zwischen Marius und Sulla (120–70 v. Chr.), zwischen Pompejus und Caesar (70–44 v. Chr.), Verschwörungen und der Machtehrgeiz einzelner, wie der des Catilina (62 v. Chr.), rufen tiefe innere Unruhen hervor und bringen die Ordnung der Res publica durcheinander. Doch all dies erscheint im zusammenfassenden Rückblick wie die Gärungszeit, aus der etwas Neues entsteht. Der Übergang von der alten zur neuen Epoche ist mit der Ermordung Caesars durch Brutus (»Auch du, mein Sohn«) und andere Verschwörer an den Iden des März im Jahr 44 v. Chr. markiert.

Römische Baukunst und Stadtbild zur Zeit der Könige und der Republik

Je mehr die Macht Roms gegenüber den nahen und fernen Nachbarn steigt, desto mehr Mittel wendet man dem Bauen zu. Schon früh werden in Rom Abwasserleitungen gezogen, zum Beispiel das zuerst offene, dann geschlossene Kanalsystem der Cloaca Maxima, werden Straßen in alle Himmelsrichtungen nicht nur gestampft, sondern mit schweren Steinplatten gelegt, um Soldaten und Händlern den Verkehr zu erleichtern und die wirtschaftliche wie militärische Macht in die eroberten Gebiete Italiens zu tragen, werden zur Versorgung der Stadt mit Wasser kilometerlange Aquädukte konstruiert. Darin zeigt sich im Unterschied zu den Griechen der mehr praktisch orientierte Bausinn der Römer. An Kanälen, Straßen, Aquädukten und stützenden Untermauern können die Konstruktionsprinzipien, einmal erdacht, beliebig oft wiederholt werden.

Es bildet sich eine ›Massenarchitektur‹, die bald durch die konsequente Verwendung von neuem Material, einem betonartigen Gussmauerwerk, durch neuartig gefertigte Backsteine und in Massen produzierte Werksteine überall eingesetzt werden kann. Der Marmor bleibt meist der Dekoration und der Verblendung des Mauerwerks vorbehalten. So können starke, tragfähige Mauern errichtet werden, Bögen und Wölbungen wie Kuppeln, Tonnen- und Kreuzgewölbe. Schwierig ist da zu entscheiden, was die Römer den Etruskern verdanken, was den Griechen, was sie selbst erfunden und was sie übernommen haben. Wir wissen es nicht genau und dürfen nicht vergessen, dass die großen Beispiele der römischen Baukunst einer späteren Zeit angehören.

Der Palatin-Hügel spielt für die Ursprünge Roms die erste Rolle. Dort wohnten in der sogenannten *Roma quadrata*, dem quadratischen Rom, Latiner, dann auf den gegenüberliegenden Höhen, dem Kapitol, Quirinal und Esquilin, Sabiner, die sich – wie erwähnt – unter etruskischer Vormundschaft zusammenschlossen. Nach dem Einfall der Gallier (387 v. Chr.) wurden die sieben Hügel mit der Servianischen Mauer umgeben, deren Verlauf an einigen Punkten der heutigen Stadt noch aufzuspüren und auf einem Plan zu verfolgen ist.

Von dem Stadtbild Roms in der Zeit der Könige und der Republik können wir uns nur eine ungefähre Vorstellung machen. Bei diesem allgemeinen Urteil der Wissenschaftler muss es bleiben, auch wenn in den Werken römischer Schriftsteller von einer Vielzahl öffentlicher Bauten in dieser Zeit die Rede ist. Für das erste vorchristliche Jahrhundert sind wir in einer besseren Lage. Da sind uns das Tabularium am Kapitol unter dem heutigen Senatorenpalast, der Vesta-Tempel und der Tempel der Fortuna Virilis (an der Piazza della Bocca della Verità am Tiber) und die vier Tempel des Republikanischen Forums (am Largo Argentina) erhalten. Von jener Zeit an finden wir dann in Rom deutlicher sichtbare Zeugnisse aus allen Jahrhunderten.

Schon unter Sulla (138–78 v. Chr.) begann sich Rom über die Servianische Mauer auszudehnen. Vor allem nach dem Zuzug von Italikern, den Alteingesessenen der Apennin-Halbinsel, wurden Mietskasernen gebaut, mussten ganze Vorstädte neu angelegt werden. Die Stadt sah sich einer Fülle von wirtschaftlichen und sozialen Problemen gegenüber. Großkapital und Sklavenarbeit, Großgrundbesitz und Latifundienwirtschaft, kleine Handwerker und große Manufakturen, Landflucht und Überbevölkerung in der Stadt, Bodenspekulation und Mietwucher, Großstadtproletariat und privilegierte Schichten waren

Die Inschrift SPQR (Senatus Populusque Romanus = Der Senat und das Volk von Rom) findet sich an vielen Gebäuden, Brunnen, Trittsteinen

gesellschaftliche Faktoren, die stets miteinander ausgeglichen werden mussten, nicht nur in der Republikanischen Zeit, sondern auch und noch stärker in der Kaiserzeit. Die Wohnviertel bildeten meist ein unansehnliches Gewirr, enger, winkliger Gassen. Das Stadtbild Roms entsprach nicht seiner politischen Bedeutung.

Imperium Romanum – Die Kaiser des Reiches und ihre Bauwerke in Rom

Das sollte sich ändern. Denn im Jahr 44 v. Chr. kündet sich eine neue Epoche an: die des imperialen Rom, die Kaiserzeit. Die Imperatoren, die Kaiser also sind es, die der Ära ihren Namen geben, da ihre Stellung so beherrschend und ihre Befugnisse so allmächtig sind, dass sie jede andere Person und Institution des Staates in den Schatten stellen. So eindrucksvoll führt Ceasar als Feldherr seine Kriege, als Sieger entschieden, doch großdenkend, dass er für die Germanen der Herrscher schlechthin wurde. Die Namen ›Caesar‹, ›Kaiser‹, ›Zar‹ waren künftig dem Träger der höchsten politischen Macht reserviert.

Caesar

Im Jahr 100 v. Chr. geboren, nach einigen am 13. Juli, war Gaius Julius Caesar, aus einer vornehmen römischen Familie, den Juliern, stammend, vielleicht für ein Priesteramt vorgesehen. Als Sechzehnjähriger heiratete er Cornelia, die Tochter des damaligen Machthabers Cinna, und hatte nur zwei Jahre später trotz seiner Jugend schon die Festigkeit, die von dem Diktator Sulla aus Rivalität zu Cinna verlangte Scheidung von ihr zu verweigern; später freilich folgten der ersten Gemahlin weitere. Mit 16 Jahren begann Caesar eine militärische Laufbahn, studierte von 75 bis 73 in Rhodos, lernte dort die griechische Kultur kennen und wurde 63 in Rom zum Pontifex Maximus, zum Vorsitzenden des politisch wichtigen Priesterkollegiums, gewählt. Drei Jahre später (60) gelang es ihm, die damals mächtigsten Männer, Pompejus und Crassus, miteinander zu versöhnen und für ein Bündnis zu dritt zu gewinnen, das Triumvirat.

Diese ›kollektive Diktatur‹ legte fest, dass in der Politik nichts unternommen werden sollte, was einem von den dreien missfalle. So konnte Caesar seine politischen und sozialen Gesetze auch gegen den Willen des Senats durchbringen. Als ihm vom Senat die zwei gallischen Provinzen für fünf Jahre übertragen wurden und dazu vier Legionen, war ihm der Schlüssel für eine Herrschaft gegeben, den er bis zu seinem Tod nicht mehr aus der Hand legen sollte. Selten hatte zuvor ein römischer Politiker der Republik so viel Macht in einer Hand vereint. Caesar vermehrte sie ständig. Von 58 bis 51 v. Chr. führte er den ›Gallischen Krieg‹, zuerst gegen die Helvetier, dann zwang er bis 53 Gallien unter das römische Joch. 55 überschritt er zum ersten Mal

Caesar, Kaiser, Zar

Wie die Kaiser der Zeit ihr Siegel aufdrücken, die Imperatoren dem Imperium, so gibt ein einzelner, der selbst noch nicht Kaiser ist, seinen Namen her, um den alleinigen Inhaber der politischen Gewalt zu bezeichnen, um in den germanischen und slawischen Sprachen das Wort ›Kaiser‹ und ›Zar‹ zu bilden: Gaius Julius Caesar.

Julius Caesar

Lebensalltag – Kultur – Geschichte

Literarische Überlieferung

Wie schon in Gallien (»De bello Gallico«), fand Caesar auch jetzt Zeit, seine militärischen Operationen mit literarischem Ehrgeiz (»De bello civile« – Über den Bürgerkrieg) zu beschreiben.

den Rhein nach Germanien und zog noch im selben Jahr nach Britannien. 49 überquerte er, von Norden kommend, den Rubikon-Fluss (in der heutigen Romagna bei Rimini) und trat so mit seinem erprobten und ihm treuergebenen Heer unerlaubt in das Hoheitsgebiet des römischen Senats ein. Es begann ein Bürgerkrieg, den Caesar dank seiner überlegenen Feldherrnkunst gegen Pompejus und dessen Anhänger gewann. Nach Kämpfen auch in Spanien, Griechenland und Ägypten, einem halbjährigen Aufenthalt in der ägyptischen Metropole Alexandrien – die Königin Kleopatra gebar ihm den Sohn Kaisarion –, weiteren Kriegen gegen seine Gegner in Afrika und nochmals in Spanien wurde er 47 zum Diktator für ein Jahr, 46 für zehn Jahre und 44 auf Lebenszeit ernannt. Durch diese Ämter und Ehren vermehrte er jedesmal die Zahl seiner Gegner, die er durch seine Siege in den Feldzügen vermindert hatte. Der machtbewusste Politiker war nun Alleinherrscher im Imperium.

Den Ausgang der Republikanischen Zeit hat er allein durch seine überragende Persönlichkeit geprägt. Den Schlusspunkt setzte er, als er sich am 15. Februar 44 als Diktator in altrömischer Königstracht huldigen ließ. Damit war für die Republikaner das Zeichen zur Rebellion gegeben. Einen Monat später wurde er an den Iden des März von Verschwörern, darunter sein Vertrauter Brutus, ermordet. Aber die Zeit war offenbar reif für die absolute Monarchie, das Reich ohne Maßen verlangte nach einem maßlosen Alleinherrscher, und das Volk verehrte willig den Machthaber, so wie es den ›vergöttlichten Caesar‹ in dem von diesem erbauten Caesar-Forum beim Kapitol verehrte und ihm auf dem Forum Romanum einen Kult erwies.

Augustus

Augustus

Augusteische Monumente

Heute erinnern an Augustus, diesen ersten und strahlendsten Kaiser der römischen Geschichte, vor allem das große Mausoleum neben dem Tiber mit der Ara Pacis, dem Altar des Friedens, und sein Hauspalast auf dem Palatin.

Theoretisch war die Machtstellung vorhanden. Nun fehlte der Mann, der sie schaffen und ausfüllen konnte. Es war Gaius Octavianus Augustus, am 23. September 63 v. Chr. geboren, als Großneffe und Adoptivsohn Caesars dessen – auch selbst ernannter – Erbe. Er konnte die Herrschaft nur nach schweren Kämpfen, endlosen Feldzügen, Racheaktionen – nach der Schlacht bei Philippi (41) ließ er das Haupt des Brutus vor Caesars Statue in Rom niederlegen – und Rivalitäten mit Konkurrenten erringen. Doch es war ihm anders als Caesar vergönnt, sich in der gewonnenen Position zu behaupten. Mit 20 Jahren verband er sich mit Antonius und Lepidus im 2. Triumvirat gegen die Mörder Caesars, Brutus und Cassius. Sie teilten das Imperium in drei Machtsphären auf: Augustus nahm den Westen, Antonius den Osten und Lepidus Afrika. Mit seinem Sieg in der Seeschlacht von Aktium (31 v. Chr.) und dem Tod von Antonius und Kleopatra in Ägypten wurde Augustus faktisch Alleinherrscher, auch wenn sich in den folgenden Jahren immer wieder Gegner erhoben. Unter ihm schien aus dem Prinzipat ein Dominat geworden zu sein, an der Spitze des Reiches stand nicht mehr ein von Gleichberechtigten Gewählter, sondern ein einziger Herr. Im ›Augusteischen Zeitalter‹ befriedete er das aufge-

Imperium Romanum – Die Kaiser des Reiches und ihre Bauwerke in Rom

wühlte Reich und gab dem Frieden eine politische Ordnung; die Grenzen ließ er militärisch ausbauen, die bedrohten Provinzen sichern. Großzügig förderte er Kunst und Wissenschaft. Die Dichter Vergil, Horaz und Ovid verherrlichten ihn in ihren Gedichten. Eine Volkszählung, die Augustus um jene Zeit durchführen ließ, als Jesus von Nazareth in Galiläa geboren wurde, ergab 4 233 000 römische Bürger in dem von Rom beherrschten Imperium. In hohem Alter, mit knapp 77 Jahren, starb Augustus am 19. August 14 n. Chr. im süditalienischen Nola. Büsten und Marmorstandbilder, etwa die im Vatikanischen Museum (Augustus von Prima Porta), gaben eine verklärte Idee von seinem Aussehen: So erschien Augustus den Bürgern des Römischen Weltreiches als der Kaiser des – wenn auch nicht gänzlich ungestörten – Friedens.

Nero

Musste sich Augustus die imperiale Macht erst erkämpfen, so wurde sie seinem vierten Nachfolger (nach Tiberius, Caligula und Claudius), Claudius Germanicus Nero, in den Schoß gelegt. Der 37 n. Chr. in Antium, dem in der Nähe Roms am Meer gelegenen heutigen Anzio, geborene Nero wurde 54 n. Chr. als 17 Jahre alter Jüngling von den Prätorianern, der von ihm dann gehätschelten Truppe, zum Kaiser proklamiert und vom Senat bestätigt – was diesem Gremium kein gutes Zeugnis ausstellt. Oder hofften die Senatoren, dass sich der Einfluss des philosophischen Erziehers Seneca bei Nero durchsetzen würde? Jedenfalls waren die ersten fünf Jahre seiner Regierung in der Tat ein – nach dem Urteil der Historiker – durch maßvolles Herrschen glückliches Quinquennium. Dann jedoch übte Nero ein Schreckensregiment aus. Er betrieb die Ermordung seiner Mutter Agrippina, weil diese sein Verhältnis mit der Poppäa Sabina zu hintertreiben suchte, und nach Scheidung und Verbannung die Vergiftung seiner Frau Octavia, die der Poppäa also unterlag. Er verschuldete durch Rohheit den Tod der von ihm geheirateten, schwangeren Poppäa, tröstete sich jedoch mit anderen Frauen und der neuen Gemahlin Statilia Messalina, die, zuvor schon viermal verheiratet, das moralische Niveau am Kaiserhof nicht eben hob. Messalina muss immerhin faszinierend gewesen sein. Denn auch nach Neros Tod wurde sie von dem Soldatenkaiser Otho zur Frau begehrt (69). Otho war freilich ein Draufgänger, der früher schon die Poppäa aus einer Ehe entführt und sie geheiratet hatte, sie dann jedoch Nero überlassen musste. Noch unter den flavischen Kaisern Vespasian und Titus spielte Messalina in der römischen Gesellschaft eine Rolle.

Zurück zu Nero. Seine Neigung zu Dilettantentum als Dichter, Musiker und Maler und sein Hang zum Zügellosen rissen ihn immer mehr fort. So hieß es, der Kaiser selbst habe die Zerstörung einiger übervölkerter römischer Wohnviertel durch Brand angeordnet (64); er wollte freien Platz für großartige Bauten schaffen. Nero verfolgte jedoch die Christen als Schuldige. Als nach 66 in vielen Provinzen des

Nero

Weitläufige Palastanlage

Zu den neuen Bauwerken gehörte die Domus Aurea, das ›Goldene Haus‹, eine prächtige, riesige Palastanlage auf dem Mons Oppius, welche Maler und Bildhauer der Renaissance tief beeindruckte, als sie Anfang des 16. Jh. freigelegt wurde.

Trajan

Ausbau des Forums

Das Trajansforum in Rom mit Speichern und Läden für preiswerte Lebensmittel erinnert an die sozialpolitische Fürsorge Trajans für das Volk und die ausgedehnte Bautätigkeit, seine Triumphsäule, auf der sich in alter Zeit das Standbild des Kaisers erhob (heute das des Petrus), an die siegreichen Feldzüge und den Eroberungswillen des Imperators.

Reiches Unruhen aufflackerten und in Judäa der Krieg ausbrach, Nero sich jedoch davon unberührt mit Messalina auf eine Künstler-Tournee nach Griechenland begab, war es genug. Der Kaiser wurde zum Staatsfeind erklärt, floh, nach Rom zurückgekehrt, wieder aus seiner Hauptstadt und beging am 9. Juni 68 Selbstmord – mit 31 Jahren.

Trajan

Marcus Ulpius Traianus war der erste römische Kaiser, der aus einer der Provinzen des Reiches, der spanischen, stammte. 53 geboren, ein Jahr vor dem Regierungsantritt Neros, wurde er schon früh wegen seiner Leistungen als Soldat ausgezeichnet und im Jahr 97 wegen seiner militärischen Erfolge und hervorragenden politischen Eigenschaften von Kaiser Nerva adoptiert. Hier bewährte sich das System, dass der Kaiser den Tüchtigsten an Sohnes Statt nahm und damit den Besten zum Nachfolger bestimmte, nicht den leiblichen Sohn. Trajan wurde dann zum Mitregenten ernannt, da das Reich durch die Germanen bedroht war. Nach dem Tod Nervas im Jahr 98 – diesem waren nach Nero die Soldatenkaiser Galba, Otho und Vitellius und die flavischen Imperatoren Vespasian, Titus und Domitian vorausgegangen – wurde Trajan zum Alleinherrscher ausgerufen.

In seiner Regierungszeit erreichte das Römische Imperium seine größte Ausdehnung: von Schottland bis Mesopotamien, von der Donau bis nach Marokko. In zwei schwierigen Kriegen besiegte er die Daker und konnte das Goldreich Dakien im Nordosten dem Imperium einverleiben. Darstellungen dieser Feldzüge finden wir auf der Trajanssäule in den Kaiserforen. Thronstreitigkeiten um Armenien lieferten den Vorwand für den darauffolgenden Krieg gegen die Parther. Dabei drang Trajan bis nach Mesopotamien und Assyrien vor, was eine weitere Vergrößerung des Römischen Reiches zur Folge hatte. Doch die Parther wehrten sich lange Jahre gegen die römische Herrschaft; so blieb Trajan im Feld. Schwer erkrankt, gab er nach erbitterten Kämpfen in Mesopotamien weitere Eroberungspläne auf und trat die Rückreise nach Rom an. Er kam nicht weit. In der kleinasiatischen Stadt Selinus am Schwarzen Meer starb er am 8. August 117. Zeit seines Lebens führte der energische und einfallsreiche Trajan Kriege; so war er als Kaiser und Soldat gleich tüchtig.

Hadrian

Hadrian

Unmittelbar nach dem Tod Trajans wurde Hadrian, Publius Aelius Hadrianus, vom syrischen Heer zum Kaiser ausgerufen, als vermutlicher Adoptivsohn des Imperators Trajan – und wie dieser in der spanischen Provinz Italica im Jahr 76 geboren, zudem mit einer Großnichte Trajans verheiratet. Der 41 Jahre alte Hadrian begann eine entscheidungsreiche, fruchtbare Regierung. Die Eroberungspolitik seines Vorgängers schränkte er wegen der zu hohen finanziellen Belastungen ein. Seine 22 Jahre dauernde Herrschaft richtete er vor allem auf die Festigung des Reiches aus, auf die Wiederherstellung des Augusteischen Friedens. Er befahl, den Hadrianswall in Britannien und den Limes in Germanien als bewehrte Grenzwälle zu errichten; umfangreiche Reste davon bestehen noch heute. In seiner Regierungszeit wagten die Juden unter der Führung Bar Kochbars einen verzweifelten Aufstand (132–135), weil an der Stelle des Tempels in Jerusalem ein Jupiter-Tempel errichtet werden sollte und man ein Beschneidungsverbot einführen wollte. Die Revolte wurde blutig niedergeschlagen und endete in einem furchtbaren Massaker.

Hadrian reiste gern und viel. Es scheint, dass er fast alle Provinzen und interessanten Gegenden seines Reiches besucht hat. Für Natur und landschaftliche Schönheit konnte er sich so begeistern, dass er den 3323 m hohen Ätna-Vulkan auf Sizilien bestieg. Die ägyptischen Altertümer faszinierten ihn; noch heute findet man im fernen Luxor am Nil seinen Namen in einen der Memnon-Kolosse eingeritzt. Der Kaiser mit dem Philosophenbart bevorzugte die griechische Kultur und förderte das Eindringen hellenistischer Geistesart in die römische Welt, eine erste Renaissance des Griechentums. Hadrian starb im 63. Lebensjahr am 10. Juli 138 in Baiae zwischen Rom und Neapel, ein halbes Jahr später wurde er in seinem Mausoleum am Tiber beigesetzt.

Rege Bautätigkeit

Athen schien Hadrian mehr ans Herz gewachsen als Rom, die Hauptstadt seines Imperiums. Dennoch sind die Spuren der Baufreudigkeit dieses Kaisers auch hier unübersehbar: sein Mausoleum (die heutige Engelsburg), das Pantheon und im nahen Städtchen Tibur (Tivoli) die Villa Adriana, eine ausgedehnte Palastanlage ›im Grünen‹.

Mark Aurel

Marcus Aurelius Antoninus ist der direkte Nachfolger des Kaisers Antoninus Pius, der lange, von 138 bis 161, unauffällig doch wirksam regierte und dessen Reichsverwaltung allgemein als hervorragend gelobt wurde, weil er sich um ausgeglichene öffentliche Finanzen und um die Pflege des Rechts kümmerte. Mark Aurel, 121 in Rom geboren, weckte schon früh das Interesse Kaiser Hadrians, wurde auf dessen Wunsch von Antoninus Pius adoptiert und an der Regierung beteiligt. Von diesem übernahm er gut vorbereitet ein intaktes, relativ ruhiges Reich. Doch just mit seinem Regierungsantritt brachen an allen Fronten Kriege aus, und vielerlei Unheil, Naturkatastrophen, Hungersnöte und Epidemien, suchten die Bürger des Imperiums heim. Während seiner Regierungszeit von 161 bis 180 musste er immer bedrohlichere äußere Gefahren abwehren und innere Krisen dämmen. Die Kaledonier in Britannien, die Parther in Syrien, die Chatten in Germanien rüttelten an der römischen Herrschaft. Quaden, Jazygen, Rinderhirten im Nildelta, Mauren in Spanien bedrohten mit Aufständen den Frieden und den Zusammenhalt des riesigen Imperiums. Vor allem jedoch machten die Markomannen im Norden dem Kaiser zu schaffen.

Wie schon dem Kaiser Trajan wurde Mark Aurel zu Ehren die auf der Piazza Colonna stehende, nach ihm benannte Triumphsäule mit Darstellungen aus den Schlachten gegen die Markomannen errichtet. Auf einem dieser Feldzüge starb der Kaiser 180 in Wien (Vindobona) an der Pest. Trotz der vielen Kriege gilt Mark Aurel als der Phi-

Antike Bronze

Mark Aurels freundliches, nachdenkliches Gesicht begegnet uns in seinem Reiterstandbild, der einzigen erhaltenen Bronzestatue der Antike in Rom (Abb. s. S. 1 und 157).

Mark Aurel

Konstantin

Frühchristliche Bauten
In Rom erinnern an Konstantins Regierungszeit die Basilika des Maxentius am Forum Romanum, die er vollenden ließ, sodass sie auch seinen Namen trägt, die Kirche Santa Costanza an der Via Nomentana als Grabstätte seiner Tochter, Teile seiner Kolossalstatue im Kapitolinischen Museum und vor allem die frühchristlichen Basiliken von Sankt Johannes im Lateran und Sankt Peter auf dem Vatikan-Hügel, die zu seiner Zeit dank der für die Christen verbesserten Rechtslage begonnen werden konnten.

losoph auf dem römischen Kaiserthron. Seine Weltanschauung und Lebensauffassung hinterließ er uns in dem literarischen Werk der »Selbstbetrachtungen«.

Konstantin

Waren die 95 Jahre zwischen 98 und 193 n. Chr. mit fünf Kaisern ausgekommen, so wurden zwischen 193 und 306, in 113 Jahren – also wenig mehr – 29 Imperatoren ›verschlissen‹. Dann brachte Konstantin I., der Große, wieder Ruhe in das Amt an der Spitze des Reiches. Er steht jedoch schon am Übergang zwischen der ausgehenden Kaiserzeit und der anbrechenden Ära des Christentums. Dieser Flavius Valerius Constantinus, geboren um 285 als Sohn des Mitkaisers Constantius, lebte als Jüngling am Hof Kaiser Diokletians. Dadurch gewann er früh Einblick in die Regierungsgeschäfte und wurde Zeuge der von Diokletian angeordneten Christenverfolgungen, ihrer Gründe und Auswirkungen. 306, mit 21 Jahren, wurde Konstantin Mitkaiser im gevierteilten Römischen Reich. Sechs Jahre später (312) besiegte er seinen ›Kollegen‹ und Rivalen Maxentius an der Milvischen Brücke, im Norden vor Rom am Tiber. Sein unerwarteter Triumph wurde von den Christen mit dem Eingreifen ihres Gottes erklärt: Dem Feldherrn sei vor der Schlacht eine Erscheinung zuteil geworden, die ihm von dem Kreuz mit Christus-Monogramm ›XP‹ (*Chi-Rho*, Anfangsbuchstaben des griechischen Wortes *Christos*) versprach: »In diesem Zeichen wirst du siegen.« 324 entmachtete Konstantin auch seinen Mitregenten Licinius, sodass er ab 325 als Alleinherrscher regierte.

Mit dem Toleranzedikt von Mailand im Jahre 313 wurden der christlichen Kirche Rechtsfähigkeit und ihre erworbenen Güter gesichert und dem Christentum der Weg zur Staatsreligion bereitet. Einschneidend für Rom war, dass Konstantin 330 die Kaiserresidenz von Rom nach Byzantion (umbenannt in Konstantinopel, später Byzanz und Istanbul) verlegte und zur Hauptstadt des Reiches erhob. Erst kurz vor seinem Tod 337 ließ er sich taufen; dennoch wird er von der armenischen, russischen und griechischen Kirche als Heiliger verehrt. Vielleicht deshalb nicht ohne Berechtigung, weil er dem christlichen Glauben den Durchbruch in die rechtlich gesicherte Öffentlichkeit verschaffte, in der Erkenntnis, dass die weitere Unterdrückung der christlichen Minderheit dem Reich größere Schwierigkeiten bereiten würde als die Tolerierung dieser neuen Religion mit ihren staatspolitisch auch nützlichen Besonderheiten.

Römische Baukunst und Stadtbild in der Kaiserzeit

Es heißt, Kaiser Augustus habe eine Stadt aus Lehm vorgefunden und eine aus Marmor hinterlassen. Zwar hatte man schon in der Republikanischen Zeit unter den Konsuln große Bauprojekte wie Fernstraßen und Aquädukte, Brücken und Hallen, Tempel und andere Staatsgebäude ins Werk gesetzt, zwar waren die letzten bedeutenden Politiker jener Zeit, Pompejus (das erste steinerne Theater Roms) und Caesar (Forum Julium, Basilika) als ehrgeizige Bauherrn hervorgetreten, doch der erste Imperator Roms ging mit anderen, weiter gespannten Maßstäben ans Werk. Augustus ordnete die Stadtviertel neu (in 14 Regionen, die als *rioni* bis ins 20. Jh. bestanden), ließ zerstörte oder verfallene Tempel wiederherstellen, wobei er statt der bisherigen ärmlichen Baustoffe wie Holz, Tuff und Peperino (fester, granitähnlicher Stein) kostbarere und haltbarere Materialien wie Travertin und Marmor zu verwenden gebot. An neuerrichtete Tempel wurden Bibliotheken angefügt, aus Ägypten herbeigeschaffte hohe Obelisken setzten Akzente im Stadtbild, das Mausoleum des Kaisers und die ihm gewidmete Ara Pacis, das von Agrippa begonnene Pantheon und die erste Thermenanlage zeigten, welche architektonischen Fähigkeiten in den Römern steckten.

Das war nur der Anfang. Denn von nun an wetteiferte jeder Kaiser mit seinem Vorgänger darin, die Stadt zu verändern, zu verschönern, ihr seinen untilgbaren Stempel aufzudrücken, fürchtend, dass der Nachfolger ihn zu übertrumpfen suche, hoffend, dass es diesem nicht gelingen werde. Bis zur Tollheit wie bei Nero geht diese zuweilen maßlose Baulust der Imperatoren. Tempel und Thermen, Siegessäulen und Trimphbögen, Theater, Paläste und Grabstätten, die noch heute die Stadt prägen, verleihen dem Rom der Kaiserzeit wahre imperiale Bedeutung und Würde. Und immer wieder kreist das Bemühen der Herrscher um das Forum Romanum, dort selbst etwas verändernd oder auf dem darüberliegenden Palatin stattliche Paläste errichtend oder das zentrale Forum durch neue Foren, die sogenannten Kaiserforen, erweiternd.

Unzählige Standbilder, Büsten und Reiterstatuen kamen weniger aus rein ästhetischen Gründen wie bei den Griechen, sondern vor allem zur Ehrung jener hinzu, die sich um den immer mächtigeren, seinesgleichen auf Erden nicht mehr findenden Staat verdient gemacht hatten. Auch das Motiv, Rom schöner zu gestalten, einfach ›zur Zierde der Stadt‹ zu bauen, gewinnt an Kraft.

Die Baulust erprobt sich an den unterschiedlichsten Aufgaben: an Wohnhäusern in der Stadt und Villen auf dem Land; an kaiserlichen Palästen und Stadthäusern der vornehmen Bürger; an öffentlichen Gebäuden wie der Basilika, die als Markthalle und Gerichtssaal, als Bankgebäude und Börse, als allgemeiner Treffpunkt und Festraum dienen kann, die schon in der Kaiserzeit manche bauliche Variation und Erweiterung erfährt – erst recht dann im Christentum als Kirche; an Thermen, die zum Erholungszentrum für die ganze städtische Bevölkerung werden, für Sport und Spiel, für Badefreuden und geselliges Treiben – schon zur Zeit des Augustus gibt es 170 öffentliche Bäder, von Privatleuten geführt, bald übernimmt der Staat diesen wichtigen Teil des öffentlichen Lebens und steigert den architektonischen Aufwand ins Riesenhafte und ließ sich dazu den ständigen Betrieb

Lebensalltag – Kultur – Geschichte

Römisches Leben auf dem Forum Romanum zu Beginn des 3. Jh. (Farbdruck von 1901 nach Joseph Bühlmann und Friedrich von Thiersch)

auch noch ziemlich viel kosten; an Theatern und Amphitheatern, nach den Vorbildern des Pompejus- und des Marcellus-Theaters aus Republikanischer Zeit, doch in gigantischen Ausmaßen am flavischen Kolosseum; an Gebäuden für Handel und Gewerbe, für industrielle Produktion und Handwerk wie den Trajansmärkten – in denen vielleicht zum ersten Mal in der Baugeschichte genau bedacht die Übereinstimmung von kommerzieller Funktion, einer wegen des Höhenunterschieds gewagten Konstruktion und der Form gefunden wird, industrielle Bauten weit späterer Zeiten vorwegnehmend; an Ingenieurbauten wie Straßen und Kanälen, Hafenanlagen und Brücken, Wasserleitungen (Aquädukten) und Kanalisationen; an Heiligtümern für die Götter des Staates, die olympischen und kaiserlichen, deren Grundmuster durch eine rechteckige Cella oder einen runden Zentralraum gegeben sind.

So wurde nicht nur Rom schöner und prächtiger, sondern es werden auch Marksteine für die Baukunst und Kunstgeschichte des Abendlandes gesetzt: Der Friedensaltar des Augustus, die Ara Pacis, das von Agrippa 27 v. Chr. begonnene und unter Hadrian (117–25 n. Chr.) neukonstruierte Pantheon, das Forum Romanum selbst und die Kaiserforen (vor allem das des Trajan), die Domus Aurea des Nero, die Kaiserpaläste auf dem Palatin, das Amphitheater der Flavier (Kolosseum), das Mausoleum des Hadrian (die Engelsburg), die Thermen des Caracalla (212–23) und die des Diokletian (284–305), die Basilika des Maxentius und des Konstantin, die Triumphbögen des Titus, des Septimius Severus und des Konstantin und außerhalb der Stadt die Palastanlage des Hadrian, die Villa Adriana bei Tivoli, werden zu Vorbildern für die gesamte europäische Architektur, überdies mit ih-

Ohne Vergleich

An dem Streit, ob die römische Baukunst gegenüber der griechischen ein bedauernswerter Abstieg ob des überladenen Prunks und der ins Riesenhafte gesteigerten Dimensionen ist oder die dem Zentrum eines Weltreichs entsprechende ›imperiale‹ Weiterführung, wollen wir uns nicht beteiligen. Dem Auge offenbart Rom seinen eigenen Wert, ohne Vergleich.

Das Forum Romanum im 18. Jh., im Vordergrund der im Erdreich stehende Septimus-Severus-Bogen, im Hintergrund das Kolosseum (Kupferstich von Giovanni Battista Piranesi, um 1750). Durch Schutt und Schlamm stieg das Bodenniveau Roms – wie hier deutlich sichtbar – um mehrere Meter an. Links steht noch eine Häuserzeile, die Mussolini im 20. Jh. für die Via dei Fori Imperiali abreißen ließ

ren Skulpturen und Gemälden beispielgebend für Plastik und Malerei.

Schon am Ende der Republikanischen Zeit war die Stadt über die Servianische Mauer hinausgewuchert. Nun gingen die Kaiser planmäßig daran, jenseits dieser Grenze öffentliche Bauten zu errichten. Das Marsfeld, das weite Areal im Tiberbogen, das heutige Stadtzentrum, wurde in die Urbs miteinbezogen, ebenso die Gebiete südlich von Aventin und Caelius, westlich von Esquilin und Viminal und nördlich des Quirinal. Rom ging in die Breite und in die Höhe, denn die Mietskasernen des Volkes, ohnehin schon eng in winkligen Gassen gedrängt, wurden aufgestockt.

Die über die Mauer des 4. Jh. v. Chr. längst hinausgewachsene Stadt durch eine neue Befestigung zu sichern, kam lange Zeit niemanden in den Sinn. Das Imperium war so stark, dass man sein Zentrum nicht zu schützen brauchte. Man stelle sich vor, das *Caput mundi*, das Haupt der Welt, in einschnürenden Bandagen! Doch die Zeiten änderten sich. Die Gegner standen nicht mehr nur an den Grenzen, sondern drangen in die äußeren Provinzen des Reiches ein.

In der Mitte des 3. Jh. war es soweit. Kaiser Aurelianus begann im Jahre 271 mit dem Bau der nach ihm benannten Mauer. Sie umschloss die 14 Bezirke der Stadt, war etwa 18 km lang, wies 14 Tore und 380 Türme auf und erschien abwehrend genug (noch heute ist die Aurelianische Mauer auf weite Strecken hin eindrucksvoll erhalten). Der Machtverfall im Reich, die Verlegung der kaiserlichen Hauptstadt von Rom nach Konstantinopel und wirtschaftliche Krisen beschleunigten den Niedergang der Stadt. Die Bautätigkeit erlahmte, ja, die Römer waren nicht mehr imstande, die bestehenden öffentlichen Gebäude und Denkmäler zu erhalten. Besonders deutlich wurde diese Dekadenz an den heidnischen Tempeln. Zum einen fehlten die finanziellen Mittel zu ihrer Pflege, zum anderen wurden sie wegen des Zurückdrängens der altrömischen Religionen und ›neuer‹ orientalischer Kulte nicht mehr gebraucht; das Leben entfernte sich aus ihnen und spross anderswo. Denn nun begann in Rom eine neue Ära: die des Christentums.

Das vorchristliche Rom

Bevor wir diese neue Seite im Geschichtsbuch Roms aufschlagen, sei ein kurzer Exkurs in das Rom der vorchristlichen Jahrhunderte bis zur Zeit Konstantins unternommen, das offen daliegt oder auch häufig noch im Erdreich verborgen ist. Keine Stadt der Welt kann es mit dem archäologischen ›Angebot‹ Roms aufnehmen. Nirgendwo sind auf einer so weiten Fläche Bauten der Antike zu finden. Doch Rom ist ja keine tote Stadt, die man den Archäologen zum Ausgraben je ganz freigeben könnte, wie Pompeji oder Ostia Antica. Auch im Niedergang des Römischen Reiches lebten weiter Römer in ihrer Stadt, wenn auch in immer geringerer Zahl, doch inmitten der Bauwerke einer besseren Zeit.

Die Einfälle der ›barbarischen‹ Germanen richteten weniger Schaden an, als das Wort vom ›Vandalismus‹ der Vandalen besagen will. Die wandernden Völker konnten auf ihren Zügen auch schwerlich Marmorplatten, die Trommeln der Säulen oder Wagenladungen mit Ziegeln mitschleppen. Es war zudem nicht leicht, die mit aufwendigen technischen Mitteln errichteten Bauwerke der Kaiserzeit mit den Möglichkeiten wandernder Stämme zu zerstören. Die Römer benutzten jedoch als Baumaterial Marmor, Steine, Metalle aus jenen Gebäuden, deren Benutzung aus vielerlei Gründen nachgelassen hatte. Im übrigen gaben sie die Bauwerke, deren Erhalt sie nicht länger sichern konnten oder wollten, dem Verfall und Einsturz anheim. Vieles in Rom sank so in sich zusammen, wurde von Erde und Geröll bedeckt, vergessen, wieder überbaut.

Der ›Zahn der Zeit‹ war wirksamer und zäher als die Germanen. Durch den Schutt stieg das Bodenniveau Roms – wie an einigen Stellen der Stadt, etwa am Pantheon, deutlich sichtbar – um mehrere Meter an. Manches mussten die Archäologen freilegen, aus der Erde holen. Manchmal ging das einfach, zuweilen war es nur mit großen Schwierigkeiten zu bewerkstelligen. Einiges blieb wegen seiner Höhe und Monumentalität auch einfach stehen und erinnerte die Römer und ihre Besucher in allen Jahrhunderten an die einstige Größe. Doch was zählte oft für die Römer der Ruhm der Vergangenheit, wenn bald neue Gebäude und prächtigere Kunstwerke die Antike vergessen machten! Oft ist es reizvoll, das Ineinander verschiedener Epochen theoretisch wieder zu trennen und das sichere Geschick jeder Zeit zu bewundern.

Das frühchristliche Rom

Es ist eine gänzlich andere Ära, die mit dem Christentum in Rom beginnt: Nach der imperialen Idee transformiert die geistliche Herrschaft die Stadt. Ihr Anfang im ersten Jahrhundert wird wohl mit der Ankunft des Petrus, des ersten Apostels des Jesus Christus von Nazareth, gesetzt. Doch erst drei Jahrhunderte später zeigt sie sich offen, nachdem die Christen ihre Religion seit dem Toleranzedikt von Mailand im Jahr 313 gleichberechtigt mit anderen Konfessionen und Kulten ausüben dürfen. Vorsichtig nehmen die Christen ihre neuen Rechte und Pflichten wahr. Sie empfinden sich als verschieden von den Heiden, ihr Gott ist anders als die heidnischen Götter mit ihren mannigfachen Forderungen; so müssen auch die Stätten für ihren Gottesdienst anders beschaffen sein als die Tempel und Kultstätten für jene Olympischen, über die der Gott des gekreuzigten und auferstandenen Jesus Christus seinen Sieg, bald den endgültigen, davonträgt.

Frühchristliche Architektur

So wie im Politischen vollzieht sich auch im Äußeren, in der Architektur neuer Bauwerke, der Übergang vom Heidentum zum Christentum – langsam, fast ohne Gewalt. Kaiser Konstantin regt noch die ersten christlichen Bauten beim Lateran (Sankt Johannes) und beim Vatikan (Sankt Peter) an, doch dann gilt sein Interesse mehr der neuen Residenz von Konstantinopel, der jungen Hauptstadt des sich entfremdenden, konkurrierenden Oströmischen Reiches, dem fernen Gegenpol zum alten heidnischen Rom.

Offenbar ist es für die römischen Christen keine ernsthafte Versuchung, es den Heiden gleichzutun oder sie gar zu übertreffen, indem man größere und prächtigere Tempel baut. Der heidnische Sakralbau, der vor allem nach außen seine Bestimmung kundtut, im Innern jedoch in seiner funktionalen Ausgestaltung blass bleibt, ist für die Christen kein Modell. Sie denken von innen nach außen. Sie brauchen zuallererst einen Versammlungsraum, und sei es auch nur eine Scheune oder ein Speicher, ein einfaches Wohnhaus, eine Halle, in denen sie in der Gemeinschaft Mahl und Opfer begehen, den Lobpreis des Schöpfers und das Gedächtnis ihres Erlösers feiern. Deshalb suchen sie die Vorbilder für ihre Kirchen in den Profanbauten der Antike, in den Basiliken und Thermen, die durch Einfachheit und Klarheit, durch weite Flächen und große Räume sich anbieten. So werden Gemeindehäuser und Hauskirchen, Memorien, Martyrien und Mausoleen, Gedächtnisstätten für verehrte Personen, Bauten zur Erinnerung an ein Martyrium und Grabanlagen, errichtet.

Zwei Modelle werden dabei immer wieder variiert: die **Basilika**, wie sie überall im antiken Rom zu finden war und wie sie an der Wende vom heidnischen zum christlichen Rom in dem riesigen Komplex des Maxentius und des Konstantin noch vollendet wird, und der **Zentralbau** des Pantheons. Der ersten Form, der Basilika, nähert man

Lebensalltag – Kultur – Geschichte

sich schon, wenn man einen kastenförmig einfachen Raum baut und daran Zusätze anfügt: an der Stirnseite das Querschiff und eine Apsis, später mehrere Apsiden, hinten eine Vorhalle, an den Seiten zwei oder vier Seitenschiffe, oben sich entweder mit einer flachen Decke oder einem offenen Dachstuhl begnügt oder den Schritt zu Gewölben in ihren zahlreichen Formen wagt. Auch die Urform des Pantheons mit Zylinder und Kuppel wird einfallsreich abgewandelt; mit Säulen und Pfeilern spart man nicht. Hier orientiert sich die frühchristliche Architektur für Tauf- und Gedenkkirchen stärker an antiken Vorbildern, so für das Baptisterium neben dem Lateran, Santa Costanza an der Via Nomentana oder Santo Stefano Rotondo neben dem Caelius.

Der Aufschwung des Christentums im 4. Jh. in Rom ist – wie schon angedeutet – von politischem und wirtschaftlichem Niedergang begleitet. Doch der entweichenden Macht, die in den vergangenen Jahrhunderten Zeichen ihrer Gegenwart in Fülle gesetzt hat, rücken in Rom andere Kräfte nach. Aus der weltlichen Hauptstadt des Imperium Romanum wird langsam, langsam ein Zentrum der Christenheit. Die großen Basiliken, die im 4. und 5. Jh. entstehen und heute noch nach dem alten Grundriss Bestand haben, bezeugen es, aber auch die Titelkirchen (herausgehobene Gotteshäuser für besondere Geistliche, später für Kardinäle) als Pfarreien und die Diakonien als kleinere kirchliche Stätten der Seelsorge. Sankt Johannes im Lateran (San Giovanni in Laterano) und Sankt Peter (San Pietro in Vaticano), Sankt Paul vor den Mauern (San Paolo fuori le Mura), Sankt Laurentius (San Lorenzo fuori le Mura), Sankt Sebastian (San Sebastiano) und

Der Zentralbau der Kirche Santa Costanza wurde zur Zeit Konstantins des Großen (um ca. 330 n. Chr.) als Mausoleum für seine Töchter Constantina und Helena errichtet

Sankt Stephan (Santo Stefano Rotondo), die Kirche der hl. Kosmas und Damian am Forum (Santi Cosma e Damiano) und Sankt Klemens (San Clemente), die Marienkirche Santa Maria Maggiore und die Heiligkreuzkirche (Santa Croce in Gerusalemme) werden neben die heidnischen Heiligtümer gestellt.

Zeit der Völkerwanderung

Die Stürme der Völkerwanderung zerzausen diese erste christliche Blüte. Rom wird 410 durch die Westgoten unter Alarich, 455 durch die Vandalen unter Geiserich, 546 durch die Ostgoten unter Totila erobert und jeweils geplündert, mit bedrückenden Folgen für die Bevölkerung, doch ohne die berüchtigten barbarischen Zerstörungen, die man gewöhnlich und für das flache Land wohl nicht ohne Berechtigung den ›Vandalen‹ nachsagt. Seit der Mitte des 6. Jh. ist Rom eine Provinzstadt des Byzantinischen Reiches, die Ravenna den politischen Primat in Italien überlassen muss. Die Spannung der Machtkonzentration ist aus Rom gewichen, und so schrumpft die Stadt in der zweiten Hälfte des 6. Jh. auf unter 50 000 Einwohner, in einem Stadtorganismus für eine Million. Das Stadtzentrum wandert von den Foren und dem Palatin nach Südosten zum Lateran, dem Sitz des Bischofs, der bald allgemein Papst, Vater, genannt wird. Die Päpste, wie Leo der Große (440–61) und Gregor der Große (590–604), hatten die Stadt zu schützen gesucht, ohne dauerhaften Erfolg.

Die römisch-deutschen Kaiser

Erst als Papst Stephan II. im Jahr 754 den fränkischen König Pippin gegen die Langobarden zu Hilfe ruft, von diesem als Gegengabe für die Legitimierung des karolingischen Geschlechts in der sogenannten Pippinischen Schenkung den Grundstock für den Kirchenstaat erhält, als diese Verbindung zwischen den fränkisch-deutschen Königen und dem Papsttum im Heiligen Römischen Reich Deutscher Nation mit der Kaiserkrönung Karls des Großen am Weihnachtstag des Jahres 800 in der Peterskirche durch Papst Leo III. bekräftigt wird, geht es aufwärts mit Rom. Entscheidend ist, dass der geistlichen Macht des Papstes die weltliche des deutschen Königs und Kaisers zur Seite steht. Freilich ist sie nicht immer zur Stelle. Denn wenn die Deutschen fern sind, liefern sich römische Stadtgeschlechter, die Colonna, Frangipani, Pierleoni oder Orsini und die Grafen aus der Umgebung untereinander und mit dem Papst blutige Fehden. Auch vom Meer her drohen Gefahren. Die Sarazenen kommen immer wieder mit ihren Schiffen und ziehen plündernd durch die Campagna und die Stadt.

Dunkel und oft schmerzlich ist die Geschichte im 9., 10. und 11. Jh. für die Römer, die wenigen Zehntausend, die im Verfall einer einst glänzenden Stadt zu leben vermögen, die nur mit Mühe inmitten von weiten Trümmerfeldern einige Häuser-Ansammlungen bevölkern. Um die Jahrtausendwende gewinnen die päpstlichen Stadtherren wieder mehr Macht, können sich gegen die Rivalen auf lokaler Ebene durchsetzen und damit der Bevölkerung etwas Sicherheit geben. Doch durch die Einfälle der Normannen unter Robert Guiscard (1084), durch gewaltige Brände, Überschwemmungen des Tibers und andere Zerstörungen erleidet die Stadt neue Rückschläge.

Im 12. Jh. stehen die Zeitläufe günstiger für Rom. Das bedeutet für die Stadt Erholung, Ruhe und Frieden, ja sogar einen zaghaft wachsenden Wohlstand der Bevölkerung. Ihren neuen Reichtum zeigen die Römer auch durch den Bau und die Verschönerung von Kirchen. Die zwei Marienkirchen Santa Maria in Cosmedin und Santa Maria in Trastevere stehen als Beispiele für viele. Innozenz III. (1198–1216), der Herr von Kaisern und Königen, führt das Papsttum auf einen Gipfel, auf dem es sich ein Jahrhundert hält, mit erfreulichen Folgen für seine Bischofsstadt. Auf dem 4. Laterankonzil (1215), einer Versammlung von mehr als 400 Bischöfen und 800 Äbten in San Giovanni in Laterano, kann der Papst eine eindrucksvolle Bilanz seiner Macht und des neuen Glanzes seiner Stadt ziehen.

Exil und Rückkehr der Päpste

Doch die Päpste sind in ihrer eigenen Stadt nicht unangefochten. Der Widerstand gegen den Bischof von Rom als politischen Herrn findet seinen Ausdruck in den Erhebungen des Arnold von Brescia, der 1155 hingerichtet wird, und des Cola di Rienzi, der 1354 in Rom ermordet wird. So wie der Verfall des Römischen Reiches, die Unruhen der Völkerwanderung, die Wirren des dunklen Frühmittelalters vor dem helleren Hochmittelalter Rom und die Römer niedergeworfen haben, so gerät die Ewige Stadt wieder an den Rand, als die Päpste auf Druck des französischen Königs im Exil zu Avignon in der Provence residieren, als die ›Babylonische Gefangenschaft der Kirche‹ die Christen allgemein, die Römer jedoch ganz besonders drückt. Wieder geht die Zahl der Bevölkerung auf einige Zehntausend zurück. Straßen und Plätze, Kirchen und Paläste, kaum hergerichtet, veröden aufs neue. Das ändert sich auch nicht wesentlich, als 1377/78 die Päpste zwar wieder in ihre Bischofsstadt zurückkehren, doch von 1378 bis 1417 das ›Große Schisma‹ die abendländische Christenheit spaltet, weil mehrere die Tiara des Papstes tragen wollen. Rom kennt nun seit Langem keinen anderen Herrn mehr als den Papst, doch die Römer wissen nicht, wer es von den vielen ist, der die Cathedra Petri zu Recht beanspruchen darf.

Nun hätte es mit Rom endgültig bergab gehen können. Die machtpolitischen und wirtschaftlichen Entwicklungen in Europa im 14. und 15. Jh. standen gegen die Stadt am Tiber. Die wirklichen Machtzentren bildeten sich viel weiter nördlich, in Gesamteuropa und auch in Italien. Und im Süden drohte stets der Islam, warteten Kalifen und

Exil und Rückkehr der Päpste

Wesire auf die Schwächen der abendländischen Herrscher, lauerten im Mittelmeer muslimische Piraten.

Doch es kommt anders für Rom. Im 15. Jh. sind die meisten Päpste bedeutende Persönlichkeiten. Durch den Humanismus und die aufkommende Renaissance geprägt, wuchern sie mit dem römischen Erbe und geben Rom langsam seine Weltgeltung als Zentrum der Christenheit und der Kunst des Okzidents zurück. In einem Ruinengelände richten die Päpste die größte Baustelle Europas ein. Der Römer Martin V. (1417–31), ein Colonna, setzt einen ersten Wendepunkt; mit voller Kraft beginnt Nikolaus V. (1447–55) diese neue Zeit. Die Päpste wollen – koste es, was es wolle (nicht nur im übertragenen Sinn) – aus Verfall und Elend der Stadt wieder einen Glanz verleihen, den sie zu lange schon entbehren musste und der ihr doch zukommt. Rom läuft dem im 15. Jh. noch führenden Florenz den Rang der ersten Kunststadt Europas ab. Es ist dabei wohl kein Zufall, dass es wie in Florenz auch in Rom Medici sind, dort als Stadtherren, hier als Päpste, Leo X. (1513–21) und Klemens VII. (1523–34), die an diesem Wechsel mitbeteiligt sind.

Der Sacco di Roma, die Plünderung Roms durch die spanischen Landsknechte Kaiser Karls V. im Jahre 1527, veranlasst durch eine törichte Schaukelpolitik Papst Klemens' VII. zwischen dem deutschen

Ansicht von Rom als Idealbild einer Stadt im Mittelalter (Miniaturmalerei um 1415/16 von den Gebrüdern Limburg)

Die Belagerung der Engelsburg im Jahre 1527 beim Sacco di Roma, der beträchtliche Zerstörungen anrichtete, Tausende von Toten forderte und für die Römer ein unvergessener Schrecken blieb

Kaiser und dem französischen König Franz I. in der Zeit der Reformation, bedeutet für diese ununterbrochene Baulust eine Störung, wirkt jedoch noch mehr als Anreiz zu neuen architektonischen Darbietungen. Für die Römer freilich bleibt der Sacco ein unvergessener Schrecken, der in der Stadt beträchtliche Zerstörungen anrichtet und die Bevölkerung nach – sicher übertreibenden – Berichten von Zeitgenossen von 90 000 auf 30 000 herunterdrückt, wovon sich Rom freilich sehr schnell erholt.

Humanismus – Renaissance – Barock

Für drei Jahrhunderte, von 1417 bis zum Ende des 17. Jh., nehmen die Herren des Kirchenstaats die Ewige Stadt als Schaubühne für ihre äußere Prachtentfaltung, und es entsteht der Welt schönste Stadtanlage: ein Zaubergarten von Kirchen und Palästen, Plätzen und Straßen, Brunnen und Brücken, der alle Möglichkeiten der Renaissance und des Barock zu eindrucksvoller Entfaltung bringt, der die Architektur, Malerei und Bildhauerkunst in ihren strahlendsten Ausprägungen zeigt. Die größten Künstler wetteifern miteinander. Was wären die Päpste ohne Bramante, Raffael, Michelangelo, Bernini und Borromini – doch was wären diese ohne die Fürsten auf dem Papstthron? Ohne den drängenden Julius II. (della Rovere), ohne den kunstsinnigen Leo X., ohne die Farnese, die Boncompagni, die Borghese. Die drei Bienen aus dem Wappen der Barberini, das heraldische Gütezeichen eines päpstlichen Bauherrn, Urbans VIII. (1623–44), schwärmen über die ganze Stadt, lassen sich am Baldachin über dem Altar von Sankt Peter nieder, an der Sakramentskapelle dort, auf Brunnen und auf Kirchen – Zierde der Bauten neben den Blumen und Tieren, Sternen und Hügeln aus den Wappen anderer Päpste.

Humanismus – Renaissance – Barock

Die 200 Jahre von der zweiten Hälfte des 15. bis zu der des 17. Jh. sind reich an überragenden Persönlichkeiten in allen Bereichen. Einer oder mehreren von ihnen besonderes Augenmerk zu schenken bedeutet, andere zu Unrecht hintanzusetzen. Wenn man jedoch in Rom den Künstlern Bramante, Raffael, Michelangelo, Bernini und Borromini Aufmerksamkeit widmet, ist der Tort für andere geringer. Dass diese Männer allesamt keine Römer sind, sei nur am Rande hervorgehoben, als Hinweis auf die Anziehungskraft des ›Neuen Rom‹.

Bramante

Der italienische Baumeister und Maler Donato d'Angelo Lazzari, genannt Bramante, 1444 in Fermignano bei Urbino in den Marken geboren, 1514 in Rom gestorben, schlägt in Rom den ersten großen Akkord in der Architektur der Hochrenaissance. Zuerst arbeitet er als Baumeister in Mailand, dort auch schon als Maler, dann ab 1499 in Rom. Hier entwickelt er unter dem Eindruck der Antike seinen Baustil, der zum Kanon der Zeit wird. Von ihm stammt der Plan für den Neubau von Sankt Peter, der auf klassische Vorbilder des alten Rom – vor allem auf das Pantheon und die Maxentius-Konstantins-Basilika – zurückgeht, doch nach seinem Tod von Raffael und Michelangelo geändert wird. Andere Werke Bramantes in Rom sind der Klosterhof von Santa Maria della Pace und vor allem der Rundtempel (Tempietto) im Hof von San Pietro in Montorio auf dem Gianicolo-Hügel, ein architektonischer Kosmos der Renaissance im Kleinen.

Raffael

Wie Bramante stammt auch Raffaello Santi (Sanzio; Raffael oder Raphael) aus den Marken. Dort wird er in dem Städtchen Urbino, der Residenz der Herzöge von Urbino, am 6. April 1483 geboren. Er ist ein universeller Künstler, als Maler, Bildhauer und Architekt gleich begabt, doch haben vor allem seine Gemälde ihm unsterblichen Ruhm gesichert. Als Gehilfe seines Vaters, des Malers Giovanni Santi, beginnt er seine Karriere, wird anschließend Schüler des Perugino (aus Perugia), des umbrischen Malers, geht 1504 nach Florenz und 1508 nach Rom. Mit 32 Jahren wird er von Papst Leo X. mit der Bauleitung von Sankt Peter beauftragt, Nachfolger des gestorbenen Bramante, und zugleich zum Konservator der antiken Denkmäler ernannt.

Der jugendliche Künstler gewinnt die Zuneigung der römischen Gesellschaft und erhält dadurch als Maler und Architekt viele Aufträge. Das Volk beeindruckt er durch die Innigkeit und Frömmigkeit seiner Madonnenbilder, die an naiver reiner Schönheit unübertrefflich erscheinen. Sein Meisterwerk schafft er in den nach ihm benannten Stanzen im Vatikanischen Palast – die malerische Krönung der Renaissance, wieder ein Mikrokosmos aus der Hand eines Künstlers. Seine letzten Gemälde wie die Verklärung Christi (Vatikanische Pinakothek) weisen voraus zu Manierismus und Barock. Als Raffael

Lebensalltag – Kultur – Geschichte

*Michelangelo
(Gemälde von
Jacopino del Conte)*

schon mit 37 Jahren, am 6. April 1520, seinem Geburtstag, stirbt, betrauert ihn ganz Rom. Ausdruck dieser Verehrung ist, dass man ihm im Pantheon die Grabstätte bereitet.

Michelangelo

Michelangelo Buonarroti (1475–1564) verdient mehr als nur Aufmerksamkeit. Es ist schwer, von ihm in Rom nicht gebannt, nicht geblendet zu sein. So hell strahlt sein Stern, als Maler, Bildhauer und Architekt, sogar als Dichter und Forscher, nicht nur heute, sondern schon zu seinen Lebzeiten im 16. Jh. In Architektur, Malerei und Plastik hat er Unvergleichliches, von anderen nicht Erreichtes geschaffen und so die Kunst der Renaissance zur höchsten Vollendung geführt. Am 6. März 1475 in Caprese (das Städtchen gibt sich später zu Ehren des Künstlers den Zusatznamen: Caprese Michelangelo) in der Toskana als Sohn des Bürgermeisters geboren, tritt er mit 13 Jahren in die Werkstatt des Malers Ghirlandaio in Florenz ein. Lorenzo dem Prächtigen, dem Herrn dieser Stadt, fällt auf, dass der Knabe noch mehr Leidenschaft für die Bildhauerkunst entwickelt. So lässt er ihm eine gediegene Ausbildung in dieser Kunstgattung zuteil werden.

1494, mit 19 Jahren, verlässt Michelangelo Florenz. Nach einem kurzen Aufenthalt in Venedig arbeitet er in Bologna, dann wieder in Florenz und schließlich, ab 1496 bis 1501, in der Stadt der Päpste. In dieser Zeit entsteht in Rom die »Pietà« (Sankt Peter). Sein unruhiger Geist und verschiedene Aufträge lassen ihn zwischen 1501 und 1534 ein unstetes Wanderleben zwischen Rom, Florenz und Bologna führen. Wir müssen uns auf Rom konzentrieren, müssen uns mit den Werken in dieser Stadt bescheiden. 1505 ruft ihn der machtvolle Papst Julius II. della Rovere in den Vatikan und beauftragt ihn mit dem Entwurf für sein Grabmal.

Fast ein ganzes Leben lang drückt Michelangelo dieser Auftrag; immer wieder sucht er sich mit neuen Werken dieser Last zu entledigen. Nach dem Tod Julius' II. (1513) werden die Streitigkeiten mit den Erben weitergeführt. Von 1508 bis 1512 malt Michelangelo in mühevoller Arbeit die Fresken der Schöpfungsgeschichte in das Gewölbe der Sixtinischen Kapelle, zwischen 1513 und 1516 meißelt er für das Juliusgrab zwei Sklavenfiguren (heute im Louvre in Paris) und anschließend den berühmten Moses (in San Pietro in Vincoli). Durch immer neue Veränderungen der Pläne für das Grabmal des Rovere-Papstes verzögert sich die Fertigstellung dieses Werkes. Letztlich wird es nie vollendet, das 1545 in San Pietro in Vincoli aufgestellte Grabmal bleibt weit hinter dem ursprünglichen Projekt zurück.

1534 übersiedelt Michelangelo ganz nach Rom und lebt dort mit kurzen Intervallen bis zu seinem Tod im Jahr 1564. Von 1534 bis 1541 wirkt er wieder in der Sixtinischen Kapelle, nun an der Altarwand, und ›erschafft‹ das Jüngste Gericht, das gewaltigste Fresko von Rom, vielleicht der Welt. Von 1542 bis 1550 ist er, mehrfach unterbrochen von Krankheiten, in der Cappella Paolina des Vatikans beschäftigt, an den zwei Fresken der »Bekehrung des Saulus« und der »Kreuzigung des Petrus«. Während seines langen Lebens hatte Michelangelo auch immer wieder Neigung und Eignung zur Baukunst entwickelt, zuerst in Florenz, nun in Rom. Der Palazzo Farnese, der Kapitolsplatz, die Peterskirche, deren Riesenkuppel seine größte architektonische Leistung bildet, Santa Maria degli Angeli, die Porta Pia, die Treppe des Belvedere-Hofs im Vatikan entstehen oder verdanken Plänen Michelangelos ihre Gestalt. Sein Leben – bewundernswert schaffensreich, oft schwierig, doch von Erfolg gekrönt – beschließt er in Rom. Sein Leichnam jedoch wird nach Florenz überführt und dort in der Kirche Santa Croce bestattet. Der größte Künstler Roms bleibt nicht in der Stadt, die ihm die machtvollste Entfaltung seiner Kunst ermöglichte, sondern kehrt in die Heimat zurück.

Gian Lorenzo Bernini, Selbstporträt (Galleria Borghese)

Bernini

Ohne Giovanni Lorenzo Bernini, geboren am 7. Dezember 1598 in Neapel, gestorben am 28. November 1680 in Rom, den Sohn und Schüler des Bildhauers Pietro Bernini, wäre das barocke Rom nicht vorstellbar. Bernini hat als Baumeister und Bildhauer das Stadtbild entscheidend geprägt. Es sind nun, zwei Menschenalter nach Michelangelos Tod, Päpste und Kardinäle des 17. Jh., die Bernini mit unzähligen Aufträgen bedenken; der Künstler dankt es ihnen über sein Werk hinaus, indem er ihre Wappen anbringt, an Palästen, Kirchen und Bildwerken. So schafft Bernini unter den Päpsten Urban VIII. (1623–44, einem Barberini, im Wappen drei Bienen), Innozenz X. (1644–55, aus der Familie der Pamphili, im Wappen eine Taube mit Zweig und Lilien), Alexander VII. (1655–67, einem Chigi, im Wappen Baum, Sterne und Hügelkuppen) eine Fülle von Meisterwerken, nicht zuletzt im Wettstreit mit dem Rivalen Borromini. Der Bronzebaldachin und das Grabmal Urbans VIII. in Sankt Peter, die Statuengruppe »Verzückung der hl. Theresa von Avila« in Santa Maria della Vittoria, der Vier-Ströme-Brunnen auf der Piazza Navona, die Kolonnaden des Petersplatzes, der Petersplatz selbst, die Kirche Sant'Andrea al Quirinale, die Scala Regia im Vatikan und großartige Statuen, heute im Museum der Villa Borghese, sind Ergebnisse seiner gewaltigen künstlerischen Schaffenskraft.

Borromini

Francesco Borromini, 1599 bei Lugano im Tessin geboren, 1667 in Rom gestorben, ebenfalls Architekt unter den eben genannten baufreudigen Päpsten, ist im barocken Rom der große Konkurrent Berninis. Es scheint, dass er eine unüberwindliche Abneigung gegen gerade Linien hat; es müssen konkav- oder konvexgeschwungene Fassaden sein, gebrochene Giebel, ovale Kuppeln, stets unterbrochene Mauern. Als Erfinder von rhythmisch gekurvten Grundrissen, über die er beschwingte Raumgebilde setzt, gibt er auch dem deutschen

Spätbarock manche Anregungen. Gegenüber dem Vier-Ströme-Brunnen seines Rivalen Bernini auf der Piazza Navona erbaut er die Kirche Sant'Agnese in Agone. Seine Kirche San Carlo alle Quattro Fontane, von den Römern liebevoll San Carlino genannt, zeigt besonders eindrucksvoll den Stil Borrominis. Die Kapelle Sant'Ivo mit ihrem hübschen Kuppelaufbau und der Laterne bei der ehemaligen Päpstlichen Universität Sapienza ist ebenfalls sein Werk.

Von der Französischen Revolution bis heute

Die Päpste verschreiben sich in den Jahrhunderten von Renaissance und Barock fast ganz dem kunstvollen Ausbau ihrer Stadt, die Römer profitieren davon. Doch die weltliche Macht des Oberhaupts – nicht mehr der Christenheit, sondern nur noch der katholischen Kirche – sinkt, die Bedeutung Roms als Herrschaftszentrum geht zurück. Haben die Päpste früher Heere in Gang gesetzt, um ihre Ziele zu erreichen, so verlassen sie sich nun auf die Klugheit ihrer Diplomaten. Bald ist der Kirchenstaat nur noch einer unter vielen in Italien, neben Königreichen und Republiken, Herzogtümern und Grafschaften. Die Französische Revolution und der Wirbelwind, mit dem Napoleon die europäische Staatenwelt durcheinanderbringt, treffen auch Rom. 1798 ist Rom Hauptstadt der Römischen Republik, von 1809 bis 1811 Teil des französischen Kaiserreiches – Napoleons einziger Sohn erhält den Titel ›König von Rom‹ –, 1814 durch den Wiener Kongress wieder Hauptstadt des Kirchenstaates mit dem Papst als Souverän. Nicht lange. Die Revolutionen und die nationale Einigungsbewegung des 19. Jh. erfassen auch das päpstliche Patrimonium. Als 1870 wegen des Deutsch-Französischen Krieges die französischen Schutztruppen aus Rom abgezogen werden, rücken die Italiener durch die Porta Pia ein. Rom wird Hauptstadt des Königreiches Italien (1870/71); die Päpste ziehen sich aus Protest gegen den Raub des Kirchenstaates hinter die Mauern des Vatikans zurück.

Das neue Königreich will regiert werden. Die dazu notwendigen Verwaltungsbauten entstehen überall in der Stadt und mischen den Stil des 19. Jh. in den der vergangenen Epochen. Die Bautätigkeit wird nochmals geschürt, als Mussolini 1922 die Macht in Italien übernimmt. Rom vergrößert sich zur bevölkerungsreichsten Stadt im Mittelmeerraum. Mussolini gelingt es, 1929 mit dem Papst Frieden zu schließen durch die Lateranverträge zwischen dem Heiligen Stuhl und dem italienischen Staat. Die Päpste erhalten den winzigen Vatikanstaat mit einer Reihe von exterritorialen Bezirken als souveränes Hoheitsgebiet.

Im 19. und 20. Jh. fördern die italienischen Regierungen und einige Päpste moderne Architektur und Kunst (Bauten in der E.U.R.-Ausstellungsstadt südlich von Rom und anlässlich der Olympischen Spiele 1960, Audienzhalle im Vatikan unter Paul VI.); sie unterstützen historische Forschungen und betreiben immer eifriger archäologische

Unternehmen. In den beiden Weltkriegen erleidet die Stadt Rom keine nennenswerten Schäden. Erhebliche Schwierigkeiten bereitet jedoch, dass nach dem Zweiten Weltkrieg Hunderttausende von Süditalienern in die Stadt integriert werden müssen; für die Zuwanderer werden rings um Rom neue Satellitenstädte angelegt. Die Bevölkerung der Stadt steigt auf 3,6 Millionen. Rom ändert sich in wenigen Jahren mehr als in Jahrhunderten zuvor und bleibt doch dieselbe Ewige Stadt, nicht zuletzt auch deshalb, weil das historische Zentrum und alle Kunstwerke den Römern und der Welt unantastbar geworden sind.

Papsttum

Rom ist ohne das Papsttum nicht denkbar. Aber was ist das Papsttum? Jener Anspruch, auf den Anfang des 21. Jh. weit mehr als eine Milliarde Katholiken in aller Welt heute ausgerichtet sind, der seine Kraft in der Geschichte immer und immer wieder noch im schärfsten Widerspruch bewiesen hat, der die Welt seit zwei Jahrtausenden anruft und herausfordert?

Die Ära der Päpste wird in Rom auf wenige Meter zusammengedrängt: zwischen dem grauen Grab des Petrus im unterirdischen Totenreich der Peterskirche und dem Altar in der Mitte der Basilika, doppelt überhöht vom Baldachin des Bernini und der Kuppel des Michelangelo. Doch diese kurze Strecke beschwört den langen Weg des Papsttums, von den armseligen Anfängen bis zur Gegenwart, Glied für Glied einer ununterbrochenen Kette, welche die europäische Geschichte und die Historie der römischen Stadt begleitete. Die Träger des Papsttums sind Menschen, die noch in ihrem Versagen die wohl faszinierendste, zweifellos jedoch dauerhafteste Institution aller Kulturen schufen. Die Reihe der 266 römischen Bischöfe konfrontiert uns, in Bewunderung oder Ablehnung, mit Gestalten, wert höchsten Respekts ebenso wie skeptischer Distanz. Das Geheimnis des Papsttums erschließt sich nicht leicht. Denn nie erhoben im Abendland Menschen einen höheren Anspruch: Nachfolger des Petrus zu sein, des ersten Christus-Jüngers, mehr noch: Stellvertreter des Gottessohnes selbst. Die Geschichte wird daran gemessen.

Schon in der Nekropole unter Sankt Peter erhebt sich Streit. War Petrus, der Fischer vom See Galiläa, überhaupt in Rom? War er Bischof? Ist er an dieser Stelle, beim Zirkus des Kaisers Nero (54–68 n. Chr.) am Vatikanischen Hügel, beigesetzt worden? Bibelkundige Exegeten, findige Historiker, penible Archäologen suchen nach gültigen Antworten, und viele sehen trotz mancher Gegenrede hier die letzte Ruhestätte des Fischers aus Galiläa, da man in Rom häufig über den Gräbern der Märtyrer kleine Kirchen errichtete und das Ortsgedächtnis der Römer über Jahrhunderte erstaunlich verlässlich war.

Aufschluss über den Zusammenhang von einst und jetzt bekommt der Besucher des Vatikans, wenn er hoch in die Basilika schaut:

»Rom wollte immer herrschen, und als seine Legionen fielen, sandte es Dogmen in die Provinzen.«
Heinrich Heine

Lebensalltag – Kultur – Geschichte

TV ES PETRVS ET SVPER HANC PETRAM AEDIFICABO ECCLESIAM MEAM ET TIBI DABO CLAVES REGNI CAELORUM – »Du bist Petrus, und auf diesen Felsen werde ich meine Kirche erbauen, und die Mächte der Hölle werden sie nicht überwältigen. Dir gebe ich die Schlüssel des Himmelreiches.« Im Tambour der Michelangelo-Kuppel stehen diese Worte. Und ringsherum, oben in den Hallen, die anderen: wie Hammerschläge der dreimalige Ruf Jesu an Petrus: »Weide meine Schafe, weide meine Lämmer!«; und dazu noch: »Simon, wenn du dich einst bekehrt hast, stärke deine Brüder.« Wie Jesus Christus, der Nazarener, diese Worte meinte? Die Dispute zwischen Katholiken und Protestanten lassen den Schluss zu, dass man es vorerst zu Einstimmigkeit nicht bringen wird. Wichtiger ist der Geschichte, wie man es tatsächlich verstanden hat.

Von hohen Ansprüchen wissen die Leiter der römischen Gemeinde in den ersten beiden Jahrhunderten wenig. Ihr Selbstbewusstsein festigt sich erst langsam. Allmählich nur glauben die Gemeindevorsteher, Nachfolger des Petrus zu sein – und deshalb war es auch angemessen, dass sich die Gräber der Apostelfürsten Petrus und Paulus in Rom befanden. Wir können vieles nur vermuten. Die christliche Begleitmusik zu den Spektakeln der ersten römischen Kaiser (Caligula, Nero, Domitian oder Trajan) ist zu leise; schrill klingen nur die Schreie der Verfolgten. Im Jahre 70 – das apostolische Zeitalter, die Zeit jener, die Jesus von Nazareth noch leibhaftig erlebt hatten, neigt sich dem Ende zu – wird Jerusalem, der Todesort des Gekreuzigten und Auferstandenen, durch den römischen Feldherrn Titus, den späteren, unglücklich und nur ein Jahr regierenden Kaiser, eingenommen und zerstört. Sein Verbot für die Juden, dort je wieder zu siedeln, wirft die erste Heilige Stadt der Christenheit für lange Zeit in die Geschichtslosigkeit. Ihr bis dahin unbestritten erster Rang unter den Christengemeinden fällt an Rom.

Die Zeit vom Jahr 69 n. Chr., als Kaiser Vespasian nach den Neronischen Wirren die Regierung antritt, bis zum Jahr 312, als Konstantin sich die Weltbühne erkämpft, erscheint für das ›Papsttum‹ wie ein Ausheben der Fundamente, auf denen einst Größeres sich erheben soll. Eindeutige geschichtliche Belege für den Primat des Papstes, wie er heute in der katholischen Kirche verstanden wird, kann man an diesen Dezennien nicht ablesen. Die Rekonstruktionen der Historiker weisen auf, dass dem römischen Bischof schon bald ein besonderer Rang zukommt, dass seine Bedeutung im Westen des Römischen Reiches zunimmt, bis eines Tages der Satz des Kirchenlehrers Augustinus (354–430), »*Roma locuta, causa finita*« (Rom hat gesprochen, die Sache ist damit abgeschlossen), als geflügeltes Wort unter den Christen der Provinz allgemeine Verbreitung und Anerkennung findet. Wir wollen uns an den Auseinandersetzungen um den päpstlichen Primat nicht beteiligen – er hat mit seinen Glaubenskämpfen Jahrhunderte der europäischen Geschichte fatal bestimmt – und halten uns an die sichtbaren Zeugnisse des Papsttums in Rom. Da ist es leichter, theologischen Streit zu vergessen.

Die Kapelle von Papst Nikolaus V. im Vatikan malte Fra Beato Angelico 1447–49 mit Fresken im Stil der Florentiner Frührenaissance aus. Hier weiht Papst Sixtus II. (257–258) – mit den Zügen des Auftraggebers – den hl. Laurentius zum Diakon

Da finden wir sie schon. Kaiser Konstantin gestattet den Christen neben dem Riesenbau der Basilika des Erlösers am Lateran (später San Giovanni) einen weiteren, den der ersten Petrus-Kirche. Wo die letztere errichtet wird, ist bedeutsam: Den halben Vatikanischen Hügel muss man abtragen, den Abhang auffüllen, 12 m hohe Stützmauern einziehen. Ein ungünstiger Platz, zudem draußen vor der Stadt. Die Erinnerung an Petrus, der fortan weiß gelockt auf allen Mosaiken erscheint – die Darstellung in den ›Grotten‹ unter Sankt Peter ist die berühmteste –, lässt offenbar keinen anderen Platz zu. Das Gedächtnis der Römer weist zur Totenstadt, *ad Vaticanum,* beim Zirkus und den Gärten des Nero. San Paolo fuori le Mura heißt die später gebaute Basilika an der Straße nach Ostia. Dort hat sich die Überlieferung für Paulus, den zweiten Apostelfürsten, festgesetzt. Mit gutem Grund, wie Ausgrabungen und Forschungsergebnisse in letzter Zeit aufzeigen (und dort zu besichtigen sind).

Sylvester I.

Sylvester I. (314–35), der 33. in der Reihe der Nachfolger des Petrus, tritt als erster Papst in die Geschichte – und in das allgemeine Be-

Lebensalltag – Kultur – Geschichte

wusstsein, weil sein Fest die Jahreswende markiert. Mit ihm zeigt sich zaghaft das römische Papsttum. Er wird dem Dunkel aus Unkenntnis und Fabeln entrissen, das fast alle seine Vorgänger auf dem römischen Bischofsstuhl umgibt; dazu auserkoren, den Aufstieg des Christentums nach Jahrzehnten der Verfolgung zu begleiten. In seiner Amtszeit ist der Handelnde Kaiser Konstantin. An Machtfülle kann Sylvester als Bischof von Rom nicht denken. Zu sehr ist er in Auseinandersetzungen mit Feinden und Konkurrenten verwickelt. Böse Zungen behaupten gar, er habe in der Zeit der Verfolgung den heidnischen Göttern geopfert. Schwankender Glaube, geschickte Anpassungsfähigkeit oder nur Fama? Die Legende schweigt darüber, schreibt ihm lieber Freundliches zu. Er habe den Kaiser vom Aussatz geheilt, ihn auf dem Sterbebett getauft. Wenn dies auch der Obelisk vor dem Lateranpalast verkündet, die Historiker wissen davon wenig.

Dass Kaiser Konstantin dem Sylvester in einer Schenkung die Hoheit über Geistliches und Irdisches gab, den römischen Bischof damit über alle anderen Bistumsleiter des Reiches erhob, ist jener Zeit nicht bekannt. Die ›Konstantinische Schenkung‹ ist eine um 750 entstandene urkundliche Bestätigung einer bereits vollzogenen Erhöhung, kühne Fälschung, folgerichtige Konstruktion zur Festigung päpstlicher Prätentionen.

Konstantin, getauft und vom Aussatz genesen, reicht die Tiara dem hl. Sylvester; Darstellung der Legende in der römischen Kirche SS. Quattro Coronati

Im 4. Jh. profitierte die Gemeinde des westlichen Reichszentrums noch in besonderer Weise vom Aufschwung des Christentums, und mit ihr der Bischof von Rom. Das römische Weltreich verband sich mit dem einst verachteten Christentum. Von nun an war die Kirche Verbündete des Staates, erfreute sie sich kaiserlicher Förderung, um die weltliche Macht zu stützen. Die Kirche ging diese Liaison von Thron und Altar nicht ohne Gefährdung ein, für die Amtsfülle des römischen Bischofs jedoch mit günstigen Folgen. Dieser tritt, ohne es noch zu ahnen, die Nachfolge der römischen Kaiser an. Das Imperium Romanum setzt sich geistlich im Sacerdotium, dem Priestertum, fort, erst recht, als es der deutschen Nation übergeben wird.

Im 4. Jh. erwuchs Rom in Konstantinopel eine mächtige Nebenbuhlerin. Tatsächlich wird der Streit zwischen Rom und Konstantinopel um die Priorität von der östlichen Hauptstadtgemeinde und ihrem Bischof mit Selbstbewusstsein und Unbefangenheit geführt, als sei noch längst nicht ausgemacht, wem der Primat gebühre. Die Rivalität dauert die nächsten Jahrhunderte an, bis sie in die große abendländische Kirchenspaltung, das Schisma von 1054, treibt. Die tragische Trennung der lateinischen und griechischen Kirche entsteht, zum Schaden des Christlichen, zum Nutzen der römischen Vorzugsstellung. Erstaunlich ist, dass im politischen Niedergang Roms, in den Wirren der über Italien flutenden Völkermassen der römische Bischof seine Stellung als ›Primus‹ festigen kann. Ist es die Größe der einzelnen Bischofspäpste? Oder bietet im zusammenbrechenden Reich nur noch die kirchliche Hierarchie mit der Ausrichtung nach Rom Halt und Würde? Seit dem 5. Jh. jedenfalls scheint der Vorrang der römischen Bischöfe in Verwaltung, Rechtsprechung und im Lehramt (Konzil von Chalkedon 451) gesichert.

Leo I. der Große

Nur zwei Päpsten kommt allgemein der Beiname ›der Große‹ zu, dem ersten Leo und Gregor I. Den ehemaligen Administrator Leo aus Tuszien (Toskana) beseelt als Papst (440–61) der Wille zu herrschen, die Möglichkeiten des römischen Bischofsamtes auszuschöpfen und auszuweiten. Er begreift als erster ganz, welches Instrument ihm in der Cathedra Petri zur Verfügung steht. Den Stolz des Adligen, dessen weltliche Macht mit dem weströmischen Reich schwindet, projiziert er ins Geistliche. Bei ihm entsteht der römische Primat für die Kirche, wächst unter Leos eindrucksvoller Formulierungskunst und seiner kühnen Theologie vom Petrusamt, wirkt in die praktische Kirchenverwaltung hinein und siegt im ›rechtgläubigen‹ Glaubensbekenntnis. Seinen Mut beweist er in den Wirren der Völkerwanderung. Der römische Bischof operiert freilich auch mit überirdischer Hilfe. Das zeigt ein Marmorrelief in Sankt Peter: Leo I. (440–61) wehrt, unterstützt von den Apostelfürsten Petrus und Paul, den Hunnenkönig Attila ab. Der Maler Raffael noch hat es ihm in den Stanzen (1512–14) gedankt.

Gregor I. der Große

Aus römischem Senatsadel hingegen stammt Gregor I. (590–604). Eineinhalb Jahrhunderte später als Leo I. übernimmt er als erster Mönch, aus dem Orden des hl. Benedikt, das Amt. Aus dem ersten Gregor wird man nicht recht klug. Die Urteile der Zeitgenossen und der Kirchengeschichte schwanken zwischen Bewunderung und kritischem Tadel. Er ist ein Mann der Gegensätze – offenbar von polarisierendem Charakter, vielleicht von unterschiedlichen Qualitäten.

Die ersten Missionare schickt er nach England, ohne sich recht der Bedeutung dieser Saat bewusst zu sein. Er ist so reich, dass er die Klöster selbst gründet, in denen er als Benediktinermönch wirkt. Er hat sich die Niedrigkeit freiwillig gewählt; eine unverbogene Demut scheint das aber nicht zu sein, dafür streitet Gregor zu gern um die Ehren der Römer. In dem Titel ›Diener der Diener Gottes‹, den er sich und allen künftigen obersten Pontifices zulegt, schwingt viel mit von sich selbst erhöhender Bescheidenheit. Gregor ist Mönch. Darin liegt bei ihm, dem Großen, auch etwas Enges, Kleinliches. Indes wird dadurch die religiöse Dimension des Papsttums gestärkt. Noch als alter, kranker Mann, von der Gicht schmerzhaft gequält, schreibt er erbauliche Literatur, die sich freilich mit den hohen Werken der lateinischen und griechischen Kirchenväter nicht immer messen kann. Ob er besonders musikalisch war und wir ihm – wie es die Tradition will – einige Gregorianische Choräle zu verdanken haben, wissen wir nicht genau. Sein Handbuch der Seelsorge wird vom Klerus des Mittelalters fleißig benutzt, es eignete sich zur Popularisierung. Gregor der Große, der Heilige, nimmt dennoch einen hohen Rang in der Papstgeschichte ein.

Das Papsttum und die Völker des Nordens

In dieser Zeit begann die Hinwendung der römischen Kirche zu den Germanen. Durch die neuen bekehrten Völker des Nordens erweiterte sich die Jurisdiktionsgewalt des *servus servorum Dei*, des Dieners der Diener Gottes, beträchtlich. Vertrauen und Gehorsam, Treue und Gefolgschaft richteten sich auf den Himmelspförtner, der die Tore des Paradieses aufschließen und versperren konnte. Es war, als ob Franken und Angelsachsen auf den höchsten Herrn gewartet hätten, dem sie sich als Vasallen willig unterwerfen konnten. Sie suchten in Rom weniger den obersten Verwalter der Kirche als vielmehr den Schlüsselträger, der die Gewalt zu binden und zu lösen auf Erden und im Himmel hatte.

In der Ferne stieg das Ansehen des römischen Bischofs ins Überirdische, daheim geriet er in mancherlei Bedrängnisse. Die Übergriffe der oströmischen Kaiser, die Eroberungsgelüste der muslimischen Araber, die Sarazenen, die Wildheit der Langobarden, der Übermut der römischen Adelsfamilien, der den Papst oft aus dem Lateran vertrieb, machten zu schaffen. Dennoch erwarben sich die Päpste allmählich ein ›Patrimonium Petri‹, den Kirchenstaat in Italien. Aber allein konnten sie sich nicht gegen alle Widerstände behaupten; sie mussten Schutz suchen, für sich und ihre Kirche.

Im Hauptschiff der Petersbasilika, beim Eingang, ist eine Porphyrplatte in den Boden eingelassen. An dieser Stelle soll Leo III. am Weihnachtstag des Jahres 800 dem Frankenkönig Karl die römische Kaiserwürde übertragen haben. Ein schicksalhafter Bund war geschlossen, für Italien und Deutschland, für die romanischen und fränkisch-germanischen Völker. Doch der als Schutzherr gegen weltliche Gefahren angerufen war, wollte bei der Leitung der Kirche mitbestimmen. Hier war ein Konflikt angelegt, der lange dahinschwelte, bis es im Investiturstreit, dem Streit um die Einsetzung der Bischöfe, zwischen Kaiser und Papst zum offenen Kampf kam. Karolinger, Sachsen, Salier und Staufer wechselten sich in der deutschen Königswürde ab; um Kaiser zu werden, mussten sie nach Rom. Mussten sie? Die Geschichte des Heiligen Römischen Reiches, des Zusammenwirkens und Gegeneinanders von päpstlichem Priestertum und kaiserlicher Herrschaft, bewegt sich machtvoll und beklagenswert zugleich auf den verschlungenen Pfaden von nüchterner Realpolitik und unberechenbarem Glaubenstrieb.

Zwischendurch aber, im 9. und 10. Jh., taucht das Papsttum in seine dunkelste Epoche, in Habsucht, Verbrechen, Mord, in endlose Geschlechterfehden; in Terror und brutaler Kriminalität droht es unterzugehen. ›Römer‹ war ein Schimpfwort, Rom eine sterbende Stadt, in die sich nur mutige Pilger wagten. Kaum jemals klafften Idee und Wirklichkeit des römisch-universalen Bischofsamts spannungsvoller auseinander.

Das Papsttum ging nicht unter. Hilfe kam von außen. Die deutschen Könige, voran die Ottonen – Otto II. findet als einziger deutscher Kaiser sein Grab in den Grotten von Sankt Peter –, erinnerten sich ihrer Ordnungsfunktion – Recht und Last zugleich. Deutsche Päpste förderten die Besinnung auf das geistliche Amt. Im Innern wurden Kräfte wach, die mit Nachdruck die Erneuerung der Kirche und die Freiheit der Päpste von weltlichen Übergriffen forderten. Die Reformbewegung des 11. Jh., vom burgundischen Kloster Cluny ausgehend, durchdrang die Kirche, entfachte aber auch mit der Investitur, der Besetzung kirchlicher Ämter, den Streit zwischen den beiden Gewalten.

Gregor VII.

Gregor VII. (1073–85) spricht dem König, dem weltlichen Herrn, das Recht ab, Bischofsstühle und Abteien zu vergeben. Eine größere Herausforderung für die Verwaltung des Reiches ist kaum denkbar. Kaiser Heinrich IV. muss sich 1077 in Canossa unterwerfen, um über Gregor zu siegen. Doch dessen Forderung nach Oberhoheit triumphiert schließlich doch – im Wormser Konkordat von 1122. Dieser Gregor ist Mönch, durch und durch »vom Mutterschoß an«, wie es in der Bibel heißt, fanatisch dem Geistlichen ergeben, das Irdische verachtend, kompromisslos bis zur Selbstaufgabe. Er reißt das Papsttum nach Jahrhunderten jämmerlichen Niedergangs wieder empor.

Der ›Mönch Hildebrand‹, nicht weit von Rom in So(v)ana in der südlichen Toskana geboren, den Kaiser und Könige verfluchen und fürchten, den die Kirche heiligspricht, will die Reinheit in die Kirche zurückzwingen, mit aller geistlichen Gewalt. Klein von Gestalt, wenig ansehnlich, indes von unbeugsamem Willen erfüllt, selten liebenswürdig, meist scharf und herausfordernd, hat er nichts anderes im Sinn als die Erhöhung des Papsttums, die Erneuerung der Kirche, darin bestärkt durch die Gewissheit seiner überirdischen Sendung. Dazu sind ihm viele Mittel recht: heilsame, wie Verbot von Simonie (des Kaufs geistlicher Ämter) und Priesterehe; gefährlicher schon: der Bannstrahl gegen den deutschen König und Kreuzzüge. Bedenkenlos verficht er die Ansprüche der Kirche mit dem Schwert. Aus seiner Herrschgier macht er keinen Hehl; er verlangt Gehorsam, sonst nichts. Wenig liebend und kaum geliebt, glühend hassend und gehasst, treibt er die Geschichte voran. Maßlos ist das alles. Dennoch: Hätte dieser Gregor nicht hochmütig-klar seine übersteigerten Ziele aufgestellt, das Papsttum wäre in Mittelmäßigkeit versunken, die Kirche von den Mächten der Welt verschluckt worden.

Triumph nicht nur im Geistlichen. Die Stellung des Papstes wirkte auf Könige und Völker. Die verwaltende Tätigkeit des ›Patriarchen des Abendlandes‹ wurde durch die römische Kurie immer mehr erweitert – und vom ›Erdkreis‹ hingenommen. Machtvoll drang der Pontifex maximus in die politische Welt ein: Kämpfe mit den Normannen und anderen Gruppen um den Kirchenstaat, Waffengänge mit den erstarkten deutschen Kaisern, mit Friedrich Barbarossa und Heinrich VI. scheute er nicht. Die Kreuzzüge verstrickten den Papst in die Händel der Welt, erhoben ihn indes zugleich darüber, dank des geistlichen Ursprungs seiner Herrschaft. Doch wo die Spitze nach Gregor VII. erreicht ist, in Innozenz III. (1198–1216), dem Richter der Gewissen und der Könige, drohte der Abstieg. Rettendes für die Kirche zeigte sich woanders: in der Gründung der Bettelorden.

Innozenz III.

Der dritte Innozenz ist es, der die Früchte Gregors VII. reich erntet. Schon als der Adlige aus der Lombardei mit 37 Jahren den Thron besteigt, geht ihm der Ruf einer genialen Persönlichkeit voraus. Ausgebildet in dem römischen St.-Andreas-Kloster und an den Universitäten zu Paris und Bologna, machtwillig und herrschfähig, wirkt er dennoch versöhnlich. Er kann beides sein: stolz gebietend und sanft mitfühlend, gewinnend-humorvoll und unnahbar-hoheitsvoll. Er hält die Welt – Königreiche und Völker – für wert genug, über sie zu herrschen. Er sieht gut aus, an Intelligenz ist er allen überlegen. Er ist ein kluger Politiker, wenn auch nicht so weise, zuweilen die Politik sein zu lassen, zu sehr Politiker, um immer fromm zu sein. Innozenz ist

*Papst Innozenz III.
(Graf Lothar von
Segni, 1198–1216)
zeigt die Schenkungs-
urkunde des Klosters
(byzantinisierendes
Fresko des 13. Jh. im
Kloster Sacro Speco in
Subiaco in Latium)*

der vollkommenste Mann auf dem Papstthron, das Papsttum unter ihm in seiner mächtigsten Gestalt. Dennoch versagt ihm die Geschichte den Beinamen ›der Große‹. Doch während die Krone funkelt, wankt die Kirche. Ketzer, Katharer, Waldenser, Albigenser machen zu schaffen, die Kreuzzüge bleiben erfolglos. Wenn in seine Amtszeit nicht die beiden Ordensgründer, Franziskus aus Assisi in Umbrien und der Spanier Dominikus, hineinragten, würde seinem Pontifikat viel fehlen.

Bonifaz VIII.

Ein Jahrhundert später, an der Wende vom 13. zum 14., ist alles ganz anders. Das Ringen mit Kaiser Friedrich II. (1212–50), die Überwindung des deutschen Imperiums, hat das Papsttum erschöpft und Italien gespalten in Guelfen und Ghibellinen: erstere Anhänger des Papstes (Guelfi nach den mit dem staufischen Herrscherhaus rivalisierenden Welfen), letztere kaiserliche Parteigänger (Ghibellini nach der italienischen Lautumschreibung für den Herkunftsort der Staufer, Waiblingen). Bei Bonifaz VIII. (1294–1303) reichen deshalb die Mittel nicht mehr aus, den von Innozenz III. gestürmten Gipfel zu behaupten. Er übertrifft seine großen Vorgänger zwar in Worten, an Fähigkeiten bleibt er hinter ihnen jedoch zurück. Seine Schwächen beeinträchtigen seine bedeutenden Anlagen. Ihm werden Bildung und Verstand, Erfahrung und Mut, eine vornehme, eindrucksvolle Statur bescheinigt, aber zugleich gilt er als reizbar, töricht-verletzend und unbeherrscht. Die Juden in Rom haben unter ihm zu leiden. Der große Dichter Dante mag ihn nicht. Streit entsteht mit Frankreich, mit dem skrupellosen König Philipp IV. dem Schönen. Gedemütigt muss

Bonifaz VIII. (Benedetto Caetani, 1294–1303), eine Arbeit von Arnolfo di Cambio, den der Papst aus der Toskana nach Rom berief

der Papst klein beigeben; die Zeit päpstlicher Weltherrschaft ist vorbei. Seine Nachfolger bekommen es in Avignon, die Christenheit im Schisma zu spüren. Noch einmal erhebt Bonifaz in der Bulle »Unam sanctam« den stolzesten Anspruch, der je erhoben wurde: Alle Gewalt, die geistliche und die weltliche, gebühre dem Papst; von ihm werde sie verliehen. Deshalb: »Dem römischen Pontifex untertan sein ist für jedes menschliche Geschöpf unbedingt zum Heil notwendig.« Ruft Bonifaz deshalb als erster Papst ein Heiliges Jahr (1300) aus und die Pilger des ganzen Abendlandes nach Rom?

Abendländisches Schisma

Der französische König hatte wenig darauf gegeben und sich nicht unterworfen. Er riss das Papsttum in die Erniedrigung, zwang die Päpste in die Verbannung nach Avignon (1309–77), wo sie sich in den Mauern ihres Palastes vornehmlich Hofintrigen und der Verschwendung hingaben – und der Kirche zur Last wurden. Ebenso trostlos wie das Papsttum war in dieser Zeit der Anblick der verfallenden Konstantinischen Petersbasilika. Die Rückkehr des Papstes nach Rom setzte ein erstes Zeichen, der endgültige Umzug vom Lateran in den Vatikanischen Palast änderte nicht mehr. Religiös jedoch schien es unter tiefer hinabzugehen, durch schismatische Wirren, durch die ehrgeizigen Ansprüche illegitimer Päpste. Die Bischöfe sammelten ihre Kräfte, um gemeinsam, zusammengeschlossen im Konzil, die Päpste in die Schranken zu weisen. Doch die fundamentale Frage, wer über dem anderen steht, Konzil oder Papst, hielten die römischen Pontifices so lange offen, bis sie die Entscheidung in ihrem Sinn treffen konnten.

Alexander VI.

Dann ist es, als sollte das Papsttum verenden, als könnte einem Alexander VI. aus der Borgia-Familie nichts anderes als »Halt« zugerufen werden, als sollte der Reformator Martin Luther dem geistlichen »Popanz« von Pontifikat den Todesstoß versetzen. Der Nachwelt hat sich Alexander VI. (1492–1503) als der Wüstling auf dem Papstthron eingeprägt. Die Kirche schämt sich seiner, aber sie verschweigt ihn nicht. An der Mauer des Vatikanischen Palastes, rechts bei den Kolonnaden, dicht neben der heutigen Poststelle, kann man ein kleines Wappen entdecken, das bescheiden an diese Ausgeburt der Renaissance erinnert. Man möchte wissen – wenn nicht die moralische Entrüstung die historische Neugier gänzlich vertreibt –, wie dieser ›Stellvertreter Christi‹ und ›Nachfolger des Apostelfürsten‹ seine skrupellosen Taten ausgehalten hat. Die Macht seiner Familie, der Borgia, zu mehren scheint bei ihm die oberste Maxime, offenbar wichtiger als die Zehn Gebote; das Papsttum ist nur Instrument, als beerbbarer Monarch eines ansehnlichen Staates zu herrschen. Dieses ›Ideal‹, den sich aufs Geistliche gründenden Kirchenstaat vollends zu säkularisieren, verdrängt bei ihm alles andere. Darin ist er nicht einmal originell. Mit 26 Jahren schon Kardinal, lernt er in der italienischen Renaissancewelt, Skrupel zu vergessen. Dass Alexander, kunstverständig und energisch, den Sinnesfreuden völlig erliegt, ist ein persönliches Laster, allerdings ein hervorstechendes. Der Bußprediger Savonarola endet der Borgia wegen auf dem Scheiterhaufen. Das Papsttum überlebt.

Päpste im 16. Jahrhundert

Und wie! Humanismus und Renaissance hatten die Päpste ergriffen und ließen sie nicht mehr los. Ebenso förderten gerade die geistlichen Statthalter Christi die weltliche Kultur. Das lenkte sie von ihren religiösen Aufgaben ab, erfüllte sie jedoch mit Kraft, nahm ihnen vor allem die verderbliche Schwächlichkeit, das tatenlose Zusehen. Neues Selbstbewusstsein demonstrierten Julius II. (Giuliano della Rovere; 1503–13), Leo X. (Giovanni de' Medici; 1513–21) und Klemens VII. (Giulio de' Medici; 1523–34). Die Päpste begannen in der zweiten Hälfte des 15. Jh. den Umbau des Vatikanischen Palastes und den Neubau der Peterskirche. Gelder dafür nach Rom zu bringen war Grund einer Reise Martin Luthers, 1510/11. Vatikan und Sankt Peter – und das war ihnen noch nicht genug –, welch ein Unterfangen in einer weithin noch armseligen Stadt, deren Herren jedoch darauf brannten, das glänzende Florenz in den Schatten zu stellen und Rom zum bestimmenden Zentrum von Kunst und Kultur in Europa zu machen.

Zum geistlichen Neubau der Kirche reichten die Kräfte noch nicht, dazu bedurfte es des Tridentinischen Konzils (1545–63), der Gegenreformation. Die kleine Episode des letzten deutschen Papstes, Hadrian VI. (1522/23) aus Utrecht, beweist es; in Gram und Resignation, voll des besten Willens zur Erneuerung, starb er, verlacht von den Römern. Für machtpolitische Tollheiten, wie sie noch einem Alexander VI. oder einem Julius II. einfallen konnten, schien die Zeit vorbei. Mit dem deutschen Kaiser Karl V. probierte es Klemens VII. dennoch. Den rüstigsten Verteidiger des katholischen Glaubens spielte er gegen den französischen König aus. Die machtpolitische Torheit ihres Herrn mussten die Römer mit dem Sacco di Roma, der Verwüstung ihrer Stadt durch kaiserliche Truppen, bezahlen.

Doch die Päpste lernten daraus, und bald setzen sie nicht mehr auf Heere, sondern nur noch auf ihre Diplomaten. Aber noch wichtiger als die Politik erschien den Päpsten, ihre Stadt zu verschönern und mit unvergänglichen Kunstwerken zu schmücken. Fast drei Jahrhunderte trieb sie rastlos dieser Ehrgeiz. Rom selbst brachte wenige Künstler hervor. So riefen die Päpste sie aus anderen Städten und Staaten Italiens herbei. Die besten Baumeister, Maler und Bildhauer suchten sich darin zu überbieten, dem Papst als dem Herrn des Kirchenstaats und der katholischen Kirche ein Zentrum zu schaffen, das es mit den anderen Kapitalen Europas an Pracht und Schönheit aufnehmen konnte. Es gelang ihnen. In der Hauptstadt der katholischen Kirche

Alexander VI. (Rodrigo de Borgia, 1492–1503) auf einem edelsteinverzierten Porträt aus dem Besitz der Vatikanischen Pinakothek

Lebensalltag – Kultur – Geschichte

schien die Religion in Kunst und Darstellung aufzugehen, während im Norden Europas die Angehörigen protestantischer Bekenntnisse im ernsthaften Betreiben ihrer Geschäfte eine besondere Ethik des wirtschaftlichen Erfolges entwickelten.

Paul V.

Einen Papst aus der Zeit des Barock herauszustellen grenzt an Willkür. Denn die großen Gestalten drängen sich geradezu auf. Einer sei dennoch ausgewählt, weil er sich selbst unübersehbar präsentiert. Mit den größten Lettern oben auf der Fassade der Peterskirche, nach der Vollendung der Basilika: PAVLVS V. BVRGHESIVS ROMANVS (1605–21), mit Greif und Adler im Wappen. Der bedauerliche Nepotismus belastet auch ihn, dem sonst ein bescheidener Lebenswandel attestiert wird, auch Frömmigkeit und milde Beherrschtheit. Die Welt dreht sich bei ihm längst nicht mehr um Rom (sondern um die Sonne – den ersten Prozess gegen Galilei lässt Paul V. führen). Politisch ist der Kirchenstaat eine europäische Randmacht geworden. Die anderen wissen das; der streitlustige, gebildete Jurist Paul noch nicht ganz. Er überschätzt seinen Einfluss auf die Großmächte und kann dem Ausbruch des Dreißigjährigen Kriegs nur hilflos zusehen. Doch der freigebige Mäzen macht Rom zur grandiosen Bühne der Kunst.

Nun stand der ideelle Bau des Papsttums längst. Aber die Christenheit hatte sich – nicht zuletzt deshalb – wieder geteilt; Papst und Konzil hatten in Trient (1545–63) den Protestanten das ›Anathema‹, Verdammung, nachgerufen. An der Stellung des römischen Bischofs war in der katholischen Kirche nicht mehr zu rütteln. Die römische Kurie macht sich dies zunutze; der meist unwidersprochene Primat wurde in den folgenden Jahrhunderten routiniert in die Verwaltung der Kirche übersetzt. Fehlentscheidungen, wie das Urteil der Inquisition im Fall Galilei, die Direktiven für die Mission in China oder Südamerika, die Einschätzung der ›Sklaven‹ in Afrika oder die Aufhebung des Jesuitenordens 1773, konnten die innerkirchliche Position des Papstes nur wenig beeinträchtigen. Die Schläge kamen von außen: Joseph II. von Österreich, im Bann der Aufklärung, stritt mit Pius VI. um die Kerzen am Altar – und nicht nur darum –, er demütigte den nach Wien Eilenden.

Die Französische Revolution setzte in ihrer politischen Konsequenz nicht nur umstürzende Ideen von Freiheit, Gleichheit und Brüderlichkeit in die Welt, sondern brachte auch die Enteignung von Kirchen und Klöstern und die Ermordung von Priestern, Mönchen und Nonnen mit sich. Und es kam zu der noch tieferen Demütigung Pius' VII. durch Napoleon.

Pius VII.

Der Kontrast ist unübersehbar: Nach den auf ihren Denkmälern apotheotisch thronenden Päpsten des Barock gemahnt die kniende Thorwaldsen-Gestalt dieses von dem französischen Kaiser kujonierten Pius' VII. (links am Ende des Seitenschiffs der Peterskirche) abrupt an Schmerz und Leid. Der böse Dämon dieses Chiaramonti-Papstes ist Napoleon; noch auf dem Totenbett verfolgt ihn der Franzose, der ihm nicht nur 1804 die Kaiserkrone aus der Hand nimmt und sich selbst krönt, sondern fünf Jahre später überdies noch den Kirchenstaat mit Frankreich vereinigt und den Papst gefangensetzt. Die schmerzhaften Bosheiten, die ihm der Korse mit der Verbannung nach Savona und der Verschleppung nach Fontainebleau zufügt, gelten der Kirche, die Napoleon jedoch dank der Weitsicht des Papstes und des Kardinalstaatssekretärs Consalvi nicht ganz zu unterwerfen vermag. Mut und Charakterstärke zeichnen den gelehrten Benediktinermönch auf der Cathedra Petri aus, Furchtlosigkeit, an der die Gewalt selbst eines Napoleon zerschellt. Ergeben nimmt er hin, dass die Kirche zu seiner Zeit der Revolution und ihren kriegerischen Folgen ausgesetzt ist, fest davon überzeugt, dass sie auch in und nach dieser Sturzflut Bestand hat. Der Ausgang des Wiener Kongresses gewährt Pius VII. ein leichtes Aufatmen.

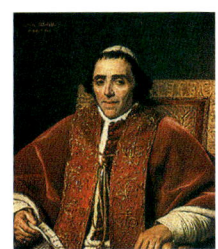

Pius VII. (Barnabà Chiaramonti, 1800–23) auf einem Porträt von Jacques-Louis David

Pius IX.

Dann erleben auch die Päpste die Rebellion ihrer Untertanen. Die von 1848 erschreckt den anfangs liberalen Pius IX. (1846–78) so tief, dass er auf Gegenmittel sinnt. Denn im Anfang seines Pontifikats galt der Graf als der modernen Zeit geöffnet. Ein Amnestiedekret und kleinere Reformen hatten nicht nur in dem politisch und sozial zurückgebliebenen Kirchenstaat Hoffnungen geweckt. Beliebtheit schmeichelt seiner Eitelkeit. Damit ist es sofort vorbei, als der Aufruhr der revolutionären Massen 1848/49 in Rom auch über ihn hinwegströmt. Jetzt stellt er sich gegen alles Neue, gegen seine Untertanen, gegen Italien, gegen die ganze Welt. Solcher Widerstand – ein nüchternerer Charakter wäre dazu kaum imstande – hat Größe, auch wenn er die Kirche in vermeidbare Gegnerschaften führt. Bei Giovanni Mastai Ferretti setzt das Gefühl dem Verstand Grenzen. Aufwallungen des Gemüts reißen die sichernden Schranken der klaren Vernunft ein. Die großen Fähigkeiten werden zuweilen durch kleine Schwächen entwertet. 1854 stellt Pius IX. die Lehre von der ›Unbefleckten Empfängnis Mariens‹ als Dogma auf – in den Vatikanischen Museen erinnert ein großes Fresko daran: Hier wird die Verbindung des Glaubens mit dem Papst als dem Brennpunkt der Kirche in einprägsamer Form zelebriert; das alte Glaubensgut von Jahrhunderten soll, zum Dogma erhärtet, den Obersten Hirten adeln.

Das Mariendogma und die folgende Verurteilung aller modernen Ideen sind nur die Vorbereitung für den Rückzug in die höchste spirituale Autokratie: im Unfehlbarkeitsdogma. Den untergehenden, zum Teil feindlichen Monarchen kann Pius die perfekte Zentralorganisation der katholischen Kirche triumphierend entgegenhalten, bevor er seines Staates durch die Einigung Italiens 1870 verlustig geht. Die

Konzentration des Papsttums ins Geistliche ist dem bescheiden lebenden, manchmal fehlgreifenden und versagenden Mann gelungen. Jetzt muss sie nur richtig ausgeübt werden.

Die Geschichte war grausam. Zwei Monate nach dem Ersten Vatikanischen Konzil (1869/70), – die 642 Prälaten hatten damals noch im rechten Seitenschiff der Basilika Platz, 92 Jahre später müssen die über 2000 Bischöfe des Zweiten Vaticanums in die Haupthalle ziehen – rückten italienische Soldaten in den Kirchenstaat ein, besetzten die Ewige Stadt. Die französischen Schutztruppen des Papstes waren zuvor wegen des Krieges zwischen Deutschland und Frankreich abberufen worden. Pius IX. zog sich, seines Staates beraubt, schmollend in den Vatikanischen Palast zurück; mit dem italienischen Staat, mit der modernen Welt war er zerfallen.

Erst in den Lateranverträgen 1929, unter Pius XI., gelang die Versöhnung mit Italien, später, beim Zweiten Vatikanischen Konzil, wohl auch mit der Welt. Der Papst wurde Souverän der Vatikanstadt, eines arg zusammengeschmolzenen Kirchenstaates. Aber zunehmende moralische Autorität entschädigt ihn für die verlorene weltliche Macht. Wenn der ›Heilige Vater‹ aus dem Fenster seines Palasts Neugierigen und Ergriffenen den Segen erteilt, wenn er auf dem Petersplatz oder in der Audienzhalle zu Fragen der Kirche und der Welt Stellung nimmt, spüren Tausende etwas von der mächtigen Faszination, die von den Päpsten und dem Papsttum ausgeht.

Diese Anziehungskraft für Millionen und Abermillionen in aller Welt ist in den letzten Jahren noch gewachsen, über die Grenzen der verschiedenen Konfessionen und Religionen, Nationen, Kulturen und Rassen hinaus. Eine bunte Völkerfamilie trifft sich auf dem Petersplatz und hört immer aufmerksamer zu, was der Papst – nicht mehr nur Oberhaupt der katholischen Kirche, sondern oft unbestrittener Sprecher der Christenheit – etwa in seinen Aufrufen zum Frieden, seiner Absage an Gewalt, Terrorismus und Krieg äußert.

Viele jubeln dem Papst dann zu, sind beeindruckt von der moralischen Kraft dieses religiösen Führers, gewinnen Mut für ihr eigenes Leben. Einige gehen danach hinunter zu dem einfachen Grab des Petrus unter der Basilika. Die Rückkehr zu den Anfängen, vorbei an den toten Päpsten, ist ein langer Weg.

Daten zur Geschichte – Römische Kaiser und Päpste

Gegenkaiser und Mitkaiser sind nur zum Teil aufgeführt. Die Zeitangaben für die Päpste vor Pontianus (230–235), beruhen auf späteren Rekonstruktionen. In einigen Fällen gibt es Unsicherheiten und Widersprüche im Hinblick auf Regierungsdaten bzw. die Frage, ob es sich um Päpste oder Gegenpäpste handelt. Die Tabelle dient daher lediglich zur schnellen Orientierung.

Daten zur Geschichte – Römische Kaiser und Päpste

Kaiser	Päpste	
Ermordung Caesars		44 v. Chr.
Octavianus		27 v. Chr.
Tiberius		14 n. Chr.
Caligula		37
Claudius		41
Nero		54
	Martyrium des Petrus	63/67
Linus		64/67
Galba		68
Otho		69
Vitellius		
Vespasian		
Titus	Anencletus (Anaklet I.)	79
Domitian		81
	Klemens I.	90/92
Nerva		96
Trajan		98
	Evaristus	99/101
	Alexander I.	107
Hadrian	Xystus (Sixtus I.)	117
	Telesphorus	125
Antoninus Pius	Hyginus	136/38
	Pius I.	140/42
	Anicetus	154/55
Mark Aurel mit Lucius Verus		161
	Soter	166
	Eleutherus	174
Commodus		180
	Victor I.	189
Pertinax		193
Didius Iulianus		
Septimius Severus	Zephrinus	
Caracalla mit Geta		211
Macrinus	Calixtus I.	217
Elagabalus		218
Alexander Severus	Urban I.	222
	Pontianus	230
Maximinus I.	Anterus	235
	Fabianus	236
Gordian I. und II.		238
Pupienus		
Balbinus		
Gordian III.		
Philippus Arabs		244

Lebensalltag – Kultur – Geschichte

249	Decius	
251	Hostilianus	
	Trebonianus Gallus	Cornelius
253	Aemilian	Lucius I.
	Valerian	Stephanus I.
257	Gallienus	Sixtus II.
259		Dionysius
268	Claudius II.	
270	Aurelian	Felix I.
275	Tacitus	Eytychianus
276	Probus	
282	Carus	
283	Carinus und Numerianus	Caius
284	Diokletian	
286	Maximian (Mitkaiser bis 305)	
296		Marcellinus Vier Jahre Sedesvakanz während der diokletanischen Verfolgung.
305	Constantius I. und Galerius	
306	Konstantin I. (Alleinherrscher 324–337) Severus	
308	Licinius	Marcellus
309	Maximinus II.	Eusebius
311		Miltiades
314		Sylvester I.
336		Marcus
337	Konstantin II. Constantius II. (Alleinherrscher 350–360) Constans	Julius I.
352		Liberius (325–355, 358–366, dazwischen Felix II.)
361		Iulianus
363	Iovianus	
364	Valentinian I. und Valens	
366		Damasus I.
375	Gratian Valentinian II.	
379	Theodosius I. (Alleinherrscher 392–395)	
383	Arcadius	
384		Siricius

Weströmisches Reich		
Honorius (Herrscher im Westen 393–423)		395
	Anastasius I.	399
	Innozenz I.	401
	Zosimus	417
	Bonifaz I.	418
	Coelestin I.	422
Valentinian III.		425
	Sixtus III.	432
	Leo I. der Große	440
Petronius Maximus		455
Avitus		
Maiorianus		457
Libius Severus	Hilarus	461
Anthemius		467
	Simplicius	468
Olybrius		472
Glycerius		473
Iulius Nepos		474
Romulus (Augustulus)		475
Untergang des weströmischen Reiches		476
	Felix III.	483
	Gelasius I.	492
	Anastasius II.	496
	Symmachus	498
	Hormisdas	514
	Johannes I.	523
	Felix IV.	526
	Bonifaz II.	530
	Johannes II.	533
	Agapetus I.	535
	Silverius	536
	Vigilius	537
	Pelagius I.	556
	Johannes III.	561
	Benedikt I.	575
	Pelagius II.	579
	Gregor I. der Große	590
	Sabinianus	604
	Bonifaz III.	607
	Bonifaz IV.	608
	Deusdedit (Adeodatus i.)	615
	Bonifaz V.	619
	Honorius I.	625

640		Severin
		Johannes IV.
642		Theodorus I.
649		Martin I.
654		Eugen I.
657		Vitalianus
672		Adeodatus II.
676		Do(m)nus
678		Agatho
682		Leo II.
684		Benedikt II.
685		Johannes V.
686		Conon
687		Sergius I.
701		Johannes VI.
705		Johannes VII.
708		Sisinnius
		Konstantin I.
715		Gregor II.
731		Gregor III.
741		Zacharias
752		Stephan II.
752		Stephan III.
757		Paul I.
767		Konstantin II.
768		Philipp
		Stephan IV.
772		Hadrian I.
795		Leo III.
	Erneuerung des westlichen Kaisertums	
800	Karl der Große	
814	Ludwig der Fromme	
816		Stephan V.
817		Paschalis I.
824		Eugen II.
827		Valentin
		Gregor IV.
843	Lothar	
844		Sergius II.
847		Leo IV.
855	Ludwig II.	Benedikt III.
858		Nikolaus I.
867		Hadrian II.
872		Johannes VIII.
875	Karl der Kahle	

Karl der Dicke		881
	Marinus I.	882
	Hadrian III.	884
	Stephan VI.	885
Arnulf		887
	Formosus	891
	Stephan VII.	896
	Romanus	897
	Theodorus II.	
	Johannes IX.	898
Ludwig das Kind (dt. König)	Benedikt IV.	900
	Leo V.	903
	Christophorus	
	Sergius III.	904
Konrad I. (dt. König)	Anastasius III.	911
	Lando	913
	Johannes X.	914
Heinrich I. (dt. König)		919
	Leo VI.	928
	Stephan VIII.	
	Johannes XI.	931
Otto I.	Leo VII.	936
	Stephan IX.	939
	Marinus II.	942
	Agapetus II.	946
	Johannes XII.	955
	Leo VIII.	
Hl. Römisches Reich Deutscher Nation		962
	Benedikt V.	964
	Johannes XIII.	965
Otto II.	Benedikt VI.	973
	Benedikt VII.	974
Otto III.	Johannes XIV.	983
	Johannes XV.	985
	Johannes XVI.	996
	Gregor V.	
	Sylvester II.	999
Heinrich II.		1002
	Johannes XVII.	1003
	Johannes XVIII.	
	Sergius IV.	1009
	Benedikt VIII.	1012
Konrad II.	Johannes XIX.	1024
	Benedikt IX.	1032

Lebensalltag – Kultur – Geschichte

1039	Heinrich III.	
1045		Gregor VI.
1046		Clemens II.
1048		Damasus II.
1049		Leo IX.
1055		Viktor II.
1056	Heinrich IV.	
1057		Stephan X.
1059		Nikolaus II.
1061		Alexander II.
1073/85		Gregor VII. (Hildebrand)
1086		Viktor III.
1088		Urban II.
1099		Paschalis II.
1106	Heinrich V.	
1118		Gelasius II.
1119		Calixtus II.
1124		Honorius II.
1125	Lothar II.	
1130		Innozenz II.
1138	Konrad III. von Hohenstaufen (dt. König)	
1143		Cölestin II.
1144		Lucius II.
1145		Eugen III.
1152	Friedrich I. Barbarossa	
1153		Anastasius IV.
1154		Hadrian IV.
1159		Alexander III.
1181		Lucius III.
1185		Urban III.
1187		Gregor VIII.
1190		Clemens III.
1191	Heinrich VI.	
1198		Cölestin III.
	Philipp von Schwaben (dt. König)	Innozenz III.
	Otto IV.	
1212	Friedrich II.	
1216		Honorius III.
1227		Gregor IX.
1241		Cölestin IV.
1243		Innozenz IV.
1250	Konrad IV. (dt. König)	
1254	**Interregnum**	Alexander IV.
1261–64		Urban IV.

	Clemens IV.	1265–68
	Gregor X.	1271
Rudolf von Habsburg (dt. König)		1273
	Innozenz V.	1276
	Hadrian V.	
	Johannes XX. oder XXI.	
	Nikolaus III.	1277–80
	Martin IV.	1281
	Honorius IV.	1285–87
	Nikolaus IV.	12888–92
Adolf von Nassau (dt. König)		1292
	Cölestin V.	1294
	Bonifaz VIII.	
Albrecht I. (dt. König)		1298
	Benedikt XI.	1303/04
	Clemens V.	1305–14
Heinrich VII. von Luxemburg		1308
Ludwig der Bayer		1314
	Johannes XXII.	1316
	Benedikt XII.	1334
	Clemens VI.	1342
Karl IV. von Luxemburg		1346
	Innozenz VI.	1352
	Urban V.	1362
	Gregor XI.	1370
Wenzel (dt. König)	Urban VI.	1378
	Bonifaz IX.	1389
Ruprecht von der Pfalz (dt. König)		1400
	Innozenz VII.	1404
	Gregor XII. (dankt ab 1415)	1406
	Alexander V.	1409
Sigismund	Johannes XXIII. (abgesetzt 1415)	1410
	Martin V.	1417
	Eugen IV.	1431
Albrecht II. (dt. König)		1438
Friedrich III.		1440
	Nikolaus V.	1447
	Calixtus III.	1455
	Pius II. (Aeneas Sylvius Piccolomini)	1458
	Paul II. (Pietro Barbo)	1464
	Sixtus IV. (Francesco della Rovere)	1471

Lebensalltag – Kultur – Geschichte

1484		Innozenz VIII. (Giovanni Battista Cibo)
1492		Alexander VI. (Rodrigo Borgia)
1493	Maximilian I.	
1503		Pius III. (Francesco Todeschini Piccolomini)
		Julius II. (Giuliano della Rovere)
1513		Leo X. (Giovanni de'Medici)
1519	Karl V. (1530) **Letzte Kaiserkrönung in Italien**	
1522		Hadrian VI. (Adriaen Dedal)
1523		Clemens VII. (Giulio de'Medici)
1534		Paul III. (Alessandro Farnese)
1550		Julius III. (Giovanni Maria del Monte)
1555		Marcellus II. (Marcello Cervino)
		Paul IV. (Gian Pietro Carafa)
1556	Ferdinand I.	
1559		Pius IV. (Giovanni Angelo Medici)
1564	Maximilian II.	
1566		S. Pius V. (Michele Ghislieri)
1572		Gregor XIII. (Ugo Boncompagni)
1576	Rudolf II.	
1586		Sixtus V. (Felice Peretti)
1590		Urban VII. (Giovanni Battista Castagna)
		Gregor XIV. (Nicolò Sfondrati)
1591		Innozenz IX. (Giovan Antonio Facchinetti)
1592		Clemens VIII. (Ippolito Aldobrandini)
1605		Leo XI. (Alessandro de'Medici)
		Paul V. (Camillo Borghese)
1612	Matthias	
1619	Ferdinand II.	
1621		Gregor XV. (Alessandro Ludovisi)
1623		Urban VIII. (Maffeo Barberini)
1637	Ferdinand III.	
1644		Innozenz X. (Giovanni Battista Pamphili)
1655		Alexander VII. (Fabio Chigi)
1658	Leopold I.	
1667		Clemens IX. (Giulio Rospigliosi)
1670		Clemens X. (Emilio Altieri)
1676		Innozenz XI. (Benedetto Odescalchi)

Daten zur Geschichte – Römische Kaiser und Päpste

	Alexander VIII. (Pietro Ottoboni)	1689
	Innozenz XII. (Antonio Pignatelli)	1691
	Clemens XI. (Giovanni F. Albani)	1700
Joseph I.		1705
Karl VI.		1711
	Innozenz XIII. (Michelangelo de Conti)	1721
	Benedikt XIII. (Vincenzo M. Orsini)	1724
	Clemens XII. (Lorenzo Corsini)	1730
	Benedikt XIV. (Prospero Lambertini)	1740
Karl VII.		1742
Franz I.		1745
	Clemens XIII. (Carlo Rezzonico)	1758
Joseph II.		1765
	Clemens XIV. (Giovanni Antonio Ganganelli)	1769
	Pius VI. (Giovanni Angelo Braschi)	1775
Leopold II.		1790
Franz II.		1792
	Pius VII. (Gregorio Chiaramonti)	1800
Franz II. dankt ab. Das Hl. Römische Reich Deutscher Nation ist aufgehoben		1806
	Leo XII. (Annibale della Genga)	1823
	Pius VIII. (Francesco Saverio Castiglioni)	1829
	Gregor XVI. (Mauro Capellari)	1831
	Pius IX. (Giovanni Maria Mastai-Feretti)	1846
Königreich Italien		
Viktor Emanuel II.		1861
Umberto I.	Leo XIII. (Giaocchino Pecci)	1878
Viktor Emanuel III.		1900
	Pius X. (Giuseppe Sarto)	1903
	Benedikt XV. (Giacomo della Chiesa)	1914
	Pius XI. (Achille Ratti)	1922
	Pius XII. (Eugenio Pacelli)	1939
Umberto II.		1946
Republik Italien		
	Johannes XXIII. (Angelo Giuseppe Roncalli)	1958
	Paul VI. (Giovanni Battista Montini)	1963
	Johannes Paul I. (Albino Luciani)	1978
	Johannes Paul II. (Karol Wojtyla)	
	Benedikt XVI. (Joseph Ratzinger)	2005

Lebensalltag – Kultur – Geschichte

Vedute di Roma – Ansichten von Rom

Sonnenaufgang – Sonnenuntergang: Die Hügel

»Was soll jemand von der Stadt Rom erwarten, der so viel schon über ihre Hügel vernommen hat? Du glaubst, ich würde etwas Großes zu schreiben haben, sobald ich nach Rom gekommen wäre. Vielleicht ist mir für späterhin ein ungeheurer Stoff zum Schreiben geboten, im Augenblick gibt es nichts, wo ich wagte anzufangen, überschüttet von dem Wunder so großer Dinge und von der Wucht des Staunens.«
Francesco Petrarca an den Kardinal Colonna in Avignon (1337)

Zumindest einmal sollte man früh aufstehen, um den Sonnenaufgang über Rom vom Gianicolo-Hügel aus zu erleben, sollte man von der Piazza Garibaldi mit dem Denkmal des italienischen Patrioten aus mitansehen, wie sich der Stadt von Osten her der Tag nähert, wie allmählich die dunklen Schatten, die unten in der Stadt zwischen den Mauern lagern, weichen und langsam, zögernd eine zuerst schwache, doch wachsende Helle das Übergewicht gewinnt, wie ein sanftes, dann kräftiger werdendes Rot sich vom Horizont heraufschiebt, wie die ersten Strahlen der Sonne die Spitzen der Türme, die Schalen der Kuppeln berühren, wie die ›rosenfingrige Morgenröte‹, die Eos der Griechen, die Aurora der Römer, die Stadt leise küsst. Selten ist zwischen März und November die Wolkendecke über der Ewigen Stadt so dick, dass die Sonne sich gar nicht zur Geltung bringen und mit ihrem Schein von Kirchen und Palästen, Straßen und Plätzen Besitz ergreifen kann. Es ist, als ob der neue Tag alle Kunstwerke Roms einzeln zum morgendlichen Appell beim Namen rufen wollte: Sankt Peter und die Engelsburg, den riesigen Justizpalast und den lang gestreckten Quirinal, die Kirchen Santa Maria Maggiore und San Giovanni in Laterano – der Turm der ersten und die Figuren auf der Fassade der zweiten heben sich deutlich gegen den blassen Himmel ab. Von unserem Standpunkt in 81 m Höhe – der Tiber fließt bei 12 m über dem Meeresspiegel – ist die Stadt am besten zu überblicken, und man lobt die Stadtväter, dass sie in all den Jahren der modernen Zeit den Versuchungen weitgehend widerstanden haben und die einzigartige Silhouette Roms nicht durch Wolkenkratzer verderben ließen.

Der **Gianicolo**, die geografische Erhebung des Gottes Janus, gehört nicht zu den sieben klassischen Hügeln. In der Schule mussten wir diese auswendig lernen, was zuweilen nur bis fünf oder sechs gelang. Bei einer morgendlichen Rundfahrt – bei geringerem Verkehr zu früher Stunde – merkt man sich die Namen leichter. Anfangen könnte man mit dem **Kapitol**, dem heiligsten Hügel Roms. Seine Höhe von 38 m genügte den Römern nicht, man setzte ihm schon im Altertum Tempel drauf, und heute sind der Turm des Senatorenpalastes, das Nationaldenkmal und die nackte Fassade von Santa Maria in Aracoeli weithin sichtbar. Auf den **Palatin** (51 m), den eingezäunten Hügel der Nobiles, der Oberen Zehntausend des antiken Rom, kommen wir so früh nicht. Wir merken ihn uns für einen nachmittäglichen Spaziergang vor und fahren statt dessen am Circus Maximus entlang, sodass wir links die höhlenartigen Abhänge des Palatins sehen und rechts zum **Aventin** hinaufgelangen, dem dritten in der Reihe, 47 m hoch. Er verweigert uns auch zu dieser Stunde nicht das Vergnügen, auf der Piazza dei Cavalieri di Malta durch das berühmte Schlüsselloch nach Sankt Peter hinüberzuschauen und der hl. Sabina in ihrer nahen Kirche den Morgengruß zu entbieten. Über die Porta Capena mit dem Obelisken von Axum, am Kolosseum vorbei, in die Via Claudia – und schon sind wir bei Santa Maria in Domnica (51 m) und durch den Arco di Dolabella bei der Kirche Santi Giovanni e Paolo (41 m) auf dem **Caelius**, gegenüber dem Palatin. Die Villa Celimontana, ein die Hügellage elegant nutzender Park, lädt zum Spazieren ein. Vom Kolosseum sieht man deutlich, wie nach Norden der Colle Oppio als Teil des **Esquilin** ansteigt. Hier ließ sich Kaiser Nero die Palastanlage der Domus Aurea bauen, etwas weiter im Norden wurde eine Hügelkuppe (55 m) zum Standort für die Kirche Santa Maria Maggiore erkoren. Deutlich fällt das Gelände auf der Apsisseite dieser Basilika nach Norden ab und steigt empor zum nächsten Hügel, dem **Viminal** (49 m), einer kleinflächigen Erhebung, die vom Innenministerium in Beschlag genommen wird. Wie auf einer Achterbahn führt die Straße, die Via delle Quattro Fontane, vom Viminal nun in eine Senke hinunter und wieder hinauf zum siebten und letzten Hügel, dem **Quirinal** (50 m), den heute fast ganz der Amtssitz des Staatspräsidenten einnimmt.

Da haben wir sie schon alle beieinander und könnten uns jetzt für den Abend einen Besuch auf der Terrasse des **Pincio** vornehmen. Natürlich bei Sonnenuntergang, um den Rundblick über alle unsere Stationen in der richtigen Stimmung bei wechselnder Beleuchtung zu genießen. Finden wir sie noch alle von der schönsten Terrasse der Welt aus? Sankt Peter und der Gianicolo sind nicht zu übersehen. Aber die zählen nicht. Gefragt sind: Kapitol, Palatin, Aventin, Caelius, Esquilin, Viminal und Quirinal. Sehr gut, hätte jetzt der Lateinlehrer gesagt.

> »Die Villa Medici [...] liegt auf dem Teil des Monte Pincio, welcher die Stadt beherrscht und von welchem man eine der schönsten Aussichten der Welt genießt. Rechts erstreckt sich die Pincio-Promenade: Sie ist die Avenue des Champs-Elysées von Rom.«
>
> Hector Berlioz

Mauern und Stadttore

Wahrscheinlich hätte man die Stadtmauern in Rom gar nicht bauen müssen. Den ersten, engen Verteidigungsring aus der Republikanischen Zeit, die **Servianische Mauer** (Mura Serviane) errichtete man, nachdem die Gallier im Jahr 397 v. Chr. in Rom eingefallen waren. Danach galt für diesen Wall, dessen Überreste wir noch heute am Aventin, am Kapitolinischen Hügel und in der Gegend der Stazione Termini sehen können, was sich allgemein von Defensivwaffen sagen lässt: Hat man sie, braucht man sie nicht, hat man sie nicht, benötigt man sie. Die bereits im Jahr 203 v. Chr. auf 214 000, im Jahr 125 v. Chr. auf 394 000 angewachsene Bevölkerung schreckte im Altertum viele Feinde allein schon durch ihre Zahl ab. In der Zwischenzeit, von Anfang des 4. bis Ende des 3. Jh., bewahrte wohl, wenn wir den lateinischen Schriftstellern glauben dürfen, mehr die altrömische Virtus – Tugend, Tapferkeit, Disziplin und Ordnung –, kurz, Machtwille und Staatsräson die Stadt vor Schaden als die Mauer.

Der zweite, weiter gezogene Befestigungsring, die **Aurelianische Mauer** (Mura Aureliane), 271 n. Chr. von Kaiser Aurelianus begonnen und von seinem Nachfolger Probus (276–282) beendet, war 18 800 m lang und 7,80 m im Durchschnitt hoch. Sie hätte in den kommenden Jahrzehnten und Jahrhunderten nützlich sein können gegen die von Norden anbrandenden germanischen Völker, wenn man genügend Truppen gehabt hätte, um eine so ausgedehnte Verteidigungsanlage rings um eine so riesige Stadt zu besetzen. Aber es fehlte bald sowohl an Militär als auch an Bevölkerung. Unter militärischem Gesichtspunkt wären die aurelianischen Befestigungen ein gelungenes Werk gewesen, mit ihren 380 Türmen und 16 Stadttoren, mit der Stellung ihrer Bastionen und Schanzen. Sie dienten als Vorbild für spätere Fortifikationen in der Baugeschichte des Abendlandes. Von ihrer imposanten und in früheren Zeiten sicher abschreckenden Wirkung kann man sich noch heute überzeugen. Aber wenn es darauf ankam, bei den Germanen in den Zeiten der Völkerwanderung, bei den Truppen Kaiser Karls V. im verheerenden Sacco di Roma von 1527 oder den französischen Soldaten Napoleons etwa, bildeten die Mauern kein ernsthaftes Hindernis.

Den Verlauf des Aurelianischen Rings können wir heute in den wesentlichen Teilen gut verfolgen. Besonders eindrucksvoll sind dabei die Stadttore, umfangreiche Festungswerke, denen es nicht an bemerkenswert architektonischer Gestaltung – manchmal nach dem Vorbild antiker Triumphbögen – mangelt. Die **Porta Flaminia** im Norden, an der Piazza del Popolo (daher auch Porta del Popolo), empfing vormals die Besucher aus dem Norden, die über die Via Cassia oder Via Flaminia und die Milvische Brücke zur Stadt kamen. Wie wichtig den päpstlichen Stadtherren der erste Eindruck war, zeigen die Namen der Architekten: Vignola errichtete 1561 nach einem Entwurf Michelangelos die äußere Schauseite, die innere Fassade schuf Bernini 1655 aus Anlass des Einzugs der Königin Christine aus Schweden. Sie verzichtete auf ihren Thron, weil sie zum katholischen Glauben konvertierte, und nahm Wohnung im Zentrum der päpstlichen Kirche.

Fahren wir von der Porta Flaminia nach Osten die Straße des Muro Torto, der ›gewundenen Mauer‹, entlang, sind wir bald an der **Porta Pinciana,** einem ganz asymmetrisch gebauten Tor, das heute in die prächtige Via Veneto führt. Deshalb ist sie wohl der am besten bekannte und am meisten fotografierte Teil der Stadtmauer. Weiter über die Schnellstraße des Muro Torto, treffen wir auf die **Porta Pia,** die frühere Porta Nomentana an der gleichnamigen Konsularstraße. Diese Porta Pia, die Michelangelo 1561–64 als letztes architektonisches Werk im Übergang von den Formen der Renaissance zu denen des Barock im Auftrag des Medici-Papstes Pius IV. schuf, ist italienischen Patrioten besonders wert, weil hier am 20. September 1870 italienische Truppen in die Stadt des Papstes eindrangen. ›Porta Pia‹ und ›Venti Settembre‹ (20. September) sind daher in Italien zugleich die Synonyme für die nationale Einigung, den Sieg des liberalen Staates über Papst und Kirche. Staat und Papstkirche sollen sich gegenseitig korrigieren und ergänzen.

Die Terrassen und Treppen des Pincio oberhalb der Piazza del Popolo, gestaltet von dem Architekten Giuseppe Valadier, der auch den Park auf dem Hügel angelegt hatte, bieten schöne Aussichtspunkte ▷

Mauern und Stadttore

Lebensalltag – Kultur – Geschichte

Das Stadttor an der Via Appia Antica, die Porta San Sebastiano, urspr. niedriger und zweitorig, wurde unter Kaiser Honorius (395–423) auf einen Durchlass verengt, auf drei Geschosse erhöht und mit Zinnen bewehrt

Die **Porta Tiburtina** neben dem Hauptbahnhof, das Stadttor der Via Tiburtina hinaus nach Tivoli, dem antiken Tibur, wurde zunächst, unter Kaiser Augustus im Jahr 5 v. Chr., als Bogen für die Wasserleitungen der Aqua Marcia, Tepula und Julia errichtet. Davor setzte man Anfang des 5. Jh. n. Chr. unter Kaiser Honorius ein von Türmen flankiertes Tor. Nicht weit davon entfernt erhebt sich die **Porta Maggiore,** heute vom Verkehr umtost, eines der feierlichsten Bauwerke des Römischen Reiches, das unter Kaiser Claudius im Jahr 52 n. Chr. an der Gabelung der Straßen nach Preneste, dem heutigen Palestrina (Via Prenestina), und nach Labici (Via Labicana oder Via Casilina)

erbaut wurde. Der Zweck war praktischer Natur: es sollte ein Durchgang unter den zwei Aquädukten der Aqua Claudia und des Anio Novus, des Aniene-Flusses, geschaffen werden. Erst unter Kaiser Aurelianus wurde der Bau als Tor in die Stadtmauer einbezogen. Daneben befindet sich das berühmte Grabmal für den Bäcker und Brotfabrikanten Eurysakes und seine Frau.

Die nächsten Tore, **Porta San Giovanni, Porta Metronia** und **Porta Latina,** sind eher schön verkleidete Mauerdurchbrüche als herausgehobene Ein- und Ausgänge der Stadt. Dafür beeindruckt die **Porta San Sebastiano** an der Via Appia Antica – daher auch Porta Appia – um so mehr. Dieses Stadttor wurde Ende des 4. Jh. wegen der wachsenden Gefährdung Roms unter Kaiser Honorius wieder bewehrt und im 6. Jh. nochmals von den oströmischen Feldherrn Belisar und Narses erneuert. Die Porta Appia, die erst später nach der Kirche des in Rom getöteten, hochverehrten christlichen Märtyrers Sebastian an der Via Appia ihren Namen wechselte, war einer der wichtigsten Zugänge nach Rom. Der im Innern vor der Porta San Sebastiano stehende sogenannte **Drusus-Bogen** geht vermutlich auf die Zeit Trajans zurück und wurde unter Kaiser Septimus Severus als Stütze für den Aquädukt der Aqua Marcia errichtet, der das Wasser in die nahen Caracalla-Thermen führte. Nicht weit davon entfernt, über die Via Cristoforo Colombo mit der Porta Ardeatina hinüber, befindet sich der **Bastione del Sangallo,** eine von dem Baumeister Antonio Sangallo dem Jüngeren im Auftrag Papst Paul III. (1534–49) wenige Jahre nach dem Sacco di Roma angelegte Festung.

Die **Porta San Paolo,** früher auch Porta Ostiense genannt, wegen der durch sie hindurchführenden Straße nach Ostia, wird von der in Rom erratisch-fremd wirkenden, mit weißen Travertinsteinen bedeckten Cestius-Pyramide flankiert. Das Stadttor bewahrt mit seinen mächtigen Türmen und einigen Gedenktafeln die Erinnerung an militärische Ereignisse, die sich hier im Süden der Stadt beim Aventin abspielten, zuletzt den Einzug der alliierten Truppen während des Zweiten Weltkriegs im Juni 1944. Fahren wir nun stadteinwärts, zwischen dem Aventin zur Linken und dem ›Kleinen Aventin‹ zur Rechten, so sind wir nach einigen hundert Metern an der **Porta Capena,** dem belebtesten Stadttor der Servianischen Mauer. Der Kreis schließt sich.

Der Tiber und die Brücken

Rom liegt am Tiber. Dennoch wird die Stadt nicht durch den Fluss geprägt wie andere Metropolen. Rom verdankt dem Wasserlauf nicht seine Existenz. Den Lebensunterhalt gewannen die Römer nie vom Tiber, ernährt wurden sie stets vom Umland. Dazu gehörten auch die Ackerflächen bis zum Meer. Die Waren von dort wurden jahrhundertelang bis in die Neuzeit mit Lastkähnen auf dem Tiber bis in die Stadthäfen gebracht, den ersten unterhalb des Aventin, den zweiten

Lebensalltag – Kultur – Geschichte

an der Ripetta in der Nähe des Mausoleo di Augusto, am heutigen Ponte Cavour. Sehr belebt werden die Häfen nicht gewesen sein. Auf alten zeitgenössischen Stichen des 17. und 18. Jh. liegen immer nur wenige Boote an der Mole. Im Altertum war es anders; doch auch da übernahm Ostia die Hauptfunktionen der Hafenstadt. Was damals vom Meer nach Rom kam, war nicht selten nur Luxus und zuweilen, wie bei der Einfuhr von billigem Getreide aus Sizilien oder Ägypten, eher störend für die Bauern rings um die Stadt. Der Fluss bot sich als bequemer Verkehrsweg, doch da er zugleich viele Windungen vollführte, kam man auf den Straßen meist besser voran. Nur in einem Punkt diente er unermüdlich und lange Zeit unverzichtbar den Römern: er trieb jahrhundertelang unter den Brücken Mühlen zum Mahlen des Korns an.

Der Tiber war auch nicht besonders freundlich zu den Römern. Er bedrohte zu allen Zeiten mit seinen häufigen Überschwemmungen die Existenz der Städter. Die Hügel links und rechts des Tibers dienten den ersten Bewohnern der alten Siedlung zunächst als Zufluchtsort vor den ungebärdigen und bis in die neuste Zeit ungebändigten Fluten des Flusses. Erst im letzten Jahrhundert begriff man, dass zur Abwehr des Flusswassers nicht Menschenopfer wie in der Antike und nicht fromme Gaben oder Segenssprüche wie unter den Päpsten ausreichten. Erst nach 1870, nachdem Rom ›italienisch‹ geworden war, zähmte man den Tiber und sperrte ihn zwischen hohe Mauern ein.

Diese Maßnahme trennte die Römer endgültig vom Tiber. Sie waren zwar die Überschwemmungen und den Schlamm in den Straßen ein für allemal los, aber damit geriet ihnen auch der Fluss abhanden. Er floss jetzt so tief unter ihnen, dass sie ihn gut ignorieren konnten. In den ersten Jahrzehnten des 20. Jh. konnte man zwar immer noch im Tiber baden, aber das ist in den letzten Jahrzehnten wegen der zunehmenden Abwässer wenig ratsam und gilt heute als lebensgefähr-

Der einstige Stadthafen von Rom, der Porto di Ripetta, am heutigen Ponte Cavour auf einem Stich von Giovanni Battista Piranesi

Der Tiber und die Brücken

Der im 2. Jh. n. Chr. erbaute Pons Aelius wurde zur Engelsbrücke, als im 17. Jh. die Engelsstatuen hinzukamen

lich. Dass einige Römer einen Verein ›Amici del Tevere‹ (Freunde des Tibers) gründeten und während der Sommermonate einen kleinen Schiffsdienst für Interessierte und Touristen einrichteten, half wenig gegen die Vernachlässigung. Die ›Amici‹ hofften, man würde wie in den Booten auf der Seine in Paris die Stadt bewundern, und vergaßen, dass die Uferbefestigungen so hoch hatten gebaut werden müssen, dass man von den Kunstwerken der Stadt nur noch wenig sieht.

Ein römisches Viertel trägt den Namen des Flusses, Trastevere – jenseits des Tibers –, und die Bewohner dieses ein wenig, doch in malerischer Schönheit heruntergekommenen Viertels sind stolz darauf. Die Bezeichnung besagt zugleich, dass die Stadt Rom mit ihren klassischen sieben Hügeln ganz auf der linken Flussseite lag. Freilich ist Trastevere uralt, ja die Bewohner dieses Quartiers behaupten sogar bei guter Laune, sie seien älter als die Römer ›auf der anderen Seite‹. Von der Aurelianischen Stadtmauer wurden die Trasteverini jedenfalls eingeschlossen; davon kann man sich überzeugen. ›Jenseits des Tibers‹ verwendet man darüber hinaus im politischen Rom für den Vatikan, die kleine Stadt des päpstlichen Kirchenstaates mit der Zentralregierung der katholischen Kirche. Je nachdem wie die Beziehungen zwischen dem Papst und der italienischen Staatsführung, zwischen Kirche und Gesellschaft in Italien stehen, spricht man auch davon, der Tiber sei schmaler oder breiter geworden.

Sei's drum. Uns geht es jetzt mehr um den wirklichen Fluss, und deshalb begeben wir uns auf eine hypothetische Bootsfahrt von Norden nach Süden dem Lauf entsprechend, die man leider wegen der Dämme und Untiefen nur auf dem Papier unternehmen kann, die jedoch einen interessanten, gänzlich ungewohnten Aspekt von Rom zeigt. Solch eine Tour müsste auf dem Nebenfluss Aniene beginnen, der, von Tivoli kommend, sich windungsreich durch die Campagna schiebt. Denn bei den Brücken des Aniene – **Ponte Nomentano, Ponte Tazio, Via delle Valli** und **Ponte Salario** – sind wir nicht nur im modernen Rom, das sich hier weit im Norden der Stadt in modern-monotonen Mietskasernen präsentiert, sondern auch unter Bauwerken, die schon in der Antike als Flussübergänge eine Rolle spielten.

Lassen wir, nun auf dem Tiber, die ersten (modernen) drei Brücken – **Tor di Quinto, Bailey** und die großräumige und zugleich längste, 1951 fertiggestellte **Flaminio** – hinter uns, so haben wir vor uns den **Ponte Milvio** oder **Ponte Molle**. Diese Brücke begrüßte seit alters die Ankömmlinge aus dem Norden, da hier die Via Cassia und die Via Flaminia gemeinsam auf das linke Ufer wechseln. Bereits in der Republikanischen Zeit wurde hier im Norden der Stadt, in der geraden Verlängerung der Via Flaminia vom Forum und der Piazza del Popolo, eine Brücke über den Tiber geschlagen. An dieser Milvischen Brücke endete am 28. Oktober 312 die geschichtlich bedeutsame Schlacht zwischen Kaiser Konstantin und seinem Mitkaiser Maxentius, mit einem dem Christengott zugeschriebenen und den Christen gedankten Sieg des ersten. – Einer, der hier nur schwer Abschied von Rom nahm, war Goethe, dem das Wort zugeschrieben wird: »Euch darf ich's wohl gestehen, seit ich über den Ponte Molle heimwärts fuhr, habe ich keinen rein glücklichen Tag mehr gehabt.«

Die nächste und drittnächste Brücke, den **Ponte Duca d'Aosta** und den **Ponte Matteotti,** verdanken die Römer Mussolini, weil der faschistische Diktator ein weites Sportgelände, Foro Italico mit dem heutigen Olympiastadion, errichten ließ und eine notwendige Verbindung zwischen den neuen Vierteln Parioli und Prati schaffen wollte. Die Brücken **Risorgimento, Regina Margherita, Cavour** und **Umberto I.** hatte schon das Königreich Italien nach 1870 für die Bedürfnisse der sich ausdehnenden lebhafteren Hauptstadt bauen lassen, die U-Bahn-Überführung dazwischen, den **Ponte Metropolitana,** erst die Republik Anfang der 1980er-Jahre. Da sind wir auch schon, an Wohnbooten vorbei, die im Sommer auch als Bar oder Ristorante dienen, an der Engelsbrücke, dem **Ponte Sant'Angelo.** Sie ist die schönste der römischen Brücken. Kaiser Hadrian ließ sie im Jahr 136 n. Chr. als Zugang zu seinem Mausoleum über den Tiber schlagen, deshalb wird sie auch *Pons Aelius* genannt, nach einem der Vornamen des Kaisers. Die Engelsstatuen der Brücke wurden nach Zeichnungen des großen Bernini von seinen Schülern zwischen 1660 und 1667 geschaffen.

Den folgenden zwei Brücken, **Vittorio Emanuele** und **Principe Amedeo,** gelingt es tagsüber nie, ihrer Bestimmung gemäß, der Flussüberquerer Herr zu werden. Der Andrang in die Stadt und umgekehrt nach Sankt Peter ist zu groß, die Autos in Ost-West-Richtung prallen hier am heftigsten auf jene in der Nord-Süd-Passage. Der folgende **Ponte Mazzini** erleichtert zwar den Zugang zum Gefängnis Regina Coeli auf dem rechten Ufer, doch für den Verkehr ist es unerheblich, was – ohne den Kerker, doch statt dessen zum Nutzen der zu Fuß gehenden Touristen – auch für den nächsten Ponte Sisto gilt, nicht jedoch für den **Ponte Garibaldi,** der den Verkehr zwischen ›diesseits des Tibers‹ und Trastevere bewältigen muss.

Dahinter sind wir an der schönsten Stelle des Flusses, an der Tiberinsel, die sich wie ein großes, leicht gebogenes Schiff in den Strom legt, den Campanile von San Bartolomeo stolz als Mast präsentierend. Hier könnte man einmal die Ruhe eines Sonntagvormittags nutzen und auf den Molen entlangspazieren, dabei die verschiedenen Ansichten aus der Tiberperspektive in sich aufnehmend: Die beiden Brücken aus dem 1. Jh. v. Chr., den **Ponte Fabricio** und den **Ponte Cestio,** die eindrucksvollen Überreste des **Ponte Rotto,** der ›kaputten‹ Brücke, aus der Antike; den Einfluss der Cloaca Maxima, des Hauptkanalisationssystems der Antike, in den Tiber hinter dem **Ponte Palatino** und das, was sich an Gebäuden und Glockentürmen jeweils über der Uferbefestigung zeigt. Niemand würde uns dann schelten, wenn wir unsere Fahrt schon hier beendeten und die übrigen Brücken **(Sublicio, Testaccio, Industria, Marconi, Magliana** und **Scafa)** als moderne Konstruktionen inmitten eintöniger Vorstadtsiedlungen auf sich beruhen lassen und dem Strömen des römischen Wassers nachsinnen.

Der Ponte Sisto, eine für Fußgänger vorbehaltene Brücke, verbindet das linke Tiber-Ufer mit Trastevere und dem Gianicolo

Die Plätze –
Bühnen für ein menschliches Welttheater

Eine Stadt ist reich, wenn sie einen einzigen schönen Platz besitzt. So selten sind im Zeitalter der Autos Plätze geworden, die hier nicht nur dem Straßenverkehr ›Platz machen‹, sondern dem Menschen eine Bühne des Lebens bieten, einen Rahmen, in dem Politik und Religion, Handel und Wandel ihren gemäßen Platz finden. Rom hat von solchen Plätzen einige, und diese bilden nicht den einzigen kunstarchitektonischen Reichtum der Stadt. Doch unter diesen ragt ein Dreigestirn hervor, dem am Himmel der urbanistischen Baukunst nichts gleichkommt: die Piazza del Campidoglio, des Kapitolinischen Hügels, der Petersplatz und die Piazza Navona.

Diese drei wurden zum Glück weitestgehend von Autos freigehalten; viele andere Plätze Roms sind leider zu Parkflächen degradiert. Aber zu den schönsten Plätzen Roms wird man – trotz des Verkehrs – auch die Piazza della Bocca della Verità, die Piazza Colonna, Farnese, del Popolo, del Quirinale, della Rotonda (vor dem Pantheon), San Giovanni in Laterano, Sant'Ignazio, Santa Maria in Trastevere, di Spagna und Venezia rechnen – die alphabetische Reihenfolge soll jede Rangordnung vermeiden –, selbst wenn man ihre ganze Schönheit und Eigenart nur in einer ruhigen Sonntagsstunde ohne Autos erfahren kann.

Selten wird ein Platz fix und fertig gebaut. In den meisten Fällen entsteht er erst im Lauf von Jahrzehnten oder gar Jahrhunderten. Goethes Ratschläge an die Architekten aus dem Roman »Wilhelm Meisters Wanderjahre« gelten daher in besonderer Weise: »Der Bauende soll nicht herumtasten und versuchen; was stehenbleiben soll, muss recht stehen, und wo nicht für die Ewigkeit, doch für geraume Zeit genügen. Mag man doch immer Fehler begehen, bauen darf man keine.« Diese Mahnung ist jedoch bei einem Platz noch schwieriger zu beherzigen, weil hier mehrere Architekten keine Fehler bauen dürfen, sich schon Vorhandenem anpassen, das alte Gegebene in eine neu gewollte Form umgestalten müssen. Da Plätze aber nicht das Experimentierfeld architektonischer Technik sind – von Aufmarschplätzen für Massenveranstaltungen oder Parkhalden zu schweigen, die als Einwegkonstruktionen ihr wahres Gesicht in trostloser Leere enthüllen –, sondern Kristallisierungen des städtischen Lebens, müssen sie von den Bürgern angenommen, also gern bevölkert werden.

Kapitolsplatz

Über den Kapitolsplatz mit den Palästen der Senatoren, der Konservatoren und des Kapitolinischen Museums, dem trapezförmigen Grundriss und dem linearen Muster im Pflaster, der zur Mitte hin ansteigenden, durch die weißen Linien bewegten Fläche, dem damals dort aufgestellten Reiterstandbild des Kaisers Mark Aurel schreibt der Kunsthistoriker Heinrich Lützeler: »Dieser Ort war im Altertum, durch Tempel, Opfer und Staatsakte geheiligt, Inbegriff Roms und des Imperium Romanum. Wenn die Renaissance die inzwischen verfallene Stätte neu formte, so wollte sie sich damit zugleich den alten Sinn neu aneignen: sie empfand die eigene Gegenwart als Fortsetzung römischer Größe. Im Mittelalter wurde der Platz zur Aufstellung städtischer Rechtssymbolik benutzt, 1143 der Sitz der Stadtverwaltung dorthin verlegt. Damit war er im Hinblick auf die städtischen, der Autokratie des Papstes gegengestellten Freiheiten wieder im höchsten Grade symbolmächtig. Michelangelo orientierte den in der Antike zum Forum hin geöffneten Platz auf Sankt Peter zu – aus verkehrstechnischen, aber auch aus inneren Gründen: die weltliche Roma mit ihrer reichen Geschichte war so durch die Ausdruckskraft städtebaulicher Planung der geistlichen Roma zugeordnet. Im Kapitolsplatz stellte sich verdichtet die Aufgabe der Städtebaukunst dar: die Eingrenzung des Freiraums durch Treppe, Turm und Wand, die Schaffung räumlicher Bezüge zum Teil über große Entfernungen hinweg, die Einschmelzung aller Einzelteile, besonders der plastischen Monumente, in den räumlichen Zusammenhang.«

Petersplatz

Und der Petersplatz? Die Piazza des Bernini, Roms gewaltigster Platz, ist eine vollkommene Schöpfung – mit Menschen und menschenleer: die vier Reihen der Kolonnaden, weit ausladenden Armen vergleichbar, die aufnehmen, umspannen und sich wieder öffnen, in deren durch die Säulen gebildeten Nischen man sich jedoch zugleich verbergen und bergen kann, die Prozession der Heiligen darüber, Zeichen der triumphierenden Kirche, das Oval des ersten Platzes mit dem Obelisken in der Mitte und den beiden Brunnen (von Bernini geplant, von anderen geschaffen) in der Nähe der Brennpunkte der Ellipse – sodass man von zwei im Pflaster eingelassenen Scheiben die vier Säu-

Der Petersplatz mit den Kolonnaden und der Basilika di San Pietro (Radierung von Giovanni Battista Piranesi aus der Folge »Vedute di Roma« von 1775; vgl. Abb. S. 152)

Lebensalltag – Kultur – Geschichte

lenreihen wie eine sieht –, das zur Kirche sich öffnende Trapez des zweiten Platzes mit den beiden Apostelfiguren des Petrus und des Paulus, über den man auf weiten Stufen langsam zur Basilika hinaufsteigt und auf dem an Festtagen der Papstaltar steht. Eine geniale architektonische Leistung ist in diesem Platz konzentriert. Man sieht ihm erst, wenn man es weiß, an, dass der ovalförmige Platz in den Ausmaßen von 196 × 142 m in sich einen Höhenunterschied von 2,46 m aufweist, dass er von der Nullmarke des linken Brennpunktes zu den Kolonnaden auf 2,20 m ansteigt, nach rechts hingegen zunächst auf minus 0,26 m abfällt und dann ganz langsam bis zu den rechten Kolonnaden eine Höhe von 1,57 m erreicht. Bernini schuf den Platz nicht ›im Nichts‹. Der Weg zur Kirche und der Blick von weither auf Fassade und Kuppel mussten gewährleistet werden. Der Zugang zum Vatikanischen Palast durch das Bronzetor rechts sollte bestehen bleiben, sogar mit einem überdachten Gang für wichtige Besucher bei Regen – im Mittelgang unter den Kolonnaden sieht man auf dem Boden noch die Basaltsteine zum Schutz der Säulenbasen gegen die Karossen der Gäste. Der Anstieg zur Kirche, die Sicht für eine große Menschenmenge auf die Benediktionsloggia über dem Mittelportal, der Standort des Obelisken wollten berücksichtigt und gesichert sein. Ein Ort heiliger Feiern sollte geschaffen werden, wo die göttliche Botschaft Christi durch seinen Stellvertreter dem Menschen und der

»Die Piazza Navona unter Wasser gesetzt« zeigt ein Gemälde aus dem Jahr 1756 von Giov. Paolo Pannini. Zum Vergnügen der Zuschauer wie Teilnehmer wurden im nassen Element Wagenrennen veranstaltet

134

Menschheit verkündet, der einzelne zum Göttlichen erhoben werden konnte. Papst Alexander VII. und dem Künstler Bernini gelang hier die architektonische Krönung eines universalen Anspruchs: Theoretisch kann der Papst die katholische Kirche auch von New York, Lagos oder Tokio leiten, aber sein eigentlicher Platz ist der von Sankt Peter in Rom.

Piazza Navona

Der Volksplatz der Römer ist nicht, wie der Name nahelegt, die Piazza del Popolo – diese ist kunstvoll konstruierter Schluss der Innenstadt im Norden –, sondern die Piazza Navona. Das merkt man an Sommerabenden, wenn Feuerschlucker ihr Geschick, Tiere ihre Kunststücke, Maler ihre Bilder zeigen, ebenso wie im Winter, wenn auf dem Weihnachtsmarkt Kinder um Naschwerk betteln und der Duft der gerösteten Kastanien alles erfüllt. Dann nehmen die Römer gern in Kauf, dass sie ihre Autos nicht auf dem Platz abstellen dürfen – wie auf der Piazza del Popolo –, sondern irgendwo in den Straßen und Gassen daneben lassen müssen. An der Piazza Navona erscheint alles so einfach. Ihre Form ist die eines Stadions, jenes des Kaisers Domitian aus dem 1. Jh., statt der Zuschauerränge finden wir Kirchen und Wohnhäuser, und Schluss. Aber da fing Papst Innozenz X. (1644– 1655) erst an, ließ den Palast seiner Familie Pamphili an der Piazza umbauen und daneben von Borromini neu die Kirche Sant'Agnese errichten. Zuvor schon war Bernini am Vier-Ströme-Brunnen in der Mitte am Werk, zwei weitere Brunnen in den Kurven kamen hinzu. Dass man im Barock den Platz unter Wasser setzte – wahrscheinlich nutzte man zumeist die ›natürlichen‹ Überschwemmungen des Tibers – und dann zum Vergnügen des Volkes Wagenrennen abhielt, ist nur der tollste Ausdruck des lustigen Treibens hier. Auf dieser Bühne – leicht zu erreichen und zu verlassen durch sechs Straßen, zugleich von geschlossener Intimität durch die festen Fronten der Häuser – fühlt sich das römische Volk wohl – die Fremden auch.

Andere Plätze

Rom stellt den Bewohnern und Besuchern noch andere Bühnen bereit, etwa den **Vorplatz der Kirche von Santa Maria della Pace** in seinem heiteren Spiel von konkaven und konvexen Formen. Oder die **Piazza von Sant'Ignazio** mit den virtuos gesetzten Kulissen der Häuser und Zugänge auf engstem Raum, ein- und ausschwingenden Fassaden des Spätbarock, fast des Rokoko. Oder der Spanische Platz, die **Piazza di Spagna,** die man nicht ohne die grandiose Treppe erwähnen kann. Beide erscheinen wie eine Doppelbühne: Die auf der Treppe beobachten die Menschen auf dem Platz und in der abgehenden Via Condotti; wer auf dem Platz, etwa am Brunnen, sitzt, sieht das lebhafte Treiben auf den Stufen bis hinauf zum Obelisken vor der Kirche Trinità dei Monti. Eine ähnliche Wechselbeziehung ergibt sich zwischen der **Piazza del Popolo,** dem weiten Oval mit dem Obelisken in der Mitte, den drei Marienkirchen, zweien am Ausgang des Corso, der dritten wichtigeren neben der Porta Flaminia, und den Terrassen des Pincio hoch darüber.

Man sollte es sich auch nicht nehmen lassen, mit der Kraft der Fantasie die ehemalige Schönheit mancher Plätze wiederherzustellen, die heute durch Autos oder architektonische Zusätze verdorben sind. So die der **Piazza Venezia;** der schroffe Akzent, den das Nationaldenkmal setzt, wird am besten aufgehoben, wenn man es besteigt und dann das Herumgelegene zu seinen Füßen hat, da kann dieses *Monumento* nicht mehr stören. Die **Piazza Farnese** lebt ganz von der Fassade des gleichnamigen Palastes, der **Campo de' Fiori** von den leuchtenden Farben der angebotenen Blumen, auf der **Piazza del Quirinale** und der von **San Giovanni in Laterano** sind es die Obelisken, auf der Piazza Colonna hingegen die Triumphsäule des Mark Aurel, die den Platz prägen, auf der **Piazza della Bocca della Verità** die ihn eher zufällig umgebenden Werke der Baukunst: Tempel, Kirchen, Brunnen und Bögen.

Straßen

Ein starker politischer Wille und eine umsichtige architektonische Gestaltungskraft sind Anfang und Ende des geplanten Städtebaus, der überlegten Urbanistik. Rom hingegen ist nach seiner Gründung jahrhundertelang wild gewachsen, je nach den Bedürfnissen seiner Bewohner, nach den Ansprüchen der Mächtigen und Reichen, nach den wenig koordinierten Ambitionen der alten Republik. Dann griffen die Herrscher ein: Caesar, die Kaiser Augustus und Nero etwa. Wir finden deutliche Spuren von ihnen, doch ein deutliches Konzept, dessen Grundrisse und Bauwerke sich im gesamten Stadtbild noch heute ablesen lassen, sehen wir nicht. Erst die Renaissance zwang der verwachsenen, verwinkelten Wirklichkeit von engen Gassen eine geradlinige Ordnung auf. Die Bauherren und Architekten des Barock und einer ganz anderen Zeit, der des Faschismus, gehen mit dem Lineal über die Stadt. Was sie neu schaffen, findet nicht immer Beifall, doch erleichtert es das Leben der Römer.

So sinnvoll erscheint die **Via del Corso** als Nord-Süd-Achse der Innenstadt, dass man annehmen könnte, es habe sie schon immer in Rom gegeben. Zwar verlief hier schon in der Antike das Stadtstück der Via Flaminia, im Mittelalter die Via Lata – ›breite Straße‹, was auf urbanistische Hervorhebung schließen lässt –, doch erst Papst Paul II. (1464–71) besorgte die geradlinige Ausrichtung der 1500 m langen Straße zwischen der Piazza del Popolo und der Piazza Venezia – unter anderem, um Pferderennen (Corse dei cavalli, daher der Name Corso) dort abzuhalten. Die Palazzi links und rechts in verschiedenen Stilrichtungen von der späten Renaissance bis zum Rokoko bezeugen, dass es am Corso erst nach dem 15. Jh. lebendig wurde – und

Via Giulia

besonders während des römischen Karnevals, wovon Goethe eine höchst anschauliche Schilderung gibt (s. S. 65).

Anfang des 16. Jh. bildete die **Via Giulia** eine Zeitlang die Hauptstraße der Stadt. Papst Julius II. (1503–13) hatte sie als erste geradlinige Straße Roms von der Kirche San Giovanni dei Fiorentini am linken Tiberufer gegenüber von Sankt Peter 1000 m lang bis zum Ponte Sisto anlegen lassen. Die adligen Familien schmückten in den folgenden kunstreichen Jahrzehnten die Via Giulia mit stattlichen Palästen und schmucken Kirchen links und rechts, die noch heute diese Straße zu einer der vornehmsten Roms machen.

Vom Obelisken der Piazza del Popolo blickt man nicht nur in die **Via del Corso,** sondern nach rechts auch in die Via di Ripetta und die anschließende **Via della Scrofa,** die 1518 von Papst Leo X. (als Via Leonina) eröffnet wurde, um den Hauptzugang zur Stadt, die Porta Flaminia, und das neu aufstrebende Viertel, das heute das Zentrum Roms ist, mit dem Hafen der Ripetta und dem Vatikan zu verbinden. Diese Entwicklung war vorbereitet durch die Entscheidung Papst Nikolaus' V. (1447–55), die Papstresidenz vom Lateran endgültig nach Sankt Peter im Vatikan zu verlegen und damit aus der Stadt auszuziehen, womit er sich zugleich in den Schutz der einzigen intakten Festung Roms, der Engelsburg, begab. Dieser urbanistische Prozess wurde bekräftigt durch den Beschluss Gregors XIII., einen zweiten Papstpalast auf dem Quirinal zu bauen. Zwischen Vatikan und Quirinal, zwischen Tiber und Pincio entstand das neue Rom, nördlich des antiken. So gewinnt Sinn, dass Klemens VII. (1523–34) die **Via del Babuino** (als Via Clemenzia) zog, Paul III. (1534–49) die **Via della Trinità** (heute Via Condotti – weil Gregor XIII. eine neue Wasserleitung, Condotte d'Acqua, legte), **Via Fontanella Borghese, Clementino** und **Monte Brianzo.**

Lebensalltag – Kultur – Geschichte

Kirchen und Palazzi wurden versetzt, Häuser abgerissen, um die Via della Conciliazione als Schneise vom Petersplatz bis zum Tiber durch das Viertel zu schlagen

Sixtus V. (1585–90) legte dann endgültig den Plan des *centro storico*, des historischen Zentrums, fest, das – wie wir wissen – nicht der älteste Teil, nicht das antike Rom ist. Er hatte bis zum Bau der Eisenbahn in der Stadt (1856, also noch unter päpstlicher Herrschaft) Gültigkeit. So trägt die *Via Sistina* zu Recht den Namen des fünften Sixtus (die Capella Sistina im Vatikan den des vierten). Sie verläuft 1500 m lang vom Obelisken der Spanischen Treppe über den Hügel des Quirinal bis zur Apsis von Santa Maria Maggiore, wegen der parallel, wenn auch in wechselnden Höhen gezogenen Wasserleitung der Acqua Felice schnurgerade, allerdings unterwegs ihren Namen ändernd – **Via delle Quattro Fontane** und **Via Depretis.**

Es bedurfte wohl des rücksichtslosen Willens eines Diktators, um in den Borgo, das Viertel vor Sankt Peter, eine riesige Schneise zu schlagen. Geplant war dies seit Mitte des 15. Jh. schon von Papst Nikolaus V., nicht nur um den freien Blick auf die größte Kirche der Christenheit zu gewinnen, sondern auch, damit sich die Gläubigen – und ebenso die Skeptiker – in feierlichem Gehen, die Basilika vor Augen, auf das Machtzentrum des Papstes einstimmen konnten. So begann man im Jahr 1936 die alten Häuser des päpstlichen Viertels niederzureißen und Kirchen und Paläste zu versetzen; 1950, zum Heiligen Jahr, waren die Arbeiten beendet, nicht jedoch die Diskussionen um das Projekt und die Ästhetik der **Via della Conciliazione.**

Im Gerede ist und wird für lange Zeit wohl bleiben die **Via dei Fori Imperiali,** die breite, 850 m lange Allee zwischen der Piazza Venezia und dem Kolosseum, die in faschistischer Zeit (1932) als Parade-, Triumph- und ›Reichs‹-Straße des neuen Impero über die Foren gelegt wurde – über, nicht nur zwischen Forum Romanum und Kaiserforen. War es ein Akt barbarischer Denkmalsschändung? Oder eine Entscheidung weit vorausschauender Planung, die den Bedürfnissen des modernen Verkehrs zur richtigen Zeit gerecht zu werden suchte? Kann man die Asphaltierung des antiken Ruinengeländes wieder rückgängig machen und das gesamte Areal der Foren zu einem archäologischen Park umgestalten? Kaum jemand würde etwas dagegen haben, die Via dei Fori Imperiali und die weiteren modernen Bebauungen zu opfern, um das darunter liegende Erbe der Antike freizulegen, wenn zugleich das Verkehrsproblem gelöst würde. Doch tröstlich ist, dass man – ganz nach römischer Art – die Lösung des großen Problems aufgeschoben und in der Zwischenzeit zu graben begonnen hat. Der Bau der Metropolitana mit der neuen Station an der Piazza Venezia ist ein erfreulicher weiterer Schritt.

Unten und oben – Die Treppen

Bedürfen die Treppen Roms einer eigenen Erwähnung und Hervorhebung? Treppen scheinen doch zu nichts anderem gut, als Höhenunterschiede zu überwinden, unten und oben miteinander zu verbinden. Doch von unten nach oben, von oben nach unten zu bringen, das ist ein besonders kunstvolles ›Leit‹-Motiv der Architektur in Rom. Es geschieht oft so selbstverständlich, dass man die Kunst und die raffinierte Technik dabei kaum merkt. Aber gerade dann stellt sich ein besonderes Gefühl ein, ein spezifisch römisches ›Treppengefühl‹, ohne dass man sich dessen so recht bewusst wird. Nur von diesem Empfinden ist hier die Rede. Denn von Kunst und Technik, der Spanischen Treppe etwa und aller anderen römischen *scale* und *scalinate,* wird im Zusammenhang mit dem durch sie erschlossenen Bauwerk gesprochen.

Wie ist das ›Treppengefühl‹ der Antike? Wir müssen uns mühen, die Stufen zu erklimmen, sei es im Kolosseum, einem öffentlichen Gebäude, sei es in den Privathäusern von Ostia Antica. Es sind mehr Stufen als Treppen, nur dazu bestimmt, ohne viel Aufwand praktischen Zwecken zu dienen, von einem Stockwerk ins andere zu gelangen, ohne Raum zu verschwenden, von einem Zuschauerrang in den nächsten zu kommen, ohne durch breite Treppenhäuser wertvollen Platz zu schmälern. Wenn es feierlich zugehen soll, benutzt man Rampen zum Anstieg auf einen Hügel, wie den Palatin oder das Kapitol. Da können auch festliche Prozessionen in getragenem Schritt einher- und aufwärtsziehen, wie beim Triumph der siegreichen Feldherrn auf der Via Sacra vom Forum hinauf zum Kapitolinischen Hügel.

Liebesprüfung

In Rom empfiehlt man verliebten Paaren, die Treppe hinauf zu Santa Maria in Aracoeli zu nehmen; wenn sie die Anstrengung beim Aufstieg nicht merkten, stehe es gut mit ihnen. Im Übrigen wird man für die Mühe des Aufstiegs durch ein schönes Panorama über Rom entschädigt.

Eine andere Funktion haben in der Antike die Freitreppen, an deren Ende ein Tempel steht, wie etwa der Tempel der Fortuna Virilis in Rom am Tiber oder jener der Roma und des Augustus in Ostia. Da steigt man in eine andere Welt hinauf, in einen heiligen Bezirk, der über den Bereich des Profanen erhoben ist und erhaben wirkt, was etwa die Kirche San Gregorio Magno gegenüber dem Palatin nachvollzieht, ebenso wie viele andere Kirchen, die nur mit zwei oder drei Stufen leicht erhöht sind. Dass man heute zu einigen Kirchen in Rom hinuntergeht, zum Pantheon etwa oder zu Santa Pudenziana, hat einen praktischen Grund: Das umliegende Bodenniveau ist durch Schutt und Schlamm gestiegen, während die ›kostbaren‹ Bauwerke bewahrt blieben.

Enge Stufenstiegen gilt es in den Katakomben zu bewältigen. Die Mühe, die mit dem Treppensteigen verbunden ist, wird vor allem bewusst, wenn man sich auf Knien die Stufen der Scala Santa in der Kirche der heiligen Stiege, gegenüber der Lateranbasilika, hinaufbegibt. Es seien die Stufen des Gerichtsgebäudes zu Jerusalem gewesen, welche die Kaiserin Helena Anfang des 4. Jh. nach Rom gebracht habe, berichten fromme Pilgerbücher des Mittelalters, auf denen Jesus Christus dem Leiden entgegenging, und sie so demütig nachzusteigen, bringe ewigen Gewinn und reichen Ablass. Ganz anders hingegen die Treppen in unzähligen römischen Palazzi, die das Aufwärts- und Abwärtssteigen so angenehm wie möglich zu gestalten suchen, indem sie das Verhältnis der Schrittlänge auf ebenem Boden zur Höhe großzügig auslegen. Das erfordert Platz, doch es gewährt dem Menschen bei anstrengender Bewegung mehr Würde.

Piranesis Stich zeigt beide Treppen, den Aufgang zu Santa Maria in Aracoeli und den zum Kapitol

Die Treppen

Die von Michelangelo entworfene Treppe zum Kapitol gehört zu den eindrucksvollsten römischen ›Treppen-Erlebnissen‹

Bequem hin, bequem her. Bei Santa Maria in Aracoeli galt es, sich Vorgegebenem anzupassen und der hoch auf dem Kapitolinischen Hügel gelegenen Kirche einen Eingang zur Stadt auf dem Marsfeld, zu der dem Forum abgewandten Seite zu schaffen. Da dies zur Zeit des Exils der Päpste in Avignon geschah (1348), erklärte man die steilen 122 Marmorstufen flugs zur Himmelsleiter – in den Himmel hinauf geht es ja auch schwer –, sah in ihr die Hoffnung auf eine bessere Zeit ausgedrückt und war mit diesem einzigen Bauwerk in jenen für die Römer schwierigen Jahrzehnten höchst zufrieden. Zu einer gänzlich anderen Lösung kam Michelangelo, vom selben Ausgangspunkt, der Piazza d'Aracoeli, direkt daneben. Gemäß seinem Entwurf wird der Besucher zuerst auf einer breiten Rampentreppe auf die Piazza del Campidoglio geleitet, von dort auf einer doppelten Freitreppe hinauf zum Senatorenpalast. Feierlicher kann man kaum emporschreiten.

Oder doch. Ein ähnliches Gefühl beherrscht den Besucher, der vom Petersplatz hinauf zur Basilika oder in den Vatikanischen Palästen hinter dem Bronzetor die Scala Regia des Bernini ebenfalls emporschreitet – man kann gar nicht anders, die Treppen zwingen zu gemessenem, feierlichem Gang, bereiten auf große Begegnungen vor. Zu den römischen Treppen-Erlebnissen gehört auch die Stiege im Innern der Peterskuppel zwischen den beiden Schalen, in der man sich langsam der Wölbung der Kuppel anpassen muss. Wer zu Kapitol und

Lebensalltag – Kultur – Geschichte

In den Vatikanischen Museen hat man, um den Besucherstrom zu bewältigen, eine Treppe, deren Rampe wie eine Spindel in sich gedreht ist, erbaut

Vatikan – in den Museen dort hat man für die vielen Besucher als kuriose Treppe zwei Rampen wie Spindeln in sich gedreht – einen Gegensatz erdenken will, der käme der Spanischen Treppe wohl sehr nahe. Ihre Schwünge haben etwas Tänzelndes. Feierlichen Ernst kann man da abstreifen. Oder, wie der Kunsthistoriker Wolfgang Lotz schreibt: »Jeder Absatz führt zu neuen, einige zu überraschenden Bildern. Die Form der Stufen ändert sich; ihre Mitte ist bald konvex, bald konkav, bald gerade; die Läufe trennen und vereinigen sich; ging man zunächst auf die Kirche zu, so hat man sich im obersten Lauf scheinbar von ihr zu entfernen. Es ist wohl mehr der kontinuierliche Wechsel von Formen und Aussichten als die bequeme Form der Stufen, der den Anstieg so mühelos macht. Die Aufmerksamkeit wird so sehr von dem, was das Auge erlebt, in Anspruch genommen, dass die physische Anstrengung kaum empfunden wird ... Aber auch das Ausweiten und die Verengung der seitlichen Grenzen, der verschiedenen Absätze und selbst der einzelnen Treppenläufe hält das Auge ununterbrochen wach; die Füße finden gleichsam keine Zeit, sich zu beklagen.«

Gegenüber diesem Höhepunkt der Treppenarchitektur, nicht in Rom, sondern der ganzen Welt, der im Frühling noch durch Azaleensträucher über dem gesamten Aufgang akzentuiert wird, fällt anderes ab. Deshalb nur zwei Eindrücke noch: Die gewaltige Freitreppe, welche die Apsis von Santa Maria Maggiore umschließt, dient dem ungehinderten Zugang zur Kirche auch von dieser Seite und erscheint zugleich als grandiose Hügelverkleidung des Esquilin. Hier ist die Versuchung besonders groß, sich auf die Stufen zu setzen und die Menschen und den Autoverkehr auf der davorliegenden Piazza zu beobachten.

Und die gewaltigste Treppe Roms? Ohne am italienischen Patriotismus freveln zu wollen, scheint mir das Denkmal für Viktor Emanuel an der Piazza Venezia eigentlich nur aus Treppen zu bestehen, es lehnt sich ja auch an einen Hügel, den des Kapitols, und man macht – wie schon empfohlen – nicht den schlechtesten Gebrauch davon, wenn man hinaufsteigt und aus der Mitte Roms die Stadt betrachtet.

Römische Brunnen

Ein Brunnen ist Lebensgefühl und Weltanschauung zugleich. Das Wasser, für die Antike eines der vier Elemente der Welt, ist dem Menschen unentbehrlich, ohne Wasser kann er nicht leben. Solche Existenzgrundlage drückt sich darin aus, dass Wasser für göttlich gehalten wurde, dass die Menschen das Meer und die Seen, Flüsse und Bäche, Quellen und Brunnen mit unzähligen Gottheiten bevölkerten. Aber im Brunnen ist aus der Not des Menschen eine Kunst geworden. Der schöpferische Vorgang, dass die Erde in ihren Quellen Leben hergibt, wird wiederholt.

Brunnen scheinen Luxus. Aber vielleicht verdanken sie ihre Entstehung dem Ungeschick des Menschen, dem Unvermögen – das erst später die Entwicklung der Technik aufheben sollte –, Wasser dauerhaft zu speichern. So musste das gewonnene, gesammelte, über weite Strecken beförderte Wasser fließen, fließen, fließen. Wollten die Alten – die des Mittelmeerraums, wo Wasser kostbar war und ist, nicht wie im Norden im Übermaß vorhanden – das Wasser vor Augen haben und leiteten es deshalb in Strahlen und Schalen? Wie auch immer. Das Wasser als notwendige Basis des Lebens wurde transformiert zu Freude, Vergnügen, Genuss. Den Meisterwerken der römischen Baukunst, den Aquädukten, entsprechen am Ende oft Kunstwerke, die das Wasser vor dem Gebrauch und Verbrauch ein letztes Mal heiligen und feiern, bis es wieder dem ewigen Kreislauf des Lebens anvertraut wird. Die großen Traditionen der Antike nahmen die Päpste im 16. Jh. wieder auf, als es den Römern gelang, mit dem Wohlstand wieder an alte Zeiten des Imperium Romanum anzuknüpfen und Gelder für Wasserleitungen ›flüssigzumachen‹. Jedes Jahrhundert leistete dann seinen Beitrag, die göttliche Verbindung von Wasser und Stein menschlich zu variieren, das 17., das ›goldene Jahrhundert‹ des Barock, ebenso wie das 18., 19. und 20. Besonders erfindungsreich war man in Rom dann darin, Kunstelemente der Antike, einen Marmorkopf, eine Travertindekoration, zu verwenden.

Römischen Brunnen zu huldigen heißt deshalb, sich einer Kunstwelt hingeben, die, auf dem Grund des Daseins aufgebaut, den Menschen froh und heiter stimmen soll, munter und vergnügt, ausgelassen und lustig, selten nur besinnlich und ernst, die Abwechslung und Erholung, Entspannung und Zerstreuung, Spaß und Genuss, Behagen und Ergötzen bereitet. Niemand hat bisher alle Brunnen in Rom gezählt. Berechnungen über die Brunnen in der Hauptstadt des Römischen Reiches zur Kaiserzeit schwanken, kommen manchmal auf 212, manchmal auf mehr als 300, die von elf Aquädukten gespeist wurden, welche in 247 Wasserreservoiren etwa eine Milliarde Liter pro Tag vornehmlich für den öffentlichen Gebrauch bereitstellten.

Den römischen Brunnen als Lebensgleichnis haben zwei deutschsprachige Dichter beschrieben:

Der römische Brunnen
Aufsteigt der Strahl und fallend gießt
er voll der Marmorschale Rund,
die, sich verschleiernd, überfließt
in einer zweiten Schale Grund;
die zweite gibt, sie wird zu reich,
der dritten wallend ihre Flut,
und jede nimmt und gibt zugleich
und strömt und ruht.

Conrad Ferdinand Meyer

Römische Fontäne – Borghese
Zwei Becken, eins das andre übersteigend
aus einem alten runden Marmorrand,
und aus dem oberen Wasser leis' sich neigend
zum Wasser, welches unten wartend stand,

dem leise redenden entgegenschweigend
und heimlich, gleichsam in der hohlen Hand,
ihm Himmel hinter Grün und Dunkel zeigend
wie einen unbekannten Gegenstand;

sich selber ruhig in der schönen Schale
verbreitend ohne Heimweh, Kreis aus Kreis,
nur manchmal träumerisch und tropfenweis

sich niederlassend an den Moosbehängen
zum letzten Spiegel, der sein Becken leis'
von unten lächeln macht mit Übergängen.

Rainer Maria Rilke

Ist damit den römischen Brunnen zu viel Schwere gegeben? Vielleicht war es nur ein launiger Einfall Papst Leos X., im Jahr 1515 ein kleines Schiffchen auf einen Brunnen vor der Kirche Santa Maria in Domnica auf dem Caelius zu setzen, oder verpflichtete ihn dazu ein Gelübde aus Anlass einer schwierigen Seefahrt? Andere Päpste begnügten sich mit Marmorwannen aus dem Altertum, ließen, wie Julius III. (1550–55) in der Via Flaminia, kuriose Formen – Delfine waren sehr beliebt – dazu meißeln und vor allem ihr Wappen. Oder sie spielten gekonnt, wie der berühmte Brunnenarchitekt Giacomo del-

Römische Brunnen

Fontana del Moro auf der Piazza Navona

la Porta (1540–1602), mit Becken und Schalen: so auf der Piazza Nicosia, der Piazza Colonna, Piazza Rotonda vor dem Pantheon, so bei der entzückenden Fontana delle Tartarughe, dem Schildkrötenbrunnen, auf der Piazza dei Mattei mit Muscheln, Epheben und Schildkröten auf der Piazza d'Aracoeli, der Piazza della Madonna dei Monti, Piazza Campitelli mit merkwürdigen, eselsohrigen Masken, der Piazza della Chiesa Nuova in der Form einer vornehmen Suppenterrine – beim Brunnen auf dem Campo de' Fiori vom Anfang des 20. Jh. hat man der Terrine den Deckel abgenommen –, so bei den Fontanelle am Aufgang zum Kapitol mit den beiden ägyptischen Löwen oder in der Via del Progresso. Die Brunnenszene belebt sich Ende des 16. Jh. mit gewaltigen Figuren, so dem Meeresgott im Hof des Kapitolinischen Museums oder der gigantischen, ungeschlachten Gestalt des Moses und der grimmigen Löwen bei der Acqua Felice an der Piazza San Bernardo oder dem ›Babuino‹ (Tölpel) in der gleichnamigen Straße. Der Architekt Domenico Fontana (1543–1607) machte nun seinem Namen (›Brunnen‹) alle Ehre, so im Hof des Palazzo Colonna.

Im ›goldenen‹ 17. Jh. lassen die Päpste die Brunnen mit besonderer Liebe vor allem mit ihren Wappentieren schmücken: Der Borghese Paul V. mit Adler und Drachen, der Barberini Urban VIII. mit Bienen. Die großen Plätze, wie der von San Pietro, die Piazza Farnese oder der Belvedere-Hof des Vatikans, waren den Bauherren und Architekten gerade recht, um großartigen und feierlichen Wasserspielen zu frönen. Vater und Sohn Bernini und andere zeigen, wie man dem alten Thema von Stein und Wasser neue künstlerische Formen abgewinnen könnte, an der ›Barcaccia‹ vor der Spanischen Treppe, dem kunstvollen ›Tritonen‹ auf der Piazza Barberini, den ›Bienen‹ am Beginn der Via Veneto (Ecke Piazza Barberini) und vor allem im Vier-Ströme-Brunnen auf der Piazza Navona, wie auch in dem des ›Moro‹, ebenfalls auf der Piazza Navona. Die Lebensfreude des Barock will sich eben auch in den Brunnen ausdrücken, auf der Piazza Santa Maria in Trastevere, im Nymphäum des Palazzo Borghese oder im Hof des Palazzo Colonna. Der Barockbaumeister Francesco Borromini (1599–1667) fügt seiner Kirche San Carlo an der Straßenkreuzung Via Pia (heute Via XX Settembre) und Via Felice (Via delle Quattro Fontane) vier Brunnen an, mit – jetzt stark gedunkelten – Figuren der Flussgötter Tiber und Nil, des Glaubens und der Festigkeit. Die Flussgötter Nil und Tiber brauchte man auch für die Brunnenanlage der ›Roma‹ vor dem Senatorenpalast auf dem Kapitol.

Dann wurden antikisierende Brunnen ›modern‹; die Verwendung alter Steinteile und Formen, Masken, Wannen, Sarkophage, Säulen oder Architrave gefiel. Aber das war nur ein Zwischenspiel. Die Kräfte sammelten sich neu, um nach der Fontana dei Tritoni an der Piazza della Bocca della Verità die großartigste, prachtvollste und figurenreichste Anlage der römischen Brunnenarchitektur hervorzubringen: die Fontana di Trevi. Sie ist viel zu berühmt, als dass man sie lang beschreiben müsste. Wer davor steht, kann nicht leugnen, dass sich da ein Stück römischen Lebensgefühls vermittelt.

Was danach noch kommt, ist nicht geringzuschätzen, bleibt jedoch im Vergleich zu dem Bisherigen zurück. Manchmal ist es nur artistische Spielerei wie die wassergetriebene Uhr in den Gärten des Pincio oder die in der Via del Gesù, oder es sind nur bemühte Konstruktionen, denen man das Fehlen eines genialen Einfalls zu sehr anmerkt. Zuweilen beschränkt man sich auf einfache Formen, wie in einigen Brunnen der Villa Borghese, auf der Piazza del Quirinale oder im Hof des Palazzo Barberini, oder wagt sich doch an große Anlagen wie beim Neptunsbrunnen auf der Piazza Navona oder dem der Najaden auf der Piazza della Repubblica. In wenigen Worten fasst die Inschrift eines Brunnens in der Villa Borghese das Leitmotiv aller römischen Brunnen zusammen: *Murmure suo fons canit vitae laudem* (mit dem Strömen und Rauschen, dem Fließen und Plätschern, dem Murmeln und Glucksen singt der Quell das Lob des Lebens). Wer möchte vor den römischen Brunnen da nicht mit einstimmen!

Das Mosaik aus der alten Basilika von Sankt Peter (im Museo Barracco), ein Werk venezianischer Künstler, stammt aus dem 13. Jh.

Mosaiken

Gerade weil es schwierig ist, in Rom die Mosaiken zu ›be-greifen‹, weil man ihnen oft unter all dem Bestaunenswerten in einer Kirche nicht die ihnen gemäße Beachtung schenkt, sei hier daran erinnert, dass die römischen Mosaiken ein eigenes, selbstständiges Thema sind. Man kann leicht einige Tage, der begeisterte Liebhaber wohl auch mehr damit füllen, diesen Kirchenbildern nach ihrer Entstehungszeit in den einzelnen Jahrhunderten, nach ihren Darstellungen der Heiligen und der frommen Symbole nachzugehen, selbst wenn man dazu kreuz und quer durch Rom und den römischen Verkehr fahren muss. Sinn, Aufgabe und Bedeutung der Mosaiken zu erforschen und sie

Mosaiken

als ein symphonisches Meisterwerk der römischen Kunst in vielen Tönen und Akkorden aufzunehmen ist lohnend.

Die kunstgeschichtlich höchst interessanten Fragen nach der Originalität und Echtheit sowie nach den verschiedenen Einflüssen der Mosaikkunst und der Mosaizisten von Ravenna oder Byzanz müssen allerdings außer Betracht bleiben. Auch bei den Mosaiken geht eine punktuelle Kunstbetrachtung in die Irre, die einer Zeit, einem Künstler, einem Auftraggeber das Werk zuschreibt. Wie bei allem in Rom, so haben auch hier fast immer mehrere Jahrhunderte ihren Beitrag geleistet. In ein und derselben Kirche sind Mosaiken zu verschiedenen Zeiten entstanden, wurden an schon bestehenden Veränderungen vorgenommen, griff man bei Restaurierungen mehr oder weniger kräftig in die Substanz ein. Uns soll und kann nur das ›Überwiegende‹ einer Epoche, eines Kunstherrn, eines Mosaizisten beschäftigen.

Können wir uns aber in einen mittelalterlichen Menschen, einen Römer des ausgehenden Imperium Romanum zurückversetzen und uns von der modernen Übersättigung mit Bildern ›gesund hungern‹, um jenen Moment in seiner Ursprünglichkeit zu erleben, wenn in einer dunklen Kirche auf dem Gold- oder Blaugrund der Apsis die Hei-

Das frühchristliche Mosaik am Triumphbogen in Santa Maria Maggiore greift Themen des Neuen Testaments auf: Verkündigung an Maria und Josef, Huldigung der Könige und der Kindermord in Bethlehem

ligen und die Symbole von Erlösung und ewigem Leben oft in unzureichender Beleuchtung auftauchen? Die innere Wölbung der Halbrundschale, die Mauern des Triumphbogens, also das Ende des basilikalen Gotteshauses, sollten ausgeschmückt werden, das war die materiale Aufgabe. Dem Gläubigen sollte die himmlische Welt als Ziel und Vollendung vorgestellt werden, das war die religiöse Pädagogik. Da der Christ früher des Lesens gewöhnlich unkundig war, wurde ihm der überirdische Kosmos in Bildern gezeigt, in dem angebeteten Allherrscher Christus, dem Erlöser durch Kreuz und Auferstehung, in den Heiligen mit Maria, den Aposteln und den in Rom bekannten Märtyrern, in reichen Symbolen, einer ausführlichen Zahlenmystik und vielsagenden Ornamenten. Darüber konnten die Priester der Kirchen leicht und lang predigen, die Blicke ihrer Gemeinde ›nach droben‹ lenkend.

Die Mosaiken selbst sollten ebenso der Vergänglichkeit standhalten, wie es die Bestimmung des Dargestellten war. Auf das Gemäuer der Apsiswölbung trug man meist zuerst groben Mörtel auf, auf diesen Belag kamen von Tag zu Tag, je nach dem Fortschreiten der Arbeit, ein oder zwei weitere feine Mörtelschichten, auf die man leicht Skizzen als Vorzeichnung auftragen konnte und in die dann die Tesserae eingesetzt wurden: würfelähnliche grob geschnittene Quaderchen, die kleinsten etwa drei Millimeter im Durchmesser, weder alle gleich groß noch gleich geformt, aus Naturstein, farbigem Marmor oder undurchsichtigem Glas. Die Rundung des Mauerwerks zwang zu kleinem Werkstoff, große Platten zur Verkleidung hätte man nicht anbringen können. Zu den Farben der Darstellung – weiß, schwarz, grün, gelb, blau, rot und purpur – und denen des Hintergrundes – weiß, braungelb, grau und schwarzbraun – kam als dominierendes Element das Gold, Zeichen einer anderen, über dem irdischen Da-

Im Apsismosaik der Kirche San Clemente (erste Hälfte des 12. Jh.) durchdringen Lebensbaum und Kreuz, Heilige und Symbole, Tiere und Pflanzen einander zu einer himmlischen Bilderwelt auf leuchtendem Goldgrund

sein sich erhebenden Welt. Dass sich in der Apsiswölbung handwerkliche Kunst und künstlerische Intuition verbinden mussten, versteht sich von selbst. Die Rundung stellte vor erhebliche perspektivische Probleme, damit sich das Heilige dem schauenden Gläubigen nicht verzerrt darbot.

Nichts bei einem Mosaik ist zufällig, nichts entspringt der Laune eines Augenblicks. Alles ist durch eine jahrhundertelang bewährte und geheiligte Ordnung festgelegt; alles, das Einzelne und das Ganze, hat seinen festen Platz nicht nach menschlichem Belieben, sondern nach dem ewigen Plan Gottes. Das Zentrum ist dem zentralen Geheimnis reserviert, Jesus Christus mit dem Kreuz im Heiligenschein, dem Allherrscher (Pantokrator), dem Erlöser, dem Offenbarer, dem Sohn Gottes in der Einheit der Dreifaltigkeit (mit der Hand Gottvaters und der Taube des Heiligen Geistes), oder den Symbolen, die ihn vergegenwärtigen, wie Kreuz oder Lamm. Die Mitte überragt an Größe alle anderen Heiligen, die wiederum in hieratischer, heiligfeierlicher Strenge entsprechend ihrer Würde unterschiedliche Maße haben und in ihrem Abstand zur Mitte und ihrer Beziehung untereinander eine geheiligte Rangordnung, eine ewige Hierarchie ausdrücken. Die Gewänder, mit denen die Heiligen bekleidet sind, Schriftrollen, Bücher, Kirchenmodelle, Heiligenscheine, die sie tragen – ein eckiger Nimbus für den lebenden Stifter des Mosaiks –, der Untergrund, auf dem sie stehen, der Thron, auf dem Christus und Maria sitzen – all das wird nicht kunstvoll und prächtig dargestellt, sondern deutet in seiner Symbolik auf geheimnisvolle Zusammenhänge und heilsgeschichtliche Verbindungen.

Der Reichtum der Ornamente und Dekorationen in der Antike, wie wir sie etwa noch in Santa Costanza finden (s. Abb. vordere Umschlaginnenklappe), wird im Mittelalter durch eine Symbolik und Zahlenmystik ergänzt, die auf den ersten Blick nur schmückende und füllende Funktionen zu haben scheint, doch nach dem Sinnreichtum der himmlischen Wirklichkeit mit ihren allegorischen Bedeutungen die Gegenwart Gottes und das göttliche Wirken auf Erden heraushebt. Ein Lamm ist dann nicht nur ein Lamm, sondern Sinnbild Jesu Christi und seines Opfertodes. Die Zwölferzahl ist das Symbol der zwölf Stämme Israels, der Apostelschar, des Volkes Gottes, das seinem Hirten nachfolgt, die heilige Zahl der für alle Ewigkeit Erretteten, wie die Zahl ›12‹ in der Bibel des Alten und Neuen Testaments immer wieder erscheint. Ein Baum besagt die Fülle des Lebens, mehr noch die des übernatürlichen, das aus dem Kreuzesholz entsprießt. Wolken sind nicht Wetterboten, sondern Verhüllung und Veranschaulichung der Macht und Herrlichkeit Gottes, der Kraft des Überirdischen. Eine Fingerstellung wird zum Symbol der Dreifaltigkeit, eine Taube zum Zeichen des Heiligen Geistes, auch des Friedens. Weinreben und Früchte, Zweige und Blätter, Blumen und Gräser, Vögel, Federvieh und Kriechtiere bilden nun Flora und Fauna des Paradieses. Das Wasser der Flüsse wird zum Quell des ewigen Lebens, nach dem die Seele des Menschen wie der dürstende Hirsch verlangt

Mosaikkunst

Es ist nicht einfach, sich den römischen Mosaiken zu nähern. Die farbenreichen Steinchen-Bilder in den Apsiden oder an den Triumphbögen der Kirchen scheinen einer anderen, fremden Welt über uns anzugehören. Vorn und hoch oben sind sie in den Gotteshäusern angebracht, das schafft Distanz, fordert Respekt und Ehrfurcht. Sie nehmen den Ehrenplatz in den Basiliken ein, eine räumliche Steigerung ist nicht möglich. Der Betrachter bleibt immer fern, es sei denn, er überbrückt mit einem profanen Hilfsmittel wie dem Fernglas die Unerreichbarkeit. Nur in kleinen intimen Kapellen ist ihm vergönnt, näher zu rücken, und er fühlt sich sofort wie in einem ›Paradiesgärtlein‹, wie etwa mittelalterliche Pilgerbücher sagen.

Rundgang zu den römischen Mosaiken

Wenn ich selbst eine Auswahl wagen müsste, würde ich mich für folgende Kirchen entscheiden: Santa Maria Maggiore wird mit den frühen (5. Jh.) Mosaiken des Langhauses, denen des Triumphbogens, der Apsishalbkuppel und der Apsisrundung (Ende des 13. Jh.) stets Ausgangs- und Endpunkt sein. Weitere Stationen: Santa Prassede und Santa Pudenziana, weil sie zeitlich ziemlich am Anfang stehen und ganz in der Nähe liegen, Santa Costanza als Beispiel des Übergangs von der Antike zum Christentum, Sant'Agnese (neben Santa Costanza), Santi Cosma e Damiano (am Forum Romanum), San Marco (neben der Piazza Venezia), San Clemente (in der Nähe des Kolosseums) und schließlich Santa Maria in Trastevere.

– auch ihn finden wir. Eine Stadt mit Mauern, Burgen, Kirchen und Häusern wird zum himmlischen Jerusalem der Seligkeit, in der die Bürger des Himmels nie endende Freuden genießen werden. Krüge und Füllhörner, Kronen und kleine Kästchen bergen nicht Reichtümer, die Rost und Motten zerstören, die irdische Vergänglichkeit und menschliche Vergeblichkeit zunichte machen können, sondern Schätze, die nicht von dieser Welt sind. In den fast unendlich sich drehenden Blättervoluten des Akanthusgewächses schlagen Pfauen symbolträchtig (Schönheit und Vollkommenheit) ihr Rad, Pelikane (mittelalterliches Symbol für Christus) breiten ihre Flügel aus, Engel schweben hinauf und hernieder. Die Blicke der Heiligen übermitteln eine Botschaft, die jeder, der sich in sie versenkt, vielfältig deuten kann.

Nur bei wenigen römischen Mosaiken kennen wir den Namen des Künstlers. Stellvertretend für die vielen mag daher jener der Kosmaten stehen. Er bezeichnet eine Gruppe von geschickten Marmordekorateuren, die zwischen dem 12. und 14. Jh. vor allem in Rom in der Kirchenarchitektur arbeitete und an der Ausschmückung des Kircheninneren mit Kanzeln, Chorschranken, Bischofsstühlen, Altären und Altaraufbauten, Fußböden und Wandpartien ihre hohe handwerkliche Kunst entfaltete. Ihre Mosaikornamente aus Steinen oder Glasfluss sind von der Antike angeregt und von den arabischen Ziermustern jener Zeit in Süditalien bestimmt. Da das Gewerbe häufig vom Vater auf den Sohn überging und auffällig oft der Name Kosmas (nach dem frühchristlichen Märtyrer) vorkam, gilt ›Kosmaten‹ fast als Familienname und ›Kosmaten-Arbeit‹ als Gütesiegel der Marmordekoration.

Eine Rangordnung oder Präzedenzliste unter den römischen Mosaiken aufzustellen erscheint bei der Vielfalt unmöglich und angesichts der Schönheit eines jeden einzelnen ungerecht. Halten wir uns zuerst an die chronologische Folge, dabei den Forschungsergebnissen des Engländers Walter Oakeshott folgend. Oakeshott unterscheidet sechs Mosaiken-Epochen in Rom vom 4. bis zum 14. Jh.

Die Antike oder klassische Periode (4. bis 6. Jh.).

Alt-Sankt Peter: Das Grabmosaik im Friedhof unter der Basilika; Santa Costanza; Santa Pudenziana; Alt-Sankt Peter: die konstantinischen Fragmente in der Basilika; San Giovanni in Laterano: der Christuskopf im Apsismosaik; San Paolo fuori le Mura: der Christuskopf im Mosaik des Triumphbogens; Santa Maria Maggiore: die Mosaiken des 5. Jh. (oben im Hauptschiff); Santa Sabina: das Mosaik des Hauptschiffes; Santi Cosma e Damiano.

Arbeiten des 6., 7. und 8. Jh. im byzantinischen Stil

San Lorenzo fuori le Mura; Sant'Agnese fuori le Mura; die Kapelle des hl. Venantius im Baptisterium von San Giovanni in Laterano; Santo Stefano Rotondo; San Pietro in Vincoli; Vatikanische Grotten: Mo-

Mosaiken

Das Apsismosaik von Santa Maria in Trastevere (um 1140) stellt zum ersten Mal das Thema »Thronender Christus mit Maria« dar, ein Hinweis auf die hohe, fast gleichberechtigte Stellung der »gekrönten Gottesmutter«

saikenfragmente aus der Privatkapelle Papst Johannes VII.; Confessio zu Sankt Peter: der Christuskopf.

Spätes 8. und frühes 9. Jh. – Paschalisches Zeitalter (Papst Paschalis I., 817–824)

Santi Nereo ed Achilleo; die Tribuna Benedikts XIV. in ihrer ursprünglichen Form; Santa Maria in Domnica; Santa Prassede; Santa Cecilia in Trastevere; San Marco.

Romanische Kunst in den römischen Mosaiken

Santa Maria in Trastevere: das Fassadenmosaik; San Clemente: das Apsismosaik; Santa Francesca Romana und Santa Maria in Trastevere: die Mosaiken in den Apsiden; San Clemente und Santa Maria in Trastevere: die Triumphbogenmosaiken.

Mosaiken im byzantinischen Stil aus der ersten Hälfte des 13. Jh.

San Paolo fuori le Mura; Cappella Sancta Sanctorum im Lateran; Santa Maria in Aracoeli: das Capoceische Mosaik.

Die römische ›Renaissance‹ und ihre Mosaiken

San Giovanni in Laterano und Santa Maria Maggiore: die Hauptmosaiken der Apsiden; Santa Maria Maggiore und Santa Maria in Trastevere: die Szenen aus dem Marienleben; Santa Maria Maggiore: das Fassadenmosaik; Sankt Peter: Giottos Navicella.

Visità di Roma – Besichtigungsgänge

Kapitol und Piazza Venezia

Kapitol (Campidoglio)

Viele Besucher Roms beginnen ihren Rundgang durch die Stadt mit dem Kapitol, dem ›erhabensten‹, wenn auch an Ausdehnung kleinsten der sieben klassischen Hügel. Sie tun recht daran. Denn das Kapitol *(campidoglio)* ist das Herz der Stadt. Schon im Altertum war der *Mons Capitolinus* mit seinen zwei Hügelkuppen das religiös-politische Zentrum Roms. Das Kapitol des Imperium Romanum wurde vorbildlich für viele ähnliche Anlagen in der zivilisierten Welt. Auf der nördlichen Hügelkuppe, wo sich heute die Kirche Santa Maria in Aracoeli erhebt, stand einst die Fluchtburg *(arx)*, auf der südlichen der wichtigste Tempel, jener der Göttertrias, des Jupiter Optimus Maximus Capitolinus, der Juno Moneta und der Minerva (an der Stelle des Konservatorenpalastes). Die Weihe dieses Tempels für die drei Götter im Jahre 509 v. Chr. ist das erste gesicherte Datum der römischen Baugeschichte; erst von da an wissen wir Genaues. Die Talsenke zwischen den Tempel-Hügeln füllt jetzt der Kapitolsplatz aus.

Auch im päpstlich bestimmten Rom, von 213 bis 1870, blieb das Kapitol die politische Mitte der Stadt ›diesseits des Tiber‹, gegenüber dem geistlich-religiösen Zentrum im Vatikan ›jenseits‹ des Flusses.

Die Gesamtanlage des Kapitol mit Piazza und Palästen, Kirchen und Nationaldenkmal, mit der Rampentreppe für das langsame, feierliche Emporgehen zum Platz und dem steilen Aufstieg der ›Himmelsleiter‹ zu Santa Maria in Aracoeli oder den Zugängen vom Forum Romanum auf der Via Sacra bezeugt eindringlich jene Größe und Würde, die der Stadt Rom stets eigen war (s. Abb. S. 140/41). Die Konzeption des von Michelangelo entworfenen Platzes übertrifft nach dem Urteil von Kunsthistorikern als Kunstwerk alle anderen Plätze: ein »persönliches politisches Bekenntnis, eine Festkulisse, die Verwandlung von Architektur als politischer Utopie in eine Architektur als theatralischer Allegorese« (W. Braunfels).

Die Bedeutung des Kapitol zeigt sich in allen Jahrhunderten, auch dann, wenn wie im Mittelalter dem Herrschaftsanspruch der Stadt Rom keine reale Macht mehr entsprach. Im Römischen Reich führt der Triumphzug der siegreichen Imperatoren über die Via Sacra, den Heiligen Weg, vom Forum Romanum hinauf aufs Kapitol; im Mittelalter krönt das Volk hier Dichter mit dem Lorbeerkranz und zollt seinen Tribunen Respekt; im Jahr 1957 bildete das Kapitol den feierlichen Rahmen für die Unterzeichnung der Römischen Verträge zur Gründung der Europäischen Wirtschaftsgemeinschaft durch die europäischen Staats- und Regierungschefs. Hier im Senatorenpalast, dem Amtssitz des römischen Bürgermeisters, werden die aus aller Welt anreisenden berühmten Gäste empfangen; der Genius Loci, der Glanz des Ortes, fällt auf sie und nimmt jeden gefangen. Nicht umsonst hat man im Königreich Italien (1861/71–1946) das Nationaldenkmal, den ›Altar des Vaterlands‹, direkt an den Kapitolinischen Hügel gebaut und den Regierungssitz im traditionsreichen Palazzo

---

Cityplan Kapitol und Piazza Venezia S. 156

Restaurant-Tipps s. S. 416

**Besonders sehenwert:
Kapitol,
Reiterstandbild des
Mark Aurel,
Kapitolinische Museen,
Palazzo Venezia**

Kapitol ★★

»Capitolium heißt es deshalb, weil es das Haupt der ganzen Welt (caput mundi) war, weil die Konsuln und Senatoren dort wohnten, die Stadt und die Welt regierten. Sein Antlitz war mit hohen und festen Mauern bedeckt, die überall mit Glas und Gold und wundervoll getäfelten Werken bekleidet waren. Innerhalb der Burg war ein Palast, größtenteils aus Gold und mit Edelsteinen geschmückt, welcher den dritten Teil der Welt wert gewesen sein soll …«
»Mirabilia Urbus Romae«, 12. Jh.

◁ *Treppenaufgang zum Kapitol*

◁◁ *Blick über den Petersplatz mit den Kolonnaden von Bernini*

155

**Kapitol und
Piazza Venezia**
1 Kapitolsplatz
2 Senatorenpalast
3 Konservatoren-
  palast
4 Palazzo Nuovo
5 S. Maria in
  Aracoeli
6 ›Himmelsleiter‹
7 Palazzo Venezia
8 S. Marco
9 Nationaldenkmal
  für Viktor
  Emanuel II.

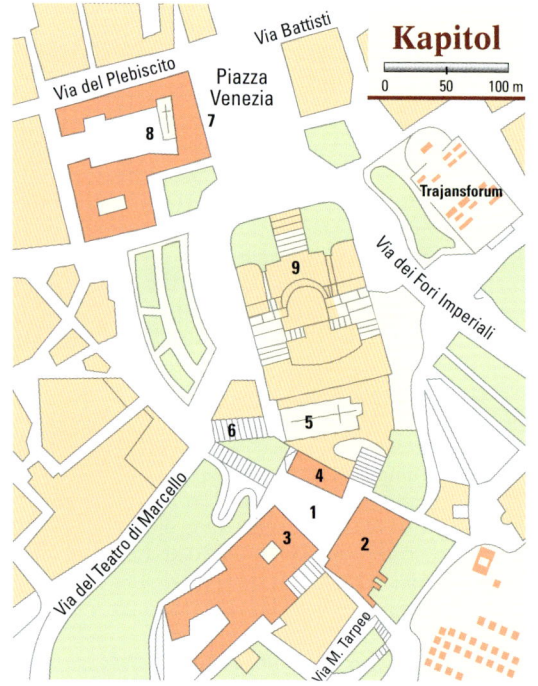

Venezia in unmittelbarer Nähe eingerichtet. (Im nahen Palazzo Grazioli in der Via del Plebiscito Nr. 102 liegt zudem die römische Residenz des Mailänder Medien-Milliardärs Silvio Berlusconi; italienischer Ministerpräsident 1994, 2001 bis 2006 und 2008 bis 2011.)

Kapitolsplatz (Piazza del Campidoglio)

Man spürt das ›Erhebende‹ im Rhythmus des langsamen Aufwärtsgehens, wenn man auf der von Michelangelo entworfenen, feierlichen Rampentreppe von der Piazza d'Aracoeli und der Via del Teatro di Marcello zum **Kapitolsplatz (1)** hinaufsteigt. Ganz anders empfindet man die steile Treppe links davon hinauf zur Kirche Santa Maria in Aracoeli, neben dem Nationaldenkmal, oder die kurvige Straßenrampe rechts, die Via delle Tre Pile. Die grandiose Treppe in der Mitte, die »Cordonata« des Michelangelo, flankieren unten zwei ägyptische Löwen aus Basalt, links auf halber Höhe ein Bronzedenkmal für den Volkstribun Cola di Rienzo (1354 ermordet), oben Statuen der Dioskuren Kastor und Pollux, Standbilder des Kaisers Konstantin und seines Sohnes Konstantin II. und zwei Meilensteine der Via Appia.

Kapitolsplatz

Der Platz, nicht groß, doch durch den Entwurf Michelangelos ins Grandiose gesteigert, wird von drei Palazzi beherrscht: dem Senatorenpalast an der Stirnseite, dem Konservatorenpalast rechts und dem Neuen Palast des Kapitolinischen Museums links. Diese Paläste dominieren die Piazza, ohne sie einzuengen, da zwischen den prächtigen Renaissancebauten Raum gelassen ist und Zugänge vom und zum Forum Romanum offen blieben. Durch die trapezförmige Anordnung der Bauwerke zueinander (sie stehen nicht genau rechtwinklig, sondern leicht nach innen verschoben) wird andererseits Geschlossenheit gewahrt. In diese unregelmäßige geometrische Form fügte Michelangelo ein stufenförmig markiertes Oval ein. In seinem Mittelpunkt befindet sich ein Stern, dessen kreisende Bewegung durch helle Ornamente im Pflaster angedeutet ist. So strebt das Auge zur Mitte des Platzes, die zudem durch Aufschüttung leicht erhöht ist, gleitet die Schwerkraft deutlich ins Zentrum – ein Effekt, der gut von der Höhe der Freitreppe des Senatorenpalastes aus wahrzunehmen ist.

Das originale bronzene Reiterstandbild des Kaisers Mark Aurel wurde aus konservatorischen Gründen in einen Anbau der kapitolinischen Museen verbracht. Heute ziert daher eine Kopie die Mitte des Platzes

Reiterstandbild des Kaisers Mark Aurel (Statua equestre di Marco Aurelio)

Reiterstandbild des Mark Aurel ★★

Im Zentrum der trapezförmig-ovalen Platzanlage stand das ehemals vergoldete **Reiterstandbild des Kaisers Mark Aurel,** bevor die Statue 1979 wegen starker Gefährdung durch Luftverschmutzung von ihrem Platz genommen, Restauratoren anvertraut, schließlich in einen eigenen Saal des Konservatorenpalasts gebracht und auf der Piazza durch eine Kopie ersetzt wurde.

Im Mittelalter stand die Bronzeskulptur auf dem Lateranplatz vor der römischen Bischofskirche San Giovanni, noch früher vielleicht sogar auf dem Kapitol selbst. Die Römer hielten sie irrtümlich für die Statue des Kaisers Konstantin, der den Christen freundlich gesinnt war; Pilger meinten gar, den sagenumwobenen Ostgotenkönig Theoderich zu erkennen. So wurde sie trotz ihrer heidnischen Herkunft nicht eingeschmolzen. 1538 ordnete Papst Paul III. die Umstellung an, gegen Michelangelos Ansicht. Immer rühmte man dieses »mit bewundernswerter Kunst gefertigte Werk«, so schon ein Magister Gregorius im 12. Jh.

Der Kaiser strahlt Ruhe aus, die des Stoikers, des Philosophen auf dem Thron des Römischen Reiches; die Friedensgeste dessen, der lange Jahre seines Lebens Kriege führte, die drängende Kraft des schweren Pferdes bestimmen die Statue. Auch wegen des kraftvollen Ausdrucks gilt das Standbild als eines der großartigsten, unversehrt erhaltenen Bildhauerwerke der Antike. Für die Reiterdenkmäler der Renaissance diente es als Vorbild. Unter dem rechten Vorderhuf des Pferdes befand sich einst die Figur eines Königs mit gebundenen Händen, ein Besiegter aus den Kriegen des Kaisers. Eine Legende mit zwei Versionen heftet sich an die ehemals intakte Vergoldung der Reiterstatue: Die eine besagt, wenn alles Gold von der Bronze verschwunden sein werde, stehe das Ende der Welt mit dem Jüngsten Gericht bevor; die andere meint, wenn Pferd und Reiter wieder ganz vergoldet seien, werde Rom wieder Herr der Welt sein. Warten wir ab.

Senatorenpalast (Palazzo dei Senatori)

Steigt man zum Kapitolsplatz über die Rampentreppe empor, steht man dem **Senatorenpalast (2)** gegenüber, der im 16. Jh. auf dem Unterbau des antiken Tabulariums, des römischen Staatsarchivs, anstelle eines mittelalterlichen Vorgängerbaus errichtet wurde. Die Fassade stammt von Giacomo della Porta und Girolamo Rainaldi (1582–1605); die Rückfront weist hinunter zum Forum Romanum. Michelangelo entwarf die Freitreppe mit zwei Aufgängen (errichtet zwischen 1541 und 1554). Die Mitte unter den beiden Freitreppen nimmt ein Brunnen mit einer antiken Statue der »Sitzenden Minerva« ein, der große Verehrung als Standbild der Roma zuteil wurde, dazu die Statuen der Flussgötter Nil und Tiber. Den mächtigen Glockenturm, nach mittelalterlichem Vorbild erbaut, fügte Martino Longhi d. Ä. 1582 hin-

Das Kapitolinische Museum: Im Hof des Konservatorenpalastes sind antike Skulpturen aufgestellt, darunter die Reste einer kolossalen Statue von Konstantin dem Großen, die aus der Maxentius-Basilika stammt und auf das 4. Jh. datiert wird

zu. Der größte Saal im Innern ist die Aula Consiliare, wegen einer Statue Cäsars auch ›Sala Giulio Cesare‹ genannt; dort tagt der Stadtrat. Die Protomoteca Capitolina umfasst eine Sammlung von Büsten berühmter Männer.

Kapitolinische Museen (Musei Capitolini)

Der **Palazzo dei Conservatori** (rechts) und der gegenüberliegende **Palazzo Nuovo** (del Museo Capitolino) bilden eine Einheit, von der Konzeption Michelangelos und ihrer Bestimmung für das Kapitolinische Museum her. Der Konservatorenpalast an der rechten Seite des Platzes wurde noch vor dem Senatorenpalast 1563 von Giacomo della Porta nach Entwürfen des damals schon 88-jährigen Michelangelo begonnen (ein Jahr vor dessen Tod) und 1575 fertiggestellt. Neben den Kunstwerken bestechen in dem Palazzo die repräsentativen Säle, etwa die Sala degli Orazi e Curazi, den Saal der Horatier und Kuriatier, mit den Statuen Papst Urbans VIII. von Bernini (1635–39) und Innozenz' X. von Algardi (1645–50). Der Neue Palast des Kapitolinischen Museums wurde um 1650 von Rainaldi nach dem Vorbild des Konservatorenpalastes errichtet.

Schon im Jahr 1471, kurz nach seinem Regierungsantritt, gründete Sixtus IV., kein sehr sittenstrenger Papst, eine Kunstsammlung. So bildet das Kapitolinische Museum (Museo Capitolino), verteilt auf den Palazzo dei Conservatori und den Palazzo Nuovo, die älteste öffentliche Kunstsammlung des Abendlands und eine der schönsten, hervorragend durch die Schätze und zugleich in einem unvergleich-

Kapitolinische Museen ★★

*Musei Capitolini
Tel. 06 39 96 78 00
www.musei
capitolini.org
Di–So 9–20 Uhr
(Kasse schließt um 19 Uhr)*

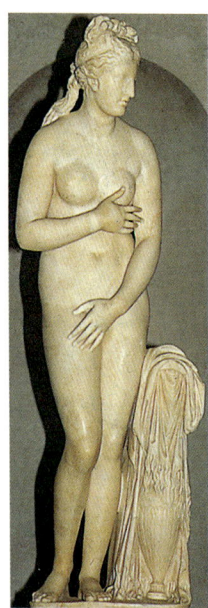

Die »Kapitolinische Venus«

lichen Ambiente gelegen. Spätere Päpste bereicherten immer wieder das Museum, das nach 1870 in die Hände des italienischen Staates überging.

Konservatorenpalast (Palazzo dei Conservatori)

Im **Konservatorenpalast (3)** finden wir unter anderem: im Hof riesige Fragmente einer Kolossalstatue des Kaisers Konstantin (4. Jh.); in der Sala dei Trionfi ein Bronzebildnis, für das des Brutus gehalten, aus dem 3. Jh. v. Chr., und eine aus der hellenistischen Epoche stammende Bronzekopie des »Dornausziehers« nach dem griechischen Original aus dem 5. Jh. v. Chr.; in der Sala della Lupa das im 6. Jh. v. Chr. geschaffene bronzene Wahrzeichen Roms, die »Kapitolinische Wölfin«, die bis 65 v. Chr. auf dem Kapitol stand, in jenem Jahr von einem Blitz beschädigt und durch eine neue Skulptur ersetzt wurde (die kleinen Figuren der Zwillings-Stadtgründer Romulus und Remus sind eine Ergänzung des 15. Jh.; s. Abb. S. 74), und Bruchstücke eines Verzeichnisses der Konsuln und ihrer Triumphe, der »Fasti consulares et triumphales«. Die Sala delle Oche (Saal der Gänse) ist den geflügelten Rettern Roms gewidmet, die der Sage nach durch ihr Geschnatter die Römer weckten und so die Eroberung der Stadt durch die Gallier (390 v. Chr.) vereitelten.

Nach den Sale dei Conservatori setzt sich die Kunstsammlung fort im Museo del Palazzo dei Conservatori (antike Skulpturen, Vasen), im Braccio Nuovo (»Apollo saettante«), im Museo Nuovo des Palazzo Caffarelli mit dem Antiquarium Comunale (archäologische Fundstücke), in der Pinacoteca Capitolina mit Werken von Tizian, Tintoretto, Rubens, Caravaggio, van Dyck und Velázquez, sowie im Tabularium unter dem Senatorenpalast. In einem modernen Anbau (Esedra di Marco Aurelio) steht seit den 1990er-Jahren das originale Reiterstandbild des Kaisers.

Neuer Palast (Palazzo Nuovo)

Unter den Kunstwerken im **Neuen Palast (4)** des Kapitolinischen Museums ragen hervor: großartige Sarkophage, die einen Überblick über die Entwicklung der römischen Bildhauerkunst der Antike erlauben; die »Kapitolinische Venus«, römische Kopie der Aphrodite von Knidos des Praxiteles; die Porträtbüsten-Sammlungen, die 79 Köpfe griechischer und römischer Dichter und Gelehrter sowie 64 Köpfe römischer Kaiser und deren Angehöriger enthalten; die »Verwundete Amazone«, eine um 440 entstandene Kopie eines Werkes des Kresilas aus dem 5. vorchr. Jh.; der »Lachende Satyr« (2. Jh.); der »Sterbende Gallier«, die römische Kopie eines sterbenden Kriegers oder Gladiators vom Siegesdenkmal, das König Attalos I. von Pergamon im 3. Jh. v. Chr. nach dem Sieg über die Galater (missverständlicher Bezug auf die Gallier) errichten ließ; »Amor und Psyche« (3. oder 2. Jh. v. Chr.) und »Trunkene Alte« (Ende 3. Jh. v. Chr.). Während der Umbauten am

»Sterbender Gallier«, die römische Kopie eines sterbenden Kriegers oder Gladiators vom Siegesdenkmal, das König Attalos I. von Pergamon im 3. Jh. v. Chr. nach dem Sieg über die Galater (missverständlicher Bezug auf die Gallier) errichten ließ

Konservatorenpalast wurde ein Teil der Skulpturen in das ehemalige Elektrizitätswerk an der Via Ostiense 106 ausgelagert. Dort blieben einige endgültig im neuen Museo Centrale Montemartini (s. S. 335).

Santa Maria in Aracoeli

Der Name ›Sankt Marien zum Himmelsaltar‹, eine uralte Legende, die Lage auf dem vornehmsten Hügel Roms, zudem auf den Fundamenten des Tempels der altrömischen Göttin Juno Moneta und am Ende einer ›himmelsstürmenden‹ Treppe sowie die geschichtliche Bedeutung im Mittelalter geben der Kirche **Santa Maria in Aracoeli (5)** eine besondere Würde. Hier, am höchsten Punkt des Kapitolinischen Hügels soll Kaiser Augustus durch eine Sibylle geweissagt worden sein, ein göttliches Kind werde die Altäre der Götter stürzen; daraufhin ließ Augustus am Ort dieser Offenbarung einen Altar weihen – den Himmelsaltar *(ara coeli)* –, der die Inschrift trug »*Ecce Ara Primogeniti Dei*« (Hier ist der Altar des Erstgeborenen Gottes). So die Legende. Eine erste Kirche wurde schon im 7. Jh. errichtet; im 10. Jh. übernahmen Benediktiner, im 13. Jh. Franziskaner (bis heute) die Stätte. Diese errichteten bis 1320 den jetzigen Bau im Stil der Bettelordensarchitektur. 1348, im Jahr der Großen Pest in Europa, wurde durch die aus 124 schlichten Marmorstufen gefügte, steil aufwärts führende Treppe der Zugang zur Stadt im Norden geöffnet; es war das einzige größere Bauwerk in Rom während des Exils der Päpste in Avignon (1309–77). Wohl in der Hoffnung auf ein besseres Heiliges Jahr 1350 erbaut, wurde die Treppe ›**Himmelsleiter**‹ **(6)** genannt (s. Abb. S. 140). Die Kirche stand, ihrer Bedeutung als Zentrum des politischen Geschehens im mittelalterlichen Rom gemäß, dem Stadtparlament als Versammlungsort zur Verfügung; 1571 dankte hier Marcantonio Colonna für das siegreiche Ende der Seeschlacht von Lepanto (gegen die Türken).

Santa Maria in Aracoeli
www.romecity.it/
Santamariainara
coeli.htm
*tgl. 9–12.30 und
14.30–17.30 Uhr*

Kapitol und Piazza Venezia

Ein mächtiger Eckturm überragt den mit Zinnen versehenen Palazzo Venezia aus dem 15. Jh.

Der ›Himmelsleiter‹, dieser über ihre Funktion sinnbildlich weit hinausweisenden majestätischen Treppe, steht die gewaltige, doch schlichte Backsteinfassade der Kirche gegenüber. Prachtvoll die Ausstattung der dreischiffigen Säulenbasilika, deren Nebenkapellen erst später errichtet wurden. Besonders eindrucksvoll: die schon erwähnte Holz-Kassettendecke aus dem 16. Jh.; die antiken Vorbildern nachempfundenen Säulen; die zahlreichen Grabplatten und Epitaphe, dazu die Statuen von Päpsten des 16. Jh., Leos X., Pauls III. und Gregors XIII. Die reichen Geistlichen, Bürger und Adligen wollten sich in der Kirche ›verewigen‹. Sehr schön die Fresken von Pinturicchio (1485) in der Cappella Bufalini, oder des hl. Bernardino, der ersten Seitenkapelle rechts neben dem Eingang, und die zwei Kanzeln vor dem Hochaltar. Eine Ädikula, ein Aufbau auf acht kleinen Säulen, in der Mitte des linken Querhausarmes (links vorne), erinnert an die Verheißung der Sibylle und den legendenhaften Ursprung der Kirche (Inschrift oben am Triumphbogen). Unter dem Tempelchen ruhen die Gebeine der hl. Helena, der Mutter des Kaisers Konstantin. Sie ließ im Heiligen Land nach den Lebensspuren von Jesu suchen und die Zeugnisse seiner Passion nach Rom führen.

Piazza Venezia

Piazza Venezia ★

Die Piazza Venezia ist die geografische Mitte der Stadt, zugleich einer der verkehrsreichsten Plätze der Welt. Nach allen Himmelsrichtungen gehen die Straßen von ihm aus, die Via del Corso zur Piazza del Popolo, die Via Battisti hinauf zum Quirinal, zur Via Nazionale und zum Hauptbahnhof, die breite, unter Mussolini über die Foren geschlagene Pracht- und Paradestraße der Via dei Fori Imperiali zum Kolosseum, die kurvige Via di Teatro di Marcello zum Tiber und die Via del Plebiscito nach Sankt Peter. Geprägt wird die Piazza Venezia von dem glänzend weißen Marmorgebirge des Nationaldenkmals, des ›Vittoriano‹, und dem Palazzo Venezia (15. Jh., im Westen), dem man der Symmetrie zuliebe einen ähnlich aussehenden Versicherungspalast gegenübergestellt hat.

Palazzo Venezia

Der **Palazzo Venezia (7)** ist das erste große Werk nichtkirchlicher Renaissance-Architektur in Rom. In ihm verbinden sich das Trutzhafte einer mittelalterlichen Stadtfestung und die eleganten Formen der frühen Renaissance. An den mit einem imposanten Eckturm versehenen Palazzo schließen sich nach Westen die Kirche San Marco und der Palazzetto Venezia an; letzterer musste beim Bau des Nationaldenkmals für Viktor Emanuel II. von der gegenüberliegenden Seite hierher versetzt werden. Kardinal Pietro Barbo, der spätere Papst Paul II., ließ die Arbeiten Mitte des 15. Jh. beginnen und vertraute ihre Ausführung verschiedenen Architekten, vielleicht auch Alberti, an. Sein Neffe, Marco Barbo, Kardinal-Titular von San Marco, beendete den Bau 1491. Der Stadtpalast war von 1594 bis 1797 Eigentum der Republik des hl. Markus, also Venedigs; dies erklärt den Namen. Von 1797 bis 1916 war der Palazzo Sitz der Gesandtschaft Österreichs beim Papst, in der faschistischen Zeit der Regierung Mussolinis. Vom Balkon der Fassade zur Piazza Venezia hin hielt der faschistische Diktator an Zehntausende von begeisterten Römern flammende Reden und proklamierte das Imperium Romanum neu. Heute befinden sich im Innern des Palastes ein Museum, das **Museo Nazionale del Palazzo di Venezia** mit Kunsthandwerk und Waffen aus Mittelalter und Renaissance, und das Institut für Archäologie und Kunstgeschichte; die repräsentativen historischen Säle bieten Raum für Kunstausstellungen wechselnder Thematik.

Die Madonna d'Acuto aus dem Museo Venezia, eine farbige, vergoldete und mit Edelsteinen besetzte Holzskulptur aus dem 12./13. Jh., gilt als ein Meisterwerk romanischer Bildhauerkunst in Latium

San Marco

Die kleine Kirche **San Marco (8),** eingegliedert in den Komplex des Palazzo Venezia, hat eine lange Geschichte. Der Überlieferung nach bereits im Jahr 336 von Papst Markus als Titelkirche zu Ehren des Evangelisten Markus (mit Symbol des Löwen) gegründet, ließ Papst Hadrian I. sie 792 erneuern und Papst Gregor IV. 833 fast vollständig neu erbauen sowie Apsis und Triumphbogen mit beachtenswerten Mosaiken schmücken. Das Mosaik in der Apsishalbkugel – eines der bedeutenden Werke der karolingischen Kunst in Rom – zeigt Themen, die auch von anderen Darstellungen her vertraut sind: Christus mit Heiligen und dem Stifter Gregor (erkennbar an dem quadratischen Nimbus um den Kopf), der ein Modell der Kirche in der Hand trägt,

Palazzo Venezia

behindertengerechter Zugang
Tel. 063 28 10
Di–So 8.30–19.30 Uhr, 1. Jan., 1. Mai und 25. Dez. geschl.

San Marco

Mo–Sa 8.30–12 und 15–18.30, So, Fei 9–13 und 16–20 Uhr

Das Nationaldenkmal für Viktor Emanuel II. ist aufgrund seiner riesigen Ausmaße und des pathetischen Stils bei Römern und Besuchern recht umstritten

dazu Symbole und Allegorien aus dem Neuen Testament. Kardinal Pietro Barbo ließ die Kirche in ihrer heutigen Gestalt von 1455 bis 1471 erbauen und in seinen Palast einbeziehen. Die Fassade mit einem dreibogigen Portikus gilt als eine der elegantesten Schöpfungen der Frührenaissance in Rom. Als Baumeister werden auch Giuliano da Maiano und Leon Battista Alberti genannt, die stilistisch mögliche Zuweisung ist jedoch unsicher.

Nationaldenkmal für Viktor Emanuel II. (Monumento Nazionale a Vittorio Emanuele II.)

An der Südseite der Piazza Venezia erhebt sich das **Monumento Nazionale a Vittorio Emanuele II. (9),** das Nationaldenkmal für den ersten italienischen König (gestorben 1878) nach der nationalen Einigung 1870, der sich aus Achtung für seinen Vater ›der Zweite‹ nannte. Die Schönheit dieses 1885 bis 1911 errichteten Monuments ist un-

Nationaldenkmal für Viktor Emanuel II.

ter Römern wie Besuchern recht umstritten. Der glänzend weiße, kalte Marmor aus Botticino bei Brescia, wegen seiner unverwüstlichen Reinheit gewählt, will nicht recht zu dem warmen, in Rom vorherrschenden Travertin passen. Der ›Zuckerbäckerstil‹ und die Riesenmaße fügen sich ungünstig in die Gesamtanlage des Kapitolinischen Hügels (viele Archäologen sind unglücklich darüber, was diese gewaltige Steinmasse an Kostbarkeiten verdeckt) und ins Stadtbild ein. Doch erleichtert das 70 m hohe, 135 m breite und 130 m tiefe Denkmal die Vorstellung vom imperialen Rom; so ähnlich werden die Prachtbauten auf den Foren der Antike wohl gewirkt haben. Über der mächtigen Freitreppe befinden sich in halber Höhe das ›Grabmal des Unbekannten Soldaten‹ und der ›Altar des Vaterlandes‹, die zum Besuchsprogramm ausländischer Staatsgäste gehören. Wer etwas höher hinaufsteigt, genießt einen großartigen Rundblick über die nahe gelegenen Kaiserforen, das Forum Romanum mit dem Kolosseum und die ganze Stadt. Im Innern des Denkmals befindet sich das **Museo del Risorgimento,** der italienischen Einigungsbewegung im 19. Jh.

Nationaldenkmal für Viktor Emanuel II.
tgl. 9.30–20, Fr, Sa bis 21.30 Uhr

Museo del Risorgimento
Tel. 06 678 06 64
tgl. 9.30–18.30 Uhr
Eintritt frei

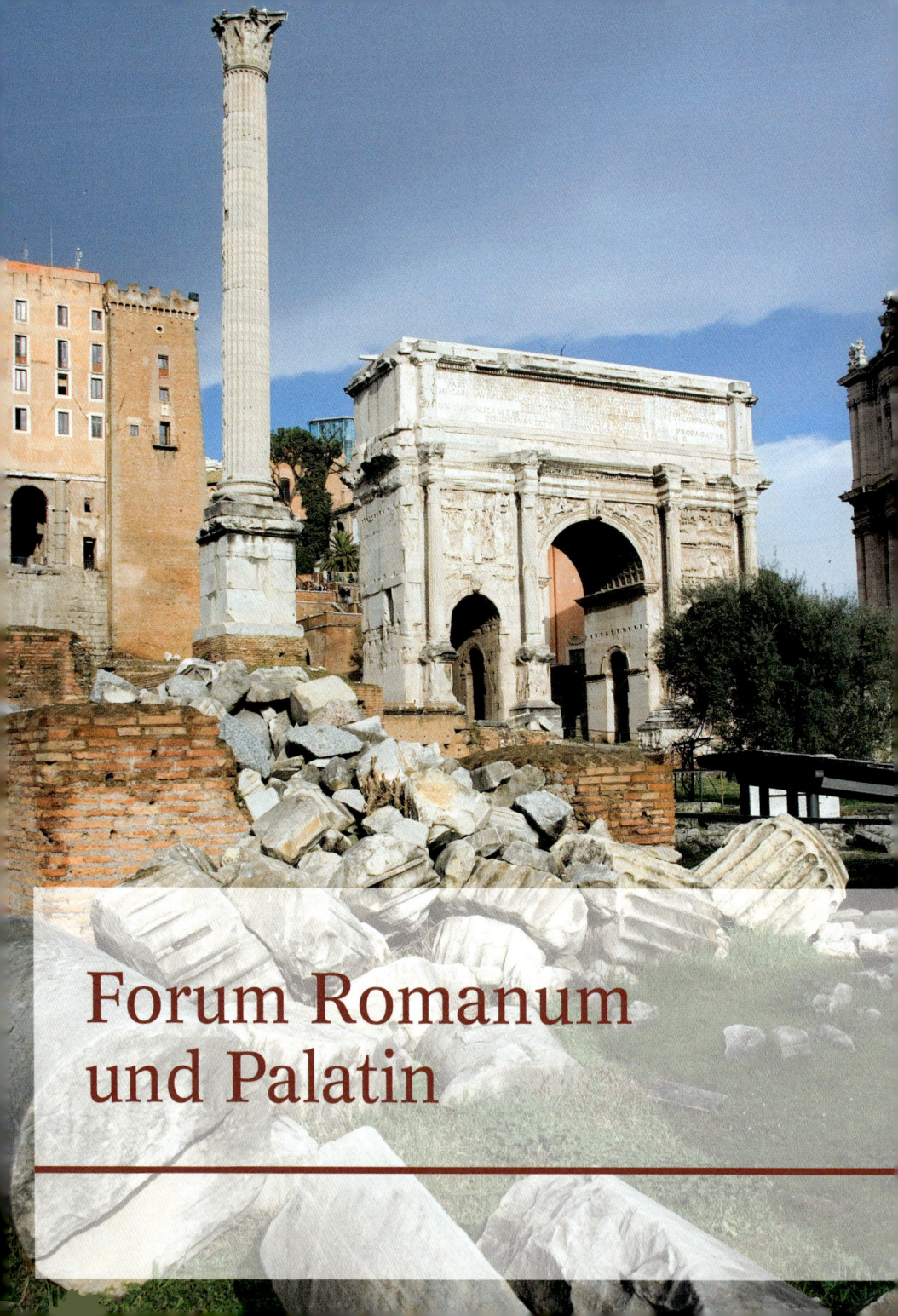

Forum Romanum und Palatin

»Wahrhaftig«, schrieb schon im 14. Jh. der berühmte italienische Dichter Francesco Petrarca (1304–74), »größer war Rom, als ich glaubte, größer sind seine Trümmer! Schon verwundert mich nicht mehr, dass der Erdkreis von dieser Stadt unterworfen wurde.« Da ist ausgesprochen, was wohl ein jeder beim Anblick des Forum Romanum, beim Gang über den Palatin empfindet: überwältigende Größe angesichts von Ruinen, die Mitte des Römischen Reichs, das Jahrhunderte lang die Geschichte der Welt, die Geschicke der Völker bestimmte, der Gründungsort Rom, Wohnstätte der herrschenden Geschlechter.

Obwohl oder weil die Bauwerke in ihrem jetzigen Zustand – unterschiedlich erhalten, zuweilen leicht, manchmal höchst schwierig zu rekonstruieren – kaum mehr den strahlenden Glanz der Antike zeigen, üben Forum Romanum und Palatin Faszination aus. Der einst prachtvolle ›Schaubezirk‹ nicht nur Roms, sondern des ganzen Römischen Reiches, am Fuß der Hügel des Kapitol und des Palatin gelegen, heute geprägt von aufragenden und umgestürzten Säulen, von Triumphbögen und Mauerresten, von halb sichtbaren Fundamenten und altem Straßenpflaster, ist die Bühne, auf der für Jahrhunderte das Geschick Europas entschieden wurde. Die wachsende Macht der Stadt Rom und die Gewalt des Imperium Romanum, die politische *Res publica*, die öffentliche Sache, und der religiöse Kult, die Rechte und Pflichten der Bürger, ihre politischen, sozialen und wirtschaftlichen Interessen, Ordnungen, Gesetze und Sitten des alten Rom stellten sich hier mit fast maßlosem Anspruch dar. Die Geschichte des Forum Romanum ist mindestens ein Jahrtausend lang die Geschichte der Stadt Rom, des Imperiums und des Abendlands überhaupt.

Den besten Überblick über das Forum gewinnt man von der Rückseite des Senatorenpalastes auf dem Kapitolinischen Hügel. Zwei Wege führen vom Kapitolsplatz hinunter zum Forum; der eine davon, rechts, ist die **Via Sacra,** die Heilige Straße des alten Rom für Prozessionen und Triumphzüge. Hier bietet sich auf halber Höhe Gelegenheit, die Ruinen des Zentralplatzes des Imperium Romanum auf sich wirken zu lassen: Von den drei Tempeln unterhalb des Senatorenpalastes und des Tabulariums, der Dei Consentes (der zwölf Gottheiten griechischen Ursprungs), des Kaisers Vespasian und der Göttin Concordia (Eintracht), hinüber zu den Kaiserforen auf der anderen Seite der Via dei Fori Imperiali bis zum Titus-Bogen und dem Kolosseum und dem grandiosen Palatin-Hügel, dem Nobelort der Reichen und Mächtigen in der Antike.

Übersichtsplan Forum Romanum S. 170
Übersichtsplan Palatin S. 182

Restaurant-Tipps s. S. 417

Besonders sehenswert: Forum Romanum, Titus-Bogen, Palatin

Forum Romanum (Foro Romano)

Ursprünglich war die Senke zwischen den Hügeln ein Sumpfgebiet, von Bächen durchquert und außerhalb *(foris,* daher wohl der Name) des besiedelten Territoriums liegend. Nach der Trockenlegung um 510 v. Chr. trafen sich hier die Bewohner der umliegenden Hügel zu ihren

Forum Romanum ★★

◁ *Triumphbogen des Septimius Severus*

> **Forum Romanum**
> Via della Salara Vecchia 5/6 (entlang der Via dei Fori Imperiali, etwa der Einmündung der Via Cavour gegenüber)
> tgl. 9 Uhr bis eine Stunde vor Sonnenuntergang

Geschäften, zum Austausch der Güter; ein Markt entstand. Mit der Errichtung zahlreicher Tempel- und Staatsbauten in der Folgezeit begann die Entwicklung zum religiösen und politischen Zentrum. Da bot sich Platz für die Versammlungen des Volkes und der Volksvertreter, und die Gelegenheit, über das Wohl und Wehe der Republik zu entscheiden. Es entsprach den Bedürfnissen einer Stadtbevölkerung, dass auch Gebäude zu merkantilen Zwecken entstanden, feste Markthallen, in denen die Bürger einkauften oder, mehr noch, wo sie angesichts einer beständigen Arbeitslosigkeit – die offenbar durch die imperiale und expansive Politik sozial ›verkraftet‹ werden konnte – mit Waren versorgt wurden.

Die enge Verbindung von Wirtschaft und Justiz, Religion und Politik, die Zunahme an Macht und Einfluss des römischen Staatswesens dokumentierten sich auf dem Forum Romanum in prächtigen Bauten und Kunstwerken. Die Vertreter des öffentlichen Lebens, die Volkstribunen, Beamten, Senatoren, Konsuln und Kaiser verschönerten durch eindrucksvolle Bauwerke und Standbilder über Jahrhunderte das Zentrum ihres Reiches, in dem Neuerbautes neben Altem und Geordnetes neben zufällig Entstandenem schließlich einen dichtbebauten Komplex bildeten, der uns heute ob seiner Vielschichtigkeit nicht so leicht zugänglich ist. Als letztes klassisches Bauwerk entstand auf dem Forum 608 n. Chr. die Phokas-Säule, eine Ehrensäule für den byzantinischen Kaiser.

Es folgte die Zeit des Verfalls, in der das Forum und seine Bauten anderen Zwecken dienstbar gemacht wurden: als Kastell, als christliche Kirchen, als Steinbruch und schließlich sogar als Kuhweide *(campo vaccino)*. In der Renaissance erwachte wieder das Interesse für die verschütteten Ruinen auf dem Forum. Doch erst im 18. und 19. Jh. begannen planmäßige Ausgrabungen der antiken Reste, die sich unter einer mehrere Meter dicken Schicht von Geröll, Schutt und Erde erhalten hatten. Mithilfe von Modellen – ein eindrucksvolles im Museo della Civiltà Romana (s. S. 337) – und anschaulichen Fotografien lässt sich das Forum Romanum der Kaiserzeit rekonstruieren; der ›Trümmer-Platz‹ bleibt wohl doch suggestiver.

Vom Kapitol zum Forum Romanum

Mamertinischer Kerker (Carcere Mamertino)

Nimmt man den Treppenweg, der links vom Senatorenpalast zum Forum Romanum hinunterführt, so kommt man an zwei unmittelbar an den Forumsbezirk angrenzenden Kirchen vorbei: San Giuseppe dei Falegnami mit dem Mamertinischen Kerker und Santi Luca e Martina. Am Fuß des Kapitolinischen Hügels, Richtung Forum, dienten zwei übereinanderliegende Gebäudekomplexe seit dem 4. Jh. v. Chr. als Staatsgefängnis. Die Historiker erbrachten den Nachweis, dass der numidische König Jugurtha (104 v. Chr.), die Mitverschwörer des Catilina und der Anführer der Gallier gegen Caesar, Vercingetorix (52–46 v. Chr.) hier im **Mamertinischen Kerker** eingekerkert waren; die christliche Legende sieht an diesem Ort die beiden Apostel Petrus und Paulus in Gefangenschaft. Mit Quellwasser aus dem **Tullianum,** dem unteren Bereich der Haftanlage (benannt nach einem Wasserbehälter), habe Petrus seine Mitgefangenen getauft. Dieser Tradition gedenkend, wurde dort die Kapelle **San Pietro in Carcere** – Sankt Peter im Kerker – errichtet. Sankt Joseph dem Tischler ist die darüber befindliche Kirche **San Giuseppe dei Falegnami** geweiht.

Santi Luca e Martina

Die Kirche Santi Luca e Martina wurde zunächst im 8. Jh. als Unter- und Oberbau neben dem Forum Romanum der römischen Märtyrerin Martina geweiht. Im 17. Jh. errichtete man eine neue Oberkirche und sprach die Kirche auch dem hl. Lukas zu, der nach der Legende ein tüchtiger Kunstmaler gewesen sei und Maria, die Mutter Jesu, porträtiert habe. Der architektonisch bedeutsame, im Ganzen und in den Details brillant konzipierte Bau des 17. Jh. ist ein Werk des Pietro da Cortona im Auftrag des Kardinals Francesco Barberini für die Künstlerakademie des hl. Lukas.

Basilica Aemilia

Der Haupteingang zum Forum Romanum und zum Palatin befindet sich an der Via dei Fori Imperiali. Gleich rechts davon liegen die Über-

Blick über das Forum Romanum Richtung Kolosseum

reste der **Basilica Aemilia,** eines 100 m langen, dreischiffigen Baues mit einer 70 m langen Aula für öffentliche Verhandlungen, der 179 v. Chr. von dem Censor Marcus Aemilius (nach der Familie Aemilia der Name) Lepidus begründet, von dem Konsul Marcus Aemilius Paulus 78 v. Chr. erweitert und unter Kaiser Augustus sowie im 3. Jh. n. Chr. restauriert wurde.

Von der Kurie zum Lapis Niger

Das einfache, schmucklose, aus Ziegeln errichtete, hoch aufragende Gebäude der **Curia** war der Versammlungsort des römischen Senats. Diese Kurie hatte mehrere Vorgängerbauten, deren erster bereits aus römischer Königszeit bekannt ist. Zerstörungen, so durch Brände, machten durch die Jahrhunderte mehrmalige Neuerrichtungen notwendig; zu den Bauherrn zählen Sulla, Caesar, Diokletian und Juli-

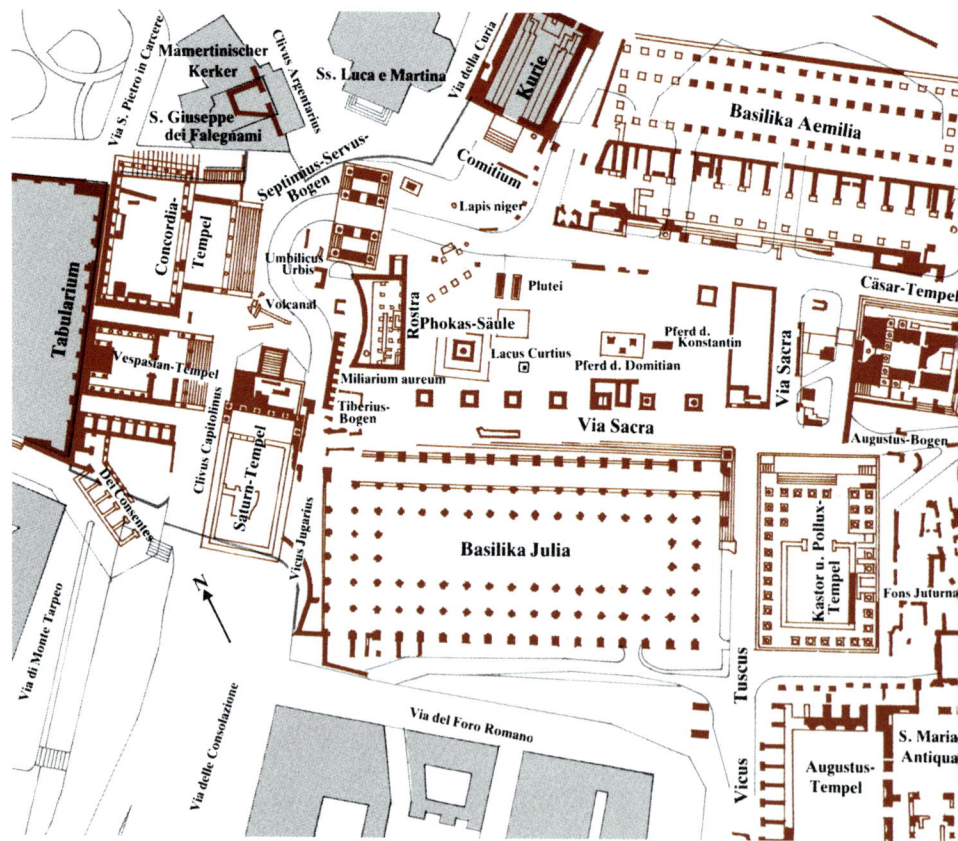

an Apostata. Den heutigen Bau ließ Diokletian im Jahr 303 n. Chr. ausführen. Im 7. Jh. wurde die auch im Altertum innen und außen schlichte Kurie in eine Kirche umgewandelt und blieb deshalb als einziges Bauwerk des Forum Romanum ganz erhalten. Von 1931 bis 1937 wurden bei einer gründlichen Restaurierung alle in nach-diokletianischer Zeit vorgenommenen Veränderungen beseitigt. Heute werden mitunter Ausstellungen in der Kurie veranstaltet.

In der schlichten Halle, 27 m lang und 18 m breit, einst Entscheidungsstätte für etwa 300 Senatoren, zeugen Bruchstücke eines farbigen Marmorfußbodens noch von vergangener Schönheit. In der Kurie sind die **Anaglypha des Trajan** aufbewahrt, Travertinschranken, die Reliefdarstellungen des Kaisers vor dem Volk enthalten. Die Bronzetore sind Kopien, da Borromini die Originale einst in das Mittelportal der Laterankirche einbaute.

Auf dem Platz vor der Kurie, dem **Comitium,** hielt man in Republikanischer Zeit Volksversammlungen ab, auch das ein Hinweis dar-

Forum Romanum

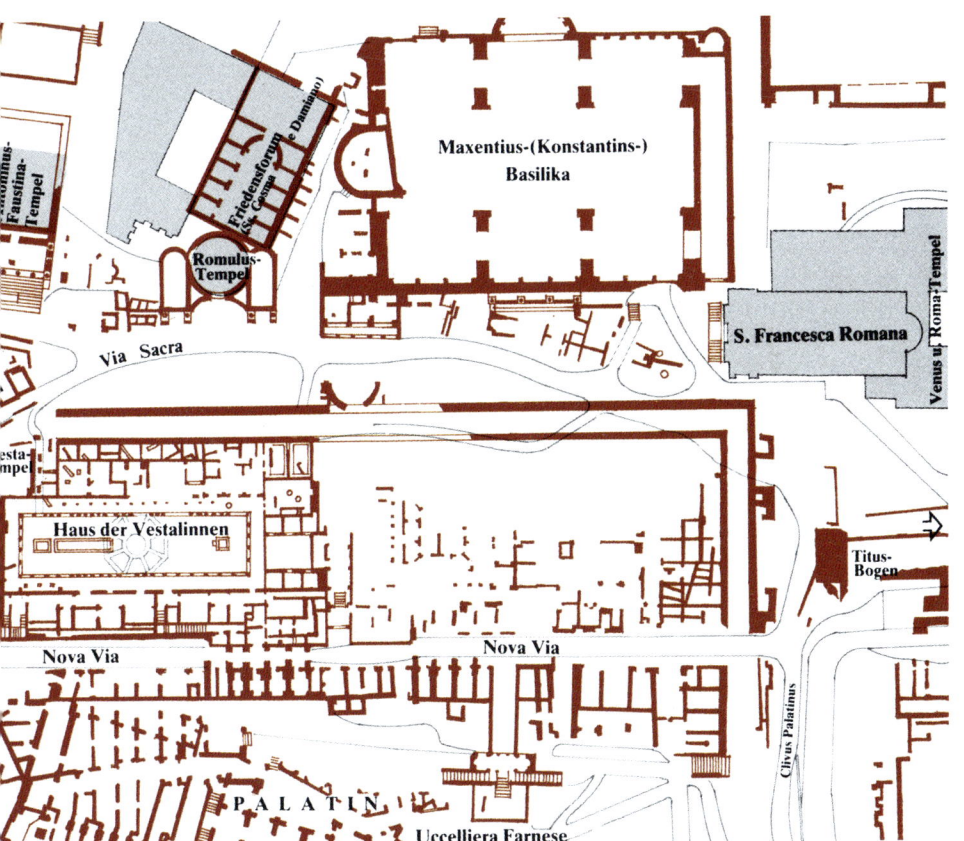

auf, dass an diesem Ort die Geschicke der Stadt entschieden wurden. Träger der römischen Geschichte waren eben Senat und Volk von Rom – *Senatus Populusque Romanus* – wie die Abkürzung ›S.P.Q.R.‹ auch heute noch überall, selbst auf Autobussitzen und Gullideckeln, besagt.

Zwischen der Kurie und dem Septimius-Severus-Bogen liegt, durch ein niedriges Dach geschützt, ein Fußbodenquadrat aus schwarzem Marmor, der **Lapis Niger** (schwarzer Stein). Darunter befinde sich, so die Legende seit altersher, das Grab des Romulus, des Gründers von Rom. Daneben ist auf einem bei Ausgrabungen 1899 zutage geförderten Tuffsteinpfeiler die älteste bekannte lateinische Inschrift zu sehen, die von links nach rechts und in der nächsten Zeile von rechts nach links verläuft. Sie verkündet wahrscheinlich ein heiliges Gesetz, das vor der entweihenden Profanisierung dieses Gedenkortes warnt (vermutlich aus dem 6. Jh. v. Chr.), der also schon in ältester Zeit geheiligt war (Zugang beschränkt).

Rostra und Arco die Settimio Severo

Neben dem Triumphbogen des Septimius Severus (südlich; s. u.) und gegenüber der Kurie befindet sich die Rednertribüne, **Rostra** genannt nach den hier angebrachten Schiffsschnäbeln *(rostra)* der in der Seeschlacht bei Anzio (80 km südöstlich von Rom) 338 v. Chr. eroberten feindlichen Schiffe: eine Plattform von 3 m Höhe, 24 m Länge und 12 m Tiefe. Sie wurde von dem Comitium vor der Curia im Jahr 44 v. Chr. an diese Stelle verlegt, als Caesar das Forum umgestaltete. Was hier geschah, vermittelt eindringlich William Shakespeare in seinem Drama »Julius Caesar« mit der Rede des Antonius gegen Brutus. Sie ist ein meisterhaftes Beispiel dafür, wie durch rhetorische Mittel – »doch Brutus ist ein ehrenwerter Mann« – die Volksgunst gedreht wird, und zugleich die lebendige Vergegenwärtigung vom Genius loci des Forum.

Hinter den Rostra (im Westen) gibt eine Rundbasis den **Umbilicus Urbis** an, den Nabel der Stadt, das symbolische Zentrum Roms. Vor den Rostra (nach Osten) erstreckt sich der 120 m lange und 50 m breite Forumsplatz aus der Zeit des Augustus. Auf ihm erhoben sich Statuen und Denkmäler, wie etwa Anaglypha oder Plutei Traiani, Marmorschranken zu Ehren des Kaisers Trajan mit Reliefs an den Innenseiten, die jetzt, wie dort schon erwähnt, in der Kurie ausgestellt sind.

Die noch an ihrem Platz stehende **Phokas-Säule** ist eine 13,8 m hohe korinthische Säule aus dem 2. nachr. Jh., die 608 n. Chr. zu Ehren des byzantinischen Kaisers Phokas neu bestimmt wurde, zum Dank dafür, dass der Kaiser dem Papst Bonifatius IV. das Pantheon zur Umwandlung in eine Kirche überlassen hatte.

Neben der Rednerbühne (im Süden) stand einst der **Goldene Meilenstein** *(Miliarium Aureum)*, den Kaiser Augustus im Jahr 9 oder 20 v. Chr. aufstellen ließ und an dem die Via Sacra und alle römischen

Konsularstraßen begannen oder endeten. Auf ihm waren in goldenen Ziffern die Entfernungen von Rom zu den verschiedenen Provinzstädten des Römischen Reiches angegeben.

Dem Kaiser Septimius Severus und seinen beiden Söhnen, Caracalla und Geta, wurde im Jahre 203 n. Chr., zum zehnten Jahrestag des kaiserlichen Regierungsantritts, ein Siegesbogen errichtet. Der **Septimius-Severus-Bogen** erinnert an die Siege über Parther und Araber und die Stämme im ehemaligen Assyrien. Einen Triumphbogen für siegreiche Kaiser und Feldherren zu errichten, konnten nach dem Gesetz Senat und Volk von Rom entscheiden, so die Inschrift S.P.Q.R. Das bei Frontalansicht fast quadratisch wirkende, dreitorige Bauwerk (23 m hoch, 25 m breit), gegenüber der Kirche Santi Luca e Martina gelegen, zeigt auf vier Marmorreliefs Szenen aus diesen Kriegen. Beachtenswert sind Bewegtheit und Plastizität der Darstellung, auf der Siegesgöttinnen mit Trophäen deutlich zu erkennen sind. Vom Triumph des Kaisers und seiner Söhne kündet eine Inschrift, aus der später der Name des Geta entfernt wurde.

Neben dem Septimius-Severus-Bogen ist die **Decennalien-Basis** (Zehnjahres-Basis) des Kaisers Diokletian zu sehen, die anlässlich des zwanzigjährigen Regierungsjubiläums (303 n. Chr.) errichtet wurde. Es sind nur Fragmente des Podests erhalten. Das Denkmal war auch dem zehnjährigen Regierungsjubiläum der Mitkaiser Constantius Chlorus und Galerius gewidmet.

Saturn-Tempel (Tempio di Saturno)

In der Westecke des Forum, neben dem Miliarium Aureum, erheben sich acht hohe Granitsäulen mit ionischem Kapitell. Sie sind der einzig erhaltene Teil eines **Tempels für den Gott Saturn.** Dieser Gott entstammte wahrscheinlich dem etruskischen ›Olymp‹, doch verehrten ihn auch die Römer lange Zeit als oberste Gottheit. Ihm zu Ehren errichteten sie den ersten Tempel auf dem Forum, um 498 v. Chr., kurze Zeit nach dem Sieg über die Tarquinier, die etruskischen Könige. Dieses hochverehrte Heiligtum fiel mehrfach Bränden zum Opfer (zuletzt im 4. Jh. n. Chr.), wurde aber immer wieder in der ursprünglichen Form neu erbaut. In Republikanischer Zeit diente es als Hort des Staatsschatzes; deshalb hieß der Tempel auch Aerarium. Das berühmte Fest der Saturnalien, im alten Rom jedes Jahr am 17. Dezember gefeiert, begann stets vor diesem Tempel.

Tempel am Kapitolinischen Hügel

Es bedarf einiger Fantasie, sich, unter dem Saturn-Tempel und dem Septimius-Severus-Bogen zum Kapitolinischen Hügel hinaufschauend, die drei **Tempel der Dei Consentes, des Vespasian und der Concordia** vorzustellen. Der so gestaltete Abhang des Kapitolinischen

Das Forum Romanum ist in all seiner Dekadenz bei Mondschein auch ein romantischer Platz: »Welch eine öde, weite Ebene, hoch von Ruinen, Gärten, Tempeln umgeben, mit gestürzten Säulenhäuptern und mit aufrechten einsamen Säulen und mit Bäumen und einer stummen Wüste bedeckt! Der aufgewühlte Schutt aus dem ausgegossenen Aschenkrug der Zeit – und die Scherben einer großen Welt umhergeworfen! Drei Tempelsäulen, die die Erde bis an die Brust hinuntergezogen hatte, links an einer Christenkirche die tief in den Bodensatz der Zeit getauchte Säulenreihe eines alten Heidentempels, am Ende der Siegesbogen des Titus …«

Jean Paul, »Titan«

Hügels muss eindrucksvoll gewesen sein. Von dem noch im Jahr 367 n. Chr. wiedererrichteten »Tempel (oder Portikus) des Rats der zwölf obersten Götter« *(dei consenti),* dem letzten heidnischen Tempel Roms, stehen nur noch zwei Flügel (im stumpfen Winkel), vom Tempel des Vespasian drei Säulen und von dem der Concordia allein Grundmauern. Die zwölf obersten Götter waren Jupiter, Juno, Neptun, Minerva, Apoll, Diana, Mars, Venus, Vulkan, Vesta, Merkur und Ceres.

Basilica Julia und Kastor-und-Pollux-Tempel (Tempio di Castore e Polluce)

Südöstlich des Saturn-Tempels zeigen Fundamente und Säulenstümpfe an, dass sich hier eine große Basilika ausdehnte: die 101 m lange und 49 m breite Gerichtshalle, die **Basilica Julia** die Gaius Julius Caesar von 54 bis 44 v. Chr. an der Stelle der Basilica Sempronia errichten ließ.

Neben der Basilica Julia erheben sich drei 12 m hohe, fein kannelierte Säulen mit korinthischem Kapitell, im Volk als ›die drei Schwestern‹ bekannt – zweifellos eindrucksvolle Schönheiten. Sie sind Überreste des **Kastor-und-Pollux-Tempels,** eines 8 × 11 Säulen messenden Peripteros mit einem weiten Pronaos, einem um die Zeitenwende unter Kaiser Augustus oder Tiberius erneuerten Heiligtum. Stifter des ersten Tempelbaus im Jahr 484 v. Chr. war der Sohn des Diktators Aulus Postumius, der damit den Dioskuren für ihre Hilfe und noch mehr für den Sieg in der Schlacht gegen die Tarquinier (499 v. Chr.) danken wollte. Nach der Legende sollen Kastor und Pollux den Triumph verkündet und auf dem Forum ihre Pferde aus der Juturna-Quelle getränkt haben. Da die Forschung die frühere Existenz eines Sees hier bestätigt, das Lacus Juturnae, muss alles richtig, oder gut erfunden sein, so, wie viele andere Mythen, die von den beiden Dioskuren Kastor und Pollux, Halbgöttern teils griechischer, teils etruskischer Herkunft, erzählen.

Santa Maria Antiqua

In dem ehemaligen Tempel des Augustus liegt versteckt die Kirche **Santa Maria Antiqua.** Sie ist die älteste (daher der Name ›Antiqua‹) Kirche direkt auf dem Forum Romanum, diesem heidnischen Bezirk der aufwendigen Repräsentation, der großen staatlichen Selbstdarstellung, von dem christliche Gebäude lange Zeit ausgeschlossen waren. Im 6. Jh. wurde das Gotteshaus durch Restrukturierung der kaiserlichen Räume errichtet. Dabei bewiesen die Römer praktischen Sinn, da sie höchst geschickt ein heidnisches Bauwerk neuen, christlich-religiösen Zwecken nutzbar machten. Seit dem 9. Jh. verfiel Santa Maria Antiqua, erlebte dann im 13. Jh. eine Renaissance, um später wieder dahinzusinken. Die ausgedehnte, in ihrer Raumfolge von Vorhalle, Haupthalle und Seitenkapellen gänzlich unregelmäßige Anlage am Fuß des Palatinischen Hügels und die z. T. römisch-byzantinischen Fresken (Maria, Verkündigung, Kreuzigung; teilweise übermalt), die unter den Päpsten Johannes VII., Zacharias und Paul I. im 8. Jh. geschaffen wurden, sind beachtenswert. Leider ist die Ruine heute nur selten zugänglich.

Vesta-Tempel und Haus der Vestalinnen (Tempio di Vesta, Atrium Vestae)

Unverkennbar steht in der Mitte des Forum Romanum der **Vesta-Tempel:** die deutlich sichtbaren Überreste eines Rundtempels, Säulen mit der Mauer der Cella dahinter. Dieser Tempel der Vesta – ein anderer steht an der heutigen Piazza della Bocca della Verità – bewahrte in altrömischer Zeit das ›Heilige Feuer‹ unter der Obhut der Vestalinnen. Die zum Dienst am Heiligen Feuer auserwählten Jungfrauen stammten aus den vornehmsten Geschlechtern Roms. Zunächst dienten vier, später sechs Vestalinnen 30 Jahre lang (vom 10. bis zum 40. Lebensjahr) im Tempel. Die Römer maßen der Ewigen Flamme große Bedeutung bei, verband man doch mit ihr das Glück Roms. Am 1. März, dem römischen Neujahrstag, holten sie in ihre frisch gereinigten Wohnungen – nach Löschung des alten – ein neues Feuer aus dem Tempel der Vesta; am 15. Juni fanden dort große Opferfeiern statt. Die uns erhaltenen Fragmente des Tempels gehen auf den letzten Neubau unter Kaiser Septimius Severus (193–211 n. Chr.) zurück und lassen den einst auf 20 Säulen ruhenden Rundtempel noch erkennen.

Vesta-Tempel mit dem Haus der Vestalinnen, Titus-Bogen sowie Kastor-und-Pollux-Tempel

Die Mitte des Runddaches war – nach archäologischen Erkenntnissen – offensichtlich mit einem Abzugsloch für den Rauch versehen. Im Jahr 394 wurde der Tempel als heidnischer Ort von Kaiser Theodosius geschlossen und verfiel.

Neben dem Vesta-Tempel erstreckt sich das **Haus der Vestalinnen,** dessen Überreste ebenfalls aus der Zeit des Septimius Severus stammen. Es umfaßte einen Hof mit Säulengang, die Wohnräume der Vestalinnen und Wirtschaftsräume. Noch heute sind die Räume gut zu rekonstruieren, mit dem Unterbau und zahlreichen Sockeln für Statuen. Aus den Berichten lateinischer Schriftsteller geht hervor, dass im Tempel u. a., das Palladium seinen Platz hatte, ein kleines Bild der Pallas Athene, das der Sage nach von Äneas in der Asche des zerstörten Troja gefunden und nach Latium gebracht worden war und das seit der Gründung Roms verehrt wurde. Die Priesterinnen verließen ihr Haus nur zu den großen Festlichkeiten. Offenbar aus gutem Grund. Denn sie waren unter strenger Strafe zur Jungfräulichkeit verpflichtet und konnten leicht in dubiosen Ruf gebracht werden, wie jener Fall lehrt, den uns Plinius d. J. (61–113 n. Chr.) berichtet: »(Der Kaiser) Domitian wünschte, dass Cornelia, die oberste Vestalin, lebendig begraben werde – er glaubte, durch derartige Beispiele werde auf seine Regierungszeit ein besonders strahlendes Licht fallen. Dass er, mit dem Recht des Oberpriesters oder vielmehr mit der Unmenschlichkeit des Tyrannen und mit der Willkür eines Despoten Cornelia in Abwesenheit und ohne Anhörung wegen Unzucht verurteilte, war kein geringeres Verbrechen, als das, was er zu bestrafen vorgeben wollte. Sie erhob ihre Hände und schrie, bis sie, vielleicht unschuldig, auf jeden Fall aber wie eine Unschuldige aussehend, zur Hinrichtung geführt wurde« (Zugang beschränkt).

Tempel des Antoninus und der Faustina (Tempio di Antonio e Faustina)

Die Inschrift am Tempel des Antoninus und der Faustina nennt Bestimmung und Auftraggeber: »Divo Antonino et Divae Faustinae ex S(enatus) C(onsulto)« – dem göttlichen Antoninus und der göttlichen Faustina auf Beschluss des Senats. Im Jahr 141 n. Chr. als Ehrenmal für die Kaiserin Faustina erbaut, wurde der Tempel nach dem Tode des Kaisers Weihestätte beider Gatten. Veränderungen im Innern und Äußern des Bauwerkes wurden bei der Umwandlung in eine christliche Kirche (San Lorenzo in Miranda, 1150) vorgenommen; die barocke Fassade stammt aus dem Jahre 1602. Dieser Tempel, neben dem Haupteingang zum Forum gelegen, gegenüber der Basilica Aemilia, dem Vesta-Tempel und dem ehemaligen Caesar-Tempel – von Octavianus Augustus im Jahr 29 v. Chr. an der Stelle gistiftet, an der im März 44 v. Chr. Caesars Leichnam verbrannt worden war –, ist unverkennbar. Eine breite Treppe führt feierlich von der Via Sacra hinauf auf das Podium. Erhalten sind zehn 17 m hohe Säulen der Vorhalle,

Nachdem der Tempel des Antoninus und der Faustina im 12. Jh. in eine Kirche umgewandelt worden war, befreite man im 16. Jh. für einen Besuch Kaiser Karls V. in Rom die Säulen wieder von den sie umgebenden Mauern. Die barocke Fassade stammt aus dem Jahre 1602

aus Cipollin (glimmerhaltiger Marmor) gearbeitet und mit korinthischen Kapitellen geschmückt. Für den Besuch Kaiser Karls V. in Rom im Jahr 1536 wurden die Säulen wieder von den sie umgebenden Mauern der Kirche San Lorenzo befreit. Besonders schön ist der Fries des Gebälks mit geflügelten Greifen, Kandelabern und dekorativen Elementen.

Romulus-Tempel (Tempio di Romolo)

Wenige Schritte vom Tempio di Antonino e Faustina auf der Via Sacra (nach Osten) erhebt sich ein runder Backsteinbau: der Tempel des Romulus. Kaiser Maxentius ließ ihn 309 n. Chr. errichten, sein Gegenspieler Konstantin fertigstellen, mit der Widmung an die *Sacra Urbs Roma,* die Heilige Stadt Rom, als Halle für die Stadtpräfektur. Der wohlproportionierte Bau weist das originale Bronzetor jener Zeit in einem Säulen-umrahmten Portal auf; selbst das Schloss funktioniert noch. Neben dem Rundbau finden sich die Reste zweier apsidialer Säle. Darin heute die Kirche SS. Cosmae Damiano (s. S. 194).

Titus-Bogen (Arco di Tito)

Ganz im Osten des Forum erhebt sich der Siegesbogen des Feldherrn und späteren Kaisers Titus (79–81 n. Chr.), der älteste erhaltene römische Triumphbogen, nach dem Tod des Kaisers von seinem Nachfolger Domitian errichtet. Im Jahr 70 n. Chr. siegte Titus, Sohn des Kaisers Vespasian und dann selbst Kaiser des Römischen Reiches, mit der Eroberung Jerusalems endgültig über das jüdische Volk und leitete damit dessen Vertreibung aus Palästina und die Zerstreuung,

Titus-Bogen ★

Forum Romanum und Palatin

Der Titus-Bogen ist der älteste erhaltene Triumphbogen Roms

Diaspora, über die ganze Welt für Jahrhunderte ein. Deshalb ist der Triumphbogen des Titus für Juden ein trauriges Denkmal; sie vermeiden es, durch den Torbogen hindurchzugehen.

Der Schriftsteller Flavius Josephus schreibt in seinem Bericht über den Krieg in Judäa auch über den Triumphzug des Titus in Rom: »Vielerlei deutlich erkennbare Abbildungen hatten den Krieg in seinen verschiedenen Erscheinungen zum Gegenstand. Da war etwa zu sehen, wie ein reiches Land der Verwüstung zum Opfer fiel, wie eine Masse von Feinden den Tod findet, wie andere die Flucht ergreifen, wieder andere in Gefangenschaft geraten, wie gewaltige Mauern unter den Stößen der Rammböcke bersten, wie das Heer nach innen strömt und überall ein Blutbad anrichtet. Man erkannte die wehrlosen Menschen, wie sie mit erhobenen Händen um Gnade bitten, wie zusammenbrechende Häuser ihre Bewohner unter sich begraben ... (So) hatten die Juden all diese Greuel durch den von ihnen verursachten Krieg entfesselt.«

Die Niederlage des besiegten Volkes, der Triumph des römischen Heeres unter seinem Feldherrn, die Gefangenen und reiche Beute, der umjubelte Zug auf das Kapitol – all das sind Themen des bildlichen Schmucks im Bogendurchgang (im Detail: Titus im Kampfwagen in Begleitung der Siegesgöttin mit dem Lorbeerkranz; als Kriegsbeute der siebenarmige Leuchter, der Tisch der Schaubrote, die heiligen Trompeten und die Bundeslade aus dem Tempel des Salomo in

Jerusalem). Über die kunstgeschichtliche Bedeutung des Titus-Bogens schreibt A. Henze: »Der Fries, aus dem einzelne Gestalten fast vollplastisch hervortreten, ist von Dynamik erfüllt, Licht und Schatten wechseln, die Darstellung von Mensch und Pferd spiegelt etwas von der Hoheit griechischer Plastik wider. In ihrer künstlerischen Vollendung wurden die Reliefs ebenso vorbildlich wie in Details. So hat etwa der siebenarmige Leuchter in der romanischen Kunst eine ganze Reihe von Bronzeleuchtern desselben Typs angeregt.« Der Siegesbogen des Titus wurde zum Vorbild für ähnliche Bauten im ganzen Abendland.

Palatin (Palatino)

Gerade in den letzten Jahren haben Archäologen bei ihren ständig weitergeführten Ausgrabungen auf dem Palatinischen Hügel bedeutende Entdeckungen zutage gefördert. Sie wurden stets als sensationelle Funde bewertet. Die römische Erde birgt also immer noch unentdeckte Schätze. So präsentierten die Altertumsforscher in jüngster Zeit einen Prunkraum, wohl den Speisesaal des Kaisers Nero aus dem 1. Jh. n. Chr., der nach einer Beschreibung des lateinischen Schriftstellers Sueton (70–130/40 n. Chr.) gedreht werden konnte und damit den Wechsel von Tag und Nacht vor- oder wegtäuschte. Bei der »Casa Romuli«, dem Haus des legendären Stadtgründers Romulus, wurden Reste des Anfang des 3. Jh. v.Chr. errichteten, im 1. Jh. v. Chr. erneuerten Tempels der Victoria ausgegraben und drei Hütten, mit denen die erste Ansiedlung auf den Hügeln am Tiber verbunden wird.

Eine treffende Schilderung der fast mystisch-mythischen Ruinenwelt des Palatin, dem ein besonderer Rang unter den klassischen Hügeln der Stadt zukommt, gibt der französische Schriftsteller Émile Zola Ende des 19. Jh.: »Der Palast des Septimius Severus erhob sich an der südlichen Spitze des Palatin und beherrschte die Via Appia und die ganze Campagna bis in unabsehbare Ferne. Nichts ist davon übrig als der Unterbau, die unterirdischen Säle, die von den Bogen der Terrassen geschützt wurden, mit denen man die zu eng gewordene Plattform des Berges erweitert hatte. Und diese aufgedeckten Unterbauten genügen, um eine Idee von dem prunkhaften Palast zu geben, den sie trugen, so ungeheuer und mächtig sind sie in ihrer unzerstörbaren Masse geblieben. Hier erhob sich das berühmte Septizonium, der Turm mit den sieben Stockwerken, der erst im vierzehnten Jahrhundert verschwand. Hier befindet sich noch eine von zyklopischen Arkaden getragene Terrasse, von der sich ein wunderbarer Ausblick darbietet. Dann kommt nur eine Anhäufung dicker halb zerfallener Mauern, gähnende Abgründe inmitten von zusammengestürzten Decken, Reihen endloser Gänge und ungeheurer Säle, deren Verwendung unbekannt ist. Alle diese von der neuen Verwaltung in gutem Stand erhaltenen, gefegten und vom Unkraut befreiten

Palatin ★★

Palatin
Zugang wie Forum Romanum, S. 168 tgl 8.30 Uhr bis eine Stunde vor Sonnenuntergang

Ruinen haben ihre romantische Wildheit verloren, um eine kahle, düstere Größe anzunehmen. Aber die Strahlen der lebenden Sonne vergoldeten die alten Mauern, drangen durch die Breschen in die Tiefe der schwarzen Säle und belebten mit ihren blendenden Stäubchen die stumme Schwermut dieser toten Majestät, die aus der Erde ausgegraben wurde, in der sie seit Jahrhunderten geschlummert hatte. Über das alte, rötliche, aus mörtelbelegten Ziegeln gebildete und seiner prunkvollen Marmorbekleidung beraubte Mauerwerk legte der Purpurmantel der Sonne von neuem einen kaiserlichen Glorienschein.« Der umgibt den Palatin.

An den Palatin heftet die Sage die Gründung Roms durch Romulus. Eng damit ist der Name verknüpft, den manche von ›Pales‹, der Göttin der Hirten, ableiten; ihr zu Ehren feierte man die ›Palilia‹, die dann zum Fest der Stadtgründung wurden. Ihr Datum setzte man auf den 21. April 753 v. Chr. fest. Die Historiker halten den südlichen Teil des Palatin, der 50 m über dem Niveau des Tiber, in der Nähe der Flussinsel Isola Tiberina liegt und von strategischer und wirtschaftlicher Wichtigkeit war, für das älteste besiedelte Gebiet Roms. Legende und Geschichte treffen hier zusammen. Jahrhundertelang residierten auf dem Palatin die Herren Roms: Reiche Patrizier, Schriftsteller wie Cicero, Politiker und Gelehrte hatten hier ihre Wohnungen, und Kaiser wie Augustus und Domitian bauten auf diesem Hügel Tempel, Gebäude zu Staatszwecken und ihre Stadt-Paläste – das Wort ›Palast‹ kommt von Palatin. Noch die Ruinen dieser Bauten vermitteln einen deutlichen Eindruck von der einstigen Pracht.

Da zu allen Zeiten Veränderungen vorgenommen wurden, kann man die unterschiedlichen Bauschichten kaum auseinanderhalten. Verschiedene Klöster und Kirchen entstanden aus und auf den klassischen Mauern: Santa Anastasia, Santa Lucia, Santa Maria in Pallara, San Teodoro, San Bonaventura, San Sebastiano und das Oratorium des hl. Caesarius; die Südseite des Palatin wurde gar in einen Festungsbau einbezogen. Am Ende der Renaissance legten römische Adelsfamilien hier Weinberge und Gärten mit Lusthäusern an, zu deren berühmtesten die im Auftrag des Kardinals Alessandro Farnese gestalteten Gartenanlagen gehören. Im 18. Jh. erwachte auch das archäologische Interesse für den Palatin neu. Die lateinischen Schriftsteller hatten viele Bauwerke beschrieben, doch bis heute sind manche von ihnen nicht gefunden worden, da die Jahrhunderte viele Spuren getilgt haben. Das verbliebene Ruinengelände strahlt eine ähnliche Geschichtsträchtigkeit und Faszination aus wie das Forum Romanum; über den Palatin zu schlendern ist jedoch fast stimmungsvoller als ein Gang über das Forum.

Es sind vier Möglichkeiten vorgesehen, auf den Palatin zu gelangen: Hauptzugang heute ist der Clivius Palatinus vom Titus-Bogen ausgehend, über die Treppe vom Atrium des Vestalinnen-Hauses aufsteigend; weitere Zugänge sind das an der Via San Gregorio Magno stehende Portal (von Vignola ursprünglich für die Farnesischen Gärten geschaffen) sowie ein mächtiger Gewölbegang bei Santa Maria

Antiqua (weithin unbekannt, schwer zu finden und oft geschlossen). Als Ausgangs- und Endpunkt einer Besichtigung des Palatinischen Hügels empfiehlt sich allerdings die Uccelliera Farnese, das schöne Vogelhaus aus dem 16. Jh., an der Nordostecke der Orti Farnesiani.

Farnesische Gärten (Orti Farnesiani)

Die **Farnesischen Gärten**, im 16. Jh. im Auftrag Kardinals Alessandro Farnese, des späteren Papstes Paul III. (1534–49), von Vignola gestaltet und von Rainaldi zu Beginn des 17. Jh. vollendet, vereinen Terrassen und Blumeninseln, Rasenflächen, kleine Bauten, Fontänen und Baumgruppen zu einer zauberhaften Gartenanlage. Ein kleines mit Mosaiken geschmücktes Nymphäum zeugt vom Wirken der literarischen Akademie Arcadia, die 1680 u.a. von Christine von Schweden gegründet wurde, an diesem Ort. Bemerkenswert sind die hübschen Brunnen und Stuckdekorationen. Die Orti Farnesiani wurden über der verschütteten Ruine des ehemaligen Tiberius-Palastes angelegt, wie Ausgrabungen bestätigen: Bisher freigelegt ist ein Atrium.

Palast der Flavier (Domus Flavia)

Zum Geschlecht der Flavier werden die in der Zeit von 69 bis 138 n. Chr. regierenden Kaiser Vespasian, Titus, Domitian, Nerva, Trajan und Hadrian gerechnet. Kein Wunder daher, dass der Palast der Flavier mitten auf dem Palatinischen Hügel den Ruhm dieser Herrscherfamilie mehren sollte. Von dem Baumeister Rabirius am Ende des 1. Jh. n. Chr. für den Kaiser Domitian geschaffen, bezeugt die Domus Flavia das Repräsentationsbedürfnis römischer Herrscher der Kaiserzeit. An dem sichtbaren Grundriss und den Überresten lässt sich noch heute die großzügige Aufteilung des Palastes erkennen, gleichsam eine Widerspiegelung der auf Bedeutung und Größe gerichteten Verhältnisse am Kaiserhof: Ein großer Säulenhof (Peristyl), im Innern nach Süden zu ein geräumiger Speisesaal (Triclinium), nach Norden die Thronhalle (Aula Regia, ein Rechteck von 30,5 × 37,7 m mit einer Apsis), daneben die Kapelle der Hausgötter (Lararium) im Osten und eine Basilika im Westen, vermutlich für Gerichtssitzungen benutzt. Ein Gebäude unter dem Lararium wird wegen seiner Wandmalereien ›Haus der Greifen‹ genannt.

Haus des Augustus und Stadion des Domitian (Domus Augustana, Stadio Domiziano)

Die **Domus Augustana,** östlich des Palastes der Flavier, wie dieser in der Zeit des Domitian erbaut, ist nicht das ›Haus des Augustus‹, wie der Name vielleicht nahelegt, sondern der kaiserliche Palast (abgelei-

Forum Romanum und Palatin

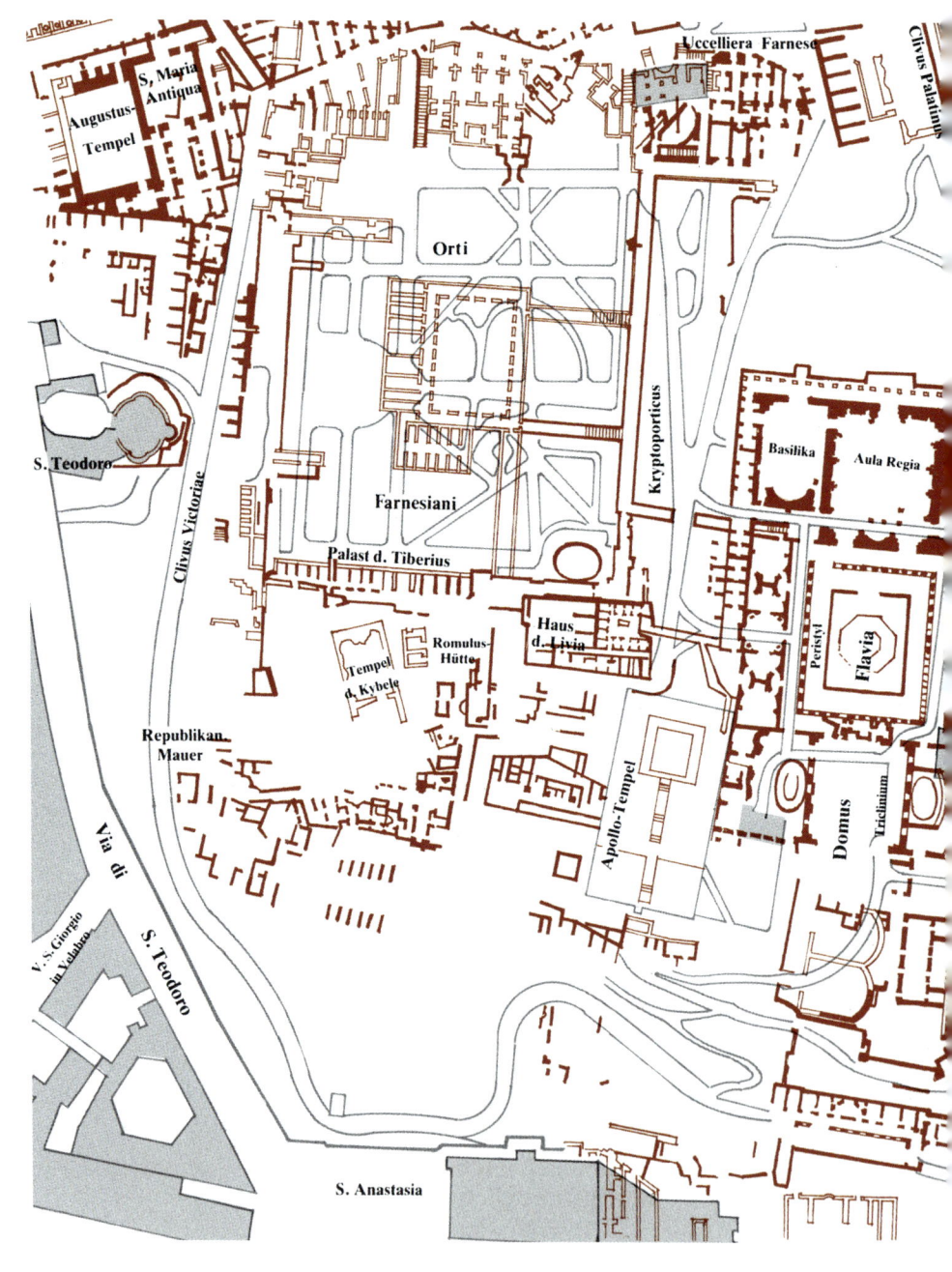

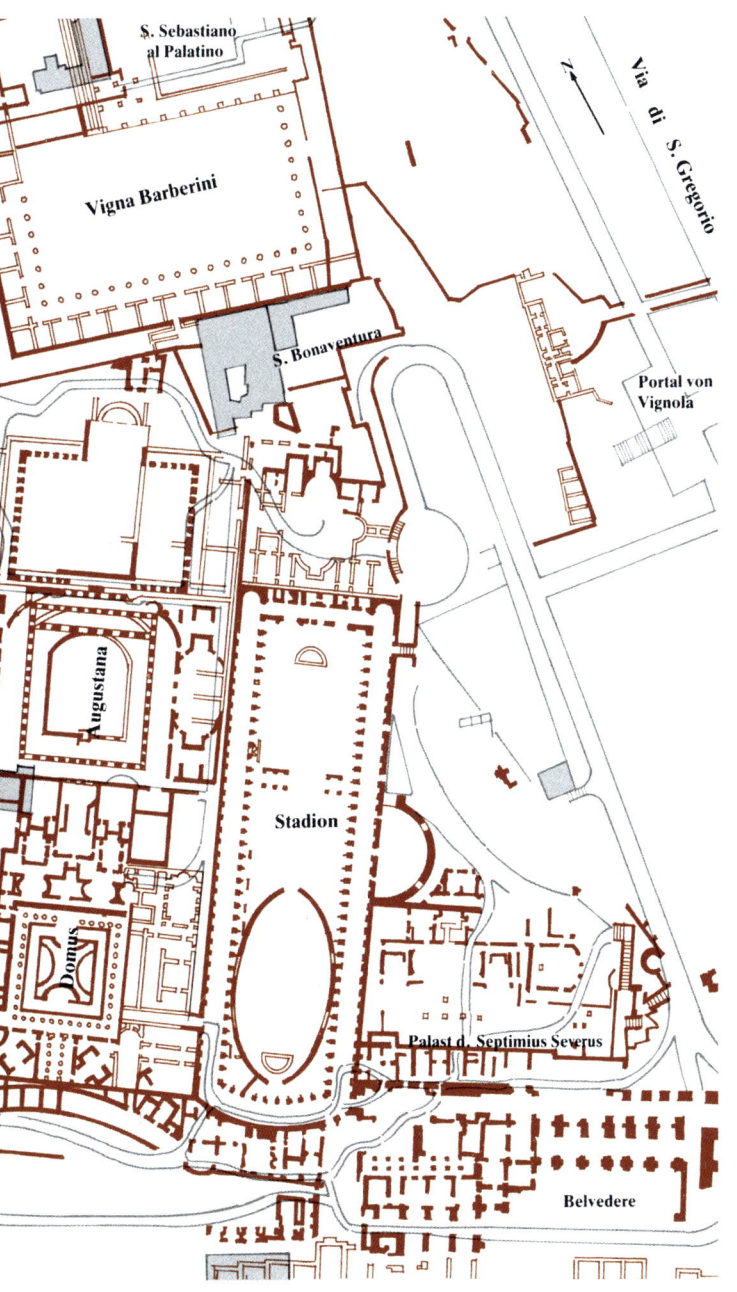

Palatin

Forum Romanum und Palatin

Der Niedergang der Sitten und der Circus Maximus

Mit Blick auf den Circus Maximus beklagt der römische Schriftsteller Ammianus Marcellinus (geboren um 330 n. Chr.) den Niedergang der Sitten in der Kaiserzeit: »*Nun will ich mich dem müßigen und trägen niederen Volk zuwenden. Ihr ganzes Dasein verbringen die Leute bei Wein und Würfelspiel, in Bordellen, bei Lustbarkeiten und Schauspielen, und der Circus Maximus dient ihnen als Tempel und Heimstatt, ist ihr Versammlungsplatz und höchstes Ziel aller Wünsche ... Und wo die Fäulnis des Lotterlebens sich so tief eingefressen hat, da stürmen alle, sobald der sehnlich erwartete Tag der Pferderennen anbricht und die Sonne noch nicht ihren vollen Glanz hat, in wirrem Durcheinander kopfüber zum Schauplatz; man könnte meinen, sie wollten an Schnelligkeit die Rennwagen überbieten.*«

tet von ›*augustus*‹, als ehrenvoller Beiname römischer Kaiser ab Augustus Gajus Oktavianus). Zunächst Wohnstätte allein der Kaiser, stand der monumentale und in seiner Gesamtanlage Harmonie ausstrahlende Bau später auch hohen Staatsbeamten zu Wohn- und Arbeitszwecken zur Verfügung. Die Ruinen sind noch nicht vollständig freigelegt. Auf Wunsch des Kaisers Domitian, der ein sehr eifriger Bauherr war, wurde auf dem Palatin eine **Stadionanlage,** 160 m lang und 47 m breit, errichtet. Unter den Archäologen ist umstritten, ob sie überhaupt sportlichen Zwecken dienen sollte oder als Garten in Stadionform konzipiert war. Die Überlieferung der Kirche lässt im Stadion des Domitian den hl. Sebastian den Märtyrertod erleiden.

Thermen des Septimius Severus (Terme di Settimo Severo)

Zu den großartigsten Ruinen des Palatin zählen zweifellos die der Thermen des Septimius Severus. Die mächtigen Unterbauten, die einst Pfeiler und Bögen des Mauerwerks trugen, einige Bäder und Korridore und sogar Reste der Heizungsanlage sind noch erhalten. Von einer Terrasse aus reicht der Blick hinüber zum Kolosseum, zu den Thermen des Caracalla, zum Caelius, Aventin, Gianicolo, bis hin zum Circus Maximus.

Haus der Livia (Casa di Livia)

Das ›Haus der Livia‹, Casa di Livia, in dem einst eine Bleiröhre mit dem Namen der Gattin des Kaisers Augustus gefunden wurde, verdient vor allem wegen seiner schönen Fresken im Zweiten Pompejanischen Stil, deren mythologische Themen eine märchenhafte Welt beschwören, Beachtung. Es liegt an der westlichen Seite der Domus Augustana; es heißt sogar, es sei das Haus des Augustus selbst gewesen. Vom Äußeren her wirkt das Gebäude schlicht, verfügte aber in seiner inneren Anlage über prachtvoll ausgestattete Räume (ein Atrium und vier Zimmer sind erhalten); selbst eine Zentralheizung war vorhanden, deren Reste den einstigen Komfort bestätigen.

Tempel der Kybele und Kryptoportikus (Tempio di Cibele, Criptoportico)

Hinter den Farnesischen Gärten (im Südwesten) liegt der **Tempel der Kybele** oder der **Magna Mater,** der ›Großen Mutter‹. Das im Jahr 204 v. Chr. erbaute Heiligtum diente als Herberge für den bereits in den Sibyllischen Büchern erwähnten ›Schwarzen Stein‹ der Göttin. Mauerreste aus dem 8. und 9. Jh. v. Chr., vor dem Tempel aufgefunden, werden dem ›Haus des Romulus‹ zugeschrieben. Außerdem weisen Lö-

cher und Linien im Gestein, die von vorzeitlichen Hütten stammen, diesen Ort als ältestes Siedlungsgebiet auf dem Palatin aus. Daneben eine Zisterne aus dem 6. Jh. v. Chr.

Parallel zur Längsseite der Farnesischen Gärten und nördlich des Livia-Hauses verläuft der **Kryptoportikus:** ein 130 m langer, halb unterirdisch führender Korridor mit Tonnengewölben, der die einzelnen Teilkomplexe des Kaiserpalastes miteinander verband. Hier soll 41 n. Chr. Kaiser Caligula Opfer einer Verschwörung geworden sein. Der Criptoportico, auch ›di Nerone‹ genannt, stößt auf die Uccelliera Farnese und damit auf einen der (nur noch selten geöffneten) Ein- oder Ausgänge des Palatin.

Reiche Patrizier, Politiker, Gelehrte und Kaiser bauten auf dem Palatin Tempel, öffentliche Gebäude und Stadtpaläste. Noch die Ruinen dieser Bauten vermitteln einen deutlichen Eindruck von der einstigen Pracht

Circus Maximus (Circo Massimo)

Der Circus Maximus, eine mehr als 500 m lange Rennbahn, liegt in der Senke zwischen Palatin und Aventin. Wenn man genau hinschaut, sieht man eingefallene Mauern, die Überreste von Pferdeställen und die Tribünen-Aufbauten für die Zuschauer. Die Anlage, ursprünglich wohl aus dem 2. Jh. v. Chr., wurde mehrfach erneuert und umgebaut, bis sie im 4. Jh. n. Chr. 300 000 Zuschauer fassen konnte. Die letzten Pferderennen wurden unter Totila 549 abgehalten.

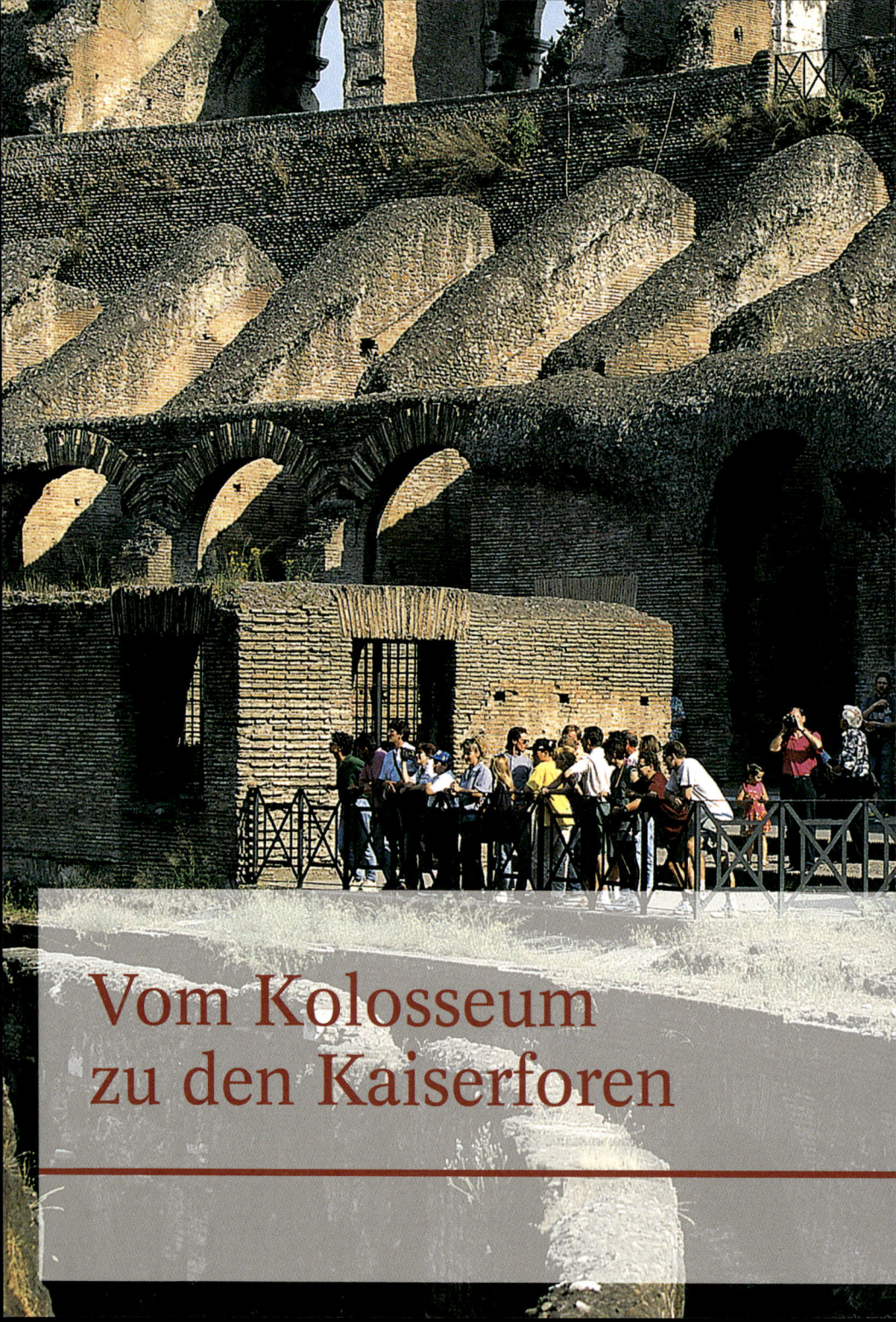

Vom Kolosseum zu den Kaiserforen

»Solange das Kolosseum steht, steht auch Rom; wenn das Kolosseum fällt, fällt auch Rom; wenn Rom untergeht, vergeht auch die Welt.« So schrieb man im Mittelalter, nach einem Satz des Beda Venerabilis, eines gelehrten Ordensmannes aus England (672–735), voller Ehrfurcht vor dem gewaltigsten geschlossenen Bauwerk der römischen Antike. Als Wahrzeichen Roms, charakteristisch für Alter und Geschichte der Stadt, hat es die Jahrhunderte überdauert. In den Hintergrund kann dabei geraten, dass links und rechts der Via dei Fori Imperiali beeindruckende Zeugnisse der römischen Kaiserzeit zu bestaunen sind. Diese Straße der Kaiserforen wurde zwischen 1931 und 1933 angelegt, einfach über die antiken Ruinen geschlagen, dem faschistischen ›Ruhm‹ zuliebe, zum Nutzen des Verkehrs, zum Schaden einer unvergleichlichen archäologischen Geschichts-Landschaft. Manchmal träume ich davon, man würde einen gewaltigen Tunnel für den Verkehr bohren, ganz tief unter allem archäologisch Interessantem, vom Norden der Innenstadt bis hinter das Kolosseum, und einen Antiken-Park wiederherstellen. So bedarf es der Fantasie, sich in die Antike zurückzuversetzen.

Übersichtsplan Kaiserforen S. 196

Restaurant-Tipps s. S. 417

Besonders sehenswert: Kolosseum, Domus Aurea, Kaiserforen

Kolosseum (Colosseo)

Das ›Amphitheater der Flavier‹, von Kaisern aus dem Haus der Flavier erbaut, 72 n. Chr. von Vespasian begonnen und von seinem Sohn und Nachfolger Titus 80 n. Chr. eingeweiht, wird seit dem Mittelalter *Colosseo* genannt, sei es wegen seiner gewaltigen, kolossalen Ausmaße, sei es, weil es an der Stelle errichtet wurde, an der im Bezirk der Domus Aurea des Nero die Kolossal-Statue dieses Kaisers stand. Die Form des Kolosseum als Arena für Sport und Spiel ist bis in die heutige Zeit maßgeblich geblieben; die Anlage auch unserer Wettkampfstadien folgt den architektonischen Grundsätzen der römischen Antike.

Weil alles relativ gut erhalten ist, kann man sich die gesamte ursprüngliche Anlage des Kolosseum leicht vergegenwärtigen, wenn auch die Schäden durch Erdbeben, Brände, Vernachlässigung und mutwillige Demontage begehrter Ausstattungsteile unübersehbar sind – die Jahrhunderte forderten ihren Tribut, so auch die Gegenwart mit ihren schädlichen Umwelteinflüssen. Das ursprünglich dreigeschossige Bauwerk wurde nach dem Tod Kaiser Vespasians (79 n. Chr.) auf Wunsch des Titus um eine Etage aufgestockt und nach seiner Fertigstellung (80 n. Chr.) mit hunderttägigen Festspielen eröffnet. Die Außenfassade erfährt in den einzelnen Geschossen durch hervortretende, in unterschiedlichen Stilen gehaltene Halbsäulen zwischen den Mauerbögen ihre Gliederung – erstes Stockwerk dorische, zweites ionische, drittes korinthische Säulen; das vierte Geschoss, nicht arkadenförmig gestaltet, setzt sich durch seine nur in größeren Abständen von rechteckigen Fenstern durchbrochene Bauweise deutlich ab.

Kolosseum ★★

Kolosseum

Informationen und Voranmeldungen: Tel. 06 39 96 77 00 tgl. 9 Uhr bis eine Stunde vor Sonnenuntergang

◁ *Im Kolosseum*

Vom Kolosseum zu den Kaiserforen

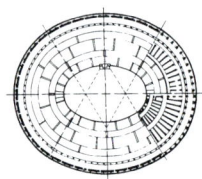

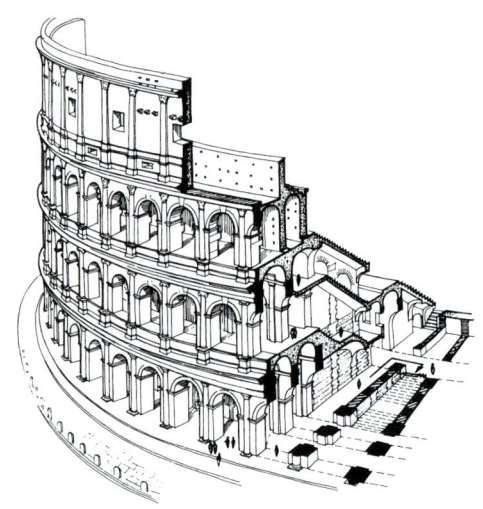

Das Amphitheater der Flavier wird seit dem Mittelalter Kolosseum genannt

Bei einer Längsachse von 186 m und einer Querachse von 156 m – also eine Ellipse, kein Kreis – enthält der Bau eine 78 m in der Länge und 46 m in der Breite messende Arena, in der die vielfältigsten sportlichen Wettkämpfe, Zirkus- und Theatervorstellungen, Gladiatorenkämpfe und Festspiele veranstaltet wurden. Die Ränge mit einer Höhe von insgesamt 57 m konnten etwa 50 000 Besucher aufnehmen. Im ersten Rang nahmen der kaiserliche Hof, die Staatsbeamten, Priester und Priesterinnen Platz, im zweiten die vornehmen Patrizier und im dritten und vierten das gewöhnliche Volk. Ein ausgeklügeltes Treppen- und Gangsystem ermöglichte den Menschenmassen einen schnellen Zu- und Ausgang. Die aufwendigen technischen Anlagen,

Das Kolosseum übt Faszination auch in ›gebrochenem‹ Zustand aus, wie der Schriftsteller Stendhal (1783–1842) in seinen »Wanderungen in Rom« bemerkte: »Heute, wo es in Trümmer fällt, ist das Kolosseum vielleicht schöner als in den Tagen seines höchsten Glanzes; damals war es nur ein Theater; jetzt hingegen ist es das schönste Wahrzeichen des römischen Volkes.«

Tierkäfige, Ankleide- und Übungsräume der Gladiatoren befanden sich unter dem abnehmbaren Bretterboden der Arena; die Reste sind heute noch zu besichtigen. Die prachtvolle Ausstattung des Innern wurde im Laufe der Jahrhunderte aus dem Kolosseum entfernt und schmückt jetzt, meist unerkannt, manchen römischen Palast.

Das Kolosseum steht uns nicht nur als ein großartiges Beispiel der architektonischen Meisterschaft der Antike vor Augen, sondern auch als Zeugnis für den schon fast sprichwörtlich gewordenen Ruf des römischen Volkes nach *panem et circenses* (Brot und Zirkusspielen). Ihn zu erfüllen fiel in der Blütezeit des Imperium Romanum nicht schwer. Das in der Arena erst im 18. Jh. errichtete Bronzekreuz steht zum Gedächtnis christlicher Märtyrer, die, wie es die Tradition und Filme wollen, an dieser Stätte in der Kaiserzeit ihr Leben lassen mussten. Historiker meinen, es seien nicht sehr viele Christen gewesen, die während der Verfolgungen hier umkamen. Gleichviel; das Kreuz wirkt, als habe »man es einem erschlagenen Titanen auf die Stirn gebrannt und ihn dadurch noch im Grabe zum Kreuzritter umgeschaffen« (Friedrich Hebbel).

In jüngster Zeit ist das Kolosseum mit dem Protest gegen die in manchen Staaten noch immer praktizierte Todesstrafe verbunden.

Entlang der Via dei Fori Imperiali

Domus Aurea

Auf der Erhebung nördlich des Kolosseum, dem Colle Oppio des Esquilin-Hügels, befand sich die berühmte Domus Aurea, der ›Goldene Palast‹ des Kaisers Nero, der seit 1999 wieder teilweise zugänglich ist. Nero wollte sich nicht mehr mit der Residenz seiner Vorgänger auf dem Palatin begnügen. Größeres und Schöneres lag ihm im Sinn. Er hatte vor, verschiedene Baukomplexe mit Weinbergen, einem künstlichen See und Viehweiden in einer riesigen Anlage zu vereinigen, von größerer Grundfläche als der heutige Vatikan-Staat. Ein Besuch in der nun weitestgehend unterirdischen Anlage der Domus Aurea, mit mehreren Stockwerken im Innern der Erde, mit Garten, Nymphäum, Kryptoportikus, einem oktagonalen Saal, und einem Saal mit vergoldeter Decke, gehört zu den eindrucksvollsten Erlebnissen.

Ein furchtbarer Brand in Rom (64 n. Chr.) schuf für die Realisierung der Anlage die Voraussetzung, »ungewiss«, wie wir bei Tacitus (55–120) in den »Annalen« lesen, »ob durch Zufall entstanden oder durch des Kaisers Tücke (denn beides berichten die Quellen), jedoch schwerer und schrecklicher als alle, die unserer Stadt durch die Gewalt des Feuers zustießen«.

»Nero machte sich«, so Tacitus weiter, »die Zerstörung seiner Vaterstadt zunutze und erbaute sich einen Palast, der nicht so sehr durch Edelsteine und Gold ein Wunderwerk sein sollte, vielmehr durch Wie-

Domus Aurea ★

Domus Aurea
Giardini di Colle Oppio
www.archeorm.arti.beniculturali.it
Voranmeldung obligatorisch (Mo–Sa 9–13.30 und 14.30–17 Uhr) unter Tel 06 39 96 77 00
Besuchszeiten nach Reservierung:
Di–Fr 10–16 Uhr
Wegen Einsturz(gefahr) ist der Zugang zuweilen ganz oder teilweise gesperrt.

sen, Teiche, durch Wechsel von Hainen, freien Plätzen und Ausblicken, als ob man sich irgendwo auf dem Lande befände. Leiter und Erfinder dieser Anlage waren Severus und Celer, geschickte und rücksichtslose Leute, die das, was die Natur nicht hergab, künstlich schufen und so die Reichtümer des Prinzeps vergeudeten. Die zerstörten Häuser der Stadt wurden nun aber nicht wie nach dem gallischen Brande ungleichmäßig und planlos wiederaufgebaut. Es wurden regelmäßige Häuserreihen und breite Straßen angelegt, die Höhe der Häuser beschränkt, freie Hofräume gelassen und Säulengänge angebaut, um die Front der Mietshäuser zu verdecken. Diese Säulengänge versprach Nero auf eigene Kosten bauen zu wollen und den Eigentümern die Bauplätze abgeräumt zu übergeben. Ferner setzte er Preise je nach dem Stande und den Vermögensverhältnissen der einzelnen aus; und er setzte eine Frist innerhalb der jeder für die Vollendung seines Palastes oder Mietshauses einen Preis erhalten sollte. Als Abladestelle für den Schutt bestimmte er die Sümpfe bei Ostia. Die Schiffe, die mit Getreide von Ostia tiberaufwärts kamen, mussten Brandschutt als Rückfracht nehmen. Die Häuser selber sollten bis zu einer gewissen Höhe ohne Gebälk, nur aus Sabiner- und Albanerstein erbaut werden, weil dieser Stein dem Feuer eher Widerstand leistet. Ferner stellte er die Wasserleitungen unter Aufsicht, damit das Wasser, das bisher nach Gutdünken von den einzelnen abgeleitet wurde, der Allgemeinheit reichlicher und an zahlreicheren Stellen zur Verfügung stehe. Jeder sollte Löschgeräte im Vorhofe bereit halten. Auch sollten die Häuser keine gemeinsamen Wände mehr haben, sondern nur von ihren eigenen Mauern umschlossen sein.« Vernünftige Maßnahmen also eines Kaisers, der in den christlichen Geschichtsbüchern ›schlecht wegkommt‹. Warum?

Lesen wir wieder Tacitus! Denn hier, gegenüber Kolosseum, Forum Romanum und Palatin ist der Ort, jene klassische Stelle zu zitieren, die als ›Kron‹-Beweis der Historiker für Jesus Christus von Nazareth und die Verfolgung der Christen in Rom gilt: »Aber das entsetzliche Gerücht, Nero selber habe den Brand anlegen lassen, wollte sich durch keine teilnahmsvolle Unterstützung, durch keine Schenkungen und Sühnezeremonien aus der Welt schaffen lassen. Um ihm ein Ende zu machen, schob er daher die Schuld auf andere und strafte mit ausgesuchten Martern die wegen ihrer Verbrechen verhassten Leute, die das Volk Christen nennt. Der Stifter dieser Sekte, Christus, ist unter der Regierung des Tiberius durch den Prokurator Pontius Pilatus hingerichtet worden. Der unheilvolle Aberglaube wurde dadurch für den Augenblick unterdrückt, trat später aber wieder hervor und verbreitete sich nicht bloß in Judäa, wo er entstanden war, sondern auch in Rom, wo alle furchtbaren und verabscheuungswürdigen religiösen Gebräuche, die es in der Welt gibt, sich zusammenfinden und geübt werden. Man fasste also zuerst Leute, die sich offen als Christen bekannten, und auf ihre Anzeige hin dann eine riesige Menge Menschen. Sie wurden nicht gerade der Brandstiftung, aber doch des Hasses gegen das menschliche Geschlecht überführt. Man machte aus ihrer Hinrichtung ein lustiges Fest: In Tierhäuten steckend, wurden sie entweder von Hunden zerfleischt oder ans Kreuz geschlagen oder angezündet, um nach Eintritt der Dunkelheit als Fackeln zu dienen. Nero hatte seine eigenen Parkanlagen für dies Schauspiel hergegeben und verband es mit einer Zirkusaufführung; in der Tracht der Wagenlenker trieb er sich unter dem Volke herum oder fuhr auf dem Rennwagen. So regte sich das Mitleid mit jenen Menschen. Obwohl sie schuldig waren und die härtesten Strafen verdient hatten, fielen sie ja doch nicht dem Allgemeinwohl, sondern der Grausamkeit eines einzigen zum Opfer.«

Neros Nachfolger überbauten das Gelände, das in den nachfolgenden Jahrhunderten demselben Schicksal unterlag wie die meisten Teile des antiken Rom. Während der Renaissance erfolgten auch hier archäologische Ausgrabungen, denen wir eine Vielzahl antiker Kunstwerke verdanken; u. a. herrliche Fresken in den teilweise ausgegrabenen unteren Räumen des Goldenen Hauses und die Laokoon-Gruppe (heute im Belvedere-Hof der Vatikanischen Museen).

Triumphbogen des Konstantin (Arco di Costantino)

Der Triumphbogen des Kaisers Konstantin neben dem Kolosseum ist mit einer Höhe von 21 m, einer Breite von 25,7 m und einer Tiefe von 7,4 m das größte und am besten erhaltene der römischen Siegesmale.

Der Triumphbogen des Kaisers Konstantin ist der größte und am besten erhaltene Roms

Der Senat ließ dieses imposante Bauwerk nach Konstantins Sieg über seinen Rivalen Maxentius an der Milvischen Brücke im Jahr 312 n. Chr. zu Ehren Konstantins, des, so die Inschrift, »Befreiers der Stadt und des Friedensstifters«, und seines Mitkaisers Licinius errichten. Der Triumphbogen gehörte im Mittelalter zum Kloster San Gregorio, später bildete er einen Teil des Palastes und der Festung der Frangipani. Paul III. ließ ihn – die historischen Parallelen und päpstlichen Motive sind offensichtlich – im Jahr 1536 für den Einzug Kaiser Karls V. in Rom freilegen; Archäologen vollendeten Anfang des 19. Jh. die Restauration.

Für die Dekoration des dreibogigen Siegesmals nahmen die römischen Bildhauer teilweise Reliefs von älteren Bauwerken. Offenbar waren sie Anfang des 4. Jh. einer so großen Aufgabe nicht gewachsen und nicht mehr auf der Höhe ihrer Kunst, selbst nicht jener des Kopierens. Oder sie konnten innerhalb von nur drei Jahren – 315, zur Feier des zehnjährigen Regierungsjubiläums musste es fertig sein – nicht Eigenes zustandebringen. Deshalb schmücken auch Szenen, die nicht der Verherrlichung von Konstantins politischen und militärischen Taten dienen (z. B. aus einem Jagddenkmal Hadrians eine Opferfeier für den Gott Apoll), den Siegesbogen. Mit den Skulpturen von anderen Denkmälern – meist aus der Regierungszeit der Kaiser Trajan und Mark Aurel – verfuhr man zum Teil rücksichtslos, zersägte Marmorskulpturen und gab den Gesichtern der alten Kaiser die Züge des Konstantin. Dennoch entstand ein organisches Ganzes, eindrucksvoll und monumental.

Santa Francesca Romana

Ein Oratorium im Portikus des alten **Tempels der Venus und der Roma** (Tempio di Venere e di Roma) erhielt den Namen Santa Maria Nova, Neu Sankt Marien, nachdem die Kirche Santa Maria Antiqua auf der anderen Seite des Forum Romanum geschlossen worden war. Alte und neue Bestimmung, Tempel der Venus und Kirche, empfahlen dem Komponisten Franz Liszt 1860 die Gebäude als Wohnort, weil er – der in Rom als Kleriker die niederen Weihen nahm – zeit seines Lebens zwischen dem *amore sacro* und dem *amore profano*, der heiligen und der weltlichen Liebe, schwankte.

Papst Leo IV. baute um 850 an dieser Stelle, an der jetzigen Via dei Fori Imperiali, eine neue Marienkirche, die unter Honorius III. (1216–27) gänzlich erneuert wurde. Dabei kam der Glockenturm hinzu. Im 15. Jh. weihte man die Kirche der römischen Heiligen Francesca, die 1421 die Kongregation der Oblaten-Schwestern gründete, 1608 heiliggesprochen wurde und hier begraben liegt. Sie wird als Patronin der Autofahrer verehrt. An ihrem Fest, dem 9. März, kann man sein Auto vor der Kirche weihen lassen.

Der Campanile zeigt besten mittelalterlichen Stil, die Fassade verrät schon den Einfluss Palladios. Die Innenausstattung der Kirche

Santa Francesca Romana
tgl. 9.30–12 und 16–19 Uhr

Basilika des Maxentius

weist vielfältigen Marmor-, Stuck- und Bildschmuck auf; von besonderem Wert sind die Confessio (nach Entwürfen Berninis), das Apsismosaik (wohl aus dem 13. Jh.) und das Madonnenbild im Hochaltar, die »Tavola di Santa Maria Nova«, auch »Madonna del Conforto« (Madonna der Hilfe) genannt, aus dem 6. Jh., das sich jetzt im benachbarten Konvent befindet; die Legende nennt den Evangelisten Lukas auch hier als Maler.

Basilika des Maxentius
Zugang gewöhnlich vom Forum Romanum, s. S. 168

Basilika des Maxentius (Basilica di Massentio)

Auch die Ruinen der Maxentius- oder Konstantinsbasilika bilden zuweilen eine eindrucksvolle Kulisse für kulturelle Veranstaltungen. Noch die Überreste zwischen der Via dei Fori Imperiali und dem Forum Romanum vermitteln einen Eindruck von der einstigen Größe.

Das einst kreuzgewölbte Mittelschiff war 35 m hoch, die kassettierten Tonnengewölbe der beiden Seitenschiffe erreichten eine Höhe von fast 25 m, die Gesamtlänge der Basilika betrug 100 m, die Breite 76 m. So wie sich die Baumeister des Kaisers Maxentius (306–12) an den riesigen Thermenanlagen der Kaiser Caracalla und Diokletian orientierten, war die Maxentius-/Konstantinsbasilika Vorbild für den europäischen Kirchenneubau besonders in der Renaissance und im Barock (z. B. auch Sankt Peter). Den gewaltigen Pfeilern waren hohe korinthische Säulen vorgesetzt. Eine von ihnen steht heute vor dem Haupteingang der Kirche Santa Maria Maggiore; Paul V. ließ sie Anfang des 17. Jh. dort aufstellen und mit einer bronzenen Marienstatue auf der Spitze krönen. Die Maxentius-Basilika wurde unter Papst Honorius I. (625–38) ihrer Bronzeziegel beraubt, die für das Dach der alten Peterskirche verwendet wurden, und verfiel in der Folgezeit. Erdbeben und Brände trugen auch hier zum weiteren Niedergang des

Die Basilika des Maxentius ist das letzte große Bauwerk der römischen Kaiser der Antike

Rekonstruktion der Maxentius-Basilika

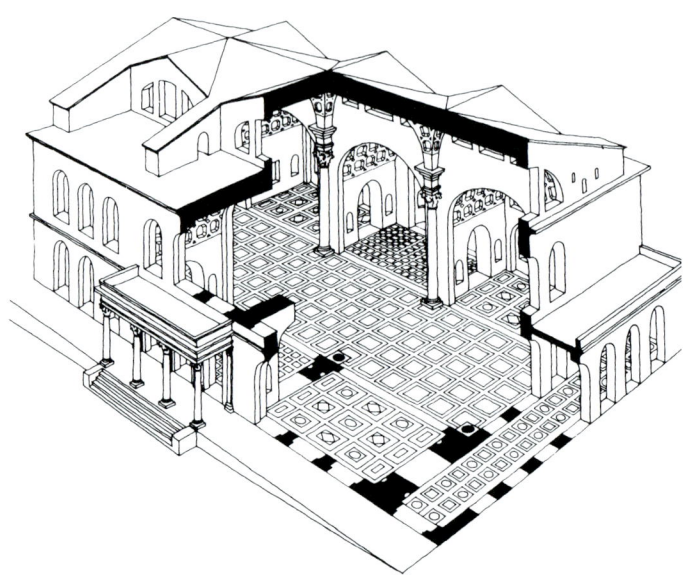

Bauwerks bei, sodass nur noch der Kern des nördlichen Seitenschiffs erhalten geblieben ist.

Das auch Basilica Nova, ›Neue Basilika‹ – im Vergleich zu den alten Hallen, Basilica Julia und Aemilia, auf dem Forum Romanum nebenan – genannte Bauwerk diente der Rechtsprechung und dem allgemeinen Geschäftsverkehr. Die mächtigen Hallen wurden 306 von Kaiser Maxentius begonnen und bis 312 weitergeführt, 330 von Konstantin beendet und eingeweiht. Damit wurde gleichsam der Schlussstein auf der Schaubühne der römischen Staatsarchitektur gesetzt: Die Basilika war das letzte Großbauwerk der Kaiser der Antike. Denn noch im Jahr der Einweihung verlegte Konstantin die kaiserliche Residenz nach Byzantion, dem zukünftigen Konstantinopel, damit den Niedergang der alten Hauptstadt des Imperium Romanum einleitend.

Santi Cosma e Damiano

Santi Cosma e Damiano
tgl. 8–13 und 15–19 Uhr

Über dem Foro della Pace, dem Friedensforum des Kaisers Vespasian neben dem Forum Romanum, und dabei ein Gebäude dieses Forum miteinbeziehend, ließ Papst Felix IV. (526–530) im 6. Jh. den orientalischen Märtyrer-Ärzten Kosmas und Damian eine Kirche weihen. Das einschiffige Bauwerk erhielt 1632 eine barocke Innenausstattung, der auch die schöne Holzdecke zuzurechnen ist. Aus dem Mittelalter stammt der Osterleuchter, eine vortreffliche Arbeit der Kosmaten. Die Mosaiken in der Apsis und am Triumphbogen entstanden zur Zeit des Papstes Felix IV. und sind von hohem künstlerischen Rang. Die Darstellungen am Triumphbogen, leider verstümmelt, zeigen biblische Szenen aus dem Buch der Offenbarung. Das Apsismosaik, in besserem Zustand, verbildlicht die »Übergabe des göttlichen Gesetzes«, von großer theologischer Aussagekraft: Christus in der Mitte, majestätisch aus dem dunkelblauvioletten Himmel (der Ewigkeit) uns entgegentretend, übergibt den Aposteln Petrus und Paulus, den hoheitsvollen Vertretern der lehrenden Kirche, die Schriftrolle, das heißt die göttliche Offenbarung; sie geleiten die Patrone Kosmas und Damian; der hl. Theodor und Papst Felix stehen außen. In einem Nebenraum ist eine der größten und künstlerisch wertvollsten Weihnachtskrippen der Stadt zu bewundern; die Figuren sind sorgfältig gearbeitet, die Ausstattung ist originell.

Kaiserforen (Fori Imperiali)

Gerade um die Kaiserforen werden immer wieder heftige kunstgeschichtliche Diskussionen geführt. Die von Mussolini angelegte Via dei Fori Imperiali (›Straße der Kaiserforen‹) bedeckt in der Tat weite Teile dieser alten Foren, und es wäre zweifellos interessant, deren Überreste ans Licht zu bringen. Dann könnte man in einem riesigen archäologischen Park die ganze Ausdehnung und bemerkenswerte Einzelheiten aller Foren in der Mitte des antiken Rom betrachten. Ein Vorteil der neuen Via dei Fori Imperiali war zwar, dass man zum ersten Mal nach Jahrhunderten frei von der Piazza Venezia zum Kolosseum blicken konnte. Dadurch wurde jedoch beeinträchtigt, was große römische Kaiser – rechnen wir Caesar dazu – in ihrer Baulust an bedeutenden Bauten zur Verschönerung der Kapitale des Reiches geschaffen hatten, zumindest was davon übrig geblieben war. Caesar (ermordet 44 v. Chr.), Augustus (27 v. Chr.–14 n. Chr.), Vespasian (69–79), Nerva (96–98) und Trajan (98–117) wollten ihren Ruhm und den der Urbs mehren, den Römern zu Gefallen. Schon damals riss man Gebäude dafür ab, musste Altes Neuem weichen; in keiner anderen Stadt sieht man so deutlich dieses urbanistische ›Stirb-und-Werde‹ wie in Rom.

Kaiserforen ★★

Kaiserforen: Visitor Center

Ein Visitor Center und der freie Blick – gewöhnlich nicht der Zugang – in die Ausgrabungen erleichtern die Orientierung.

Vom Caesar- zum Nerva-Forum

Caesar-Forum (Foro di Cesare)

In unmittelbarer Nähe des Forum Romanum, am Fuß des Kapitolinischen Hügels ließ Gaius Julius Caesar zwischen 54 und 46 v. Chr. ein neues Forum anlegen, um den gewachsenen Bedürfnissen der römischen Bürger und der ›Insassen‹ des Reiches aus der Fremde Rech-

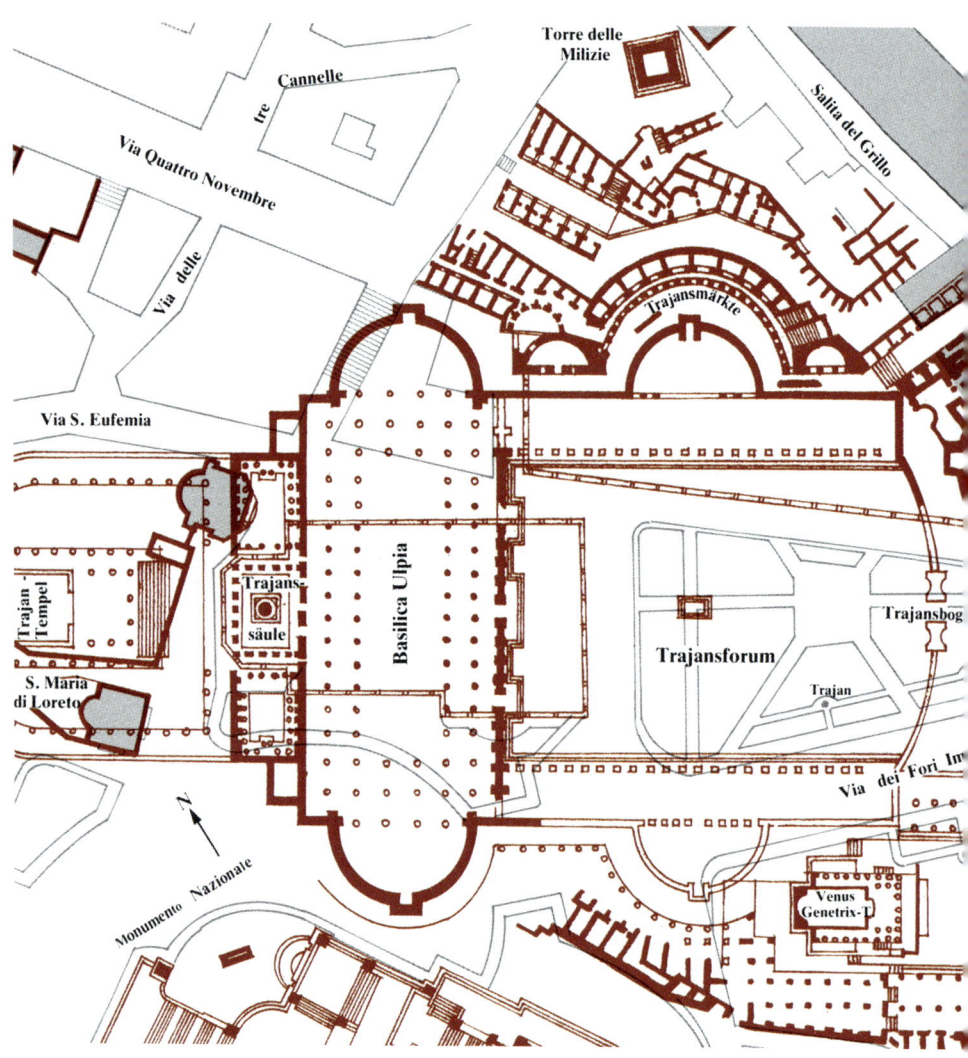

Kaiserforen

nung zu tragen, doch auch, um den eigenen Ruf und den seiner Familie, der Julier, zu erhöhen. Vielleicht erschien manchen das geheiligte alte Forum Romanum nicht mehr ›modern‹ und repräsentativ genug. Dieses Caesar-Forum, auch Forum Julium genannt, ein Gebiet von 170 × 75 m umfassend, ist heute zum Teil von Grünanlagen und Parkplätzen bedeckt. Es erstreckt sich wie das Trajansforum ungefähr parallel zur Via dei Fori Imperiali, während die Foren des Augustus, des Nerva und des Vespasian (annähernd) in Nord-Süd-Richtung, fast rechtwinklig dazu, angelegt sind. Die Ruinen lassen kaum noch eine

Kaiserforen

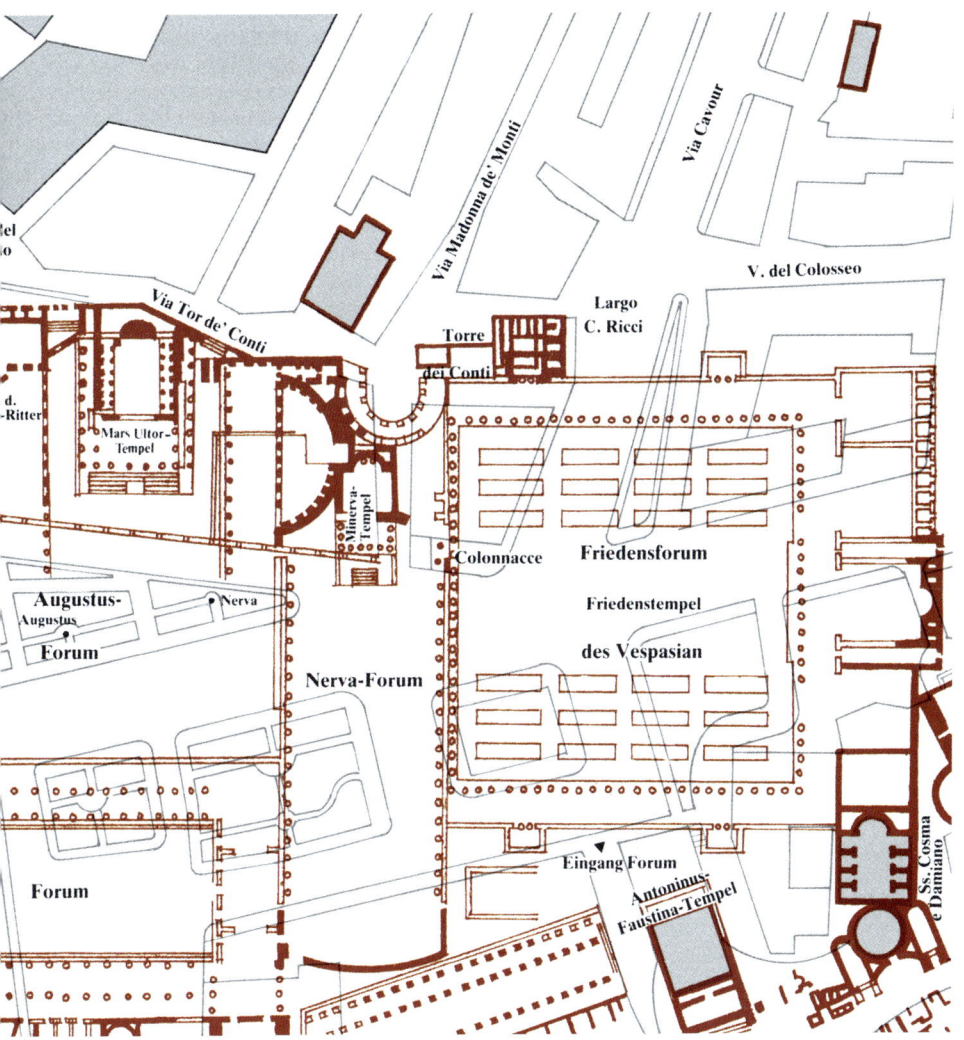

realistische Vorstellung des einstigen Forum-Komplexes zu. Der Tempel der Venus Genetrix (der Gebärerin Venus) und die Basilica Argentaria lagen am Nordrand des Forum. Letztere nahm die Börse und Wechselstuben auf. Von dem Venus-Tempel stehen noch drei korinthische Säulen mit Gebälk. Die einstigen Kaufläden des Caesar-Forum sind in den noch zweigeschossigen Aufbauten zu rekonstruieren. Leider ist kaum etwas von dem prächtigen Schmuck des Forum erhalten geblieben. Aus der antiken Literatur wissen wir u. a. von einem eindrucksvollen Reiterstandbild Caesars (die heute auf dem Forum

Trajansforum

stehende Bronzeskulptur ist eine Kopie nach einer anderen Marmorstatue Caesars) und einer goldenen Statue der Kleopatra. An den erhaltenen Fragmenten ist zu sehen, wie genau und sorgfältig die römischen Steinmetzen den Marmor bearbeiteten.

Augustus-Forum (Foro di Augusto)

Auch Augustus, der erste römische Kaiser, musste nach Caesar ›sein‹ Forum haben. Seine Statue (Kopie) in den Grünanlagen erinnert an den kaiserlichen Bauherrn. Von diesem Augustus-Forum, über das ebenfalls breit die Via dei Fori Imperiali führt, ist wenig erhalten geblieben: nur ein Treppenaufgang und Säulen vom Tempel des Mars Ultor (Tempio di Marte Ultore). Augustus weihte ihn im Jahr 2 v. Chr. ›dem rächenden Kriegsgott Mars‹ zum Andenken an die Schlacht von Philippi (42 v. Chr.), in der Octavianus Augustus die Mörder Caesars, Brutus und Cassius, besiegt hatte und diese dabei umgekommen waren. Im Mittelalter gingen die Johanniter, die späteren Rhodos- und Malteserritter, daran, die Ruinen in ihre Palazzi einzubeziehen. Die Casa dei Cavalieri di Rodi, der Palast der Rhodos-Ritter, in dessen Bau Teile einer ehemaligen Exedra aufgenommen sind, beherbergt das heutige Priorat des Ordens und eine Antikensammlung des Augustus-Forum; das Gebäude liegt an der Piazza del Grillo, etwas oberhalb, schon am Aufstieg zum Quirinal-Hügel.

Vespasian-Forum (Foro di Vespasiano)

Die Kirche Santi Cosma e Damiano stößt an eine Ecke (im Südosten) des Foro di Vespasiano, des Vespasian-Forum, das wegen des dem Friedensgott geweihten Tempels auch Foro della Pace, ›Friedensforum‹, genannt wird. Der Komplex wird heute von einer Straßenkreuzung bedeckt, dort, wo die Via Cavour in die Via dei Fori Imperiali mündet. Den Bau dieses Forum ordnete Kaiser Vespasian an. Die Arbeiten wurden von 71 bis 75 n. Chr. ausgeführt und mit Beutegeldern des Judäischen Kriegs finanziert, den Vespasian begonnen hatte und sein Sohn Titus im Jahr 79 siegreich beendete.

Nerva-Forum (Foro di Nerva)

Zwei hohe korinthische Säulen, von den Römern *colonnacce* (Riesensäulen) genannt, begrenzen das Nerva-Forum nach Osten zum Foro della Pace hin. Sie sind Reste einer Säulenhalle, zu der auch die Fragmente eines Gebälk- und eines Bildfrieses gehören. Kaiser Nerva weihte das Forum, das sich im Osten an das Augustus-Forum anschließt, im Jahr 97 n. Chr. ein. Beherrschendes Bauwerk war ein Tempel der Minerva, nicht nur zur Kaiserzeit, sondern bis ins 17. Jh., bevor er auf Befehl von Papst Paul V. abgetragen wurde, um das Material für den Brunnenbau der Acqua Paola auf dem Gianicolo-Hügel zu liefern. Auch hier erinnert eine Bronzestatue (Kopie) an den Kaiser.

Trajansforum (Foro di Traiano)

Das Forum des Kaisers Trajan (98–117 n. Chr.) muss das prächtigste der Kaiserforen gewesen sein. Dieses ›neueste‹, größte und am besten erhaltene Kaiserforum umfasste Tempel, Basilika und persönliche Ehrenmale des Kaisers, Triumphbogen, Reiterstandbild und Siegessäule, und weiter die Märkte des Trajan (in nordöstlicher Richtung bis auf den Quirinal ansteigend). Der gewaltige, im Altertum viel bewunderte Komplex wurde von dem Architekten Apollodoros aus Damaskus im Jahr 107 begonnen und im Jahr 143, 30 Jahre nach dem Tod Trajans, eingeweiht. Er feierte jenen Kaiser, in dessen Regierungszeit das Imperium Romanum seine größte Ausdehnung erreichte.

Basilica Ulpia

Ausgrabungen und notwendige Restaurierungsarbeiten lassen Bedeutung, Aufteilung und Schönheit des Forum klar hervortreten: Von Südosten (vom Kolosseum her) führte der Weg durch einen Triumphbogen (116 errichtet) zu dem zentral aufgestellten Reiterstandbild des Kaisers. An der Frontseite des Platzes lag eine Gerichts- und Geschäftshalle, die Basilica Ulpia, von enormen Ausmaßen. Die Länge betrug 130 m, sodass dem Platzbedarf nur mit Mühe entsprochen werden konnte. Zwei **Bibliotheksgebäude,** welche die Siegessäule des Trajan umschlossen und sich an die Basilika anlehnten, dienten der Aufbewahrung lateinischer und griechischer Literatur. Die Grenze des Forum zur Piazza Venezia hin bildete ein Tempel, zwischen den heutigen Marienkirchen liegend, der dem vergöttlichten Trajan geweiht war.

Trajansforum ★★

Der lateinische Schriftsteller Ammianus Marcellinus berichtet im 4. Jh.: »Als Kaiser Constantin auf das Trajansforum kam, dieses einzigartige Bauwerk unter dem weiten Himmel, das unserer Auffassung nach selbst die Götter als Wunder gelten lassen müssen, war er starr vor Staunen und ließ seine Gedanken um die riesenhaften Baukörper schweifen, die sich nicht schildern lassen und auch niemals wieder von Sterblichen erreicht werden können.«

Den Ruhm der Trajanssäule macht der spiralförmig aufsteigende plastische Fries aus, ein Meisterwerk römischer Bildhauerkunst mit Szenen aus den Daker-Kriegen

Siegessäule des Trajan (Colonna die Traiano)

Die insgesamt rund 40 m hohe Siegessäule des Kaisers Trajan steht uns Heutigen als »Zeugnis großartiger Selbstdarstellung des römischen Kaisertums« (Henze) vor Augen, trotz fortschreitender Schäden und dank vieler Restaurierungen. Sie ist ein vorzügliches Werk römischer Bildhauerkunst. Die Säule allein, ohne Statue, Basis und Kapitell, misst 29,78 m und ist aus 18 Marmorblöcken von der griechischen Insel Paros zusammengesetzt. Außen zieht sich ein spiralförmig ansteigender Fries von 200 m Länge mit Szenen aus den Daker-Kriegen (101/102 und 105/106 unter Trajans Befehl geführt) entlang, mehr als 2500 Figuren darstellend. Die Ereignisse sind künstlerisch vollendet, Geschichte ist lebendig dargestellt. Der ganze martialische Aufwand, die kämpfenden Soldaten und schnaubenden Rosse ließen sich in der Antike leicht von den Fenstern der beiden Bibliotheken aus betrachten; uns stehen dafür Ferngläser und Teleobjektive zur Verfügung. Eine Wendeltreppe im Innern – das notwendige Licht fällt durch kleine Schlitze des Säulenmantels von außen ein –, führt 185 Stufen empor. Der Sockel der Säule bewahrte eine goldene Urne mit der Asche des Kaisers. Krönung des Ehrenmals war einst ein goldenes Standbild Trajans, das im Mittelalter verloren ging. Seine Stelle nimmt seit 1587, von Papst Sixtus V. veranlasst, der Apostel Petrus (mit dem Schlüssel) ein; so wachen zwei Apostelfürsten (als zweiter der hl. Paulus auf der Mark-Aurel-Säule, Piazza Colonna) gemeinsam über ihre Stadt.

Märkte des Trajan (Mercati di Traiano)

Den Anstieg zum Quirinal-Hügel nutzend und durch eine halbkreisförmige Mauer gegen das Trajansforum abgegrenzt, lagen auf weitläufigem Gelände die teilweise sechsgeschossigen, aus roten Ziegelsteinen errichteten Markthallen und Kaufstraßen – heute ein eindrucksvoller Gebäudekomplex. Auch diese Märkte des Trajan sind ein Werk des Baumeisters Apollodoros. Die Römer erhielten dort preiswerte Angebote vor allem aus der Menge der in Naturalien entrichteten Steuerabgaben. Kaiserliche Schenkungen sorgten durch Verteilung von Lebensmitteln an die arme, doch anspruchsvolle und zuweilen launische Bevölkerung Roms für eine Verminderung der sozialen Spannungen.

Märkte des Trajan
Di–So 9–19 Uhr

Santa Maria di Loreto
tgl. 9–13 und 16–18 Uhr

Santa Maria Loreto und Santissimo Nome di Maria

Wie viele andere antike Stätten wurde auch das Trajansforum in späteren Zeiten überbaut, so mit der Torre delle Milizie an der Via Quattro Novembre und den beiden zwillingshaften Marienkirchen Santa Maria di Loreto und Santissimo Nome di Maria. Die Kirche Santa Maria di Loreto (in Erinnerung an den italienischen Wallfahrtsort Loreto in den Marken) wurde zu Beginn des 16. Jh. wohl von den Bau-

Die Märkte des Trajan, aus roten Ziegeln errichtete Markthallen, liegen am Hügel des Quirinal

meistern Bramante und Antonio da Sangallo d. J. begonnen. Zusammen mit der daneben stehenden zwillingsähnlichen ›Kirche des Heiligsten Namens Maria‹, 1736–38 von A. Derizet erbaut, im Grundriss oval im Gegensatz zur achteckigen Nachbarskirche, bildet sie einen eindrucksvollen Abschluss des Trajansforum.

Torre delle Milizie

Auch Rom hat einen schiefen Turm. Weithin sichtbar ragt die Torre delle Milizie zwischen dem Trajansforum und dem Quirinal-Hügel empor, massiv, festungsartig, einer der eindrucksvollsten Geschlechtertürme Italiens und der mächtigste Roms. Er wurde als Wehrturm unter Papst Gregor IX. im 13. Jh. errichtet und kam wahrscheinlich durch die damals oder früher in der Nachbarschaft untergebrachten byzantinischen Milizen zu seinem Namen. In den endlosen Kämpfen römischer Adelsfamilien spielte er – als Angriffsbasis und Verteidigungsbollwerk – seinem jeweiligen Besitzer eine wichtige Rolle. Der deutsche König Heinrich VII. nutzte ihn im Kampf gegen die guelfische Partei, als er sich 1312 seine Kaiserkrönung erstritt. Die römische Sage setzt den Bau weit früher an und verbreitet, dass unter ihm das Grab des Kaisers Augustus liege und angeblich Nero von seiner Höhe aus den Brand Roms besungen habe. Deshalb heißt er auch Torre di Nerone, ›Nero-Turm‹. Herrliche Aussicht von oben über die Innenstadt.

Torre delle Milizie

Zugang über Trajansmärkte, teilweise beschränkt

Von der Piazza Venezia zur Piazza di Spagna

Palazzo Bonaparte

Nirgendwo dominieren die Touristen in Rom so sehr wie an den Stätten dieses Besichtigungsgangs von der Piazza Venezia zur Piazza di Spagna, eines ›Geschlängeles‹ links und rechts der Via del Corso, der belebten Einkaufsstraßen der Via del Tritone, Frattina, Borgognona, della Croce und der eleganten Via Condotti. Da kann man nach Herzenslust Sightseeing betreiben oder shoppen, vor all den schicken Läden die Sehenswürdigkeiten oder vor lauter atemberaubenden Palazzi die Boutiquen vergessen.

Vor allem an der Fontana di Trevi, dem Brunnen, der zum Glückspfand wiederkehrwilliger Besucher geworden ist, und auf der Spanischen Treppe gibt sich die weite Welt ein buntes Stelldichein. Dort muss man weder Sehenswürdigkeiten bewundern – höchstens kann man in einem spannenden Kunstreiseführer lesen – noch Einkaufstüten füllen. Es reicht, ganz entspannt seine Blicke schweifen zu lassen, Römerinnen und Römer sowie Menschen aller Nationen zu bewundern, kurz, Rom zu genießen. In diesem Viertel, links und rechts der Via del Corso, der Achse der römischen Innenstadt, der Via del Tritone und der Via Condotti, findet sich alles, was zum römischen Hochgefühl führt: berückend barocke Kirchen, stattliche-charmante Palazzi und an der zentralen Piazza Colonna die versöhnlich-eindrucksvollen Machtbauten der italienischen Politik. Dort stehen – unter dem Schutz der Triumphsäule des altrömischen Kaisers Mark Aurel und des Apostels Paulus – der Palazzo Montecitorio als Sitz der Abgeordnetenkammer und der Palazzo Chigi als Sitz des Ministerpräsidenten. Vor lauter schmucken Hotels und Pensionen, eleganten *ristoranti* und preiswerten *pizzerie,* den nach letztem Schrei gestylten Läden aller italienischen und internationalen Luxusmarken weiß man nicht, was wählen.

Cityplan Piazza Venezia – Piazza di Spagna
S. 208

Restaurant- und Einkaufstipps s. S. 417

Besonders sehenswert: Palazzo und Galleria Doria Pamphili, Fontana di Trevi Mark-Aurel-Säule, Spanische Treppe und Piazza di Spagna

Von der Piazza Venezia zum Palazzo Colonna

Palazzo Bonaparte

Auch Napoleon I., der Kaiser der Franzosen, hat in Rom seine Spuren hinterlassen. Die Kirchengeschichte klagt darüber, dass er Papst Pius VII. so schlecht behandelt und gedemütigt habe. Die Römer nahmen ihn hin wie ein Gewitter. Nicht nur, dass er 1798 die Römische Republik schuf und 1809 seinen Sohn zum König von Rom ausrief. In der Stadt des Papstes! Nicht wenige in Europa schrien darob Skandal. Auch der schmale Palast, Piazza Venezia Ecke Via del Corso, trägt den Namen Bonaparte, noch oben am Gebäude zu lesen. Dieser **Palazzo Bonaparte (1),** oder ›Misciattelli‹, im Jahr 1660 erbaut, diente der Mutter Napoleons, Letizia Ramolino, als Alterssitz nach den Niederlagen ihres Sohnes. Sie starb hier im Jahr 1836.

◁ *Santissima Trinita dei Monti*

Palazzo und Galleria Doria Pamphili

Palazzo und Galleria Doria Pamphili ★

Die Fassaden des **Palazzo Doria Pamphili (2)** an der Via del Corso und der Via del Plebiscito sind vom Verkehr geschwärzt, doch ihre rokokohafte Eleganz ist unverkennbar. Der Palazzo Graziolo, die römische Residenz von Silvio Berlusconi, kann es mit ihm nicht aufnehmen. Der Stadtpalast der Doria ist einer der größten Wohn-Palazzi in Rom; sein Grundriss ist gänzlich unregelmäßig. Begrenzt von den Straßen Via del Corso, Via del Plebiscito, Via della Gatta und der Piazza del Collegio Romano mit der Via Lata, lässt er an der Ecke Piazza Venezia/Via del Corso Raum für den viel kleineren Palazzo Bonaparte. Im 15. Jh. begonnen, wurde er auf Wunsch seiner jeweiligen Besitzer – den Familien della Rovere, Aldobrandini und Pamphili, aus denen auch mächtige Päpste hervorgingen – von bekannten Architekten vergrößert und verschönert und so zu einem Komplex ausgebaut, der in seinen Fassaden und Innenhöfen verschiedene Stilrichtungen widerspiegelt. Da die Pamphili sich später mit den Doria verbanden, wurde auch der Doppelname gebräuchlich.

Galleria Doria Pamphili

Der Palazzo beherbergt die Galleria Doria Pamphili, eine ansehnliche Gemäldesammlung, die vor allem von den Doria und Pamphili zusammengetragen wurde (Eingang Piazza del Collegio Romano, Nr. 1a). Zu den Kostbarkeiten der Sammlung zählen neben anderen Gemälde von Correggio, Tintoretto, Tizian, Breughel, Bordone, Lorrain und Domenichino. Besonders erwähnenswert sind ein Meisterwerk Caravaggios, »Ruhe auf der Flucht nach Ägypten« und ein Bildnis des Papstes Innozenz X. (1644–55; aus der Familie der Pamphili) von Velázquez. Weiter sind einige wertvolle Marmorskulpturen hervorzuheben, so auch eine Büste Innozenz' X. von Bernini. Privatgemächer und Repräsentationsräume mit Bildern und Skulpturen bilden ein eindrucksvolles Interieur dieses herrschaftlichen Palastes.

Collegio Romano und Sant'Ignazio

Collegio Romano

Galleria Doria Pamphili
Fr–Mi 10–17 Uhr

Nationalbibliothek im Collegio Romano
Mo–Fr 8.30–19.30, Sa 9.30–13.30 Uhr

Der riesige Palast des **Collegio Romano (3)** an der gleichnamigen Piazza, einst das Kolleg des Jesuitenordens in Rom, wurde zwischen 1583 und 1585, in sehr kurzer Zeit also, von den Architekten Bartolomeo Ammanati und Giuseppe Valeriani, einem Mitglied des Jesuitenordens, als neue römische Universität der ›Gesellschaft Jesu‹ für die studierende Jugend erbaut. Der Gönner des Ordens, Papst Gregor XIII., hatte die notwendigen Mittel dafür zur Verfügung gestellt. Im Collegio Romano befinden sich heute ein Gymnasium und die **Nationalbibliothek**.

Das Gemälde von Diego Velázquez (1599–1660) in der Galleria Doria Pamphili zeigt Papst Innozenz X. aus der Familie der Pamphili

Sant'Ignazio

Im Jahr 1540 approbierte Papst Paul III. den Jesuitenorden. Ignatius von Loyola, die antreibende ›Seele‹ dieser jungen Gemeinschaft, wurde der erste Generalobere. Die Societas Jesu, die ›Gesellschaft Jesu‹, wie sich die Priestergruppe nannte, breitete sich rasch von Rom über Italien und Europa aus und führte mit zunehmendem Erfolg den Kampf für ihr großes Glaubensziel; schon in den ersten Jahrzehnten gewann sie Tausende von Mitgliedern.

Ignatius selbst starb 1556 und wurde 1622 heiliggesprochen. Ihm weihten die Jesuiten **Sant'Ignazio (4),** ihr von 1626 bis 1650 errichtetes, nach Il Gesù zweites großes Ordens-Gotteshaus der Stadt. Als Baumeister und Maler wussten sie sich selbst zu helfen; der Architekt Orazio Grassi und der Maler Andrea Pozzo gehörten zum Orden. Finanzielle Unterstützung erhielten sie von Kardinal Ludovico Ludovisi, dem Neffen Papst Gregors XV.

Sant'Ignazio
7.30–12.15 und
15–19.15 Uhr

Von der Piazza Venezia zur Piazza di Spagna

Das Deckenfresko in Sant'Ignazio stammt von Andrea Pozzo und zeigt in kühner illusionistischer Manier den »Eingang ins Paradies« des hl. Ignatius

Aus dem Gewirr der Gassen tritt man wie aus einer Theaterkulisse mit scheinbar ineinandergeschobenen Häusern auf die intime Piazza Sant'Ignazio und fühlt sich sogleich wie auf einer Bühne. Die Kirchenfassade lässt eine Ahnung vom Lebensgefühl des Barock in uns aufsteigen. Dieses Gefühl soll in der Kirche noch erhöht und im Glauben geheiligt werden. Ein riesenhafter Innenraum, der für die Verkündigung des Wortes, die erbauliche Predigt und die heilige Liturgie – den Gottesdienst – gleich gut geeignet ist, die mit kleinen Durchgängen verbundenen Seitenkapellen, in denen das Messopfer so häufig wie möglich gefeiert wurde, und eine das Auge entzückende Innenausschmückung mit wertvollen Materialien und reichen Dekorationen: das waren in der Zeit der Gegenreformation die künstlerischen Mittel, um die Christen wieder neu für die katholische Kirche zu begeistern. Die Jesuiten hatten klar die Wichtigkeit äußerer Formen erkannt.

Trotz fehlender Vierungskuppel strahlt der Raum Harmonie aus – bester Beweis für die architektonische Meisterschaft des hervorragenden Mathematikers Grassi. Apsis und Decke des gesamten Kirchenschiffs sind mit einzigartigen Fresken von Andrea Pozzo bedeckt, die in kühner illusionistischer Manier den Triumph des Glaubens darstellen. Der meisterhafte Umgang mit der Perspektive ist von einer in den Boden eingelassenen Marmorplatte aus am besten zu beurteilen.

Das Gemälde preist den hl. Ignatius, seinen ›Eingang ins Paradies‹ und ›die vier missionierten Weltteile‹; die barocke Deckenmalerei präsentiert sich hier auf einem Gipfelpunkt. So verbinden sich Architektur, Malerei und Plastik in dieser Kirche zu einem bezwingenden Ganzen; das Herz des Gläubigen soll, vom Auge hin- und hergeführt, von der Kunst bestochen, sich gen Himmel richten, sein Verstand der Kirchenlehre folgen. Ebenfalls bemerkenswert sind die Grabstätten zweier verehrter Ordensmitglieder (des hl. Aloisius, 1568–91, und des hl. Johannes Berchmans) sowie ein prunkvoller Epitaph für Papst Gregor XV.

Börse (Borsa)

Die römische **Börse (5)** an der Piazza di Pietra ist in eine **antike Tempelanlage** hineingebaut, von der noch elf korinthische Säulen an der Längsseite des Gebäudes (und des Platzes) erhalten sind. An dieser Stelle erhob sich der Tempel des Kaisers Hadrian (Hadrianeum), der lange Zeit für den des Gottes Neptun gehalten wurde. Der Boden des Tempels liegt heute deutlich unter dem heutigen Bodenniveau (wie beim Pantheon), das durch Schutt und Schlamm um mehrere Meter anstieg.

San Marcello

Die Kirche **San Marcello (6),** die an einem von der Via del Corso zurücktretenden Platz steht, ist dem hl. Papst Marcellus I. (308/09) geweiht. Dieser römische Bischof wurde der Überlieferung nach wegen seiner festen Glaubenshaltung von Kaiser Maxentius in die Verbannung geschickt. Die von Carlo Fontana (1682/83) geschaffene konkave Barockfassade der Kirche wirkt nach der kürzlich vollendeten Restaurierung besonders eindrucksvoll. Das Innere ist geprägt von römischer Volksfrömmigkeit.

Palazzo Colonna und Santi Apostoli

Palazzo Colonna

Zwischen der Piazza dei SS. Apostoli und der Via della Pilotta, zwischen der Via Quattro Novembre und der Via del Vaccaro mit der Piazza della Pilotta dehnt sich der weitläufige **Palast** der bedeutenden römischen Adelsfamilie **Colonna aus (7)**, deren Stammbaum namhafte Größen wie etwa Papst Martin V. (1417–31) nachweist. Im 15. Jh. begonnen, wurde der gewaltige Bau 1730 nach vielen Erweiterungen fertiggestellt und bietet neben anderem der Kirche Santi Apostoli und der Galleria Colonna Raum.

San Marcello
7.45 –12 und
16–19, So ab
9.30 Uhr

*Palazzo und
Galleria Colonna*
Sa 9–13 Uhr
(25. Juli–29. Aug.,
25. April und
26. Dez. geschl.)

Von der Piazza Venezia zur Piazza di Spagna

1 Palazzo Bonaparte
2 Palazzo Doria Pamphili
3 Collegio Romano
4 S. Ignazio
5 Tempio di Adriano
6 S. Marcello
7 Palazzo Colonna
8 SS. Apostoli
9 Fontana di Trevi
10 Galleria dell' Accademia di S. Luca
11 Mark-Aurel-Säule
12 Palazzo Montecitorio
13 S. Lorenzo in Lucina
14 Palazzo Ruspoli
15 S. Carlo al Corso
16 Palazzo di Spagna
17 Spanische Treppe
18 Palazzo di Propaganda Fide
19 S. Andrea delle Fratte
20 SS. Trinità dei Monti
21 Palazzo Zuccari

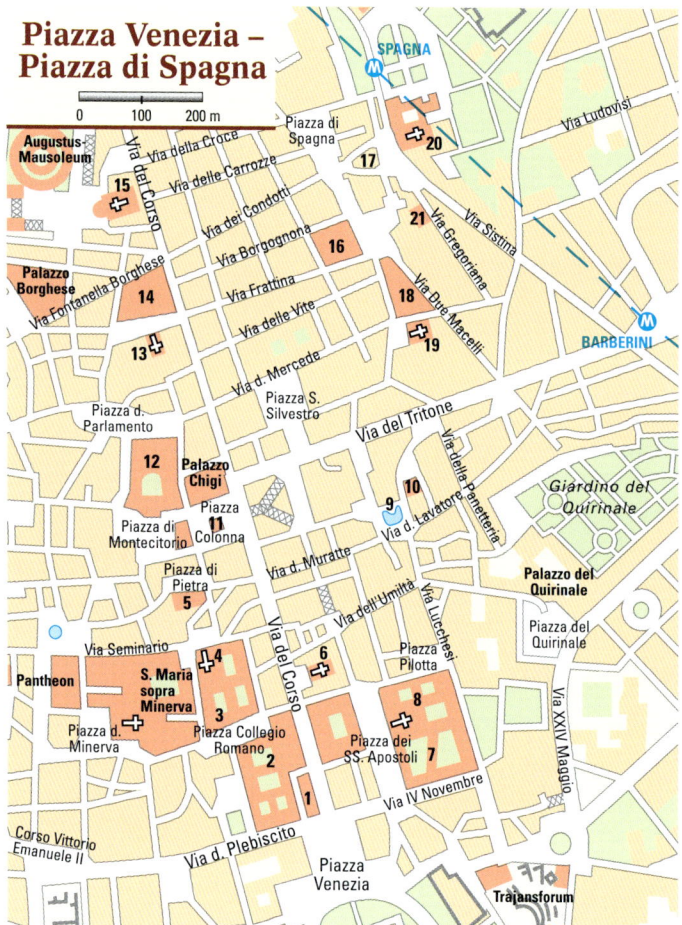

Santi Apostoli

Die **Zwölf-Apostel-Kirche (8),** ist in den Palazzo Colonna eingefügt. Ursprünglich den Heiligen Philippus und Jakobus geweiht, diente sie lange den Colonna als Familienkirche. Sie wurde wahrscheinlich unter Papst Pelagius I. im 6. Jh. erbaut, nach der Vertreibung der Goten unter dem römischen Feldherrn Narses. Mittelalterliche Restaurierungen und Ergänzungen in der Renaissancezeit schlossen sich während der Amtszeit verschiedener Päpste an. Der jetzige Bau wurde nach 1702 als letzte große Basilika Roms von Francesco und Carlo Fontana errichtet.

Die leicht schräg zur Kirche verlaufende Vorhalle birgt unter anderem Fragmente antiker und mittelalterlicher Kunst; rechts das Re-

Santi Apostoli
6.30–12 und
16–19.15 Uhr

lief eines römischen Reichsadlers, links die klassizistische Stele für den Kupferstecher Giovanni Volpato von Antonio Canova. In dem 63 m langen Innenraum, dessen drei Schiffe zu einer großen Halle zu verschmelzen scheinen, befinden sich zahlreiche bewunderungswürdige Kunstwerke. Dazu gehören die Deckenmalereien (»Triumph des Franziskanerordens«); das Grabmal für Papst Klemens XIV. (an der Stirnwand des linken Seitenschiffs), ein hervorragendes frühklassizistisches Werk von Canova (1787); das Grabmal des Kardinals Pietro Riario, des Neffen Papst Sixtus' IV. (gestorben 1474), ein gemeinsames Werk der Bildhauer Andrea Bregno, Dalmata und Mino da Fiesole; in der Apsis »Martyrium der Heiligen Philippus und Jakobus« von Domenico Muratori, das größte Altargemälde Roms; ferner (hinter der Sakristei) das Grab des Kardinals Johannes Bessarion (gestorben 1472), des großen Humanisten und Kirchenfürsten der Renaissance. (Fragmente des Apsisfreskos von Melozzo da Forli, musizierende Engel, sind in der Vatikanischen Pinakothek zu sehen; s. S. 385)

Galleria Colonna

Kardinal Girolamo I., Spross der Colonna, gab im 17. Jh. dem Familien-Palazzo den Grundstock zu einer beeindruckenden Gemäldegalerie, der Galleria Colonna, die nunmehr vornehmlich über Werke großer Künstler des 17. und 18. Jh. verfügt. Unter ihnen Gemälde von Veronese, Tintoretto, Poussin, Landschaften und Porträts, dazu Bilder, die an große Ereignisse in der Familiengeschichte der Colonna erinnern, so etwa an den wichtigen Sieg, den Marcantonio Colonna als Kommandant der abendländischen Seestreitkräfte in der Schlacht bei Lepanto (1571) gegen die Türken erfochten hat.

Fontana di Trevi und Umgebung

Fontana di Trevi

Roms größter und berühmtester Brunnen ist die **Fontana di Trevi (9)**. Wer Rom wiedersehen wolle, der müsse, so befiehlt die alte Sitte, eine Münze in den Brunnen werfen. Manche meinen, rückwärts mit der rechten Hand über die linke Schulter. So finden sich im Wasser immer Münzen aus aller Welt von den Besuchern Roms; alle, alle wollen sie wiederkommen. Die Münzen gehören der Gemeinde Rom, aber junge Römer finden immer wieder eine Gelegenheit, sie herauszufischen, bevor die Stadtreinigung ans Werk geht. Der gewaltige Brunnenaufbau erhebt sich auf einem kleinen, von Häusern eingeschlossenen Platz, auf den fünf Straßen münden. Seit einigen Jahren ist dieser theatralische Platz für den Durchgangsverkehr gesperrt. So herrscht auf dieser Bühne vor dem Brunnenspektakel immer ein mun-

Fontana di Trevi ★★

> **Galleria dell'
> Accademia
> Nazionale di
> San Luca**
> Mo–Sa 10–12.30
> Uhr, im Juli und
> Aug. geschl.

teres Treiben. (Man achte darauf, dass einem nicht nur Münzen abhanden kommen!)

Bereits Agrippa, der erste Erbauer des Pantheon, legte an dieser Stelle im 1. Jh. v. Chr. eine Wasserleitung für seine Thermen an, die auf Wunsch späterer Päpste erneuert und restauriert wurde. Klemens XII., ein Papst aus der Florentiner Familie der Corsini (1730–40), beauftragte Nicola Salvi, ein Wasser-Werk zu schaffen, an dem die Römer ihre Freude hätten. Salvi erfüllte den Auftrag zwischen 1732 und 1751 mit der 20 m breiten und 26 m hohen, meisterhaft gestalteten barocken Brunnenanlage, die sich an den Palast der Herzöge von Poli anlehnt. In der Mitte unter einem dreiachsigen Triumphbogen steht herrscherlich der Gott Neptun auf einem von zwei Meerespferden gezogenen Wagen und umgeben von Muscheln und Tritonen. Das Wasser strömt über künstliche Felsen und umspielt die Figuren, bis es schließlich von einem halbrunden Becken aufgefangen wird, um aufs neue den Kreislauf zu beginnen.

Galleria dell' Accademia Nazionale di San Luca

Die **Akademie des hl. Lukas (10),** im 14. Jh. die ›Universität der Maler‹, weil die christliche Überlieferung, besonders in Rom, diesem Evangelisten auch künstlerische Fähigkeiten zuschrieb, hat ihren Sitz in der Nähe der Fontana di Trevi. Im 3. Stock des ansehnlichen Palazzo Caspegna an der Piazza dell'Accademia di San Luca findet man in den Sälen der Galleria dell'Accademia di San Luca u. a. Werke von Tizian, Lavinia Fontana, Barocci, Pellegrini, Angelika Kauffmann, van Dyck, Ribera und Thorwaldsen.

Piazza Colonna und Umgebung

Mark-Aurel Säule (Colonna di Marco Aurelia)

Mark-Aurel-Säule ★

Die **Ehrensäule des Kaisers Mark Aurel (11;** 161–80) erhebt sich beherrschend auf der Piazza Colonna. Im antiken Rom standen hier die Tempel Hadrians und Mark Aurels, zwischen die im Auftrage des römischen Senats das Siegeszeichen für Mark Aurel gestellt wurde. Er hatte in den Jahren 172/73 n. Chr. die Markomannen und Quaden und von 174 bis 175 die Sarmaten vernichtend geschlagen. So fand die zwei Generationen zuvor gestiftete Ehrensäule für den Kaiser Trajan auf dem Trajansforum eine Entsprechung in Aufbau und Größe. Man begann im Jahr 176 mit dem Werk und beendete es lange nach dem Tod des Kaisers im Jahr 193.

Die fast 30 m hohe Säule (42 m sind es unter Einbeziehung von Basis und Kapitell) hat einen Durchmesser von 3,7 m und besteht aus carrarischem Marmor. Dem Vorbild der Trajanssäule nacheifernd, ver-

Die Fontana di Trevi, Roms berühmtester Brunnen, verhilft zur Wiederkehr, wenn man eine Münze hineinwirft

fügt sie im Innern über eine 190-stufige, in luftige Höhe aufsteigende Treppe und ist von außen mit einem spiralförmig sich zur Spitze hinaufwindenden Reliefband geschmückt. Dieser Fries beschreibt detailreich und bewegt die Kriegsereignisse aus den Jahren 172–75 n. Chr. Man erkennt die Waffenarten und Kleidung der Krieger, erhält Aufschluss über damalige Bräuche und die angewandte Technik. Im Vergleich zur Trajanssäule sind die Figurengruppen noch plastischer aus dem Marmor herausgearbeitet, allerdings weniger sorgfältig und auf weniger hohem künstlerischen Niveau.

Einst wurde die Säule, natürlich, von einem Mark-Aurel-Standbild bekrönt, das aber im 16. Jh. verlorenging. Seit 1589 wacht jedoch die Bronzestatue des Apostels Paulus mit dem Schwert (von Domenico Fontana) dort oben über die Stadt – und, in der Gegenwart, über die italienische Regierung im gegenüberliegenden Palazzo Chigi. Aufgrund einer Inschrift am Fuß der Säule wurde das Ehrenmal als »Colonna Antonina« auch irrtümlich dem Kaiser Antoninus Pius (138–61) zugeschrieben.

Piazza Montecitorio

Auf der Piazza Montecitorio steht der Obelisk des ägyptischen Pharao Psametich II. (594–89 v. Chr.). Er wurde unter Kaiser Augustus von Heliopolis nach Rom gebracht und im Marsfeld als genaue Meridian-Markierung und Sonnenuhr aufgestellt, wie modernste Berechnungen und die jüngsten Ausgrabungen deutscher Archäologen ergeben haben.

Der lateinische Schriftsteller Plinius d. Ä. (23–79 n. Chr.) gibt eine faszinierende Beschreibung dieser Uhr: »Den auf dem Marsfeld stehenden Obelisken bestimmte der Kaiser Augustus zu einem merkwürdigen Zweck, nämlich, durch seinen Schatten die Dauer der Tage und Nächte anzuzeigen. Der Schatten nämlich, welchen derselbe am Mittag des kürzesten Tages warf, wurde auf dem Boden durch ein Steinpflaster angedeutet und auf diesem durch eingelegte metallne Streifen die Zunahme und dann auch wieder die Abnahme der Tage bezeichnet – in der Tat eine merkwürdige und dem Genie des Mathematikers zur Ehre gereichende Erfindung. Dieser Gelehrte ließ auf der Spitze des Obelisken eine vergoldete Kugel anbringen, deren Schatten sich im Scheitel sammelt, während der Schatten einer Spitze nicht so regelmäßig ist: Die Form des menschlichen Kopfes soll ihn auf diese Idee gebracht haben. Die Beobachtungen am Obelisken stimmen aber nun schon seit fast dreißig Jahren nicht mehr mit der Natur überein, entweder, weil im Laufe der Sonne und in der Beschaffenheit des Himmels eine Änderung eingetreten, oder weil die ganze Erde aus ihrem Mittelpunkt gerückt – was, wie ich finde, auch an anderen Orten wahrgenommen wird – oder nur der Stundenzeiger, infolge von

Die Kuppel der Kirche San Carlo al Corso ist wie die des Peterdoms einer der markanten Orientierungspunkte beim Blick über Rom

Erdbeben zu Rom, von seinem Standort etwas verrückt ist, oder durch Überschwemmungen des Tiber der Grund sich gesenkt hat, wiewohl das Fundament so tief in die Erde gelegt sein soll, als der Obelisk hoch ist.«

Palazzo Montecitorio (Camera dei Deputati)

Der **Palazzo Montecitorio (12)** wurde im Jahr 1650 von Bernini im Auftrag Papst Innozenz' X., eines Pamphili, begonnen, doch erst 1694 von Carlo Fontana fertiggestellt (s. Abb. S. 42). Er sollte zuerst der Familie der Ludovisi gehören, nahm dann jedoch die Päpstlichen Tribunale, die Gerichtshöfe der Kurie, auf. Die Abgeordnetenkammer (Camera dei Deputati) hat seit 1871 im Palazzo Montecitorio ihren Sitz. Anfang des 20. Jh. wurde der Bau beträchtlich vergrößert, um die wachsenden Bedürfnisse der Parlamentarier zu erfüllen. Doch die Abgeordneten sind auf ständiger Suche nach Büroräumen in den umliegenden Häusern der Innenstadt.

Entlang der Via del Corso

San Lorenzo in Lucina

Die Kirche **San Lorenzo in Lucina (13),** Gedächtnisstätte für den Märtyrer Laurentius, ist wegen der zentralen Lage in der Innenstadt das Ziel vieler Passanten. Der erste Bau entstand im 4. oder 5. Jh. über dem Haus einer Römerin namens Lucina und wurde Anfang des 12. Jh. erneuert (Portikus mit den Granitsäulen), ein weiteres Mal Mitte des 17. Jh. (gegenwärtiges Aussehen). Besonders bemerkenswert ist die Kapelle der Familie Fonseca (vierte Seitenkapelle rechts), von Bernini entworfen, die eine von Bernini selbst ausgeführte Büste des Gabriel Fonseca enthält, wahrscheinlich um 1668 entstanden. Auf dem Hochaltar ist die von Guido Reni gemalte »Kreuzigung‹ (um 1610) zu bewundern, eines seiner Meisterwerke.

Palazzo Ruspoli

Der **Palazzo Ruspoli (14),** für die Familie Rucellai 1556 erbaut, dann im Besitz der Caetani und erst 1776 in den Besitz der Ruspoli übergegangen, stößt mit einer Spitze auf den Largo Goldoni, am Schnittpunkt der Via Condotti und der Via del Corso – von dort aus Blick zur Spanischen Treppe mit der Kirche Trinità dei Monti. Er nimmt ein großes, unregelmäßiges Geviert zwischen dem Corso, der Piazza San Lorenzo, der Via del Leoncino und der Via della Fontanella Borghese ein.

San Lorenzo in Lucina
Mo–Fr 9–12 und 16.30–19.30, So, Fei 9.30–13 und 17–20 Uhr

Palazzo Ruspoli
tgl. 10–17, Fr, Sa bis 20.30 Uhr

San Carlo al Corso

San Carlo al Corso
tgl. 7–12.30 und
17–19.30 Uhr

Einer der markanten Orientierungspunkte beim Blick über die Innenstadt ist die Kuppel von **San Carlo al Corso (15)**, der den zwei heiligen Bischöfen von Mailand, Ambrosius (4. Jh.) und Karl Borromäus (16. Jh), geweihten Kirche an der Via del Corso gegenüber dem Mausoleo di Augusto Imperatore. Trotz des Ambrosius ist sie nur als ›San Carlo‹ bekannt. Sie dient den Lombarden in Rom als ›National‹-Pfarrkirche. Errichtet wurde sie im 17. Jh. unter Mitwirkung vieler Architekten, Onorio und Martino Longhi d. J., Pietro da Cortona, Carlo Fontana und Giovanni Battista Menucci, wobei Cortona vor allem für die gewaltige Kuppel verantwortlich zeichnete. Die Gewölbe des 72 m langen Mittelschiffs, die Kuppel und der Altarraum sind mit Fresken ausgestattet. Der Hochaltar zeigt ein grandioses Gemälde mit den Mailänder Heiligen Ambrosius und Karl von Carlo Maratta (1685–90).

Rund um die Piazza di Spagna

»Der Tiber«, so erzählt der dänische Märchen-Dichter Andersen (1805–75), sei »einmal so hoch gestiegen, dass er ein Boot auf diesen Platz spülte; plötzlich aber sank das Wasser ab, und dort, wo heute der Springbrunnen steht, blieb das Boot liegen. Michelangelo, der die Zeichnung für den Brunnen ausführen sollte, wählte das Motiv des gestrandeten Nachens, und deshalb sieht man in dem runden Bassin ein steinernes Boot, aus dem Wasser quillt.« Eine hübsche Geschichte, die leicht mit der Wahrheit verbunden werden kann, wenn man verbessert, dass diese **Fontana della Barcaccia** auf dem Platz vor der Spanischen Treppe Pietro Bernini, der Vater des berühmteren Gianlorenzo Bernini, von 1627 bis 1629 geschaffen hat. Tiberüberschwemmungen gab es früher häufig.

Spanische Treppe
(Scalinata della Trinità dei Monti)

Spanische Treppe und
Piazza di Spagna ★★

Die Spanische Treppe, jedem Rom-Besucher vertraut, führt zur Kirche Santissima Trinità dei Monti hinauf

Der Platz verdankt seinen Namen dem **Palazzo di Spagna (16)**, dem Sitz der Spanischen Gesandtschaft beim Heiligen Stuhl seit dem 17. Jh. Der Platz um den Brunnen wird aus zwei Dreiecken gebildet, deren Spitzen ineinandergreifen. Wegen der berühmten **Spanischen Treppe (17)** zählt dieser Platz zu den markanten Punkten Roms, jedem Besucher vertraut. Die elegante, beschwingte Treppenanlage ist dem Einfall des Architekten Francesco de Sanctis zu verdanken. Sie wurde von 1723 bis 1725 im Auftrag und mit dem Geld des französischen Botschafters Gueffier gebaut und führt zu der französischen Kirche Trinità dei Monti – außerdem zu einem Kloster von französischen Or-

Spanische Treppe

densschwestern neben der Trinità-Kirche und zur Französischen Akademie der Villa Medici. Die Wappen-Lilien der Bourbonenkönige weisen auf ihren französischen Ursprung hin. Der Architekt vereinte nach innen und außen barock schwingende Stufenfolgen und der Gliederung dienende Absätze, Terrassenanlagen und prachtvolle Schwünge, gehemmt und wieder beschleunigt, zu einem festlichen Gesamtkunstwerk. Verständlich, dass hier ein Kommen und Gehen herrscht, dass man sich zu gemütlichem Sitzen und angeregten Gesprächen eingeladen fühlt. Junge Leute bieten handwerkliche Kunst oder eigene Bilder an, fast spielerisch wird gehandelt, verkauft oder auch nicht gekauft. Vielleicht wird nirgendwo in der Welt ein Höhenunterschied (hinauf zur Kirche Santissima Trinità dei Monti und zum Pincio) so mühe- und schwerelos überwunden wie hier. Andersen fabuliert wohl nicht, wenn er – im 19. Jh. – schreibt: »Bei Tage wimmelt es hier von Bettlern mit welken Gliedern, einige stützen sich auf ihre Hände und hüpfen wie Frösche, andere liegen der Länge nach auf den Steinen und zeigen ihre Gebrechen vor. Einst war diese Treppe wegen der Überfälle, die dort bei Abend und bei Nacht vonstatten gingen, sehr verrufen.« Heute wollen manche Römer die Treppe nachts sogar durch Eisengitter sperren.

Via Condotti, Via del Babuino und Via Margutta

Die von der Piazza di Spagna zur Via del Corso führende **Via Condotti** ist die eleganteste Einkaufsstraße der Stadt, mit Juwelierläden, Boutiquen und anderen teuren Geschäften. In ihr findet der Besucher auch das **Caffè Greco,** das berühmte Künstler-Touristen aus aller Welt in seinen geschmackvollen Wänden sah: Goethe, Liszt, Schopenhauer, Wagner, Mendelssohn und viele andere (s. a. S. 414).

In der **Via del Babuino,** die von der Piazza di Spagna zur Piazza del Popolo führt, finden sich besonders viele Kunstgalerien und Antiquitätengeschäfte. Zwischen dieser Straße und dem Pincio-Hügel verläuft die **Via Margutta,** als ›typisch römische‹ Straße bei Künstlern und Intellektuellen beliebt.

Palazzo di Propaganda Fide

Zwischen den Straßen Via Due Macelli, Via della Propaganda und Via Capo le Case, gegenüber dem Palazzo di Spagna, liegt der große Palast-Komplex der vatikanischen Kongregation für die Verbreitung des Glaubens, des päpstlichen, Ende des 16. Jh. gegründeten ›Ministeriums‹ für die Missionsgebiete der katholischen Kirche, der **Palazzo di Propaganda Fide (18).** Der Bau des Palastes wurde von Papst Gregor XV. (1621–23) begonnen; Urban VIII. (1623–44) ließ ihn durch die Baumeister Bernini und Borromini ausführen. Vor den beiden Palästen und vor der Piazza Mignanelli erhebt sich eine antike Säule mit einer Marienstatue auf der Spitze, die **Colonna dell'Immaculata**. An der Basis lehnen die Propheten Isaias und Ezechiel, ferner Moses und David. Am 8. Dezember, am katholischen Fest der Unbefleckten Empfängnis Mariens, besucht der Papst diese Säule, die zu Ehren der Jungfrau Maria und zur Erinnerung an das am 8. Dezember 1854 verkündete Dogma von der ›unbefleckt, ohne die Schuld der Erbsünde empfangenen Maria‹ errichtet wurde (im Jahr 1856).

Sant'Andrea delle Fratte

tgl. 6.30–12.45 und 16–19.30 Uhr

Santissima Trinità dei Monti

Di–So 9–19 Uhr

Sant'Andrea delle Fratte

Die Kirche **Sant'Andrea delle Fratte (19)** bestand schon im 12. Jh.; sie wurde im 15. Jh. Nationalkirche der Schotten und im 17. Jh. gründlich umgebaut. Dabei erhielt sie unter Borromini Apsis, die besonders kunstvolle Kuppel und den bizarren, eleganten Glockenturm (1655). Im Innern die Grabmäler des deutschen Bildhauers Rudolf Schadow, gestorben 1822, (am letzten Pfeiler rechts) und der Malerin Angelika Kauffmann, gestorben 1807, links vom Eingang.

Santissima Trinità dei Monti

Über der Spanischen Treppe ragt die Kirche **Santissima Trinità dei Monti (20)**, die Dreifaltigkeitskirche, empor (s. Abb. S. 202). Davor steht ein ägyptischer Obelisk, der aus den Gärten des lateinischen Schriftstellers Sallust stammt und im Jahr 1789 unter Pius VI. hier aufgestellt wurde. Man erbaute die Kirche von 1502 bis 1585 auf Kosten der französischen Krone. Mit ihrer Freitreppe, der leuchtenden Fassade und den beiden Türmen schließt dieses freundliche Bauwerk eindrucksvoll die Flucht der Via Condotti und die aufsteigende Spanische Treppe ab – ein Bild, das in aller Welt bekannt ist. Neben der Kirche befindet sich ein Konvent der Sacré-Cœur-Ordensschwestern.

Palazzo Zuccari

Oben in der Piazza Trinità dei Monti, gegenüber dem Luxushotel Hassler, liegt zwischen der Via Sistina und der Via Gregoriana, in die schmale Ecke hineingebaut, der **Palazzo (oder Casa) Zuccari (21)**. Der Palazzo wurde von dem Maler Zuccari als Wohnhaus und Atelier um 1600 eingerichtet und war zeitweise von Maria Kasimira, der polnischen Königin und Witwe des Wien-Retters Sobieski, bewohnt. Heute ist er Sitz der Biblioteca Hertziana, des Instituts für kunstgeschichtliche Forschung der deutschen Max-Planck-Gesellschaft. Portal und Fenster des Palastes in der Via Gregoriana Nr. 30 bilden das Maul eines Ungeheuers, vor das unartige römische Kinder zur Besserung geführt werden, meist ohne nachhaltige Wirkung.

Innenstadt zwischen
Via del Corso und Tiber

Erst als man sich in der Antike der Tiber-Überschwemmungen einigermaßen erwehren konnte und sich nicht mehr auf die höher gelegenen Gebiete um Kapitol, Palatin, Quirinal und Palatin beschränken musste, entstand die heutige römische ›Innenstadt‹, das Gebiet innerhalb der Fluss-Schleife. Dieses historische Zentrum, *centro storico,* ist so durch kunstreiche Bauwerke aus vielen Jahrhunderten, vom Altertum bis in die Neuzeit, ausgezeichnet. Der natürlichen Grenze des Flusses im Norden, Westen und Süden entsprach im Osten die Straße von den Foren nach Norden, heute von der Piazza Venezia zur Piazza del Popolo, unter verschiedenen Namen, Via Flaminia, Via Lata, heute Via del Corso. Erst im Jahre 1881 wurde durch die vom Tiber umzogene römische Innenstadt eine Ost-West-Verbindung angelegt, Corso Vittorio Emanuele. Zum Teil eine sinnvoll-mögliche Verbreiterung der alten Via Papale, dem Weg des Papstes vom Lateran zum Vatikan, zum Teil eine arge Verletzung des urbanistischen Gefüges. So geht heute die von der Piazza Venezia kommende Via del Plebiscito am Largo Argentina in den Corso Vittorio Emanuele über. Beide Straßen bilden bei diesem Besichtigungsgang die südliche Grenze. In diesem Gebiet, beim Pantheon und auf der Piazza Navona, vor Santa Maria sopra Minerva und an der Ara Pacis, im Palazzo Madama, vor Santa Maddalena und am Palazzo Borghese ist Rom ganz bei sich selbst, sind die Römer ganz sie selbst und lassen die Fremden großzügig dabei sein.

Cityplan Via del Corso – Tiber S. 225

Restaurant-Tipps s. S. 418

Besonders sehenswert: Pantheon, Santa Maria sopra Minerva, Sant'Ivo, Piazza Navona und Vier-Ströme-Brunnen, Ara Pacis

Vom Pantheon zum Palazzo Madama

Pantheon (Sancta Maria ad Martyres)

Lässt sich ein einfacherer Bau denken als das **Pantheon (1)**? Ein Zylinder mit einer Halbkugel darauf, das ist im Grunde – ohne den Zusatz des Pronaos, des Vorbaus mit dem Giebel über Säulen – alles. So genial schlicht – und uralt in der Baugeschichte der Menschheit ist die architektonische Idee des Pantheon, dass dieses Götter- und Gotteshaus seit dem Altertum Bestand hat, heute das besterhaltene, kaum veränderte Bauwerk der römischen Antike (s. auch Abb. S. 31).

Pantheon ★★

Baugeschichte

Name und Zeitangabe über dem Eingang führen ein wenig in die Irre. M(arcus) Agrippa, so heißt es da, Schwiegersohn des Kaisers Augustus, ließ den Bau errichten (fecit) und 27 v. Chr. – als er das dritte Mal Konsul war (cos tertium) – als Tempel weihen. Wem? Das ist in der Deutung umstritten: Pantheon, dem Allgöttlichen, oder allen von den Römern verehrten Göttern, oder den sieben heiligen Planetengottheiten, Neptun, Uranus, Saturn, Jupiter, Merkur, Venus und Mars.

*Pantheon
Mo–Sa 8.30–19.30, So 9–18, Fei 9–13 Uhr
Heilige Messe
Sa 17, So 10.30 und 16.30 Uhr*

◁ *Pantheon, Blick in die Kuppel*

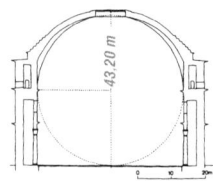

Pantheon, Querschnitt

Auf letzteres könnte die symbolträchtige Raumgestaltung mit der Kuppel als Himmelsgewölbe, der Mittelöffnung als Sonne und den Kassetten als Planetenbahnen hinweisen. Vor uns jedoch steht das Pantheon, dessen Neubau (120–25) Kaiser Hadrian wegen Brandschädigung des Originals veranlasste. Seine statischen und architektonischen Elemente stellen die großen technischen Fähigkeiten der Römer auf der Höhe ihres Könnens in der Antike unter Beweis.

Auch dieses Bauwerk erlitt eine wechselvolle Geschichte, die Anbauten, Beschädigungen durch Erdbeben, Überschwemmungen und Demontage begehrter Teile des Bau- und Dekorationsmaterials einschloss. So ließ der byzantinische Kaiser Konstans II. 663 die vergoldeten Bronze-Dachziegel abnehmen und nach Konstantinopel bringen. Unter Papst Gregor III. erhielt das Pantheon ein Bleidach. Papst Urban VIII., ein Barberini, beschaffte sich das Material für die Kanonen der Engelsburg und den Altartabernakel (von Bernini) in Sankt Peter durch das Herausreißen des Bronzebeschlages (etwa 25 t Gewicht) von der Balkendecke der Vorhalle. Von dieser Tat wird das Wort auf den Barberini-Papst gemünzt: »*Quod non fecerunt barbari, fecerunt Barberini*« (Was die Barbaren nicht verwüsteten, holten die Barberini nach). Der Kuppelbau des Pantheon, der als architektonisches Vorbild vor allem die Künstler der Renaissance beeinflusste, so Bramante und Michelangelo für den Neubau von Sankt Peter, erfuhr jedoch immer wieder Restaurierungen.

Mit der Erhebung des Christentums zur Staatsreligion Ende des 4. Jh. endet die Geschichte des Pantheon als heidnische Kultstätte. Papst Bonifaz IV. ließ im Jahre 609 hier die Gebeine zahlreicher Märtyrer bestatten und weihte das Bauwerk der Madonna und allen Märtyrern. So erhielt es als Kirche den Namen Sancta Maria ad Martyres, ›Sankt Marien zu den Märtyrern‹. Es heißt, der Papst habe Wagenladungen von Märtyrerknochen ins Pantheon bringen lassen, damit sie die heidnischen Götter besiegten. Der Weihetag, der 1. November, wurde das Fest Allerheiligen.

Vorhalle und Inneres

Von der Piazza della Rotonda geht man auf die Säulenvorhalle zu. Im Laufe der Jahrhunderte hat sich das Straßenniveau deutlich gehoben, sodass heute das Bauwerk von der Piazza aus gedrückt und die Kuppel nicht sehr hoch gewölbt wirken, weil der Zylinder über die Kuppel gezogen scheint. Früher schritt man über eine Treppe hinauf in die Vorhalle. Im heute leeren Giebeldreieck befand sich früher eine Bronzeplastik. In der 33 m breiten und 13,5 m hohen Vorhalle stehen 16 monolithische Säulen aus rosa und grauem Granit mit korinthischen Kapitellen, 12,5 m hoch, teils antik, teils aus dem 17. Jh. An mächtigen Bronzetüren vorbei gelangt man in den kreisrunden Raum. Er hat einen Durchmesser von 43,2 m; die Höhe weist dasselbe Maß von 43,2 m auf. Ebenso sind der Radius der Kuppel und der des Zylinders identisch: die Hälfte des Durchmessers, 21,6 m.

Die Festigkeit der über 6,2 m dicken Ziegelmauern ermöglichte die tiefe Aussparung von Wandnischen, halbrunden und eckigen, sodass eine symmetrische Gliederung entsteht, ganz ohne Säulen, Pfeiler oder Fenster. Der Blick in die Höhe zeigt uns als Abbild des Himmelsgewölbes die einst mit vergoldeter Bronze ausgeschmückte Kassettendecke; eine 9 m weiten Kreisöffnung am höchsten Punkt ist Quelle des sich gleichmäßig im Raum ausbreitenden Lichts. Die dezente Innenausstattung verstärkt den architektonischen Eindruck höchster Vollendung und Harmonie, die gleichsam Himmel und Erde umfassen und in ihrer zeitlosen Vollkommenheit beeindruckend und erhebend wirken. Der genialen Idee des Baukörpers entspricht die hohe Technik der Ausführung, so mit drei verschiedenen Sorten Beton oder Zement in der Kuppel zur Verteilung der Kräfte.

Grabmäler

Das Pantheon diente, wie andere christliche Kirchen, auch als Begräbnisstätte: Der bedeutende Kardinalstaatssekretär Papst Pius' VII., Consalvi (1757–1824, also in der Zeit Napoleons), hat ein Denkmal von Thorwaldsen (1824; in der dritten Nische links). Seit dem 19. Jh. wurden auch Angehörige des italienischen Königshauses hier beigesetzt, so die Könige Viktor Emanuel II. (gestorben 1878; in der zweiten Nische rechts) und Umberto I. (ermordet 1900; zweite Nische links). Ziel vieler Kunstliebhaber ist das Grab des großen Renaissance-Künstlers **Raffael** (zwischen der zweiten und dritten Nische links).

Die über 6 m dicken Mauern des Kuppelbaus ermöglichten die Aussparung von halbrunden und eckigen Wandnischen

Die Inschrift besagt: »*Ille hic est Raphael, timuit quo sospite vinci, rerum magna parens et moriente mori*« (Hier liegt Raffael; die große Mutter Natur fürchtete, von ihm zu seinen Lebzeiten besiegt zu werden und bei seinem Tode zu sterben). Geliebt von allen, von Michelangelo vielleicht ein wenig beneidet, starb Raffael 1520 im Alter von nur 37 Jahren in Rom.

Piazza della Minerva

Hinter dem Pantheon (südöstlich) erhob sich in alter Zeit auf dem Marsfeld ein Tempel, wohl irrtümlich der Minerva zugeschrieben. Deshalb trägt die Marienkirche, die um 1280 über den Ruinen dieses Tempels errichtet wurde, den Beinamen ›sopra Minerva‹ (über dem Minerva-Tempel).

Der Platz vor Santa Maria sopra Minerva wird von einem **Elefanten** bestimmt, der Hintergrund der schmucklosen Kirchen-Fassade dadurch freundlich aufgelockert. Bernini entwarf das Marmortier; des-

Das Altarbild in der Cappella Carafa der Kirche Santa Maria sopra Minerva stammt von dem Florentiner Maler Filippino Lippi, der von 1488 bis 1493 an der Ausgestaltung der Kapelle arbeitete. Dargestellt sind Szenen aus dem Leben des Thomas von Aquin; auf dem Altarbild, einer Verkündigungsszene, empfiehlt der hl. Thomas den Kardinal Carafa der Madonna

halb heißt es auch der ›Floh‹ *(pulcino)* des Bernini‹. Ercole Ferrata führte den Entwurf 1667 aus und setzte dem Elefanten einen kleinen ägyptischen Obelisken (6 Jh. v. Chr.) auf den Rücken. Die Inschrift am Sockel drückt aus, was der säulentragende Elefant mit überproportional langem Rüssel in der Bildersprache der Kunst bedeutet: »… *documentum intellige robustae mentis esse solidam sapientiam sustinere*« (Begreife als Symbol, dass es eines starken Verstandes bedarf, die gesunde Wahrheit zu ertragen).

Santa Maria sopra Minerva

Ende des 13. Jh. wurde die **Kirche Santa Maria sopra Minerva (2)** als gotischer Bau begonnen, doch erst nach 1450 zog man die gotischen Kreuzgratgewölbe ein und schuf damit den einzigen vollausgebildeten großen Kirchenbau in gotischem Stil in der Ewigen Stadt. Wer der Baumeister der dreischiffigen Pfeilerbasilika war, ist nicht schlüssig geklärt; das gilt auch für die Renaissance-Fassade. Im 16. und 17. Jh. baute man die zahlreichen Grabkapellen aus; bei einer im 19. Jh. durchgeführten Restaurierung des Innern war man bemüht, durch Veränderungen dem gotischen Raumeindruck wieder näherzukommen.

Die Kirche ist seit altersher den Dominikanern, dem Ordo Praedicatorum (O. P.), dem Predigerorden, anvertraut. Links neben der Kirche befand sich das Generalat, die römische Zentralverwaltung des Ordens; Anfang des 17. Jh., zur Zeit des Galileo Galilei, war hier auch der Sitz der Inquisitionsbehörde. Da die Kirche mitten in der Stadt liegt und die Ordenspriester des Dominikus immer Wert auf die Seelsorge legten, bereicherte sie das religiöse Leben des Volkes. So wundert es nicht, dass sie, wie die meisten Ordenskirchen der Bettelmönche, im Innern zahlreiche Grabmäler beherbergt und über mehrere, reich ausgestattete Grabkapellen verfügt.

Besonders beachtenswert ist die **Cappella Carafa** mit dem Familiengrab der Carafa (im Querhaus rechts), bekannt als ›Kapelle der Verkündigung des hl. Thomas‹, gestiftet von Kardinal Oliviero Carafa. Ihr Ruhm gründet sich auf die Fresken Filippino Lippis, der von 1488 bis 1493 an der Ausgestaltung arbeitete: an der Rückwand die Himmelfahrt Mariae; an der rechten Wand Leben und Triumph des hl. Thomas von Aquin, des berühmten mittelalterlichen Kirchenlehrers aus dem Dominikanerorden; auf dem Altarbild empfiehlt der hl. Thomas den Kardinal Carafa der Madonna. An der linken Kapellenwand das Grabmal des Carafa-Papstes Paul IV. (1555–59), der Gegenreformation und Inquisition förderte. Im Hochaltar ruht in einem Sarkophag (15. Jh.) die hl. Katharina von Siena (1347–80), die in zahlreichen Briefen um die Rückkehr der im Exil in Frankreich lebenden Päpste nach Rom flehte. Bei aller berechtigten Kritik an den Päpsten ließ sie es nicht an Gehorsam gegenüber den Nachfolgern Petri fehlen. Von ihr werden die Worte überliefert: »Selbst wenn die Hirten

Santa Maria sopra Minerva ★

Santa Maria sopra Minerva
tgl. 9–19 Uhr;
Kreuzgang: 8–13,
15.30–19.30 Uhr

und der irdische Christus (der Papst) fleischgewordene Teufel wären statt eines gütigen Vaters, wir müssen uns ihm unterwerfen und gehorchen, nicht seinetwegen, sondern Gottes wegen.« Radikalität im ausgehenden Mittelalter vor der Reformation.

Zu den großen Kunstschätzen der Kirche zählt auch ein Werk **Michelangelos,** die Marmorstatue **»Auferstandener Christus mit dem Kreuz«** (1519–21; vor dem Hochaltar links). Sie rief damals Kritik frommer Seelen hervor, da diesen der göttliche Erlöser zu sehr einem antiken Heroen glich. Zur Abmilderung dieses Eindrucks fügte man später ein Lendentuch hinzu. Bei ruhiger Betrachtung erschließen sich der virtuose Umgang des Künstlers mit dem Material und die höchste handwerklich-künstlerische Vollkommenheit des Renaissance-Genies Michelangelo in der Umsetzung seiner Intentionen. Dem Maler Sebastiano del Piombo schien das Werk so unübertrefflich, dass er sich zu dem Ausspruch fortreißen ließ, schon die Knie der Statue seien mehr wert als ganz Rom. Hinter dem Hochaltar die Grabmäler der beiden Medici-Päpste Leo X. (1513–21) und Klemens VII. (1523–34). Die Grabplatte des Malers **Fra Angelico,** der den Dominikanern angehörte und uns in Rom in der Kapelle Nikolaus' V. im Vatikanischen Palast ein Meisterwerk hinterlassen hat, befindet sich im linken Nebenchor.

Santa Maddalena

Die Kirche **Santa Maddalena (3)** mitten im Getriebe der Innenstadt beeindruckt außen durch ihre hübsche zweigeschossige, lebhaft in konkaven Schwüngen und Nischen gegliederte Fassade (1735), ein Werk des Architekten Giuseppe Sardi. Das Rokokohafte der Fassade wiederholt sich im Innern. Beachtenswert die Holzorgel, die Stuckornamente und -figuren sowie die Gemälde der Seitenkapellen. Östlich der Kirche die **Piazza Capranica** mit dem gleichnamigen Palazzo, einem der wenigen römischen Bauten der Frührenaissance (1457).

San Luigi dei Francesi

Santa Maddalena
zu Gottesdienstzeiten am Morgen und an Sonn-und Feiertagen geöffnet

San Luigi dei Francesi
tgl. 10–12.30 und Fr–Mi 14.30–19 Uhr

Die Nationalkirche der Franzosen – **San Luigi dei Francesi (4)** – an der gleichnamigen Piazza auf der Rückseite des Palazzo Madama (Sitz des italienischen Senats) ist Ludwig dem Heiligen geweiht, der als König Ludwig IX. 1226–70 in Frankreich regierte. Der Bau der Kirche geht auf Kardinal Giulio de'Medici zurück, den späteren Papst Klemens VII. (1523–34). Die 1518 begonnene Bautätigkeit dauerte mit Unterbrechungen bis 1589 und wurde u. a. von Domenico Fontana geleitet; die Renaissance-Fassade entwarf Giacomo della Porta.

Die dreischiffige Pfeilerbasilika ist der maßvollen und gutproportionierten Raumkonzeption der Renaissance verpflichtet. Die dem linken Seitenschiff angegliederte Cappella Contarelli, die Grabstätte Kar-

San Luigi dei Francesi

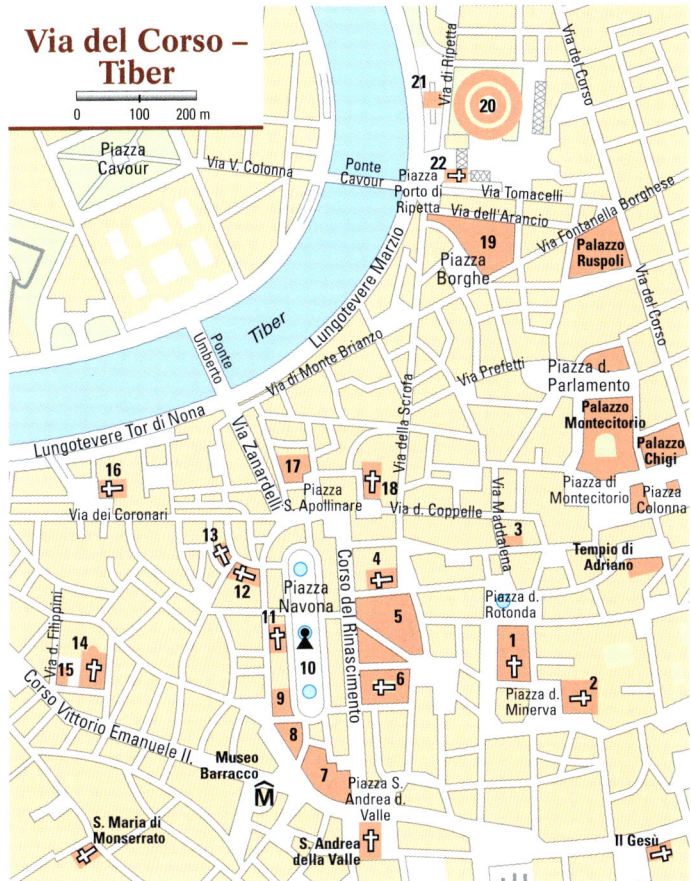

Innenstadt zwischen Via del Corso und Tiber

1 Pantheon
2 S. Maria sopra Minerva
3 S. Maddalena
4 S. Luigi dei Francesi
5 Palazzo Madama
6 Palazzo della Sapienza und Kapelle S. Ivo
7 Palazzo Massimo
8 Palazzo Braschi
9 Palazzo Pamphili
10 Vier-Ströme-Brunnen
11 S. Agnese in Agone
12 S. Maria dell'Anima
13 S. Maria della Pace
14 S. Maria in Vallicella (Chiesa Nuova)
15 Oratorio dei Filippini
16 S. Salvatore in Lauro
17 Palazzo Altemps
18 S. Agostino
19 Palazzo Borghese
20 Mausoleum des Augustus
21 Ara Pacis
22 S. Girolamo dei Illirici

dinal Mathieu (Matthäus) Cointrels, zeichnet sich durch drei Gemälde **Caravaggios** aus: »Matthäus und der Engel«, die »Berufung des Matthäus« und das »Martyrium des Matthäus«. Die drei Gemälde, zwischen 1597 und 1602 geschaffen, werden als Meisterwerke Caravaggios bewundert. Zu ihrer Entstehungszeit sorgten sie für Aufsehen mit ihrer naturalistischen Darstellung der Heiligen und der bis an die Grenzen des malerisch Möglichen ausgeschöpften

Hell-Dunkel-Effekte, die eine die Konventionen sprengende Gestaltungskraft freisetzten. Kein Zweifel besteht darüber, dass Caravaggio die Malerei in diesen Gemälden entscheidend weiterentwickelt hat. Eine große Caravaggio-Ausstellung in Rom im Frühjahr 2010, anlässlich seines 400. Todestages hat die Begeisterung für diesen Maler (1571–1610) weiter gesteigert, weil Person und Werk geradezu ›modern‹ wirken.

Palazzo Madama

Der **Palazzo Madama (5)** am Corso del Rinascimento, Sitz des Senats, wurde im 16. Jh. als römische Stadtresidenz für das Florentiner Herrscherhaus der Medici errichtet, die in jener Zeit der katholischen Kirche schon zwei Päpste gegeben hatte: den kunstsinnigen Leo X.

Mit Hell-Dunkel-Effekten hat Caravaggio, wie hier in seinem Gemälde »Matthäus und der Engel« in San Luigi dei Francesi, die dargestellten Szenen in ihrer Dramatik gesteigert

Palazzo della Sapienza und Sant'Ivo

(1513–21) und den politisch ehrgeizigen Klemens VII. (1523–34). Die geschichtliche und politische Bedeutung des Palazzo Madama überragt wohl die künstlerisch-architektonische. Seinen Namen erhielt der Palazzo nach ›Madama‹ Margarethe von Österreich (1522–86), der natürlichen Tochter des deutschen Kaiser Karls V. und der Holländerin Johanna van der Gheenst. Diese Margarete wurde vor allem als Generalstatthalterin der Niederlande bekannt. Aber wie kam sie nach Rom? Und weshalb wurde nach ihr dieser stattliche Palazzo mit seiner mächtigen Barockfassade benannt?

Papst Klemens VII. (1523–34), ein Medici des Namens Giulio, brachte das diplomatische Kunststück fertig, sein Haus durch Heirat mit den beiden unversöhnlich verfeindeten europäischen Gegenspielern der damaligen Epoche zu verbinden: mit Kaiser Karl V. und dem französischen König Franz I. Des Papstes natürlicher Sohn Alessandro bekam Margarete zur Frau. Klemens' VII. Nichte, Caterina de'Medici (1519–89), die ebenfalls einige Zeit im Palazzo Madama wohnte, heiratete Franz' I. Sohn Heinrich, der als der zweite seines Namens mit tätiger Hilfe seiner Frau Frankreich regierte.

Caterina de'Medici, Mutter von insgesamt drei französischen Königen, war zweifellos eine ungewöhnliche Frau. Unsere ›Madama‹ lebte nur kurz, elf Monate, mit Alessandro de'Medici zusammen; dann wurde dieser ermordet, und Margarete musste ein zweites Mal eine unglückliche Ehe eingehen, wieder mit dem Neffen eines Papstes: Ottavio Farnese, Nepot Pauls III. (1534–49). Später ging Margarete als ihres Stiefbruders, des spanischen Königs Philipp II. Statthalterin in die Niederlande. Als Herzog Alba im Auftrag Philipps die Provinzen grausam züchtigte, dankte sie ab und zog sich in das ihr vom Vater verliehene Herzogtum Parma zurück. Goethe hat ihr in seinem Schauspiel »Egmont« ein rühmendes literarisches Denkmal gesetzt. Die ›Madama‹ könnte die Senatoren Gleichmut in den Wechselfällen der Politik lehren. Aber muss man ihnen Geschichtsbewusstsein beibringen?

Vom Corso del Rinascimento zum Palazzo Braschi

Palazzo della Sapienza und Sant'Ivo

Aus der Innenstadt von Rom reckt sich für den Betrachter von oben unverkennbar Sant'Ivo empor, die Kirche mit der luftigen Laterne und dem schneckenartig hochgedrehten Türmchen im **Palazzo della Sapienza (6)** am Corso del Rinascimento, nicht weit von Piazza Navona und Pantheon. Die ›Sapienza‹ war seit ihrer Gründung 1303 durch Bonifaz VIII. die römische Hauptuniversität, bis 1935 die neue staatliche ›Universitätsstadt‹ zum Teil diese Funktion übernahm. Der dreistöckige, weitläufige Palazzo della Sapienza, heute Staatsarchiv, ist das Werk von Giacomo della Porta im Auftrag Sixtus' V. (1587).

Sant'Ivo

Sant'Ivo ★

Sant'Ivo
So 10–12 Uhr

Über den Innenhof zwischen den beiden mächtigen Flügeln des Palastes gelangt man zur Kirche Sant'Ivo, der Kapelle der Päpstlichen Universität Sapienza, mit beschwingter, in konkaven und konvexen Formen abwechselnder Fassade und einem Innenraum, der sich in Halbkreisen und Trapezen öffnet und dessen Grundriss nach dem Plan des Architekten Borromini einer Biene ähnelt, dem Wappentier Papst Urbans VIII. aus der Adelsfamilie der Barberini. Borromini, mit Bernini Hausarchitekt der Barberini, hat mit Sant'Ivo ein weiteres meisterhaftes Beispiel seiner Kunst in Rom geliefert.

Palazzo Massimo alle Colonne

Am Corso Vittorio Emanuele, zwischen der Piazza Sant'Andrea della Valle und der Kirche San Pantaleone, erhebt sich, dem leicht geschwungenen Straßenverlauf folgend, der **Palazzo Massimo alle Colonne (7).** Die Häuser der Familie Massimo, die zuvor an dieser Stelle standen, waren 1527 beim Sacco di Roma, der Plünderung Roms durch die Truppen Kaiser Karls V., zerstört worden. So wurde der Neu-

Jedes Segment der Kuppel von Sant'Ivo hat Borromini mit einem sechsflügeligen Cherubskopf geschmückt

bau dem Architekten Baldassare Peruzzi anvertraut, der von 1532 bis 1536 ein Meisterwerk schuf. Der Palazzo wird als exemplarischer Ausdruck der Architektur des Manierismus angesehen, der Stilperiode zwischen Renaissance und Barock. Durch gefällige Auflockerung und leichte Umformung der geometrischen Grundformen wird den Mauern die monumentale Schwere genommen, scheinen die Stilelemente um das Elegante und Spielerische erweitert. Durch zwei Innenhöfe gelangt man zum **Palazzetto Massimo,** der bereits 1467 errichtet und dann von Peruzzi umgebaut wurde.

Palazzo Braschi – Museo di Roma
Di–So 9–19 Uhr

Palazzo Braschi

Der **Palazzo Braschi (8)** wurde nach 1792 für die Verwandten Papst Pius' VI. aus der Familie der Braschi errichtet. Dieser Papst, Angelo Braschi aus Cesena, regierte von 1775 bis 1799, zur Zeit der Französischen Revolution und des Aufstiegs Napoleons, die Kirche. Nach der Neuordnung bietet der Palazzo Sammlungen zur Stadtgeschichte Roms Raum **(Museo di Roma),** zu denen u. a. Gemälde, Skulpturen, Teppiche, Terrakottafiguren, Majoliken, Zeichnungen, Aquarelle, Kostüme, Stiche der Stadt und weitere Objekte zählen (auch ein Eisenbahnzug Pius' IX.), die den Besuchern in zahlreichen Räumen Geschichte, Stadtentwicklung und das Leben in Rom nahebringen und illustrieren.

Piazza Navona und Vier-Ströme-Brunnen

Einfache Häuser, die Fassaden vornehmer Palazzi und die Fluchtlinien der Kirchen an der **Piazza Navona** respektieren genau jene Form des Platzes, die Kaiser Domitian (81–96 n. Chr.) in der Antike einem lang gestreckten Stadion von 240 × 65 m gab (s. Abb vordere Umschlaginnenklappe). Von dieser Bestimmung her ist die Piazza Navona eine Stätte der *circenses,* der agonistischen Spiele – vom griechischen *agon,* Wettkampf, wird der heutige Name Navona abgeleitet, der überschäumenden Lustbarkeiten, der schlichteren Vergnügungen, des Divertimento für Groß und Klein, Hoch und Niedrig geblieben. Wasserspiele und Pferderennen, was immer man sich in Rom zum Zeitvertreib für das Volk einfallen ließ, hier fand man die große Bühne.

Lange Zeit war es Brauch, in der heißen Jahreszeit den Platz tagelang unter Wasser zu setzen, sodass sich die Pferde der vornehmen Kutschen und das Vieh des Bauern ebenso erfrischen konnten wie flotte Reiter und spielende Kinder (s. Abb. S. 134). Auch heute noch ist die Piazza einer der lebhaftesten Plätze Roms – von Römern und Touristen gleich gern bevölkert, bis spät in die Nacht hinein.

Piazza Navona und Vier-Ströme-Brunnen
★★

Innenstadt zwischen Via del Corso und Tiber

Der Palazzo Pamphili
an der Piazza Navona

Palazzo Pamphili

Im Barock ordneten die Päpste die heute bestehende architektonische Gestaltung an. Borromini wurde zu den Arbeiten herangezogen und schuf Kostbares. Das Gesamt von Palästen, Kirchen und Brunnen macht den Platz zu einem der schönsten Roms. Die geschlossen wirkende, urbanistisch geglückte Anlage des Barock ist weitgehend frei von Autoverkehr und so aufs Angenehmste dem Flanieren der Fußgänger überlassen. Links neben der Kirche Sant'Agnese steht der **Palazzo Pamphili (9),** der Stadtpalast der Familie Pamphili, von Girolamo Rainaldi zwischen 1644 und 1650 auf Geheiß Innozenz' X., erbaut. Der Pamphili-Papst machte ihn seiner Schwägerin Olimpia Maidalchini zum Geschenk; wahrhaft großzügig. Heute ist der Palazzo Sitz der brasilianischen Botschaft. Im Innern befinden sich Fresken von Pietro da Cortona.

Vier-Ströme-Brunnen (Fontana dei Fiumi)

Die **Fontana dei Fiumi (10),** der Vier-Ströme-Brunnen (1647–51) in der Mitte des Platzes, ist ein Werk Berninis, ausgeführt im Wettstreit mit Borromini um die Gunst Papst Innozenz' X., des kunstsinnigen Pamphili. Die prachtvolle Brunnenanlage stellt ein Gleichnis auf die zur damaligen Zeit bekannten vier Erdteile dar: Aus dem mächtigen Becken, dem Urelement Wasser, ragen Felsen in die Höhe, die sich in der Mitte verbinden und einen Obelisken tragen. Auf den vier Felsenecken, umgeben von der dem jeweiligen Erdteil zugehörigen Pflanzen- und Tierwelt – so sind etwa Löwe, Pferd, Drachen, Schlange und Palme vertreten – lagern die vier Flussgötter der großen Ströme eines jeden Kontinents – Nil, Ganges, Donau und Rio de la Plata. Natürlich fehlt auch der Hinweis auf den päpstlichen Stifter des Brunnens nicht, dessen Wappen (mit Taube und Ölzweig) auf der ›Krone‹ der Felsenlandschaft zu finden ist.

Um dieses Meisterwerk des Bernini und die gegenüberstehende Kirche Sant'Agnese, von seinem Rivalen Borromini mitgestaltet, rankt der

Sant'Agnese in Agone

Der Vier-Ströme-Brunnen von Bernini auf der Piazza Navona. Um den zentralen Obelisken in der Mitte stellen die vier Personifikationen an den Ecken die vier großen Ströme – Nil, Ganges, Donau und Rio de la Plata – in vier Kontinenten dar

römische Volksmund seine Geschichten: Die Brunnenstatue, die den Nil verkörpert, habe das Haupt verhüllt, weil die Flussquellen noch unbekannt waren. Die zweite Version zur Nilstatue greift die Rivalität der beiden Künstler auf: Der Nil könne die ›entsetzlichen‹ Stil- und Baufehler, deretwegen die Kirchenfassade Borrominis einzustürzen drohe, nicht mitansehen. Oder, ähnlich: Der Rio de la Plata hebe seine Hand gegen Borrominis Werk, um den ob schwerwiegender Konstruktionsfehler drohenden Sturz der eleganten Kirchenfassade von Sant' Agnese mit den Glockentürmen abzuwehren. Wohl um die Sicherheit seiner Kirche zu beweisen, soll Borromini die Statue der hl. Agnes an den rechten Campanile gestellt haben. Von solchen Geschichten sagt der Römer: »Wenn sie nicht wahr sind, so sind sie doch gut erfunden.«

Die Fontana dei Fiumi wird auf der Piazza ergänzt durch die **Fontana del Moro** vor dem Palazzo Pamphili und die **Fontana del Nettuno** am anderen Ende des Platzes, die jedoch vom künstlerischen Rang her mit Berninis Werk nicht konkurrieren können.

Sant'Agnese in Agone

Sant'Agnese in Agone
Mo–Sa 9–12 und 16–19, So, Fei 10–13 und 16–20 Uhr

Die der römischen Märtyrerin Agnes geweihte barocke Kirche **Sant'Agnese (11),** die den Baukomplex des Palazzo Pamphili an der

Piazza Navona abschließt, steht teilweise auf Fundamentresten des antiken Domitian-Stadions, des alten Wettkampfplatzes – daher der Beiname ›Agone‹ aus dem Griechischen. Hier, so weiß die Legende, habe das junge Mädchen Agnes das Martyrium erlitten; als man es zuvor nackt der Menge des heidnischen Volks vorgeführt habe, seien ihr plötzlich wie durch ein Wunder die Haare lang gewachsen und hätten sie eingehüllt, um sie vor den Gaffern zu verbergen.

Wie bei dem danebenliegenden Palazzo gab Innozenz X., der Pamphili-Papst, den Bauauftrag. Die Architekten waren zuerst (1652) Girolamo Rainaldi, dann Borromini (1653–57) und schließlich Carlo Rainaldi (1672). Die von Borromini ausgeführte Front mit den beiden weit auseinandergerückten baldachinartigen Glockentürmen und der konkaven Fassadenkurve korrespondiert mit der mächtig aufragenden, mit einer Laterne bekrönten Kuppel und zeigt typisch barocke Dynamik (Verwendung von gegenläufigen Schwingungen, Pfeilern, Giebeln und Säulen). Im Innern dominiert ein einheitlicher Raumeindruck, der durch architektonische und dekorative Elemente fast in beschwingte Bewegung versetzt wird. Der zentrale Raum wird von der großartigen Kuppel dominiert, die durch ihre Freskenausmalung besticht. Sowohl der Außenbau wie die Innenraumgestaltung erlangten Vorbildwirkung für Sakralbauten des Barock und Rokoko über Italien hinaus (besonders in Österreich und Süddeutschland).

Westlich der Piazza Navona

Santa Maria dell'Anima

Santa Maria dell'Anima (12), ganz in der Nähe der Piazza Navona, ist die Gemeindekirche der deutschen Katholiken in Rom und die Grabeskirche des letzten Papstes ›deutscher Nation‹, Hadrians VI. (1522/23). Sie wurde auf Anregung eines Johannes Burckhard aus Straßburg als Nationalkirche Anfang des 16. Jh. errichtet, um den in Rom weilenden deutschen Pilgern und den Ansässigen aus dem Heiligen Römischen Reich Deutscher Nation Heimstatt zu sein – in Verbindung mit einem eigenen Hospiz. Mancher Pilger fand in Santa Maria dell'Anima auch seine letzte Ruhestätte, wie man an den vielen Gräbern in der Kirche sieht.

Ihr Inneres wird geprägt durch die Verbindung des Hallenkirchen-Typs mit Renaissance-Formen, sodass wir eines der schönsten Beispiele für einen Innenraum der römischen Renaissance vor uns haben, deren Stil auch das Äußere des Gotteshauses verpflichtet ist. Wenige Jahre nach der Weihe der Kirche bettete man hier Hadrian VI. zur letzten Ruhe. Er war ein tragischer Papst, weil er zu Beginn der Reformation aufrichtig Reformen in der römischen Kirche wollte, doch scheiterte. Ferdinand Gregorovius, der Historiograf Roms, weist

Santa Maria dell'Anima
tgl. 8–13 und 15–19 Uhr

darauf hin, wie groß der Gegensatz zwischen dem Papst aus Utrecht und dem damaligen Treiben in der Stadt war: Adrianus Florent war »ein frommer grämlicher Professor aus der finstern Stadt Löwen, ehedem Lehrer Karls V. Eines Schiffszimmermanns Sohn, war er nicht wie Leo X. in der Schule des Reichtums, sondern in jener der Not gebildet.

Man sah nun weder Künstler, noch Gelehrte mehr im Vatikan. Keine Musik, kein Sonett, kein platonischer Dialog war mehr gehört, kein Pinsel gerührt, kein Meißelschlag geführt. Hadrian betete und arbeitete. Er sagte: ›Ich will nicht die Priester mit den Kirchen, sondern die Kirchen mit den Priestern schmücken‹. Wenn er ausging, umschwärmten ihn nicht Poeten, Künstler und Gelehrte, sondern Bettler und Krüppel; er segnete und beschenkte sie reichlich. Diese Buße des sündhaften Rom dauerte nur ein Jahr, denn Hadrian starb schon am 14. September 1523. Den römischen Höflingen verhasst und von ihren Satiren verhöhnt, weil er es unternommen hatte, im Angesicht der Reformation die Kurie von Missbräuchen und Lastern zu reinigen, hatte er sich tief unglücklich gefühlt.«

Im Chorraum der Kirche steht rechts sein Grabdenkmal. Die allegorischen Figuren der vier Kardinaltugenden – Klugheit, Gerechtigkeit, Tapferkeit und Maß – halten Wache. Eine lateinische Inschrift besagt, wie wichtig es sei, in welche Zeit das Leben auch des besten Menschen falle – und summiert damit die dramatischen und traurigen Erfahrungen dieses Papstes zur Zeit der Reformation.

Santa Maria della Pace
Mo/Mi/Sa 9–12 Uhr

Santa Maria della Pace

Die im Gassengewirr der Innenstadt hinter der Piazza Navona versteckte Kirche ›**Sankt Marien vom Frieden**‹ **(13),** gegenüber dem Eingang zum deutschen Priesterkolleg Santa Maria dell'Anima, ließ Papst Sixtus IV. (1471–84) nach dem Jahr 1482 errichten, anlässlich wichtiger Friedensverträge mit italienischen Staaten, als Dank an die Madonna. Dafür ließ er eine ältere Marienkirche an dieser Stelle umbauen. Als erster Baumeister, der einen rechteckigen Kirchenraum er-

Die »Sibyllen« Raffaels in der Kirche Santa Maria della Pace

richtete, wird Baccio Pontelli vermutet. Bramante führte 1504 als ersten römischen Auftrag den von Kardinal Oliviero Carafa gestifteten Kreuzgang aus, der durch bewundernswerte Proportionen besticht; vermutlich auch den achteckigen Kuppelraum. Bei der Restaurierung des Bauwerks durch Pietro da Cortona 1656 entstand die von diesem entworfene, sich in den vielfältigen lebhaften Formen des Barock darbietende Fassade.

Der halbrunde Vortempel (Pronaos) ist der würdige Eingang zu einer der schönsten Klein-Kirchen Roms. Im Innenraum ziehen vor allem die von Raffael 1514 gemalten Sibyllen (heidnische Wahrsagerinnen; in der ersten Nebenkapelle rechts, der Cappella Chigi) das Augenmerk auf sich, die, dem Renaissance-Geist verhaftet, als diesseitige Wesen (drei blühende junge Frauen, eine weise Alte) dargestellt wurden. Spätere Ergänzungen (Propheten, Heilige) anderer Künstler bemühten sich, das Heidnische der Renaissance zu christianisieren.

Chiesa Nuova – Santa Maria in Vallicella und Oratorio dei Filippini

Chiesa Nuova, Neue Kirche, wird seit dem 16. Jh. vom römischen Volk die Kirche **Santa Maria in Vallicella (14)** an der Piazza della Chiesa Nuova, am Corso Vittorio Emanuele II., genannt. Der italienische Priester Filippo Neri (1515–95), ein bei den Römern sehr beliebter Seelsorger, der die Priestergemeinschaft der Oratorianer gründete, hatte über eine an dieser Stelle schon seit dem 12. Jh. bestehenden Johannes-Kirche neben dem Oratorium der Geistlichen, der Stätte des gemeinsamen Gebets, im Jahr 1575 mit dem Bau dieser neuen Kirche beginnen lassen. Immer wieder mussten für Santa Maria in Vallicella Geldgeber – etwa Papst Gregor XIII. – und neue Architekten – Martino Longhi d. Ä. – gefunden werden.

Die Kirche am verkehrsreichen Corso Vittorio Emanuele, die zu den großen römischen Barockbauten zählt, zeigt eine stattliche Fassade. Angelegt als dreischiffige, kreuzförmige Pfeilerbasilika, trägt sie über der Vierung eine mächtige Kuppel, die die Dächer der Umgebung deutlich überragt und weithin sichtbar ist. Im reichgeschmückten Innern sind die Fresken der Apsis, Kuppel und Deckengewölbe – Werke Pietro da Cortonas – und die drei auf Schiefer gemalten Bilder des Hochaltars – Frühwerke von Rubens (1606–08) – von besonderem Interesse. Links vorn neben dem Chor findet sich in einer Kapelle das Grab Neris, der 1622 heiliggesprochen wurde.

Chiesa Nuova – Santa Maria in Vallicella
tgl. 8–12 und 16.30–19 Uhr

Die Oratorianer des 16. Jh. standen bei den Römern in hohem Ansehen, weil sie es mit der Seelsorge ernst nahmen und ihr Priestertum nicht als weltliches Geschäft, sondern als moralische Verpflichtung verstanden. Für diese Gemeinschaft des Filippo Neri baute Borromini von 1637 bis 1650 ein Wohn- und Gebetshaus. Dieses **Oratorio dei Filippini (15)** fügt sich unmittelbar an die Chiesa Nuova an. Hier arbeiteten und beteten die Priester in der Gemeinschaft und übten die geistlichen Gesänge (daraus entwickelte sich später das musikalische Oratorium). Die Sala Borromini, der ehemalige Gebetssaal, dient heute als Konzertraum. In diesem Bauwerk Borrominis offenbart sich eine für die römische Barockarchitektur neue künstlerische Konzeption, die sich vom Pathetischen und Monumentalen abwendet und mehr der Schlichtheit (in geistreicher Bewegtheit) folgt – gut sichtbar vor allem an der Fassadengestaltung. Das Gebäude ist Heimstatt der Biblioteca Vallicelliana, Roms ältester öffentlicher Bibliothek, die besonders wertvolle Dokumente und Bücher zur Geschichte Roms und der Kirche in ihrem Bestand hat.

San Salvatore in Lauro
tgl. 9–12 und 16–19 Uhr

San Salvatore in Lauro

Die dem Erlöser geweihte Kirche **San Salvatore in Lauro (16)** an der Stelle eines offenbar besonders auffälligen Lorbeerbaums oder eines Lorbeerwäldchens (laurus) geht auf das 12. Jh. zurück, wurde jedoch in den folgenden Jahrhunderten immer wieder aus- und umgebaut. Die Kirche ist besonders beliebt bei den Piceni, einer Landsmannschaft aus der Region Marken. Das Innere ist ein bedeutendes Werk des Architekten Mascherino (1602). Bei der Kirche befinden sich ein Kreuzgang aus der Renaissance und das Refektorium (Speisesaal) mit Grabmälern für Papst Eugen IV. – zwischen 1450 und 1455 von Isaias aus Pisa geschaffen und aus der alten Peterskirche hierher überführt – und für Maddalena aus der berühmten Familie der Orsini.

Vom Palazzo Altemps zum Mausoleum des Augustus

Palazzo Altemps

Nach umfangreichen Restaurierungsarbeiten ist der **Palazzo Altemps (17)** eindrucksvoll in neuem Glanz wiedererstanden. Der mächtige Bau, etwas zurückgedrängt zwischen Piazza Navona und dem Tiber an der Piazza S. Apollinare gelegen, wurde um 1480 für Girolamo Riario begonnen und zeigt den Stil der Renaissance in vielen schönen Details. Er beherbergt nun die Sammlung Ludovisi aus dem Thermen-Museum. Besondere Betrachtung wert sind der »Trono Ludovisi«, der sog. Ludovisische Thron, Original (von einigen angefochten) Mitte des 5. Jh. v. Chr., aus der Villa Ludovisi in der Nähe der heutigen Via Veneto; Statuen des Hermes; »Ares Ludovisi«; »Galata«, Galater, der sich zusammen mit seiner Frau tötet; Statue der Athena Parthenos (Kopie der Phidias-Statue für den Parthenon); Statue der Juno; Statuen des Orest und der Elektra.

Palazzo Altemps – Museo Nazionale Romano
Di–So 9–19.45 Uhr

Sant'Agostino

Sant'Agostino
tgl. 9–12 und
16–19 Uhr

Eine einfache Freitreppe und eine strenge Travertin-Fassade sind die ersten Eindrücke der Kirche **Sant'Agostino (18)** in der Nähe der Piazza Navona. Sie entstand wahrscheinlich nach Plänen Giacomo Pietrasantas in den Jahren 1479 bis 1483; 1750 wurde der Innenraum erneuert. Die Fassade, eine der ersten der Renaissance in Rom, weist eine einfache klare Gliederung auf. Die Kirche des hl. Augustinus, des gelehrten lateinischen Kirchenvaters des 3. und 4. Jh., ist für die gläubigen Römerinnen, und oft auch für die weniger gläubigen, wichtig. Die »Madonna del Parto« (Madonna der Geburt), ein Bild von Jacopo Sansovino (1521), zieht sie an. Oft beten davor schwangere Frauen in der Hoffnung auf eine glückliche Entbindung oder kinderlose Ehepaare um Fruchtbarkeit. Über diesen Grund der Volksverehrung hinaus bietet die dreischiffige Basilika, deren Grundriss kompakte Kraft zeigt und die mit einer beherrschenden Vierungskuppel und zum Querhaus hin offenen Nebenchören versehen ist, eine wertvolle Ausstattung: von Andrea Sansovino »Anna mit Madonna und Kind« (Marmorskulptur, 1512) in der zweiten Kapelle links, von Raffael »Prophet Isaias« (1512) am dritten Pfeiler links, von Caravaggio »Madonna dei Pellegrini« (1605) in der ersten Kapelle des linken Seitenschiffs – oft zu wenig gewürdigte Meisterwerke dieser Künstler.

Palazzo Borghese

Einen großen Komplex am Tiber bildet der **Palazzo Borghese (19)**, vielwinklig umgeben von Via Borghese, Via Ripetta, Via dell'Arancio und Via Monte d'Oro sowie den Piazzi Borghese und Fontanella Borghese. Seiner unregelmäßigen Form verdankt der Palazzo im Volksmund den Namen ›Cembalo‹; die ›Tastatur‹ liegt an der Piazza Porto Ripetta.

Um seiner Familie sowohl einen Stadtpalast, den Palazzo, als auch eine Sommerresidenz, die Villa, zu sichern – so war es Brauch in Rom seit der Antike für wohlhabende Leute –, erwarb Kardinal Camillo Borghese, von 1605 bis 1621 als Paul V. Statthalter Christi, einen wohl nach einem Entwurf Vignolas oder im Auftrag des Kardinals Petrus de Deza von Martino Longhi d. Ä. nach 1580 errichteten Palast, den er seinen Brüdern Orazio und Francesco später zum Geschenk machte. Flaminio Ponzio, ›Familienarchitekt‹ der Borghese, erweiterte ihn in großartiger Manier, zugeschnitten auf die Wohn- und Repräsentationsbedürfnisse der päpstlichen Familie. Lässt man die lauten Straßen hinter sich und tritt in den Innenhof, dessen Rahmen durch die prachtvolle Arkadengestaltung bestimmt ist und der zu den vornehmsten Roms zählt, wird man von Ruhe und Schönheit umfangen. Der Cortile weitet sich durch eine offene Doppelloggia zu einem von Carlo Rainaldi 1690 gestalteten Gartenhof, reich geschmückt mit Putten, steinernen Girlanden, Statuen und Fontänen.

Mausoleum des Augustus (Mausoleo di Augusto)

»Augustus starb« berichtet der lateinische Schriftsteller Sueton (70–140), »im selben Zimmer wie sein Vater Octavius, unter dem Konsulat der beiden Sextus, Pompeius und Appuleius, am 19. August, ungefähr um 4 Uhr nachmittags, und es fehlten noch 35 Tage bis zu seinem 76. Geburtstag. Die Senatoren überboten sich gegenseitig in Vorschlägen für die Begehung der Leichenfeier und die Ehrung seines Andenkens. Ein Senator wollte sogar den Monatsnamen August auf den September übertragen, da Augustus in diesem geboren, in jenem aber gestorben sei; ein weiterer regte an, die ganze Zeitspanne von dem Tage seiner Geburt bis zu dem seines Todes das Augusteische Zeitalter zu nennen und es unter dieser Bezeichnung in den Kalender aufzunehmen. Aber man bewahrte Maß in den Ehrungen. Es wurden zwei Leichenreden gehalten: vor dem Tempel des unter die Götter aufgenommenen Iulius (Caesar) von Tiberius und auf der alten Rednertribüne von Drusus, dem Sohn des Tiberius. Darauf trugen ihn Senatoren auf ihren Schultern zum Marsfeld, wo er verbrannt wurde. Und es fand sich auch ein ehemaliger Prätor, der eidlich bezeugte, er habe das Bild des Verbrannten zum Himmel aufsteigen sehen. Seine Überreste sammelten die angesehensten Mitglieder des Ritterstandes, nur mit der Tunika bekleidet, ohne Gürtel und barfuß, und setzten sie im Mausoleum bei: Diesen Bau hatte Augustus während seines sechsten Konsulats zwischen der Flaminischen Straße und dem Tiberufer errichten lassen und schon damals die ringsum angelegten Gärten und Spazierwege der Öffentlichkeit übergeben.«

Dieses **Mausoleum (20)** des großen Imperators der Zeitenwende finden wir fast etwas versteckt auf der großen Piazza Augusto Imperatore. Lange vor seinem Tod hatte Kaiser Augustus eine Grabstätte

Mausoleum des Augustus

Voranmeldung erforderlich unter Tel. 06 48 89 91 Besuchszeiten nach Reservierung: Sa/So 10–13 Uhr

Für sein Mausoleum wählte Kaiser Augustus die Form eines von einem Erdhügel bedeckten und aus Ziegeln gemauerten Steinkreises

für sich und seine Familie, die Julier-Claudier, geplant. Er entschied sich für einen auf einem Steinring ruhenden großen Erdhügel mit einem Durchmesser von 89 m. Bereits seit altersher fand diese Form fürstlicher und königlicher Grabstätten Verwendung. Ehemals schmückten zwei ägyptische Obelisken den Eingang des Mausoleums; sie wurden später an der Kirche Santa Maria Maggiore und auf der Piazza del Quirinale aufgestellt. Die Bronzetafeln, die Rechenschaft über Augustus' Regierungszeit geben (Res gestae) und ursprünglich zu beiden Seiten des Tores angebracht waren, sind nicht erhalten; ihr Text ist jedoch durch Abschriften in den Provinzen bekannt. Das Mausoleum diente im Mittelalter den Colonna als Kastell, bis es 1241 von Papst Gregor IX. (1227–41) in Schutt gelegt wurde, um die Macht des ihm missliebigen Adelsgeschlechts der Colonna zu brechen. Später diente es als Villa, Amphitheater, Weinberg und Garten und bis 1936 sogar als Konzertstätte. 1936 stellte man nach Ausgrabungen den heutigen Zustand her.

Ara Pacis Augustae

Ara Pacis ★

Der ›**Altar des Friedens**‹ **des Kaisers Augustus (21)** zwischen Tiber und dem Mausoleum des Augustus (an der Piazza Augusto Imperatore) ist nach Jahren der architektonischen und urbanistischen Umgestaltung des schützenden ›Schreins‹ durch den amerikanischen Architekten Richard Meier von außen einsehbar und von innen gut begehbar. So können wir hier ein vorzüglich erhaltenes Meisterwerk römischer Bildhauerkunst betrachten, das zugleich ein bedeutendes politisches und religiöses Denkmal der Zeitenwende um Christus ist. In der Ara Pacis werden die imperiale Macht des neuen kaiserlichen Alleinherrschers, die römische Staatsidee und die Kontinuität der römischen Geschichte dargestellt und verherrlicht, künstlerisch konzentriert. Staat und Religion gehen eine Verbindung ein: Der Altar bildet das Zentrum, ist dem Opferkult vorbehalten; dem Staatskult ist die äußere Hülle zugewiesen.

Octavianus Augustus gelang es nach lang andauernden Kämpfen, seine Feinde zu bezwingen und dem vom Bürgerkrieg geschüttelten Imperium endlich den ersehnten Frieden zu geben. Das Zeitalter des Augustus war danach von Ruhe und Wohlstand gekennzeichnet. In den Herrschaftstafeln, den Res gestae, die einst am Mausoleum des Augustus angebracht waren und auch auf der Umfassung der Ara Pacis vorhanden sind, ist zu lesen: »Als ich unter dem Konsulat des Tiberius Nero und des Publius Quintilius (13 v. Chr.) nach erfolgreicher Tätigkeit aus Spanien und Gallien nach Rom zurückkehrte, beschloss der Senat, zum Dank für meine Rückkehr auf dem Marsfeld einen Altar des ›Augustusfriedens‹ zu weihen, in dem die Beamten, die Priester und die vestalischen Jungfrauen alljährlich ein Opfer darbringen sollten. Den Janustempel, der nach dem Willen unserer Vorfahren geschlossen werden sollte, wenn im gesamten Machtbereich des römi-

Ara Pacis Augustae
Tel. 06 82 05 91 27
www.arapacis.it
Di–So 9–19 Uhr

Allegorisches Relief der Ara Pacis: Saturnia Tellus zwischen den Personifikationen der Luft und des Wassers inmitten üppiger Natur, Sinnbild des durch den augusteischen Frieden verursachten Wohlstands

schen Volkes zu Land und zu Wasser durch Siege Friede geschaffen sei, ließ der Senat unter meiner Leitung dreimal schließen; vor meiner Geburt ist er, wie überliefert wird, seit der Gründung der Stadt überhaupt nur zweimal geschlossen gewesen.«

Der Friedensaltar, eine Meisterleistung antiker Bildhauerkunst aus carrarischem Marmor (zwischen 13 und 9 v. Chr. entstanden), war jahrhundertelang unter Fundament- und Mauerresten späterer Bauwerke begraben und verschüttet. Bereits im 16. Jh. entdeckte man einige Teile. Die Umfassungsmauer trägt in ihrem unteren Bereich ornamentale naturalistische Darstellungen (Rankenwerk aus Efeu, Lorbeer, Wein; dazwischen kriechende und fliegende Tiere). Der obere Bereich wird an allen vier Seiten von Bilderfriesen geschmückt; mythologische Darstellungen an den Schmalseiten (Äneas beim Opfer an die Penaten; Tellus, die Mutter Erde, und ihre Kinder), geschichtliche Szenen an den Längsseiten (Prozession der kaiserlichen Familie, Zug der Senatoren). Der eigentliche Altar steht zentral auf einer Sockelfläche von 11,62 × 10,60 m, die man über zehn Stufen erreicht; er war ebenfalls verziert, von diesen Opfer-Darstellungen sind zwei Drittel verlorengegangen. Doch was erhalten ist, erhebt den Altar in den Rang eines der größten klassischen Kunstwerke.

San Girolamo (degli Illirici o degli Schiavoni)

Die römische **Nationalkirche der Kroaten (22)** wurde in einem ersten Bau unter Sixtus IV. errichtet und erhielt unter Sixtus V. ihre heutige Gestalt (1588). Das Gotteshaus bekam seinen Namen nach den slawischen Christen, die Ende des 14. Jh. nach dem Sieg der muslimischen Türken auf dem Amselfeld (1389) aus Illyrien, Dalmatien und Albanien geflohen waren und sich um eine Kirche neben dem damaligen Stadthafen am Tiber, der Ripetta, scharten.

San Girolamo (degli Illirici o degli Schiavoni)
So 10.30–12.30 Uhr

Südlich des Corso Vittorio Emanuele

Genau besehen, ist das Gebiet zwischen dem Corso Vittorio Emanuele und dem Tiber, im Osten begrenzt von der Via del Plebiscito und der Via del Teatro Marcello, fast nur ein schmaler Streifen. Doch nicht wenige empfinden in dem Viertel ein besonderes Hochgefühl – zwischen den Kirchen Il Gesù und San Giovanni die Fiorentini und dem ehemaligen Ghetto der römischen Juden mit der auffälligen Synagoge, am Schildkrötenbrunnen und in der langen Via Giulia, auf dem Campo de' Fiori und der Piazza Farnese, in den kleinen Trattorie und Enoteche, in den Mode-Boutiquen, die hier Botteghe heißen, mit (noch!) unbekannten Namen und den bescheidenen ein- oder höchstens zweiräumigen Kunstgalerien, die – ebenfalls noch – unbekannte Maler präsentieren. Vielleicht weil man etwas entfernt ist von den ›Super-Sehenswürdigkeiten‹ und damit auch von den Massen der Touristengruppen. Vielleicht, weil hier das Publikum etwas jünger und unbekümmerter ist. Vielleicht, weil sich hier Römer und Fremde leichter mischen und alle locker ins Gespräch kommen. Nicht nur der Blumenmarkt auf dem Campo de' Fiori ist bunt, die Menschen sind es auch, dazu offen und vielsprachig, nicht gerade leise und sehr beweglich.

Cityplan Südlich des Corso Vittorio Emanuele S. 246

Restaurant-Tipps s. S. 418

Besonders sehenswert: Il Gesù, Campo de' Fiori, Palazzo Farnese

Am Corso Vittorio Emanuele

Il Gesù

In der dem Namen Jesu geweihten **Hauptkirche des Jesuitenordens (1)** verwirklichte der Architekt Vignola von 1568 an meisterhaft die neue Idee des 16. Jh., die schon beim Neubau von Sankt Peter eine Rolle gespielt hatte: das Langhaus der mittelalterlichen (und bereits vormittelalterlichen) Basilika mit dem Raumgedanken der Hochrenaissance zu einem Vierungs-Kuppelbau zu verschmelzen. In diesem Grundplan, aber auch in vielen Einzelheiten diente die Kirche in der abendländischen Baukunst häufig als architektonisches Vorbild.

Il Gesù ★

Il Gesù
tgl. 6.30–12.30 und 16–19 Uhr

Baugeschichte

Unter der Führung des Ignatius von Loyola war die ›Gesellschaft Jesu‹ entstanden und von Papst Paul III. im Jahr 1540 als Priesterorden anerkannt worden. Diese Gemeinschaft breitete sich rasch in den katholischen Ländern Europas aus und förderte maßgeblich die Gegenreformation unter den papsttreuen Gläubigen. Reformen im Innern der katholischen Kirche waren das Hauptziel. Ignatius selbst, der erste Generalobere des Ordens, regte den Bau dieser Kirche an. Ein Platz neben der damaligen Arbeits- und Wohnstätte der jungen Priestergemeinschaft – noch heute ein Jesuitenkolleg mit Patres und Studenten aus aller Welt – wurde zu einem Bau, der architektonisch beispielhaft war und die wachsende Bedeutung des Ordens unterstrich.

◁ *Tempel des Apollo Sosianus*

Südlich des Corso Vittorio Emanuele

Der Lieblingsarchitekt der bekannten Papstfamilie Farnese, Giacomo Vignola, wurde von Kardinal Alessandro Farnese mit dem Entwurf beauftragt und begann mit dem Bau 1568. Nach Vignolas Tod übernahmen Ordensmitglieder die Vollendung des Bauwerkes, das 1584 geweiht wurde.

Kirchenbau

Die **Fassade** stammt von Giacomo della Porta (1575/76), der in ihrer Gestaltung barocke Stilmerkmale mit solchen der Renaissance verband. Sie ist ein typisches Beispiel des ›Jesuiten-Stils‹. Gerade diese Schauseite als Abschluss der Kirche wurde in der Folgezeit von Baumeistern in Europa und in den von Jesuiten missionierten Ländern nachgeahmt.

Das **Kircheninnere** ist als kreuzförmiger Raum angelegt, der an den Seiten in Kapellen, dann in einem größeren Querhaus und schließlich im Chorraum mit der Apsis weitergeführt wird. Deshalb war er für die Versammlung der Gläubigen zu Predigt und Gottesdienst besonders gut geeignet. Die reiche Ausstattung (Stuckdekorationen, Vergoldungen, Fresken, mehrfarbiger Marmor) ist im Wesentlichen ba-

Altar, Denkmal und Grab für den Gründer des Jesuitenordens, Ignatius von Loyola, befinden sich in der Kirche Il Gesù

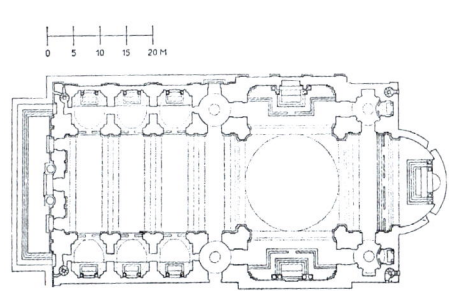

Il Gesù, Längsschnitt und Grundriss

rock und verleiht im Zusammenwirken mit Skulpturen und Gemälden dem Innenraum seinen Glanz. Der Schmuck der Kirche sollte die Gläubigen beeindrucken und durch die Betrachtung des heiligen Geschehens mit der himmlischen Glorie vertraut machen. Das Tonnengewölbe des Langhauses sowie die Vierungskuppel und Apsiswölbung sind mit stark bewegten **Fresken** in geschickter perspektivischer Wirkung von Baciccia ausgemalt und stellen den »Triumph des Namen Jesu«, einen Engelzyklus und die Anbetung des Lammes dar. Sie rühmen sowohl den Gründer des Christentums, Jesus von Nazareth, als auch die erstaunlichen Leistungen der jungen Gesellschaft Jesu bei der Missionierung in nahen und fernen Weltgegenden.

Bemerkenswerte Kunstwerke sind auch die **Altäre und Epitaphe** für Heilige aus dem Jesuitenorden. Links im Querschiff: Altar, Denkmal und Grab des Ordensgründers Ignatius von Loyola, der am 31. Juli – an diesem Datum auch sein Festtag – 1556 in Rom starb. Andrea Pozzo, der in diesem mächtigen Grabaltar die Teilung in Malerei und Plastik überwand und ein Gesamtkunstwerk verwirklichte, schuf das Werk zwischen 1696 und 1700. Die Silberstatue des hl. Ignatius (von Legros gearbeitet) ist eine Kopie, da Pius VI. das Original nach dem Vertrag von Tolentino für die Bezahlung der Kriegsschulden an Napoleon I. abtreten musste. Rechts im Querschiff der Altar des Franz Xaver, eines der ersten Gefährten des Ignatius, ein Werk von Pietro da Cortona (1674–78). Dieser bedeutende Missionar der katholischen Kirche kam im 16. Jh. bis nach Japan und vor die Küste Chinas; sein Grab liegt im indischen Goa.

Republikanisches Forum (Largo di Torre Argentina)

Ausgrabungen zwischen 1926 und 1930 haben auf dem Largo di Torre Argentina, einem verkehrsreichen Platz, einen interessanten Bereich der Antike ans Licht gebracht. Der Name ›Torre Argentina‹ wird

Südlich des Corso Vittorio Emanuele

Zum Republikanischen Forum am Largo di Torre Argentina, einem der wenigen Komplexe aus vorkaiserlicher Zeit, gehören ein runder und drei rechteckige Tempel

abgeleitet von einem Turm beim Haus des Burckhardt von Straßburg (lateinisch: *Argentoratum),* eines päpstlichen Zeremonienmeisters Anfang des 16. Jh.; dieser **Straßburger Turm** liegt heute in der nahen Via del Sudario, Nr. 44. Andere führen den Namen auf die Läden der Silberschmiede *(argentarii)* zurück, die sich früher hier befanden.

Einige Meter unter dem heutigen Straßenniveau breitet sich im Geviert des Platzes der Tempelbezirk des **Republikanischen Forums (2)** aus, einer der wenigen Komplexe aus der vorkaiserlichen Zeit, als das antike Rom Republik war. Leider sind die vier Tempel, drei rechteckige, ein runder, meist nicht zugänglich, doch kann man sie gut von oben sehen. Man unterscheidet in dem Bezirk den rechteckigen Tempel A, von dem noch 15 Säulen erhalten sind und in den man im Mittelalter die heute zerstörte Kirche San Nicola dei Cesarini hineingebaut hatte; den sich anschließenden runden Tempel B mit sechs noch erhaltenen Säulen, in dem sich einst die Statue der sitzenden Göttin Juno befand; weiter den kleinsten, zugleich ältesten (4. oder 3. Jh. v. Chr.) und am tiefsten liegenden Tempel C; und schließlich den Tempel D, über den teilweise eine Straße, die Via Florida, verläuft. Welchen Gottheiten die Tempel geweiht waren, ist nicht mit Sicherheit bekannt. Vom Verkehr umbrandet, bildet das Republikanische Forum mit seinen bescheidenen Tempeln einen eigentümlichen Platz in Rom: Antikes und Modernes leben miteinander.

Sant'Andrea della Valle

Nur die Kuppel von Sankt Peter ist größer als die von **Sant'Andrea della Valle (3),** der vom Orden der Theatiner betreuten und bei den Römern in hoher Gunst stehenden Kirche. Deshalb kann man sie immer gut von den Aussichtshügeln Roms sehen.

Sant'Andrea della Valle
tgl. 7.30–12.30 und 16.30–19.30 Uhr

Kirchenbau

Den Blick auf die Fassade hat man auf dem Corso del Rinascimento schon von weit her: Von dort fällt dem Betrachter auch auf, dass auf der linken Seite der Fassade an der Stelle einer Volute ein Engel mit erhobenen Flügeln steht, während etwas Ähnliches auf der rechten Seite fehlt. Die Baumeister, Francesco Grimaldi, Giacomo della Porta, Carlo Maderna und Carlo Rainaldi, bezogen sich in ihren Plänen bei der Fassade und im Innern unübersehbar auf die Hauptkirche der Jesuiten, Il Gesù. Auch der Grundriss beider Kirchen ist fast identisch. In der Gestaltung der Travertin-Fassade zeigt sich eine enorme dynamische Kraft, Architekturpathos und künstlerische Aktivität verbinden sich glücklich. Der einschiffige großzügige Innenraum, ebenso wie bei Il Gesù durch Nebenkapellen erweitert (aber hier zum Langhaus hin weit geöffnet), drängt in die Höhe und gipfelt in der Kuppel als dem beherrschenden Zentrum.

Ausstattung

Im Innern verdienen neben den Gemälden und Statuen der Seitenkapellen vor allem zwei Monumente vor dem Querschiff Beachtung: Wandgräber für die Päpste Pius II. (1470) und Pius III., die beide der

Blick in die Kuppel von Sant'Andrea della Valle

Südlich des Corso Vittorio Emanuele

Südlich des Corso Vittorio Emanuele

1 Il Gesù
2 Republikan. Forum
3 Sant'Andrea della Valle
4 Museo Barracco
5 Palazzo della Cancelleria und S. Lorenzo in Damaso
6 Campo de' Fiori
7 Palazzo Farnese
8 S. Giovanni dei Fiorentini
9 S. Maria di Monserrato
10 S. Eligio
11 Palazzo Spada
12 S. Carlo ai Catinari
13 Palazzo dei Cenci
14 Portikus d. Octavia
15 Marcellus-Theater
16 Tempel des Apollo Sosianus
17 S. Maria in Campitelli
18 Fontana della Tartarughe

berühmten Familie der Piccolomini aus Siena angehörten. Die Werke wurden 1614 aus St. Peter hierher gebracht. Als Künstler werden genannt: Paolo Taccone und ein unbekannter Schüler des Andrea Bregno, sowie Francesco und Sebastiano Ferrucci. Das linke ist Pius II. geweiht, der als Aeneas Silvius Piccolomini in der Zeit des Humanismus wirkte und von 1458 bis 1464 die Kirche regierte; das rechte Pius III., Francesco Todeschini Piccolomini, der am 22. September 1503 als Nachfolger des berüchtigten, wenn auch kunstsinnigen Borgia, Alexanders VI., zum Papst gewählt wurde, am 8. Oktober den Thron Petri bestieg, doch schon zehn Tage später, am 18. Oktober, starb, somit also das kürzeste Pontifikat der Kirchengeschichte führte. Mit den Fresken der Apsishalbkuppel und in Teilen der Kuppel schuf der durch Caravaggio und Michelangelo beeinflusste Domenichino 1624–28 Meisterwerke, die in ihrer dramatischen Gestaltung Maß und Disziplin bewahren und nicht ins Kolossale ausarten. Die Cappella Lancellotti (die erste rechts) ist einer der Schauplätze der Oper »Tosca« von Puccini – Zeichen der Beliebtheit dieser Kirche bei den Römern.

Museo Barracco

Der an der Nordseite der verkehrsreichen Piazza San Pantaleone gelegene Palazzo, auch ›Piccola Farnesina‹ genannt, beherbergt das **Museo Barracco (4).** Die kleine, interessante Sammlung assyrischer, ägyptischer, babylonischer, griechischer, etruskischer und römischer Skulpturen (teils Originale, teils Kopien) wurde 1902 von dem Baron Giovanni Barracco der Stadt Rom geschenkt; an den Exponaten kann man gut die Entwicklung der antiken Kunst studieren. Besonders bemerkenswert sind Reliefs des 7. Jh. v. Chr. aus Assyrien, Sphingen der Königin Hatschepsut (16. Jh. v. Chr.), griechische Statuen der frühen Klassik, etruskische Grabsäulen, der »Hermes« und der »Athlet« (»Doryphoros«) nach dem Diadumenos des Polyklet, Kopf eines Apoll (Phidias), Büste des Epikur, Kopf des Lyzischen Apoll, Votivrelief mit Apoll aus Athen (360 v. Chr.), »Verwundete Hündin« (Lysipp) und Kopf des Alexander-Helios (Ende 4. Jh. n. Chr.).

Palazzo della Cancelleria

Der gewaltige Bau des **Palazzo della Cancelleria (5),** der am Corso Vittorio Emanuele einen ganzen Straßenzug ausfüllt und an den anderen Seiten vom Vicolo Savelli, der Via del Pellegrino und der Piazza della Cancelleria begrenzt wird, nimmt in der römischen Architektur einen wichtigen Platz ein. Im 15. Jh. hielt Florenz den ersten Rang unter den italienischen Städten auf dem Gebiet von Kunst und Kultur, dank den kunstsinnigen Medici, dem Florentiner Herrscherhaus. Die Stadt Rom hatte durch die Abwesenheit der Päpste im Exil zu Avignon und das Abendländische Schisma, die Kirchenspaltung im 14. und 15. Jh., an Macht und Wohlstand eingebüßt und war als Stadt heruntergekommen. Die Errichtung des Palazzo della Cancelleria markiert den Beginn des Wiederaufbaus der Urbs aeterna und spielte bei der urbanistischen Entwicklung der Stadt zum neuerlichen Mittelpunkt der Christenheit eine wichtige Rolle.

Der Palazzo war zuerst für Kardinal Raffaele Riario geplant, später diente er als Sitz der Päpstlichen Kanzlei, für die Regierung der Republik Rom und des Kirchenstaats. Errichtet wurde er von 1483 bis 1517; die Zuschreibung an Andrea Bregno (Montecavallo) oder Bramante ist umstritten. Sicher bleibt seine Wertschätzung als eines der

Museo Barracco
Di–Sa 9–19, So bis 13 Uhr

Palazzo della Cancelleria
9.30–19.30 Uhr (nur teilweise zugänglich)

Der Palazzo della Cancelleria markiert einen Wendepunkt in der römischen Stadt- und Architekturgeschichte. Die klare Gliederung der Fassade macht den Palazzo zu einem der schönsten Beispiele der Renaissance-Baukunst.

schönsten Beispiele der Renaissance-Baukunst, mit seiner klaren Fassadengliederung und den genau durchdachten Formen. Die hervorragende Bearbeitung des Materials besticht, wobei der Aufwand klug und maßvoll berechnet ist. Für die Hauptfassade (aus Travertin) holte man sich Steinblöcke aus dem Kolosseum, die anderen Seiten zeigen vorwiegend gelben Backstein. Dies erleichterte sicherlich die Finanzierung des Bauwerks, die durch die Kardinäle Scrampo Mezzarota und Raffaele Riario geleistet wurde. Die Historie sagt, dass Riario unter anderem 60 000 Scudi, die er beim Glücksspiel dem Neffen Papst Innozenz' VIII. abgenommen hatte, für den Bau verwendete. Allerdings blieb ihm das Glück nicht immer so gewogen: Er verlor seine Güter und den Palast wegen seiner Beteiligung an einer Verschwörung gegen Papst Leo X. Über die steinernen Rosen – Wappenschmuck der Riario – schreibt Werner Bergengruen (1892–1964) präzis und tiefsinnig: »Im Schmuck der Außenfront, der von nobelster Zurückhaltung ist, an jeder einzelnen Säule des Hofes erscheint die Rose, selbst auf dem Steinpflaster der Hofesmitte hat die Abflussstelle für das Regenwasser Rosengestalt. Wer die Rosen zählen wollte, gelangt in viele Tausende. Aber die Rose blüht nicht in wilder Naturhaftigkeit, [...] sie ist schönes Ornament, edel gefügt und einer vom Menschen erschaffenen Symmetrie untertan.«

Das Palastinnere verfügt über zahlreiche gut proportionierte Räume. Bemerkenswert ist der Saal der hundert Tage, der von Vasari auf Verlangen des Kardinals Alessandro Farnese in der vom Kardinal vorgegebenen Zeit mit seinen Gehilfen ausgemalt wurde – dank dessen routiniertem Können. Michelangelo soll dazu trocken bemerkt haben: »Si vede bene« – Man sieht's! Der weite dreigeschossig umbaute Innenhof, in dem jüngst archäologische Ausgrabungen die interessanten Überreste einer altchristlichen Basilika zutage förderten, präsentiert sich auf viereckiger Grundfläche ebenfalls mit klarem Wandaufbau. In der Cancelleria befinden sich heute u. a. die Diensträume der Sacra Romana Rota, des Päpstlichen Ehegerichts.

San Lorenzo in Damaso

San Lorenzo in Damaso
tgl. 7–12.30 und 16–19 Uhr

Die Kirche San Lorenzo in Damaso, die Papst Damasus zu Ehren des hl. Laurentius 380 n. Chr. hatte errichten lassen, wurde in der Renaissance nach gründlichem Umbau, vermutlich von Bramante, in den

Palast für Kardinal Riario, in die Cancelleria, einbezogen und mit einem Portal in der Fassade versehen. Restaurierungen des 19. Jh. veränderten das Innere.

Zwischen Campo de' Fiori und Tiber

Campo de' Fiori

Regelmäßig findet vormittags auf dem **Campo de' Fiori (6)** ein Blumen-, Obst-und Gemüsemarkt statt. Dennoch lässt das heitere Markttreiben die Düsternis der Historie nicht vergessen. Dieser Ort war die Hinrichtungsstätte im päpstlichen Rom. Eine solche Hinrichtung beschreibt ein gewisser Stefano Infessura 1444: »Im Jahre 1444, am 12. Dezember, wurde Angelotto degli Foschi, Kardinal von Santo Marco, ermordet, und zwar von einem seiner Kammerdiener, der ihn ausraubte. Und aus diesem Grunde wurde der besagte Kammerdiener sofort gefangengenommen. Man schleifte ihn vom Kapitol bis zum Hause des Kardinals; dort wurde er gebunden auf einen Karren gelegt, bis zum Richtplatz auf dem Campo de' Fiori geführt und dabei mit glühenden Zangen gezwickt. Auf dem Richtplatz wurden ihm die Hände abgehauen, und dann wurde er aufgehängt und dann geviertelt, und die vier Teile wurden angeheftet in vier Stadtvierteln, an vier Plätzen von Rom; ein Teil am Ponte Molle, einer auf dem Campo de' Fiori, einer am Monte Mario und der letzte an der Porta Santo Giovanni. Die Hände wurden angenagelt an der Mauer der Porta Santo Pietro.«

Campo de' Fiori ★

Blumen auf dem Campo de' Fiori

Südlich des Corso Vittorio Emanuele

Palazzo Farnese
Führungen Mo, Do 15, 16 und 17 Uhr (Dauer: 50 Min.)

Es gab auch andere Exekutionen. So wurde am 7. Februar 1600 der Philosoph und Theologe Giordano Bruno, der in der abendländischen Geistesgeschichte nicht vergessen wird, hier hingerichtet und verbrannt. Die kirchliche Inquisitionsbehörde beschuldigte ihn der Gotteslästerung, der Ketzerei und der Verspottung des christlichen Glaubens. Giordano Bruno widerrief jedoch weder seine Lehre noch seine blasphemischen Äußerungen und endete deshalb – zur Zeit der Gegenreformation, 47 Jahre nachdem im protestantischen Genf der spanische Humanist und Arzt Michael Servet wegen der Leugnung des Dreifaltigkeitsdogmas auf Geheiß des Reformators Calvin lebendig verbrannt worden war – auf dem Scheiterhaufen. Im Jahre 1900 stellte man auf dem Platz eine Bronzestatue Giordano Brunos auf. Am Sockel angebrachte Medaillons zeigen weitere ›Häretiker‹ und ›Freigeister‹ wie Erasmus von Rotterdam, John Wicliff und Jan Hus.

Palazzo Farnese

Die weite Piazza Farnese gibt den Blick auf den **Palazzo Farnese (7)** frei, den ›König der Paläste‹ im Rom des 16. Jh. (s. auch Abb. S. 44). So wie ein Palastbau, der Palazzo Venezia, am Beginn der Renaissance in Rom stand, so setzte ein Palast auch den Endpunkt, der Palazzo Farnese, in dem die Harmonie aller Bauteile und Formen kulminiert. Der Architekt Antonio da Sangallo d. J. begann 1514 den Bau eines städtischen Palazzo für Kardinal Alessandro Farnese, den nachmaligen Papst Paul III. (1534–49). Nach dem Tod dieses Baumeisters (1546) übertrug der Farnese-Papst die Arbeiten Michelangelo, der den fast vollendeten Außenmauern das Dachgesims und im Innenhof das Obergeschoss anfügte. Als letzter von drei berühmten Baumeistern wirkte Giacomo della Porta, unter dessen Regie die Bauarbeiten Ende des 16. Jh. beendet wurden. Durch Erbfolge gelangte der Palazzo in den Besitz der Bourbonen (aus Neapel), wurde später französisches

Im Palazzo Farnese (16. Jh.) residiert heute die französische Botschaft

Staatseigentum und beherbergt heute die französische Botschaft beim Quirinal.

Die Gliederung des quaderförmigen Bauwerkes ist klar und übersichtlich. Die Eingangsfront, 46 m breit und in drei Stockwerke gegliedert, wird durch die unterschiedliche Gestaltung der Fensterreihen und das leicht erhabene Rustikaportal bestimmt. Sie entspricht der architektonischen Leitidee jener Zeit: Vollendete Harmonie herrsche dort, wo man nichts verändern, nichts hinzufügen oder weglassen könne, ohne dass das Ganze Schaden leide. Da der Palazzo frei steht, also von allen Seiten betrachtet werden kann, sind auch die anderen Fassaden in ihrer Wirkung genau berechnet. Die beiden Seiten korrespondieren mit der Schaufront, während die rückseitige Fassade, die tiberwärts an der Via Giulia verläuft, als Gartenfront gestaltet ist. Dort überspannt ein kleiner Bogen, der Arco dei Farnese, die Straße. Die Gestaltung des Innenhofs orientiert sich am antiken Architekturerbe: Säulen und Pfeiler weisen im ersten Stock dorische, im zweiten ionische und im dritten korinthische Formen auf, darin dem Kolosseum gleichend, aus dem man Steine für diesen Palazzo nahm. Im Innern des Palastes wurde eine 20 m lange und 6 m breite Galerie (im ersten Obergeschoss) von Annibale Carracci und seinen Gehilfen 1597–1604 in Fresko-Technik ausgemalt, mit Variationen des unerschöpflichen Themas: Triumph der Liebe im Universum.

Da die Besichtigung heute meist nicht möglich ist, lesen wir die Beschreibung Stendhals (1783–1842): »Die Einfahrt, durch die man in dies majestätische Gebäude gelangt, ist mit zwölf dorischen Säulen aus ägyptischem Granit geschmückt. Drei Säulenordnungen, eine über der andern, zieren die vier Fassaden dieses quadratischen und so düsteren Hofes, der etwas vom Kolosseum hat. Die unterste bildet einen Portikus von wilder, wahrhaft römischer Majestät. In diesem Portikus hat man die große Graburne aus parischem Marmor aufgestellt, die aus dem Grabmal der Cecilia Metella stammt. In einem Winkel des Hofes halb verborgen, kommt diese Urne um alle Wirkung. Es war eine Geschmacksverirrung der Zeit Pauls III., sie aus dem Denkmal, dessen wichtigster Bestandteil sie war, zu entfernen. Zwei Stunden lang hielten wir uns in der Galerie auf, die Annibale Carracci und seine Schüler mit mythologischen Szenen aus Ovid und Vergil in Freskomalerei ausgeschmückt haben. Die Mitte der Wölbung nimmt der Triumph des Bacchus und der Ariadne ein. Die Gesichter leiden an dem gleichen Fehler wie die Tizians: Sie sind virtuos gemalt; doch vermisst man ein wenig die himmlische Seele und den Geist, den Raffael seinen Gesichtern stets gibt.«

San Giovanni dei Fiorentini

An **San Giovanni dei Fiorentini (8)** haben bedeutende Künstler mitgewirkt. Dennoch nimmt die Kirche keinen Spitzenrang unter den Gotteshäusern des 16. Jh. ein. Beeindruckend ist die Größe der stren-

San Giovanni dei Fiorentini

tgl. 7–12.30 und 16–19 Uhr

gen, dreischiffigen Pfeilerbasilika mit Querhaus und Vierungskuppel. Der Innenraum verfügt über eine bemerkenswerte Barockausstattung, darunter zahlreiche Gemälde und Grabmäler. Von außen wirkt sie jedoch karg, wie auch die Florentiner in ihrem Charakter den Römern erscheinen. Die Kirche wurde im Auftrag Papst Leos X. (1513–21; aus der Familie der Florentiner Medici) als Nationalkirche für die Florentiner in Rom gestiftet. Nach der Ausschreibung eines Wettbewerbs, an dem sich auch Raffael beteiligte, erhielt Jacopo Sansovino den Zuschlag und begann den Bau 1518. Andere Baumeister setzten nach mehreren Unterbrechungen das Werk bis zur Fertigstellung 1602 fort, so Antonio da Sangallo d. Ä. und Giacomo della Porta; 1556 zog man Michelangelo als Berater hinzu. Alessandro Galilei schuf die Fassade, Carlo Maderna die achtseitige Vierungskuppel.

Santa Maria di Monserrato

Als Rom wieder zur ersten Stadt in Italien aufrückte, das Papsttum an Macht gewann und die Gläubigen aus der ganzen Christenheit in die Ewige Stadt pilgerten, wollten die einzelnen Nationen ›ihre‹ Kirche in der Stadt der Apostelfürsten haben. In den Jahrzehnten, als die Florentiner San Giovanni dei Fiorentini und für die Deutschen die Nationalkirche Santa Maria dell'Anima entstanden, schuf im Auftrag des Borgia-Papstes Alexander VI. der Architekt Antonio da Sangallo d. Ä. eine Kirche für die Aragonesen und Katalanen. Seitdem nicht mehr San Giacomo degli Spagnoli an der Piazza Navona Nationalkirche der Spanier ist, hat **Santa Maria di Monserrato (9)** diese Aufgabe übernommen. Hier setzte man (in der ersten Kapelle rechts) neben Alexander VI. (1492–1503) auch noch einen weiteren Borgia-Papst, Kalixtus III. (1455–58) bei, die ursprünglich in den Grotten des Vatikan ihre Ruhestätte gefunden hatten. Zu den bedeutenden Werken zählen das von Bernini entworfene Grabmal Kardinal Pietro Montoias mit einer Porträtbüste des Kirchenfürsten, einem Jugendwerk Berninis von 1621.

Sant'Eligio degli Orefici

Die kleine Kirche **Sant'Eligio degli Orefici (10)** bei der Università degli Orefici ed Argentieri, Sankt Elegius (der Goldschmiede), lässt es entsprechend dem Beruf ihrer Bauherrn an Eleganz (Kuppel mit Laterne) nicht fehlen. Denn Auftraggeber war die Zunft der römischen Schmuckhandwerker. Sie ließ im Jahr 1516 für den hl. Eligius, der im 7. Jh. Bischof von Tours war, zuvor jedoch Schmied und deshalb Patron der Gold- und Hufschmiede wurde, von Baldassare Peruzzi nach einer Zeichnung Raffaels diesen schmucken Zentralbau mit Grundriss eines griechischen Kreuzes in der Via di Sant'Eligio direkt am Tiber errichten. Die Fassade stammt von der Restaurierung im Jahr 1602.

Palazzo Spada

Die Architektur des **Palazzo Spada (11)** ist im Gewirr der engen Gassen hinter der Piazza Farnese nur schwer zu würdigen. Der Palast wurde um die Mitte des 16. Jh. von Giulio Merisi da Caravaggio im Auftrag des Kardinals Girolamo Capo di Ferro errichtet, ging dann in den Besitz des Kardinals Spada über und wurde von Borromini restauriert. Auf der viergeschossigen Fassade finden sich elegante Stuckdekorationen (Giulio Mazzoni, 1556–60) und acht Statuen berühmter Römer – von links: Trajan, Pompejus, Fabius Maximus, Romulus, Numa, Marcellus, Caesar und Augustus. Beachtenswert sind im Innenhof der architektonisch gelungene Aufbau und die Ausschmückung mit Statuen, Figurenfriesen und Ornamenten. Die Räume sind reich mit Stuckdekorationen verziert; in einem Salon befindet sich

Palazzo Spada
Di–So 8–19.30 Uhr
(25. Dez. und 1. Jan. geschl.)
Ticket-Reservierung unter Tel. 06 683 24 09; für Gruppen: Fax 06 32 65 13 29,
info@ticketeria.it;
Infos: www.galleria borghese.it/info.htm

Die perspektivische Kolonnade von Borromini im Palazzo Spada

Südlich des Corso Vittorio Emanuele

Blick in die Kuppel von San Carlo ai Catinari

die sog. Pompejus-Statue, an der Caesar ermordet worden sein soll. Borromini legte um 1635 als Verbindung zweier Höfe eine perspektivische Kolonnade an, zwei Säulenreihen mit kassettiertem Tonnengewölbe, die durch die Verkleinerung der hinteren Maße eine größere Länge vortäuschen. Im Palazzo Spada hat der Consiglio di Stato, der italienische Staatsrat, seinen Sitz.

Die **Galleria Spada**, deren größten Teil die Gemäldesammlung des Kardinals Bernardino Spada (1594–1661) bildet, enthält einige beachtenswerte Werke, darunter Bildnisse des Kardinals Spada von Guido Reni und von Guercino, die »Heimsuchung« von Andrea del Sarto, die unvollendete »Musikantin« von Tizian und eine »Landschaft mit Windmühle« von Jan Breughel. Die Räume sind reich geschmückt.

Um die Via Arenula und das Marcellus-Theater

San Carlo ai Catinari

Karl Borromäus ist eine außergewöhnliche Gestalt der Kirchengeschichte. Er wurde 1538 in Arona geboren und schon im Jahre 1560 mit erst 22 Jahren von seinem Onkel, Papst Pius IV., zum Erzbischof von Mailand und Kardinal ernannt. Das war beklagenswerter Nepotismus des Papstes. Doch der junge Erzbischof bewährte sich in der Leitung seines Erzbistums, führte vernünftige Reformen durch, verstärkte die Seelsorge und richtete karitative Werke ein. Beweint von den Mailändern, starb er 1584, bis heute in dankbarer Erinnerung gehalten. Er war so angesehen und ob seines untadeligen Lebenswandels hoch verehrt, dass er schon 1610 heiliggesprochen wurde. Kurz nach dieser Kanonisation ließ der Orden der Barnabiten von Rosato

Rosati eine Kirche zu seinen Ehren erbauen, die zweite in Rom neben San Carlo al Corso, der ›Pfarr‹-Kirche der Lombarden. **San Carlo ai Catinari (12)** – ihren Beinamen verdankt die Kirche Waschschüssel-Herstellern *(catinari)*, die ihr Gewerbe in der Nähe betrieben – hat eine interessante Schaufront aus Travertin und ist im Innern mit bemerkenswerten Fresken – u. a. von Domenichino und Reni – ausgestattet. Der Hochaltar ist ein Werk von Martino Longhi d. J.

Palazzo Cenci

Über den Ruinen des Circus Flaminius, der 221 v. Chr. angelegt worden war, an einer schon im Altertum zentralen Stelle der Stadt – der Portikus der Octavia und das Marcellus-Theater liegen in der Nähe – errichtete die **Familie Cenci** im 16. Jh. einen **Palast (13)**. Der Rundgang um den Palazzo führt durch die Straßen Via di S. Maria de' Calderari, Via del Progresso, Via Beatrice Cenci und Via dell'Arco dei Cenci zur Piazza Cenci. Es heißt, Francesco Cenci habe sich seiner Kinder Giacomo und Beatrice entledigen wollen und deshalb für sie eine Grabkapelle renovieren lassen. Die Kinder kamen dem Vater jedoch zuvor, indem sie ihn ermordeten. Sie wurden zum Tode verurteilt und am 11. September 1599 an der Engelsbrücke enthauptet. In der Kapelle feiert man noch heute am Jahrestag dieses unglückseligen Geschehens eine Messe.

Portikus der Octavia und Marcellus-Theater (Portico di Ottavia, Teatro di Marcello)

Nur fünf Säulen und Reste des Gebälks sind von einer riesigen, 119 m breiten und 132 m langen Säulenhalle übriggeblieben, die sich im Altertum in der Nähe des Tiber erstreckte. Quintus Metellus Macedonius, Sieger in Makedonien, ließ diesen Portikus von 148 bis 146 v. Chr. erbauen. Kaiser Augustus erneuerte ihn 27 v. Chr. und weihte die Halle, die mit doppelten Säulenreihen einen Tempel umschloss, seiner Schwester Octavia. Die Imperatoren Septimius Severus und Caracalla ordneten eine Rekonstruktion an. Die Überreste sind heute in der Vorhalle der Kirche Sant'Angelo in Pescheria miteinbezogen. Der **Portico di Ottavia (14)** an prominenter Stelle neben dem Marcellus-Theater gelegen, enthielt zahlreiche griechische und römische Skulpturen, von denen man Genaues nicht mehr weiß.

Schon von der Piazza Aracoeli, vom Fuß des Kapitols aus, sieht man über die Via di Teatro di Marcello die imposanten, ein Rund andeutenden Aufbauten des **Marcellus-Theaters (15)**, in die jedoch, wie man gleich bemerkt, offenbar Teile eines wehrhaften römischen Palazzo hineingebaut sind – Hinweis auf eine komplizierte, bewegte Baugeschichte. In den Ländern rund um das Mittelmeer, vor allem in Griechenland, finden sich überall halb- oder dreiviertelrunde Theater, de-

Portikus der Octavia und Marcellus-Theater
tgl. 9–18 Uhr

ren ansteigende Sitzreihen nicht auf Stützenkonstruktionen ruhten, sondern, die natürlichen Gegebenheiten nutzend, in einen Berghang gebaut waren. Auch die Römer hätten die Hügellage der Stadt als Grundlage solcher Theaterbauten nutzen können. Doch bereits 55 v. Chr., am Ausgang der Republik, entstand in Rom während der Herrschaft des Pompeius das erste völlig frei stehende und rundum zugängliche Theater, dessen Grundmauern südlich der Kirche Sant'Andrea della Valle noch zu finden sind. Diese Art des Theaterbaus gab den Architekten bei dem hohen bautechnischen Niveau die Möglichkeit, repräsentative Arkadengeschosse zu schaffen.

Das unter Augustus 17 v. Chr. begonnene, bereits von Caesar geplante Theater, wurde 13 v. Chr. fertiggestellt und von Augustus dem Andenken seines im Alter von 23 Jahren verstorbenen Neffen geweiht, dem Sohn seiner Schwester Octavia, der auch Gemahl seiner Tochter Julia war und die Herrschaft im Reich nach Augustus übernehmen sollte. Obwohl das Theater im Mittelalter als Festung und Wohnung der Fabi und Savelli genutzt wurde und im 16. Jh. den Grundstock zum Palazzo Orsini bildete, den Baldassare Peruzzi schuf, kann man die einstige Schönheit des ursprünglichen Baus noch heute erahnen, da bei den Umbauten die alte Form des Marcellus-Theaters respektiert wurde.

Ghetto und Tempel des Apollo Sosianus

In einem relativ kleinen Viertel hinter dem Marcellus-Theater, etwa begrenzt durch die Straßen Via del Portico dell'Ottavia, Lungotevere dei Cenci entlang dem Tiber und Via del Progresso mit der Kirche Santa Maria del Pianto, befand sich das **Ghetto.** Schon vor der Eroberung Jerusalems lebten in Rom Juden, sodass die römische Gemeinde der Juden die älteste im europäischen Abendland ist. Hier waren die Juden jahrhundertelang Restriktionen der Päpste ausgesetzt. Am Tiber erhebt sich die Synagoge, ein Bauwerk vom Anfang des 20. Jh., das orientalische, assyrisch-babylonische Stilelemente aufweist.

Vergil widmete in der »Äneis« (6. Buch, 860 ff.) dem Marcellus bewegende Verse, weil mit dem Tod des Neffen des Augustus große Hoffnungen zusammenbrachen: »Jüngling, herrlich an Wuchs, in blitzenden Waffen, freudlos aber die Stirn und niedergeschlagenen Blickes … Zeigen nur wird ihn der Welt sein Schicksal und länger ihn nicht lassen; er wäre zu mächtig römischer Nachwuchs euch, ihr Götter, erschienen.«

Vor dem Marcellus-Theater, an der Ecke Via di Teatro di Marcello und Piazza Campitelli, zeugen drei hohe Ecksäulen auf einem Podest noch von der einstigen Pracht des ehemals stattlichen **Tempels des Apollo Sosianus (16),** der zuerst 435–433 v. Chr. errichtet, dann 179 v. Chr. erneuert und dem Gott Apollo Medicus (Arzt) geweiht, und im Jahre 32 v. Chr. schließlich auf Betreiben des Konsuls Sosius restauriert wurde.

Santa Maria in Campitelli

Als Rom 1556 von der Pest heimgesucht wurde, gelobte das Volk, der »Madonna del Portico« – der Name rührt her vom nahe gelegenen Portico di Ottavia – eine Kirche zu weihen, wenn die Seuche aufhö-

Fontana delle Tartarughe

re. Papst Alexander VII. erfüllte das Gelübde und ließ von Carlo Rainaldi die **Marienkirche am Campitelli-Platz (17)** bauen (1662–67). Die zweigeschossige Travertin-Fassade ist kräftig gegliedert. Das Innere erweist sich als ein auf kompliziertem Grundriss errichteter Raum mit Säulen, Wandvorsprüngen und nach außen gestaffelten Kapellen. In der Mitte auf dem Hochaltar wird das nach römischem Volksglauben wundertätige Gnadenbild der Madonna del Portico verehrt.

Das Marcellus-Theater wurde im Mittelalter als Festung und Wohnung genutzt und im 16. Jh. zum Palazzo Orsini umgebaut, doch kann man die Struktur des ursprünglichen Baus noch deutlich erkennen

Fontana delle Tartarughe

Die intime, offenbar ohne architektonischen Plan gestaltete Piazza dei Mattei bildet den Rahmen für einen kleinen Brunnen, die **Fontana della Tartarughe (18),** der Schildkröten. Der Brunnen wurde 1581–84 von dem Florentiner Bildhauer Taddeo Landini nach Entwürfen Giacomo della Portas geschaffen. Auf einem mit vier großen Muschelschalen geschmückten Podest tragen vier schlanke Jünglinge wie im Spiel eine Wasserschale über ihren Köpfen. Die den Rand der Wasserschale erklimmenden Schildkröten, die erst im 17. Jh. dazugekommen sein sollen, verhalfen dem Brunnen zu seinem Namen. Er entzückt durch die Anmut und die Bewegung der Figuren in gleicher Weise.

Piazza del Popolo und Villa Borghese

Dieser Besichtigungsgang unterscheidet sich wesentlich von den anderen. Er führt ins Grüne, in die einmalige Park- und Museen-Landschaft der Villa Borghese. Beginnend auf dem großartigen Platz im Norden der Innenstadt, auf der Piazza del Popolo, erkennbar an Stadttor und Mauern, den Aurelianischen, Muro Torto. Erst in den letzten Jahren ist die Piazza del Popolo, stärker in das Bewusstsein der Römer gerückt. Durch eine U-Bahn-Station (Piazzale) Flaminio (neben Bus und Tram) und durch die Verbannung parkender und fahrender Autos von der riesigen Platzfläche, die mit der Zeit von immer mehr Römern und Fremden belebt wurde.

Auch die Villa Borghese wurde erst langsam aufgewertet, durch mancherlei Initiativen und das wachsende Interesse für die verschiedenen bedeutenden Museen sowie einzelne Kunstwerke (Brunnen), Bauwerke (›Casina di Raffaello‹ mit Film-Möglichkeiten) und Denkmäler (Umberto I.) im gesamten Park-Komplex ›Villa Borghese‹: Museo und Galleria Borghese im Gebäude der Villa Borghese, Casino, Museo Canonica (eines ital. Bildhauers), Galleria d'Arte Moderna e Contemporanea, Museo di Villa Giulia (Etrusker).

Dabei fällt es schon schwer, sich von der ersten Station, der großartigen Piazza del Popolo mit den drei prächtigen Marien-Kirchen zu trennen. Um so mehr, als es danach gleich steil einen Hügel hinaufgeht, auf die Aussichtsterrassen des Pincio mit einzigartigem Panorama (nach Westen) über Rom. Gemächlicher hat man es, wenn man aus der Porta del Popolo zum Propyläen-Eingang der Villa hinübergeht und sich will vom Charme eines römischen Prachtparks gefangen nehmen lässt. Ausklingen lassen kann man den Gang an der Porta Pinciana zur Via Veneto hin, ein lohnendes Ziel.

*Cityplan Piazza del Popolo – Villa Borghese
S. 261*

*Restaurant- und Einkaufstipps
s. S. 419*

Besonders sehenswert:
*Piazza del Popolo
Museo e Galleria Borghese,
Villa Giulia – Museo Nazionale Etrusco*

Piazza del Popolo

In den vergangenen Jahrhunderten betraten die Besucher aus dem Norden gewöhnlich an der Porta del Popolo die Stadt Rom. Die zwei alten Konsularstraßen, die Via Cassia (durch die Toskana) und die Via Flaminia (von der Adria durch Umbrien), hatten sie bis vor dieses Stadttor der Aurelianischen Mauer, die heute hier ›Muro Torto‹ (Torso-Mauer) genannt wird, hergeleitet. (Erst seit der zweiten Hälfte des 19. Jh. sind die Viertel in der nördlichen Tiberschleife, Flaminio und Parioli, entstanden.) Die durch die Porta del Popolo einreisenden Fremden, unter ihnen kein Geringerer als Johann Wolfgang Goethe, empfingen auf der **Piazza del Popolo (1)**, einem der schönsten Plätze Roms, ihre ersten Eindrücke von der ›Ewigen Stadt‹.

Unter Papst Sixtus V. (1585–90) begann die Neugestaltung der Piazza. Zusätzlich zur Via del Corso, die zur Piazza Venezia führt und eine Achse der Stadt bildet, legte man zwei neue Straßen an, die Via di Ripetta und die Via del Babuino. Zwischen 1662 und 1679 wurden dann von Rainaldi die ›Zwillingskirchen‹ Santa Maria dei Miracoli

Piazza del Popolo ★

◁ *Piazza del Popolo*

Piazza del Popolo und Villa Borghese

Santa Maria del Popolo
tgl. 7–12, 16–19 Uhr

und Santa Maria in Monte Santo errichtet, die gemein-sam mit der Kirche Santa Maria del Popolo, einer der ersten Renaissance-Kirchen Roms, direkt neben der Stadtmauer und der Porta del Popolo gelegen, zum Gesamtbild des Platzes entscheidend beitragen. Seine Mitte bestimmt seit 1586 der Obelisco Flaminio, ein 24 m hoher Obelisk ägyptischer Herkunft, der ehemals den Circus Maximus schmückte, nachdem er durch Kaiser Augustus nach Rom verbracht worden war. Die östliche und westliche Begrenzung der ovalen Piazza wird zum Pincio-Hügel und zum Tiber hin von halbkreisförmig angelegten Mauern gebildet, die auf den Architekten Valadier zurückgehen, der zu Beginn des 19. Jh. den Platz umgestaltete (s. Abb. S. 125).

Santa Maria del Popolo

Die Kirche **Santa Maria del Popolo (2)** gleich neben dem Stadttor, das heute nur mehr eine Durchfahrt ist, weist eine unverkennbare Silhouette auf: Eine achteckige Vierungskuppel, Glockenturm und eine kleine Kuppel über einer Seitenkapelle ragen in den Himmel. Sie krönen den schlichten Renaissancebau einer der ältesten Pfarrkirchen Roms, wenn man die Vorgängerbauten miteinbezieht. Der Volksmund erzählt viel über diese Kirche. Zum Beispiel, dass die 1099 errichtete kleine Kapelle den bösen Geist Neros bannen sollte, der hier einst in einem Baum gehaust habe. Vielleicht war es auch einer der Geister derer, die auf der Piazza del Popolo am Galgen hingerichtet wurden, den allerdings das Volk und seine milden Seelsorger zuvor schon zu besänftigen suchten. Denn bei der Exekution betete die Menge für die Seele des Unglücklichen, und Almosen wurden für Seelenmessen und zur Hilfe für die Familie des Verurteilten gespendet; außerdem wurden die Angehörigen vor dem Tor bewirtet, um über den Schmerz hinwegzukommen. Santa Maria del Popolo hat viel gesehen.

Piazza del Popolo und Villa Borghese
1 *Piazza del Popolo*
2 *S. Maria del Popolo*
3 *S. Maria dei Miracoli*
4 *S. Maria in Monte Santo*
5 *Villa Medici*
6 *Galleria Borghese*
7 *Galleria Nazionale d'Arte Moderna*
8 *Villa Giulia*
9 *Stadio Flaminio*

Baugeschichte

Gleichviel. Von 1227 bis 1241 und noch einmal von 1472 bis 1477 unter Papst Sixtus IV. (1471–84) erweiterte man die kleine Kirche, die 1099 auf Kosten der Gemeinde, des Volkes – del Popolo, daher der Name – erbaut worden war, wahrscheinlich als Dank für die Einnahme Jerusalems durch die Kreuzfahrer im Juli jenes Jahres. Bramante erweiterte sie im Jahr 1505 um die Apsis, auch für die Bedürfnisse der hier eingezogenen Augustinermönche. Martin Luther, der vor ›seiner‹ Reformation zum Augustinerorden gehörte, lebte während seines Rom-Aufenthaltes 1510/11 hier im Kloster. Man erzählte sich, der von Luther zum Zelebrieren der Messe bevorzugte Altar soll nach der Reformation gemieden worden sein; inzwischen erlauben die durch das Zweite Vatikanische Konzil verbesserten Beziehungen zwischen den christlichen Kirchen wieder seine Benutzung. Weitere Veränderungen der Kirche wurden bei einer im 17. Jh. von Bernini ausgeführten Restaurierung hinzugefügt.

Kirchenbau

Santa Maria del Popolo wurde als gewölbte dreischiffige Pfeilerbasilika über einem kreuzförmigen Grundriss erbaut und hat zahlreiche Nebenkapellen. Die Chorgewölbe werden von Fresken Pinturicchios, »Krönung Mariens« mit Evangelisten, Sibyllen und Kirchenvätern, geschmückt. Aus der Vielzahl von Grabmälern (charakteristisch für eine Pfarrkirche) sind zwei künstlerisch besonders wertvolle im Chor

Piazza del Popolo – Villa Borghese

Santa Maria dei Miracoli und Santa Maria in Monte Santo
Mo–Sa 6–13 und 17–19, So ab 8 Uhr

hervorzuheben, die der Kardinäle Ascanio Sforza (gestorben 1505) und Girolamo Basso della Rovere (gestorben 1507), von Andrea Sansovino.

Ausstattung

Die Cappella Cerasi enthält zwei bedeutende Tafelbilder von **Caravaggio,** »Bekehrung des Paulus« und »Kreuzigung des Petrus« (1601/02). Die Kapelle der Familie Chigi wurde in den Jahren 1513–15 nach Plänen Raffaels gebaut und enthält wertvolle Ausstattungsstücke verschiedener Künstler (zum Teil nach Entwürfen Raffaels gearbeitet); die Cappella della Rovere, in der Mitglieder der Familie Papst Sixtus' IV. beigesetzt sind, zeigt Meisterwerke der Malerei und Plastik aus Renaissance und Barock, darunter ein von Pinturicchio geschaffenes Altarbild; beachtenswert ist auch die von Carlo Fontana 1682–87 für Kardinal Cybo eingerichtete Kapelle, die durch ihre bekrönende Kuppel die Kirche sowohl innen als auch nach außen hin bereichert.

Santa Maria dei Miracoli und Santa Maria in Monte Santo

Die Zwillingskirchen **Santa Maria dei Miracoli (3)** und **Santa Maria in Monte Santo (4),** stehen wie für eine Theaterszene mit großem szenischen Effekt am Eingang des Corso. Wie man diesen städtebaulich wichtigen Platz gestalten konnte, darüber dachten Mitte des 17. Jh. viele nach. Gemeinsam fand man die Lösung, und besser hätte man vom Platz in die Hauptstraße nicht überleiten können. Der Prälat und spätere Kardinal Girolamo Gastaldi betrieb den Bau, Alexander VII., der Chigi-Papst gab Rat und Genehmigung, die Baumeister Carlo Rainaldi, Bernini und Carlo Fontana entwarfen die Pläne und leiteten die Arbeiten für Santa Maria di Monte Santo (die östliche) von 1662 bis 1675, für Santa Maria dei Miracoli von 1675 bis 1679.

Pincio und Villa Medici

Oberhalb (östlich) der Piazza del Popolo erstreckt sich von Nord nach Süd, bis zur Villa Medici, der **Pincio** genannte Park, dessen Grün dann in der größeren Villa Borghese seine Fortsetzung findet. Der Pincio erhielt seinen Namen von der einst hier gelegenen Villa der Familie der Pinci. Von 1810 bis 1818 gestaltete der Architekt Valadier daraus eine klassizistische Parkanlage. An den Wegen des Pincio stehen seit dem Ausgang des 19. Jh. Büsten italienischer Patrioten. Besonders schön ist der Blick von den Terrassen des Pincio am Piazzale Napoleone auf die Piazza del Popolo und die gesamte Innenstadt

Pincio und Villa Medici

bis hin zur dominierenden Kuppel von Sankt Peter, vor allem vor Sonnenuntergang. Die Römer sind davon überzeugt, dass es die Terrasse mit der wunderbarsten Aussicht der Welt sei.

An der Viale Trinità dei Monti, zwischen der Spanischen Treppe und der Piazza del Popolo, neben dem Pincio, befindet sich die im Auftrag des Kardinals Ricci di Montepulciano von Annibale Lippi 1544 im Stil der späten Renaissance errichtete **Villa Medici (5).** Die der Straße zugewandte Front ist schlicht und streng gehalten, während die der Gartenseite, der Villa Borghese zugekehrt, mit reichen Gliederungen versehen ist. Die Villa gelangte später in den Besitz der Florentiner Medici und der Großherzöge der Toskana, bevor sie von Napoleon als Stiftung für französische Künstler der Französischen

Die Villa Medici, im 16. Jh. im Stil der Spätrenaissance errichtet, ist eine der schönsten und vielfach nachgeahmten Villen ›im Grünen‹

Piazza del Popolo und Villa Borghese

Blick vom Pincio über die Kuppeln von Santa Maria dei Miracoli und Santa Maria in Monte Santo auf die der Peterskirche

Akademie zugeeignet wurde. Von 1630 bis 1633 lebte unter Hausarrest des Heiligen Offiziums Galileo Galilei in der Villa. Heute finden hier häufig Ausstellungen und kulturelle Veranstaltungen statt.

Museen-Park der Villa Borghese

An den Pincio und die Villa Medici schließt sich die Villa Borghese an, eine weite Parkanlage, eine der schönsten der Welt. Schon in der Antike besaßen die reichen römischen Familien neben ihrer Stadtwohnung etwas ›im Grünen‹, die alten Römer einen *hortus*, die Adelsfamilien der Renaissance und des Barock neben dem Palazzo eine ländliche Residenz, die Villa, am Rand der Stadt oder in den Albaner Bergen gelegen. Sie war bevorzugter Aufenthaltsort während der hei-

Museen-Park der Villa Borghese

ßen Sommermonate. Deshalb finden wir in Rom bei demselben Familiennamen sowohl ›Palazzo‹ als auch ›Villa‹.

Die Villa der berühmten Familie Borghese, aus der Papst Paul V. (1605–21) und andere kirchliche Würdenträger hervorgingen, wurde im Auftrag des Kardinals Scipione Caffarelli Borghese von 1613 bis 1616 errichtet. Auf dem Gelände von Weinbergen entstand eine ausgedehnte barocke Gartenanlage mit Seen und künstlichen Jagdgründen, die Ende des 18. Jh. von dem deutschen Maler Christoph Unterberger auf Wunsch des Fürsten Marcantonio Borghese zu einem Englischen Garten umgestaltet wurde. Dieser bildet heute mit dem Pincio den größten Park der Stadt – neben dem der Villa Doria Pamphili. Unter den Denkmälern im Park befindet sich an der Viale San Paolo del Brasile auch eines für Johann Wolfgang von Goethe, von Gustav Eberlein geschaffen (1902–04). Auf der 200 m langen Piazza Siena finden internationale Reitwettkämpfe statt.

Piazza del Popolo und Villa Borghese

Museo e Galleria Borghese

Museo e Galleria Borghese ★

Museo e Galleria Borghese
Di–So 8–19.30 Uhr (25. Dez. und 1. Jan. geschl.) Ticket-Reservierung unter Tel. 063 28 10; für Gruppen ab 10 Personen unter Fax 06 32 65 13 29, info@ticketeria.it; Infos: www.galleria borghese.it/info.htm

Der schöne Bau des **Casino Borghese (6)** wurde von Giovanni Vasanzio (Jan van Santen) errichtet (1613–15), um die Antikensammlung des Kardinals Scipione Borghese aufzunehmen, später auch die Gemälde; beides ist heute in der Galleria Borghese in der Villa zusammengefasst, die nach jahrelangen Renovierungsarbeiten wieder besucht werden kann. Nicht zu Unrecht wurde diese lange Zeit ›die Königin unter den privaten Kunstsammlungen der Welt‹ genannt, denn bereits im 17. Jh. erwarb der kunstbesessene Kardinal Scipione Caffarelli Borghese, Neffe Papst Pauls V. (1605–21) und der wohl größte Mäzen seiner Zeit, systematisch Werke der antiken Kunst und för-

»Der Raub der Proserpina durch Pluto« von Giovanni Lorenzo Bernini. Der Gott der Unterwelt raubt die Tochter der Demeter, die sich sträubt, dem Gott ins Reich der Schatten zu folgen. Dem kräftig zupackenden, muskulösen Pluto vermag jedoch die zierliche, fast hilflos sich widersetzende Proserpina nicht standzuhalten

derte durch Aufträge die zeitgenössischen Künstler. Ende des 19. Jh. wurde die Gemäldesammlung, vornehmlich mit Werken aus dem Palazzo Borghese, hinzugefügt. So entstand das heutige Museum. Eine beträchtliche Minderung hatte ›die Königin‹ freilich erlitten, als Camillo Borghese sich von Napoleon genötigt sah, eine nicht geringe Anzahl von Antiken an den Louvre in Paris zu verkaufen, weswegen die Römer noch immer grollen.

Von den Skulpturen des Museums sind besonders beachtenswert: das Marmorbild der Fürstin Paolina Borghese, der Schwester Napoleons und Gattin des Camillo, in der Stellung einer ›ruhenden Venus‹, geschaffen 1805 von Canova; vor allem jedoch die Werke von Gianlorenzo Bernini: »David mit der Schleuder« (1623/24) als Auftragswerk von Scipione Borghese, der »Raub der Proserpina durch Pluto« (1621/22). Weiter der »Schlafende Hermaphrodit« (römische Kopie eines griechischen Originals); »Äneas mit seinem Vater Anchises« von Gianlorenzo und Pietro Bernini – wie die Dargestellten Sohn und Vater – geschaffen, und ein weiteres Werk Gianlorenzo Berninis, die »Wahrheit von der Zeit entschleiert«. Ein Meisterwerk Berninis ist »Apoll und Daphne«, das die Verwandlung Daphnes in einen Lorbeerbaum bei der Verfolgung durch den Gott Apoll darstellt (1622–25). Der lateinische Dichter Ovid hat dieser Metamorphose unsterbliche Verse gewidmet (s. rechts), die auch Bernini inspiriert haben.

Galleria Borghese

»*Kannst du, so spricht der Gott, nicht mehr die Gattin mir werden, sollst mein Baum du doch sein. Es sollen, o Lorbeer, dich tragen, stets meine Leier, mein Haar, der Köcher. Und, wie mein jugendlich Haupt an den Locken die Schere nicht duldet, trage du immerfort den Schmuck des grünenden Laubes. Phoebus hatte geendet. Bejahend regte die jungen Zweige der Lorbeer und schien wie ein Haupt den Wipfel zu neigen.*«
Ovid

Das Marmorbild der Schwester Napoleons von Antonio Canova, »Paolina Borghese als ruhende Venus«

Als Höhepunkt der Gemäldegalerie finden wir: die »Grablegung« von Raffael und andere Bilder des Künstlers sowie von Botticelli, Pinturicchio, Perugino, Lukas Cranach, Sodoma, Dürer, Lotto, Domenichino (»Jagd der Diana«), Caravaggio (»Madonna dei Palafrenieri«), Rubens, Correggio (»Danae«), Bernini, Bassano, van Dyck, Tizian (»Heilige und profane Liebe«), Bellini, Paolo Veronese und Antonello da Messina (»Porträt eines Mannes«).

Zoologischer Garten (Giardino Zoologico)

Die Nationalgalerie der modernen Kunst, nördlich des Casino Borghese, liegt nicht weit vom Zoologischen Garten. Dieser **Giardino Zoologico** wurde nach dem Vorbild des Tierparks Hagenbeck in Hamburg nach 1911 angelegt und 1935 auf eine Fläche von 12 ha erweitert; in den Gehegen sind die Tiere oft etwas eng untergebracht.

Galleria Nazionale d'Arte Moderna

Zoologischer Garten
Di–So 8.30–17.30 Uhr (Winter) bzw. 18.30 Uhr (Sommer)

Galleria Nazionale d'Arte Moderna e Contemporanea
Di–So 8.30–19.30 Uhr

In dem 1915 bezogenen Bau der **Galleria Nazionale d'Arte Moderna e Contemporanea (7)** sind die seit 1883 systematisch vom Staat gesammelten Werke moderner Künstler Italiens und anderer europäischer Länder des 19. und 20. Jh. ausgestellt. Leider weist der Bestand für die Malerei und Plastik des 19. Jh. nicht unerhebliche Lücken auf, sodass mancher bedeutende Künstler gar nicht oder nur mit schwächeren Werken vertreten ist. Gezeigt werden neben den italienischen Künstlern u. a. Degas, Cézanne, Moore, Kandinsky und Vernet. Hervorzuheben sind die Werke einer Maler-Gruppe aus der Toskana, der ›Macchiaioli‹, den Impressionisten ähnlich, sowie Skulpturen von Marino Marini, Giacomo Manzù und Werke des Malers Giorgio De Chirico. Häufig finden hier auch sehenswerte Sonderausstellungen statt.

Villa Giulia – Museo Nazionale Etrusco

Die **Villa Giulia (8)** ist nach Papst Julius III. benannt, der sie von dem Architekten Vignola erbauen ließ (1551–63). Seit 1889 ist sie nach verschiedenen An- und Umbauten Ausstellungsort wertvoller Objekte der Etrusker, die man in Latium, Umbrien und der südlichen Toskana fand. Neben den Denkmälern und Kunstwerken ›vor Ort‹, also im Siedlungsgebiet der Etrusker, vermittelt dieses Museum das umfassende Bild jenes Volkes, das von den Römern besiegt und in die Vergessenheit gestoßen wurde.

Villa Giulia – Museo Nazionale Etrusco ★

Villa Giulia – Museo Nazionale Etrusco
Di–So 8.30–19.30 Uhr

Bemerkenswerte Funde aus Totenstätten, die durch Ausgrabungen zutage gefördert wurden (eine Grabanlage von Cerveteri wurde rekonstruiert), legen Zeugnis ab von der hohen etruskischen Kultur. Das Museum zeigt Urnen, handwerkliche Arbeiten von großem Geschmack, Kleinkunst und alltägliche Gebrauchsgeräte. Weiter sind beachtenswert: Statuen, vor allem der Apoll von Veji und der berühmte Sarkophag mit einem liegenden Ehepaar (in Wirklichkeit eine Aschenurne), kleine und große Figuren, Grabbeigaben und Votivgeschenke, Tongefäße sowie Gläser, Gold- und Silberschmuck. Ein Besuch des Museums der Villa Giulia erscheint besonders empfehlenswert, weil er in eine ganz andere Welt als die der Römer führt: in die Zeit vor dem antiken und christlichen Rom.

Stadio Flaminio und Parco della Musica

Beispiel einer gelungenen modernen Architektur ist das für die Olympischen Spiele in Rom 1960 von dem Architekten Pier Luigi Nervi an der Via Flaminia erbaute **Stadio Flaminio (9)** für 45 000 Zuschauer. Diese Zahl erlaubt den Vergleich mit dem Kolosseum, dessen technischer Konstruktion und architektonischen Ausdrucksmöglichkeiten, da auch das Amphitheater der Flavier etwa die gleiche Zahl von Personen aufnehmen konnte; ebenfalls von Nervi und von 1960 der **Palazetto dello Sport,** nicht weit davon am Viale Tiziano.

Auf der anderen (östlichen) Seite der Hochstraße befindet sich der **Parco della Musica,** das Auditorium, mit drei Konzertsälen und einer Freibühne für Konzerte aller Art, kulturelle Veranstaltungen und Kongresse, von dem Architekten Renzo Piano 2002 in kühner Modernität erbaut.

Ein weiteres Beispiel modernen Bauens – nicht gerade häufig im kirchlichen Rom – ist die **Chiesa del Giubileo,** ein ›europäisches Zentralwerk‹ von Richard Meier, wie international anerkannt wird. Die zum Jubeljahr 2000 unter Papst Johannes Paul II. errichtete Kirche liegt etwas weit von der Innenstadt entfernt im südlichen Vorort Tor Tre Teste – vielleicht mit einem Ausflug verbunden, lohnt sie den Besuch, vor allem für jene, denen der Kirchenbarock auf Dauer etwas ›zu viel wird‹.

Vom Quirinal nach San Lorenzo fuori le Mura

Man muss gut zu Fuß sein, wenn man es hier mit dem Besichtigungs-›Gang‹ genau nehmen will. Denn er beschränkt sich nicht auf ein zusammenhängendes Viertel, sondern verläuft entlang einer langen Achse, auf der Via XX Settembre, vom Quirinalspalast der Päpste, Könige und Republik-Präsidenten, über die Ministerien des Königreichs und jetzt der Republik Italien, darunter das Verteidigungs- und Finanzministerium, hin zu den wunderschönen Kirchen, Sant'Agnese und Santa Costanza (für Hochzeiten bestens geeignet), mit einem Abstecher nach San Lorenzo am Hauptfriedhof des Campo Verano. Wenn man so will, vom repräsentativen, prachtvollen Machtbezirk zum Arbeiterviertel San Lorenzo mit schwindelerregenden Hochstraßen – eine kontrastreiche Rom-Er-›fahrung‹; das kann man wörtlich und zwischendurch einen Bus nehmen.

Schon zu Beginn nimmt links und rechts der Via del Quirinale und der Via XX Settembre in rascher Folge ein Kunstwerk nach dem anderen gefangen. Dann verlässt man an der großartigen, geschichtsmächtigen Porta Pia das Stadtgebiet des antiken Rom, das von der Aurelianischen Mauer umschlossen wurde, da auch die Kirchen außerhalb der Stadt, *fuori le mura,* einen Besuch und den langen Weg lohnen.

Cityplan Quirinal – San Lorenzo fuori le Mura S. 272

Restaurant- und Einkaufstipps s. S. 420

Besonders sehenswert: Palazzo del Quirinale, Palazzo Barberini – Galleria Nazionale d'Arte Antica, Sant'Andrea al Quirinale, San Carlo alle Quattro Fontane (S. Carolino), Diokletiansthermen – Museo Nazionale Romano, Santa Costanza, San Lorenzo fuori le Mura

Quirinal (Quirinale)

Palazzo del Quirinale

Der eine sät, ein anderer wird ernten, sagt man. So ist es mit dem Palazzo del Quirinale, dem riesigen **Palast-Komplex auf dem Quirinals-Hügel (1)** mitten in Rom, seit Juni 1946 Amtssitz des Präsidenten der Republik Italien. Davor residierten dort die italienischen Könige, nachdem am 20. September 1870 das italienische Heer an der Porta Pia in das päpstliche Rom eingedrungen und mit der Auflösung des Kirchenstaats die Einigung Italiens vollendet war. Bis dahin hielten hier die Päpste Hof. Wer sonst. (Hier fanden auch Konklaven statt, 1823, 1829, 1831 und 1846.)

Warum die Päpste eine weitere Residenz in Rom brauchten? Obwohl sie doch schon den Vatikan hatten und zuvor, bis zum Anfang des 14. Jahrhunderts, meist im Lateran residierten? Gregor XIII., aus der Bologneser Familie der Boncompagni (1572–85), voll Tatendrang in der Zeit der Gegenreformation, des Aufschwungs der Römischen Kirche, fand zum Ende des 16. Jahrhunderts, dass der Apostolische Palast des Vatikans nicht mehr der Zeit entsprach, mehr eine trutzige Burg, hoch, hoch über dem Petersplatz, als ein standesgemäßes Schloss. Modern sollte die Stadt-Residenz der Päpste sein. Lange, repräsentative Zimmerfluchten wünschte er, nicht verwinkelte Gänge und kleine Kämmerchen, wie man sie im Vatikan findet. Vor allem sollte die neue Residenz bequem sein. Nicht in die Höhe wollte man

Palazzo del Quirinale ★

Palazzo del Quirinale

Für das Publikum geöffnet: So 8.30–12 Uhr

◁ *Santa Costanza*

Vom Quirinal nach San Lorenzo fuori le Mura

Vom Quirinal nach San Lorenzo fuori le Mura

1 Palazzo del Quirinale   2 Piazza del Quirinale   3 Palazzo Pallavicini-Rospigliosi   4 S. Andrea al Quirinale   5 S. Carlo alle Quattro Fontane   6 Palazzo Barberini   7 Piazza Barberini   8 S. Maria della Concezione   9 S. Maria della Vittoria   10 Fontana dell'Acqua Felice   11 S. Susanna

Vom Quirinal nach San Lorenzo fuori le Mura

12 S. Bernardo alle Terme   13 Fontana delle Naiadi   14 Stazione Termini   15 Diokletiansthermen
16 Museo Nazionale Romano   17 S. Maria degli Angeli   18 Porta Pia   19 S. Agnese fuori le Mura
20 S. Costanza   21 Priscilla-Katakombe   22 Prätorianer-Kaserne   23 S. Lorenzo fuori le Mura

Der Palazzo del Quirinale, von 1870 bis 1946 Residenz der italienischen Könige, dient heute als Sitz des Staatspräsidenten

gehen, sondern in die Breite und Länge – was man erst später mit den heutigen Museumstrakten auch im Vatikan tat. Allein schon die Höhenunterschiede, die auf dem vatikanischen Hügel zu überwinden sind: Petersplatz 19 m, Damasus-Hof 38 m und von dort drei Stockwerke hinauf – aber was für welche. Wer heutzutage auf den Aufzug verzichtet, kommt atemlos beim Papst in der dritten Loggia an und weiß, was der Aufstieg auch zur Sixtinischen Kapelle in einer Zeit ohne Fahrstühle bedeutete. Das nur nebenbei.

Also zogen die Päpste, als Erster Klemens VIII. (1592–1605), aus dem Vatikan aus und residierten im Quirinal. Es dürfte kein Zufall gewesen sein, dass man im Quirinal die Cappella Paolina genau in den Ausmaßen der Sixtinischen Kapelle des Vatikans schuf, wenn auch bei weitem nicht so dramatisch und eindrucksvoll ausgemalt wie diese. Aber so fromm war Päpsten und Kardinälen damals auch gar nicht zumute. Immer im Blick auf Weltengericht und persönliche Rechenschaft wollten sie gar nicht die Kirche leiten. Sie fühlten sich mehr in der Rolle weltlicher Regenten, sahen in dem mittelitalienischen Kirchenstaat die natürliche Macht- und Finanzbasis und wollten es äußerlich den Königen und Fürsten des übrigen Europa gleichtun. Verfehlt im kirchlich-religiösen Sinn, ertragreich für die Kunst und die Kultur der Ewigen Stadt.

Piazza del Quirinale und Palazzo della Consultà

Die **Piazza del Quirinale (2)** vor dem Quirinalspalast, der Residenz der italienischen Staatspräsidenten, beeindruckt, wie die Deutsch-Römerin Marie Luise Kaschnitz in ihrem Buch »Engelsbrücke« schrieb, »in seiner Unregelmäßigkeit durch sein unabsichtlich schönes Maß«, weiter durch die rostroten Fassaden des Palastes, weiße Balustraden und Wappenschilder, scheinbar endlose Fensterreihen. Wie von einer Kanzel aus bietet sich zuerst über die stattliche Freitreppe, dann über die Dächer und Kuppeln der Innenstadt ein weiter Blick bis nach Sankt Peter. In der Mitte der Piazza »bäumen sich die Pferde der Dioskuren; Castor und Pollux, weiß und ein wenig fett, wie sie die Rosse bändigen, aber weil die bronzenen Zügel fehlen, sieht es so aus, als stiegen die Götterpferde, von ihrer Gebärde magisch beschworen, so steil gen Himmel empor« (Kaschnitz). Sie bilden den Dioskurenbrunnen. Der 14 m hohe Obelisk markierte früher den Eingang zum Augustus-Mausoleum und wurde unter Pius VI. (1783– 86) hier aufgestellt. Die 5,6 m hohen Figuren der Dioskuren Kastor und Pollux stammen aus den Konstantinsthermen.

An der Südseite des Platzes, dem ›Quirinal‹ zugekehrt, erhebt sich der **Palazzo della Consultà** mit einer prachtvollen Fassade, der im Auftrag Papst Klemens' XII. im Jahr 1734 von dem Architekten Ferdinando Fuga für das Päpstliche Gericht, Tribunale della Sacra Consultà, errichtet wurde. Heute ist die ›Consultà‹ Sitz der Corte Costituzionale, des obersten italienischen Verfassungsgerichts.

Palazzo Pallavicini-Rospigliosi

An der Via XXIV Maggio, der Auffahrt von der Piazza Venezia zum Quirinal-Hügel, liegt der **Palazzo Pallavicini-Rospigliosi (3)**. Er wurde zwischen 1611 und 1616 von den Architekten Giovanni Vasanzio (Jan van Santen) und Carlo Maderna für Kardinal Scipione Borghese errichtet, unter Kardinal Mazarin (Mazzarino) erweitert und ging schließlich in den Besitz der Familie Pallavicini-Rospigliosi über. Der dem späten Renaissance-Stil verpflichtete Bau diente den Pallavicini als **Gemäldegalerie.** Zu sehen sind u. a. von Rubens »Christus und die Apostel« (Jugendwerk), von Lorenzo Lotto »Triumph der Keuschheit«, von van Dyck »Bildnis« und von Botticelli »La Derelitta«. Der kleine Innengarten zeichnet sich durch das Casino Pallavicini aus, dessen Salon-Decke von Guido Reni mit der berühmten »Aurora« geschmückt wurde (1614).

Sant'Andrea al Quirinale

Sant'Andrea al Quirinale (4) wurde von Kardinal Camillo Pamphili als Kirche für das Noviziat (Ausbildungsstätte des Ordensnach-

---

Piazza del Quirinale: Schöner Blick!

Wir sind nicht so kühn wie der deutsche Philosoph Friedrich Nietzsche (1844–1900), im Quirinalspalast nach einem stillen Zimmer zu fragen – auch auf den Stufen der Freitreppe vor dem Palazzo bietet sich wie von einer Kanzel aus ein weiter Blick über die Dächer und Kuppeln der Innenstadt bis nach Sankt Peter.

Palazzo Pallavicini-Rospigliosi

jeden 1. Tag des Monats 10–12 und 15–17 Uhr; für Gruppen von mindestens 20 Personen können Exklusivführungen organisiert werden: Tel. 06 83 46 7000, Fax 06 83 46 7070, aurorapallavicini@sait.it, www.Casino AuroraPallavicini.it

Sant'Andrea al Quirinale ★

Sant'Andrea al Quirinale
Mi–Mo 8–12 und 16–19 Uhr

Sant'Andrea al Quirinale, Grundriss

wuchses) der ›Gesellschaft Jesu‹ gestiftet und von Bernini zwischen 1658 und 1671 errichtet. Der Architekt plante sie als Gegenstück zur nahegelegenen Kirche San Carlo alle Quattro Fontane, die von Borromini, seinem berühmten Konkurrenten, erbaut ist. Sant'Andrea al Quirinale gilt als meisterhaftes Beispiel einer dem ovalen Raum verpflichteten barocken Architektur. Bernini entwarf die Kirche auf einem querliegenden Grundriss und erweiterte sie durch acht nischenartige Kapellen und die größere Altarnische dem Eingang gegenüber. So beginnt die im Barock als langweilig empfundene gleichmäßige Kreisform, die in der Renaissance bevorzugt wurde, zu schwingen. Der gläubige (wie nicht so fromme) Besucher atmet freier und weiter; das wehende, überall Dekoration und Unterbrechung suchende Raumgefühl des Barock wird so erfüllt.

Dem architektonischen Wurf ebenbürtig ist die großartige Ausstattung. Der Innenraum greift die bewegte Fassadengestaltung wieder auf mit seinen hervor- und zurücktretenden Linien. Kannelierte Pilaster, Friese, Fenster, Gesimse, konvexe und konkave Formen, die ovale kassettierte Kuppel und die Verwendung von farbigem Stuck (Altrosa, Weiß und Gold) und Marmor geben in feiner Abstimmung dem Innenraum sein prachtvolles Aussehen. Ein vollendetes Schmuckstück des Barock.

Das vielbewunderte Gotteshaus diente dem italienischen Königshaus in den Jahren von 1870 bis 1946 als Hofkapelle. Heute ist Sant'Andrea als Hochzeitskirche außerordentlich beliebt; der Besucher genießt dies besonders, wenn bei einer Trauung das Innere überreich mit Blumen geschmückt ist.

San Carlo alle Quattro Fontane (San Carolino)

San Carlo alle Quattro Fontane (San Carolino) ★

San Carlo alle Quattro Fontane, Grundriss

Die von Borromini geschaffene Kirche **San Carlo alle Quattro Fontane (5)** ist der ›Nachbarin‹ Sant'Andrea al Quirinale, dem hervorragenden Spätwerk Berninis, ebenbürtig. ›San Carlino‹, wie die Schöpfung Borrominis auch genannt wird, liegt in unmittelbarer Nähe der Kirche des konkurrierenden Kollegen an der Kreuzung Via del Quirinale/Via delle Quattro Fontane. An ihren vier Ecken sind vier Brunnen *(quattro fontane)* errichtet, deren liegende Statuen den Tiber, den Arno, die Diana und die Juno – nach anderen Quellen: den Tiber, den Aniene, die Treue und die Tapferkeit – verkörpern. Von hier aus kann man drei Obelisken sehen: den vom Quirinalsplatz, von Santa Maria Maggiore und den der Spanischen Treppe.

Die kleine Kirche würde der Fläche nach in einem Vierungspfeiler von Sankt Peter Platz finden. Borromini (1599–1667) schuf hiermit seinen ersten und zugleich letzten Kirchenbau in Rom. Er begann ihn im Jahr 1638; doch waren die Arbeiten bei seinem Tod noch nicht abgeschlossen. Borromini, im Tessin geboren, setzte die Hauptakzente der stark gegliederten Fassade durch den Wechsel zwischen vor- und zurückschwingenden Linien. »Harmonie und Divergenz, Symmetrie und Asymmetrie, Leidenschaft und Heiterkeit verbinden sich in diesem Bauwerk zu einem unerschöpflichen Spiel der Formen«, urteilt der Kunsthistoriker Anton Henze. Im Innern weicht der Augenschein beständig von den Raumstrukturen ab, weil die Architektur dem Betrachter Formen vorspiegelt, die nicht vorhanden sind, und wegtäuscht, was statisch notwendig ist. Sehenswert ist auch der kleine Kreuzgang mit seinen konvex abgeschrägten Ecken und einer Galerie im Obergeschoss.

San Carlo alle Quattro Fontane (San Carolino)
tgl. 10–13 und 15–17 Uhr

Palazzo Barberini – Galleria Nazionale d'Arte Antica

Papst Urban VIII., ein Florentiner aus der Familie der Barberini, war ein eifriger Bauherr, und zudem vom Glück begünstigt. Denn für seine Ideen konnte er während seines Pontifikats von 1623 bis 1644 die miteinander wetteifernden hervorragenden Baumeister Borromini und Bernini heranziehen, die so das barocke Gesicht Roms entscheidend prägten. Er nutzte dies nach Kräften, weit über die ihm zur Verfügung stehenden finanziellen Mittel hinaus. Die Bienen aus dem Wappen der Barberini besetzten daher viele neue Gebäude in Rom.

Der 1625 von Maderna begonnene Bau gilt als ein glänzendes Beispiel römischer Palastarchitektur des Hochbarock. Die Bauweise des **Palazzo Barberini (6)** orientiert sich am norditalienischen Vorbild des Palastbaus und steigert es noch. Kein Wunder, da der Tessiner Borromini entscheidenden Anteil an den Arbeiten hatte und von 1629 bis zur Fertigstellung 1633 die Bauleitung in Berninis Händen lag. Der Grundriss zeigt, dass an den rechteckigen Mittelbau schmale Flügel angesetzt sind, die vorwärts und rückwärts über den Haupttrakt hinausreichen. Bemerkenswert ist die für Rom neue Art der Fassadengestaltung: Arkaden in allen drei Stockwerken. Unter den repräsentativen Räumen im Innern ragt der über zwei Etagen reichende ›Salone‹ als Zentrum des Palastes besonders hervor. Pietro da Cortona führte das Deckengemälde aus (1632–39). Es stellt den »Triumph der göttlichen Vorsehung« dar, das Papsttum verherrlichend und die Bedeutung der Familie Barberini hervorhebend, und gilt als Meisterwerk der illusionistischen Malerei.

Palazzo Barberini – Galleria Nazionale d'Arte Antica ★

Galleria Nazionale d'Arte Antica

Dem italienischen Königreich fielen nach der Einigung Italiens im Jahr 1870 durch die Enteignung des Kirchenstaates zahllose Werke berühmter Künstler zu. Durch Schenkungen, die Übernahme privater Sammlungen und gezielten Ankauf wuchs der Bestand zu stolzer Größe, Teil des italienischen ›Patrimonium‹. Nach dem Zweiten Weltkrieg wird der vom italienischen Staat erworbene Palazzo Barberini als Nationalgalerie genutzt. Zunächst war er den Künstlern des 13. bis 16. Jh. vorbehalten; später kamen Werke des Barock hinzu. Von

Palazzo Barberini – Galleria Nazionale d'Arte Antica
Di–So 8.30–19 Uhr (25. Dez. und 1. Jan. geschl.) Ticket-Reservierung unter Tel. 06 328 10; für Gruppen unter Fax 06 32 65 13 29, info@ticketeria.it; Infos: www.galleriaborghese.it/info.htm

Palazzo Barberini, Grundriss

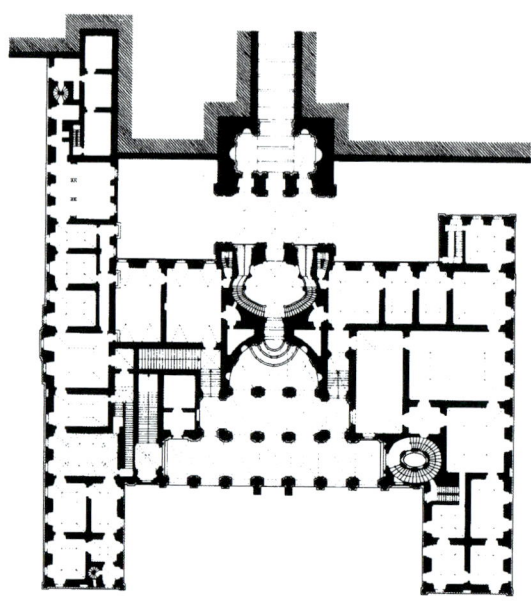

den in der Galleria Nazionale d'Arte Antica vertretenen Malern sind hervorzuheben: Giovanni da Rimini, Simone Martini, Fra Angelico, Filippo Lippi (»Madonna mit Kind«), Piero di Cosimo (»Magdalena«), Piero della Francesca, Antoniazzo Romano, Pietro Perugino, Sodoma, Andrea del Sarto, Girolamo Sermoneta, Pietro da Cortona, Raffael (»Fornarina«, junge Bäckerin aus Trastevere, Herkunft nicht gesichert); El Greco (»Anbetung der Hirten«, »Taufe Christi«), Jacopo und Domenico Tintoretto, Tizian/Werkstatt (»Venus und Adonis«), Hans Holbein (Bildnis Heinrichs VIII., vielleicht Kopie) und Caravaggio (»Narziss«, »Judith und Holophernes«).

Tritonenbrunnen (Fontana del Tritone)

Auf einem etwas erhöhten Pflaster-Plateau im Zentrum der **Piazza Barberini** steht ein Meisterwerk Berninis, der 1632–37 geschaffene **Tritonenbrunnen (Fontana del Tritone; 7).** Er wurde durch Papst Urban VIII. (Maffeo Barberini) angeregt. Vier mächtige Fischleiber bilden den Sockel für eine große Muschelschale, aus der sich ein Meergott emporreckt, in den erhobenen Armen eine zweite Muschel haltend, aus der eine Fontäne entspringt. Unübersehbar ist in die Sockelgestaltung das Barberini-Wappen mit den drei Bienen einbezogen. Am Anfang der Via Veneto finden wir den **Bienenbrunnen,** ebenfalls im Auftrag Urbans VIII. von Bernini geschaffen (1644).

Tritonenbrunnen

Die »hl. Magdalena«, ein Gemälde von Piero di Cosimo, gehört zur Sammlung der Galleria d'Arte Nazionale Antica im Palazzo Barberini

Auf einer Loggia des Palazzo hoch über dem Platz mit den Brunnen schrieb der deutsche Philosoph Friedrich Nietzsche (1844–1900), ein stimmungsvolles römisches Gedicht, wie er selbst notierte, das »einsamste Lied, das je gedichtet worden ist«, »Das Nachtlied«, voller Sehnsucht und nördlicher Schwermut:

Nacht ist es:
nun reden lauter alle springenden Brunnen.
Und auch meine Seele ist ein springender Brunnen ...
Nacht ist es:
nun erwachen alle Lieder der Liebenden.
Und auch meine Seele ist das Lied eines Liebenden.

Santa Maria della Concezione

Santa Maria della Concezione
tgl. 7–12, 15–19 Uhr

Santa Maria della Vittoria
tgl. 6.30–12 und 16.30–18 Uhr

Für den Kardinal Antonio Barberini, Bruder Papst Urbans VIII., baute der Architekt Antonio Casoni um das Jahr 1626 die Kirche **Santa Maria della Concezione (8)** an der Via Vittorio Veneto, in Rom nur als ›Kapuzinerkirche‹ bekannt. Sie ist vor allem einer vielleicht etwas fremd erscheinenden Kuriosität wegen berühmt: In fünf unterirdischen Kapellen liegen und hängen Skelette, Schädel und Knochen von etwa 4000 ehemaligen Kapuzinermönchen, zum Teil zu Knochenmosaiken, Lampen und Ranken zusammengefügt.

Santa Maria della Vittoria

Santa Maria della Vittoria ★

Die an der Piazza San Bernardo 1605 begonnene Kirche **Santa Maria della Vittoria (9)** war ursprünglich dem hl. Paulus geweiht. Im Jahr 1620, während des Dreißigjährigen Krieges, errang Kaiser Ferdinand II. am Weißen Berg bei Prag einen Sieg für die katholische Partei über die Protestanten. Die Überlegenheit schrieb man jedoch nicht ihm allein zu, sondern auch der Hilfe der Gottesmutter Maria. Ihr zu Ehren und als Dank gab man dem Gotteshaus den Namen der ›Sieges‹-Maria, Madonna della Vittoria, und schenkte ihm ein Madonnenbild aus Pilsen, dem Wunderkraft nachgesagt wurde; heute im Hochaltar. Die reich geschmückte Barockkirche wurde von dem Architekten Carlo Maderna im Auftrag des Kardinals Scipione Borghese erbaut. Ihre Innenausstattung zeigt durch die Verwendung von farbigem Marmor und Stuck sowie durch reiche Dekoration mit Werken der Malerei und Plastik einen festlichen Charakter.

Berninis hl. Theresa

Der Kunsthistoriker Felix Baumgart über die künstlerische Leistung Berninis:
»Der leuchtend weiße und auf stärksten Glanz polierte Marmor hebt sich von einem Grund und einer Umgebung buntfarbigen Marmors und von Bündeln goldener Strahlen ab. Das Licht fällt von vorn nur in diffuser Bestrahlung auf die Gruppe, konzentriert dagegen aus einer dem Betrachter unsichtbaren Quelle oberhalb der Figuren,

Hervorzuheben ist der Altar der hl. Theresa von Avila, in der vierten Seitenkapelle links, mit der Marmorgruppe »**Die Verzückung der hl. Theresa«, von Bernini** zwischen 1645 und 1652 im Auftrag des Kardinals Federigo Cornaro gestaltet. Die hl. Theresa (1515–82), reformierende Neubegründerin des Ordens der Karmelitinnen, Mystikerin und Schriftstellerin, auch als Kirchenlehrerin verehrt, schwebt in visionärer Verzückung auf einer Wolke. Die Skulptur zeigt eine beinahe überirdische Schönheit, die wohl nur die Kunst eines Bernini dem Marmor scheinbar schwerelos hat abgewinnen können.

Die Ordensfrau Theresa selbst berichtet im 29. Kapitel ihres »Libro de sua vida«, ihrer Lebensbeschreibung: »Deutlich sieht sie, dass Gott es ist, der die Pfeile abschießt, durch die sie verwundet wird.« Dort notiert sie, dass ihr im Schlaf in einer Vision ein sehr schöner Engel mit leuchtendem Antlitz erschienen sei und ihr einen goldenen Pfeil mit glühender Spitze ins Herz gebohrt habe, sodass sie vor Schmerz stöhnte, doch zugleich in aller Seligkeit das Ähnlichwerden mit dem Leiden des Erlösers und Seelenbräutigams Jesus Christus empfand. Für die Gläubigen war schon im Mittelalter die mystische Versenkung in die Person Christi, das ›Nachahmen‹, die Imitation Christi, selbst bis zur schmerzvollen Passion, höchstes Ziel. Theresa verstärkt die-

sen Wunsch der Gläubigen nach der mystischen Vereinigung und Einheit mit Christus, dabei wechselseitig sinnliche Lust und göttliche Liebe körperlich und seelisch, innerlich und äußerlich steigernd. So zeigt sich sinnlich-übersinnliche Schönheit. Kein Wunder, dass das Marmorbild, künstlerisch in höchstem Maße bewundernswert, für nicht wenige auch ein Stein des Anstoßes war und ist. Für die Frommen spricht sich darin zu deutlich Sinnenfreude aus; die Skeptischen bezweifeln den Bezug zum Überirdischen und sehen darin nichts anderes als körperliche Liebe. (Und wenn! Könnte sie schöner dargestellt sein?) Das Kunstwerk ist über solchen Verdacht erhaben und bringt wohl beide Gruppen zu bewundernswertem Schweigen.

den Strahlen folgend. Die Naturgesetze scheinen aufgehoben zu sein. Der Marmor hat kein Gewicht, sondern schwebt schwerelos. Der Gruppe fehlt die Basis, auf der sie fest ruhen könnte. Statt Statik des Statuarischen herrscht auch hier unaufhörliche Bewegung. Es ist eine irrationale Bewegung, die das Gewand der hl. Theresa in sich wellen läßt, ein unwirkliches Wehen, die das Hemd des Engels bauscht. Das Überraschende und Bezaubernde an dieser Kunst ist, dass die Überwindung der Natur mit völlig naturalistischen Mitteln und einem höchst entwickelten und bewussten Kunstverstand erfolgt, der mit allen Wirkungen genau zu rechnen versteht.«

Moses-Brunnen (Fontana del Mosè)

Künstlerisch ganz anders der **Moses-Brunnen (10)** gegenüber. Sixtus V. vergab 1585 den Auftrag für einen Brunnen an dieser Stelle als Endpunkt der Wasserleitung, Acquedotto Felice, gleich an mehrere Architekten und Künstler: Domenico Fontana, Flaminio Vacca, Giacomo della Porta und Prospero da Brescia. Der Papst, Felice Peretti – daher auch der Name **Fontana dell'Acqua Felice** –, war bei der Wahl des Künstlers nicht besonders glücklich *(felice)*, obwohl er sonst sehr geschickt großartige urbanistische Projekte in Rom verwirklichte. Oder bewahrheitete sich das Wort »Viele Köche verderben den Brei«? Die Römer erzählen, der Bildhauer des Moses, der Zentralfigur der Brunnenanlage, nach der Anekdote Prospero da Brescia, in Wirklichkeit Leonardo Sormani, sei vor Scham gestorben oder habe sogar

Santa Susanna
tgl. 9–12 und
16–19 Uhr

San Bernardo
alle Terme
tgl. 9–12 und
16–19 Uhr

Selbstmord verübt, als er sein Werk dem »Moses« des Michelangelo in der Kirche San Pietro in Vincoli gegenübergestellt habe. Wenn dies nicht wahr ist, so ist es doch ein nicht grundloses Sinnbild, wie man selbst bei einem Vergleich sieht.

Santa Susanna

Die Kirche **Santa Susanna (11),** auf derselben Seite der Via XX Settembre wie Santa Maria della Vittoria, über die Kreuzung hinüber, ist die Nationalkirche der Katholiken der Vereinigten Staaten. Sie wurde vor dem Ort des Martyriums der hl. Susanna errichtet und ist das Ergebnis verschiedener Bauphasen, deren letzte Carlo Maderna 1603 mit der berühmten, zweigeschossigen Fassade abschloss.

San Bernardo alle Terme

Gegenüber von Santa Susanna wurde in einem Rundbau in einer der vier Ecken der Diokletiansthermen (s. u.) – daran kann man noch heute die Größe dieser Thermenanlage ermessen – Ende des 16. Jh. die Kirche **San Bernardo alle Terme (12)** eingerichtet. Ihre Kuppel weist große Ähnlichkeit mit der des Pantheon auf, ist allerdings wesentlich kleiner (22 m gegenüber 43,2 m Durchmesser).

Piazza della Repubblica

Die Piazza della Repubblica wird nach der halbkreisrunden Exedra der Diokletiansthermen an dieser Stelle auch ›Piazza Esedra‹ genannt. Der große **Najadenbrunnen (13,** Fontana delle Naiade, 1885–1914) in der Mitte zeigt mit Meerestieren spielende Wassernymphen; im Zentrum die Allegorie: »Der die widrigen Naturkräfte besiegende Mensch«. Von der Piazza della Repubblica führt die **Via Nazionale** als belebte und beliebte Einkaufsstraße in die Nähe der Piazza Venezia bei den alten Trajansmärkten und des Quirinalsplatzes, unseres Ausgangspunktes.

Hauptbahnhof (Stazione Centrale Roma Termini)

Der Bau des **Hauptbahnhofs (14),** der Stazione Centrale Roma Termini, wurde vor dem Zweiten Weltkrieg begonnen, dann unterbrochen und 1950 als Werk mehrerer Architekten fertiggestellt. Er erhebt sich, wie auch der Vorgängerbau, neben den Diokletiansthermen (daher der Name) und neben der Servianischen Stadtmauer, also dem älteren Befestigungsring. Die Vorhalle ist 128 m breit und 32 m tief, ein eindrucksvolles Beispiel moderner Architektur.

Diokletiansthermen
(Terme di Diocleziano)

Der Aufenthalt in den Thermen, das Baden in heißem, lauem und kaltem Wasser, das Verweilen in gewärmten und gekühlten Räumen waren der Hauptgenuss, den die Römer als Herren der Welt neben ausreichend Brot und Zirkusspielen hatten. Das mussten die Imperatoren und Architekten berücksichtigen; dafür war kein Aufwand zu groß. Deshalb plante Kaiser Diokletian (284–305), im Norden der Hauptstadt Thermen zu errichten, wie es sein Vorgänger Septimius Severus und Caracalla 90 Jahre zuvor (206–16) im südlichen Teil Roms getan hatten. Diese Thermen dienten verschiedenen Bedürfnissen, dem Baden und der Gymnastik, Sport und gesellschaftlichem Leben, Unterhaltung und Bildung, dem Einkaufen und der Verehrung der Götter. Ein solches ›Freizeitzentrum‹ benötigte viel Platz. **Diokletians Anlage (15)** war mit einer Grundfläche von 376 × 361 m um einiges größer als die des Caracalla (330 m Seitenlänge) – schon aus Prestigegründen gegenüber der alten Zeit verständlicherweise notwendig.

Diokletiansthermen – Museo Nazionale Romano ★★

Diokletiansthermen

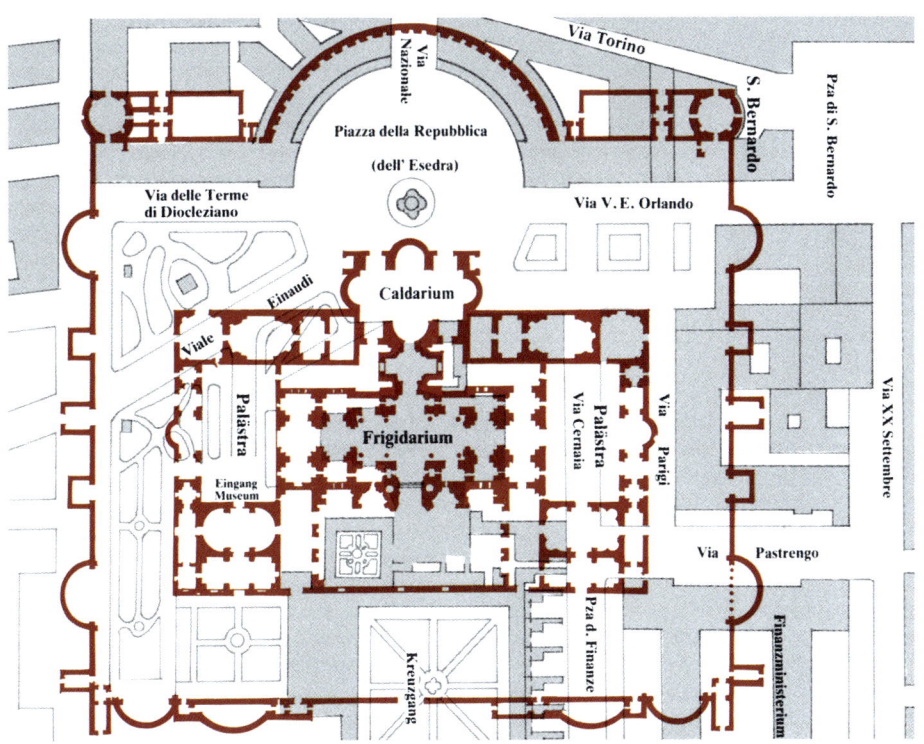

Vom Quirinal nach San Lorenzo fuori le Mura

Porträtstatue eines Fürsten (hellenistisches Werk aus dem 2. Jh. v. Chr.)

Bei einem Blick auf den Stadtplan gewinnt man die richtige Größenvorstellung: von der Piazza dei Cinquecento am Bahnhof Termini zur Via XX Settembre, von der Piazza della Repubblica bis fast zur Via Volturno. Man kann diese Entfernungen am besten ›ergehen‹ und gleichzeitig die erhaltenen Gebäude, die heute anderen Funktionen dienen, besichtigen: das Thermen-Museum – Museo Nazionale Romano – mit einem umfangreichen Bestand an griechischen und römischen Kunstwerken, Skulpturen und Fresken vor allem; die Kirche Santa Maria degli Angeli, von Michelangelo aus den Gewölben der Antike erbaut; den Rundbau der Kirche San Bernardo; das Planetarium; die Piazza della Repubblica (ehemalige Exedra der Thermen); sowie die Räume und Kreuzgänge eines Kartäuserklosters. Im Jahre 537 n. Chr. unterbrachen die Goten die Wasserleitung der Aqua Marcia, sodass die Thermen verfielen; die großen Bauwerke dienten zunächst als Schuppen, Speicher und Reitställe, schließlich als Steinbruch.

Diokletiansthermen
Museo Nazionale Romano ex Collegio Massimo und Museo Nazionale Romano Terme di Diocleziano
Tel. 06 47 78 83 23
Di–So 9–19.45 Uhr
Die Aula Ottagona ist momentan nicht ständig zugänglich, ggf. bitte Kontakt aufnehmen, Tel. 06 47 78 81
Weitere Standorte des Museo Nazionale Romano sind:
Palazzo Altemps, Via di S. Apollinare, Tel. 06 39 96 77 00;
Crypta Balbi, Via delle Botteghe Oscure 31, Tel. 06 678 78 04

Museo Nazionale Romano

Das ehemalige Kartäuserkloster, im Süden der Diokletiansthermen gelegen, wird seit 1889 als Museum genutzt. Als **Museo Nazionale Romano ex Collegio Massimo** und **Museo Nazionale Romano Terme di Diocleziano (16)** hat es nach Jahrzehnten der Vernachlässigung durch umfangreiche Restaurierungen und Umbauten eine wunderbare Wiedergeburt erlebt, verteilt – in erster Linie und zum weitaus bedeutenderen Teil – auf den **Palazzo Massimo** (Largo di Villa Peretti 1), auf die **Diokletiansthermen** (Terme di Diocleziano, Viale Enrico De Nicola 79) mit den ehemals berühmten Aulen, darunter der **Oktagon-Aula (Aula Ottagona,** Via Romita 8) – jetzt in Neustrukturierung – den zwischen Piazza Navona und Tiber gelegenen **Palazzo Altemps** (s. S. 235) und die **Krypta Balbi (Crypta Balbi)** mit den archäologischen Funden der Ausgrabungen.

So verfügt das Römische Nationalmuseum an den vier Standorten – nach den Vatikanischen Museen und vielleicht vor den Kapitolinischen Museen – über den zweitgrößten und -besten Bestand an römischen Kunstwerken. Die gut erhaltenen Skulpturen hohen Rangs (etwas im Planetarium), die Malereien und Mosaiken (im Palazzo Massimo alle Terme) und nicht zuletzt die Inschriften (ein ›Archiv der römischen Religionsgeschichte‹), der Chiostro di Michelangelo (Kreuzgang des Klosters) und der Garten bei der Piazza dei Cinquecento bilden zusammen mit den alten Thermenbauten ein einmaliges Ensemble.

Im **Palazzo Massimo** sind hervorzuheben: Statue des Augustus; »Niobide degli Orti Sallustiani« (verwundete Niobide aus den Gärten des Sallust), vom Original des 5. Jh. v. Chr.; Sarcofago di Portonaccio (Sarkophag) mit Szenen von Kämpfen zwischen Römern und Barbaren, wohl Markomannen; »Fanciulla di Anzio« (Mädchen von

Vom Quirinal nach San Lorenzo fuori le Mura

Im »Sitzenden Faustkämpfer« (neuattische Bronzestatue aus dem 1. Jh. v. Chr.) verbinden sich derber Realismus und klassizistische Stilisierung des späten Hellenismus

Anzio), nach Praxiteles und Lysipp; »Apollo del Tevere«, vielleicht Kopie des Bronze-Apoll des Phidias; »Aura« oder »Nereide«, um 400 v. Chr.; »Giovane danzatrice« (Junge Tänzerin), Mitte des 5. Jh. v. Chr.; »Peplophoros«, um 480 v. Chr.; »Giunone del Palatino« (Juno vom Palatin), nach Phidias; »Discobolo di Castel Porziano« (Diskuswerfer aus Castel Porziano bei Ostia), sehr gute Kopie des Originals des Myron; »Venere di Cirene« (Venus von Cyrene), Kopie nach einem Original aus der Zeit des Praxiteles; »Efebo di Subiaco« (Ephebe von Subiaco); »Toros Valentini«; »Pugilatore in riposo« (Sitzender Faustkämpfer); »Apollo di Anzio«; »Discobolo Lancellotti« (Diskuswerfer), eine weitere gute Kopie des Myron-Werkes; Altar von Ostia, 124 n. Chr; »Apollo Liceo und Afrodite« di Cirene.

Eine vollständige und genaue Beschreibung aller Kunstwerke, auch der Sarkophage, der Fresken, der Keramiken, Münzen, Kaiserzeichen und wertvoller Kleinkunst würde den Rahmen des Buches sprengen und muss deshalb unter großem Bedauern unterbleiben.

Das **Thermen-Museum (Terme di Diocleziano)**, beherbergt vor allem Inschriften. Es wird seit Jahren einer gründlichen Umgestaltung unterzogen.

Santa Maria degli Angeli

In der Renaissance wurde der Sinn der Römer geweckt, die Werke der Antike zu bewahren oder ans Licht zu bringen. So wollte man auch die Diokletiansthermen retten. Aus dem Mittelteil des Komplexes, aus den übriggebliebenen Mauern und Gewölben, wurde im 16. Jh. eine Kirche geschaffen, **Santa Maria degli Angeli (17),** der Gottesmutter Maria und den ihr dienenden Erzengeln geweiht. 1563, noch ein Jahr vor seinem Tod, konnte Michelangelo mit Billigung Papst Pius' IV. den Neubau beginnen, bei dem er die Einbeziehung von Teilen der antiken Konstruktion (die 90 m lange, 27 m breite und 30 m hohe Halle des früheren Frigidarium) als zentrale Idee des Planes begriff und mit großem architektonischen Geschick umsetzte. Die Kirche sollte über dem Grundriss eines griechischen Kreuzes errichtet werden – mit gleich langem Längs- und Querschiff – und vier Nebenkapellen, aus ebenfalls vorhandenen Räumen, erhalten. Um das Grundwasser von der Kirche fernzuhalten, musste das Fußbodenniveau um 2 m angehoben werden. Dadurch werden die Basen der antiken Säulen verdeckt. Nach dem Tod Michelangelos wurde der Bau weitergeführt; nach 1700 folgten mehrere Restaurierungen und Veränderungen, die schließlich Michelangelos Konzeption beeinträchtigten. Der erhabene Raumeindruck blieb jedoch bewahrt. Zuweilen werden in Santa Maria degli Angeli für offizielle Anlässe der Republik feierliche Gottesdienste gehalten. Daran einmal teilzunehmen, ist ein besonderes Erlebnis. Die Rituale der Republik sind eindrucksvoll. Solch eine Gelegenheit ist am Aufgebot der Sicherheitskräfte leicht zu erkennen.

Santa Maria degli Angeli

tgl. 7–12.30 und 16–18.30 Uhr

An der Via Nomentana

Porta Pia und Villa Torlonia

Die **Porta Pia (18),** ein Alterswerk (seit 1561) des Michelangelo unmittelbar vor seinem Tod (1564), steht an der Stelle der alten Porta Nomentana (s. a. S. 124) innerhalb der Aurelianischen Mauer, des späteren, weiteren Befestigungsrings. Im Innern des Doppeltores erinnert das Historische **Museum der Bersaglieri (Museo Storico dei Bersaglieri)** an die strategische Bedeutung dieses Stadttores im letzten Gefecht um die Einigung Italiens – mit der Einnahme des päpstlichen Rom als der Hauptstadt des Kirchenstaats – am 20. September 1870.

An der schnurgeraden **Via Nomentana** erstreckt sich nach etwa 1 km rechts der große Komplex der klassizistischen **Villa Torlonia** (1743–63 von Marchionni), die Mussolini als Privatdomizil diente. Einige Querstraßen weiter stadtauswärts, in der gleichnamigen Straße, die Villa Massimo, Sitz der Deutschen Künstlerakademie.

Museo Storico dei Bersaglieri
Di, Do 9–13 Uhr

Villa Torlonia
April–Sept. Di–So 9–19, Okt.–Febr. 9–16.30 Uhr

Sant'Agnese fuori le Mura
tgl. 7.30–12 und 16–19.30 Uhr

Sant'Agnese fuori le Mura

Um die hl. Agnes bildeten sich schon im 4. Jh. in Rom und Mailand Legenden. Einer dieser Überlieferungen entsprechend, errichtete man an der Piazza Navona (s. S. 229) dieser jungen, schönen und glaubensstarken Römerin zu Ehren eine Kirche; eine zweite, die einer anderen Erzählung huldigt, steht hier an der Via Nomentana. Dort, so

Die Kirche Sant' Agnese fuori le Mura hat ein auffallend hohes und schmales Mittelschiff, dessen reichgeschmückte Holzdecke aus dem 17. Jh. besonders schön ist

heißt es, habe das vom christlichen Glauben durchdrungene Mädchen die Ehe mit dem Sohn eines hohen Staatsbeamten ausgeschlagen, weil er Heide war, und lieber den Märtyrertod in Kauf genommen. Der Name Agnes wird vom griechischen *agne*, rein – oder vom lateinischen *agnus*, das Lamm, abgeleitet. Um das Andenken dieser Agnes zu feiern, ließ im 4. Jh. Costanza, Tochter des Kaisers Konstantin, eine Basilika als Grabstätte der Märtyrerin erbauen.

Das **heutige Gotteshaus (19),** ein Nachfolgebau seitlich versetzt über dem Grab der Märtyrerin, entstand im Auftrag Papst Honorius' I. (625–38) und wurde im Laufe der Jahrhunderte mehrfach verändert und restauriert. Die dreischiffige Basilika hat ein auffallend hohes und schmales Mittelschiff, dessen reichgeschmückte Holzdecke besonders schön ist (17. Jh.). Die Abgrenzung zu den Seitenschiffen erfolgt durch Arkadenbögen, die von 16 antiken Säulen getragen werden. Die Wandverkleidungen im unteren Teil der Apsiswände (aus grauem Marmor und Porphyr) sind die einzigen erhaltenen dieser Art aus dem frühen Christentum. Unter der Kirche befinden sich die besuchenswerten Katakomben des 3. und 4. Jh. n. Chr., in denen zwei Grabgalerien gut erhalten sind.

Beachtenswert sind auch der Marmorleuchter (13. Jh.), der steinerne Bischofsstuhl und besonders das Apsismosaik aus der Zeit Honorius' I. (7. Jh.), eine Darstellung der hl. Agnes mit den Päpsten Symmachus und Honorius (mit dem Modell der Kirche). Zu Füßen der hl. Agnes Flammen und Schwert als Symbole des Martyriums, auf ihrem Kleid der Phönix als Zeichen der Unsterblichkeit.

Santa Costanza

Santa Costanza ★

Santa Costanza
Mo–Sa 9–12 und
16–18.30, So/Fei
16–18 Uhr

Santa Costanza,
Grundriss

Ein besonders schöner Kirchenraum (s. Abb. S. 90 und S. 270) findet sich neben der Kirche Sant'Agnese fuori le Mura an der Via Nomentana: **Santa Costanza (20).** Der Rundbau wird als Juwel der abendländischen Architektur angesehen. Er entstand in der ersten Hälfte des 4. Jh. als Grabeskirche für Costanza (eigentlich Constantina, die als Stifterin der Kirche Sant'Agnese nebenan gilt) und für Helena (Frau des Julian Apostata), beide Töchter Kaiser Konstantins.

Im Äußeren besticht das Bauwerk durch seine einfache Konzeption und Ausführung in schlichtem Backstein, im Innern durch kostbare Materialien – darunter zwölf Doppelsäulen mit reich verzierten Kapitellen. Die Kirche hat einen Durchmesser von 22,5 m. Zwölf Rundbögen auf miteinander verbundenen Doppelsäulen trennen im Innern den Umgang, in dessen Tonnengewölbe Rundbogenfenster einschneiden, von dem hohen, oben durch einen Fensterkranz unterbrochenen und somit lichtdurchfluteten Mittelraum. Die breite Mauer wird abwechselnd von halbrunden und eckigen Nischen (ähnlich wie im Pantheon) unterbrochen, die gegenüber dem Eingang sowie in der Querachse breiter und höher als die übrigen sind. Die Mosaiken im tonnengewölbten Umgang zählen zu den ältesten in christli-

Durch den Fensterkranz im Obergaden unterhalb der Kuppel von Santa Costanza fällt Licht in den Zentralraum, während der Umgang im Halbdunkel bleibt

chen Gotteshäusern. Sie stellen profane Themen der Spätantike dar, Weinbau, Ranken, Tiere, menschliche Figuren, während die der Apsidenwölbungen christliche Gedanken aufgreifen. Römische Bauweise, frühchristliche Symbolik und spätantike Kunst verschmelzen zu einem Gesamtkunstwerk.

Vom Norden Roms nach San Lorenzo

Priscilla-Katakomben (Catacombe di Priscilla)

Auch für die **Katakomben der Priscilla (21)** an der Via Salaria gilt, was über die Domitilla- und Kalixtus-Katakomben gesagt ist (s. S. 321). Der Name Priscilla, der auf Grabinschriften dieser Katakomben häufig zu finden ist, leitet sich wohl von der Familie Acilia ab; dieser bekannten römischen Familie gehörte Ende des 1. Jh. der christliche Konsul Acilius Glabrio an, der von Kaiser Domitian wegen seines Glaubens verfolgt wurde. Die Katakomben sind mit interessanten frühchristlichen Malereien ausgestaltet, unter denen die der ›griechischen Kapelle‹ (ein durch einen Bogen gegliedertes Geviert) mit einem Fresko, auf dem Szenen aus dem Alten und Neuen Testament dargestellt sind, besonders hervorragen: über der Apsis »Die Brotbrechung«. Außerdem beachtenswert die »Madonna mit Kind und Prophet«, vielleicht das älteste Marienbild christlicher Kunst.

Katakomben der Priscilla
Di–So 8.30–12 und 14.30–17 Uhr

Vom Quirinal nach San Lorenzo fuori le Mura

Antikisierende Säulen in San Lorenzo fuori le Mura

Kaserne der Prätorianer

Seianus, Minister unter Kaiser Tiberius, veranlasste 23 n. Chr. den Bau einer **Kaserne (22)** für die kaiserliche Leibwache in Rom. Später gliederte man sie in den Bau der unter Aurelianus errichteten Stadtmauer ein. Die Ausdehnung des *castrum* der Prätorianer (mit fast 140 000 m²) ist noch heute in dem Viertel östlich der Stazione Termini auszumachen; Überreste der Anlage sind als altes Mauerwerk hier und da zu erkennen.

Città Universitaria

Die alte Universität des päpstlichen Rom, die ›Sapienza‹, war im 19. Jh., als Rom Hauptstadt des geeinigten Königreichs Italien wurde, zu klein für die Zahl der Studenten. Schon seit 1870 gab es Bestrebungen für einen Neubau. Doch erst unter Mussolini wurde von 1932 bis 1934 ein neuer Universitätskomplex, zusammen mit der Universitätsklinik, errichtet. Dieser reicht jedoch für den großen Andrang heute (etwa 150 000 Studenten) längst nicht mehr aus, sodass in den letzten Jahren weitere Universitäten gegründet wurden, so im Osten der Stadt, Roma II – Tor Vergata.

San Lorenzo fuori le Mura

San Lorenzo fuori le Mura ★

San Lorenzo fuori le Mura
tgl. 7.30–12.30 und 15–18.30 Uhr
Da sich die Basilika direkt neben dem Friedhof befindet, ist die Kirche häufig nicht für Besichtigungen zugänglich.

Sankt Laurentius vor den Mauern (23) zählt zu den traditionellen sieben Pilgerkirchen – neben San Giovanni in Laterano, San Pietro, San Paolo, Santa Maria Maggiore, Santa Croce und San Sebastiano –, durch deren Besuch die Gläubigen bei einem Aufenthalt in Rom ›Vergebung ihrer Sündenstrafen‹ gewinnen können, wie die katholische Kirche lehrt. Die dreischiffige Basilika ist dem hl. Laurentius geweiht, der nach der Überlieferung im Jahre 258 n. Chr. auf einem glühenden Rost den Märtyrertod erlitt. Den ersten Bau der Kirche begann man im Jahr 330 unter Kaiser Konstantin. In späteren Jahrhunderten erfolgten verschiedene Neu- und Umbauten – der wichtigste unter Papst Pelagius (578–90) –, Veränderungen und Restaurierungen, bis von 1864 bis 1870 die letzte Neugestaltung erfolgte. Nach dem Ende des Zweiten Weltkrieges wurde die durch den schweren Bombenangriff der Alliierten auf Rom am 19. Juli 1943 stark beschädigte Kirche nach dem Vorbild von 1864 restauriert.

Alle Umbauten und Veränderungen, auch die im 13. Jh. vorgenommenen, können nicht überdecken, dass San Lorenzo aus ursprünglich zwei Kirchen entstanden ist – die entgegengesetzt gerichtet waren und sich mit der Apsis berührten, die eine dem Märtyrer, die andere der Jungfrau Maria geweiht. Weiter blieb der charakteristische Aufbau der frühchristlichen Basilika erhalten: Vorhalle (mit antiken Sarkophagen), ein breites hohes Mittelschiff, flankiert von

Die Fresken in der Vorhalle von San Lorenzo fuori le Mura stammen aus dem 12./13. Jh. und zeigen Szenen aus Stephanus- und Laurentius-Legenden

schmalen Seitenschiffen, und Altarraum. Wir finden besonders schöne, sorgfältig bearbeitete antike Säulen mit ionischen Kapitellen; unter dem Altarraum, auf Fußbodenhöhe des ersten Kirchenbaus, liegt der Zugang zur Grabkapelle Papst Pius' IX. (1846–78).

Beachtenswert sind im **Innern** ferner die Kosmatenarbeiten, in Marmor eingelegte farbige Steinchen: zwei Marmorkanzeln links und rechts für Epistel und Evangelium – die erstere wird für die schönste Roms gehalten –, der Osterleuchter, die Fußböden, der Tabernakel, das elegante Ziborium – das älteste der mittelalterlichen Marmorkunst in Rom mit Datierung von 1148 und Namen der Künstler – und schließlich der Bischofsthron. Ansehnlich ist auch das Grab für Kardinal Fieschi (gestorben 1256), rechts vom Eingang. Der Triumphbogen aus der Pelagius-Zeit ist mit Mosaikbildern geschmückt, die Christus inmitten von Heiligen sowie links und rechts die heiligen Städte Jerusalem und Bethlehem darstellen.

Der **Kreuzgang** zeigt in seiner schlichten Bauweise fast archaische Züge. Der romanische Glockenturm aus dem 12. Jh. setzt außen einen festen geschlossenen Akzent.

Campo Verano

Auf dem Campo Verano, dem neben der Kirche San Lorenzo an der Via Tiburtina, der Straße nach Tivoli, gelegenen Hauptfriedhof von Rom, herrscht um das Allerheiligenfest am 1. November ein reges Kommen und Gehen. Da ehren die Römer ihre Toten und schmücken mit Tausenden von Blumen die Gräber (s. a. S. 32). Der Friedhof wurde nach alter römischer Vorschrift außerhalb der Stadtmauern angelegt. Zahlreiche Grabhäuser und hohe Maueraufbauten aus Travertin, die die Särge aufnehmen, prägen den Charakter der Anlage.

Zwischen Santa Maria Maggiore und Lateran

Die beiden ehrwürdigen und kunstreichen Patriarchal-Basiliken Santa Maria Maggiore und San Giovanni in Laterano sind die Höhepunkte dieses Besichtigungsganges, ein ›Muss‹ für den Kunstfreund und historisch Interessierten, eine doppelte Verpflichtung für die Pilger aller Zeiten. Doch auch ›dazwischen‹, im weitesten Sinn links und rechts der Via Merulana, der Verbindungsstraße zwischen dem Esquilin-Hügel und dem Lateran, sowie der Via San Giovanni, vom Lateran zum Kolosseum, erwarten den Besucher kleine und große Schmuckstücke der Kunst aus alter und neuer Zeit, ein »Paradiesgärtlein« in Santa Prassede, in San Clemente eine kunstgeschichtliche Illustration zweier Jahrtausende und die gewaltige Moses-Statue von Michelangelo in San Pietro in Vincoli. Das Viertel mit diesen Eckpunkten war in der Antike und Mittelalter, als die Päpste im Lateranpalast residierten, viel stärker „Innenstadt", mit dem Esquilin- und Caelius-Hügel. Die Aurelianischen Mauern südlich davon zeigen es. Später hat sich das Zentrum des städtischen Lebens in die Tiberschleife verschoben.

Cityplan Santa Maria Maggiore – Lateran S. 294

Restaurant-Tipps s. S. 420

Besonders sehenswert: *Santa Maria Maggiore, Lateransbasilika, San Clemente, San Pietro in Vincoli*

Zwischen Viminal und Esquilin

Santa Maria Maggiore

Groß Sankt Marien (1) hat unter den vielen Kirchen Roms einzigartige Bedeutung, geschichtlich und kunsthistorisch. Sie ist im Unterschied zu den meisten anderen keine Märtyrerkirche und steht doch in jenem Stadtgebiet von Cälius, Aventin, Viminal und Esquilin, in dem wir am nächsten dem römischen Urchristentum begegnen. Sie ist die größte und ehrwürdigste unter den rund 80 Marienkirchen der Stadt, zugleich überreich an Reliquien, und beeindruckt durch hervorragende große und kleine Kunstwerke. Sie gehört zu den vier Patriarchalbasiliken (nach Sankt Johannes, Sankt Peter und Sankt Paul) und den sieben Pilgerkirchen (mit diesen vier und Santa Croce, San Lorenzo und San Sebastiano). Es heißt, Santa Maria Maggiore sei die einzige Kirche, in der seit dem 5. Jh. Tag für Tag die Messe gefeiert wurde. Die Baugeschichte der Basilika erstreckt sich über eineinhalb Jahrtausende, dennoch erscheint die Basilika einheitlich, vom ernsten Geist einer würdigen Geschichte erfüllt.

Santa Maria Maggiore ★★

Santa Maria Maggiore tgl. 7–20 Uhr

Baugeschichte

Über die Gründung der Kirche berichtet die Legende, dem Papst Liberius und dem Patrizier Johannes sei in der Nacht zum 5. August des Jahres 352 die Gottesmutter Maria erschienen und habe ihnen aufgetragen, dort eine Kirche zu bauen, wo es am nächsten Tag schneien (im August!) werde; es sei wirklich Schnee gefallen – vielleicht war es Hagel? – auf dem Esquilin-Hügel, und das Schneefeld habe den

◁ *Santa Maria Maggiore*

Zwischen Santa Maria Maggiore und Lateran

Zwischen Santa Maria Maggiore und Lateran

1 S. Maria Maggiore
2 S. Pudenziana
3 S. Prassede
4 S. Martino ai Monti
5 Museo d'Arte Orientale
6 S. Bibiana
7 Basilika di Porta Maggiore
8 S. Croce in Gerusalemme
9 Piazza S. Giovanni in Laterano
10 S. Giovanni in Laterano
11 Baptisterium
12 Scala Santa
13 SS. Quattro Coronati
14 S. Clemente
15 S. Pietro in Vincoli

Zwischen Santa Maria Maggiore und Lateran

Grundriss einer Basilika aufgezeigt. Daraus wurde das heute noch gefeierte kirchliche Fest ›Mariä Schnee‹. Die Kunsthistoriker weisen die Entstehung der Kirche ins 4. oder 5. Jh., in die Zeit des Liberius (352–66) oder Sixtus' III. (432–40), unmittelbar nach dem Konzil von Ephesus, auf dem das Dogma von der ›Gottesgebärerin‹ Maria verkündet wurde. Der Hallenraum der Antike erhielt in späteren Zeiten einige Erweiterungen, so im Mittelalter ein schmales Querhaus und eine neue Apsis. Der mit 75 m höchste Glockenturm Roms wurde im Jahr 1377 errichtet, als die Päpste aus dem Exil im französischen Avignon in ihre Stadt zurückkamen. Die Kassettendecke, Ende des 15. Jh. eingezogen, prangt im Schmuck des Goldes, das Papst Alexander VI. vom spanischen König aus Amerika bekommen haben soll. Der Anbau der beiden Haupt-Seitenkapellen, der Cappella Sistina (ab 1585) und der Cappella Paolina (1611) veränderte zusammen mit den bis ins 18. Jh. geschaffenen Wohnräumen für die Priester-Kanoniker das äußere Erscheinungsbild der Kirche.

Kirchenbau

Vor der Hauptfassade, die 1743 von Ferdinando Fuga gestaltet wurde, erhebt sich eine **Säule aus der Maxentius-Basilika** (am Forum; 14,3 m hoch) mit einer Marienstatue auf dem Kapitell. Die bewegte **Fassade** mit fünf Geschossen öffnet sich zu einer Loggia, auf deren Hintergrund Mosaiken leuchten. In der Vorhalle finden wir – wie auch in den drei anderen Patriarchalbasiliken – die nur im Heiligen Jahr geöffnete, sonst vermauerte Heilige Pforte. Zum Chor, zum hinteren

Das Apsismosaik in Santa Maria Maggiore stammt von Jacopo Torriti und stellt die »Krönung Mariens« dar: Zu den Seiten von Christus und Maria sechs Heilige sowie Papst Nikolaus IV. und Kardinal Jacopo Colonna

Eingang, führt von der Piazza dell'Esquilino, die durch einen Obelisken aus dem Mausoleum des Augustus geschmückt wird, eine die Chorapsis ganz umschließende, feierliche Erhabenheit ausdrückende Freitreppe empor.

Santa Maria Maggiore ist insgesamt und in den Einzelheiten ein herausragendes Kunstwerk. Das **Innere** wirkt sofort eindrucksvoll: 86 m lang, dreischiffig, 36 Marmor- und vier Granitsäulen, ein prachtvoller Marmorfußboden, Mosaiken an der Hochwand, mit die ältesten Roms aus dem 5. Jh. – ein Fernglas tut hier gute Dienste, weil nur so die 36 Tafeln mit den Geschichten von Abraham, Isaak und Jakob, Moses und Josua aus dem Alten Testament genau zu betrachten sind – und die kunstvollen Kassetten an der vergoldeten Decke. Der Innenraum gilt als einer der schönsten Roms. Das Querschiff wird durch die angebauten Kapellen gebildet. Rechts die von Domenico Fontana im Auftrag Papst Sixtus' V. erbaute Cappella Sistina, zu deren kostbarer Ausstattung Reliquien der Krippe von Bethlehem, ein bronzenes Sakramentsgehäuse und Epitaphe für die Päpste Sixtus V. und Pius V. gehören. Links die von Papst Paul V. gestiftete und von Flaminio Ponzio errichtete Cappella Paolina; die Legende weist das Gnadenbild (»Salus Populi Romani«) des Prunkaltars dem malfreudigen Evangelisten Lukas zu; vermutlich stammt es aus dem 9. oder 13. Jh. Den Baldachin über dem Hauptaltar tragen vier Porphyrsäulen aus der Villa des Kaisers Hadrian in Tivoli.

Die **Mosaiken** am Triumphbogen (s. Abb. S. 147) und in der Apsis sind eines der großartigsten Zeugnisse frühchristlicher und mittelalterlicher Kunst. Sie greifen Themen des Alten und Neuen Testaments sowie Ereignisse aus dem Leben Mariens auf. Das große Apsismosaik der »Krönung Mariens« zieht sofort die Aufmerksamkeit auf sich: Christus mit Maria auf dem Thron; zu ihren Seiten die großen Heiligen Petrus, Paulus und Franziskus, Johannes der Täufer, Jakobus und Antonius sowie – kleiner und kniend aus jener Zeit (1295) – Papst Nikolaus IV. und Kardinal Jacopo Colonna; auf dem Hintergrund überreiche Dekoration. Jacopo Torriti brachte mit diesem überragenden Werk die Mosaikkunst im 13. Jh. zu höchster und letzter Blüte; wenige Jahre später verließen die Päpste Rom und zogen nach Avignon; für Jahrzehnte lag die Kunst brach. Die Mosaiken verdienen längere Betrachtung, weil in ihnen alle Formen und Elemente der römischen Mosaikkunst vertreten sind und man hier am besten und eindrucksvollsten den Reichtum dieser Kunstform kennenlernen kann: Personen und Symbole, Tiere und Pflanzen, Stadtviertel und Bauwerke (s. a. S. 146).

Santa Pudenziana

In der Via Urbana steigt man zu einer der ältesten Kirchen Roms, zu **Santa Pudenziana (2)** auf das Bodenniveau der Antike hinunter. Hier soll, wie eine alte Legende erzählt, der hl. Petrus im Haus des Sena-

Santa Pudenziana
tgl. 8.30–12 und
15–18 Uhr

tors Pudens gewohnt und sowohl den Senator als auch seine Töchter Pudentiana und Praxedis zum christlichen Glauben geführt haben. Die Kirche, zunächst ein gewölbter Pfeilersaal mit Emporen, ließ Papst Siricus (384–99) neu errichten. Von diesem Bau stammen die heutige Apsis und ihre Mosaiken. Nach mehreren Umbauten im Mittelalter entstand Ende des 16. Jh. der heutige Zustand. Hervorzuheben sind die in der schlichten Fassade enthaltenen Bruchstücke des romanischen Portals und der Campanile aus dem 12. Jh.

Im Innern verdient längere Betrachtung das **Apsismosaik** vom Ende des 4. Jh., auch wenn es von späteren architektonischen Veränderungen beeinträchtig wird: Christus thront, einem antiken Herrscher gleich, in der Bildmitte, umgeben von Aposteln und Frauen; im Hintergrund das Himmlische Jerusalem, das Kreuz als Siegeszeichen und die teilweise unvollständigen Evangelistensymbole, Mensch (Matthäus), Löwe (Markus), Stier (Lukas) und Adler (Johannes). Zwei weibliche Figuren repräsentieren die Kirche aus dem Judentum, *Ecclesia ex circumcisione* (hinter Petrus), und die Kirche aus dem Heidentum, *Ecclesia ex gentibus* (hinter Paulus), die beiden Gruppen des frühen Christentums. Es handelt sich bei dem Apsismosaik um die älteste figürliche Darstellung, die in einer Kirche erhalten ist, eine der ersten für einen Kirchenbau überhaupt. Die christliche Kunst nimmt dabei Elemente der heidnischen Antike auf (s. a. S. 146).

Santa Prassede

Nicht weit von der – im wahrsten Sinn – Schwesterkirche Santa Pudenziana, nur wenige Schritte von Santa Maria Maggiore entfernt, liegt an der Via di San Martino (Eingang jedoch meist von der engen Via Santa Prassede her) die Kirche **Santa Prassede (3),** der Schwester der Pudentiana, Praxedis, geweiht, die sich der Legende nach ebenfalls von Petrus taufen ließ. Santa Prassede erlebte im Lauf der Jahrhunderte verschiedene Veränderungen, die jedoch den basilikalen Charakter nicht zerstörten: Das auf hohen Säulen und Pfeilern ruhende Mittelschiff wird von schmalen Seitenschiffen flankiert und steigt zum Chor hin an.

Die **Mosaiken** am Triumphbogen und in der Apsis sind bedeutende Werke. Sie wurden Anfang des 9. Jh. unter Papst Paschalis (817–824) geschaffen und bilden auf dem Triumphbogen das Himmlische Jerusalem ab, auf dem Apsisbogen das Apokalyptische Lamm aus der Geheimen Offenbarung des Johannes. In der Apsiskuppel ist dargestellt, wie Sankt Petrus die hl. Pudentiana und den hl. Zeno, Sankt Paulus die hl. Praxedis und Papst Paschalis (den Stifter) zu Christus führen; unter dieser Szenerie ein Lämmerfries. Die Mosaiken sind einer eingehenden Betrachtung wert. Nur anhand der Bibel sind die Symbole in ihren vielfältigen Beziehungen zu deuten. So dienen die Mosaiken immer mehreren Zielen: der Anbetung Gottes und der Verherrlichung der Heiligen, der Unterweisung der Gläubigen in der

Santa Prassede
tgl. 7–12.30 und 16–18.30 Uhr

Die Kuppel und alle Wände der Cappella di San Zeno in der Kirche Santa Prassede sind mit Mosaiken auf Goldgrund ausgeschmückt

Glaubenslehre durch die bildliche Darstellung und ihrer Hinführung in dieses ihnen gezeigte himmlische Reich.

Ein »Paradiesgärtlein« nannten die Pilgerbücher des Mittelalters die kleine **Cappella di San Zeno** am rechten Seitenschiff, die Papst Paschalis seiner Mutter als Grabraum erbauen und ausgestalten ließ. Alle Wände und die Gewölbe der Kapelle sind mit Mosaiken – Heiligen und biblischen Symbolen – auf Goldgrund geschmückt. Die farbigen kleinen Schmucksteine schaffen, so die Absicht der unbekannten Künstler, einen Abglanz der Ewigkeit, Geborgenheit im Heiligen. In einer Nische steht ein Säulenfragment: der Überlieferung nach ein Stück jener Säule, an der Christus bei der Passion gegeißelt wurde.

Vom Esquilin zum Lateran

San Martino ai Monti

Die Kirche **San Martino ai Monti (4)** auf dem Colle Oppio, einer kleinen Erhebung des Esquilin-Hügels, wurde im 4. Jh. über einer Hauskapelle des Papstes Sylvester aus dem 4. Jh. errichtet. Den Bau erneuerte man im 6., 9. und 17. Jh. San Martino ai Monti ist sehenswert wegen der Krypta, der frühchristlichen Hauskapelle und der Wandmalereien in den Seitenschiffen, denn in diesem kleinen, fast unauffälligen Bauwerk lässt sich die lange Entwicklung des Christentums und des Kirchbaus am Gesamtbau und an den kunstreichen Einzelheiten ablesen.

San Martino ai Monti
tgl. 7–11.30 und 16–19 Uhr

Zwischen Santa Maria Maggiore und Lateran

Museo Nazionale d'Arte Orientale
Di–Fr 9–14, Sa, So, Fei bis 19.30 Uhr

Santa Bibiana
tgl. 7.30–11 und 16.30–19.30 Uhr

Basilica di Porta Maggiore
Zugang eingeschränkt

Santa Croce in Gerusalemme
tgl. 7–12.45 und 14–19 Uhr

Museo Nazionale d'Arte Orientale

Das **Nationalmuseum für Orientalische Kunst (5)** in der Via Merulana zeigt in 14 Sälen Kunstwerke und Gegenstände aus dem Nahen und Fernen Osten, aus Persien, Japan, Afghanistan, China, Korea, Indien, Nepal, Tibet, Irak und Pakistan. Goldschmuck und Bronzen, Vasen und Kleider, Skulpturen und Gemälde, Büsten und Kelche führen in eine ganz andere Welt. Die Ausstellungsgegenstände decken einen weiten Zeitraum ab, aus der prähistorischen Zeit vom 5. Jh. v. Chr. bis heute.

Santa Bibiana

Die Kirche **Santa Bibiana (6)** an der (südlichen) Seitenfront des Hauptbahnhofs Stazione Termini entstand im 4. oder 5. Jh. Sie zeigt heute die Gestalt, die ihr Bernini im Jahr 1625 bei einer gründlichen Restaurierung gegeben hat. Der Hochaltar mit den Reliquien der Heiligen, ein frühes Meisterwerk Berninis, ist besonders beachtenswert.

Basilica di Porta Maggiore

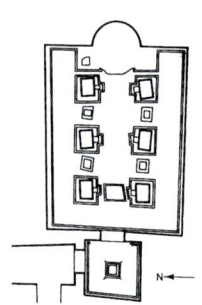

Basilica di Porta Maggiore, Grundriss

Der 14 m unter der Erde gelegene Bau der Antike in der Nähe der Porta Maggiore, außerhalb der Stadtmauer in der Via Prenestina (Nr. 17), der Straße nach Palestrina, ist wahrscheinlich im 1. Jh. n. Chr. entstanden. Bis heute konnte trotz des guten Erhaltungszustandes der **Basilica di Porta Maggiore (7)** nicht mit Sicherheit geklärt werden, welchen Zwecken (Grab, Kapelle?) oder welcher Gemeinschaft sie diente. Das Bauwerk, erst 1917 entdeckt, entspricht der Form der Basilika, hat eine Vorhalle, einen tonnengewölbten dreischiffigen Raum – auf 12 × 9 m drei gleichwertige Schiffe – mit einer halbrunden Apsis. Kunsthistoriker meinen, dass gerade dieser Bau die Entwicklung der christlichen Basilika-Architektur maßgeblich beeinflusste. Die Austattung mit einem Mosaikfußboden, Stuckdekor in den Gewölben und mythologischen Darstellungen lässt die Vermutung zu, dass eventuell Neupythagoräer oder eine andere mystische Sekte hier kultische Rituale feierten.

Santa Croce in Gerusalemme

Mit **Santa Croce in Gerusalemme (8),** der Kirche zum ›Heiligen Kreuz von Jerusalem‹ verbinden sich – wie häufig bei Roms klerikalen Bauten – unzählige Geschichten, geknüpft an den reichen Reliquienschatz des Gotteshauses. Sie gehört zu den traditionellen sieben Pilgerkirchen Roms, die nach alter Pilgersitte an einem Tag mit der Vigil (Vorabend) besucht werden sollten – neben Sankt Johannes,

Piazza San Giovanni in Laterano

Über der spätbarocken Fassade von San Giovanni in Laterano stehen auf der Balustrade der Attika 15 fast 7 m hohe Heiligenstatuen

Sankt Peter, Sankt Paul, Santa Maria Maggiore, Sankt Laurentius und Sankt Sebastian.

Die Fundamente des heutigen Gotteshauses gehen bis ins 4. Jh. zurück. Schon Kaiser Konstantin richtete nach dem Tode seiner Mutter Helena in ihrem Hause einen Saal als Kirche ein, in der die von ihr aus dem Heiligen Land nach Rom überführten Reliquien (vom Kreuz Christi) verehrt wurden. Im 12. Jh. ließ Papst Lucius II. daraus eine romanische Kirche erbauen, deren Campanile in den im 18. Jh. vorgenommenen spätbarocken Umbau (durch Domenico Gregorini) einbezogen wurde. Rechts neben der Apsis führt eine Treppe zur Kapelle der hl. Helena mit einem Gewölbemosaik. Der französische Politiker und Diplomat François-René de Chateaubriand (1768–1848) seufzte hier: »Welch eine Stätte, um mit dem Ehrgeiz Frieden zu schließen und die Eitelkeiten der Welt zu bedenken!«

Lateran

Piazza San Giovanni in Laterano

In der Mitte der **Piazza San Giovanni in Laterano (9),** am Ende der von Santa Maria Maggiore herführenden Via Merulana, begrenzt von der Westfront des Lateranpalastes, der nördlichen Seitenfassade der Basilika und dem Baptisterium, steht ein mächtiger **ägyptischer Obelisk,** der 31 m hoch ist, mit Sockel 47 m, und damit der höchste der Stadt. Zugleich ist er der älteste der römischen Obelisken; seit dem 15. vorchr. Jh. stand er vor dem Ammon-Tempel im ägyptischen Theben. Von dort wurde er 357 n. Chr. von Kaiser Konstantinus II., dem Sohn Konstantins, nach Rom gebracht und im Circus Maximus aufgestellt. Papst Sixtus V. ließ ihn im Jahr 1587 von Fontana hierher versetzen, nachdem die Reiterstatue des Mark Aurel, die zuvor hier stand, 1538 auf dem Kapitolsplatz ihren neuen Platz gefunden hatte. Eine Inschrift auf der Basis des Obelisken erinnert an die Taufe Kaiser Konstantins durch Papst Sylvester.

Lateranspalast (Palazzo Laterano)

Mächtige Pfeiler tragen die Arkadenbögen des Mittelschiffs von San Giovanni in Laterano. Über dem Hauptaltar befindet sich das raumbeherrschende Ziborium mit den Häuptern der Apostel Petrus und Paulus

Fast 1000 Jahre lang, von der Zeit Konstantins, im 4. Jh., bis zum Anfang des 14. Jh., als Klemens V. die Residenz nach Avignon verlegte, residierten die römischen Bischöfe im Lateran. Das ›Patriarchium‹ des Lateran war ihr Wohn- und Amtssitz. Die Bedeutung des Lateran hebt hervor, dass die katholische Kirche in den Jahren 1123, 1139, 1179, 1215 und noch einmal 1512, am Vorabend der Reformation, allgemeine Konzilien nach Rom einberief, die 1., 2., 3., 4. und 5. Laterankonzil genannt werden. Im Jahr 1308 wurden Lateranpalast und Kirche durch einen furchtbaren Brand schwer beschädigt und teilweise zerstört, was vielleicht den Umzug ins französische Exil erleichterte. Nach der Rückkehr aus Avignon (1377) wurde der Vatikan zum Apostolischen Palast ausgebaut; der Lateran büßte seine Bedeutung

ein. Eine neue Residenz wurde seit 1586 auf Geheiß Papst Sixtus' V. errichtet, als Sommerpalast; diese Bestimmung erfüllte dann jedoch der Quirinal. Der Palazzo, der seine Kunstsammlungen an die Museen im Vatikan abgab, beherbergt heute die Verwaltung des Papst-Bistums Rom (Schäden durch einen Bombenanschlag im Juli 1993).

Lateransbasilika (San Giovanni in Laterano)

Baugeschichte

San Giovanni (10) ist die Bischofskirche des Papstes, also die Kathedrale des Bischofs von Rom, während Sankt Peter die Stätte des Papstes als des Oberhaupts der katholischen Kirche ist. Das macht seit der Gründung der Basilika im 4. Jh. ihren Rang aus. Mit der Inschrift an der Hauptfassade »*Mater et caput omnium ecclesiarum urbis et orbis*« erhebt San Giovanni den Anspruch, ›Mutter und Haupt aller Kirchen der Stadt und des Erdkreises‹ zu sein. Bereits im Jahr 313, kurz nach dem Sieg Kaiser Konstantins über Maxentius, wurde unter Papst Melchiades auf dem Besitz der Laterani (daher der Name) und dem Gelände einer Reiterkaserne mit der Errichtung einer Basilika begonnen, die man dem Erlöser, dem Salvator, weihte. Sie ist damit die älteste und ranghöchste unter den vier Patriarchalbasiliken (die drei anderen sind Sankt Peter, Sankt Paul und Santa Maria Maggiore) und die erste unter den sieben Pilgerkirchen (Santa Croce, San Sebastiano und San Lorenzo ergänzen die anderen vier). Reliquien der vornehmsten christlichen Heiligen gehören zum Kirchenschatz.

Die Kirche der Papst-Bischöfe wurde immer wieder beschädigt (Vandaleneinfall, Erdbeben, Brände), renoviert, restauriert und erweitert, bis die Päpste im 16. und 17. Jh. einen tiefgreifenden Umbau vornahmen. Die Vorhalle wurde 1585 von Domenico Fontana ausgeführt; das Kircheninnere ist ein Werk Francesco Borrominis (1650), die monumentale Hauptfassade aus Travertin wurde 1733–36 von Alessandro Galilei geschaffen. Im 19. Jh. erfolgte der Neubau des Chores. Schon im Mittelalter hatte die Kirche des Salvators, des Erlösers, Johannes den Täufer und Johannes den Evangelisten als Patrone und damit den neuen Namen ›San Giovanni‹ erhalten. Beim Neubau im Barock wurde die architektonische Folge einer Basilika – Vorplatz, Vorhalle, fünfschiffiges Langhaus, Querschiff mit dem Altar und Apsis –, die von dem Konstantinischen Plan vorgegeben war, eingehalten.

Kirchenbau

Die spätbarocke kolossale **Fassade** mit 15 Figuren von 7 m Höhe, die Vorhalle mit den Bronzetüren im Hauptportal (aus der Kurie vom Forum Romanum) und der Heiligen Pforte (ganz rechts) sind die ersten Eindrücke. Dann tritt man in das von Borromini für das Heilige Jahr

Lateransbasilika ★★

Basilica di San Giovanni in Laterano
tgl. 7–18.30 Uhr

Die Apostelreliquien
Auch der kluge Franzose Michel de Montaigne (1533–92) schildert in seinem »Tagebuch einer Badereise« die Reliquien der Apostel: »Am Tag vor Ostern sah ich die Häupter. Die Fleischteile, Farbe und Haarwuchs sehen aus, als ob sie lebten. Das Gesicht St. Peters ist weiß, ein wenig länglich, die Haut purpurfarben und Vollblütigkeit verratend, der geteilte Bart grau; das Haupt ist mit einer Papstmitra gekrönt. St. Paul ist schwarz, hat ein breites und volleres Gesicht und einen stärkeren Schädel, der Bart ist grau und dicht.«

S. Giovanni in Laterano

1 Bonifaz VIII. proklamiert das Heilige Jahr (Giotto zugeschriebenes Fresko-Fragment, s. Abb. S. 58)
2 Grabmal für Sylvester II.
3 Grabmal für Alexander III.
4 Grabmal für Sergius IV.
5 Grabmal für Kardinal Ranuccio Farnese
6 Grabmal für Innozenz III.
7 Papstaltar
8 Confessio mit Grabmal für Martin V.
9 Grabmal für Leo XIII.
10 Alte Sakristei
11 Cappella Colonna
12 Kreuzgang
13 Cappella Corsini
14 Baptisterium
15 Cappella S. Giovanni Battista
16 Cappella S. Giovanni Evangelista
17 Lateranpalast

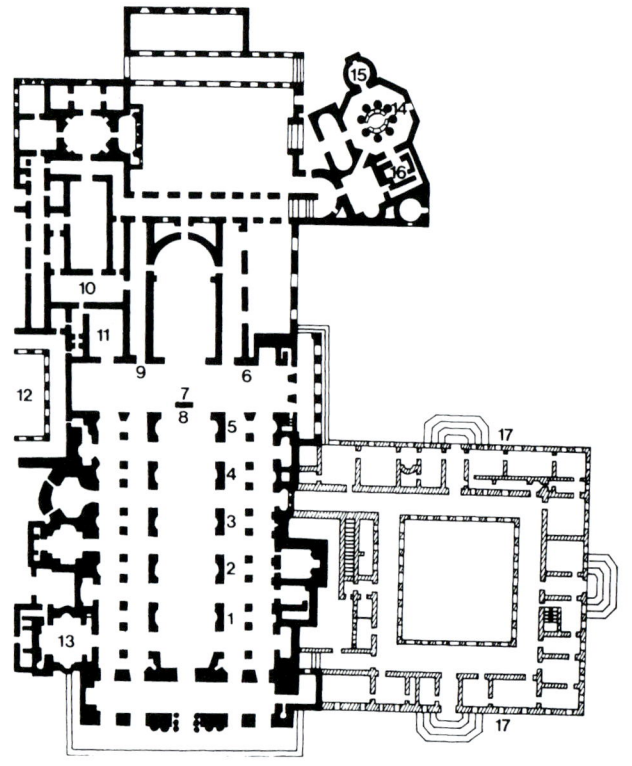

1650 gestaltete, 130 m lange, fünfschiffige **Innere:** Mächtige Pfeiler tragen die Arkadenbögen des Mittelschiffs; die Säulennischen werden von zwölf 4,25 m hohen gewaltigen Apostelstatuen geschmückt, die jeweils aus einem einzigen Marmorblock plastisch herausgearbeitet wurden. Ein bemerkenswertes Schmuckelement bildet die prächtige Holzdecke aus dem 16. Jh.

Über dem Hochaltar erhebt sich ein **Ziborium,** in dem die Häupter der Apostelfürsten Petrus und Paulus als Reliquien aufbewahrt werden. Bei feierlichen Anlässen werden sie den Gläubigen gezeigt, sonst von einem Kustoden gegen ein Trinkgeld. An dem Altar unter dem vergoldeten Gitter soll der Legende nach schon der hl. Petrus das Messopfer gefeiert haben. In der Confessio vor dem Altar ist die Bronze-Grabplatte für Papst Martin V. (1417–31) zu sehen, eine der vielen Grabstätten in der Kirche. Es ist frommer Brauch der Römer, Geldstücke darauf zu werfen.

Die Apsis des unter Papst Leo XIII. im 19. Jh. vergrößerten Chores wird von großen feierlichen **Mosaiken** geschmückt, genauen Kopien der frühchristlichen Arbeiten, die aber bereits im 13. Jh. von Jacopo

Torriti erneuert worden waren: Christus erscheint inmitten von Engeln, darunter, neben dem Gemmenkreuz, große und kleine Heilige (Franz von Assisi und Antonius von Padua aus jener Zeit).

Beachtenswert sind außerdem: im linken Seitenschiff, vorn am Eingang, die Cappella Corsini von A. Galilei (1734) mit dem Grabmal Klemens' XII.; im rechten Seitenschiff die Cappella Massimo von Giacomo della Porta (1750); am ersten Pfeiler rechts das Fragment des Freskos »Bonifaz VIII. verkündet das (erste) Heilige Jahr (1300)«, Giotto zugeschrieben (s. Abb. S. 58); im Querschiff links das Grabmal Leos XIII. und rechts das für Innozenz III., dessen sterbliche Überreste von Leo XIII. 1891 aus Perugia hierher überführt wurden. Der Kreuzgang (Eingang im linken äußeren Seitenschiff) ist ein Meisterwerk der römischen Kosmatenarbeit, Werk der Künstler (Vater und Sohn) Vassalletti von 1215 bis 1232. Die kostbare Ausschmückung hat der Basilika den Vorwurf eingetragen, ihre Pracht beeindrucke den Betrachter, erhebe ihn jedoch nicht leicht zur Frömmigkeit.

Baptisterium (Battisterio) San Giovanni in Fonte
tgl. 7.30–13 und 15.30–18.30 Uhr

Scala Santa
tgl. 7–18.30 Uhr

Baptisterium (Battisterio) San Giovanni in Fonte

Die **Taufkirche (11)** des hl. Johannes kommt der Basilika an Alter und Würde gleich. Seinen Bau im 4. Jh. verdanken die Christen ebenfalls, wie die Überlieferung besagt, Kaiser Konstantin. Man errichtete das Baptisterium über einem Nymphäum des Palastes der Laterani – heiliges Wasser zu heidnischem. Der ursprünglich über kreisrundem Grundriss errichtete Bau, unter Papst Sixtus III. (432–40) zu einem Achteck umgewandelt, ist die älteste Taufkirche überhaupt, deren Architektur zum Vorbild für spätere Baptisterien wurde.

Die Kapelle Johannes des Täufers (rechts) bewahrt die Bronzetür der spätantiken Ausstattung durch Papst Hilarius (461–68); sie erzeugt beim Öffnen und Schließen – mithilfe der Kustoden – einen melodischen Klang. Interessant ist der Vergleich mit der mittelalterlichen Bronzetür der gegenüberliegenden Kapelle Johannes des Evangelisten, die 1196 in Anlehnung an die spätantike Vorgängerin von Künstlern aus Piacenza geschaffen wurde.

Scala Santa

Die ›**Heilige Treppe**‹ (12) soll der Legende nach aus dem Palast des Pilatus zu Jerusalem stammen; Jesus Christus habe sie vor seinem Tod betreten. Sie besteht aus 28 Marmorstufen, die heute mit Holz bedeckt sind. Die hl. Helena brachte die Treppe mit anderen Reliquien nach Rom. Papst Sixtus V. ließ Ende des 16. Jh. zum Gedächtnis der Passion Christi eine Kirche errichten, die nach der Treppe benannt wurde. Sie befindet sich an der Stelle des Speisesaals (Triclinium) des alten Lateranpalastes, gegenüber dem heutigen Palazzo und der Hauptfassade von San Giovanni. Diese Kirche umschließt die ehemalige Privatkapelle des Palastes (Cappella Sancta Sanctorum) und die Heilige Treppe. Einen religiösen Brauch befolgend, rutschen die Gläubigen, des Leidens Jesu eingedenk, für ihr Seelenheil auf Knien diese Treppe hinauf.

Westlich des Lateran

Santi Quattro Coronati

Santi Quattro Coronati
Basilika: Mo–Sa 6.15–20, So/Fei 6.45–12 und 15–19.30 Uhr
Kapelle des hl. Silvester: Mo–Sa 9–10.45, So/Fei 16–17.45 Uhr

Die Legende erzählt, vier römische Soldaten, Severus, Severianus, Carpoforus und Victorinus, hätten sich einst geweigert, ein Standbild des heidnischen Gottes Äskulap zu verehren. Eine andere Überlieferung berichtet, es seien vier (oder fünf) Bildhauer – deshalb wird die Kirche gern von Steinmetzen besucht – aus Pannonien gewesen, die eine Götterstatue nicht hatten meißeln wollen (einer vielleicht doch). Ob Soldaten oder Bildhauer, die Überlieferung weiß, dass man die Märtyrer mit einem zackigen Eisenkranz krönte, der ihnen in den Schädel getrieben wurde – daher der Name ›Die heiligen Vier Gekrönten‹. Im 4. Jh. errichtete man den ›**Quattro coronati**‹ **(13)** am Abhang des Caelius-Hügels eine Gedenkstätte. Unter Papst Paschalis II., zu Beginn des 12. Jh., wurde ein Neubau errichtet – das heutige Gotteshaus –, da die Normannen 1084 das alte, um 850 errichtete, zerstört hatten. In diesen Bau wurden Teile der alten Kirche einbezogen.

Der **Kircheninnenraum** ist als hohe Emporenbasilika gestaltet, das Mittelschiff mit einer sehr schönen kassettierten Holzdecke (16. Jh.) ausgestattet, während die Seitenschiffe durch Kreuzrippengewölbe geschlossen wurden. Die mächtige Rundapsis des alten, karolingi-

In der der Kirche Santi Quattro Coronati benachbarten Kapelle des hl. Sylvester berichten die Fresken mit der Konstantinslegende vom Konflikt zwischen Papst und Kaiser

San Clemente

San Clemente, Querschnitt

schen Baus umfasst alle Schiffe. Schön ist der mittelalterliche Glockenturm. Besonders beachtenswert ist die Kapelle des hl. Sylvester, im Nonnenkloster neben der Kirche, mit Szenen der Konstantinslegende (s. Abb. S. 102). Diese viel gerühmten und bekannten Fresken berichten vom Konflikt zwischen Papst und Kaiser im Mittelalter; im Jahr 1246 entstanden, sind sie ein beredtes Zeugnis kirchlichen Machtanspruchs, den Papst Innozenz IV. (1243–54) gegen den Stauferkaiser Friedrich II. vor dessen Tod (1250) erhob. Bemerkenswert sind auch die Krypta und der sehr schöne Kreuzgang.

San Clemente

Unter den Kirchen Roms nimmt **San Clemente (14)** einen besonderen Rang ein. Auf jeden Besucher übt die Kirche des hl. Klemens, des dritten Bischofs von Rom nach Petrus (wohl 88–97), eine besondere Faszination aus. Ihre Würde verdankt sie dem Alter – die Spuren gehen bis in das Urchristentum zurück –, der Schönheit der einzelnen Kunstwerke aus verschiedenen Epochen und dem Ineinander von drei architektonisch klar unterscheidbaren Baukörpern. So geht man die Jahrhunderte zurück: zum Wohnhaus der Antike, tief im Erdreich, mit dem Mithras-Heiligtum; zur Unterkirche, die man über den Mauern des Hauses unter Papst Siricius (384–99), vor dem Jahr 385, zu Ehren des hl. Klemens errichtete; und zur neuen Basilika, die nach der Zerstörung der alten durch die Normannen, im Jahr 1084, Anfang des 12. Jh. unter Papst Paschalis II. (1099–1118) über den Ruinen erbaut wurde.

San Clemente ★

Oberkirche

Bei dieser Oberkirche erhoben die Baumeister die Raumfolge des christlichen Gotteshauses klar hervor: Eingangstor, Vorhof mit Brunnenanlage, Gemeinderaum, Chor (für die Kleriker und Sänger; Schola Cantorum) mit Hochaltar und Apsis. Im Kircheninnern tragen 16 antike Säulen die Rundarkaden der Schiffe. Reich ist der Schmuck: die Marmorintarsien (Kosmatenarbeiten) des Fußbodens, des herrlichen Osterleuchters, des Bischofsstuhls, des viersäuligen Altartaber-

Zwischen Santa Maria Maggiore und Lateran

Das Innere von San Clemente ist reich an Schmuck: die Marmorintarsien des Fußbodens und der Ausstattung, die Mosaiken am Triumphbogen und in der Apsis

nakels mit Balustradendach und vor allem an der aus dem 6. Jh. erhaltenen vollständigen Choreinfriedung; sie verdienen gerade hier, in ihren Einzelheiten betrachtet zu werden. Am Triumphbogen und in der Apsis sehen wir reichgeschmückte Mosaiken. Die Darstellungen zeigen Szenen aus dem Alten und Neuen Testament, vermutlich die fantasievollsten in Rom; die farbigen Steinchen ergeben ein überaus dekoratives Bild. Lebensbaum und Kreuz, heilige Personen und Symbole, Tiere, Pflanzen und Ornamente durchdringen einander zu einer himmlischen Bilderwelt, deren Botschaft wohl noch immer anspricht. Alles weist auf den Triumph des lebensspendenden Kreuzes hin (s. Abb. S. 148).

San Clemente

Die Fresken in der Cappella di Santa Caterina in San Clemente von Masolino stellen Szenen aus dem Leben und Martyrium der hl. Katharina von Alexandrien dar

Die kleine **Cappella di Santa Caterina** hinten im linken Seitenschiff ist wegen der Fresken des Masolino da Panicale berühmt, die Szenen aus dem Leben und dem Martyrium der hl. Katharina von Alexandrien darstellen. Die Heilige starb, nachdem sie auf das Rad geflochten worden war; deshalb wurde das Rad ihr Attribut. Die Fresken sind Meisterwerke von Masolino, vor 1431 am Anfang der Renaissance gemalt, die eine neue Entwicklungsphase der römischen Malerei dokumentieren: die Anwendung der perspektivischen Darstellung.

Unterkirche

Die erst 1861 geöffnete Unterkirche ist eine dreischiffige Säulenbasilika aus dem 4. Jh. Sie ist eine Schatzkammer der romanischen Wandmalerei, mit Fresken aus mehreren Jahrhunderten in reicher Fülle, darunter im Mittelschiff eine »Himmelfahrt Christi« mit Aposteln und dem Stifter Papst Leo IV. (847–55), der den quadratischen Heiligenschein der Lebenden trägt, sowie eine Kreuzigung und der hl. Klemens vor dem Papstthron.

Mithras-Heiligtum

Zu einem Besuch von San Clemente gehört ein Abstieg in das freigelegte unterirdische römische Wohnhaus mit dem Mithras-Heiligtum. Der lang gestreckte Raum wird von einem Tonnengewölbe gedeckt. An dem Altar zeigt das Relief einen Gott, der einen Stier tötet, eine charakteristische Darstellung dieses orientalischen Kults, der sich im Rom der Kaiserzeit und im gesamten Imperium Romanum – auch in Deutschland und Frankreich finden sich Mithräen – großer Beliebtheit und Verbreitung erfreute. Lange schien es im Römischen Reich, als würde Mithras, der arische Lichtgott, der nie leidend erschien, über den gekreuzigten Juden, Jesus von Nazareth, siegen. Es kam anders.

San Pietro in Vincoli

San Pietro in Vincoli ★

Sankt Peter zu den Ketten (15), eine der ältesten Kirchen Roms, am gleichnamigen Platz, ist vor allem wegen der Moses-Statue des Michelangelo berühmt. Das im Jahr 431 begonnene Gotteshaus erhielt bei der Weihe durch Papst Sixtus III. (432–440) die Heiligen Petrus und Paulus als Kirchenpatrone. Nachdem jedoch Papst Leo der Große (440–61) eine besonders wertvolle Reliquie zum Geschenk erhielt – die der Überlieferung nach von Petrus im Mamertinischen Kerker zu Rom (oder in Jerusalem) getragenen Ketten – wurde Petrus alleiniger Schutzheiliger. Zwischen dem 8. und 15. Jh. erfolgten verschiedene An- und Umbauten der Hallenbasilika. Die dorischen Säulen des Mittelschiffs stammen noch aus dem Bau des 5. Jh. Die Grabstätte für den deutschen Kardinal Nikolaus aus Kues (Cusanus) an der Mosel, gestorben 1464, ist im linken Seitenschiff.

Grabmal für Papst Julius II.

Hauptanziehungspunkt der Kirche ist das Grabmal für Papst Julius II. im rechten Seitenschiff. Michelangelo entwarf das Grabmal für Giuliano della Rovere, der 1503–13 die Kirche regierte, ursprünglich viel größer für den damals entstehenden Neubau von Sankt Peter. Von den geplanten Standbildern wurden nur drei ausgeführt: die beiden Frauen des biblischen Stammvaters Jakob, Rachel und Lea, Symbole des beschaulichen und des tätigen Lebens Wesen; sie spiegeln, zwischen 1542 und 1545 geschaffen, den Spätstil des greisen Meisters wider; ihr Wert und ihre Schönheit erschließen sich vielleicht erst nach längerem Betrachten.

San Pietro in Vincoli
Mo–Sa 8–12.30 und 15–18, So ab 10 Uhr

Und der »**Moses**«! Er fordert besondere Beachtung als eines der bedeutendsten Werke Michelangelos (1513–16 geschaffen) und der abendländischen Bildhauerkunst überhaupt. Michelangelo wollte in dem Gottesmann des Alten Testaments zugleich den Papst-Fürsten der Renaissance verherrlichen. Moses ist in jenem Augenblick erfasst, da er, die von Gott erhaltenen Gesetzestafeln mit den zehn Geboten unter dem rechten Arm, vom Berg Sinai herabsteigt und gewahr wird, wie das Volk Israel, das er aus der Knechtschaft in Ägypten herausgeführt hatte, das Goldene Kalb umtanzt. Sein Gesicht spiegelt die empfangene göttliche Gnade und zugleich den Zorn über seine von Gott abtrünnigen Brüder und Schwestern, das untreue Volk Israel. Großartige Leidenschaft beseelt den Marmor; kaum hat ein Künstler dem Stein je mächtigeren Ausdruck abgerungen. Die Hörner auf der Stirn des Moses werden als Zeichen der überirdischen Sendung gedeutet, andere sagen, ein Übersetzungsfehler hätte die Strahlen göttlicher Erleuchtung so umgeformt.

Der Psychologe Sigmund Freud hat, wie der Statue der Theresa von Bernini in Santa Maria della Vittoria (s. S. 280), auch dem »Moses« eine tiefsinnige Betrachtung gewidmet; darin heißt es: »Michelangelo hat etwas Neues, Übermenschliches in die Figur des Moses gelegt, und die gewaltige Körpermasse und kraftstrotzende Muskulatur der Gestalt wird nur zum leiblichen Ausdrucksmittel für die höchste psychische Leistung, die einem Menschen möglich ist, für das Niederringen der eigenen Leidenschaft zugunsten und im Auftrag einer Bestimmung, der man sich geweiht hat.« Eine kleine Anekdote verdeutlicht, welch hohen Rang Michelangelo selbst diesem Werk beimaß. Nach der Fertigstellung betrachtete der Künstler lange Zeit die Statue und fing an, überzeugt von der Lebendigkeit des Moses, mit ihm zu reden, richtete wieder das Wort an ihn, forderte ihn auf: »Sprich doch!«, und wurde plötzlich, da er keine Antwort erhielt, so zornig, dass er ihm mit dem Meißel auf das Knie schlug – man sieht noch die Einkerbung. Wenn die Geschichte nicht wahr ist, so spricht doch der »Moses« beredt von der Größe Michelangelos.

»Moses«, eines der bedeutendsten Werke von Michelangelo, in der Kirche San Pietro in Vincoli

Vom Celio zur Via Appia

Sicher ist, dass es in der Antike in den Stadtvierteln südlich vom Kolosseum urbanistisch ganz anders aussah und zuging als heute. Die Via di San Gregorio, die am Konstantinsbogen neben dem Kolosseum beginnt, eine breite Allee, entlang den Hügeln des Palatin im Westen und des Caelius im Osten, wirkt fast beschaulich mit ihren Pinien, Ruinen und der geringen Besiedlung. Ein völlig anderes Bild bot sich in der Kaiserzeit. Die Hügel des Palatin, Aventin und Caelius waren dicht besiedelt. Der Circus Maximus und später die Thermen des Caracalla zogen Tausende aus der Nachbarschaft an. Hier war der Verlauf der Via triumphalis, der Triumph-Straße der siegreichen Feldherrn, hier begann die Hauptverkehrsader der Stadt, die sich dann in die Via Appia und Via Latina sowie die Via Ostiense zum Hafen gabelte. Der Caelius-Hügel mit den Kirchen, den Überresten altrömischer Häuser und den Parks (Parco Ninfeo di Nerone und Giardini Villa Celimontana), die Ruinen der Caracalla-Thermen, die recht unterschiedlichen Kilometer der klassischen Via Appia Antica lassen einen vom antiken Rom träumen. Der Riesen-Komplex der Thermen, heute zuweilen Schauplatz großer Opernaufführungen, und die an der Porta San Sebastiano beginnende Via Appia Antica mit Katakomben und Grabmälern führen ebenso ins Altertum zurück wie innerhalb der Mauern die Kirchen San Giovanni e Paolo und Santo Stefano Rotondo.

Cityplan Vom Celio zur Via Appia S. 319

Restaurant-Tipps s. S. 420

Besonders sehenswert: Caracalla-Thermen, Via Appia Antica

Caelius (Celio)

San Gregorio Magno

Die Kirche **San Gregorio Magno (1)** an der Via di San Gregorio wurde ursprünglich nicht als Gedenkstätte für Papst Gregor den Großen (590–604) erbaut. Vielmehr war es Gregor selbst, der, aus einer vornehmen römischen Familie stammend, in seinem Vaterhaus ein Kloster einrichtete (575) und das Oratorium dem hl. Andreas weihte, bevor er zum Bischof von Rom gewählt wurde. Der Neubau des Mittelalters wurde dem hl. Gregor geweiht; die Umgestaltung im Barock richtete sich an der Kirche Sant'Ignazio aus; freilich ist San Gregorio Magno wesentlich kleiner.

San Gregorio Magno
Mo–Sa 8.30–12.30 und 15–18.30 Uhr

Santi Giovanni e Paolo
tgl. 8.30–12 und 15.30–18 Uhr

Santi Giovanni e Paolo

Die Kirche **Santi Giovanni e Paolo (2)** ist den beiden römischen Märtyrern Johannes und Paulus geweiht, die als kaiserliche Offiziere im Jahr 362 unter Kaiser Julian Apostata wegen ihres Glaubens hingerichtet wurden. Nach dem römischen Martyrologium, einer römischen Sammlung von Märtyrer-Geschichten, errichteten die beiden römischen Senatoren Byzantius und sein Sohn Pammachius 36 Jahre spä-

◁ *Die Via Appia Antica, eine der ältesten römischen Fernstraßen, führte Richtung Süden über Capua bis nach Brindisi*

Vom Celio zur Via Appia

Blick vom Circus Maximus auf Santi Giovanni e Paolo und San Gregorio Magno

ter, im Jahr 398, über dem Wohnhaus und einer bereits bestehenden Gedenkstätte für die beiden Märtyrer sowie über den Mauern des großen Claudius-Tempels auf dem Caelius eine erste Basilika (deshalb auch ›Johannes und Paulus auf dem Caelius‹ genannt). Bei einem Umbau um 1150 erhielt die Kirche die Vorhalle, den Glockenturm und eine kleine Säulengalerie in der Apsis. Die heutige Innenausstattung stammt aus den Jahren 1725–34.

Im 20. Jh. grub man schließlich das unter der Kirche liegende **römische Wohnhaus** aus. So haben wir vor uns Zeugnisse aus verschiedenen Jahrhunderten: das alte römische, aus Ziegeln wohlgefügte Stadthaus, dessen Mauern antike Fresken aus dem 5. oder 6. Jh. tragen, darunter das am besten erhaltene Bild jener Zeit in Rom, »Venus mit einem Gott«, antike Säulen und zwei Steinlöwen in der Vorhalle; die Bauteile aus dem Mittelalter, zu denen die Marmorsäulen und der Glockenturm zählen, der als einer der schönsten Roms gilt und weithin sichtbar andere Bauten des Caelius überragt; und schließlich die Innenausstattung des Barock. Kein Wunder, dass Santi Giovanni e Paolo auch als Hochzeitskirche beliebt ist.

Santo Stefano Rotondo

Santo Stefano Rotondo
Di-Sa 9.30–12.30 und 15.30–18, So 9.30–12.30 Uhr

Die Rundkirche **Santo Stefano Rotondo (3)** auf dem Caelius ist eines der architektonischen Schmuckstücke unter den Kirchen Roms. Nach umfangreichen Renovierungsarbeiten unter der Ägide des Münchner Kardinals Wetter, des Titelherrn, ist eine, wenn auch eingeschränkte Besichtigung wieder möglich. Zum Glück. Denn die Kirche ist wegen der einzigartigen Konzeption bedeutend – ein Rundbau, dem ein griechisches Kreuz, mit gleich langem Haupt- und Querschiff, eingefügt ist. So wurden in gelungener Weise zwei Grundtypen des Gotteshauses zu einer besonderen Synthese verschmolzen. Idee und Bau gehen in das 5. Jh. zurück, als Papst Simplicius (468–483) in einer Zeit des Niedergangs in Rom die Kirche in strengem Ziegelmauerwerk zu Ehren des Erzmärtyrers Stephanus auf dem Gelände einer Kaserne errichten ließ. Es war wohl kein Zufall, dass die Kirche genau über der Stätte eines Mithras-Kultes entstand und so Heidnisches in Christliches umgewandelt wurde. Auch Papst Hadrian I. (772–795) trug sich in die Baugeschichte ein.

Das Obergeschoss des kreisrunden **Mittelbaus,** der heute durch ein über Säulenbögen sich spannendes Mauerwerk geteilt und gestützt wird, tragen 22 ionische Säulen auf waagerechten Architraven. Von diesem Mittelbau führen die vier **Kreuzesflügel** weg, die jedoch ganz in den ersten Umgang integriert sind. Diese Flügel waren früher durch doppelte, in der Höhe abgestufte Umgänge miteinander verbunden. Der Übergang zwischen den Flügeln und den Umgängen wurde durch Pfeilerarkaden hergestellt. Papst Nikolaus V. ließ 1453 die Kirche gründlich restaurieren; dem fiel der äußere Ring zum Opfer, sodass der Durchmesser der Kirche von 65 auf 40 m abnahm. Neben dem Erzmärtyrer der Apostelgeschichte wird auch der hl. Stephan, König von Ungarn, hier verehrt.

Santo Stefano ist der ›Kinderschreck‹ der Römer. Am Fest des hl. Stephanus, am 2. Weihnachtstag, war es Brauch – vor der Schließung der Kirche wegen Baufälligkeit – nach Santo Stefano zu ziehen und dort den Jungen und Mädchen die **Fresken** des 16. Jh. zu zeigen. Da fürchteten sich die Kinder, denn die Darstellungen der Martyrien, der Quälereien und Tötungen der Heiligen, Werke des Malers Pomarancio, sind von beispielloser Grausamkeit. Stendhal (1783–1842) tadelt und erklärt »diese schauderhafte Wirklichkeit« (»wie die Guillotine bei der Arbeit«): »Die Fresken sind durchaus nicht so schön, um die furchtbaren Martern, die sie kraß darstellen, erträglich zu machen.

22 ionische Säulen tragen das Obergeschoss des runden Mittelbaus von Santo Stefano Rotondo

Santa Maria in Domnica

> Santa Maria in
> Domnica (›in
> Navicella‹)
> tgl. 8.30–13 und
> 15.30–18.30 Uhr

Unser Mitleiden flößt uns die Idee eines Schmerzes ein, der in Wirklichkeit gar nicht gefühlt wurde; der größte Teil der Märtyrer befand sich mehr oder weniger im Zustand der Ekstase.«

Santa Maria in Domnica (4) auf dem Caelius-Hügel ist den meisten Römern nur mit dem Beinamen ›in Navicella‹ – Sankt Marien ›beim Schiffchen‹ – bekannt. Denn bei einer gründlichen Restaurierung der Kirche im Jahr 1513 ließ Kardinal Giovanni de' Medici, der noch im selben Jahr Papst Leo X. werden sollte, vor der Kirche Santa Maria die Fontana della Navicella, einen Brunnen in Form einer Barke errichten. Die Kirche stand da schon längst, vermutlich seit dem 7. Jh., doch als große Basilika wohl erst seit dem Pontifikat Papst Paschalis' I. (817–24). Beachtenswert sind die einfache, geschmackvolle Renaissance-Fassade mit einem eleganten fünfbogigen Portikus sowie im dreischiffigen, von 18 grauen Granitsäulen getragenen Innenraum die Mosaiken aus der Zeit Paschalis' I. Dargestellt sind Christus zwischen zwei Engeln und Aposteln mit Moses und Elias sowie Maria mit dem Kind zwischen Engeln und dem päpstlichen Stifter (mit dem eckigen Nimbus der Lebenden).

Von den Caracalla-Thermen zur Via Appia Antica

Caracalla-Thermen (Terme di Caracalla)

> Caracalla-Thermen ★
>
> Caracalla-Thermen
> Di–So 9 Uhr bis
> eine Stunde vor
> Sonnenuntergang,
> Mo 9–14 Uhr
>
> Caracalla-Thermen:
> Den überwältigenden
> Eindruck von der Größe und Pracht dieses
> Komplexes, wie ihn
> selbst die heutigen
> Reste vermitteln,
> schilderte der Franzose Hippolyte Taine

Die Via delle Terme di Caracalla zwischen der Porta Capena und dem Piazzale Numa Pompilio folgt dem Verlauf der Via Appia. An ihr liegt der große Komplex der **Caracalla-Thermen (5)**. Diese Thermen, deren Bau 206 n. Chr. unter Kaiser Septimius Severus begonnen und zehn Jahre später von Kaiser Caracalla vollendet wurde, waren nicht nur Badeanstalt, sondern Brennpunkt gesellschaftlichen Lebens. Die Römer verbrachten hier ihre Freizeit; angesichts der sozialen Leistungen in der Kaiserzeit hatten sie genug davon: ihr größter Luxus. Man konnte ein heißes oder kaltes Einzelbad nehmen, sich im Schwimmbecken tummeln oder sich einem feuchten oder trockenen Schwitzbad unterziehen. Man trieb Gymnastik und Sport, spazierte in Gärten, durfte in Konferenzräumen Vorträgen lauschen oder in Bibliotheken sich bilden, kurzum: Es gab hier die vielfältigsten Möglichkeiten des geselligen Beisammenseins. Wer zum Friseur gehen wollte, noch rasch etwas einzukaufen beabsichtigte, fand, was er suchte. Auch an religiösen Kulten konnte man, etwa in einem Mithräum, teilnehmen.

Grabstätte der Scipionen

All diesen Ansprüchen galt es architektonisch gerecht zu werden, zudem in imposanter Weise. Das Areal hatte eine Seitenlänge von 330 m im Quadrat; das zentrale Gebäude maß 220 × 114 m. Noch die Ruinen lassen die riesigen Ausmaße der Hallen erahnen, deren Architektur von mächtigen Säulen und Pfeilern, verschiedensten Gewölben, krönenden Kuppeln und Halbkuppeln geprägt war. Zur kostbaren Ausstattung der Räume, in denen Tausende Menschen gleichzeitig weilen konnten, gehörten Mosaiken, Fresken und wertvoller Marmor, der – damals – an Decken, Fußböden und Wänden zu bewundern war (s. auch Diokletiansthermen, S. 283). Es waren Luxusbauten zum Zeitvertreib, allerdings auch zur Hygiene; Ärzte wachten darüber. Auch in unserer Zeit werden diese Bauten benutzt: Lange fanden in den Caracalla-Thermen grandiose Opern- und Ballettaufführungen statt; vielleicht werden sie wieder aufgenommen.

(1828–93) in seiner »Reise in Italien«: »Es scheint einem, dass man niemals etwas so Großes auf der Welt gesehen hat, selbst das Kolosseum kommt dem nicht nah, so sehr steigert die Vielfältigkeit und Unregelmäßigkeit der Trümmer noch die Riesenhaftigkeit der riesenhaften Umrandung.«

Grabstätte der Scipionen (Sepolcro degli Scipioni)

Die **Grabstätte** der berühmten römischen Familie **der Scipionen (6)** nimmt einen ausgedehnten Bezirk an der Via di Porta San Sebastiano ein, dem Stück der alten Via Appia zwischen Porta Capena und Porta San Sebastiano. Die Scipionen, die besonders vom 3. bis zum Ende des 2. Jh. v. Chr. in der römischen Politik eine führende Rolle spielten, errichteten in dieser Zeit hier den verstorbenen Mitgliedern ihrer Familie Grabhäuser und stellten Sarkophage auf. Ein Teil dieser Häuser und Sarkophage ist freigelegt, bei anderen wird die Lage vermutet.

Grabstätte der Scipionen

Zugang eingeschränkt, Tel. 06 513 53 16

Kolumbarium (Colombario) des Pomponius Hylas

Kolumbarium des Pomponius Hylas
Porta Latina
Okt.–Mai Di–Sa 10–17 Uhr; Juni–Sept. Di–Sa 9–13 und 15–18, So, Fei 9–13 Uhr, Febr. geschl.

Porta San Sebastiano – Museo delle Mura
Eingang: Porta San Sebastiano 18
Tel. 06 70 47 52 84
www.museodellemuraroma.it
Di–So 9–14 Uhr
(1. Jan., 1. Mai und 25. Dez. geschl.)

Pomponius Hylas, ein freigelassener Sklave, der unter Augustus reich geworden war, ließ neben den Gärten der Scipionen zwischen der Via di Porta San Sebastiano und der Via Latina, also noch innerhalb der Stadtmauern und somit an ›prominenter‹ Stelle, für sich und seine Frau Vitalinis ein **Kolumbarium (7)** anlegen, eine für ein Gemeinschaftsgrab vorgesehene Grabkammer mit Wandnischen zur Aufnahme der Urnen mit der Asche der Verstorbenen. Dieses Kolumbarium ist besonders gut erhalten (Zugang eingeschränkt).

Oratorio di San Giovanni in Oleo

Das **Oratorio di San Giovanni in Oleo (8),** das Oratorium des hl. Johannes ›im Öl‹, hat zwei berühmte Baumeister. Bramante errichtete zu Beginn des 16. Jh. die oktogonale Kapelle; Mitte des 17. Jh. wurde sie von Borromini restauriert, der u. a. den Innenraum neu ausgestaltete. Die Überlieferung besagt, hier habe man Johannes den Evangelisten in siedendes Öl geworfen; er blieb jedoch unverletzt; daraufhin sei er auf die Insel Patmos verbannt worden.

San Giovanni a Porta Latina

Vom Celio zur Via Appia ▷
1 S. Gregorio
2 SS. Giovanni e Paolo
3 S. Stefano Rotondo
4 S. Maria in Domnica
5 Caracalla-Thermen
6 Scipionen-Gräber
7 Kolumbarium des Pomponius Hylas
8 S. Giovanni in Oleo
9 S. Giovanni a Porta Latina
10 Porta S. Sebastiano
11 Drusus-Bogen

Der erste Bau von **San Giovanni a Porta Latina (9)** entstand bereits im 5. Jh. und wurde um 720 durch einen Neubau ersetzt. Unter Papst Coelestin III. erfolgte 1191 eine gründliche Restaurierung. Die Kirche, in schlichtem Backstein-Mauerwerk als dreischiffige Hallenbasilika errichtet, zeigt eine einfache Vorhalle, deren Rundbögen auf starken Eckpfeilern und Säulen ruhen; die schönen langobardischen Ornamentplatten sind von feiner Meißelarbeit. Der hohe romanische Glockenturm weist eine in jedem Stockwerk wechselnde Wandgliederung auf. Im Kircheninnern werden die rundbogigen Arkaden von antiken Säulen getragen; die Apsis ist eingezogen und schließt innen halbrund; der Dachstuhl ist offen. Das Langhaus der Basilika ist mit einem kunsthistorisch bedeutenden Freskenzyklus der Stauferzeit (frühes 13. Jh.) geschmückt; dargestellt sind 46 Szenen aus dem Alten und Neuen Testament. Es lohnt sich, den großen Zyklus in seinen Einzelheiten zu betrachten.

Porta San Sebastiano und Drusus-Bogen

Als Teil der Aurelianischen Stadtmauer gegen 400 errichtet, bildet die **Porta San Sebastiano (10)** den monumentalen Eingang von der Via Appia und den Ausgang in die Campagna (s. Abb. S. 126). Der Torbogen wird von mächtigen, zinnenbekrönten Türmen flankiert; im In-

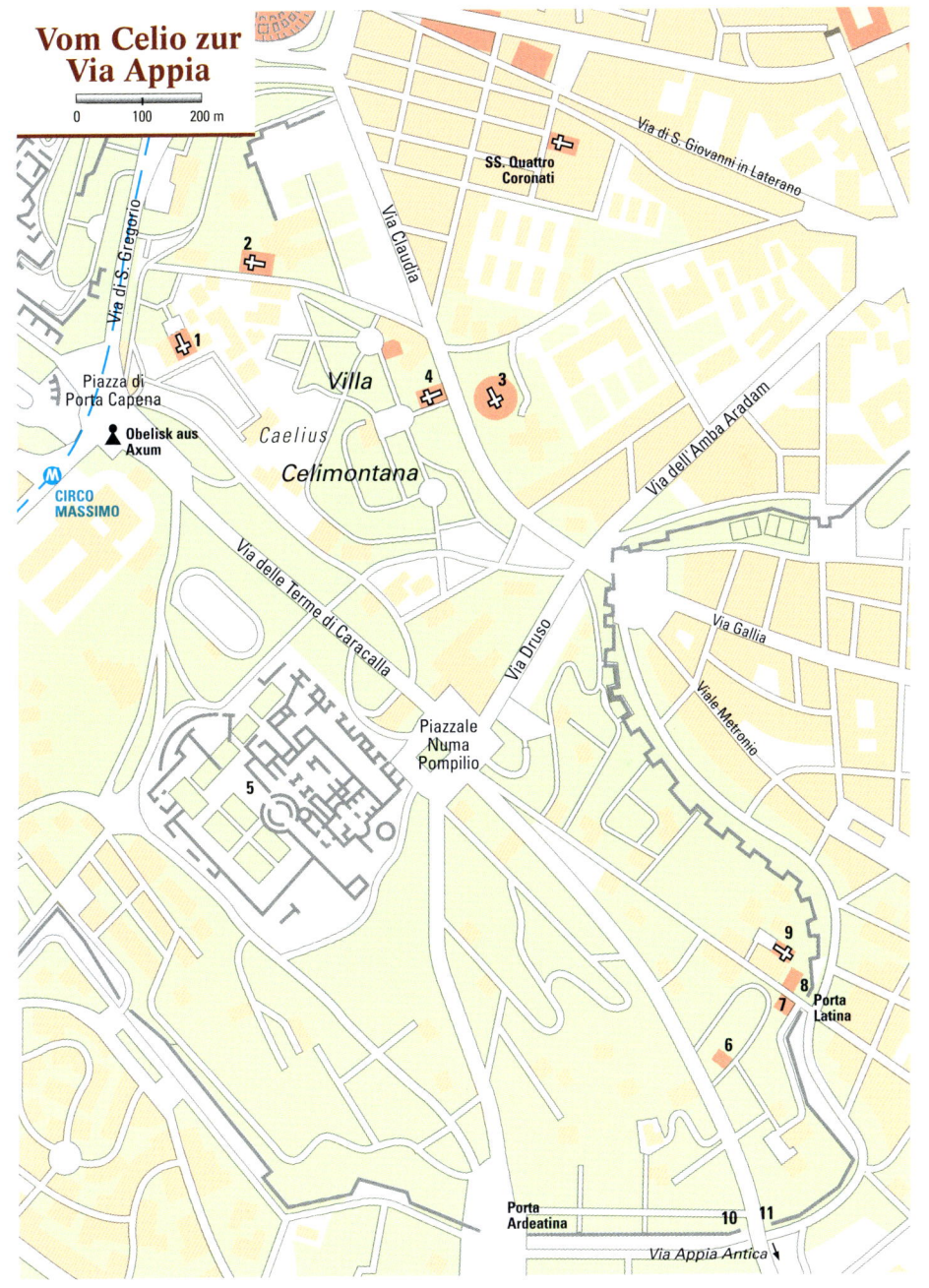

nern ist in Ausstellungsräumen die Geschichte der römischen Stadtmauern dokumentiert. Vor dem Torbau zur Stadtseite hin der sog. **Drusus-Bogen (11)**, Teil des Aquädukts der hier die Via Appia überquerenden Aqua Marcia, die auch die Caracalla-Thermen versorgte. Von außen hat man einen großartigen Blick auf die gewaltigen Stadtmauern mit den Bastionen.

Via Appia Antica

Via Appia Antica ★

Die **Via Appia** begann in altrömischer Zeit wie alle wichtigen Fernstraßen auf dem Forum Romanum. Sie war dadurch noch besonders hervorgehoben, dass sie in einem Teil die Via Triumphalis, den Weg der siegreichen Feldherrn, abgab. Heute gilt der Name Via Appia Antica jedoch erst von der Porta San Sebastiano an, auch Porta Appia genannt. Diese Via Appia, eine der ältesten römischen ›Konsular‹-Straßen – noch heute so genannt –, geht auf den Censor Appius (daher der Name) Claudius Caecus zurück, der sie vor 312 v. Chr. als wichtige Magistrale Richtung Süden bis zur Stadt Capua führen ließ. Um 190 v. Chr. verlängerte man sie bis Brindisi. Dort findet man auch den abschließenden Meilenstein. So entstand ein ›Schnellweg‹ für Handel und Militärtransporte in den wirtschaftlich bedeutenden Südosten Italiens und des Reiches am Mittelmeer. Die Kaufleute verschifften vom Hafen Brindisi aus ihre Waren über das Mittelmeer in die ostwärts liegenden Gebiete des wachsenden Reiches. Unweit der Via Appia verlief der **Appia-Aquädukt.** Seine Mauern zeugen noch heute von den großartigen Ingenieur-Leistungen der Römer.

An der Via Appia ließen sich viele der vornehmen Familien Roms Grabstätten anlegen, wenn sie sich ihres Reichtums oder ihrs Ruhmes wegen – für alle Welt bemerkbar – an der großen Ausfallstraße der Stadt bestatten lassen wollten. Das Gesetz schrieb vor, Tote außerhalb der Stadtmauern zu bestatten. Die Grabmäler waren, entsprechend der Bedeutung und dem Ehrgeiz der Familien, prunkvoller oder bescheidener, größer oder kleiner, je nachdem wie man die hinausziehenden oder hereinkommenden Händler und Soldaten, Fremde und Römer beeindrucken wollte. Noch heute prägen diese Anlagen mit den Gedenksteinen und Grabhäusern den Charakter der Via Appia Antica, geben mit der römischen Campagna und den Albaner Bergen im Hintergrund ein unverwechselbares Bild, wenn man das Stadttor San Sebastiano mit der Aurelianischen Mauer und die kilometerlangen Mauern der Privatgundstücke hinter sich gelassen hat.

Hier schuf die Legende eine Kirche. Die Tradition der römischen Christengemeinde überlieferte, den Apostelfürsten Petrus habe in Rom die Angst vor dem Martyrium gepackt, und so habe er die Flucht vor dem ›Heiden-Babel‹ ergriffen. Auf der Via Appia sei ihm ein Mann begegnet, den Petrus fragte: »Herr, wohin gehst du?« *(Domine quo vadis?).* Darauf antwortete ihm dieser: »Ich komme, um mich ein

Die Via Appia im 19. Jh.

Wie es noch im 19. Jh. hier aussah, schildert der englische Schriftsteller Charles Dickens in seiner »Italienischen Reise«: »Zwölf Meilen lang kletterten wir ununterbrochen über Hügel und Haufen von Trümmern. Zerstörte oder einge-

zweites Mal kreuzigen zu lassen.« Bestürzt erkannte Petrus, dass es Christus war, der zu ihm sprach, und ging zurück – in seine Bestimmung. Dem Gedanken an diese beschämende Erzählung, die auch in dem bekannten, verfilmten Roman »Quo vadis« des polnischen Schriftstellers Sienkiewicz Eingang fand, wurde im Mittelalter, im 9. Jh., ein Kirchlein errichtet, **Domine quo vadis**, eigentlich **Santa Maria in Palmis**. Der Bau wurde im 17. Jh. umgestaltet.

Domitilla-Katakomben (Catacombe di Domitilla)

Ein Besuch der Katakomben in Rom ist stets ein eindrucksvolles Erlebnis. Die Catacombe di Domitilla, an der Via Ardeatina/Via delle Sette Chiese, sind wohl die größten unter den unterirdischen Grabanlagen Roms, die in den weichen Tuffstein getrieben wurden. Sie dienten heidnischen wie christlichen Römern als Ort der letzten Ruhestätte. Die Christen feierten jeweils am Todestag eines ihrer Gemeindemitglieder an dessen Grab den Gottesdienst. Dass sich die römischen Christen in den ersten Jahrhunderten ständig voller Angst vor Verfolgungen in die Katakomben zurückzogen, ist eine legendenhafte Verallgemeinerung mit richtigem historischem Kern.

Unten vor dem Eingang in die Katakomben finden wir die unterirdische, ehemals dreischiffige **Säulenbasilika der Heiligen Nereus und Achilleus**. Sie wurde erst 1874 entdeckt und später restauriert. Unter sachkundiger Führung der Ordensleute, denen die Katakomben anvertraut sind, gelangt man, von der Basilika ausgehend, zu den verschiedenen Grabbezirken, deren Kammern und Nischen z. T. mit Fresken des 1.–4. Jh. n. Chr. ausgemalt sind. Sie zeigen Heilige, frühchristliche Symbole und Themen, aber auch profane Dinge. So kann man einen guten Einblick in die Symbolsprache des frühen Christentums gewinnen. Man sieht etwa den Fisch, dessen griechische Bezeichnung *I-ch-th-y-s* die Anfangsbuchstaben für die griechischen Worte von ›J-esus Ch-ristus Gottes *(Th-eou)* Sohn *(Y-ios)* Erlöser *(S-oter)*‹ sind, oder das Lamm, das den Opfertod Jesu Christi bedeutet, den Anker als Zeichen der Zuversicht oder die Taube als Symbol des Friedens.

Kalixtus-Katakomben (Catacombe di San Callisto)

Die **Catacombe di San Callisto** (Kalixtus-Katakomben) erhielten ihren Namen von dem römischen Priester Kalixtus, der von Papst Zephyrinus (199–217) zum Verwalter dieser Gräberanlage eingesetzt wurde. Im Jahr 217 wurde Kalixtus als Nachfolger des Zephyrinus selbst Papst und erweiterte die nach ihm benannten Katakomben. Die weitläufige Anlage birgt in einer komplizierten Folge von Gängen in mehreren Stockwerken etwa 170 000 Grabstellen. Bisher sind rund 20 km des Gangsystems wissenschaftlich untersucht.

stürzte Grabmäler und Tempel, kleine Bruchstücke von Säulen, Friesen, Sockeln, große Blöcke von Granit und Marmor, verwitterte, unkrautbewachsene Bogen. Steine genug, um eine ganze Stadt damit zu bauen, lagen verstreut um uns herum. Manchmal stellten sich uns Wälle, die von Schäfern aus diesen Brocken lose aufgeschichtet worden waren, in den Weg, dann wieder wurde unser Weiterkommen durch einen Graben zwischen zwei Trümmerbergen behindert. Zuweilen waren es solche Bruchstücke selbst, die unter unseren Füßen wegrollten und das Gehen beschwerlich machten. Aber es waren immer Trümmer.«

Catacombe di Domitilla
*Tel. 065 11 03 42, 065 13 39 56
www.catacombe.
domitilla.it
Mi–Mo 9–12 und
14–17 Uhr, im Jan.
geschl.*

Catacombe di San Callisto
*Do–Di 8.30–12 und
14.30–17 Uhr*

Gegen Ende des 2. Jh. n. Chr. begann man mit dem Graben der Gänge und Kammern in dem weichen, aber haltbaren Tuffgestein. Sechs unterirdische Sakramentskapellen wurden zwischen 290 und 310 eingerichtet; ihre Fresken dokumentieren die Entwicklung von der römisch-heidnischen zur frühchristlichen Malerei. Auf 35 Stufen abwärts steigend, erreicht man die Krypta der Päpste. Den griechischen Inschriften ist zu entnehmen, dass nicht wenige Bischöfe des frühen Christentums den Märtyrertod erlitten. Neben der Papstgruft befindet sich links die Grabkammer der hl. Cäcilia (Wandfresken aus dem 7. und 8. Jh.); ihre Gebeine wurden unter Papst Paschalis II. in die Kirche Santa Cecilia in Trastevere überführt.

San Sebastiano fuori le Mura

Die Kirche San Sebastiano fuori le Mura an die Via Appia ist wegen der Würde ihres Patrons und wegen der Bekanntheit seines Martyriums – der hl. Sebastian wurde von Pfeilen durchbohrt, ein Motiv, das die abendländische Malerei immer wieder aufgenommen hat – eine der sieben Pilgerkirchen Roms, mit Santa Croce, San Lorenzo und den vier Patriarchalbasiliken. Hier sei, heißt es, der christliche Prätorianer-Offizier Sebastian, unter Diokletian verfolgt, gemartert und hingerichtet, begraben worden. Vielleicht gehört sie aber auch zu den Pilgerkirchen, weil sie zuerst als Basilica Apostolorum den Apostelfürsten Petrus und Paulus geweiht war. Der Überlieferung nach wurden die Gebeine der Heiligen hierher in Sicherheit gebracht, als unter den Kaisern Decius und Valerian Christenverfolgungen einsetzten.

Die Basilika ist im 3. Jh. über alten Friedhöfen und Katakomben neben Wohnhäusern errichtet worden. Kaiser Konstantin fühlte sich wegen der Apostelfürsten zu einem Kirchenbau fast verpflichtet. Nach einem ersten Umbau im 13. Jh. entstand um 1612 der schlichte, noch heute bestehende Barockbau. Im 20. Jh. stieß man bei Grabungen auf die römischen und christlichen Gräber, Teile römischer Häuser sowie Fundamente der Konstantinischen Basilika. In der unterirdischen Anlage ist der Genius des Urchristentums und der alten römischen Gemeinde in der Zeit der Vorborgenheit zu spüren.

San Sebastiano fuori le Mura
Mo–Sa 8.30–12 und 14.30–17 Uhr, Mitte Nov.–Mitte Dez. geschl.

Grabmal der Cäcilia Metella (Tomba di Cecilia Metella)

Tomba di Cecilia Metella
Di–So 9 Uhr bis eine Stunde vor Sonnenuntergang

Der weithin sichtbare Rundbau der Tomba di Cecilia Metella, des Grabmals der Cäcilia Metella, zählt zu den eindrucksvollsten Denkmälern an der Via Appia Antica. Am Kilometer 3 der großen Ausfallstraße gelegen, kündet(e) es allen Passanten von der Bedeutung der Familie. Im 1. Jh. v. Chr. ließen die Metelli dieses Grabmal für Cäcilia, die Tochter des Generals Quintus Metellus Creticus, des römischen Eroberers von Kreta, und ihren Mann, den Sohn des Crassus,

In der Nähe der Villa der Quintilier sind die eindrucksvollen Bogenkonstruktionen vom Aquädukt der Aqua Appia zu sehen

der zusammen mit Caesar und Pompejus den ersten Triumvirat bildete, ausführen. Das zylindrische Bauwerk mit einem Durchmesser von 20 m wurde Ende des 13. Jh. von den Caetani in eine Burg umgewandelt und mit einem Zinnenkranz versehen.

Villa der Quintilier

Die Villa der Quintilier ist ein ausgedehnter Komplex, der heute bei Kilometer 6,5 der Via Appia Antica von dieser Straße etwa 4 km weiter nach Osten bis zur Via Appia Nuova reicht. Die Römer nennen sie ›Roma Vecchia‹, Alt-Rom, weil die Überreste das Aussehen einer alten Stadt vermitteln. Ein pyramidenähnlicher Grabkern markiert an der Via Appia den Eingang zur Villa. Die ursprünglichen Eigentümer, die reichen und gebildeten Brüder Maximus und Condinus Quintilius, die Schriften über die Landwirtschaft verfassten, wurden von Kaiser Commodus (180–92 n. Chr.) umgebracht, ihr Gut beschlagnahmt. In kaiserlichem Besitz wurde die Villa mehrfach vergrößert. In der Nähe sind die eindrucksvollen Bogenkonstruktionen vom Aquädukt der Aqua Appia zu sehen.

Casale Rotondo

Bei Kilometer 7,9 der Via Appia steht das größte Denkmal der alten Straße, der sog. **Casale Rotondo,** dessen Kern wie beim Mausoleum des Augustus und des Hadrian (Engelsburg) zylindrisch ist. Das Grab stammt aus Republikanischer Zeit und wurde in der Kaiserzeit restauriert; eine Inschrift weist auf die Zeit des Augustus. Später richtete sich auf der Plattform von 35,72 m Länge ein Bauer mit Haus und Garten ein.

Von der Tiberinsel zum E.U.R.-Viertel

Auch dieser Besichtigungsgang wird nicht von einem genau abgegrenzten Viertel bestimmt. Vielmehr bildet er eine besondere Mischung aus verschiedenen Schichten, die sich links (östlich) des Tibers aufgebaut haben. Das uralte Rom der Vorzeit, die Antike, das urchristliche, das mittelalterliche, das moderne Rom begegnen uns. Im Mythos der sagenumsponnenen Gründung beginnt der Weg, ganz beschaulich auf der Tiberinsel, vor der sich der Fluss teilt, zweifingrigwild vorbeiströmt, doch sich schnell wieder vereint. Eine Laune der Natur und ein Geschenk für den leichteren Übergang, schon in der Antike. Das alte Forum Boarium, die heutige Piazza della Bocca della Verità mit den schönen Kirchen Santa Maria in Cosmedin und San Giorgio in Velabro sowie den Tempeln der Vesta und der Fortuna Virilis, vermag immer wieder in den Bann zu ziehen. Und wer möchte auf den Spaziergang zum Aventin hinauf verzichten mit der würdigen Kirche Santa Sabina, einem Park mit wunderbarem Blick zur Peterskuppel sowie dem berühmten Blick durchs Schlüsselloch bei den Malteser-Rittern! Danach geht es wieder hinunter zur Cestius-Pyramide mit dem Protestantischen Friedhof an der Porta San Paolo. 2 km Fußweg, die man nicht scheuen sollte, weil Autos schwierige Umwege fahren müssen. Der Besuch von San Paolo fuori le Mura ist obligatorisch, auch wenn die Basilika des Völkerapostels so weit ›vor den Mauern‹ an der Via Ostiense liegt. Zu Fuß sind es von der Tiberinsel über den Aventin nach Sankt Paul gut 4 km. Doch vom historischen Stadttor nach Sankt Paul und von dort zum E.U.R.-Viertel empfehlen sich öffentliche Verkehrsmittel, am schnellsten ist die Metropolitana, Linie B.

Cityplan Tiberinsel – Aventin S. 328

Restaurant-Tipps s. S. 421

Besonders sehenswert: Piazza della Bocca della Verità, Santa Sabina, San Paolo fuori le Mura

Tiberinsel (Isola Tiberina)

»Latiums Luft war einst mit grässlichem Gifte behaftet; Siechtum zehrte Blut und bleichte die Leiber zum Abscheu.« So beginnt der lateinische Dichter Ovid (43 v. Chr.–8 n. Chr.) jene Geschichte, in der Äskulap, der göttliche Sohn des Apoll, die Römer von Krankheit und Tod rettet und als Gegengabe ein Heiligtum auf der Tiberinsel fordert. Die Tradition bestätigt, dass um 200 v. Chr. hier der Heilgott Äskulap und seine heiligen Schlangen verehrt wurden. Eine zweite Überlieferung lässt ihn an dieser Insel mit dem Boot landen; dabei sei eine seiner Schlangen entschlüpft und habe unmissverständlich kundgetan, dass hier ein Heiligtum zu Ehren des Äskulap zu errichten sei. Noch heute wird diese wohltätige Tradition mit einem modernen Krankenhaus der Fate-Bene-Fratelli, einer kirchlichen Gemeinschaft, weitergeführt.

Wie ein riesiges Schiff liegt die **Isola Tiberina (1)** zwischen dem Kapitolinischen Hügel und dem Stadtteil Trastevere im Fluss. Der Vergleich kommt nicht von ungefähr. Eine Legende besagt, hier sei in alter Zeit ein reichbeladener Lastkahn gesunken. Wieder eine andere

◁ Vesta-Tempel und Santa Maria in Cosmedin

Von der Tiberinsel zum E.U.R.-Viertel

Die Tiberinsel legt sich wie ein großes, leicht gebogenes Schiff in den Strom. Links ragt die Kuppel der Synagoge aus den Baumkronen hervor

Tradition führt die Bildung der Insel nach der Vertreibung der Tarquinier Anfang des 5. Jh. v. Chr. auf Schlamm zurück, der durch in den Fluss geschüttete Kornabfälle gemehrt worden sei.

Ponte Fabricio

Wie auch immer. Die Insel mitten im Fluss war wie geschaffen, Brücken zu bauen, wie es 62 v. Chr. der römische Konsul Fabricius vom östlichen Ufer aus (Kapitol-Seite) veranlasste. Diese heute älteste Brücke der Stadt trägt seinen Namen: **Ponte Fabricio.** Der römische Volksmund nennt sie allerdings ›*dei Quattro Capi*‹, da sie mit zwei vierköpfigen Hermes-Stelen am Aufgang vom Ufer geschmückt ist. Die Schutzmauer stammt aus dem 17. Jh. Von der anderen Uferseite, von Trastevere aus, wurde ebenfalls eine Brücke zur Insel geschlagen: Der **Ponte Cestio** entstand 46 v. Chr., wurde jedoch mehrfach erneuert.

San Bartolomeo

San Bartolomeo
Mo–Sa 10.30–13 und 15–17.30, So 9–13 Uhr

In der Mitte der Insel erhebt sich die Kirche **San Bartolomeo (2).** Der schöne romanische Campanile reckt sich heute als Mast des ›Schiffes‹ empor. Vor 1000 wurde der Bau auf Anordnung Kaiser Ottos III. über den Mauern des verfallenen Äskulap-Tempels ausgeführt. Die Kirche erlitt starke Beschädigungen durch eine Tiberüberschwemmung 1557 und erhielt bei einem nachfolgenden Umbau 1624 durch Martino Longhi d. J. ihr heutiges Aussehen. Am Aufgang zur Apsis steht ein kleiner, reichverzierter Marmorbrunnen aus ottonischer Zeit, vermutlich über der Quelle des alten Äskulap-Heiligtums, zwischen den auf Säulen ruhenden Arkadenbögen sehen wir vier Skulpturen: den Erlöser, den hl. Adalbert von Prag (Freund Ottos III.), einen Apostel (wohl der hl. Bartholomäus) und Otto III.

Ponte Rotto

Eindrucksvoll wird der **Ponte Rotto** (›kaputte Brücke‹; **3**) von den Tiberwassern umspült. Die Brücke wurde 179 v. Chr. von den römischen Censoren Aemilius Lepidus – deshalb wurde sie in der Antike Pons Aemilius genannt – und Fulvius Nobilior als Holzkonstruktion begonnen, 142 v. Chr. als erste römische Brücke in Stein ausgeführt.

Um die Piazza della Bocca della Verità

Das alte Forum Boarium, der Rindermarkt, lag neben dem Tiber, dort, wo die Cloaca Maxima, der zentrale Abfluss des altrömischen Kanalisationssystems, in den Fluss mündet. Der Tiber spülte den Unrat des Viehs gleich weg. Diesen Platz des Forum Boarium nimmt heute die **Piazza della Bocca della Verità (4)** ein. An ihr stehen eindrucksvolle steinerne Zeugen der Antike und des christlichen Rom. Wir sehen: zwei Tempel des Altertums, den Tempio della Fortuna Virile und den Tempio di Vesta; den Barockbrunnen der zwei Tritonen; die Kirche Santa Maria in Cosmedin, einen romanischen Backsteinbau mit schlicht gegliederter Vorhalle und zierlichem, hohem Glockenturm; den sog. Janus-Bogen, Kreuzungspunkt lebhafter Geschäftsstraßen im alten Rom; dahinter die ehrwürdige Kirche San Giorgio in Velabro mit dem Arco degli Argentari, dem Bogen der Händler und Geldwechsler; dahinter die Kirche San Giovanni Decollato; und die Casa dei Crescenzi, das Haus der im frühen Mittelalter zeitweilig mächtigsten Familie Roms.

Piazza della Bocca della Verità ★

Santa Maria in Cosmedin

Die Kirche **Santa Maria in Cosmedin (5)** an der Piazza della Bocca della Verità beeindruckt sofort durch Harmonie und Wohlgestalt. Die Ausgewogenheit der Proportionen beginnt bei dem festen Ausrufezeichen des siebengeschossigen Campanile, dem wohl schönsten von Rom. Unter einem von Säulen getragenen Baldachin betritt man die breite, zwei Stockwerke umfassende Vorhalle, dann durch ein einfaches Portal das Innere der dreischiffigen Säulenbasilika. Der Eindruck wird von dem hohen und breiten Mittelschiff beherrscht. Antike Säu-

Santa Maria in Cosmedin
tgl. 9.30–17.50 Uhr

Von der Tiberinsel zum E.U.R.-Viertel

Tiberinsel – Aventin

1. Tiberinsel
2. S. Bartolomeo all'Isola
3. Ponte Rotto
4. Piazza della Bocca della Verità
5. S. Maria in Cosmedin
6. Vesta-Tempel
7. Tempel der Fortuna Virilis
8. Haus der Kreszentier
9. Janus-Bogen
10. S. Giorgio in Velabro
11. Geldwechsler-Bogen
12. S. Giovanni Decollato
13. S. Sabina
14. Piazza dei Cavalieri di Malta und S. Maria del Priorato
15. Cestius-Pyramide
16. Protestantischer Friedhof
17. Monte Testaccio
18. S. Paolo fuori le Mura
19. E.U.R.-Viertel

len und breite Pfeiler tragen die Rundbogenarkaden; Hauptschiff und beide Seitenschiffe enden in halbrunden Apsiden – eine Bauform, die hier zum ersten Mal in der mittelalterlichen Architektur des Abendlands auftritt.

Der **Innenraum** erglänzt durch die prachtvolle Marmorausstattung: die mit Marmorschranken abgegrenzte Schola Cantorum (den Klerikern vorbehaltener Bereich); der teppichähnliche Fußboden in schönster Kosmatenarbeit; zwei Marmorkanzeln; der Presbyterthron, der von zwei vermutlich antiken Löwenköpfen geschmückt wird; die gedrehten Osterleuchter und das gotische Ziborium, ebenfalls von Kosmaten-Hand geschaffen. Kurzum, Santa Maria in Cosmedin ist ein Juwel unter den Kirchen Roms. Daher wird der Beiname ›Cosmedin‹ auch auf das griechische Wort für Kosmos, Schmuck zurückgeführt. Andere sagen, ihren Namen habe sie wahrscheinlich von Byzantinern nach einem Platz in Konstantinopel erhalten. Gleichviel. Sie zeigt das Können der mittelalterlichen Architekten, Bildhauer und Dekorateure, die von 772 (Baubeginn unter Papst Hadrian I.) bis etwa 1124 (unter Papst Kalixtus II.) ein kunstvolles Kleinod schufen. Die Hallenkrypta, die christliche Gräber birgt, besteht in einigen Wandteilen aus antiken Fundamenten, auch darin Heidnisches und Christliches verbindend.

Bocca della Verità

Die gewaltige Steinmaske an der linken Wand der Vorhalle, die **Bocca della Verità** (der Mund der Wahrheit), gab dem ganzen Platz seinen Namen. Ehebrecher und jene, die einen zweifelhaften Eid abgelegt hatten, führte man hierher. Jeder Römer weiß, was es damit auf sich hat; der italienische Poet Giuseppe Gioacchino Belli (1791–1863) brachte es in die Verse:

In diesen offnen Mund steckst du die Hand,
Und wird sie beim Herausziehn nicht geschnappt,
Dann warst du ehrlich, so wird's anerkannt.
Steckt sie ein Lügner rein, sieht's anders aus:
Der merkt ganz schnell, jetzt hat er Pech gehabt,
Die Hand bleibt drin, die kriegt er nicht mehr raus.

Vesta-Tempel und Tempel der Fortuna Virilis (Tempio di Vesta, Tempio della Fortuna Virile)

Ob der sog. **Vesta-Tempel (6)** tatsächlich der heidnischen Göttin Vesta geweiht war oder dem Hafengott Portunus oder dem Sonnengott Sol, ist unbestimmt (s. Abb. S. 324). Seinen Namen erhielt der Rundtempel mit 20 Säulen, weil er in seiner Form dem Vesta-Tempel auf dem Forum Romanum ähnelt. Der Bau stammt vermutlich aus Augusteischer, vielleicht sogar aus Republikanischer Zeit. Dass er im Mittelalter zur Kirche geweiht wurde (Santo Stefano alle Carozze, später Santa Maria del Sole), bewahrte ihn vor Abbruch und Verfall.

Bei dem Tempel der **Fortuna Virilis (7),** dem einzigen fast vollständig erhaltenen Tempel aus republikanischer Zeit (um 100 v. Chr.), muss

Vesta-Tempel und Tempel der Fortuna Virile

Beide Tempel sind wegen Baufälligkeit meist geschl.

man zuerst hinuntersteigen – so viel tiefer war das antike Straßenniveau – und dann zum Tempel wieder hinaufschreiten. Harmonische Proportionen zeichnen den Tempel aus. Im Innern sind Wandmalereien aus der Karolingerzeit (unter Papst Johannes VIII., 872–882) erhalten geblieben, weil damals aus dem heidnischen Tempel eine Kirche, Santa Maria Egiziaca, geworden war.

Haus der Kreszentier (Casa dei Crescenzi)

Die **Casa dei Crescenzi (8)** in der Via del Teatro di Marcello besteht aus Resten eines Wehrturmes der Crescenzi, der um die erste Jahrtausendwende mächtigsten Familie in Rom. Wie so viele mittelalterliche Bauten wurde auch dieser Turm mit Steinen aus antiken Bauwerken ausgeführt und sollte offenbar den nahen Flussübergang bei der Tiberinsel beherrschen.

Janus-Bogen (Arco di Giano)

Der **Janus-Quadrifons (9),** der viertorige, graue Marmorbau in der Via del Velabro vor der Kirche San Giorgio in Velabro, wurde lange Zeit irrtümlich für einen Tempel des Gottes Janus gehalten. In Wirklichkeit war der Arco di Giano eine überdachte Straßenkreuzung, nach vier Seiten hin offen *(quadrifons),* ein Treffpunkt der Geschäftsleute am Forum Boarium. Baumaterial des wohl Anfang des 4. Jh. errichteten Janus-Bogens waren – wie in der ruinenreichen Stadt häufig – Steine anderer Gebäude. Im Mittelalter diente er der Familie der Frangipani als Bollwerk. Früher war der Vierer-Bogen mit mehreren Statuen geschmückt. Heute zeigen nur noch die Schlusssteine der Gewölbe das Bild je einer Gottheit: Roma, Juno, Minerva und Ceres.

San Giorgio in Velabro

San Giorgio in Velabro
So 9.30–12 Uhr

»Kaum eine andere Kirche Roms ist so ganz vom Hauch uralten Christentums durchweht wie diese. Ihr ursprüngliche Basilikengestalt, ihre Anspruchslosigkeit, Bildwerke und Inschriften frühester Jahrhunderte, worunter auch griechische sich befinden, und ihre fast nie gestörte träumerische Stille in dem von alt-römischen Erinnerungen erfüllten Tale zwischen Kapitol und Palatin wirken zaubervoll auf den Besucher.« So rühmt Gregorovius 1872 die Kirche des Lieblingsheiligen der mittelalterlichen Ritter in Rom, **San Giorgio in Velabro (10).** ›Velabrum‹ nannte man den Sumpf am Tiber, in dem die römische Gründungssage den Faustulus die ausgesetzten Zwillinge Romulus und Remus finden lässt (s. S. 73). Papst Leo II. (682–83) ließ eine erste Kirche an dieser Stelle erbauen, dem hl. Georg geweiht; sie wurde unter Gregor IV. (827–44) durch einen Neubau ersetzt. Der romanische Glockenturm und die Vorhalle stammen aus dem 12. Jh. und sind teilweise über dem Arco degli Argentari errichtet. Da die große dreischiffige Säulenbasilika auch mit Material aus verschiedensten antiken Gebäuden errichtet wurde, mischen sich gerade im Innern antike und romanische Formen. Die Kirche neben dem Janus-Bogen erlitt durch einen Bombenanschlag 1993 schwere Beschädigungen, wurde jedoch vorbildlich wiederhergestellt.

Bogen der Geldwechsler (Arco degli Argentari)

Der Arco degli Argentari, der **Bogen der Geldwechsler und Silberhändler (11)**, ist z. T. von der Vorhalle und dem Campanile der Kirche San Giorgio in Velabro überbaut, was eine reizvolle Komposition ergibt. Er entstand im Jahr 204 zu Ehren des Kaisers Septimius Severus, seiner Gemahlin Julia Domna, deren Söhnen Geta und Caracalla nebst dessen Frau. Kaufleute, Bankiers und Geldwechsler des Forum Boarium wollten so der kaiserlichen Familie Achtung erweisen oder mussten ihr Tribut zollen. Einige Namen und Reliefteile des Bogens tilgte man später unter veränderten politischen Verhältnissen; die übrigen Bildhauerarbeiten sind gut erhalten, z. B. die Bauornamente, das Bild des Caracalla sowie die Darstellung des Septimius Severus und seiner Frau bei der Opferhandlung.

San Giovanni Decollato

Johannes der Täufer wurde, wie die Bibel (Matthäus 14,1–12) berichtet, enthauptet *(decollato)*, weil auf Anstiften der Herodias ihre Tochter (Salome) den Kopf von Herodes als Dankgeschenk erbeten hatte. Herodias trachtete dem Propheten zur Zeit Christi nach dem Leben, da er den Herodes öffentlich bezichtigt hatte, er habe Herodias zur Frau genommen, obwohl sie die Gattin seines Bruders Philippus war. Zum Gedächtnis Johannes' des Täufers stiftete 1535 die Confraternità della Misericordia die Kirche **San Giovanni Decollato (12),** die 20 Jahre später fertiggestellt wurde. Diese ›Bruderschaft der Barmherzigkeit‹, deren Mitglieder den zum Tode Verurteilten bei der Hinrichtung Beistand leisteten – auch Michelangelo gehörte ihr an – gab es seit 1488 im päpstlichen Rom. Am Gedächtnistag der Enthauptung des Johannes erließ man einem von der Bruderschaft Bestimmten die Strafe.

Zur Ausstattung des Gotteshauses zählen mehrere bedeutende Gemälde im manieristischen Stil des 16. Jh., die wie die Fresken des (vom Kreuzgang aus zugänglichen) Oratoriums vor allem Szenen aus dem Leben des Täufers und seine Enthauptung darstellen. Johannes der Täufer, der ›Vorläufer Jesu Christi‹, spielt in der christlichen Ikonografie und Heiligenverehrung eine große Rolle. Denn in der Bibel heißt es – Matthäus 11,11 – »kein größerer ist vom Weibe geboren«.

Aventin (Aventino)

Santa Sabina

Santa Sabina ★

Santa Sabina
tgl. 6.30–12.45 und
15–19 Uhr

Unter den Kirchen des Aventin-Hügels – Santa Sabina, Sant'Alessio, Santa Maria del Priorato, Sant'Anselmo mit der Benediktinerabtei, Santa Prisca, San Saba und Santa Balbina – ist **Santa Sabina (13)** die älteste. Sie zeigt deutlich, außen wie innen, Aufbau und Gestalt einer frühchristlichen Basilika. Über den Mauern des Hauses der Römerin Sabina wurde unter Petrus von Illyrien (425–32) der heutige Bau errichtet und erhielt unter Papst Eugen II. 824 eine beachtliche Marmorausstattung, die jedoch zum Teil bei Restaurierungen und Ergänzungen im 16. Jh. zerstört wurde. 1222 schenkte Papst Honorius III. die Kirche dem Dominikanerorden.

In der Vorhalle befindet sich im Mittelportal die **älteste holzgeschnitzte Tür christlicher Kunst,** ein Meisterwerk, dessen Schöpfer nicht bekannt sind. Die um 432 datierte Tür bestand aus 28 Bildfeldern, von denen 18 erhalten sind. Auf ihnen sind Themen aus dem Alten und Neuen Testament gestaltet, künstlerisch kraftvoll im Ausdruck und mit Sinn für Feinheiten in der Ausführung. Die heutige Folge entspricht weder der ursprünglichen Anordnung noch der Abfolge der Ereignisse in der Bibel. Die Themen sind (von oben nach unten und von links nach rechts): 1. Reihe: Kreuzigung, Heilung des Blinden, Brotvermehrung, Hochzeit zu Kana, der ungläubige Thomas, Berufung des Moses im Dornbusch, Jesus vor Pilatus; 2. Reihe: Auferstehung, einige Wunder des Moses, Erscheinung Christi vor den Frauen; 3. Reihe: die Heiligen Drei Könige, Himmelfahrt, Verleugnung des Petrus und der Hahn, Durchgang durch das Rote Meer, Schlangenwunder; 4. Reihe: Christus zwischen Petrus und Paulus, Triumph Christi, Entrückung des Elia, Moses vor dem Pharao.

Die dreischiffige Kirche wird im **Innern** durch das 20 m hohe Mittelschiff dominiert. 24 kannelierte korinthische Marmorsäulen tragen die Bogenarkaden. Das Mosaik über der Eingangswand gehört zu den ältesten Roms; zwei römische Matronen versinnbildlichen die ›Kirche aus den Heiden‹ *(Ecclesia ex gentibus)* und die ›Kirche aus den Juden‹ *(Ecclesia ex circumcisione* – ›aus der Beschneidung‹) – ein häufig gestaltetes Thema der frühchristlichen Kunst. Eine Inschrift auf dem Mosaik erinnert an den Stifter der Kirche, Petrus von Illyrien. Die am Chor zu bewundernden Marmorschranken sind hervorragende Arbeiten langobardischer Steinmetzen aus dem 8./9. Jh.

Piazza dei Cavalieri di Malta

Piazza dei Cavalieri di Malta und **Santa Maria del Priorato (14),** Kirche und Platz des Priorats der Malteserritter, wurden 1765 von Giovanni Battista Piranesi gestaltet. Der vor allem durch seine »Ve-

Cestius-Pyramide und Protestantischer Friedhof

Im Innenraum von Santa Sabina tragen 24 kannelierte korinthische Marmorsäulen die Bogenarkaden

dute di Roma«, Kupferstich-Ansichten, berühmt gewordene Künstler erweist sich auch in diesem einzigen architektonischen Werk als Verfechter der römischen Antike, die seit Winckelmann zugunsten des Griechischen an Wertschätzung eingebüßt hatte. Mit klassizistischen Formen spielend, schafft er ein nobles Ensemble, dessen Hauptakzent die dekorative Eingangswand des Konvents bildet. Auf dem Platz ist vor allem das **Schlüsselloch des Hauptportals** berühmt, durch das sich ein überraschender Blick auf die Peterskuppel öffnet. Die dekorativen Reliefs auf den Stelen der Platzeinfriedung nehmen Bezug auf den Malteserorden, ebenso die Symbole im Giebelfeld der tempelartigen Kirchenfassade.

Südlich des Aventin

Cestius-Pyramide (Piramide di Caio Cestio) und Protestantische Friedhof

Die **Cestius-Pyramide (15)** ist eines der charakteristischen und zugleich überraschendsten Bauwerke des antiken Rom. Gaius Cestius, Prätor, Volkstribun und Mitglied der Septemviri, des wichtigen Siebenerrats, ließ sie sich offenbar nach ägyptischem Vorbild errichten. Er wurde nach seinem Tode im Jahr 12 v. Chr. in der 6 × 4 m messen-

Protestantische Friedhof – Cimitero acattolico
Mo–Sa 9–17 Uhr

Die Cestius-Pyramide wurde im 1. Jh. v. Chr. nach ägyptischem Vorbild als Grabmal errichtet und Ende des 3. Jh. n. Chr. in die Verteidigungsanlage der Aurelianischen Mauer einbezogen

den Grabkammer bestattet. Später wurde die Pyramide in den Verteidigungsgürtel der **Aurelianischen Stadtmauer** mit der **Porta San Paolo** einbezogen. Das Denkmal misst 22 m an den Längsseiten und in der Höhe 27 m über dem Straßenniveau – ursprünglich 36,4 m, es wurde aus Tuffstein errichtet und mit Travertin umkleidet. Die Spitze soll einst vergoldet gewesen sein. Aus der Inschrift ist zu entnehmen, dass das Bauwerk in nur 330 Tagen fertiggestellt wurde.

Innerhalb der Aurelianischen Stadtmauer und neben der Cestius-Pyramide ist der ›nicht-katholische Friedhof der Fremden‹ zu finden. Der **Protestantische Friedhof (16)** birgt Gräber berühmter Italien-Besucher, so von August Goethe – den die Grabinschrift nur als ›Sohn Goethes‹ benennt. Der englische Dichter Keats, der am 24. Februar 1821 starb, wurde hier bestattet, ebenso sein Poeten-Kollege und Landsmann Shelley, der 1822 im Golf von La Spezia ertrank.

Monte Testaccio

Innerhalb der Stadtmauern, zwischen dem Tiber und der Porta San Paolo, liegt der **Monte Testaccio (17),** ein künstlich geschaffener stattlicher Hügel, 35 m hoch, 850 m im Umfang. In der Antike zur Zeit der Republik wurden hier Abfälle deponiert, vor allem Tonscherben, die in den Lagerhäusern des nahen Tiberhafens reichlich anfielen. Damals befanden sich hier große Kaufhäuser mit dem Porticus Aemilius, einer 487 m langen Ladenstraße, welche die Censoren Aemilius Lepidus und Aemilius Paulus 193 v. Chr. begründet hatten; Überreste dieses riesigen Komplexes sind noch, etwa in der Via Franklin, zu sehen.

Museo Centrale Montemartini

Auf dem Weg nach San Paolo liegt in der Via Ostiense Nr. 106 in einem ehemaligen Elektrizitätswerk ein neues Antiken-Museum, das **Museo Centrale Montemartini.** Einige Skulpturen der Kapitolinischen Museen wurden bei der Neugestaltung des Konservatorenpalastes (mit der Reiterstatue des Marc Aurel) hierher ausgelagert und blieben dann zum Teil hier. Die alten riesigen Maschinen und die wertvollen antiken Skulpturen bilden einen höchst reizvollen, spannungsreichen Kontrast. Dabei spielt sicher auch Werbeästhetik mit. Aber dieser Versuch, der auf gute Resonanz stieß, lohnt schon einen Besuch. Besonders hervorzuheben sind: eine antike Gruppe mit der Darstellung des Herakles im Olymp, Schlachtenszenen, der sogenannte Togato Barberini, eine Athene aus dem Tempel des Apollo Sosias, ein Fries-Architrav und ein polychromes Mosaik (Tierjagd).

Museo Centrale Montemartini
Di–So 9.30–19 Uhr

San Paolo fuori le Mura
tgl. 7.30–12.30 und 15–18.30 Uhr

San Paolo fuori le Mura

Unter **Sankt Paul vor den Mauern (18)**, einer der vier Patriarchalbasiliken und sieben Pilgerkirchen, haben Archäologen bisher kaum Ausgrabungen vorgenommen. Deshalb wissen wir von der altchristlichen Kirche, die Kaiser Konstantin im 4. Jh. weit außerhalb der Stadt über der Cella memoriae, dem Gedächtnisraum, mit dem Grab des hl. Paulus erbauen ließ, vor allem durch Überlieferungen. Die Verehrung des Paulus an diesem Ort seit dem 1. Jh. darf jedoch als sicher gelten. Paulus, der allen Christen und christlichen Kirchen – im Unterschied zu Petrus – gleich wichtig und wert ist, wurde nach verschiedenen Quellen wohl um das Jahr 67 enthauptet. Diese Tradition nimmt der Ort Tre Fontane (drei Quellen) vor den Toren Roms mit der Legende auf, dass dort das Haupt des Paulus nach dem Schwertstreich dreimal auf den Boden gesprungen sei und dadurch drei Quellen gebildet habe. Wenige Kilometer entfernt, an der Straße nach Ostia, wurden seine Gebeine bestattet und dieser Ort fortan verehrt.

San Paolo fuori le Mura ★

Baugeschichte

Im 4. Jh. errichteten römische Kaiser einen Neubau, der die Konstantinische Kirche ersetzte und bis ins 16. Jh. bis zum Bau von Sankt Peter in Rom, das größte Gotteshaus der Christenheit war. Die monumentale fünfschiffige Säulenbasilika erlebte vielfach Beschädigungen (Brände, Erdbeben), Wiederherstellungen und Restaurierungen. Mit den Jahrhunderten mehrte sich auch die Anzahl der Anbauten. Am 15. Juli 1823 zerstörte ein verheerender Brand das Bauwerk; Arbeiter hatten bei Ausbesserungen an der von Holzbalken getragenen Bleidecke fahrlässig mit einem Kohlenbecken hantiert. Im Jahre 1854 wurde der notwendige Wiederaufbau, der durch Spenden aus aller Welt unterstützt worden war, vollendet.

Verheerender Brand

Der französische Schriftsteller Stendhal (1783–1842) besuchte San Paolo einen Tag nach dem Brand und notierte: »Alles spiegelte den Schrecken und die Verwüstung dieses schicksalsvollen Ereignisses; die Kirche war erfüllt von schwarzen, rauchenden und halbverbrannten Balken. Große, von oben bis unten gesprungene Säulenstücke drohten bei der geringsten Erschütterung herabzustürzen. Die Römer, welche die Kirche erfüllten, waren ratlos.«

Kirchenbau und Ausstattung

Wenn es auch eine relativ freie Rekonstruktion mit den Möglichkeiten des 19. Jh. war, so blieben doch Idee, Grundriss und Raumeindruck der ursprünglichen Basilika gewahrt und verdienen neben erhalten gebliebenen Einzelkunstwerken würdigende Beachtung: Zunächst der von Säulenhallen umschlossene **Vorhof** (Mosaiken des 19. Jh. oben an der Fassade) mit der Heiligen Pforte (rechts), deren Innenseite durch die ziselierte, um 1070 in Konstantinopel gearbeitete Bronzetür des ursprünglichen Westportals der alten Kirche geschmückt wird.

Der riesige **Kircheninnenraum** wird von durchscheinenden Alabasterfenstern nur wenig erhellt. Die 131 m lange, 65 m breite und 29 m hohe Halle ist von 80 neuen monolithischen Granitsäulen in fünf Schiffe unterteilt. »Alle Säulen waren alt«, hatte Stendhal in den »Römischen Spaziergängen« bemerkt, »Gott weiß, wie viele heidnische Tempel beraubt wurden, um diese Kirche zu bauen!« Der Triumphbogen am Übergang zum Querhaus (aus dem Urbau erhalten), auf ionischen Granitsäulen ruhend, trägt noch das Mosaik des 5. Jh. (allerdings restauriert). Bemerkenswert das **Ziborium** über dem Papstaltar, geschaffen von Arnolfo di Cambio um 1285, mit gotischen Formen und Renaissance-Figuren, unter dem sich das Apostelgrab befindet. Einige Meter rechts daneben finden wir den schmuckreichsten und mit 5 m höchsten römischen Osterleuchter, ein einzigartiges Werk der mittelalterlichen Bildhauerkunst. Das **Apsismosaik**, eine Kopie des 19. Jh., übernimmt die Thematik des alten von 1220. Oben an den Wänden sind auf Goldgrund die Medaillons sämtlicher Päpste seit Petrus angebracht, rechts im Seitenschiff endend. Erwähnenswert auch die Kreuzkapelle neben der Apsis und die romanische Taufkapelle.

Neben der Sakristei liegt rechts vorn der **Kreuzgang** des Benediktinerklosters, zwischen 1205 und 1241 entstanden, ein Meisterwerk der römischen Marmorkunst, ebenso wie der aus San Giovanni in Laterano von den Vassalletti ausgeführt. Der Formenreichtum ist unübertroffen; doppelte, glatte, gedrehte, achteckige Säulen konkurrieren mit vielfältigen, kunstvoll gearbeiteten Marmorintarsien. Der Kreuzgang zählt zu den schönsten der abendländischen Baukunst. Fragmente aus der alten Basilika schmücken ihn zusätzlich.

E. U. R. (Weltausstellungsgelände)

Moderne Hochhäuser, Villenstraßen und Grünanlagen charakterisieren das Gebiet der **Esposizione Universale di Roma (19)**, des Weltausstellungsgeländes, im Süden der Stadt. Es entstand, als für 1942 in Rom eine Weltausstellung geplant wurde. Die 1937 begonnenen Arbeiten wurden bei Ausbruch des Zweiten Weltkrieges zunächst eingestellt. Von Mussolini war ein großer neuer Stadtbereich vorgese-

E.U.R. (Weltausstellungsgelände)

Monumentalität prägt das Bild des E.U.R.-Viertels im Süden Roms

hen, der dem päpstlichen Rom mit seinen ›antiquierten‹ Palästen den Rang streitig machen sollte. Sogar durch eine Kirche, **Santi Pietro e Paolo** (Viale Santi Pietro e Paolo), deren Kuppel auf die von Sankt Peter anspielt, doch natürlich weit hinter deren Schönheit und Größe zurückbleibt.

Nach 1951 wurde dieses Viertel weiter zu einem modernen Stadtteil ausgebaut. Es entstanden architektonisch interessante Bauten wie z. B. der **Palazzo dello Sport** von Pier Luigi Nervi (1958–60), eine 5000 Zuschauer fassende, 58,5 m im Durchmesser messende Arena für Boxwettkämpfe, Basketball, Volleyball und Handball. Das Äußere wird von einer sphärischen Kuppel bestimmt, die auf 36 frei stehenden, Y-förmigen Betonstützen ruht. Breite Straßen und monumentale Gebäude – wie der Palast der Arbeit, der Kongresspalast oder Museen – prägen das Bild der ›neuen Stadt‹ zwischen dem Meer und der alten Kapitale des Papstes.

Museen

In E. U. R. liegen das Museum der römischen Kultur, **Museo della Civiltà Romana,** das mithilfe von Modellen und Rekonstruktionen die Geschichte Roms und die baulichen Veränderungen im Republikanischen und Kaiserlichen Rom veranschaulicht und leichter die antiken Straßen und Bauwerke rekonstruieren lässt; weiter das Prähistorische und Völkerkundemuseum, **Museo Preistorico ed Etnografico Luigi Pigorini,** eines der bedeutendsten seiner Art, und das Nationalmuseum für Kunst und Traditionen des Volkes, **Museo Nazionale delle Arte e Traditioni Populari,** das in zehn Sektionen mit den verschiedensten Objekten, Fahnen, Kostümen, Musikinstrumenten und anderem, die Bräuche in den einzelnen Regionen Italiens vergegenwärtigt.

Santi Pietro e Paolo
7–12 und
16–18 Uhr

Museo della Civiltà Romana
Tel. 06 592 61 35
Di–So 9–14 Uhr

Museo Preistorico ed Etnografico Luigi Pigorini
tgl. 10–18 Uhr

Museo Nazionale delle Arte e Traditioni Populari
Mo–Fr 10–13 und
14–17 Uhr

Jenseits des Tiber – Von Trastevere nach Norden

Nach den Rundgängen links oder östliche des Tibers bleibt noch einiges anzuschauen in der Ewigen Stadt – von der Antike bis zu den modernsten Bauten, zuletzt dem Parco della Musica mit drei Konzertsälen des italienischen Baumeisters Renzo Piano, und dem MAXXI, dem Nationalmuseum der Künste des XXI. Jh., der irakischen Stararchitektin Zaha Hadid. Diese Sehenswürdigkeiten liegen vornehmlich auf der westlichen, rechten Uferseite des Tibers; das war in der Antike ›außerhalb der Mauern‹, wo auch der Vatikan liegt (s. S. 352). Die Bestimmung, dass die Toten außerhalb der Stadt zu bestatten seien, galt ebenso für den Apostel Petrus wie für Kaiser Hadrian in seinem Mausoleum, der Engelsburg. Der Weg führt uns aber auch weit in den Norden und Osten der alten Stadtgrenzen.

Cityplan Jenseits des Tiber – Trastevere S. 341

Restaurant-Tipps s. S. 421

Besonders sehenswert: Villa Farnesina, Tempietto des Bramante, Engelsburg

Trastevere

›Trastevere‹ jenseits *(trans)* des Tiber *(Tiberim, Tevere)*, heißt dabei jenes römische Stadtviertel, dessen Bewohner sich rühmen, ihr Bezirk sei älter als die Sieben-Hügel-Stadt. Sicher ist Trastevere anders als ›Rom‹, hat seit Jahrhunderten seine Eigenheiten mit schmalen Gassen, winkligen Straßenzügen, kleinen Plätzen und ehrwürdigen Kirchen bewahrt. Besonders am Abend entfaltet sich ein lebhaftes Treiben links und rechts des Viale Trastevere. Ein Besuch in einer der vielen Trattorien oder Pizzerien ist besonders stimmungsvoll, wenn es dunkel wird, auch wenn Vorsicht vor Dieben angebracht ist. Einen schwungvollen Handel betreiben Immigranten mit billigen Waren und mit gefälschten Marken-Produkten, Handtaschen, Uhren, Schreibgeräten und dergleichen. Blitzschnell nehmen sie dann Reißaus vor den kontrollierenden Carabinieri oder der Guardia di Finanza, der Finanzpolizei; denn es ist eigentlich verboten. Ungemein interessant ist es mit anzusehen, wie Menschen aus aller Herren Länder hier römisches Leben und Treiben aufnehmen und sich darin sehr wohl fühlen.

Man kann zu jeder Tages- und Nachtzeit durch Trastevere streifen, und findet immer etwas Neues, ein Programm im internationalen Kino Pasquino (an der Piazza di Sant'Egidio Nr. 10), eine von heute auf morgen geschaffene Disco, eine wunderbar duftende Bäckerei, oder, an der Piazza, neben der Kirche di Sant'Egidio, die Gemeinschaft (Comunità di) Sant'Egidio, eine christliche, doch für alle Konfessionen offen stehende Bewegung von engagierten Laien, die nicht nur Hilfswerke für Arme unterhält und Sozialdienste in Gang setzt, sondern auch internationale Friedensinitiativen voranbringt. Natürlich streift man zu Fuß durch Trastevere und richtet es so ein, dass man über den Gianicolo-Hügel geht und bei Sankt Peter vor der Engelsburg wieder zum Tiber zurückkommt. Für die Besichtigung der Sehenswürdigkeiten weiter im Norden sollte man dann zunächst die öffentlichen Verkehrsmittel benutzen.

◁ *Über Freitreppen und einem terrassierten geometrischen Garten erhebt sich das mit antiken Statuen und Reliefschmuck ausgestattete Casino der Villa Doria Pamphili*

Jenseits des Tiber – Von Trastevere nach Norden

San Crisogono
tgl. 7.30–11.30 und
16–19 Uhr

Santa Cecilia
tgl. 9.30–12.30 und
16–18.30 Uhr

**Jenseits des Tiber –
Trastevere** ▷

1 S. Crisogono
2 S. Cecilia
3 S. Francesco
    a Ripa
4 S. Maria
    in Trastevere
5 Villa Farnesina
6 Palazzo Corsini
7 S. Pietro
    in Montorio
8 Tempietto
    di Bramante
9 Fontana Paola
10 Piazza Garibaldi
11 S. Onofrio
12 Palazzo Torlonia
13 Castel Sant'Angelo
14 Villa Madama
15 Foro Italico
16 MAXXI
17 Moschee und
    Islamisches
    Kulturzentrum

San Crisogono

Am Ponte Garibaldi und dem Lungotevere Raffaello Sanzio beginnt die Hauptstraße des Viertels, der Viale Trastevere, gleichsam als Eingang zum Viertel links und rechts. Auf der linken Seite sehen wir **Torre** und **Palazzetto Anguillara**, den alten Turm und das Stadthaus der Anguillara, aus dem 13. Jh. (restauriert); auf der rechten Seite, etwas zurückgesetzt an einem verkehrsreichen Platz, der Piazza Sonnino, die Kirche **Sant'Agatà** und die große Kirche **San Crisogono (1)**.

Dem römischen Märtyrer Chrysogonus, unter Kaiser Diokletian enthauptet, wurde das Gotteshaus geweiht, das zuerst vor dem Jahr 499 auf antiken Mauerresten und zwischen 1123 und 1129 neu entstand. Das Innere wurde im barocken Stil des 17. Jh. gestaltet. Beachtenswert sind die Vorhalle mit vier Granitsäulen, der romanische Campanile (1124) und im Innern der Kirche zwei Porphyrsäulen am Triumphbogen, die größten Roms. Ausgrabungen haben auch hier Mauern der Vorgängerbauten freigelegt.

Santa Cecilia

Die hl. Cäcilia, in den Heiligenbüchern des Mittelalters ›Himmelslilie‹, *Coeli Lilia*, genannt, starb im 2. Jh. n. Chr. den Märtyrertod. Ihre Geschichte hat stets die Fantasie der Christen erregt und die Römer zu hoher Verehrung motiviert: ein schönes Mädchen, das um ihres Glaubens willen das Martyrium erlitt. So bildeten sich um ihr Leben wie um ihren Tod, ja noch um ihr Grab frühzeitig zahllose Legenden. Nach einer dieser Überlieferungen befand sich auf dem Platz der heutigen Kirche das Haus ihres Mannes Valerianus. Darüber erbaute man bereits im 5. Jh. eine erste **Kirche (2)**, die unter Papst Paschalis II. (817–24) erneuert wurde, dem Aufbau einer Basilika entsprechend mit Vorhof, Vorhalle, Glockenturm und einem von Säulenreihen unterteilten niedrigen Halleninnenraum ohne Querhaus, aber mit Chor und Apsis.

Der **Chorraum** enthält einen marmornen Altaraufbau (Ziborium), von Arnolfo di Cambio um 1283 gearbeitet; in der Confessio, die von Stefano Maderna im Jahre 1600 geschaffene Marmorfigur der hl. Cäcilie, ein vielbewundertes Meisterwerk. Vorbild dieser anmutigen Gestalt war ein junges Mädchen, das man ein Jahr zuvor in dieser Haltung in einem Grab gefunden hatte; acht Jahrhunderte zuvor hatte der Überlieferung nach Papst Paschalis II. den blutdurchtränkten, doch unverwesten Leichnam der hl. Cäcilie (das erste Mal) entdeckt. Beachtenswert auch das Apsis-Mosaik aus dem 9. Jh. (unter Papst Paschalis); es zeigt den Erlöser auf den Wolken des Himmels, umgeben von den Heiligen Petrus, Paulus, Cäcilia, Valerianus und Agathe sowie Papst Paschalis mit dem Nimbus.

Die bei Ausgrabungsarbeiten freigelegten **Reste eines altrömischen Hauses** unter der Kirche sind durch die Krypta zugänglich. Das

Jenseits des Tiber – Von Trastevere nach Norden

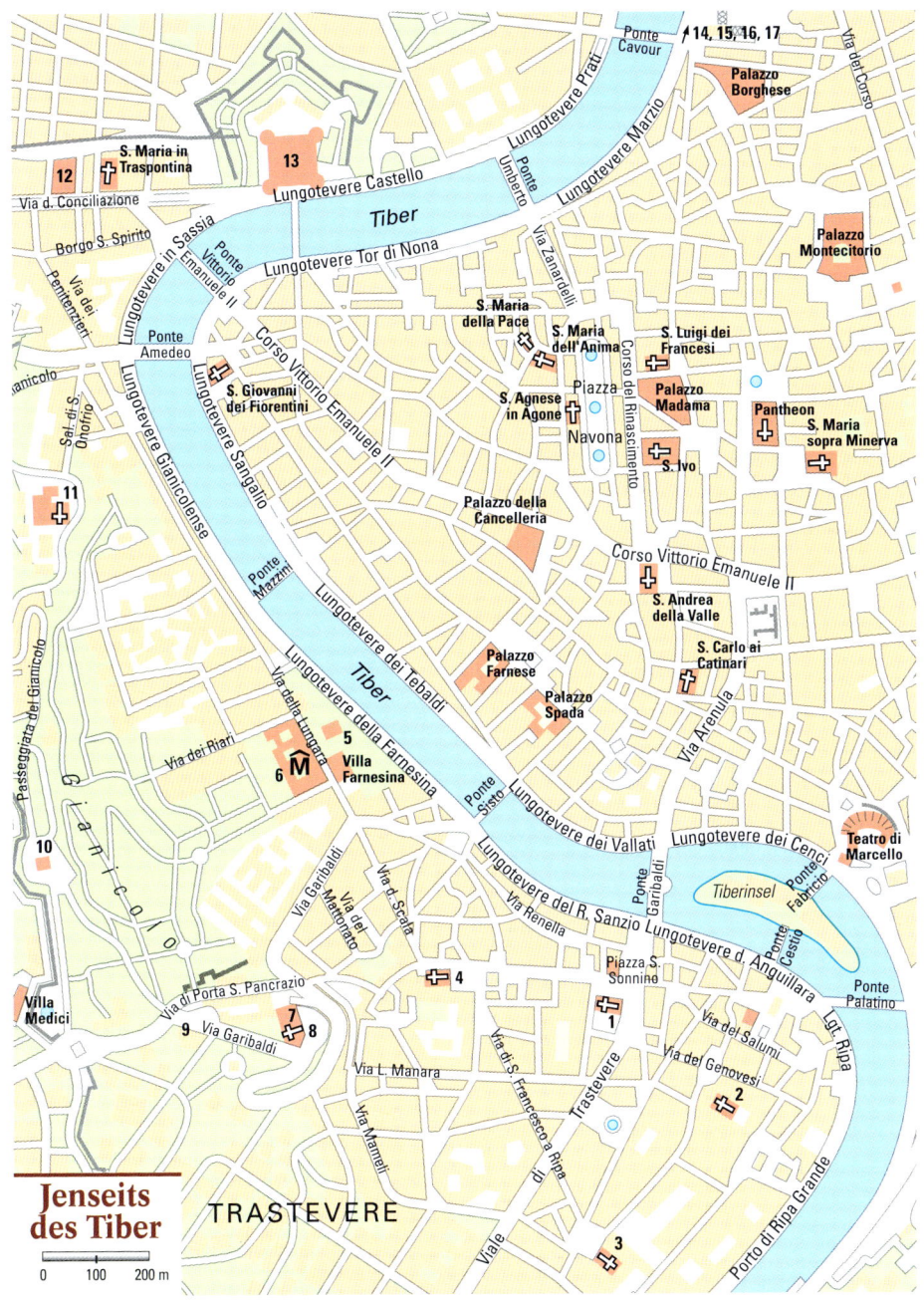

»Jüngste Gericht«, ein bedeutendes Wandbild Pietro Cavallinis von 1293 (als dem päpstlichen Rom wegen Avignon der Ruin drohte), ist seit dem Einbau der Empore im 16. Jh. nicht mehr frei zugänglich und nur mit Genehmigung der Ordensschwestern zu besichtigen.

San Francesco a Ripa

San Francesco a Ripa (3) wird vornehmlich wegen eines meisterhaften Alterswerks von Bernini aufgesucht, der Marmorstatue der seligen Ludovica Albertoni (1674), in der kleinen Cappella di Sant'Anna (linkes Seitenschiff, vierte Kapelle). Die Kirche dient dem Andenken des hl. Franz von Assisi, der bei einem Aufenthalt in Rom hier in dem alten Pilgerhospiz von San Biagio wohnte. Die von Mattia de Rossi um 1682 errichtete Kirche ersetzte eine mittelalterliche dreischiffige Säulenbasilika (von 1231) mit Glockenturm, die über der Kapelle des ehemaligen Hospizes erbaut worden war.

Santa Maria in Trastevere

Manche sagen, hier hätten die römischen Christen ihre ersten öffentlichen Gottesdienste abgehalten. Die Gläubigen von Trastevere wären mit dieser Vermutung einverstanden, denn **Santa Maria in Trastevere (4)** gilt als die älteste Marienkirche Roms und wurde nach der Überlieferung über einer Ölquelle erbaut, die 38 Jahre vor Christi Geburt aufsprang und als Zeichen für das Nahen des Erlösers angesehen wurde.

Die Marienbasilika hat vieles Sehenswerte, doch ihren größten Ruhm bilden – neben dem Altar – wohl die **Mosaiken.** Im oberen Bereich der Apsishalbkuppel zeigen die um 1140 entstandenen Arbeiten auf ›überirdischem‹ Goldgrund (Symbol der himmlischen Herrlichkeit) Christus mit seiner Mutter und Heiligen (s. Abb. S. 151). Das Thema »Thronender Christus mit Maria«, hier zum ersten Mal dargestellt, weist auf den Beginn des römischen Marienkults hin. Darunter ein Lämmer-Fries, in dem das Lamm Gottes zu Füßen des Erlösers steht. Unter dem Fries schuf Pietro Cavallini um 1291 ausdrucksstarke Szenen aus dem Leben Marias (Geburt, Verkündigung, Geburt Christi, Anbetung durch die Heiligen Drei Könige, Darbringung Jesu im Tempel und Marien-Tod), die in ihrer Darstellung des Menschen und des ihn umgebenden Raumes bereits weit vorausgreifen.

22 antike ionische Säulen gliedern das breite Mittelschiff mit Saalcharakter, großenteils erhaltene Marmorintarsien (Kosmatenarbeit) bilden den Fußboden, und eine vergoldete Holzdecke von Domenichino (1617) krönt den Abschluss des **Innenraums.** Das Gotteshaus, dessen erster Bau von Papst Kalixtus I. (217–22) begründet und von Julius I. (337–52) wahrscheinlich um 340 vollendet wurde, dessen

Santa Maria in Trastevere
tgl. 7.30–13 und 16–19 Uhr

Santa Maria in Trastevere

heutiger auf das Jahr 1140 zurückgeht (Papst Innozenz II., 1130–43), ist eine schöne und würdige dreischiffige Basilika. Über der im Barock hinzugefügten **Säulenvorhalle,** die zahlreiche antike, frühchristliche und mittelalterliche Kunstwerke enthält, u. a. Sarkophage, ragt die mittelalterliche Fassade auf, die von einem Mosaik der Gottesmutter zwischen zehn weiblichen Heiligen (12./13. Jh.) geschmückt wird. Auf der rechten Seite erhebt sich neben dem Giebel der äußerst schlicht gehaltene romanische Glockenturm.

Den größten Ruhm der Kirche Santa Maria in Trastevere bilden die Mosaiken

Villa Farnesina und Palazzo Corsini – Galleria Nazionale d'Arte Antica

Villa Farnesina

Villa Farnesina ★

Zwischen der Via della Lungara und dem Lungotevere della Farnesina erhebt sich am Flussufer die **Villa Farnesina (5)** – gegenüber dem Palazzo Farnese auf der östlichen Seite des Tiber. Als Rom im 16. Jh. wieder den ersten Rang unter den italienischen Städten einnahm, entfaltete sich hier prachtvoller Luxus. Baldassare Peruzzi war der Baumeister dieses zu Beginn des 16. Jh. für den reichen Bankier Chigi errichteten Garten-Palazzo, an dessen Dekoration die berühmtesten Künstler der Zeit mitwirkten. Raffael mit seinen Schülern schuf 1511 die Fresken an Decke und Wänden der Gartenloggia, die Fabel von Amor und Psyche (nach dem lateinischen Dichter Apuleius) aufgreifend; die meisterhafte Gestaltung erwächst aus der Synthese des Antik-Göttlichen und des Renaissance-Menschlichen. Im Saal der Galatea entstand unter Raffaels Händen der »Triumph der Nymphe Galatea« (1511); Lieblichkeit und Sinnenfreuden, selbstbewusster Triumph und stürmische Bewegung sind vom Künstler meisterhaft erfasst. An der Ausgestaltung des Palazzo wirkten weiter Sebastiano del Piombo, Peruzzi selbst und Sodoma mit. Das bedeutendste Werk Sodomas ist im Schlafzimmer des Agostino Chigi zu finden: »Die Hochzeit Alexanders des Großen mit Roxane«, der Tochter des persischen Königs Darius, 1511 entstanden. Im 1. Stock, im Salone delle Perspettive, gestaltete Peruzzi illusionistische Wandmalereien. So ist die Villa Farnesina ein bemerkenswertes Kleinod unbeschwerter Kunst.

Unter ihrem ersten Hausherrn war hier zu Gast, wer Rang und Namen in der römischen Gesellschaft hatte; Fürsten und Künstler, Diplomaten und Kardinäle, Literaten und Päpste feierten rauschende Feste. Die vornehmsten unter ihnen speisten sogar von Silbergeschirr, das mit ihrem Wappen gezeichnet war. Sie warfen es nach dem Mahle zwar in den Tiber, aber durch ein Netz wurde gesichert, dass nichts abhanden kam. (So erhöhten die Bankiers ihre Reputation und sparten zugleich.) Als der Palast 1580 in den Besitz der Farnese gelangte, erhielt er von diesen seinen Namen. Von den Farnese kam er zu den Bourbonen von Neapel; seit 1927 ist er Staatseigentum.

Villa Farnesina
Mo–Sa 9–13 Uhr

Palazzo Corsini –
Galleria Nazionale
d'Arte Antica
Di–So 8–19.30 Uhr
(25. Dez. und 1.
Jan. geschl.)
Ticket-Reservierung
unter Tel. 06 328
10; für Gruppen:
Fax 06 32 65 13 29,
info@ticketeria.it;
Infos: www.galleria
borghese.it/info.htm

Palazzo Corsini

Im **Palazzo Corsini (6)** gegenüber der Villa Farnesina befinden sich Teile der Galleria Nazionale d'Arte Antica, der ehemaligen Corsini-Galerie, und Werke der europäischen Malerei des 17. und 18. Jh. (Ein großer Teil des Bestandes wurde in den Palazzo Barberini, in die dortige Galleria Nazionale d'Arte Antica, übertragen.) Hier hat heute auch die höchste italienische Kulturakademie ihren Sitz, die Accademia Nazionale dei Lincei. Den Palazzo ließ Kardinal Domenico

Die Fresken in der Gartenloggia der Villa Farnesina schufen Raffael und Schüler zu Beginn des 16. Jh., die Geschichte von Amor und Psyche (nach Apuleius) aufgreifend

Riario, Neffe des Sixtus IV., im 15. Jh. erbauen. Nachdem Königin Christine von Schweden zum katholischen Glauben konvertiert war und auf den Thron verzichtet hatte, diente ihr der Palazzo als Residenz, in der sich Künstler und Wissenschaftler – die nachmaligen Mitglieder der Akademie Arkadia – trafen. 1732–36 ließen die Corsini als neue Besitzer den Palast mit großem Aufwand erneuern.

Vom Gianicolo zur Engelsburg

Vom Gianicolo, dem Hügel des Gottes Janus (Jani Collis), der nicht zu den klassischen sieben Hügeln Roms gehört, reicht die Aussicht über die römische Innenstadt und die Außenbezirke bis zu den umliegenden Bergen (s. Abb. S. 35); dazu weist er einige Monumente von kunsthistorischem Rang auf.

San Pietro in Montorio und Tempietto des Bramante

San Pietro in Montorio
tgl. 8.30–12 und 15–16 Uhr

Die Reihe der Kunstwerke des Gianicolo beginnt – von Trastevere kommend – bei **San Pietro in Montorio (7)**, der Kirche des hl. Petrus ›auf dem Goldberg‹. ›Montorio‹, ›Monte d'Oro‹, ›Mons Aureus‹, war früher der Beiname des Gianicolo. Die Kirche verdanken wir einer Legende. Es hieß, Petrus sei an dieser Stelle auf dem Gianicolo gekreuzigt worden, was anderen Überlieferungen nicht ganz entspricht. Der spanische König Ferdinand IV. ließ durch Baccio Pontelli (nach 1481) den schlichten Bau im Stil der Frührenaissance errichten. Das einschiffige Innere wird links und rechts von Seitenkapellen flankiert. Die Ausstattung der ersten Kapelle links geht auf Entwürfe Berninis zurück; in der ersten Kapelle der rechten Seite befindet sich ein beachtenswertes Altarbild Sebastiano del Piombos (1519–25).

Tempietto des Bramante ★

Auf der rechten Seite schließt sich der Hof des Franziskanerklosters mit dem berühmten **Tempietto di Bramante (8)** an. Dieses Kirch-Tempelchen schuf Bramante, der große Architekt der Renaissance, zur Erinnerung an die Kreuzigung des Apostels Petrus. Der Tempietto wirkt im Hof von den Gebäuden eingeengt. Das nimmt diesem ›Musterbeispiel der Hochrenaissance-Architektur schlechthin‹ etwas von seiner Wirkung, doch sind die griechischen Formen als Maßstab und Vorbild dieses ›christlichen‹ Bauwerks unübersehbar, daher: ›Renaissance‹ (ital. *rinascimento*), Wiedergeburt der Antike. So strahlt das gesamte Tempelchen in ausgewogener Symmetrie Harmonie von höchstem baukünstlerischen Rang aus.

Auf dem kreisrunden Tempelpodest umgeben 16 Säulen mit dorischen Kapitellen die Cella, den Innenraum. Ein Gebälk von Metopen trägt die geometrisch gegliederte Balustrade, hinter der das leicht zurückgesetzte Obergeschoss die Formen des unteren Geschosses aufnimmt. Es wechselt sich jeweils eine rechteckige Nische mit einer runden ab. Mit dem Bauplan wird der theologische Gedanke ausgedrückt, dass Petrus mit seinem Martyrium (nach unten gekreuzigt – Unterkirche) den Tod seines Meisters Jesus Christus (aufrecht gekreuzigt – Oberkirche) demütig wiederholt.

Mit dem kleinen Rundbau im Hof des Franziskanerklosters, dem Tempietto di Bramante, schuf der Architekt ein Musterbeispiel der Renaissance-Baukunst

Fontana Paola

Der große Brunnenprospekt der **Fontana Paola (9)** an der Via Garibaldi bildet das Ende einer Wasserleitung, die Papst Paul V. 1612 durch Giovanni Fontana anlegen ließ. Die Rückwand des mächtigen Brunnens schuf Carlo Maderna; sie ist mit den Wappen (Adler und Drachen) des Borghese-Papstes geschmückt.

Piazza Garibaldi

Von der Fontana Paola führt die Passeggiata del Gianicolo über den Gianicolo-Hügel bis zur Piazza della Rovere am Tiber, in der Nähe des Vatikans. Die von der Porta San Pancrazio ausgehende Straße und die Passeggiata werden von den Marmorbüsten italienischer Patrioten flankiert. Beide Straßen münden auf die **Piazza Garibaldi (10),** deren Mitte das Ende des 19. Jh. geschaffene Denkmal für Giuseppe Garibaldi einnimmt, den italienischen Nationalhelden (1807–82), der für die Einigung Italiens kämpfte. Von hier dröhnt um 12 Uhr ein kräftiger Schuss aus einer erbeuteten österreichischen Kanone über die Stadt. Die Terrasse des Platzes bietet einen herrlichen Rundblick über Rom; von der Nordwestecke aus sieht man sogar die Kuppel von Sankt Peter.

Wenige Meter weiter nördlich erinnert das Denkmal einer Frau mit wehenden Haaren an Anita Garibaldi, Gemahlin des Heroen. Es folgt ein Leuchtturm, der ›Faro‹, der bei Dunkelheit die italienischen Nationalfarben – Grün, Weiß, Rot – über die Straße wirft.

Sant'Onofrio

Hinter einem unauffälligen Äußeren verbirgt sich das beachtenswerte Innere von **Sant'Onofrio (11),** der Kirche des hl. Onuphrius, mit schönen Fresken und würdigen Grabmälern (u. a. für den Dichter Torquato Tasso, 1544–95, der im Kloster von Sant'Onofrio starb). Onuphrius war ein Einsiedler des 4. Jh., dem zu Ehren die ›Eremiten des hl. Hieronymus‹ 1419 diese Kirche bauen ließen. Vom Vorplatz der Kirche bietet sich ein schönes Panorama über Rom, von der Engelsburg bis zum Palazzo Farnese und weiter in die Ferne.

Villa Doria Pamphili

Das Areal der Villa Doria Pamphili dient heute den Römern als Erholungspark und oft den führenden Staatsmännern der Republik Italien mit den repräsentativen Bauwerken des Casino di Allegrezza (der Heiterkeit) und des Giardino Segreto (des Geheimgartens) bei offiziellen Anlässen für Gespräche mit Vertretern anderer Regierungen. Der zur Villa gehörende und gleichzeitig größte Park Roms bedeckt das Gebiet südwestlich des Gianicolo-Hügels. Die Via Olimpica – für die Olympischen Spiele als Verbindung zwischen den Sportstätten im Norden und Süden der Stadt geschaffen – teilt seit 1960 das weitläufige Gebiet. Alessandro Algardi schuf die Anlage um 1650, die im Auftrag des Fürsten Camillo Pamphili, des Neffen Papst Innozenz' X. (1644–55).

Auf der unweit der Via Aurelia Antica gelegenen Terrasse mit schöner Aussicht erhebt sich das mit antiken Statuen und reichem Relief-

Sant'Onofrio
Mo, Mi, Fr 9–12,
Sa, So 9–13 Uhr

schmuck ausgestattete **Casino di Allegrezza**. Ein erholsamer Spaziergang lohnt sich hier.

Via della Conciliazione

Die Via della Conciliazione, die ›Straße der Versöhnung‹, deren Name an die Lateranverträge von 1929 erinnert, wurde im darauffolgenden Jahrzehnt von Mussolini als Zufahrtsstraße nach Sankt Peter angelegt, mitten durch das alte Borgo-Viertel (s. Abb. S. 138). Neben den modernen Bauten sind einige alte Bauwerke stehengeblieben: rechts die Kirche **Santa Maria in Traspontina** (1566–1637); der schöne **Palazzo Torlonia (12)** von Andrea Bregno (1496–1504) mit seiner an die Cancelleria erinnernden Travertin-Fassade; links der **Palazzo Penitenzieri** (Hotel Columbus) von 1481, der an den Palazzo Venezia erinnert.

Engelsburg (Castel Sant'Angelo)

Engelsburg ★

Die **Engelsburg (13)**, ursprünglich als Mausoleum entstanden, das Kolosseum und das Pantheon sind die eindrucksvollsten erhaltenen Bauwerke der Antike in Rom. »Unstete kleine zärtliche Seele, Gast und Gefährtin des Körpers, wohin wirst du nun gehen, an welchen fahlen, kalten, kahlen Ort« fragte Kaiser Hadrian (117–38 n. Chr.). Drei Jahre vor seinem Tod ließ er mit dem Bau des Mausoleums für sich und seine Nachfolger beginnen; unter Kaiser Antoninus Pius wurde es im Jahr 139 fertiggestellt. Auf einem 15 m hohen quadratischen Podium (Seitenlänge 84 m) wuchs ein zylinderförmiger Bau (Durchmesser 64 m, Höhe 20 m) empor, der aus Tuff- und Travertinquadern gefügt ist, von einer mit Statuen geschmückten Säulengalerie umschlossen und von einer Quadriga bekrönt wurde. Im Innern erreichte man durch einen rampenartigen, kreisförmig angelegten Gewölbegang die quadratische Grabkammer (8 m Seitenlänge).

Im 3. Jh. wurde das ›Hadrianeum‹ in die Aurelianische Stadtmauer einbezogen und zu Roms massivster Festung ausgebaut. Den Namen ›Engelsburg‹ erhielt das ehemalige Grabmonument nach einer Vision, die im Jahre 590 das Ende der wütenden Pestepidemie versprach: Gregor der Große erblickte über der Festung den Erzengel Michael, wie er zum Zeichen sein Schwert in die Scheide zurücksteckte. Die Bronzestatue eines Engels (von 1733) auf der Spitze erinnert daran. Eine Verbindung von der Engelsburg zum Vatikanischen Palast wurde 1277 unter Nikolaus III. durch eine Mauer hergestellt, in der ein Gang verläuft. Unter Alexander VI. (dem umstrittenen Borgia-Papst, 1492–1503) wurde die Festung durch vier Eckbastionen noch wehrhafter gestaltet. Zugleich wurden Wohngemächer und Depots errichtet, später das Geheimarchiv und die päpstliche Schatzkammer hierher verlegt.

Engelsburg
tgl. 9–19 Uhr

Villa Madama

Die Engelsburg, als Mausoleum für Kaiser Hadrian erbaut, diente über Jahrhunderte den Päpsten als Festung

In 1500 Jahren bediente das Bauwerk unterschiedlichste Funktionen: Es war Grabmonument und Festung, in das sich die Päpste bei Gefahr in Sicherheit brachten (z. B. 1084 Gregor VII. vor Kaiser Heinrich IV., Klemens VII. 1527 beim Sacco di Roma vor den Truppen Kaiser Karls V. und Pius VII. vor Napoleon) oder wo sie in prachtvoll ausgestalteten Gemächern residierten. Auch als Kerker und Hinrichtungsstätte ging die Engelsburg in die römischen Annalen ein. Hier fand etwa der Prozess gegen Giordano Bruno statt. Selbst der Oper dient sie als Kulisse – im 3. Akt von Puccinis »Tosca«.

Durch die zahlreichen Um- und Anbauten mit immer neuen Höfen, Sälen, Magazinen, Treppen, Kammern und Gängen entstand eine höchst komplizierte Gebäudestruktur. Die Geschosse sind bis heute durch die Spiralrampe des alten Grabzylinders verbunden; der Besucher erreicht über sie die Aussichtsplattform. Ein Blick – vor allem auf Sankt Peter und die Engelsbrücke (s. S. 129) – ist von der oberen Plattform unterhalb des Engels besonders lohnend. Man sieht den tosenden Verkehr, der schon im Heiligen Jahr 1300 zwar anders, doch offenbar nicht weniger lebhaft war; man musste, wie Dante berichtet, die Engelsbrücke zur Einbahnstraße erklären.

Im Norden

Villa Madama

Bei der **Villa Madama (14)** geraten Kunsthistoriker zu Recht ins Schwärmen. Sie spielt als Gartenvilla eine wichtige Rolle in der

Villa Madama

Die Villa ist seit 1941 im Besitz des Außenministeriums (Ministero degli Affari Esteri), weshalb ein Besuch rechtzeitig angemeldet werden muss (mindestens 30 Tage vorher), unter Tel.: 06 36 91 88 99 (Mo–Fr 9–16 Uhr), www.esteri.it

abendländischen Architektur, da es hier glückte, Ideen der antiken Baukunst mit Vorstellungen der Renaissance, architektonische Formen und malerische Elemente, Kunst und Natur miteinander zu verbinden.

Sie liegt auf halber Höhe des Monte Mario im Nordwesten Roms, zur Stadt hin. Kardinal Giulio de' Medici, der später als Klemens VII. von 1523–34 die römische Kirche regierte, gab die Villa nach Entwürfen Raffaels in Auftrag. Da dieser Künstler zu jener Zeit gerade die römischen Bauwerke der Antike studierte, gingen architektonische Ideen des Altertums aus dem damals entdeckten ›Goldenen Haus‹ des Nero in der Nähe des Kolosseums und der Konstantinsbasilika auf dem Forum in diesen Bau ein. Die unvollendete Anlage wurde von Antonio da Sangallo d. J. verändert und erweitert. Nachfolgende Eigentümerin wurde Madama Margarete von Parma, deren Namen das Bauwerk bis heute trägt (s. S. 38); später gehörte sie den Bourbonen von Neapel (1735).

Die elegant ausgestattete und mit reichen Stuckdekorationen geschmückte Villa fügt sich harmonisch in die Parklandschaft ein. Sie dient heute der italienischen Regierung für Empfänge und Konferenzen. Ministerpräsident oder Außenminister empfangen hier Staatsgäste zum politischen Gespräch in kunstreicher Atmosphäre, und wenn die Unterredung einmal ins Stocken gerät, hilft ein Blick aus dem Fenster, ein Hinweis auf dieses oder jenes berühmte Monument unten in der Stadt. Noch mehr Bewunderung zeigen die Besucher aus aller Herren Länder beim festlichen Staatsbankett am Abend, wenn Rom heraufglitzert und die Räume im warmen Licht erstrahlen. Dann kommen, bis ins letzte Detail ausgeleuchtet, die Grotesken, Stuckdekorationen und Malereien erst ganz zur Geltung; und was in den Verhandlungen tagsüber noch nicht gelang, glückt vielleicht zur Abendstunde in beschwingter Laune.

Foro Italico

Der Eingang zum **Foro Italico (15),** einer für die faschistische Akademie der Farnesina von 1938 bis 1939 errichteten Sportanlage, wird von einem 17,1 m hohen Obelisken markiert. In diesen Marmorstein aus Carrara ließ der *Duce* (Führer) Mussolini die Worte ›Dux Mussolini‹ einmeißeln; die Republik Italien ließ nach dem Zusammenbruch des Faschismus diese Inschrift stehen, auch noch nach gründlicher Restaurierung; da gab es keine Diskussion. Welche Andenken hätte man in Rom noch tilgen müssen! Das Marmorstadion, Stadio dei Marmi, bietet 20.000 Zuschauern Platz.

Das Stadio Olimpico, dahinter in den Abhang des Monte Mario hineingebaut, Schauplatz der Leichtathletikkämpfe der 17. Olympischen Spiele 1960, nimmt nach dem spektakulären Umbau für die Fußball-Weltmeisterschaft von 1990 mehr als 75 000 Zuschauer auf.

Stadio Flaminio

Beispiel einer gelungenen modernen Architektur ist das für die Olympischen Spiele in Rom 1960 von dem Architekten Pier Luigi Nervi an der Via Flaminia erbaute Stadio Flaminio für 45 000 Zuschauer. Diese Zahl erlaubt den Vergleich mit dem Kolosseum, mit dessen technischer Konstruktion und architektonischen Ausdrucksmöglichkeiten, da auch das Amphitheater der Flavier etwa die gleiche Zahl von Personen aufnehmen konnte. Architektonisch reizvoll wegen seiner Bauweise und eigenartigen Formen ist auch der **Palazzetto dello Sport** nicht weit vom Stadio Flaminio am Viale Tiziano – kleiner Sportpalast, im Vergleich zum großen im EUR-Gelände, obwohl er stattliche 68,5 m hoch ist. Er wurde ebenfalls von Nervi entworfen und von 1956 bis 1958 errichtet, rechtzeitig für die Olympischen Spiele von 1960.

Parco della Musica

Auf der anderen (östlichen) Seite der Hochstraße Corso di Francia befindet sich der Parco della Musica, das Auditorium, mit drei Konzertsälen und einer Freibühne für Konzerte aller Art, kulturelle Veranstaltungen und Kongresse, von dem Architekten Renzo Piano 2002 in kühner Modernität erbaut. Schade ist, dass die kreative Architektur – außen wie innen – so eng von Schnellstraßen umschnürt wird. Dadurch ist die architektonische Wirkung stark eingeschränkt.

MAXXI – Museo Nazionale delle Arti del XXI Secolo

Besondere Beachtung findet und verdient das **MAXXI (16),** der Museumsbau für die Künste des 21. Jh. der irakischen Stararchitektin Zaha Hadid in der Via Reni, Nr. 10. Hier wurde in kühne architektonische Formen die Zielvorgabe umgesetzt, ein Zentrum der Dokumentation und der Aufwertung der zeitgenössischen Künste zu schaffen. Das bedeutete auch, spektakulär und innovativ Räume für die Zukunft und zukünftige Ereignisse einer ganz neuen Kunst, für gewagte Projekte, avantgardistische Fotografien und auch umstrittene Entwürfe bereitzustellen. Die ersten Erfahrungen des im Frühjahr 2009 eröffneten Museums zeigen, dass der Bau gerade von jungen Künstlern angenommen wurde.

Moschea e Centro Culturale Islamico

»Die römische Moschee ist der pompöse Höhepunkt einer Islamierungskampagne der saudischen Petrodollar-Missionare«, schrieb das

MAXXI – Museo Nazionale delle Arti del XXI Secolo

*Via Guido Reni 2
Öffnungszeiten unter Tel.: 06 321 01 81 und
www.maxxi.darc. beniculturali.it*

Moschee und Islamisches Kulturzentrum –

*Viale della Moschea
Tel. 06 808 22 58-21 67
www.centroislamico culturale.it
Innenbesichtigung meist Mi und Sa
Bahnstation Campi Sportivi der Roma-Nord-Linie ab Piazzale Flaminio*

Dives in Misericordia von Richard Meier ist ein herausragendes Beispiel modernen Bauens im kirchlichen Rom

Nachrichten-Magazin »Der Spiegel« im Juli 1978. Da hatte das Außergewöhnliche im christlich Heiligen Rom schon seinen Lauf genommen. Es war, so verkündet eine offizielle Inschrift, im Jahre 1973, als in der westlichen Welt das Erdöl knapp und teuer zu werden begann, nach muslimischer Zeitrechnung im Jahr des Propheten 1394, als die Araber anfingen, in ihren Bodenschätzen ein vorzügliches Instrument der Politik und der Ausbreitung ihres Glaubens zu sehen. 1973 stattete König Faisal von Saudi-Arabien Italien einen Staatsbesuch ab; was dem Hüter der Heiligen Stätten von Mekka in Rom mit ihren vielen Kirchen fehlte, war eine Gebetsstätte. Deshalb zeigte sich das saudische Königshaus nie kleinlich bei der Finanzierung des Monumentalbaus. Außer Saudi-Arabien ermöglichten 22 andere Staaten »mit Gottes, des Milden und Barmherzigen Hilfe« den Bau: Von A wie Algerien bis Y wie Yemen reicht die Liste.

Die Päpste, Paul VI. und Johannes Paul II., erklärten jeweils den Bau der **Moschee mit einem Islamischen Kulturzentrum (17)** in ›ihrer‹ Stadt, die größte für lange Jahre in Europa, zur Herausforderung, zum ›Symbol der Toleranz‹, »das beredte Zeichen der Religionsfreiheit, die hier allen Gläubigen zuerkannt wird«, so Johannes Paul II. zur Eröffnung am 21. Juni 1995; und weiter, er müsse »leider feststellen, dass in einigen islamischen Ländern eben solche Zeichen der Anerkennung fehlen«. Aber warum nicht auch eine Moschee in Rom? Neben der Synagoge für die Römer jüdischen Glaubens (mit einer Tradition von mehr als zwei Jahrtausenden), die gut sichtbar in zentraler Lage zwischen Tiber und Kapitol liegt. Das ›grandiose Monument des Islam‹, so die Eröffnungsinschrift, mit Gebetsraum und einem 39 m hohen Minarett, von den Architekten Paolo Portoghesi und Vittorio Gigliotti entworfen, ist weniger sichtbar. Man muss auf der Nordost-Tangente in Rom zwischen dem Olympiastadion und der Via Salaria schon genau hinschauen, um am Tiber und an den Abhängen der Villa Ada am Fuß des Monte Antenne die Moschee überhaupt wahrzunehmen.

Am 13. März 2006 wurden der römische Oberrabbiner Riccardo Di Segni und der Vorsteher der jüdischen Gemeinde Roms, Leone Pasermann, von dem Leiter der Muslimischen Weltliga in Italien, Mario Sciajola, und dem Sekretär der Islamischen Gemeinde Roms, Abdellah Redouane, willkommen geheißen. Sciajola drückte seine Befriedigung darüber aus, dass diese Begegnung »im islamischen Kulturzentrum und nicht auf dem römischen Kapitol oder sonst wo stattfindet«. »Wir müssen«, sagte Di Segni, »die Erfahrung des Dialogs machen. Es ist unsere Pflicht, daran mitzuwirken, die Bedingungen für den Frieden zu schaffen. Der Kampf gegen Islamophobie und Antisemitismus muss parallel erfolgen und darf nicht von Beispielen und Wellen der Intoleranz erstickt werden.« Am selben Tag empfing Papst Benedikt XVI. den ägyptischen Staatschef Mubarak im Vatikan – eine Routine-Audienz.

*MACRO –
Museo d'Arte
Contemporanea*
Via Reggio Emilia, 54
Tel. 06 67 10 79 90
Di–So 9–19 Uhr

MACRO FUTURE
Piazza Orazio Giustiniani, 4
Di–So 9–19 Uhr

MACRO – Museo d'Arte Contemporanea

Etwas außerhalb der gewöhnlichen Besichtigungsgänge liegt das Museum für Zeitgenössische Kunst, MACRO, in der Via Reggio Emilia, Nr. 54, in den früheren Gebäuden der Peroni-Bierbrauerei, das jedoch gerade bei jungen Besuchern auf großes Interesse stößt. Das ansprechend restrukturierte Hauptgebäude des Museums umfasst mehrere große Ausstellungssäle, Mediothek und Bibliothek, und bietet immer wieder Sonderausstellungen Raum.

Im ehemaligen Schlachthaus im Testaccio-Viertel, Ex-Mattatoio, Piazza Orazio Giustiniani 4, unterhält das Museum eine Nebenstelle (MACRO FUTURE).

Dives in Misericordia

Ein weiteres Beispiel modernen Bauens – nicht gerade häufig im kirchlichen Rom – ist die Chiesa del Giubileo, die Kirche des Heiligen Jahres 2000, Dives in Misericordia (›Gott Barmherziger Vater‹, *Dio Padre Misericordioso*), von Richard Meier, dem Architekten des Ara-Pacis-Schreins, entworfen, ein ›europäisches Zentralwerk‹, wie international anerkannt wird. Es ist in der Tat ein gewagter Bau, der wenig mit römischer Volksfrömmigkeit zu tun hat, leider oder glücklicherweise. Die zum Jubeljahr 2000 unter Papst Johannes Paul II. errichtete Kirche liegt etwas weit von der Innenstadt entfernt im südlichen Vorort Tor Tre Teste, Via Francesco Tovaglieri, am Autobahnring GRA zwischen den Ausfahrten Via Prenestina und Via Casilini stadteinwärts. Vielleicht mit einem Ausflug verbunden, lohnt sie den Besuch, vor allem für jene, denen der Kirchenbarock ›zu viel wird‹.

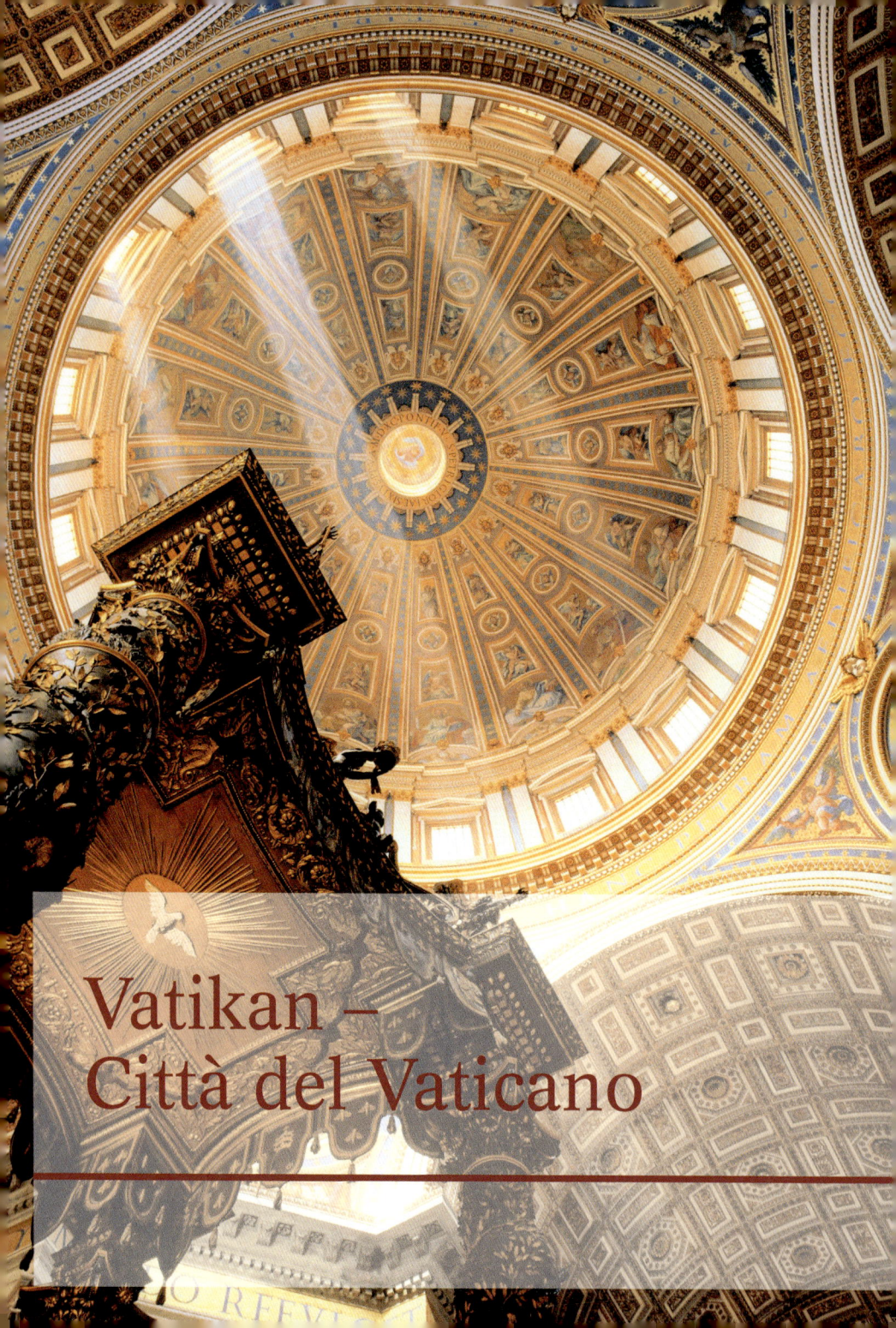

Vatikan –
Città del Vaticano

Sankt Peter und der Vatikan – das ist eine einzigartige Stätte auf der Welt: die größte, prächtigste und berühmteste Kirche der Christenheit, die gewaltigste sichtbare Kristallisation des christlichen Glaubens, Zentrum der katholischen Kirche, einer religiösen Institution, die nicht nur wegen ihrer zwei Jahrtausende währenden Geschichte Respekt verlangt, sondern auch in der Gegenwart lebendig wirkt und Gläubige aus aller Herren Länder magisch in diese Mitte zieht, ein so übermächtiges Kunstwerk von Menschenhand, dass vor dem Gesamteindruck die Worte zu versagen drohen, dazu die Residenz des Papstes, des Oberhauptes der römisch-katholischen Kirche und vornehmsten Sprechers der Christenheit, die größte Palastanlage der Welt, ein souveräner Staat inmitten der italienischen Hauptstadt, der Stato della Città del Vaticano – Staat der Vatikanstadt (mit 0,44 km² kleinster Staat der Erde), die völkerrechtliche Basis des ›Heiligen Stuhls‹, der Zentralverwaltung der katholischen Kirche unter dem Papst, und eine der weltweit größten Herbergen von Kunstschätzen, im Petersdom und in den Vatikanischen Museen.

Cityplan Sankt Peter und der Vatikan S. 356

Restaurant-Tipps s. S. 422

Besonders sehenswert: Petersplatz, Peterskirche, Vatikanische Museen, Stanzen des Raffael Sixtinische Kapelle

Peterskirche und Petersplatz

Der ›natürliche‹ Zugang nach Sankt Peter ergibt sich von der Engelsburg. Geht man von der Innenstadt über den Ponte Umberto am Justizpalast oder über die Engelsbrücke, schwebt die Kuppel der Kirche über dem Tiber, kommt man über den Lungotevere von Osten (Fußgängerzone), liegt die Schöpfung des Michelangelo über dem Grab des Kaisers Hadrian. Dass heute der Blick durch die Via della Conciliazione frei ist auf Platz, Fassade und Kuppel von Sankt Peter, ist lang ersehnt worden, wurde jedoch erst im 20. Jh. unter Mussolini nach der Besiegelung der Lateranverträge, der ›Versöhnung‹ zwischen dem Königreich Italien und dem Papst, von 1936 bis 1950, realisiert.

Die so riesige, prachtvolle Kirchenanlage verlangte nach einem feierlichen Zugang. Doch Jahrhunderte lang wurden die Pilgerscharen in den Gassen und Winkeln des Borgo aufgehalten, auch zu ganz profanen, geschäftlichen Zwecken. So trat der Überraschungseffekt erst in unmittelbarer Nähe der Kirche ein. Erst der faschistische Diktator Mussolini realisierte die Pläne und öffnete den Blick auf Sankt Peter, dabei Paläste und Kirchen zur Seite schiebend, Häuser abreißend. Kunsthistoriker haben gegen Einzelheiten der breiten Via della Conciliazione manches eingewendet. Insgesamt erzielt sie jedoch vor dem Peters-Komplex eine langsame, feierliche Einstimmung auf Großes. Der (protestantische) Dichter Friedrich Schiller (1759–1805) schwärmte von diesem überwirklichen Kirchengebilde zu Ehren des Apostelfürsten Petrus im Auftrag des Papstes: »Ein wahrhaft Reich der Himmel ist sein Haus. Denn nicht von dieser Welt sind diese Formen.« Der französische Schriftsteller Stendhal (1783–1842) sagt von diesem ›Schönsten‹ schlicht: »Es ist ganz einfach die Vollendung der Kunst.«

Ufficio Informazioni Pellegrini e Turisti

Piazza S. Pietro Tel. 06 69 82 (Zentrale) www.vatican.va Auskunft über Führungen in die Vatikanischen Gärten, in die Peterskirche und in die Sixtinische Kapelle. Der Zugang zur Vatikanstadt und nach Sankt Peter wird nur in angemessener Kleidung gestattet.

◁ *Blick in die Kuppel von Sankt Peter, im Vordergrund der Baldachin des Papstaltars*

Vatikan (Città del Vaticano)

Sankt Peter und der Vatikan

1 Kolonnaden des Bernini
2 Obelisk
3 Brunnen von Maderna
4 Brunnen von Fontana
5 Peterskirche
6 Apostol. Palast
7 Bronzetor, Eingang und Korridor des Bernini
8 Vatikanische Museen
9 Vatikanische Bibliothek
10 Stanzen des Raffael
11 Loggien des Raffael
12 Sixtinische Kapelle
13 Museo Storico
14 Vatikanische Pinakothek

Baugeschichte

Der weite Weg aus der Innenstadt wirft die Frage auf, warum man eine so große Kirche so weit außerhalb der eigentlichen Stadt errichtete. Die Antwort muss sich auf den Apostel Petrus und die Päpste konzentrieren. Immer waren die Päpste mit dieser Kirche verbunden, auch wenn sie als Bischöfe von Rom jahrhundertelang im Lateran residierten, auch wenn sie erst im 15. Jh. neben der Kirche sich den heutigen Vatikanischen Palast erbauen ließen und schon ein Jahrhundert später den Quirinalspalast als Residenz planten und lange benutzten. Nach der Überlieferung erlitt der Apostel Petrus, der, wie die Bibel berichtet, von Jesus ausgezeichnete Jünger, im Jahr 64 oder 67 unter

Nero in den kaiserlichen Gärten beim Vatikanischen Hügel das Martyrium. Petrus wurde von den Christen als der erste Bischof Roms verehrt: Als sein Nachfolger betrachtete sich jeder römische Bischof; in dieser hervorgehobenen Apostolischen Sukzession verstanden sich die Päpste als Träger eines Primats im Dienst der ganzen Kirche. Die römischen Christen waren stets stolz darauf, dass sich bei ihnen die Gräber der Apostelfürsten Petrus und Paulus befanden. Für die ›Memoria‹, das verehrende Gedenken an Petrus, sollte Anfang des 4. Jh. eine stattliche Kirche errichtet werden. Diese erste Peterskirche, von Kaiser Konstantin gestiftet, wurde im Jahr 326 von Papst Sylvester I. (314–35) eingeweiht.

Der Kunsthistoriker Richard Krautheimer (1897–1994), bester Kenner des mittelalterlichen Rom, notierte dazu:»Die Petersbasilika lag auf einem kaiserlichen Landbesitz außerhalb der Stadt: am Rande des Vatikanischen Hügels, dort, wo er sich zu den Gärten des Nero hinuntersenkte. Im Gegensatz zu anderen Begräbnishallen erhob sich der Schrein des heiligen Petrus jedoch nicht außerhalb der Basilika in einer Katakombe. Statt dessen bildete er den zentralen Brennpunkt der Basilika und zwang den Architekten des Kaisers auf diese Weise einen neuen Grundplan auf. Zwischen 319 und 322 begonnen und 329 vollendet, stand die Basilika auf einer weiten Terrasse, die durch Aufschüttung der alten heidnischen Nekropolis und des in ihr gelegenen kleinen christlichen Kultzentrums entstanden war; nur der obere Teil der Nische, die Gedenkstätte des heiligen Petrus, blieb über dem Bodenniveau von Konstantins Basilika sichtbar. Konstantins Bau ist anhand der ausgegrabenen Reste und aus Beschreibungen, Gemälden und Zeichnungen, die vor oder während seines Abrisses angefertigt wurden, in nahezu allen Details bekannt.«

Alt-Sankt-Peter wurde als fünfschiffige Basilika mit Querhaus und Apsis errichtet. Die Kirche war mit Malereien, Mosaiken und Grabmälern prächtig ausgestattet – wie den mittelalterlichen Pilgerberichten zu entnehmen ist. Oft restauriert, hatte sie im 15. Jh., nach dem Exil der Päpste in Avignon und dem abendländischen Schisma einstige Größe und Pracht eingebüßt. Als im 15. Jh. Ansehen, Macht und Reichtum der Päpste wieder wuchsen und Rom sich im Vergleich mit den anderen italienischen Städten erholte, rief Papst Nikolaus V. im Jahr 1452 die Christenheit zum Bau eines neuen Gotteshauses auf. Doch erst Julius II. (1503–13, um 1443 geboren) ging mit Entschiedenheit an das Projekt.

Diese erste Phase erlebte etwa der junge Augustiner-Mönch Martin Luther (1483–1546), der spätere Reformator, als er im Winter 1510/11 als Begleiter eines Oberen, des Paters Nathin, in Rom weilte; aber er nahm weder den Betrieb der päpstlichen Kurie noch die künstlerischen Bestrebungen der römischen Renaissance richtig wahr. Wegen des teuren Kirchen-Neubaus standen als ›Heilige‹, wie der Volksmund spottete, ›Sankt Goldtaler‹ und ›Silbergroschen‹ noch mehr in Ansehen. Als frommer Priester nahm Luther daran zu jener Zeit jedoch wenig Anstoß; die Reformation wurde nicht um der Peterskirche willen ausgerufen, auch wenn zu ihrem Bau Ablassgelder verwandt wurden, gegen die Luther wenig später heftig rebellierte.

Seit 1506 trieben Julius II. und der Architekt Bramante (1444–1514), beide im vorgerückten Alter, die Arbeiten mit fieberhafter Hast voran. Vielleicht erklärt auch die Eile, warum man später Bramante nachsagte, er habe schlechte Baumaterialien verwendet und zudem noch Geld veruntreut. In die dann folgende – spannende und langwierige – Baugeschichte, griffen bis zu Pius VI. (1775–99), also drei Jahrhunderte lang, fast alle Päpste ein. Verschiedene Entwürfe wurden eingereicht, abgeändert, umgestoßen, durch neue ersetzt. Stets wurden die bedeutendsten Architekten und Künstler berufen. Bramantes Nachfolge traten Raffael, Fra Giocondo, Giuliano da Sangallo, Baldassare Peruzzi, Antonio da Sangallo und Michelangelo (1547, im Alter von bereits 72 Jahren) an. Letzterem verdanken wir die unvergleichliche Kuppel. Bei Michelangelos Tod im Jahr 1564 war der Tambour, der zylindrische Aufsatz, fertig, die Form festgelegt. Die nächsten Bauleiter waren Vignola, Pirro Ligorio, Giacomo della Porta, Domenico Fontana, Carlo Maderna und Bernini. Paul V. (1605–21) forderte wegen der Neuerungen in der kirchlichen Liturgie (nach dem Konzil von Trient, 1545–63) und Architektur, den bisherigen Zentralbau mit gleich langem Quer- und Längsschiff zur Stadt hin zu verlängern. Maderna erfüllte diesen Wunsch und schloss die Fassade 1614 (1612, nach der Inschrift) ab. Mit der Vollendung des Kirchenbaus war die Aufgabe gestellt, den Platz vor diesem ›Haus Gottes, des hl. Petrus und der Päpste‹ zu schaffen. Sie fiel Gianlorenzo Bernini aus Neapel zu; er führte sie im Auftrag Papst Alexanders VII. (1656–67) von 1656 bis 1667 meisterhaft aus.

Petersplatz (Piazza San Pietro)

Petersplatz ★★

Die Piazza des Bernini ist eine vollkommene Schöpfung – ob mit Zehntausenden, manchmal gar Hunderttausenden von Menschen oder ganz leer. Die beiden ineinander übergehenden Plätze – eine 240 m lange Ellipse und ein Trapez, die Piazza Retta, die, zur Kirche hin breiter werdend, auf langen Stufen zwischen den Statuen der Apostelfürsten Petrus und Paulus ansteigt – bilden die feierlichste Bühne der katholischen Kirche. Auf der Piazza Retta vor der eindrucksvollen Fassade zelebriert der Papst an hohen Festtagen das Pontifikalamt und hält am Mittwoch die traditionelle Generalaudienz, wenn für die große Menge der Gläubigen das Innere des Domes oder der Audienzhalle nicht ausreicht. Vierer-Reihen von insgesamt 284 Säulen und 88 Pfeilern aus Travertin, weit ausladenden Armen vergleichbar, die aufnehmen und einschließen, umspannen das Oval des ersten Platzes. Auf diesen 17 m breiten **Kolonnaden (1)** vollzieht sich eine Prozession von 140 Heiligen, Zeichen der triumphierenden Kirche, Figuren, die von mehreren Künstlern unter Alexander VII. und Klemens IX. (1667–69) geschaffen wurden.

Blick vom Petersplatz auf die Fassade von Sankt Peter

Die Mitte des ovalen Platzes ist durch einen 25,5 m hohen ägyptischen **Obelisken (2)** unübersehbar markiert. Zudem führen weiße, in das Pflaster eingelassene Stein-Streifen, die zugleich gliedernde Sektoren bilden, auf das Zentrum zu. Der Obelisk wurde im Jahr 37 von Kaiser Caligula aus dem altägyptischen Heliopolis nach Rom überführt und im Circus auf dem Vatikanischen Hügel aufgerichtet. Dort überdauerte er das ganze Mittelalter. 1586 ordnete Papst Sixtus V. seine Versetzung vor die Kirche an. Der damit betraute Architekt Domenico Fontana wäre daran beinahe gescheitert. Für den Transport des 322 t schweren Steines setzte man 44 Winden, 900 Arbeiter und 140 Pferde ein. Man arbeitete vier Monate lang. Ganz zuletzt wollte man den noch unzerbrochenen – darauf kam es an – Obelisken unter absoluter Stille – so die Anordnung des Papstes – an der vorgesehenen Stelle aufrichten. Da verhinderte ein beherzter Arbeiter im letzten Moment das Reißen der Halteseile, indem er über den Platz schrie: »Wasser auf die Seile!« Als Dank habe der Papst ihm und seiner Familie für alle Zeiten das Privileg eingeräumt, die für die Feier des Palmsonntags nötigen Zweige verkaufen zu dürfen. So wurde die Missachtung eines päpstlichen Gebotes recht einträglich. Es heißt, im Fuß des Obelisken befinde sich die Asche Caesars, in seiner Spitze eine Kreuzesreliquie – eine schöne Überlieferung, die Antike und Christentum miteinander verbindet. Da der Obelisk auf einem stattlichen Fundament steht und auf dem Rücken von vier Bronzelöwen ruht, ragt er noch höher über den Platz empor.

Die Geometrie der Ellipse erfüllen zwei 14 m hohe **Brunnen** mit riesigen Granitschalen aus einem Stück. Die hohen Wasserfontänen geben dem Platz optisch und akustisch Leben. Der rechte wurde 1613 unter Paul V. **von Maderna (3) und** der linke 1677 wohl **von Fontana (4)** errichtet. Links und rechts neben den Brunnen sind im Pflaster die Brennpunkte der Ellipse eingezeichnet, die Punkte, von denen man die Vierer-Reihen der Kolonnaden als eine Säulenreihe sieht. Damit nicht genug der genialen Leistung des Bernini. Der ovale Platz weist in sich einen Höhenunterschied von 2,46 m auf. Er steigt von der Nullmarke des linken Brennpunkts zu den linken Kolonnaden auf 2,2 m an, fällt nach rechts hingegen auf minus 0,26 m ab, um dann bis zu den rechten Kolonnaden eine Höhe von 1,57 m zu erreichen. Der Platz ist die architektonische Krönung eines universalen Anspruchs.

Peterskirche (Basilica di San Pietro)

Fassade und Vorhalle

Peterskirche ★★

Papst Paul V., Camillo Borghese, aus adliger römischer Familie, war mit dem bis 1590 entstandenen Zentralbau nicht zufrieden. Er griff den Grundriss eines lateinischen Kreuzes – bei dem das Hauptschiff länger ist als das Querschiff – wieder auf und ließ ab 1607 das Hauptschiff verlängern. Der Baumeister Maderna schuf zudem die Verbindung zwischen **Peterskirche (5)** und Palast. Dazu musste er die Fassade auf der rechten Seite verbreitern, und wegen der Symmetrie auch auf der linken, sodass die Gesamtlänge schließlich 114,7 m betrug. Die Höhe von 45,5 m konnte nicht verändert werden, da man sonst von unten die Kuppel des Michelangelo noch weniger sehen würde. Maderna gliederte die Fassade (1607–14) stark durch Säulen und Pfeiler, unterschiedliche Fenster, Eingänge und Balkons. Er schuf eine, wie Burckhardt urteilt, »ungeheure Dekoration, deren Teile auf alle Weise vor- und rückwärts, aus- und einwärts treten, ohne Grund und Ursache«. Die Fassade krönen 5,7 m hohe Statuen von Christus mit

Sankt Peter (San Pietro in Vaticano)
Basilika:
tgl. 7–18, im Sommer bis 19 Uhr
Grotten:
tgl. 7–17 Uhr
Kuppel:
tgl. 8–17 Uhr

dem Kreuz, Johannes dem Täufer und den Aposteln (ohne Petrus, der unten steht). Die Uhren, rechts und links außen die obere Balustrade mit ihrem ›Gehäuse‹ überragend, wurden im 19. Jh. von dem Architekten Valadier eingefügt, nachdem man auf die geplanten Glockentürme verzichtet hatte.

Die 71 m breite, 13,5 m tiefe und 20 m hohe Vorhalle öffnet sich in fünf mit Bronzegittern ausgestatteten Toren. In ihrem Innern befinden sich außen zwei Reiterstatuen, rechts der ›alt-römische‹ Kaiser Konstantin, ein Werk Berninis von 1670, links der ›neu-römische‹ Karl der Große. Über dem Mittelportal sehen wir Fragmente der Navicella (biblische Szene vom Seesturm), eines Mosaiks von Giotto aus Alt-Sankt-Peter. Das Bronzetor des Mittelportals wurde von dem Florentiner Bildhauer Filarete (1433–45) noch für die alte Peterskirche gearbeitet; dargestellt sind Christus und Maria, dazu die Apostelfürsten Petrus und Paulus (deutlich erkennbar ihre Martyrien durch Kreuzigung und Enthauptung) und in den Reliefstreifen historische Szenen, im Rahmenfries Darstellungen aus der antiken Mythologie. Als Haupteingang dient gewöhnlich das Bronzetor links von Carlo Maderna. Zwei Portale sind modern: links zuerst das »Tor des Todes« von Giacomo Manzù (Johannes XXIII. und das Zweite Vatikanische Konzil geben das Thema an), dann das »Tor des Guten und des Bösen« von Luciano Minguzzi. Der vermauerte Eingang ganz rechts ist die Heilige Pforte, die nur im Heiligen Jahr offen steht (s. S. 58).

Die Mittelloggia über der Eingangshalle ist feierlichen Anlässen vorbehalten. Sie ist die Schaubühne nach einem Konklave in der Sixtinischen Kapelle. Wenn die Wahl eines neuen Papstes durch weißen Rauch aus einem Kamin der Sixtinischen Kapelle (rechts oben neben der Fassade) angezeigt wird, steigt die Spannung der Gläubigen und Neugierigen auf dem Platz unermesslich. Dann tritt der Dekan des Kardinalskollegiums auf den Balkon in der Mitte der Fassade, verkündet: »*Habemus Papam*« und nennt nach einer ewig scheinenden Pause den Namen des neuen Papstes. Dieser erscheint einige Minuten später auf der Loggia und erteilt von dort aus seinen ersten Segen *Urbi et Orbi*, der Stadt und dem Erdkreis. Das tut er auch, weniger aufregend, doch nicht minder feierlich, an Festtagen. Auch Selig- und Heiligsprechungen werden von hier verkündet; am 15. August 1950 proklamierte Pius XII. von hier zuletzt das Dogma von der ›Aufnahme Mariens in den Himmel‹.

Inneres

Die Ausmaße des Petersdomes sind auch im Innern eindrucksvoll. Länge: 186 m (mit Außenmauern 194 m, mit Vorhalle 211,5 m), Höhe: 46 m im Hauptschiff und 119 m im Kuppelraum. Die Fläche von etwa 15 000 m^2 bietet Platz für 60 000 Besucher. Trotz dieser gewaltigen Abmessungen fühlt man sich in Sankt Peter nicht winzig klein und verloren – was manche als Nachteil des Baus kritisiert haben. Die architektonischen Leitideen von Renaissance und Barock, die klaren Ordnungen, der Grundriss eines lateinischen Kreuzes und die Kuppel, die Harmonie der Proportionen, dazu die Schmuckelemente, alles respektiert menschliches Maß (s. Abb. S. 54 und S. 354).

Am Anfang des Mittelschiffs befindet sich im Fußboden eine **rote Porphyrscheibe.** Sie befand sich früher vor dem Hochaltar der alten Kirche; auf ihr empfing am Weihnachtstag des Jahres 800 der Frankenkönig Karl von Papst Leo III. die Salbung und Krönung zum Kaiser des Imperium Romanum. Markierungen im Fußboden des Hauptschiffs, hinter der Porphyrscheibe beginnend, von der Apsis gemessen, weisen für einen Vergleich mit anderen Gotteshäusern deren

Vollendete Kuppel

Jacob Burckhardt zollte in seinem »Cicerone« das höchste Lob: »Die Kuppel Michelangelos, in Form und Höhe derjenigen der früheren Baupläne überlegen, bietet vielleicht von außen die schönste und einfachste Umrisslinie dar, welche die Baukunst auf Erden erreicht hat.«

Längenmaße aus; wir finden u. a. die von Sankt Paul in London, die der Kathedrale von Florenz, des Domes zu Köln.

Gegenstand jahrhundertelanger Verehrung und außerdem ein beachtliches Werk der mittelalterlichen Bildhauerkunst ist die **Bronzestatue des Apostels Petrus** auf einem Marmorthron, ein Werk des 13. Jh., am ersten rechten Kuppel-Pfeiler im Hauptschiff, dem des hl. Longinus. Die Gläubigen berühren mit Küssen oder mit der Hand den rechten Fuß und erweisen dadurch dem Apostelfürsten ihre Verehrung; so ist er in all den Jahrhunderten ganz blank geworden. An Festtagen bekleidet man die Statue mit kostbaren Gewändern.

Nun zur **Kuppel des Michelangelo:** Sie ist in einem Vollendung einer architektonischen Idee und krönender Abschluss des Apostelgrabs über dem Zentrum des Kirchenraumes. Vier gewaltige fünfeckige Pfeiler von 24 m Durchmesser und 71 m Umfang – manche Kirche wie San Carlo alle Quattro Fontane hat auf dem Grundriss Platz – bilden das Fundament. Darüber hebt sich ein Tambour, ein zylindrischer Aufsatz, der von 16 Fenstern durchbrochen wird. Dadurch ergibt sich eine großartige Lichtwirkung. Die Kuppel selbst ist mit innerer Raumschale und äußerer Schutzkuppel konstruiert. In dieser Doppel-Halbkugel führt eine Treppe zum Laternenumgang empor. Der Kuppeldurchmesser von 42,34 m ist um 0,86 m kleiner als der des Pantheon. Im Innern der Kuppel stehen in lateinischer Sprache die Worte aus dem Matthäus-Evangelium (Kapitel 16, 18) in 2 m hohen Buchstaben geschrieben, auf die seit altersher die Päpste den – unter Christen nicht unbestrittenen – Anspruch gründen, die Kirche zu leiten und die Menschen zum ewigen Heil zu führen: TV ES PETRVS ET SVPER HANC PETRAM AEDIFICABO ECCLESIAM MEAM ET TIBI DABO CLAVES REGNI CAELORUM (Du bist Petrus, und auf diesen Felsen werde ich meine Kirche bauen, und dir gebe ich die Schlüssel des Himmelreiches). Unten in den Nischen der Pfeiler stehen vier riesige, 5 m hohe Figuren von Heiligen, die mit der Passion Christi verbunden sind: Veronika mit dem Schweißtuch am Kreuzweg; Helena, die Mutter Kaiser Konstantins, die im 4. Jh. nach der Tradition das Kreuz Christi im Heiligen Land gefunden hat; Longinus, der Soldat mit der Lanze; und der Apostel Andreas, der sein Martyrium auf einem X-förmigen Kreuz erlitt. In den Loggien darüber werden Reliquien der Passion Christi aufbewahrt.

In der Mitte der Kirche, unter der Kuppel und über dem Petrus-Grab, ragt der **Papstaltar** empor. Im Auftrag Urbans VIII., des Papstes aus der Familie der Barberini, schuf Bernini darüber zwischen 1624 und 1633 eine neue Krönung, einen 29 m hohen Bronzebaldachin; die Bronze dafür nahm der Künstler kurzerhand mit Zustimmung des Barberini-Papstes, doch unter dem Grollen der Römer (Barberini = Barbaren), aus der Vorhalle des Pantheon. Dieser Baldachin wird immer wieder als Meisterwerk des Barock gepriesen. In der Tat drücken die gedrehten Säulen – die Form ist alt, wird jedoch hier ins Große, ins sich selbst genügende Dekorative gesteigert – und die wogenden Schwingungen des in Bronze gegossenen ›Stoffes‹ ein festliches Lebensgefühl, den Überschwang einer selbstgewissen Epoche und nicht zuletzt den Triumph des nach der Reformation wiedererstarkten Papsttums aus. Zugleich wird der Altar hervorgehoben als Ort feierlicher, fast überirdischer Handlungen. 95 vergoldete Öllampen ziehen sich um die Confessio, den tiefer liegenden, von Maderna geschaffenen Raum am Hochaltar, für den Canova eine Marmorstatue des knienden Papstes Pius VI. (1775–99) schuf, eine würdige Rahmung für das Petrus-Grab.

Noch einmal wird der Apostelfürst apotheotisch geehrt, vorn in der Apsis. Die **Cathedra Petri,** der Lehrstuhl des römischen Bischofs, ebenfalls ein Werk des Barock-Meisters Bernini, der ein halbes Jahrhundert lang Rom und Sankt Peter seinen Stempel aufdrückte, ist eine triumphale Fantasie in vergoldeter Bronze, von demselben Schwung geprägt wie der Altarbaldachin. Vier Kirchenlehrer der ersten christlichen Jahrhunderte, die des lateinischen Abendlands, Ambrosius und Augustinus, die des griechischen Orients, Athanasius und Johannes Chrysostomus, stützen den Thron des Petrus. Darüber glänzt gold-gelb ein Alabasterfenster mit der Taube, dem Symbol des Heiligen Geistes. Zu den beiden Seiten der Cathedra je ein Denkmal: für Papst Urban VIII., Maffeo Barberini (rechts; von Bernini für seinen großen Gönner, 1647), und Paul III., Alessandro Farnese (links; von Guglielmo della Porta, 1575).

In Sankt Peter, der Kirche der Päpste, stoßen wir auf viele Grab- und Denkmäler von Päpsten. So, wenn wir im rechten (nicht gerade verlaufenden) Seitenschiff von vorn nach hinten gehen, im Durchgang zum Querschiff, das klassizistische **Denkmal Klemens' XIII.** (1758–69), ein vielgerühmtes Meisterwerk des **Antonio Canova** (1788–92). Im rechten Querhaus tagte von 1869 bis zum Juli 1870, fast bis zum Ausbruch des deutsch-französischen Kriegs, das Erste Vatikanische Konzil, an dem etwa 650 Bischöfe teilnahmen; es proklamierte unter anderem das Dogma von der päpstlichen Unfehlbarkeit (unter bestimmten Bedingungen). Das Zweite Vaticanum von 1962 bis 1965 wurde im wesentlich größeren Langhaus abgehalten, da 3000 Bischöfe Platz finden mussten. Diese Versammlung hob die Bedeutung der Bischöfe gegenüber dem Papst hervor.

Im Durchgang hinter dem Kuppelpfeiler das **Denkmal Gregors XIII.** (1572–85), eines Papstes aus der Familie der Boncompagni (mit dem Drachen im Wappen), der große Anstrengungen zur Erneuerung der katholischen Kirche unternahm; wir datieren noch immer nach seiner Gregorianischen Kalenderreform. Für die **Sakramentskapelle** des Barberini Urban VIII. entwarf Borromini das Gitter (zum Seitenschiff), Bernini den Altar mit dem Rundtempel-Zimborium. Am nächsten Pfeiler das nach einem Entwurf von Bernini ausgeführte **Denkmal für die Markgräfin Mathilde von Tuszien** (Toskana), eine getreue Anhängerin Gregors VII., die ihm im Kampf gegen den deutschen Kaiser im 11. Jh. zur Seite stand. In der folgenden Seitenkapelle, der des hl. Sebastian, stehen sich zwei Päpste des 20. Jh. gegenüber: rechts die **Statue Pius' XI.** (1922–39; von Nagni)

Vatikan (Città del Vaticano)

Peterskirche, Grundriss

1. Vorhalle
2. Bronzetür des Filarete
3. Heilige Pforte
4. Reiterstandbild Karls des Großen
5. Reiterstandbild Konstantins
6. Pietà des Michelangelo
7. Denkmal für Leo XII.
8. Denkmal für Christine von Schweden
9. Denkmal für Pius XI.
10. Denkmal für Pius XII.
11. Denkmal für Innozenz XII.
12. Denkmal für Mathilde von Canossa
13. Sakramentskapelle
14. Denkmal für Gregor XIII.
15. Grabmal Gregors XIV.
16. Cappella Gregoriana
17. Denkmal für Gregor XVIII.
18. Altar der Madonna der Immerwährenden Hilfe
19. Denkmal für Benedikt XIV.
20. Altar der hl. Processus und Martinian
21. Denkmal für Klemens XIII.
22. Denkmal für Klemens X.
23. Denkmal für Urban VIII.
24. Cathedra Petri
25. Denkmal für Paul III. Farnese
26. Denkmal für Alexander VIII.
27. Altar Leos des Großen
28. Cappella della Colonna
29. Denkmal für Alexander VII.
30. Altar der hl. Simon und Judas
31. Denkmal für Pius VIII.
32. Cappella Clementina
33. Denkmal für Pius VII.
34. Denkmal für Leo X.
35. Denkmal für Innozenz XI.
36. Chorkapelle
37. Denkmal für Pius X.
38. Denkmal für Innozenz VIII.
39. Altar Pius' X.
40. Denkmal für Benedikt XV.
41. Denkmal für die letzten Stuarts
42. Denkmal für Maria Clementina Sobieska
43. Taufkapelle
44. Statue des hl. Petrus
45. Statue des hl. Longinus
46. Statue der hl. Helena
47. Statue der hl. Veronika
48. Statue des hl. Andreas
49. Papstaltar
50. Confessio

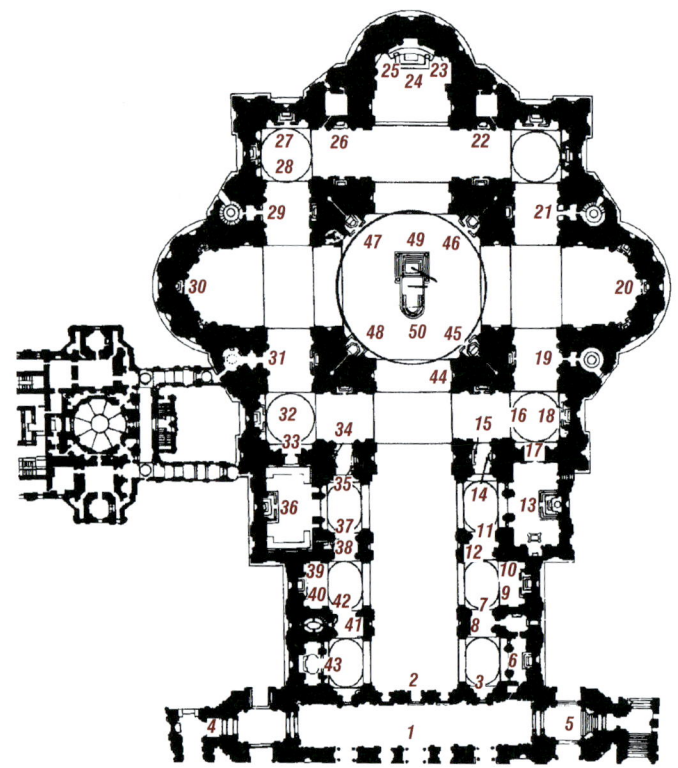

364

und links die **Pius' XII.** (1939–58; von Messina). Die Standbilder für die verstorbenen Päpste werden in letzter Zeit meist von jenen Kardinälen gestiftet, die von dem Toten in das Heilige Kollegium aufgenommen worden waren. Über dem Altar des hl. Sebastian ein Mosaik mit dem Martyrium des Heiligen nach einem Gemälde von Domenichino, das, wie die meisten in Sankt Peter, in die Vatikanischen Museen gebracht und durch ein Mosaik ersetzt wurde. Am nächsten Pfeiler das **Denkmal für die schwedische Königin Christine** (1644–54), die nach ihrer Abdankung (1654) zum Katholizismus konvertierte, nach Rom übersiedelte und dort bis zu ihrem Tode wohnte.

In der Cappella della Pietà im rechten Seitenschiff ganz hinten steht auf dem Altar die **»Pietà« des Michelangelo,** die dieser von 1498 bis 1500 im Alter von 25 Jahren schuf. Die junge, jungfräulich wirkende Madonna hält den toten Jesus im Arm. Der Künstler signierte sein Werk: Auf einem marmornen Band über der Brust Mariens steht der Name Buonarroti. Nach einem Anschlag auf das berühmte Bildwerk kann man es nur noch durch Sicherheitsglas betrachten, was die Wirkung etwas mindert.

Gehen wir nun hinüber in das linke Seitenschiff. Vielleicht wird gerade in der Taufkapelle ganz hinten ein kleiner Römer schreiend über dem Taufbecken zum Christenmenschen. Auch im linken Seitenschiff befinden sich von bedeutenden Künstlern geschaffene Denkmäler berühmter Päpste; so in der Cappella della Presentazione ein großes **Bronzerelief für Papst Johannes XXIII.** (1958–63; auf der rechten Seite) und eine **Statue für Benedikt XV.** (1914–22; links). Neben dieser Kapelle das **Grabmal für Innozenz VIII.** (1484–91), der einmal als thronender Herrscher (oben) und darunter liegend, im Tode, dargestellt ist (darunter). Das Grabmal wurde 1498 von Antonio Pollaiuolo für die alte Peterskirche geschaffen und später als einziges der alten Papstdenkmäler in der neuen aufgestellt. Gegenüber die **Statue für den hl. Pius X.** (1903–14). Der Sakramentskapelle im rechten Seitenschiff liegt die Chorkapelle des linken Seitenschiffs gegenüber. Am Kuppelpfeiler eine Mosaikkopie der »Verklärung Christi« von Raffael. Weiter vorn im Durchgang das **Denkmal für Alexander VII.,** das 1678 von Bernini und seinen Schülern geschaffen wurde. Zwischen der Cappella Clementina und dem Eingang zur Sakristei (1776–84 von Carlo Marchionni zur Zeit Pius VI. errichtet) finden wir das 1823 von Thorwaldsen (1768–1844) gestaltete **Grabmal für Pius VII.;** Thorwaldsen scheint als einziger protestantischer Künstler in Sankt Peter ein Werk geschaffen zu haben.

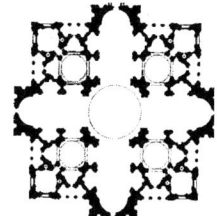
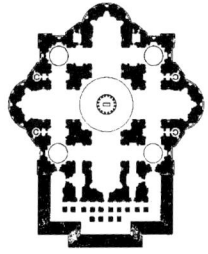

Entwürfe für den Neubau von Sankt Peter von Bramante (oben) und Michelangelo (unten)

Vatikanische Grotten

Das Kunsterlebnis in der gigantischen Kirche ist überwältigend, doch ein Gang in die Vatikanischen Grotten wird noch mehr davon überzeugen, dass Sankt Peter auch eine Stätte des Glaubens, die Mitte einer religiösen Überzeugung ist. Um 1546 zog Antonio da Sangallo den Fußboden um 3,2 m höher, um die Basilika vor Feuchtigkeit zu

Vatikan (Città del Vaticano)

Jacob Burckhardt spendet der Pietà von Michelangelo höchstes Lob: »Der Leichnam ist überaus edel gelegt und bildet mit Gestalt und Bewegung der ganz bekleideten Madonna das wunderbarste Ganze. Die Köpfe sind von reiner Schönheit, welche Michelangelo später nie wieder erreicht hat.«

schützen. In diesen sog. Vatikanischen Grotten fanden viele spätere Päpste ihr Grab, und die aus der alten Kirche wurden umgebettet. Am Andreas-Pfeiler unter der Kuppel führt der Eingang in diese stimmungsvollen, würdigen Gewölbe. An den Grabmälern der letzten Päpste, Pius' XII. (gestorben 1958), Johannes' XXIII. (1963), Pauls VI. (1978), Johannes Pauls I. (1978) und besonders Johannes Pauls II. (2005) finden sich immer zahlreiche Gläubige zum Gebet.

Mit besonderer Erlaubnis (der Fabbrica di San Pietro im Pallazzo della Canonica) kann man auch in Sonderführungen die **Scavi,** die Ausgrabungen unter Sankt Peter, unter den Grotten, besichtigen. Bei Grabungen im Auftrag Pius' XII. (1939–58) wurden Anlagen der alten vorkonstantinischen Nekropole, Sarkophage und Skulpturen, Denkmäler und Fundamente der Konstantinischen Basilika freigelegt. Eines der Gräber, jenes genau unter der Confessio, geben Archäologen als das des hl. Petrus an, und das von Generation zu Generation weitergegebene, 2000 Jahre alte Ortsgedächtnis der Römer spricht ebenfalls dafür.

Ausgrabungen (Scavi) unter Sankt Peter
Zu besichtigen nur mit besonderer Erlaubnis der Fabbrica di San Pietro, Tel. 06 69 88 53 18

Dach und Kuppel

Vom linken Seitenschiff (hinten) aus kann man zu Fuß (142 Stufen) oder mit dem Fahrstuhl auf das Dach von Sankt Peter gelangen. Von dort geht man zum Tambour (von der Galerie im Innern Blick in die Kuppel und zum Hochaltar hinunter) und kann zwischen innerer und äußerer Kuppelschale bis zur Laterne in 123 m Höhe hinaufsteigen. Rom liegt uns zu Füßen, der Blick reicht vom Petersplatz bis zu den Albaner und Sabiner Bergen und in den Staat der Vatikanstadt hinein, der ringsum von einer hohen Mauer umgeben ist. Von oben sehen wir das kleine Staatsgebiet mit den Vatikanischen Palästen, den Gärten, der Peterskirche und dem Petersplatz, vor dem ein weißer Strich die Staatsgrenze bezeichnet.

Die Gärten, umgrenzt von der Leoninischen Mauer, nehmen einen großen Teil der Vatikanstadt ein und umschließen hinter der Peterskirche und dem Apostolischen Palast eine Reihe von Zweckbauten, Kirchen und Verwaltungsgebäuden des Vatikanstaates, Türme und Brunnen, die Casina di Pio IV., Sitz der Päpstlichen Akademie der Wissenschaften, Bahnhof, Rundfunksender und die Museen. Der Dichter Jean Paul hat in seinem »Titan« eine romantische Beschreibung dieses Blicks gegeben: »Da brannten die Obelisken und das Kolosseum und Rom von Hügel zu Hügel, und auf der einsamen Campagna funkelte in vielfachen Windungen die gelbe Riesenschlange der Welt, (der) Tiber.«

Vatikanischer Palast (Palazzo Vaticano)

Die Peterskirche und der gewaltige, sich turmhoch rechts daneben erhebende **Apostolische Palast (6)** bilden heute eine Einheit, eine architektonisch eigen- und einzigartige. Das war nicht immer so. Zwar wird schon für Papst Symmachus (498–514) von einer Wohnung am Vatikan gesprochen. Sie kann auch nicht ganz unansehnlich gewesen sein, weil die deutschen Kaiser Karl der Große und Otto II. in den Jahren 800 und 980 hier aufgenommen wurden. Doch die eigentliche Residenz der römischen Bischöfe war der Lateranpalast, der sich innerhalb der altrömischen Stadtmauern befand. Den Wechsel führte das Exil in Avignon herbei. Bei der Rückkehr aus Südfrankreich fand Gregor XI. im Jahr 1377 den Lateranpalast verfallen vor und zog deshalb in den Vatikan. Seine Nachfolger restaurierten, vergrößerten, verschönerten und befestigten den Palast, bis nach 1450 der systematische Neubau begann. Nikolaus V., Sixtus IV. (Sixtinische Kapelle), Innozenz VIII., Alexander VI. (Appartamento Borgia), Julius II. (Belvedere-Hof, Loggien am Damasus-Hof), Paul III. (Cappella Paolina mit den Fresken Michelangelos), Pius IV., Pius V., Gregor XIII. und Sixtus V. (mit den heutigen Privaträumen, Empfangssälen und der Bibliothek), Paul V., Urban VIII. und Alexander VII. waren die Bauherren mit den besten Architekten ihrer Zeit. Vom 18. Jh. an widmeten sich die Päpste bis hin zu Johannes XXIII. und Paul VI. vor allem dem Trakt der Museen. So wurden es bis heute insgesamt etwa 1400 Säle, Kapellen und Räume, die 30 000 m² Grundfläche einnehmen, die von Mauern umschlossenen 20 Innenhöfe ungefähr 25 000 m².

Vatikan (Città del Vaticano)

Der **Portone di Bronzo (das Bronzetor; 7)**, rechts am Ende der Kolonnaden, bildet den Haupteingang zum Apostolischen Palast. Von dort führt der Corridore del Bernini, der von Bernini im Auftrage Papst Alexanders VII. geschaffene Aufgang, zur Scala Pia am Damasus-Hof, und zur Scala Regia bei der Cappella Sistina. Hier beginnen gewöhnlich die besonderen Papstaudienzen.

Vatikanische Museen (Musei Vaticani)

Vatikanische Museen ★★

Nicht wenige halten die **Museen des Vatikans (8)** mit ihren verschiedenen Abteilungen, die Musei Vaticani – Eingang: Viale Vaticano, also weit vom Petersplatz entfernt – für die bedeutendste Kunstsammlung der Welt. Sie sind nicht als Museen entstanden, sondern wuchsen aus den Kunst-Ambitionen der Päpste hervor und aus dem Bedürfnis des Glaubens, seine Inhalte darzustellen. Als Papst Julius II. im Jahr 1506 begann, getreu den Idealen der Renaissance von der Wiedergeburt der Antike, alte Kunstwerke zu sammeln, war ein Teil der heutigen ›Museen‹ schon vorhanden, arbeitete Michelangelo bald in der zu einem Drittel schon ›fertigen‹ Sixtinischen Kapelle, Raffael in den Stanzen, den nach ihm benannten Räumen. Wertvolle Kunstwerke der Antike, wie die Laokoon-Gruppe, die man zufällig oder bei planmäßigen Ausgrabungen in Rom fand, wurden den Päpsten gebracht oder den von diesen beauftragten Sachverständigen gezeigt. Gegenstände der Antike, die man schon hatte, Geschenke für die Päpste, interessante Objekte aus aller Welt stellte man auf.

Vatikanische Museen
www.vatican.va
Mo–Sa 8.30–18,
Einlass bis 16 Uhr
Die Vatikanischen Museen sind jeden letzten So im Monat bei freiem Eintritt zu besichtigen.
Der Eingang zu den Vatikanischen Museen befindet sich am Viale Vaticano (Nähe Piazza Risorgimento). Es existiert ein Busdienst für Hin- und Rückfahrt zwischen Petersplatz und dem oberen Eingang der Museen. Begrenzte Parkmöglichkeiten bestehen auf dem Viale Vaticano.

Auch hier können fast nur in Stichworten Hinweise für einen Besuch gegeben werden. Das Risiko, dabei auch Interessantes wegzulassen, muss man zugunsten einer Auswahl in Kauf nehmen, die das Wichtigste berücksichtigt, selbst wenn damit nur ein Teil des vatikanischen Reichtums an Kunstschätzen erwähnt wird. Aber ohne eine gewisse ›Ökonomie‹ sind die Museen des Vatikans nicht zu ›bewältigen‹. Um die kunsthistorische Orientierung zu erleichtern, unterscheiden wir vier Bereiche, die aber nicht immer im Zusammenhang begangen werden können:

– ägyptische und etruskische Ausstellungen im Museo Egizio und im Museo Gregoriano Etrusco;

– Antiken-Sammlungen des griechischen und römischen Altertums in den Museen Gregoriano Profano, Pio Clementino und Chiaramonti mit dem Braccio Nuovo;

– kirchlich-vatikanisch orientierte Abteilungen, wie die Biblioteca Apostolica Vaticana, die Vatikanische Bibliothek, die Collezione d'Arte Religiosa Moderna, Museo Sacro, Museo Pio Cristiano, Museo Missionario Etnologico und Museo Storico;

– und schließlich die Räume des Vatikans, die in sich selbst Kunstwerke sind, Appartamento Borgia, die Stanzen und die Loggien des Raffael, die Kapelle Nikolaus' V., die Sixtinische Kapelle und die langen Korridore der Museumstrakte, die Galleria delle Carte Geografiche, degli Arazzi und dei Candelabri.

Museo Gregoriano Profano

Die Sammlung des Museo Gregoriano Profano von Gregor XVI. (1831–46) begründet, umfasst Objekte profanen, also nicht-religiösen Charakters aus der Antike, die meist auf dem Gebiet des Kirchenstaates gefunden worden sind. Um die vatikanischen Kunstschätze zusammenzufassen, wurde unter Johannes XXIII. (1958–63) und Paul VI. (1963–78) ein neues, heutiger Museums-Pädagogik und Technik entsprechendes Gebäude neben der Pinakothek erbaut. Die Sammlung enthält vornehmlich Grabdenkmäler, Sarkophage, Statuen, Reliefs, römische Kopien nach griechischen Originalen und römische Skulpturen aus der Kaiserzeit: in der 1. Sektion sowohl römische Kopien als auch griechische Originale (z. T. überarbeitet); in der 2. Werke der römischen Bildhauerkunst aus dem 1. und vom Anfang des 2. Jh. n. Chr.; in der 3. vor allem Sarkophage; in der 4. römische Skulpturen des 2. und 3. Jh.

Museo Pio Clementino

Die Vatikanischen Museen beherbergen die größte Antiken-Sammlung der Welt. Die meisten Stücke stammen aus Funden in und um Rom. Ihre systematische Aufstellung wurde unter den Päpsten Klemens XIV. (1769–74) und Pius VI. (1775–99) vorgenommen. Besonders beachtenswert im Museo Pio Clementino sind:

Sala a Croce Greca: Porphyrsarkophag der Costanza, der Tochter Kaiser Konstantins (4. Jh.), und Porphyrsarkophag der hl. Helena, seiner Mutter, beide reich mit Symbolen und Figuren versehen.

Sala Rotonda: »Zeus von Otricoli«, Kopie nach einem Werk des Bryaxis aus dem 4. Jh. v. Chr.

Sala delle Muse: Hier zieht vor allem der »Torso vom Belvedere«, ein Werk des Atheners Apollonios (1. Jh. v. Chr.), das Michelangelo genau studierte und bewunderte, unsere Aufmerksamkeit auf sich. Über diesen Torso bemerkt Johann Joachim Winckelmann, der große Kunsthistoriker und Archäologe des 18. Jh., zugleich ein wahrer ›Schreib-Künstler‹ im Deuten der Kunstwerke, begeistert und begeisternd: »(Die) verstümmelte Statue eines sitzenden Herkules (ist) unter die höchste Hervorbringung der Kunst zu zählen. So wie von einer mächtigen Eiche, welche umgehend und von Zweigen und Ästen entblößet worden, nur der Stamm allein übrig geblieben ist, so gemißhandelt und verstümmelt sitzet das Bild des Helden; Kopf, Brust, Arme und Beine fehlen. Der erste Anblick wird dir vielleicht nichts als einen ungeformten Stein sehen lassen: vermagst du aber in die Geheimnisse der Kunst einzudringen, so wirst du ein Wunder derselben er-

Fotografieren

Fotografieren ist in den Museen erlaubt – jedoch ohne Blitzlicht und ohne Stativ (dafür muss eine Sondergenehmigung bei der Museumsleitung eingeholt werden, s. u.).

Lehrinstitute

Für Schulen und andere Lehreinstitute gibt es auf vorherigen Antrag an die Generaldirektion einen Sondertarif. Auf schriftliche Anfrage gestattet die Museumsdirektion unter bestimmten Bedingungen, aus Studiengründen Skizzen anzufertigen oder Kunstwerke zu kopieren: http://mv.vatican.va/6_DE/pages/MV_Home.html

»Der Torso vom Belvedere«, ein Werk des Atheners Apollonius aus dem 1. Jh. v. Chr.

Vatikan (Città del Vaticano)

»Apollo vom Belvedere«, eine römische Kopie nach einem Original des Leochares

Die Laokoon-Gruppe, das wohl berühmteste Werk antiker Skulptur ▷

blicken. Ich sehe in den mächtigen Umrissen dieses Leibes die unüberwundene Kraft des Besiegers der gewaltigen Riesen, die sich wider die Götter empöreten, und zu gleicher Zeit stellen mir die sanften Züge dieser Umrisse, die das Gebäude des Leibes leicht und gelenksam machen, die geschwinden Wendungen desselben in dem Kampfe vor. In der Ruhe und Stille des Körpers offenbaret sich der gesetzte große Geist; der Mann, welcher den Dichtern ein Beispiel der Tugend geworden ist, der sich aus Liebe zur Gerechtigkeit den größten Gefährlichkeiten ausgesetzt, der den Ländern Sicherheit und den Einwohnern Ruhe geschaffet.« Dieser Torso hat den Dichter Rainer Maria Rilke 1908 zu einem berühmten Sonett angeregt:

Wir kannten nicht sein unerhörtes Haupt,
darin die Augenäpfel reiften. Aber
sein Torso glüht noch wie ein Kandelaber,
in dem seine Schauen, nur zurückgeschraubt,

sich hält und glänzt. Sonst könnte nicht der Bug
der Brust dich blenden, und im leisen Drehen
der Lenden könnte nicht ein Lächeln gehen
zu jener Mitte, die die Zeugung trug.

Sonst stünde dieser Stein entstellt und kurz
unter der Schultern durchsichtigem Sturz
und flimmerte nicht so wie Raubtierfelle;

und bräche nicht aus allen seinen Rändern
aus wie ein Stern: denn da ist keine Stelle,
die dich nicht sieht. Du mußt dein Leben ändern.

Beachtenswert in der Sala delle Muse auch Statuen des Apoll und der Musen.

Sala degli Animali: Realistische Tierstatuen aus Marmor oder Alabaster, besonders die Statue des Meleagros mit Hund und Wildschweinkopf (römische Kopie).

Galleria delle Statue: »Apollon Sauroktonos«, Apoll mit Eidechse (römische Kopie einer Bronze des Praxiteles); die Candelabri Barberini, die schönsten Kandelaber der Antike aus der Villa Adriana bei Tivoli.

Gabinetto delle Maschere: »Venus von Knidos«, römische Kopie der Aphrodite des Praxiteles aus dem 4. Jh. v. Chr.

Belvedere-Hof: In den Ecken des Cortile del Belvedere die berühmtesten Statuen des Vatikans, so der »Apollo« (vom Belvedere), römische Kopie nach einem Original des Leochares. Auch hierzu fand Winckelmann gleichsam kanonische, schwärmerische Worte.

Weiter der »Perseus« von Canova (ein ›modernes‹, der Antike nachgehendes Werk, um 1800), der »Hermes« (Kopie eines Originals des Praxiteles, aus der Hadrian-Zeit, 2. nachchr. Jh.). Vor allem ragt jedoch die »Laokoon-Gruppe« hervor, ein vielbewundertes und -beschriebenes Bildwerk, 1506 in Anwesenheit von Michelangelo aufgefunden, eine Darstellung des furchtbaren Kampfes des trojanischen Priesters Laokoon und seiner beiden Söhne gegen zwei Schlangen. Winckelmann beschreibt in klassischer, für alle Späteren verbindlicher Weise die Gruppe: »Das allgemeine vorzügliche Kennzeichen der griechischen Meisterstücke ist endlich eine edle Einfalt, und eine stille Größe, sowohl in der Stellung als im Ausdruck. So wie die Tiefe des Meers allezeit ruhig bleibt, die Oberfläche mag noch so wüten, eben so zeigt der Ausdruck in den Figuren der Griechen bei allen Leidenschaften eine große und gesetzte Seele. Diese Seele schildert sich in dem Gesicht des Laokoons, und nicht in dem Gesicht allein, bei dem heftigsten Leiden. Der Schmerz, welcher sich in allen Muskeln und Sehnen des Körpers entdecket, und den man ganz allein, ohne das Gesicht und andere Teile zu betrachten, an dem schmerzlich eingezogenen Unterleib beinahe selbst zu empfinden glaubet: dieser Schmerz, sage ich, äußert sich dennoch mit keiner Wut in dem Gesichte und in der ganzen Stellung. Er erhebet kein schreckliches Geschrei, wie Vergil von seinem Laokoon singet: Die Öffnung des Mun-

»Die Statue des Apollo ist das höchste Ideal der Kunst unter allen Werken des Altertums, welche der Zerstörung derselben entgangen sind. Sein Stand zeuget von der ihn erfüllenden Größe. Ein ewiger Frühling bekleidet die reizende Männlichkeit vollkommener Jahre mit gefälliger Jugend, und spielet mit sanften Zärtlichkeiten auf dem stolzen Gebäude seiner Glieder. Hier ist nichts Sterbliches, noch was die menschliche Dürftigkeit erfordert. Keine Adern noch Sehnen erhitzen und regen diesen Körper, sondern ein himmlischer Geist, der sich wie ein sanfter Strom ergossen, hat gleichsam die ganze Umschreibung dieser Figur erfüllet. Verachtung sitzt auf seinen Lippen, und der Unmut, welchen er in sich zieht, blähet sich in den Nüstern seiner Nase, und tritt bis in die stolze Stirn hinauf. Aber der Friede, welcher in einer seligen Stille auf derselben schwebet, bleibt ungestört, und sein Auge ist voll Süßigkeit, wie unter den Musen, die ihn zu umarmen suchen.«

Johann Joachim Winckelmann

des gestattet es nicht; es ist vielmehr ein ängstliches und beklemmendes Seufzen. Der Schmerz des Körpers und die Größe der Seele sind durch den ganzen Bau der Figur mit gleicher Stärke ausgeteilet, und gleichsam abgewogen. Laokoon leidet, sein Elend gehet uns bis an die Seele; aber wir wünschten, wie dieser große Mann, das Elend ertragen zu können.«

Bernard Andreae, einer der führenden deutschen Archäologen, meint zur Herkunft: »Die Laokoon-Gruppe, das wohl berühmteste Werk antiker Skulptur, wird nach der herrschenden Lehrmeinung als eine Originalschöpfung der Zeit um 30 v. Chr. angesehen. Da in der gleichen Zeit der Dichter des römischen Nationalepos, Vergil (70–19 v. Chr.), die ausführlichste erhaltene Schilderung vom Tode des Laokoon niederschrieb, war diese Datierung verständlich, zumal sie durch inschriftliche Zeugnisse abgesichert schien.« Das Ergebnis der neuesten Forschung Andreaes ist jedoch, »dass die Laokoon-Gruppe im Vatikan nicht eine Originalschöpfung ist, sondern eine Marmorwiederholung der frühen römischen Kaiserzeit, kopiert nach einer hellenistischen Bronze-Gruppe des mittleren zweiten Jahrhunderts v. Chr.«

Gabinetto del Apoxyomenos: »Athlet Apoxyomenos«, Kopie einer berühmten Bronzestatue des Lysippos (1849 in Trastevere gefunden).

Museo Chiaramonti

Das Museum Chiaramonti, von Pius VII., Barnaba Chiaramonti (1800–23) gegründet, gliedert sich in drei Teile. Das eigentliche Museum Chiaramonti nimmt fast die Hälfte der 300 m langen Galerie ein, die vom Museumseingang zum Päpstlichen Palast führt; in 30 Abteilungen finden wir zahlreiche Kunstwerke griechischer und römischer Herkunft, jedoch von unterschiedlichem Wert. Die Galleria Lapidaria und der Braccio Nuovo, im Verbindungstrakt zwischen den Palästen eingerichtet, zeigen ebenfalls Arbeiten griechischer und römischer Bildhauer, darunter, im Braccio Nuovo, die Statue des »Augustus von Prima Porta«, ein herrscherliches Standbild des Kaisers Augustus, 1863 in der Landvilla der Livia Augusta entdeckt, und eine Statue des Nilgottes; in der Sala della Biga sind die Kopien zweier berühmter Werke, »Diskuswerfer« nach Myron und Polyklet, aufgestellt.

Biblioteca Apostolica Vaticana

Seit den ersten Jahrhunderten haben die römischen Bischöfe Bibliotheken und Archive mit allem Schriftlichen angelegt. Das meiste davon ist verloren gegangen. Doch die Tradition war begründet. So finden wir kostbare Beispiele dessen, was in den einzelnen Jahrhunderten schriftlich festgehalten und in Buchform gebracht wurde:

In der Vatikanischen Bibliothek werden kostbare kulturgeschichtliche Zeugnisse aus dem Schrifttum der Menschheit aufbewahrt

Bibel-Codices, illustrierte Evangeliare, aufwendig gedruckte Bücher, kostbare Pergamente, uralte Papyri und Schriftrollen. So ist die **Biblioteca Apostolica Vaticana (9)** heute nicht mehr nach der Anzahl der Schriften, wohl aber nach dem Wert der Werke die reichste der Welt. Ihre Gründung geht auf Papst Nikolaus V. (1450) zurück. Seit jener Zeit erfolgte eine kontinuierliche und planmäßige Erweiterung. Zu den Schätzen gehören etwa 25 000 mittelalterliche Handschriften-Codices, etwa 7000 Inkunabeln (Wiegendruck: vom Beginn des Buchdrucks mit beweglichen Lettern bis zum Jahr 1500 gedruckte Bücher) und mehr als 60 000 Manuskripte. Im Salone Sistino, der sich an die mächtige, von Domenico Fontana um 1588 errichtete Halle (80 m lang, 16 m breit, gewölbte Decke) anschließt, werden in Vitrinen und Wandschränken besonders kostbare kulturgeschichtliche Zeugnisse aus dem Schrifttum der Menschheit ausgestellt.

Museo Sacro

An den Bibliothekstrakt schließen sich die Säle des von Benedikt XIV. 1765 gegründeten Museo Sacro an, auch die Sala degli Indirizzi und Sala dei Papiri. Sie beherbergen Funde aus frühchristlichen Häusern und Katakomben der Ewigen Stadt und ihrer Umgebung. In einem Seitenraum die »Aldobrandinische Hochzeit«, wohl die Darstellung der Hochzeit Alexanders des Großen mit Roxane, ein antikes Fresko von besonderer Schönheit. Es wurde 1605 auf dem Esquilin entdeckt, in den Aldobrandinischen Gärten – daher der Name – bis 1818 aufbewahrt, seitdem im Vatikan.

Appartamento Borgia

Papst Alexander VI. (1492–1505), aus der Familie der Borja-Borgia, bereicherte den Vatikanischen Palast um eine Privatwohnung. Pinturicchio malte die sechs Räume des Appartamento Borgia mit Schülern und Gehilfen von 1492 bis 1495 aus. Die Decken- und Wandfresken zählen zu seinen besten Werken. Antike und Renaissance, humanistische und christliche Motive bestimmen Themen und Dekoration: Propheten und Sibyllen (1. Raum); Glaubensbekenntnis, Propheten und Apostel (2. Raum); Allegorien der Sieben Freien Künste (3. Raum); Papstbilder (6. Raum, nicht erhalten).

Collezione d'Arte Religiosa Moderna

Die vielleicht beste und größte Sammlung moderner religiöser Kunst findet sich hier in der Collezione d'Arte Religiosa Moderna im Vatikan. Sie vereint Werke von bedeutenden Künstlern der Moderne, von Barlach, Beckmann, De Chirico, Dalí, Ernst, Feininger, Greco, Hansing, Hartung, Kandinsky, Kokoschka, Le Corbusier, Marini, Matisse, Munch, Nolde, Rodin, Rouault und de Vlaminck. Paul VI. (1963–78) regte die Sammlung an und gab 55 (!) Räume dafür frei. Es finden sich darin Werke, die ihm selbst oder seinen Vorgängern von Besuchern und direkt von den Künstlern geschenkt worden waren oder die erworben wurden.

Stanzen des Raffael (Stanze di Raffaelo)

Stanzen des Raffael ★★

Der Maler und Architekt Raffaello Santi aus Urbino in den Marken war, 1483 geboren, gerade 25 Jahre alt, als der kunstverständige und machtbewusste Julius II. auf ihn aufmerksam wurde. Bramante, der Baumeister von Sankt Peter, hatte Julius II. empfohlen, den genialen jungen Künstler – einen Landsmann – im Vatikanischen Palast die **päpstlichen Privatgemächer (10)** ausmalen zu lassen, nicht die erfahrenen alten Meister wie Perugino, Sodoma oder Lorenzo Lotto. Nach einer kurzen Probe erhielt Raffael den Auftrag und schuf in den Stanzen sein Meisterwerk. Er übersetzte dabei das gesamte Menschen-, Welt- und Gottesbild der Hoch-Renaissance unübertroffen in die ausdrucksstarke Sprache seiner Malerei, die den Betrachter direkt in Bann schlägt. Raffael arbeitete in diesen Räumen mit Unterbrechungen von 1508 bis 1517, immer auch von anderen Werken in Anspruch genommen und häufig die Eifersucht des zur selben Zeit (1508–12) in der ›Sistina‹ nebenan wirkenden Michelangelo hervorrufend. Nach Bramantes Tod 1514 wurde Raffael erster Baumeister von Sankt Peter und Beauftragter für die Erhaltung der Bauwerke und Skulpturen des Altertums, bevor er – zu früh, von allen ob seiner Anmut und Liebenswürdigkeit beweint – am Karfreitag 1520 im Alter von nur 37 Jahren starb.

Die Fresken der Stanzen zeichnen sich, so unterschiedliche Themen sie behandeln, durch Eleganz und Heiterkeit der Personen, die geschlossene Anordnung der Gruppen, eine lichte, anmutige Farbigkeit, durch die Ausgewogenheit der Komposition und die Beherrschung der Bewegungen, die Weite der Landschaft, das Maß der architektonisch gestalteten Räume und vor allem durch eine Menschlichkeit aus, die, wie der Künstler selbst, mit sich im Einklang ruht.

Stanza dell'Incendio (des Brandes)

Der Name des nach Julius II. (gestorben 1513) regierenden Papstes, Leo X. (1513–21), lieferte den roten Faden bei der Auswahl der historischen (Leo-)Szenen; auch weisen die Darstellungen dieser Namensvorgänger seine Gesichtszüge auf.

1. Der »Brand im Borgo«, dem Stadtviertel beim Vatikan, – so das Thema des ersten Fresko – hat dem Raum den Namen gegeben. Leo IV. erwirkt im Jahr 847 durch seinen Segen das Erlöschen einer Feuersbrunst, welche gar die Kirche Alt-Sankt-Peter bedrohte und die Menschen zur Flucht trieb – ähnlich wie aus Troja den mythischen Rom-Gründer Äneas mit dem Vater Anchises auf den Schultern, dem Sohn Askanius und der Gemahlin Kreusa (als Gruppe).

2. Die »Krönung Karls des Großen« durch Leo III. am Weihnachtstag des Jahres 800 war ein Bündnis zwischen Papst und Kaiser, zwischen geistlicher und weltlicher Macht, so wie Leo X. mit Franz I. von Frankreich paktierte.

3. Der »Seesieg Leos IV.« über die Sarazenen bei Ostia im Jahr 849 spielt auf die Sorge vor den Arabern und den geplanten Kreuzzug Anfang des 16. Jh. an.

4. Der »Reinigungseid« Leos III. vor Karl dem Großen (800) sollte an das Laterankonzil (1512–17) mit den Reform-Bestrebungen vor der Reformation Luthers erinnern, und bald auch an die politischen Schwierigkeiten Leos X. mit dem deutschen Kaiser Karl V. (von 1519). Die Arbeiten wurden meist nach Entwürfen Raffaels von Schülern nach 1517 ausgeführt; die Decke dekorierte Perugino.

Stanza della Segnatura (das Päpstlichen Gerichtshofs)

Hier erscheint die Renaissance als Mikrokosmos in den vier Bereichen von Glauben und Theologie, Wissenschaft und Philosophie, den verschiedenen Künsten sowie dem weltlichen und kirchlichen Recht. Die Fresken dieses Raumes gelten als die bedeutendsten Werke Raffaels, als Höhepunkt seiner Malerei, auch schon deshalb, weil Raffael sie von 1509 bis 1511 fast ganz mit eigener Hand ausführte.

1. Die »Disputà del Sacramento«, die theologische Disputation um die Verehrung des Altarsakramentes, stellt die Welt des Glaubens dar, die Kirche auf Erden in der unteren Zone und die triumphierende Kirche des Himmels, Päpste (Gregor der Große, Innozenz III., Sixtus IV.), Bischöfe und Kirchenlehrer, Theologen und berühmte Gläubige (Hieronymus, Ambrosius, Augustinus, Thomas von Aquin, Dante) stehen links und rechts des Altars, auf dem in einer Monstranz die Hostie als der Leib Christi im Glauben ›ausgesetzt‹ ist. In der oberen Zone erscheinen Gott Vater, darunter Christus mit Maria und Johannes dem Täufer, umgeben von den vornehmsten Heiligen: (auf der linken Seite von links) Petrus, Adam, Johannes der Evangelist, David, Stephanus und Jeremias, (rechte Seite von rechts) Paulus, Abraham, Jakobus, Moses, Laurentius und Judas Makkabäus.

2. Die »Schule von Athen« beschreibt uns der französische Schriftsteller Stendhal: »Es handelt sich um die ideale Versammlung der griechischen Philosophen aller Zeiten. Das Ganze spielt sich in der Vorhalle eines großen, statuen- und reliefgeschmückten Gebäudes ab (im Neubau von St. Peter). Auf einer Plattform, die vom Beschauer ziemlich entfernt ist und zu der Stufen hinaufführen, erblickt man Aristoteles und Platon (oder die Vernunft und die Einbildungskraft). Diese großen Männer können als die Begründer zweier Erklärungen der erklärbaren Dinge angesehen werden, deren eine die zarten Seelen und deren andere die trockenen Geister anzieht. Die wichtigsten Schüler Platons und Aristoteles sind um ihre Lehrer geschart. Neben diesen berühmten Männern bemerkt man den, dessen Ruhm unvergänglich ist: Sokrates, stehend im Gespräch mit dem jungen Alkibiades, der als Soldat gekleidet ist. Auf derselben Seite, nur näher zu uns, Pythagoras, der über die harmonischen Proportionen schreibt; bei ihm stehen Empedokles, Epicharmos und Archytas. Am Bildrand der weinlaubgekränzte Epikur, der ganz damit beschäftigt ist, seine Lehrsätze aufzuschreiben, und der wenig von der Sekte des Pythagoras zu halten scheint. Auf den Stufen in der Mitte erblickt man einen einzelnen halbnackten Mann: der Kyniker Diogenes. Ein junger Mann scheint sich ihm nähern zu wollen, doch hält ihn ein Alter davon ab und verweist ihn auf Aristoteles und Platon. Auf der rechten Seite sieht man die berühmte Gruppe der Mathematiker. Archimedes zeichnet, über eine Tafel gebeugt, mit einem Zirkel ein Sechseck. Man sagt, mit Archimedes sei Bramante dargestellt und mit dem jungen Mann, der die Arme ausstreckt und die geometrische Figur bewundert, die sein Lehrer zeichnet, Federigo II., Herzog von Mantua.« Nach rechts schließt das Bild mit zwei Gestalten, die einen Globus halten: Zarathustra, König von Baktrien, und der Astronom Ptolemäus. Die beiden Köpfe hinter Zarathustra sind Porträts Raffaels – des jüngeren von beiden – und Peruginos.

3. Der »Parnass«, der Berg in Griechenland, der als Sitz der Musen gilt, über dem einen Fenster (links) zeigt das Reich der Künste und Künstler: Apoll mit der Leier im Arm, die neun Musen (Kalliope, Kleio, Melpomene, Euterpe, Erato, Terpsichore, Urania, Thalia

und Polyhymnia), die Dichter der Antike und der Neuzeit, der blinde Homer und die göttliche Sappho, Vergil, Ovid, Horaz und Catull, Dante, Petrarca und Ariost.

4. Über dem gegenüberliegenden Fenster sind dargestellt die »Erteilung des weltlichen und geistlichen Rechts« an Kaiser und Papst sowie allegorische Figuren der Tugenden Klugheit und Maß.

An der Decke sehen wir, entsprechend zu den Themen der Wände, die Allegorien der Theologie und der Philosophie, der Poesie und der Gerechtigkeit.

Stanza dell'Eliodoro

Die vier Themen in diesem Raum berichten vom Eingreifen Gottes zum Schutz des Heiligen und der Kirche. Die Fresken wurden von Raffael zwischen 1512 und 1514 ausgeführt. Sie wirken im Vergleich zum vorigen Raum in den Farben kräftiger, in den Bewegungen der Personen dramatischer.

1. »Leo I. (der Große) gebietet Attila Halt«: Der erste Leo-Papst mit den Zügen des zehnten trifft den Hunnen-König in der Umgebung des alten Rom. Petrus und Paulus eilen als himmlische Helfer herbei.

2. Die »Messe von Bolsena«, ein Wunder vom 1263 oder 1264 in dem mittelitalienischen Ort Bolsena, nach dem das Fronleichnamsfest eingerichtet wurde, bekräftigt die wirkliche Gegenwart Christi im Altarsakrament. Die Gruppe der fünf Bediensteten in schönen Uniformen ist besonders zu rühmen.

3. Die »Vertreibung des Heliodor« nimmt die Stelle des 2. Buchs Makkabäer auf: Der Seleukide Heliodor versuchte den Tempelschatz von Jerusalem zu rauben, wurde aber von Engeln zurückgewiesen – eine Warnung des Papstes an alle Gegner der Kirche.

4. Die »Befreiung des Petrus« aus dem Kerker nach dem Bericht der Apostelgeschichte soll auch an die Gefangenschaft Leos X. als Kardinal Medici erinnern.

Der Saal des Konstantin wurde nach dem Tod Raffaels von seinen Schülern nach Entwürfen des Meisters ausgemalt; die Themen stellen Szenen aus dem Leben des Kaisers des 4. Jh. dar, dem die Christen viel verdankten; das monumentale Fresko an der Längsseite berichtet in aufgewühlter Formensprache von der Schlacht an der Milvischen Brücke zwischen Konstantin und Maxentius.

Loggien des Raffael (Loggia di Raffaelo)

Die **Loggien des Raffael (11)**, ein weiteres Meisterwerk des Künstlers, sind meist vom Museumsrundgang ausgeschlossen, weil sich dort Büros – wohl die schönsten der Welt – der Vatikanischen Kurie befinden und in der Nähe die Privaträume des Papstes liegen. Vom Vorraum der Kapelle Nikolaus' V. kann man einen Blick in die prächti-

Vatikan (Città del Vaticano)

gen, halb offenen Korridore der Loggien werfen, hinunter zum Damasus-Hof, zum Petersplatz und über die Stadt. Raffael griff in Bildern und Dekorationen antike Motive auf und gestaltete die Themen der Renaissance mit leichter genialer Hand.

Cappella di Nicolo V.,

Die Cappella di Nicolo V., einen intimen Gebetsraum, malte Fra Beato Angelico von 1447 bis 1449 mit innigen Fresken über Leben und Martyrium der beiden Heiligen Stephanus und Laurentius aus. Selten hat ein Maler eine ähnliche Frömmigkeit des Ausdrucks erreicht (s. Abb. S. 101).

Sixtinische Kapelle (Cappella Sistina)

Sixtinische Kapelle ★★

In der **Cappella Sistina (12)**, der Sixtinischen Kapelle, kommt ein jeder in Verlegenheit: Der Experte, weil er ob der Fülle der Meisterwerke und der Übermacht des künstlerischen Genies eines Michelangelo nicht weiß, wo beginnen, wie beschreiben und wann aufhören, der Unkundige, weil er wohl überwältigt ist von dem, was er an den Seitenwänden, oben an der Decke und auf der Altarwand sieht. Es ist fast unmöglich, beim ersten Mal alles in sich aufzunehmen.

Umfangreiche Restaurierungsarbeiten, die an den Seitenwänden in den 1960er-Jahren begannen, mit der Decke fortgesetzt und mit der Altarwand 1994 abgeschlossen wurden, haben überraschend neue Züge der alten Meister und vor allem einen revolutionär anderen Michelangelo freigelegt.

Die Sixtinische Kapelle ist ein rechteckiger Saal von ca. 40 m Länge, 13 m Breite und 26 m Höhe. Sie ist benannt nach Sixtus IV., in dessen Auftrag sie bei der Neugestaltung des Vatikanischen Palastes (1473–84) entstand. Ein schöner Fußboden und eine elegante Marmorschranke von Mino da Fiesole, die den Raum ungleich teilt, schmücken sie als ›Zugabe‹. Ihren Ruhm bezieht sie jedoch in unvergleichlicher Steigerung aus den Fresken an den Seitenwänden (1481–83 von Künstlern aus Umbrien und der Toskana geschaffen), an der Decke (1508–12 vom Michelangelo) und dem »Jüngsten Gericht« des Michelangelo (1534–41), ein Hauptwerk, vielleicht die Krönung der Malerei und der Kunst überhaupt.

Seitenwände: Die Themen der Seitenwände, die im Gegensatz zur Decke einzelne plane Flächen aufweisen, sind die biblischen Szenen aus dem Leben des Moses und Jesu Christi. Nach dem Zeugnis der Bibel befreite Moses das jüdische Volk von der Knechtschaft in Ägypten; Christus befreite die Menschen von der Sünde. Der Theologe sieht darin Entsprechung und Vorbild, Beginn und Vollendung, Themen, denen die Kunst auf der linken und rechten Seite Gestalt gibt; so verstanden es auch die berühmtesten Künstler der damaligen Zeit

Sixtinische Kapelle

– die Berichte des Alten und Neuen Testaments in ihre heimatlichen Landschaften Umbriens und der Toskana versetzend und dabei mehrere Szenen verbindend. Sicher können sich diese Fresken nicht mit denen des Michelangelo messen, doch sie haben einen eigenen Reiz, der sich bei längerem Hinschauen um so mehr entfaltet.

An der linken Wand von vorn:
1. Beschneidung des Moses, von Perugino und Pinturicchio
2. Der brennende Dornbusch, von Botticelli
3. Durchzug der Israeliten durch das Rote Meer, von Rosselli
4. Moses empfängt die Gesetzestafeln auf dem Berg Sinai und Tanz um das goldene Kalb, von Rosselli
5. Bestrafung der Rotte des Korah, von Botticelli (mit dem römischen Konstantinsbogen)
6. Tod des Moses, von Signorelli

Auf der rechten Seite:
1. Taufe Jesu, wohl von Pinturicchio und Perugino
2. Reinigung des Aussätzigen und Versuchung Jesu, von Botticelli
3. Berufung des Petrus und des Andreas, von Ghirlandaio
4. Bergpredigt und Krankenheilung, von Rosselli
5. Schlüsselübergabe an Petrus, von Perugino (ein ›Schlüssel-Thema‹ – Thema für den Papstpalast)
6. Letztes Abendmahl, von Rosselli

Decke: Michelangelo, 1475 geboren, hatte zunächst vornehmlich als Bildhauer (etwa »Pietà«) gearbeitet. Doch dann musste er sich, getrieben von Julius II. – in meist einseitiger Vertragsverpflichtung –, am 10. Mai 1508 an die Ausmalung der 800 m² großen Decke machen. Wie Michelangelo die mühevolle Arbeit empfand – auf einem von ihm selbst konstruierten Gerüst liegend, den Pinsel nach oben führend, hat er in einem Gedicht selbst herausgestöhnt:

Schon wuchs ein Kropf mir bei den Quälerei'n.
Wie's Katzen in der Lombardei geschieht
Vom Wasser, (oder wie man's sonst wo sieht),
Denn in den Bauch drückt schon das Kinn sich ein.

Der Bart starrt aufwärts, der Gedächtnisschrein
Liegt im Genick; wie bei Harpyien flieht
Der Brust, und übers Antlitz tröpfelnd zieht
Der Pinsel Mosaiken reich und fein.

Die Lenden sind mir in den Wanst gespannt,
Dagegen ward mein Hinterteil zur Kruppe;
Unsichern Schritts, ein Blinder, wanke ich.

Vorn nimmt die Haut in Falten überhand,
Und hinten spannt sie über harter Kuppe,
Denn wie ein Syrerbogen krümm' ich mich.
So geht auch wunderlich

Ausschnitte aus der riesigen Komposition Michelangelos in der Sixtinischen Kapelle: Sündenfall und Vertreibung aus dem Paradies (links), Erschaffung Adams (rechts)

Und falsch das Urteil aus dem Hirn hervor,
Denn schlecht nur fährt ein Schuss aus schiefem Rohr.

Such' nun, o Freund, hervor,
Was noch für meine toten Bilder spricht!
Schlecht ist mein Platz, zum Malen taug' ich nicht!

»Zum Malen taug' ich nicht« – das sagt ein Michelangelo! Vom Papst angetrieben, leistete Michelangelo Übermenschliches. Julius II. lockte und drohte, schmeichelte und tobte, bis der Künstler ihm und der Welt dieses unvergleichliche Werk geschenkt hatte. An den Papst schrieb er schließlich resigniert und erschöpft:

Ich bin von je dein Knecht so alt als bieder,
Ich plage mich und bin dir nur zuwider.
Dem Himmel liegt nicht viel am großen Geiste.
Er heißt, wenn er ihn an die Welt vermietet,
Ihn Früchte ziehn am Baume, der verdorrte.

Nach Unterbrechungen und Erholungspausen beendete er das riesige Gemälde am 31. Oktober 1512.

Das Hauptthema, den Schöpfungsbericht der Bibel im ersten Buch Moses, der Genesis, umgab Michelangelo mit bewegten Figuren, mit sieben Propheten und fünf Sibyllen – den Sehern des Alten Testaments und den weisen Frauen des Heidentums – Jeremias, die Persische Sibylle, Ezechiel, die Erythräische Sibylle, Joel, Zacharias, die Delphische Sibylle, Isias, die Cumäische Sibylle, Daniel, die Libysche Sibylle und Jonas, und mit 20 eleganten nackten Gestalten, den ›Ignudi‹. Er ließ dabei architektonische, malerische und plastische Elemente in eins fließen. Die neun Felder des Schöpfungsberichtes sind (von vorn):

Sixtinische Kapelle

1. Gott scheidet Licht und Finsternis
2. Er erschafft Sonne, Mond und die Erde
3. Er teilt die Wasser und erschafft die Vögel
4. Erschaffung Adams.
5. Erschaffung Evas aus der Rippe Adams
6. Sündenfall und Vertreibung aus dem Paradies
7. Opfer des Noah
8. Sintflut
9. Trunkenheit des Noah.

Michelangelos Farben haben eine eigene Kraft, die durch die Restaurierung der letzten Jahre wieder voll zur Geltung kommt. Es dominieren Blau, Grün, Ocker, Rot und Weiß. Alle Personen sind von bewegter, die Decke fast sprengender Körperlichkeit erfüllt. Das Göttliche scheint mit seiner Kraft auf den Menschen überzugehen. So ist dieses Werk, das zum unersetzbaren Kulturschatz des Abendlandes gehört, auch eine Verherrlichung des Menschen.

Altarwand: Was hätte Michelangelo der Erschaffung der Welt und des Menschen Passenderes spannungsvoll gegenüberstellen können als ihr Ende! Er wurde 1534, selbst 59 Jahre alt und nur mit Unlust an die Arbeiten des Deckenfreskos zurückdenkend, von Klemens VII., kurz vor dessen Tod beauftragt, die Altarwand auszumalen. Der neue Papst, Paul III., verstärkte sofort den Wunsch seines Vorgängers zum Befehl.

Das Thema sind die ›letzten Dinge‹, die damals jedem Gläubigen eindringlich gegenwärtig waren, die Lehren des christlichen Glaubens über das Jüngste Gericht und die Auferstehung des Fleisches, über die Wiederkunft Christi am Ende der Zeiten, über die Verdammnis der Bösen und die Aufnahme der Gerechten ins Paradies, über Himmel, Hölle und Fegefeuer. Der italienische Dichter Dante hatte sie, prägend nicht nur für Generationen, sondern für Jahrhunderte, in seiner

»*Der höchste Augenblick der Schöpfung (und der höchste Michelangelos) ist die Belebung Adams. Von einer Heerschar jener göttlichen Einzelkräfte, tragenden und getragenen, umschwebt, nähert sich der Allmächtige der Erde und läßt aus seinem Zeigefinger den Funken seines Lebens in den Zeigefinger des schon halb belebten ersten Menschen hinüberströmen. Es gibt im ganzen Bereich der Kunst kein Beispiel mehr von so genialer Übertragung des Übersinnlichen in einen völlig klaren und sprechenden sinnlichen Moment. Auch die Gestalt des Adam ist das würdigste Urbild der Menschheit.*«
Jacob Burckhardt

»Göttlichen Komödie« dichterisch schon Anfang des 14. Jh. ausgemalt.

In der Bibel finden sich an vielen Stellen Worte über das Ende der Welt und die Vollendung der Zeit; am bekanntesten im Evangelium nach Markus (13. Kapitel, 19., 20., 24. bis 27. Vers): »Denn in diesen Tagen wird solche Trübsal sein, wie sie nie gewesen ist bisher vom Anfang der Schöpfung, die Gott geschaffen hat, und auch nicht wieder werden wird. Und wenn der Herr diese Tage nicht verkürzt hätte, würde kein Mensch selig; aber um der Auserwählten willen, die er auserwählt hat, hat er diese Tage verkürzt ... Aber zu der Zeit, nach dieser Trübsal, werden Sonne und Mond ihren Schein verlieren, und die Sterne werden vom Himmel fallen, und die Kräfte der Himmel werden ins Wanken kommen. Und dann werden sie den Menschensohn kommen sehen in den Wolken mit großer Kraft und Herrlichkeit. Und dann wird er seine Engel senden und wird versammeln seine Auserwählten von den vier Winden, vom Ende der Erde bis zum Ende des Himmels.«

Darum geht es, darum ging es Michelangelo. Diese Dramatik auf Leben und Tod für immer ist allem aufgeprägt: Jesus Christus, der wie ein antiker Held auf den Wolken schwebt, Maria, den Aposteln und anderen Heiligen, den Seligen, die schwerelos himmelan streben (links), den Verdammten, die in den Abgrund der Hölle niederstürzen (rechts), den Toten, die aus den Gräbern auferstehen (unten), den Engeln, die mit Posaunen allen das Jüngste Gericht verkünden, und jenen Engeln, welche die Zeichen der Passion Christi halten. 391 Gestalten zählt man auf diesem Riesenfresko; einige sind aufgrund ihrer Beigaben zu bestimmen, so Petrus durch den Schlüssel, Sebastian durch Pfeile, Laurentius durch den Rost, Katharina durch ein Rad und Bartholomäus durch die abgezogene Haut – auf die Michelangelo sein eigenes Bildnis gemalt hat.

Giorgio Vasari (1511–74), ein Zeitgenosse Michelangelos, selbst Künstler und Kunst-Beschreiber, notierte damals: »Wer Urteilskraft besitzt und etwas von der Malerei versteht, der erkennt hier die erschreckende Gewalt der Kunst, sieht in den Gestalten Gedanken und Leidenschaften, die kein anderer außer Michelangelo je gemalt hat. Hier lernt man, wie den Stellungen Abwechslung in den seltsamen und verschiedenen Gebärden bei jungen und alten Männern und Frauen gegeben werden kann. Wem offenbart sich in ihnen nicht die furchtbare Macht der Kunst, vereint mit jener Anmut, die diesem Meister von der Natur verliehen war? Denn alle Herzen werden tief bewegt, mögen sie von unserem Beruf nichts verstehen oder seiner kundig sein. Dieses Werk ist für unsere Kunst jenes Zeugnis und jenes große Gemälde, das Gott den Menschen zur Erde geschickt hat, damit sie sehen, wie das Schicksal wirkt, wenn Geister von der erhabensten Stufe auf die Erde herabkommen und Anmut und Göttlichkeit des Wissens in ihrem Innern mitbringen. Acht Jahre lang arbeitete Michelangelo an diesem Bild und deckte es am Weihnachtsabend 1541 auf, zum Verwundern und Erstaunen Roms, ja der ganzen Welt.« Und weiter: »Michelangelo gab den Gestalten darin solche Kraft, dass er das Wort Dantes verwirklichte: »Die Toten schienen tot, die Lebendigen lebendig.« Man erkennt in dem Gemälde den Jammer der Verdammten und die Freude der Seligen. Als daher dieses Weltgericht aufgedeckt war, zeigte sich Michelangelo nicht nur als Sieger über die Künstler, die früher in derselben Kapelle gearbeitet hatten, sondern man sah auch, dass er sich in seinen Darstellungen an der Decke, die er zu so großem Ruhme ausgeführt hatte, noch selbst übertreffen wollte, und er hat sich darin übertroffen, und zwar sehr weit.«

Auch eine hübsche Anekdote verdanken wir Vasari: »Michelangelo hatte schon mehr als drei Viertel des Bildes vollendet, als Papst Paul kam, um es zu besichtigen. Messer Biagio von Cesena, Zeremonienmeister und ein sehr kleinlicher Mann, war mit Seiner Heiligkeit in der Kapelle, und auf die Frage, was er von dem Werk halte, entgegnete er, es sei wider aller Schicklichkeit, an einem heiligen Ort so viele nackte Gestalten zu malen, die aufs unanständigste ihre Blößen zeigten; es sei kein Werk für die Kapelle des Papstes, sondern für eine Bade- oder Wirtshausstube. Das verdroß Michelangelo, und um sich zu rächen, malte er den Zeremonienmeister, sobald er fort war, ohne ihn weiter vor sich zu haben, als Minos in der Hölle, die Beine von einer großen Schlange umwunden, umgeben von einer Schar von Teufeln. Und es half dem Messer Biagio nichts, dass er sich an den Papst und Michelangelo wandte und bat, er möge sein Bild dort wegnehmen – es blieb stehen zum Andenken an diese Geschichte.« Die ›anstößigen‹ Stellen wurden später von Daniele da Volterra (1509–66) übermalt.

Die ›Sistina‹ ist die Palastkapelle des Papstes und dient für Gottesdienste und feierliche Versammlungen. Hier findet das Konklave, die Wahl eines neuen Papstes statt. Die (weniger als 80 Jahre alten) Mitglieder des Kardinalskollegiums wählen in geheimen Abstimmungen mit einer Mehrheit von zwei Dritteln plus einer Stimme das neue Oberhaupt der katholischen Kirche. Der Rang der Sixtinischen Kapelle ist einzigartig. Sie vereinigt in sich die höchsten Werke der Kunst als Monumente des christlichen Glaubens und als Symbole menschlicher Größe, die zum Göttlichen strebt.

Es war kein geringes Problem, die Wände der 120 m langen Galerie zu schmücken. Mit der Galerie der Landkarten (1580/83 von Antonia Danti) hat man es nicht schlecht gelöst. U. a. finden wir die einzelnen Gegenden Italiens, Städte und Regionen. An die Galerie der geografischen Karten schließen sich die Galerie der Teppiche mit wertvollen Exemplaren vom 5. bis zum 17. Jh. und die Galerie der Kandelaber an.

Abkürzung

Die Besuchergruppen können die Museen auch unmittelbar nach der Besichtigung der Sixtinischen Kapelle zum Petersplatz hin verlassen, ohne den gesamten Rundgang bis zum Ausgang am Viale Vaticano zurückzulegen. Der Ausgang auf den Petersplatz schließt allerdings den Besuch der Vatikanischen Bibliothek, des Museums der Kutschen und der ehemaligen Lateran-Museen (Museo Gregoriano Profano, Museo Pio Christiano und Völkerkundliches Museum) aus.

Museo Gregoriano Egizio

Basalt- und Holzsarkophage, Köpfe von Götterstatuen und Pharaonen, Mumienköpfe und Stelen, Köpfe und Statuen von Göttern und

Tieren sowie ägyptische Papyri der Dynastien vom 3. Jt. bis zum 6. Jh. v. Chr. in Ägypten bilden den kleinen Schatz des Museo Gregoriano Egizio. Das am Cortile della Pigna gelegene Museum wurde von Gregor XVI. 1839 neu gegründet, nachdem Pius VII. zur Zeit des ›Ägypten-Fahrers‹ Napoleon eine erste Sammlung angelegt hatte.

Museo Gregoriano Etrusco

Auch das Museo Gregoriano Etrusco, das Etruskische Museum des Vatikans, ist nicht groß, enthält jedoch einige besonders wertvolle Stücke, so die Tomba Regolini-Galassi, eine Grabanlage aus Cerveteri; den Mars von Todi; die Stele des Palestrita (aus Attika, 5. Jh. v. Chr.); Kopf der Athene. In den 18 Sälen des ebenfalls von Gregor XVI. 1837 gegründeten Museums sind Zeugnisse etruskischer Kunst und Kultur ausgestellt, u. a. Gegenstände des Gebrauchs und des Totenkults, außerdem griechische und römische Kunstwerke, darunter eine interessante Vasensammlung.

Museo Pio Cristiano

Das Museo Pio Cristiano, das Christliche Museum Pius' IX., von diesem Papst 1854 den Vatikanischen Sammlungen hinzugefügt, gliedert sich in zwei Abteilungen, die für Architektur, Skulpturen und Mosaiken und die für Inschriften.

Museo Missionario Etnologico

Auch interessante Gegenstände aus den Missionsgebieten der katholischen Kirche wurden gesammelt. Unter Papst Pius XI. (1922–39) nahm man eine systematische wissenschaftliche Erfassung der Objekte vor, die heute zum Teil im Museo Missionario Etnologico öffentlich zugänglich sind. Dieses kleine ›Völkerkundemuseum‹ gibt einen hervorragenden Einblick in Leben, Kultur und Religion fremder Völker. Und es zeigt sich darin auch, dass die katholische Weltkirche eine alle Völker und Kulturen umspannende, Jahrhunderte alte Institution ist.

Museo Storico

Das **Museo Storico (13)**, das Historische Museum des Vatikans, 1973 auf Wunsch Papst Pauls VI. unterhalb des Giardino Quadrato (neben der Pinakothek) eingerichtet, beherbergt Interessantes zur Geschichte des Vatikanstaates, z. B. Uniformen und Ausrüstung der päpstlichen Truppen, Kutschen u. ä.

Vatikanische Pinakothek (Pinacoteca Vaticana)

Zum Abschluss des ausgedehnten und anstrengenden Museumsbesuches mag sich die **Vatikanische Pinakothek (14)** anbieten, die nicht sehr umfangreich ist. Sie wurde relativ spät, von Pius VI. (1775–99), gegründet und verlor sogleich zahlreiche Gemälde, die Napoleon als Kriegsschuld einforderte. Das 1932 entstandene Museumsgebäude beherbergt in 16 Räumen Gemälde vom Mittelalter bis in die Gegenwart. Beachtenswert sind vor allem:

Saal I: Frühe sienesische, umbrische und toskanische Schule des Mittelalters; Pluviale (Segensmantel) Bonifaz' VIII. (14. Jh.)

Saal II: Stefaneschi-Triptychon von Giotto; »Erlöser« von Simone Martini; »Madonna« von Bernardo Daddi

Saal III: »Madonna« und »Nikolaus von Bari« von Fra Angelico; »Krönung Mariens« von Filippo Lippi; »Madonna« von Benozzo Gozzoli

Saal IV: »Sixtus IV. gründet die Vatikanische Bibliothek«, Fresko von Melozzo da Forlì; Musizierende Engel, Fragmente des Apsismosaiks (»Himmelfahrt«) aus SS. Apostoli, desselben Malers

Saal V: Meister des 15. Jh.; »Pietà« des Lukas Cranach

Saal VI: »Pietà« von Carlo Crivelli

Saal VII: »Marienkrönung« von Pinturicchio; »Madonna« und »Der hl. Benedikt« von Perugino

Saal VIII (Raffael): Zehn Wandteppiche nach Entwürfen von Raffael, dann seine berühmten Gemälde: »Krönung Mariens« (1503), »Verkündigung«, »Epiphanie«, »Darbringung Jesu im Tempel«, drei Tafeln »Glaube« – »Hoffnung« – »Liebe«, vor allem die »Madonna von Foligno« (1512/13) und »Trasfigurazione« – Verklärung Christi (1517, das letzte Gemälde des Künstlers)

Saal IX: »Hieronymus« von Leonardo da Vinci, um 1480, unvollendetes Werk; »Pietà« von Giovanni Bellini

Saal X: »Madonna mit Kind und Heiligen« von Tizian; »Georg und der Drache« von Bordone

Saal XI: Bilder des späten 16. Jh.

Saal XII: »Hieronymus« von Domenichino (1614); »Grablegung« von Caravaggio (1602/04); »Kreuzigung des Petrus« von Guido Reni

Saal XIII: »Madonna und Franziskus« von Pietro da Cortona

Saal XIV: Niederländische und flämische Meister: Rubens-Schule

Saal XV: »Der Doge Niccolò Marcello« von Tizian; Papstbildnisse verschiedener Meister

Saal XVI: Moderne Meister

Weitere Werke der modernen religiösen Kunst in der Collezione d'Arte Religiosa Moderna (s. S. 374).

Ich habe immer bedauert, dass die Besichtigung dieser Gemälde meist an einen Besuch der Vatikanischen Museen angehängt wird. Werden muss, wegen der fehlenden Zeit und des begrenzten Aufnahmevermögens. Es ist ein Luxus, einmal eigens Zeit für die Betrachtung ausgewählter Bilder hier zu haben.

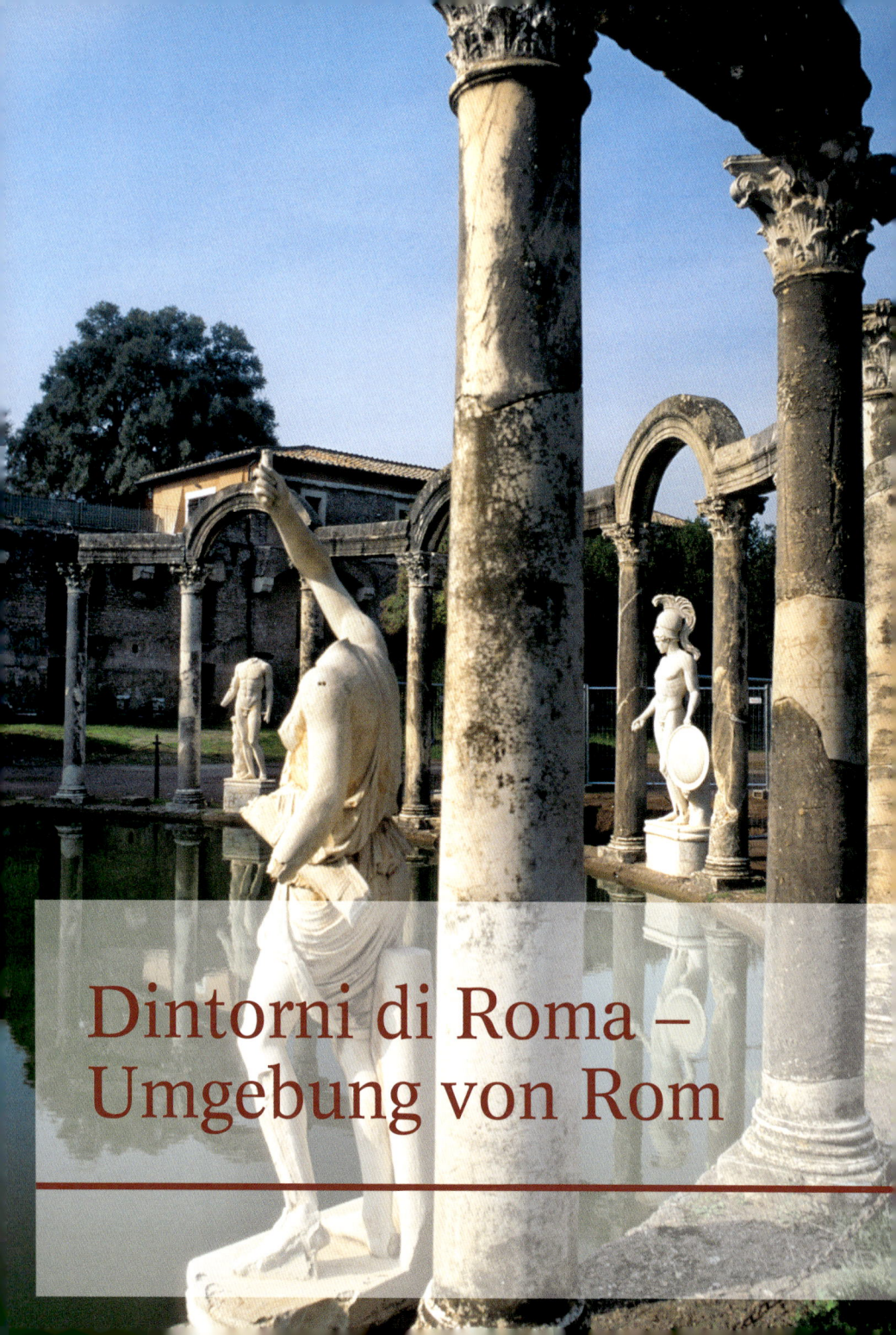

Dintorni di Roma – Umgebung von Rom

Latium, die italienische **Region Lazio,** reich an landschaftlichen Reizen und Kunstschätzen, muss nicht ›im Schatten‹ Roms liegen. Dabei stellt Rom die Umgebung jedoch nicht nur im übertragenen Sinn in den Schatten, zieht also häufig fast das ganze Interesse der Besucher auf sich; umgekehrt spendet das Umland der gewaltigen Urbs vielmehr auch selbst jenen Schatten, der einen vor der Hitze der städtischen Hast, der Erschöpfung durch rastloses Schauen bewahrt, kurz, in dem man sich erholen kann. In vier Hauptrichtungen kann selbst der eilige Besucher von Rom aus seine Schritte lenken. Nach Norden zu den beiden Etruskerstätten Cerveteri und Tarquinia sowie Bracciano am Lago di Bracciano, nach Südosten in die Albaner Berge mit der päpstlichen Sommerresidenz in Castel Gandolfo und dem Wein- und Villenort Frascati, nach Westen mit Ostia Antica und dem Lido di Ostia, den von Archäologen freigelegten Überresten der altrömischen Hafenstadt Ostia und der heutigen Stadt Ostia am Meer, und schließlich nach Nordosten, nach Tivoli und Palestrina.

Übersichtskarte Umgebung von Rom hintere Umschlaginnenklappe

Im Nordwesten

Cerveteri

51 km nordwestlich von Rom nahe der Küste gelegen, war das ›Alte‹ Caere der Etrusker (Caere ›Vetus‹ verschmolz zum heutigen Namen) vom 8. bis zum 4. Jh. v. Chr. Handels- und Machtzentrum eines etruskischen Teilstaats. Die Nekropole, die Totenstadt von Cerveteri, führt in den religiösen Kult jenes Volkes ein, das vor den Römern in ganz Mittelitalien sesshaft war, das eine hohe Kultur entfaltete und es in Architektur, Malerei und Bildhauerkunst ebenso zu großen Leistungen brachte wie im Handwerk und in der Technik. Die hier gefundenen Gold- und Bronzearbeiten, Vasen und Urnen sowie Malereien auf Wänden und Gegenständen sind leider über Museen in Paris, London und Rom (Vatikanische Museen und Villa Giulia) verstreut. Ein Rundgang führt an den verschiedenen eindrucksvollen Gräbern vorbei. Diese Gräber *(tombe)* sind es, die den Ruhm und die Bedeutung dieses Ortes ausmachen. Hervorzuheben sind: »Tomba dei Capitelli«, »della Casa con tetto stramineo«, »dei Dolii«, »dei Letti Funebri«, »dei Vasi Greci«, »dei Rilievi«, »della Cassetta«, »delle Colonne Doriche«, »del Triclinio«, »dei Sarcofagi«, »degli Iscrizioni«, »dell'Alcova« und »delle Ulive« sowie der »Tumulus (Grabhügel) della Cornice« und »della Ophelia Maroi«.

Tarquinia

96 km von Rom im Nordwesten nicht weit vom Tyrrhenischen Meer, ist Tarquinia wie Cerveteri etruskischen Ursprungs. In dieser Stadt

◁ *Teatro Marittimo der Villa Adriana bei Tivoli*

Ditorni di Roma – Umgebung von Rom

Szene mit Dienern und Musikanten aus der etruskischen »Tomba dei Leopardi« (Leopardengrab) in Tarquinia aus dem 5. Jh. v. Chr.

Museo Nazionale Tarquiniense
Di–So 8–19 Uhr
Die sehr lohnende Besichtigung der in der Umgebung liegenden Grabanlagen ist nur vom Museum aus mit einem Führer und einem Auto möglich.

führten die Etrusker bis zu ihrer Niederlage gegen die Römer im Jahr 311 v. Chr. ein stolzes, an Kultur reiches Gemeinwesen.

Von ihrem Leben geben uns das **Museo Nazionale Tarquiniense** in dem beachtenswerten Palazzo Vitelleschi, für Kardinal Giovanni Vitelleschi (1436–39) errichtet, und die in der Umgebung Tarquinias verstreuten Nekropolen (Grabstätten) eindrucksvolle Kunde. Vasen und Urnen aus feiner und grober Keramik, Werkzeuge und Gebrauchsgegenstände, Waffen und Schmuck, Gemälde mit Darstellungen aus dem Leben der Verstorbenen und aus dem Jenseits der Götter stammen aus drei Kulturepochen, der ›Zeit der Brandgräber oder der Villanova-Kultur‹ (10.–8. Jh. v. Chr.), der ›Orientalisierenden Epoche‹ (Anfang des 7.–Mitte des 6. Jh. v. Chr.) und dem ›Zeitalter der etruskischen Grabmalerei‹ (6.–2. Jh. v. Chr.). Beachtenswert sind die »Tomba dei Letti Funebri« (der Totenbetten), »del Triclinio« (des Speisezimmers), »delle due Bighe« und »del Barone« mit hervorragend erhaltenen Wandmalereien sowie Steinsarkophage und ein großes farbiges Terrakottarelief mit zwei geflügelten Pferden (ein Wahrzeichen Tarquinias).

Bracciano

Das kleine Städtchen, 39 km von Rom entfernt über dem Lago die Bracciano, dem Bracciner See, gelegen, ist eine beliebte Sommerfrische der Römer und Erholungsort ausländischer Wahlrömer. Das mächtig aufragende Castello Orsini errichteten Napoleone Orsini und sein Sohn Gentile Virginio von 1470 bis 1485; es hielt manchen Belagerungen statt. Von seinen Zinnen aus bietet sich ein herrlicher Blick über die römische Landschaft bis zu den Sabiner Bergen.

Im Südosten

Cinecittà

Auf dem Weg Richtung Südosten, noch in Rom, aber weit draußen an der Via Tuscolana 1055, erstreckt sich das 600 000 m² große Gelände der Cinecittà, der römischen Filmstadt. Cinecittà, 1937 gegründet, ist die bedeutendste Produktionsstätte für italienische und internationale Filme. In den Studios wurden Klassiker der Filmgeschichte gedreht. International berühmte Regisseure wie Vittorio de Sica, Luchino Visconti, Federico Fellini und Michelangelo Antonioni, in aller Welt bekannt Stars wie Sofia Loren und Gina Lollobrigida, Vittorio Gassman und Marcello Mastroianni begründeten hier ihren Ruhm.

Albaner Berge (Colli Albani)

Im Gebiet der Albaner Berge (Colli Albani), etwa 20 bis 30 km südöstlich von Rom, hatten früher die römischen Adelsfamilien und Päpste ihre Burgen, daher wird das Gebiet auch Castelli Romani (›Römische Burgen‹) genannt; heute ziehen sich viele Römer in diese höher als Rom gelegenen Zonen der besseren Luft und der größeren Ruhe wegen zurück.

Die vulkanischen Berge steigen bis zu einer Höhe von 949 m an (Monte Cavo); die Krater der Vulkane bilden zwei Seen, den Lago Albano und den Lago di Nemi. Auf den Abhängen dieses Gebietes wächst ein guter Wein (mit der Bezeichnung Castelli Romani). Aus den alten Burgen haben sich bevölkerte Städtchen entwickelt: Frascati, Grottaferrata, Marino, Castel Gandolfo, Albano, Ariccia, Genzano, Nemi und Rocca di Papa.

Albaner See (Lago Albano)

Der Krater des Albaner Sees, etwa 10 km im Umfang, in einer Höhe von 293 m über dem (in der Ferne glänzenden) Meeresspiegel gelegen und bis zu 170 m tief, ist landschaftlich besonders reizvoll. Durch einen unterirdischen Ableitungskanal wird der Wasserspiegel des Sees auf gleicher Höhe gehalten; die überflüssige Wassermenge wird dem Tiber zugeführt. Die erste Anlage dieser Art wurde von römischen In-

Cinecittà
Ein Besuch der Filmstadt ist nach telefonischer Anfrage für Gruppen möglich und durchaus lohnend.
Tel. 06 72 29 31

genieuren bereits im Jahr 397 v. Chr. gebaut. Nach alter Überlieferung hat zu diesem Bau die Römer eine Weissagung veranlasst, die ihnen bedeutete, sie würden andernfalls die Etruskerstadt Veji nicht erobern können.

Frascati

Frascati, 22 km von Rom entfernt, im Südosten, ist wegen seines Weines und seiner Villen gleich berühmt. Der Zahl der ländlichen Weinstuben entspreche, so heißt es scherzhaft, die Menge der architektonisch bedeutenden Landvillen der römischen Adelsfamilien aus dem 16. und 17. Jh.; man sagt es auch umgekehrt. Hervorzuheben sind von den Landpalästen: die Villa Aldobrandini, die ihre Fassade stolz dem Haupt-(Park-)Platz zuwendet, der Falconieri (Maddalena, Ruffini), die Villa Ruffinella (Ferreria), der Lancelotti, der Grazioli (Aquavia, Montalto), der Muti (Arrigoni), der Pallavicini, der Torlonia (Ludovisi, Conti), der Borghese (Taverna), der Mondragone und die Villa Vecchia.

Außerhalb Frascatis befinden sich die Ruinen des alten **Tusculum,** das zu allen Zeiten berühmte Römer, wie etwa in der Antike der Schriftsteller Cicero, als Sommerwohnsitz wählten. Auf dem Berg befinden sich Reste einer römischen Akropolis und einer mittelalterlichen Zitadelle.

Grottaferrata

Bei der Rundfahrt durch die Castelli Romani sollte man auch die alte Abtei der Basilianer, eines Ordens der griechisch-katholischen Kirche, bei Grottaferrata, 21 km von Rom in 329 m Höhe gelegen, besuchen. Die Abtei ragt als Festungsbauwerk der Renaissance und als ehrwürdiges Kloster mit bedeutenden Kunstwerken hervor.

Rocca di Papa,

Rocca di Papa, 27 km von Rom entfernt, 681 m hoch am Abhang des Monte Cavo gelegen, führt seinen Namen auf eine Festung der Päpste aus dem 12. Jh. zurück. Unter der mittelalterlichen Stadt haben sich nun Villen, Gärten und Hotels ausgebreitet.

Castel Gandolfo

Monastero Esarchico di Santa Maria di Grottaferrata

Schöne Liturgie: www.abbazia greca.it/liturgia/ liturgia.asp

In Castel Gandolfo befindet sich die Sommerresidenz der Päpste, die als exterritoriales Gebiet zum Vatikanstaat gehört und deren Bau unter Urban VIII. im Jahr 1624 begonnen wurde. Von dem Städtchen aus, das nach der Sage von Ascanius, dem Sohn des Aeneas, gegründet wurde und das in der realen Historie als Alba Longa im Krieg mit Rom unterlag, hat man einen weiten Blick über die römische Campagna bis zur Kuppel der Peterskirche, aber auch bis zum Meer und hinunter zum Albaner See. Die Kirche am Hauptplatz gegenüber dem päpstlichen Palast, San Tommaso di Villanova, ist ein Werk Berninis (1661). Auch der Brunnen auf dem Hauptplatz ist von Bernini.

Ariccia und Albano

Wie viele der alten Städte Latiums lag auch **Ariccia**, das alte *Aricia*, im Kampf mit Rom, was es durch mehrmalige Zerstörung büßen musste. Die bezaubernd schöne Lage, 412 m hoch auf einem Sattel zwischen zwei Tälern, zieht noch heute viele Römer in der heißen Jahreszeit an.

Durch **Albano** (Laziale), 26 km von Rom entfernt, führt die Via Appia Antica. Ruinen (Stadttor, Mauern, Amphitheater, Thermen, Grab, Zisterne) weisen auf die hohe Zivilisation der Bewohner von Castra Albana in römischer Zeit hin.

Im Westen

Der **Lido di Ostia**, der bekannte Strand des Badeorts Ostia, zählt zwar immer noch zu den beliebtesten Ausflugszielen der Römer und damit zu den belebtesten Sandstreifen und Promenaden der italienischen Halbinsel; doch ist das am Meer gelegene Ostia in den letzten Jahren fast eine Großstadt mit beinahe 55 000 Einwohnern geworden. Da sie ihre Abwässer zumeist ins Meer leitet und außerdem die von Rom durch den Tiber herbeigeschwemmt werden, ist das Baden im Meer nicht zu empfehlen, zeitweilig sogar von der Gesundheitsbehörde verboten.

Ostia Antica

An keinem Ort der Umgebung Roms kann man einen so anschaulichen und umfassenden Überblick über eine antike Stadt gewinnen wie in den Ruinen des alten Ostia. An der Mündung (Ostium) des Tiber, so lauten die Legenden, sei Aeneas, der Ahnherr der Latiner, an Land gegangen; hier habe der König Ancus Marcius im 7. Jh. v. Chr. eine Siedlung gegründet. Der archäologischen Forschung zufolge jedoch entstand hier um 335 v. Chr. eine Siedlung an der Mündung des Tiber ins Meer, günstig gelegen für Fischerei und Handel. Die Stadt wuchs zusammen mit Rom empor und wurde in der Kaiserzeit einer der lebhaftesten und wichtigsten Handels- und Kriegshäfen. Dieser Rang drückte sich in vielen Bauten für die damals etwa 50 000 Bewohner aus.

Als jedoch Roms Bedeutung als Macht- und Handelszentrum mit der Teilung des Reiches unter Konstantin, mit den Plagen der Jahrzehnte der Völkerwanderung und dem Untergang des Weströmischen

Ostia Antica
Viale dei Romagnoli 717
ostia@arti.beni culturali.it
Di–So Jan., Febr. 8.30–16, März 8.30–17, letzter So im März bis letzter So im Okt. 8.30–18, Nov., Dez 8.30–16 Uhr

Reiches im 5. Jh. zurückging, als die politische Lage mit den wechselnden Machtverhältnissen im frühen Mittelalter und der Bedrohung durch die Sarazenen sich gegen Ostia wandte, als zudem der Tiber immer mehr Sandmassen anschwemmte und dadurch die Hafenstadt immer weiter vom Meer abrückte, als dazu noch die Malariaplage kam und 1613 ein Kanal bei Fiumicino den Einwohnern den Seehandel nahm – zuviel für eine Stadt –, da versank Ostia in Trümmer und – Vergessenheit.

Bis sich die Altertumsforscher und Archäologen der berühmten Hafenstadt Roms erinnerten. Seit dem 19. Jh. förderten Ausgrabungen etwas mehr als die Hälfte des verfallenen Stadtgebiets von 66 ha zutage: Straßen und Wohnhäuser, Theater und Bürobauten, Tempel und Kasernen, Kunststätten und Geschäfte, Grabanlagen und Lagerhäuser, Thermen und Stadttore, Wirtshäuser und Herbergen, Sportanlagen und Hafeneinrichtungen, Statuen und Mosaiken, dessen Gliederung in fünf Stadtteile mit rechtwinkigen Straßenzügen klar vor Augen liegt.

Die Besichtigung der Ausgrabungen beginnt entweder am Haupteingang und führt dann über die Via dei Sepolcri (Gräberstraße) an der Porta Romana und den Grabanlagen, den Thermen und dem Piazzale della Vittoria (mit einem Standbild der Siegesgöttin Minerva Victoria), an Lagerhäusern (Horrea) und Wohnhäusern vorbei auf der von Rom kommenden Via Ostiense, der jetzt Decumanus Maximus geheißenen Hauptstraße, bis zum Theater; oder man fährt mit dem Auto auf das Gelände bis zum Parkplatz und geht auf kurzem Weg zu Fuß zum Theater.

Auch ein kurzer Rundgang sollte das **Theater** nicht auslassen. Es wurde unter Kaiser Augustus errichtet, unter Septimius Severus und Caracalla umgestaltet, vor einigen Jahren wieder restauriert und fasst etwa 2700 Zuschauer; noch heute finden während der Sommermonate Aufführungen darin statt. Von den Rängen des Theaters sieht man auf den Piazzale delle Corporazioni, ein Geviert mit den Büros von 70 Handelsvertretungen, deren Herkunft und Tätigkeit von Mosaiken davor angegeben werden. In der Mitte des Platzes erhebt sich der Tempel der Ceres. Vom Theater geht der Blick weiter auf die Thermen des Neptun (mit Mosaiken) und eine Palästra (Sporthalle) sowie die Kaserne der Wachleute, schließlich auf die Horrea (Speicher) des Hortensius; dahinter erstrecken sich weite, noch unausgegrabene Teile des alten Ostia.

Dann kann man zum schönen Haus des Apulejus (Casa di Apuleio) gehen, mit dem danebenliegenden Mithras-Heiligtum und weiteren Lagerhäusern, hinüber in das Häusergewirr mit dem Collegium Augustale, der Casa der Fortuna Annonaria, auf das Feld und zum Tempel der Magna Mater Kybele und zurück Richtung Hauptstraße. Auf dem Weg dorthin liegen die Thermen des Forum, der Tempel der Roma und des Augustus und die Casa dei Triclini sowie die Basilika am Forum mit dem hochaufragenden Gebäude der Curia, die das Forum abschließt.

Ostia Antica

Der Rundgang kann jetzt noch weiter ausholen und den Tempio Rotondo, die Scuola di Traiano, den Piazzale di Bona Dea, die Casa a Giardino mit großen Wohnungen, Gärten und Laubengängen, die Casa delle Muse, eine christliche Basilika, Thermen der Sieben Weisen und Thermen des Mithras, weiter republikanische Tempel, das Haus von Amor und Psyche, den Kleinen Markt, die Casa dei Dipinti und die Casa di Diana berühren. Zum Schluss lädt ein interessantes **Museum** ein, die künstlerisch wertvollen Funde von Ostia Antica zu besichtigen.

Im Osten

Tivoli

Tivoli, das alte römische Tibur an der Via Tiburtina, 31 km von Rom entfernt und heute eine Stadt von 50 000 Einwohnern, wird vor allem wegen der Villa d'Este und der Villa Adriana aufgesucht.

Ditorni di Roma – Umgebung von Rom

Die Villa d'Este wird als ›Königin der Villen‹ bezeichnet. Im parkähnlichen Garten wurden Brunnen und Fontänen, kleine und große Wasserbecken von den Baumeistern spielerisch gestaltet

Villa d'Este

Die Villa d'Este, Gebäude und Park für die Familie der Este aus Ferrara, gilt als die ›Königin der Villen‹. Im 16. Jh. wurde für den Kardinal Ippolito d'Este von Pirro Ligorio eine Anlage geschaffen, in der sich die natürliche Gestalt der Landschaft (an einem Hügelabhang), das Spiel des Wassers und die architektonischen Formen der Bauten harmonisch und erfrischend verbinden. Luigi und Alessandro d'Este ließen die Anlage der Villa, die später in den Besitz des Hauses Habsburg und 1918 in den des italienischen Staates überging, zu Beginn des 17. Jh. vollenden.

Von dem Palazzo tritt man über Terrassen und zahlreiche Treppen in den parkähnlichen Garten. Hunderte von Fontänen, Brunnen, großen und kleinen Wasserbecken nehmen das Wasser auf, sammeln es, um es weiterzugeben oder emporzuschleudern: Ein beständiges Rieseln und Rauschen erfüllt die Luft, die hier viel reiner ist als in Rom. Fontänen und Brunnen sind von den Baumeistern in spielerischen Formen gestaltet, zuweilen miniaturhaft Größeres nachahmend, nur mit dem Ziel, zu erfreuen.

Villa Adriana

Die Villa Adriana, etwas außerhalb von Tivoli gelegen, ließ der baufreudige Kaiser Hadrian (117–38) anlegen. In diesem ›Schloss‹ war alles Notwendige für eine angemessene Führung des kaiserlichen Hofes vorhanden. Zugleich hatten die Architekten in kleinerem Maßstab die Orte und Bauwerke kopiert, die Kaiser Hadrian bei seinen ausgedehnten Reisen im Römischen Reich besonders beeindruckt hatten, so das Tempeltal von Thessalien, einen Kanal bei der ägyptischen Stadt Kanopus oder die Akademie zu Athen. Deshalb führt ein Rundgang an den Bauten für die kaiserliche Sommerresidenz und an den Nachbildungen dieser fremden Stätten vorbei. Hervorzuheben sind – und bei einer Besichtigung leicht zu erkennen, wozu im Eingangsgebäude noch ein Gipsmodell der Anlage verhilft:

Griechisches Theater (am Eingang); der Gartensaal eines kleinen Palastes mit der für die Hadrian-Zeit typischen, bewegten Architektur (konvexe und konkave Linien); Piazza d'Oro, der Goldene Platz, der von 60 Säulen umgeben war; das sogenannte Teatro Marittimo, das Seetheater; eine kleine Villa mit marmornem Säulengang und der ›Insel der Einsamkeit‹, kleine und große Thermen; der Canopus, eine lang gestreckte Anlage im Freien mit einem Serapis-Tempel und (dahinter) der Akademie; das Stadion, die Kaserne der Wachen, die Bibliothek für griechische und lateinische Autoren neben dem eigentlichen Kaiserpalast. Ein Museum zeigt einige beachtenswerte Objekte. Von der Pracht der Kaiserzeit, von imperialer Größe vermittelt die Villa des Hadrian mit ihren mächtigen Ruinen einen überwältigenden Eindruck.

Subiaco

Das Städtchen Subiaco, 72 km von Rom entfernt, zog schon die alten Römer wegen seiner idyllischen Lage an, so den Kaiser Nero, der sich künstliche Seen und eine Villa anlegen ließ, bevor Benedikt von Nursia, der berühmte Gründer des Benediktinerordens, sich hierher in die Einsamkeit mit Gleichgesinnten zurückzog. Deshalb lockt Subiaco vor allem die Verehrer des hl. Benedikt und seiner Schwester, der hl. Scholastika, der zu Ehren Kirche und Kloster in der Nähe des Ortes erbaut wurden. Das Kloster des hl. Benedikt mit der Heiligen Höhle (Sacro Speco) erreicht man über eine kurvige Autostraße. Die Memoria des hl. Benedikt wird in der winkelreichen, über- und ineinandergestaffelten Klosteranlage durch Wandmalereien gefeiert, die aus dem 8. bis 14. Jh. stammen und in Darstellungen Szenen aus dem Leben des Ordensgründers und der Bibel zeigen.

Palestrina

Das alte Preneste, das heutige Palestrina, liegt 38 km östlich von Rom entfernt an der Via Prenestina. Es bietet im Sommer vielen Römern – seit alters – Erholung. Der Tempel der Fortuna Primigenia, eine Anlage, die bis in das 4. Jh. v. Chr. zurückgeht und in die hinein im 11. Jh. – später erweitert – der Palazzo Colonna-Barberini gebaut wurde, ist einen Ausflug nach Palestrina wert. Der Palast beherbergt das Archäologische Museum mit dem berühmten Nil-Mosaik.

Glossar kunst- und kulturgeschichtlicher Begriffe

Abakus Obere Abschlussplatte über einem →Säulen- →Kapitell

Ädikula Rahmender architektonischer Aufbau um Portale, Fenster, Reliefs oder Gemälde

Altan Eine bis zum Erdboden unterbaute Plattform (eine Art Balkon) an oberen Stockwerken

Apokalypse (griech. Offenbarung) Religiöse Literaturgattung, den Weltenlauf und Weltuntergang prophezeiend; auch bes. Bezeichnung für die Offenbarung des Johannes im Neuen Testament

Apostelfiguren Die zwölf Apostel sind durch folgende Attribute gekennzeichnet: Andreas mit dem X-förmigen Kreuz, Bartholomäus mit einem Messer, Jakobus d. Ä. (Major) mit Stab und Muschel, Jakobus d. J. (Minor) mit einer Fahne, Johannes mit Kelch und Schlange. Judas Thaddäus mit einem Schwert, Petrus mit einem Schlüssel, Philippus mit einem Kreuzstab, Simon mit einer Säge und Thomas mit Winkel und Lanze

Apsis Meist halbrunder, mit einer Halb- →Kuppel überdeckter Raum, der sich zu einem Hauptraum öffnet; in der christl. Baukunst überwiegend der östliche Abschluss einer Kirche

Aquädukt Römische Wasserleitung mit leichtem Gefälle, die Täler und Schluchten auf oft mehrstöckigen Bogenstellungen überspannt

Architrav Der den Oberbau tragende Hauptbalken über →Säulen oder →Pfeilern

Arkade Bogenstellung über →Säulen oder Pfeilern. In fortlaufender Reihung und einseitig geöffnet auch als Bogengang so bezeichnet

Atrium Von →Säulen getragener Innenhof des röm. Wohnhauses mit einer mittleren Öffnung im Dach. In christl. Baukunst von Säulenhallen umgebener westlicher Vorhof einer Kirche

Aula (lat. Hof) Der dem röm. →Atrium entsprechende Innenhof eines griech. Hauses. In röm. Kaiserzeit auch Palast und Ort der Hofhaltung. In altchristl. Basiliken Vorhof; dann für Laien bestimmtes Kirchenschiff. In späteren Profanbauten Versammlungs- und Vorlesungsort

Baldachin Dachartiger Aufbau über einem Altar, Bischofsstuhl, einer Statue oder einem Grabmal

Balustrade Ein aus kleinen, gedrungenen Stützen (Balustern) gebildetes Geländer an Treppen, Balkonen oder als Dachabschluss

Baptisterium Taufkirche

Basilika Drei- und mehrschiffige Kirche, deren Mittelschiff höher und breiter ist als die →Seitenschiffe, sodass der Obergaden (Wandabschnitt über dem Mittelschiff, in dem sich Fenster befinden; auch Licht- oder Fenstergaden genannt) für Lichteinfall sorgt. In christl. Baukunst früh bevorzugter Kirchentypus: →Hallen-, →Säulenbasilika. Im antiken Rom: Markt- und Gerichtshalle

Basis Ausladender Fuß einer →Säule oder eines →Pfeilers

Bogen(formen) Meist auf den Kreis zurückzuführen bzw. aus zwei oder mehreren Kreisbogenstücken zusammengesetzt. Die in der westlichen Baukunst häufigsten B. sind: der halbkreisförmige Rundbogen; der ellipsenähnliche Korbbogen; spitz zulaufende Bogen bezeichnet man als Spitzbogen; Kielbogen sind

Basilika

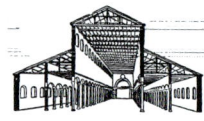

im unteren Teil konkav konturiert (auch Sattelbogen oder Eselsrücken genannt)
Borgo Vorstadt, auch unbefestigte Ortschaft im Gegensatz zum →Castell
Campanile Freistehender Glockenturm italienischer Kirchen
Camposanto Sonderform des Friedhofs: von Bogengängen umschlossen, in dessen Nischen oder Rückwänden sich Wandgräber befinden
Castell, Kastell (span.) Befestigte Ortschaft – keine Festung, im Gegensatz zum →Borgo
Cella Fensterloser Hauptraum des antiken Tempels, meist mit dem Standbild des Gottes ausgestattet
Chor Hochaltarraum einer Kirche, z. T. einige Stufen höher liegend als der Gemeinderaum, architektonisch bes. ausgestaltet und oftmals durch einen Lettner (Trennwand mit einem oder mehreren Durchgängen), durch Gitter oder Schranken vom →Mittelschiff getrennt
Codex, Kodex Sammlung mehrerer, inhaltlich zusammengehöriger Texte religiöser, juristischer o. ä. Art
Confessio, Konfessio (lat. Bekenntnis, Beichte) In der Baukunst Ruhestätte eines Märtyrers, des Titelheiligen oder Gründers einer Kirche, die unter dem Hauptaltar liegt
Cortile Meist von →Arkaden umgebener Innenhof
Dom Bischofskirche, Kathedrale
Dorisch →Säulenordnung
Ecclesia, Ekklesia (griech. Volksversammlung) Im Christentum die Gemeinschaft der Christen; Personifikation der Kirche und damit des neuen Bundes (→Synagoge). Ab dem Mittelalter erscheint E. aufrecht mit Krone, Kelch und Kreuzesstab
Echinus Wulstartiger, im Querschnitt kreisförmiger Teil des dorischen →Kapitells (→Säulenordnung), der zwischen Säulen-→Schaft und →Abakus vermittelt
Eierstab Zierprofil, das sich aus einander abwechselnden eiförmigen Gebilden und spitzen Stegen zusammensetzt
Empore →Galerie- oder →altartiger Einbau in einem Innenraum; meist in Kirchen
Epitaph Erinnerungsmal (Inschrift, figürliche Darstellung) für einen Verstorbenen, kein Grabmal
Evangelisten (-symbole) Verfasser der vier Evangelien mit Wesen, die erstmals in der →Apokalypse des Johannes als ihnen zugehörige Symbole gedeutet wurden: ein Engel oder Mensch für Matthäus, der Löwe für Markus, der Stier für Lukas und der Adler für Johannes. In Verschmelzung zur ›Viergestalt‹ als menschengesichtiger, meist vierflügeliger Cherub (neben den Seraphim in der Engelshierarchie Gott am nächsten)
Exedra Halbkreisförmige Erweiterung mit Sitzplätzen in antiken Wohnhäusern. →Apsis der altchristl. Kirche
Fresko Wandmalerei, bei der mit Kalkwasser angerührte Farbe auf den noch feuchten Putz aufgetragen wird; bes. haltbar, weil sich Farben und Verputz unauflöslich miteinander verbinden. Im Gegensatz dazu Seccomalerei auf trocknem Putz
Fries Waagerechte Mauerstreifen mit ornamentalen oder figürlichen Darstellungen als Schmuck, Gliederung oder Abschluss der Wand
Galerie Langer, gedeckter, nach einer Seite offener Gang. Laufgang mit offenen →Arkaden an einer Fassade. Laufgang über den Seitenschiffen in einer Kirche (Empore)
Gebälk Balken, die zur Decken- oder Dachkonstruktion gehören. In der antiken Architektur oberer Teil einer →Säulenordnung

Glossar

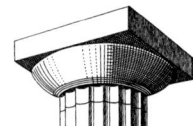
Dorisches Kapitell

Ionisches Kapitell

Korinthisches Kapitell

Geison Kranzgesims einer dorischen und ionischen →Säulenordnung
Gesims Vorspringendes, meist horizontal verlaufendes bauplastisches Element, das eine Außenwand in einzelne Abschnitte gliedert
Gewölbe Gekrümmte Raumdecke; →Gewölbeformen
Gewölbeformen Tonnengewölbe: Gewölbe mit halbkreisförmigem Querschnitt (einfachste Form des G.); bei der Durchdringung zweier gleich hoher Tonnengewölbe entsteht das Kreuzgewölbe; bilden sich an den Schnittpunkten der Gewölbeflächen eines Kreuzgewölbes Grate (Kanten), handelt es sich um ein Kreuzgratgewölbe; verläuft entlang der Grate eine tragende Skelettkonstruktion, spricht man von einem Kreuzrippengewölbe
Giebel Jeweilige Begrenzung der beiden zusammenstoßenden Flächen eines Satteldachs (zwei schräggestellte Dachflächen). Varianten: dreieckig, segmentförmig, abgetreppte (Staffelgiebel) oder in mehreren Winkeln gebrochen
Hallenbasilika/-kirche/-krypta Kirchen- bzw. →Krypta-Typ, dessen Schiffe ganz oder fast gleich hoch sind
Ikonografie Lehre von der Sinndeutung, z. B. christl. Bildinhalte und Formgestaltung ihrer Elemente bezüglich ihrer kunsthistorischen Entwicklung; Bildsprache
Intarsien Einlegearbeiten mit verschiedenfarbigen Materialien; neben Holz auch Elfenbein, Stein, Schildpatt, Perlmutt
Ionisch →Säulenordnung
Kandelaber Hoher Kerzenleuchter
Kannelure Senkrechte Hohlkehle an Säulenschäften
Kapelle Kleine Kirche oder sakraler Raum ohne Pfarrrecht. Architektonisch selbstständiger Anbau mit Altar in Kirchen

Kapitell Oberer Abschluss von →Säule. →Pfeiler oder →Pilaster mit ornamentaler, figürlicher oder floraler Dekoration. Dorisch: Bestehend aus wulstförmigem Kissen (→Echinus) und →Abakus. Ionisch: Ein beiderseits eingerollter →Volutenkörper liegt über einem Wulst (mit →Eierstab). Korinthisch: Bestehend aus übereinander angeordneten Akanthusblattkränzen (mittelmeerische Distelart mit großen, gezackten, an den Rändern leicht eingerollten Blättern); je zwei diagonal gestellte Voluten bilden die Ecken und tragen einen Abakus (konkav eingezogen, eine Blume auf jeder Seitenmitte)
Kassettendecke Flache oder gewölbte, mit eingetieften runden oder eckigen Feldern gegliederte Raumdecke; die Kassetten sind manchmal vergoldet, aus Reliefs oder floralen Ornamenten gestaltet
Kenotaph Leergrab
Kolonnade Säulenreihe, die einen →Architraven trägt
Kolumbarium Grabkammer mit Wandnischen zur Aufnahme der Aschenurnen
Kongregation (lat. Vereinigung) Im Katholizismus Verbindung mehrerer Klöster derselben Regel; Klostergemeinschaft mit einfachen Gelübden oder Glaubensvereinigung ohne Gelübde
Konsole Vorkragender Tragstein als →Basis für →Bögen, →Gesimse, Skulpturen usw.
Korinthisch →Säulenordnung
Kreuzgang Um den rechteckigen Innenhof eines Klosters angelegter überdachter Umgang. Im Kircheninnern auch die künstlerisch dargestellte Passion Christi
Krypta Unterirdisch angelegter Raum unter dem Ostabschluss einer Kirche zur Aufbewahrung von →Re-

liquien. Grabstätte von Heiligen und Märtyrern; später auch Grablege für geistliche und mitunter weltliche Würdenträger

Kryptoportikus Gedeckter oder unterirdischer Gang

Kuppel →Gewölbe- bzw. Dachtypus, meist in Form einer Halbkugel, die unterschiedlich geartete Grundrisse überwölben kann

Kurie Versammlungsraum des Senats; ursprünglich Gliederungsform der röm. Bürgerschaft in 30 Familienverbände. Im Vatikan: Sitz der päpstlichen Zentralbehörde

Langhaus, Längsschiff Der lang gestreckte Teil einer Kirche zwischen Fassade und →Chor

Laterne Runder oder vieleckiger durchfensterter Aufbau einer Decken-, →Kuppel oder →Gewölbeöffnung

Loggia Gewölbte, offene Bogenhalle in oder vor einem Gebäude; →Laube

Memoria Grabbau

Metope Glatte oder reliefierte Platte am (→Triglyphen) Fries eines dorischen (→Säulenordnung) Bauwerks

Mithräum Unterirdisches Heiligtum für die Verehrung des Gottes Mithras, eine altpersische Lichtgottheit, die auch im antiken Griechenland und Rom verehrt wurde

Mitra Nach oben spitz zulaufende Kopfbedeckung der Bischöfe bei liturgischen Feierlichkeiten

Mittelschiff Von →Seitenschiffen flankierter mittlerer Raum des mehrschiffigen Langhauses

Nekropole, Nekropolis (griech. Gräberstadt) In der Antike größter Friedhof außerhalb einer Stadt

Nimbus Heiligen-, Glorienschein, Lichterkranz, der eine göttliche, heilige oder in hoher Geltung stehende Figur umgibt. Der ovale, mandelförmige (Mandorla) N. ist fast ausschließlich Christus und Maria (meist ganzfigurig hinterfangend) vorbehalten, der kreisförmige (Aureole) vornehmlich göttlichen oder heiligen Figuren, der viereckige weltlichen, häufig noch lebenden Personen; im 4. Jh. auch Kreuz-N. für Gottvater und Christus

Nymphäum Bei den Römern ein den Nymphen (weibl. Wassergöttern) geweihtes Quellheiligtum. Später repräsentativer Prachtbrunnen am Ende einer Wasserleitung oder ein Pavillon mit Wasserspielen

Obelisk Freistehender, im Grundriss quadratischer, sich nach oben verjüngender Steinpfeiler mit einem pyramidenförmigem Abschluss

Oratorium Privat-/Gebets-→Kapelle. Gegen den Hauptraum abgeschlossene →Empore im →Chor, für geistliche und weltliche Würdenträger

Peripteros Tempel, bei dem die →Cella von einer →Säulenreihe umstanden ist

Pfeiler Stützglied über rechteckigem, polygonalem (mehreckigem) oder rundem Grundriss

Pilaster Der Wand oder einem anderen Bauglied vorgelegter vertikaler Mauerstreifen mit →Basis und →Kapitell

Podium (lat. Tritt) Erhöhter Unterbau für ein Bauwerk; auch →Säulen tragende →Basis

Porphyr (griech. purpurfarben) Sammelname für vulkanische und subvulkanische Gesteine mit Einsprenglingen von Alkalifeldspaten oder Quarzen

Portikus Eine von Säulen getragene und meist von einem Dreiecks-→Giebel überfangene Vorhalle, der Hauptfront eines Gebäudes vorgelagert

Portikus

Glossar

Presbyterium Der den Priestern vorbehaltene, meist etwas erhöhte Raumteil einer →Basilika, in dem sich der Hochaltar befindet (nicht unbedingt mit dem →Chor identisch)

Pronaos Vorhalle der →Cella eines antiken Tempels

Querhaus, Querschiff Zwischen →Langhaus und →Chor eingeschobener Querbau, durch den ein Kirchengrundriss Kreuzform erhält (→Vierung)

Refektorium Speisesaal eines Klosters

Relief Eine aus einer Fläche herausgearbeitete plastische Form, die jedoch stets mit dem Hintergrund (Reliefgrund) verbunden ist

Rustika Mauerwerk, das aus grob behauenen Bossenquadern (Bausteine, deren sichtbare Seiten unbearbeitet bleiben) besteht

Säule Aufrecht stehendes, sich nach oben verjüngendes Stützglied mit kreisförmigem Querschnitt, meist untergliedert in →Basis, →Schaft und →Kapitell (→Säulenordnung)

Säulenbasilika →Basilika, deren Schiffe durch →Säulen, nicht durch →Pfeiler voneinander getrennt sind

Säulenordnung Entsprechend Gestalt und Proportionierung unterscheidet man Säulen verschiedener Ordnungen; die Formen beziehen sich meist auf die Art ihrer →Kapitelle. Dorisch: Keine →Basis; →Schaft mit 16–20 →Kanneluren; Kapitell bestehend aus →Abakus und →Echinus; →Architrav bestehend aus glatten Balken sowie einem →Metopen- und →Triglyphen- →Fries mit → und →Sima darüber. Ionisch: Säule mit Basis (quadratische Sockelplatte, Hohlkehle und zwei kreisförmige Wülste); Schaft mit bis zu 24 Kanneluren; Kapitell bestehend aus →Voluten und Abakus. Der Architrav besteht aus einem abgetrennten Balken, Zierbändern und einem Fries. Den Abschluss bilden auch hier Geison und Sima. Korinthisch: Wie die ionische, doch trägt die Säule ein Kapitell mit kreisförmig angeordneten, großen Blättern mit gezahnten Rändern und kleinen Voluten. Komposit: S. mit einem Kapitell, das aus Teilen des ionischen und korinthischen Kapitells zusammengesetzt ist (mitunter auch aus Elementen der persischen und altägyptischen Säule). Variiert übernommene Elemente auch an Gebälk, Fries und Gesims

Sakristei Neben dem →Chor liegender Raum zum Ankleiden des Priesters und zur Aufbewahrung des liturgischen Geräts. Entwickelt aus Diakonikon (im Frühchristentum gleicher Ort für Priester und Diakone – ursprüngl. Gehilfe des Bischofs) und Prothesis (in frühchristl. und byzant. Kirchen der dem Diakonikon gegenüberliegende Nebenraum zur Aufbewahrung der Eucharistiegaben; beide zusammen bilden die Pastophorien)

Sarkophag (griech. Fleischfresser) Kasten- oder wannenförmiger Sarg aus Holz oder Stein, meist prunkvoll gestaltet

Schaft Rumpf einer →Säule; aus einem Stück (Monolith) oder aus einzelnen →Trommeln zusammengesetzt

Seitenschiff Raumteil eines →Langhauses, parallel zur Längsachse und vom →Mittelschiff, →Querschiff oder →Chor durch →Säulen oder →Pfeilerstellungen abgetrennt (meist paarweise)

Sibylle Antike Prophetin, die die Zukunft auch ohne bes. Befragung deutete. Man unterscheidet die Cu-

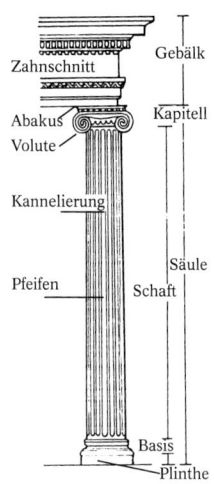

Ionische Säulenordnung

Glossar

mäische (Amalthea), Delphische, Erythräische (Herophile), Lybische und die Persische S. Sie wurden ca. 1000 Jahre alt. Ihre Orakelsprüche wurden gesammelt und vom Priesterkollegium zu Rate gezogen, jene der Cumäischen – im Kapitol von Rom aufbewahrt – verbrannten 83 v. Chr. Erhaltene Bücher (ca. 2. Jh. v.–2. Jh. n. Chr.) bestätigen angeblich die Religion und Geschichte der Juden, weissagen den Messias und die →Apokalypse

Sima Traufleiste antiker Bauwerke entlang bzw. über dem →Geison. An den Langseiten eines Gebäudes häufig mit Wasserspeiern besetzt

Stele Aufrechtstehender, meist reliefierter und mit Inschriften versehener Gedenk- bzw. Grabstein

Synagoge (griech.: Versammlung) Gottesdienstgebäude der jüdischen Gemeinde, zugleich profaner Versammlungsort. Personifikation des Alten Bundes (→Ecclesia). In der Kunst erscheint S. ab dem Mittelalter mit gesenktem Haupt, verbundenen Augen, zerbrochener Lanze und aus ihren Händen gleitenden Gesetzestafeln; andere Attribute sind u. a. fallende Krone, Judenhut, Geldbeutel, Aaronstab

Tabernakel Gehäuse zur Aufbewahrung geweihter Hostien. In der Gotik zum Sakramentshäuschen ausgestaltet; →Ziborium

Tabularium Altröm. Staatsarchiv zur Aufbewahrung öffentlicher Urkunden

Tambour Zylinderförmiger, durchfensterter Unterbau einer Kuppel

Titelkirche Kirche der Kardinäle

Triclinium Speiseraum eines antiken Hauses, vor dessen Wänden sich rundum Klinen (Ruhelager zum Schlafen bzw. Essen) befanden

Triglyphe Platte mit drei Rillen am →Fries eines dorischen Bauwerks (→Säulenordnung); im Wechsel mit →Metopen verwendet

Triton Sohn des griechischen Meeresgottes Poseidon. Später vervielfacht und gern als Brunnenfiguren dem Poseidon oder den Nereiden (griech. Meeresgöttinnen) zugesellt

Triumphbogen In der Antike Ehrenbogen für einen Kaiser oder Feldherrn. In mittelalterlichen Kirchen Bogen zwischen →Mittelschiff und →Langhaus bzw. →Vierung und →Chor

Trommel Zylindrisches Einzelelement einer →Säule, eines Säulen- →schaftes

Vedute Gemalte, gezeichnete oder gestochene Ansicht einer Stadt oder eines charakteristischen Ausschnitts, meist ›originalgetreu‹

Vierung Punkt der Durchdringung von →Lang- und →Querhaus einer Kirche

Vierungskuppel Kuppel über der →Vierung

Vierungspfeiler Die meist verstärkten →Pfeiler an den vier Ecken der Vierung

Volute Spiral- oder schneckenförmiges Ornament an ionischen →Kapitellen (→Säulenordnung). In Renaissance und Barock werden auch →Giebel und →Konsolen mit V. geschmückt

Votiv(-gabe) (v. lat. *votum* = Gelübde) Gabe – Bild, Relief, Tafel o. ä. – die aufgrund eines Gelübdes oder zum Dank gestiftet wird. Seit dem Mittelalter christl. Tradition vornehmlich an Wallfahrtsorten und bes. Devotionalien (der Andacht dienenden Gegenständen)

Ziborium, Ciborium Auf Säulen ruhender, →baldachinartiger Altarüberbau. →Tabernakel oder Deckelkelch, der geweihte Hostien enthält

Auf dem Petersplatz ▷

Reiseinformationen von A bis Z

Reiseinformationen von A bis Z

Anreise

... mit dem Auto
Aus Deutschland, Österreich und der Schweiz fährt man direkt über die A1 (Europastraße 6) in den Autobahnring um Rom (Grande Raccordo Anulare-GRA) und folgt der Beschilderung ›Roma Centro‹.

Autobahnen kosten in Italien Gebühren. Mit der bargeldlosen Viacard (erhältlich beim ADAC sowie an der Grenze und an Raststätten in Italien) erspart man sich lange Wartezeiten an den Mautstellen. An den Viacard-Schaltern kann auch mit gängigen Kreditkarten bezahlt werden.
Info: www.autostrade.it

Es empfiehlt sich, das eigene Auto wegen des chaotischen und unübersichtlich geregelten Verkehrs gleich nach der Ankunft in einer Garage stehen zu lassen und höchstens am Sonntag selbst zu fahren.

... mit dem Bus
Eine sehr preiswerte Möglichkeit, um nach Rom zu kommen, sind natürlich Pauschalreisen. Alle Busunternehmen bieten Fahrten nach Rom an. Außerdem werden von katholischen Gemeinden und Instituten Pilgerfahrten in die Ewige Stadt organisiert.

... mit dem Zug
Die Fernzüge aus Deutschland, Österreich und der Schweiz kommen am Hauptbahnhof **Roma Termini** an.

Angenehm ist die Fahrt mit dem **Euronight**, der allabendlich ab München oder Basel ohne Umsteigen nach Roma Termini fährt. Information, Beratung und Buchung unter Tel. 018 05/14 15 14 und unter www.nachtzugreise.de.

Fahrplanauskunft für alle Bahnhöfe in Rom erhält man gebührenfrei unter: Tel. 89 20 21 (tgl. 7–21 Uhr) und www.trenitalia.it.

Bahnhöfe
Stazione Termini (Hauptbahnhof)
Piazza del Cinquecento
Auskunft internationale und nationale Züge:
Tel. 06 147 88 80 88 und 06 473 01

Fundbüro: Tel. 06 166 10 50 50
Liegewagen, Informationen (keine tel. Reservierungen) nur über Reisebüros, z. B. DER, s. S. 405

Bahnhof San Lorenzo
(Teil der Stazione Termini)
Tel. 06 445 28 48
Fracht und Autoverladung

Bahnhof Tiburtina
Piazzale Stazione Tiburtina
Tel. 06 45 66 26
Richtung Nord- und Süditalien, Autotransporte

Bahnhof Trastevere
Piazza Flavio Biondo
Tel. 06 581 60 76
Richtung Genua/Pisa

Bahnhof Ostiense
Piazzale dei Partigiani
Tel. 06 575 07 32
Richtung Ostia

Bahnhof Roma-Nord
Piazzale Flaminio
Tel. 06 320 44 81
Richtung Viterbo

Bahnhof Prenestina
Via O. Piccolomini
Tel. 06 27 20 72
Richtung Pescara

Bahnhof Tuscolana
Piazzale Staz. Tuscolana
Tel. 06 702 26 63
Richtung Formia–Neapel/Nettuno

... mit dem Flugzeug
In den letzten Jahren haben erfreulicherweise preisgünstige Direktverbindungen von Städten in Deutschland, Österreich und der Schweiz zugenommen, vor allem über Germanwings (www.germanwings.com), Ryanair (www.ryanair.com), tuifly (www.tuifly.com) und Air Berlin (www.airberlin.com).

Reiseinformationen von A bis Z

Flughäfen

Leonardo da Vinci (Fiumicino)
Die Flieger der meisten ›alten‹ und ›neuen‹, kostengünstigen Linien landen am internationalen Flughafen in Roma-Fiumicino, 26 km westlich von Rom.
Flugauskunft unter Tel. 06 65 95 36 40 und www.adr.it.
Verbindungen in die Stadt: Vom Aeroporto Roma-Fiumicino fährt zwischen 6.35 und 23.35 Uhr der Leonardo Express alle halbe Stunde zur Stazione Termini (ca. 9 €, Dauer ca. 30 Minuten).
  Die Zuglinie FM1 verkehrt von 5.55 bis 23.25 alle 15 Minuten bzw. sonn- und feiertags alle 30 Minuten zwischen Flughafen und Bahnhof Tiburtina via Bahnhof Trastevere, Ostiense und Tuscolana (ca. 5 €, Dauer ca. 45 Min.).
  Weiterhin verkehren zwischen Flughafen und der Stazione Tiburtina Nachtbusse ›CO.TRAL‹ (ca. 4 €, Dauer ca. 45 Min.).
  Die offiziellen Taxen sind weiß oder gelb und mit Taxameter ausgestattet. Die Preise zwischen Flughafen und Rom (ca. 45 Min.) liegen etwa bei 45 €.

Ciampino
Der ehemalige Militärflughafen Ciampino, 15 km südöstlich von Rom, ist Landeplatz von Charter- und ›Billigfliegern‹.
Flugauskunft unter Tel. 06 79 49 41.
Verbindungen in die Stadt: Werktags zwischen 5.20 und 23.25 bzw. sonn- und feiertags zwischen 6.25 und 22.30 Uhr besteht viertelstündlich eine Zugverbindung in die Innenstadt (Stazione Termini; ca. 1,30 €, Dauer 15 Min.).
  Eine Busverbindung besteht zur Metrostation Anagnina, dem Endpunkt der Metrolinie A, von 5.45 bis 22.30 Uhr alle 30 bis 60 Minuten. Die Taxifahrt in die Stadt kostet ca. 45 €.

Fluggesellschaften
Alitalia
Via Bissolati 13
Tel. 06 656 43/6 und 06 656 31
www.alitalia.it

Deutsche Lufthansa
Via Bissolati 6/10
Tel. 06 65 68 40 04
www.lufthansa.it

Austrian Airlines (AUA)
Via San Basilio 41
Tel. 06 42 01 45 83 und 42 01 00 29
www.aua.com

Swiss
nur Tel. 06 848 84 95 70

Apotheken

Apotheken, manche rund um die Uhr geöffnet, viele mit internationalen Medikamenten, sind u. a. außen an einem grünen Kreuz zu erkennen. Die Öffnungszeiten sind turnusmäßig geregelt. An der Eingangstür einer geschlossenen *farmacia* befindet sich ein Schild mit den Adressen anderer Apotheken in der Nähe.

Auskunft

Italienisches Fremdenverkehrsamt (ENIT)

Bestellung von Prospektmaterial in Deutschland, Österreich und der Schweiz, Mo–Fr 10–17 Uhr

… in Deutschland
Barckhausstraße 10
60325 Frankfurt/Main
Tel. 069 23 74 34
Fax 069 23 28 94
frankfurt@enit.it

…in Österreich
Mariahilfer Straße 1b/ Mezzanin - Top XVI
1060 Wien
Tel. 01 505 16 39
Fax 01 505 02 48
vienna@enit.it

…in der Schweiz
Uraniastraße 32
8001 Zürich

Tel. 043 466 40 40
Fax 043 466 40 41
zurich@enit.it

Auskunft in Rom
Azienda di Promozione Turistica (APT)
Via Parigi 5, 00185 Roma
Tel. 06 48 89 91, Fax 06 481 93 16
www.romaturismo.it
info@aptroma.com

Am Flughafen Fiumicino:
Tel. 06 65 95 60 74
Der Schalter befindet sich im Terminal B.

Stadt Rom
Tel. 06 82 05 91 27
(für die deutsche Sprache nach der Ansage die 5 wählen)
Informationen über Ausstellungen, Transport, Hotels, Museen usw.
tgl. 9–19 Uhr
www.comune.roma.it
www.romaturismo.it

Touring Club Italiano
Via del Babuino 20
Tel. 06 36 00 51 81, Fax 06 36 00 53 42
tgl. 9.30–19.30 Uhr

Informationen für Touristen
Tel. 02 535 99 71, Fax 02 53 59 93 47
www.touringclub.it,
negozio.roma@touringclub.it

DER (Deutsches Reisebüro)
Piazza dell'Esquilino 28–29
(bei S. Maria Maggiore)
Tel. 06 482 75 31
www.derviaggi.it, info@derviaggi.it
incoming@derviaggi.it (nur Reisebüro)

Pilgerzentrum
Via della Conciliazione 51 (beim Petersplatz)
00193 Rom
Tel. 06 689 71 97/8, Fax 06 686 94 90
www.pilgerzentrum.de, pilgerzentrum@libero.it
Mo–Fr 8.30–12.30 Uhr

Auskunft per Telefonbuch
Sehr nützlich ist das »Deutsche Branchenverzeichnis für Italien« (in Zusammenarbeit mit den »English Yellow Pages«). Die »Gelben Seiten« listen deutschsprachige Einrichtungen und Personen und enthalten viele brauchbare Hinweise. Sie sind erhältlich in der ganz zentral gelegenen deutschen Herder Buchhandlung, Piazza Montecitorio 117–120, gegenüber der Abgeordnetenkammer,
Tel. 06 679 46 28
www.italieninfos.com, www.intoitaly.it

Auto, Mietwagen und Motorroller

Autowerkstatt heißt *officina;* Autoreifen werden in Werkstätten mit dem Namen *Riparazione Gomme* repariert, Schäden an Elektronik und Batterie beheben jene, die sich *Elettrauto* nennen.

Autohilfe (Soccorso stradale)
Tel. 80 38 03 und 80 31 16 (gratis)
www.soccorsoaci.it

ACI (Automobil Club d'Italia)
Via Magenta 5
Tel. 06 49 98 23 52 (Auskünfte)
www.aci.it

ADAC
Tel. 02 66 10 11 06 (8–23 Uhr)
www.adac.de

Mietwagen
Avis
Flughafen: Tel. 06 65 01 15 31
Stazione Termini: Tel. 06 481 43 73
Call-Center: 199 10 01 33
www.avisautonoleggio.it

Hertz
Flughafen: Tel. 06 65 01 14 04
Stazione Termini: Tel. 06 474 03 89
Call-Center: 199 11 22 11
www.hertz.com

Maggiore
Flughafen: Tel. 06 65 01 06 78
Stazione Termini: Tel. 06 488 00 49
Call-Center: Tel. 848 86 70 67
www.maggiore.it

Motorrollerverleih
Happy Rent
Via Sommacampagna 9
Tel. 06 44 34 01 12
www.happyrent.com

Scoot-A-long
Via Cavour 302
Tel. 06 678 02 06

Scooters for Rent
Via della Purificazione 84
Tel. 06 488 54 85
www.rentscooter.it

St. Peter Moto
Via di Porta Castello 43
Tel. 06 687 57 14

Banken

Öffnungszeiten: Mo–Fr 8.30–13.30 und 15–16 Uhr (einige Banken am Freitagnachmittag 14.45–15.45 Uhr). In den meisten Banken kann man mit der **EC-Karte** Geld am Automaten ziehen.

Bibliotheken und Institute

Archivio di Stato di Roma
Corso Rinascimento 40
Tel. 06 68 80 38 23
Mo–Fr 9–16.45 Uhr,
Sa 9–13.30 Uhr

Archivio Storico Capitolino
Piazza della Chiesa Nuova 18
Tel. 06 68 80 26 62
Di–Do 9–17 Uhr

Biblioteca Angelica
Piazza S. Agostino 8
Tel. 06 687 58 74
www.archiviocapitolino.it
Mo, Mi, Fr 8.30–19.30 Uhr; Di, Do, Sa sowie wochentags im Juli und Aug. 8.30–13.30 Uhr; 1.–15. 10. geschl.

Biblioteca Hertziana
Via Gregoriana 28 (Palazzo Zuccari)
Tel. 06 684 11 98, www.biblhertz.it
Mo–Fr 9–21 Uhr, Sa 9–13 Uhr (nur mit Sondererlaubnis)

Istituto per Archeologia e Storia dell'Arte
Piazza Venezia 3
Tel. 06 679 77 39
Mo–Sa 9–13 Uhr

Istituto Archeologico Germanico
(Deutsches Archäologisches Institut)
Via Sardegna 79
Tel. 06 481 78 12
www.dainst.org/abteilung_263_de
Mo–Fr 9.30–13 u. 14.30– 19.30 Uhr; feiertags, Juli, Aug. geschl.

Goethe Institut
Savoia 15
Tel. 06 884 17 25
www.goethe.de/it/rom/deindex.htm
Mo–Fr 9–20 Uhr
Bibliothek: Di–Fr 10–19 Uhr; Juli, Aug. geschl.

Städtische Bibliotheken
Piazza del Orologio (Palazzo Borromini)
Tel. 06 68 80 10 40
Mo–Fr 9–18 Uhr, Sa 9–13 Uhr, Aug. geschl.

Via Gela 8
Tel. 06 785 66 45
Mo, Di, Do, Sa 9.30–13 Uhr, Mi, Fr 15–19 Uhr

Via Marmorata 169
Tel. 06 574 64 80
Mo–Fr 9–13 u. 15–19 Uhr, Sa 9–13 Uhr

Via Ottaviano Assarotti 9/b
Tel. 06 33 62 42
Di, Mi, Fr, Sa 9.30–13 Uhr, Mo, Do 15–19 Uhr

Reiseinformationen von A bis Z

Diplomatische Vertretungen

Botschaft der BRD und Deutsches Konsulat
Via San Martino della Battaglia 4
00185 Rom
Tel. 06 49 21 3, Fax 06 49 21 33 19
www.rom.diplo.de, info@rom.diplo.de
Metro Linie B (Castro Pretorio)

Österreichische Botschaft
Via Pergolesi 3, 00198 Rom
Tel. 06 844 01 41, Fax 06 854 32 86
www.austria.it, rom-ob@bmaa.gv.at

Österreichisches Konsulat
Viale Liegi 32, 00198 Rom
Tel. 06 855 29 66, Fax 06 85 35 29 91
rom-ka@bmaa.gv.at
Tram: 19, 30

Schweizerische Botschaft und Konsulat
Via Barnaba Oriani 61, 00197 Rom
Tel. 06 80 95 71, Fax 06 808 85 10
www.eda.admin.ch/roma
vertretung@rom.rep.admin.ch
Bus 217

Einkaufen

Einige aktuelle Einkaufstipps finden sich – nach den Kapiteln des vorliegenden Buches geordnet – auch im Abschnitt »**Restaurant- und Einkaufstipps**« (s. S. 416).

Öffnungszeiten
Sommerzeit: Di–Sa 9–13 Uhr und 17–21 Uhr; Mo nur nachmittags.
Winterzeit: Di–Sa 9–13 Uhr und 16–20 Uhr; Mo nur nachmittags.
   Inzwischen haben viele Geschäfte, vor allem die Kaufhäuser, auch durchgehend und So zuweilen sogar bis 22 Uhr geöffnet.

Geschäftsstraßen
Via del Corso
Via del Tritone
Via Cola di Rienzo
Via Nazionale
Via Appia Nuova
Via Boccea
Via Condotti
Via Borgognona
Via della Croce
Via Frattina
Via del Babuino (Antiquitäten)
Via dei Coronari (Antiquitäten)
Via Margutta (Bilder, Kunstgegenstände)

Juwelen/Pelze
Angeletti (Uhren, Schmuck), Via Condotti 11/a
Bedetti & Co. (Uhren, Schmuck), Piazza San Silvestro 11
Bulgari (Juwelen), Via Condotti 10
Buzzetti Attilio (Uhren, Schmuck), Via del Corso 155–56
Casini (Pelze), Piazza San Silvestro 25
Gucci (Lederwaren, Pelze), Via Condotti 8
Roland's (Leder, Pelze), Piazza di Spagna 74

Modehäuser
In den Straßen um die Piazza di Spagna, von der Piazza del Popolo bis zur Piazza Colonna, finden sich berühmte Ateliers:
Giorgio Armani, Via Condotti 77
Balestra, Via Sistina 67
Brioni (Herrenschneider), Via Barberini
Capucci, Via Gregoriana 56
Gianfranco Ferré, Via Borgognona 42/b
Filippo, Via Borgognona 7
Sorelle Fontana, Via San Sebastianello 6
Hermes, Via Condotti 60
Lancetti, Via Condotti 61
André Lang, Via della Croce 77
Mila Schön, Via Condotti 64
SL rive gauche, Via Bocca di Leone 35
Emanuel Ungaro, Via Bocca di Leone 24
Valentino, Via del Babuino 61
Gianni Versace, Via Bocca di Leone 26

Schuhgeschäfte
Aldrovandi, Via del Tritone 31
Tanino Crisci, Via Borgognona 4
Salvatore Ferragamo, Via Condotti 66
Fragiacomo, Via Condotti 35
Magli, Via del Gambero 1 und Via Veneto 70/a
Raphael Salato, Via Veneto 104

Reiseinformationen von A bis Z

Kaufhäuser
Coin (Bekleidung, Textilwaren, Parfümerie und Accessoires) Piazzale Appio, Via Cola di Rienzo und Piazza Alessandria (Piazza Fiume)
La Rinascente (Bekleidung, Parfümerie, Haushaltswaren), Piazza Colonna und Piazza Fiume
Standa und **Upim** (Bekleidung und Parfümerie, Haushaltswaren sowie Spielzeug) findet man in vielen Geschäftsstraßen

Deutsche Buchhandlung
Herder, Piazza Montecitorio 117
Tel. 06 6794628
(hier gibt es auch die sehr nützlichen »Deutschen Gelben Seiten«, s. S. 405)

Lebensmittelgeschäfte
Obwohl immer mehr Supermärkte für Lebensmittel eröffnet werden, kaufen die Römer doch gern jeden Tag frische Ware, entweder auf dem Markt oder im kleinen Laden, dem *Alimentari* oder *Salumificio*, wo man auch belegte Brote für einen Schnellimbiss und Pizza am Stück kaufen kann. Torten und Süßigkeiten findet man in der *Pasticceria* oder der *Bar*.

Märkte
Flohmarkt Porta Portese, nur Sonntagvormittag 7–13.30 Uhr (in Seitenstraßen der Viale Trastevere). Am ersten Sonntag eines jeden Monats **Antiquitätenmarkt** am Ponte Milvio im Norden Roms. **Landkarten und Drucke** werden an Ständen auf der Piazza Fontanella Borghese verkauft (Mo–Sa vormittags). **Bekleidungsmarkt** in der Via Sannio (Nähe San Giovanni in Laterano).
  Obst- und Gemüsemärkte gibt es in jedem Viertel; besonders charakteristisch ist der ›Campo de'Fiori‹ in der römischen Altstadt, die größten sind der Markt auf der Piazza Vittorio und der des Viertels Trionfale (an Wochentagen vormittags bis 13 Uhr geöffnet). Die Gewichte werden in Kilogramm oder Etto (= 100 Gramm) angegeben.

Eintrittspreise
Die Eintrittspreise sind nicht gering, und sie summieren sich bei der Fülle der Sehenswürdigkeiten. Es gibt jedoch eine Reihe von Vergünstigungen für Senioren oder Studenten (beim Touristenbüro erfragen).

Erste Hilfe/Krankenhäuser
Es empfiehlt sich unbedingt, die European Health Insurance Card (EHIC, Europäische Krankenversicherungskarte) mitzuführen – erkundigen Sie sich vor der Reise bei Ihrer Krankenkasse – bzw. zu Hause eine zusätzliche Reisekrankenversicherung abzuschließen.

Erste Hilfe (Pronto Soccorso):
Tel. 118 (allgemeine Notrufnummer)
Tel. 06 5820 10 30 (Notarzt)

Giftzentrale:
Tel. 06 4906 63 und
063054343

Krankenhäuser
Policlinico Umberto I.
Viale del Policlinico
(Universitätsstadt)
Tel. 06 499 71

San Giacomo
Via Canova 29
(Ecke Via del Corso)
Tel. 06 36261

San Giovanni
Via Amba Aradam 2
(nahe S. Giovanni in Laterano)
Tel. 06 77051

Santo Spirito
Lungotevere in Sassia 3 (nahe Vatikan)
Tel. 06 683 51

Essen und Trinken
Restaurant-, Bar- und Café-Tipps finden sich – nach den Kapiteln des vorliegenden Buches geordnet – in dem Abschnitt **Restaurants und Einkaufstipps** (s. S. 416).

Kulinarischer Sprachführer

Allgemeines

Küche	*cucina*
Speisekarte	*Menù, Lista*
Weinkarte	*carta dei vini*
Frühstück	*piccola colazione*
Mittagessen	*pranzo, colazione*
Abendessen	*cena*
Mahlzeit	*pasto*
essen	*mangiare*
trinken	*bere*
Tisch	*tavola*
Gedeck	*coperto*
Messer	*coltello*
Gabel	*forchetta*
Löffel	*cucchiaio*
Teelöffel	*cucchiaino*
Teller	*piatto*
Flasche	*bottiglia*
Glas	*bicchiere*
Vorspeise	*primo*
gemischte …	*antipasta mista*
Hauptgericht	*secondo*
Beilagen	*contorno*
Tagesgericht	*piatto del giorno*
gebraten	*arrosto*
gekocht	*cotto, lesso*
aus dem Ofen	*al forno*
gegrillt	*alla griglia*
heiß	*caldo*
kalt	*freddo*
Brot	*pane*
Brötchen	*panino*
Butter	*burro*
Aufschnitt	*salumeria*
Ei	*uovo*
Honig	*miele*
Käse	*formaggio*
Quark	*ricotta*
Schinken	*prosciutto*
Speck	*pancetta*
Salat	*insalata*
Essig	*aceto*
Öl	*olio*
Pfeffer	*pepe*
Senf	*senape*
Salz	*sale*
Zucker	*zucchero*

Getränke – Bevande

Wasser	*acqua*
Mineralwasser	*acqua minerale*
… mit Kohlensäure	*con gas/gassata*
Milch	*latte*
Kaffee	*caffè*
Saft	*succo*
Schokolade	*ciocolato*
Bier	*birra*
Wein	*vino*
weiß	*bianco*
rot	*rosso*
trocken	*secco*

Fleisch – Carne

Ente	*anatra*
Fasan	*fagiano*
Huhn	*pollo*
Hammel	*agnello*
Hase	*lepre*
Hirsch	*cervo*
Kalb	*vitello*
Kaninchen	*coniglio*
Pute	*tacchino*
Rind	*manzo*
Schwein	*maiale*
Wild	*selvaggina*
Wildschwein	*cinghiale*

Fisch – Pesce

Meeresfrüchte	*frutti di mare*
Austern	*ostriche*
Garnelen	*gamberetti*
Krabben	*scampi*
Krebs	*granchio*
Muscheln	*cozze, telline, vongole*
Schalentiere	*crostacei*
Schnecken	*lumache*
Tintenfisch	*seppie*
Aal	*anguilla, capitone*
Forelle	*trota*
Hecht	*luccio*
Hummer	*aragosta*
Kabeljau	*cabilò*
Karpfen	*carpa*
Lachs	*salmone*
Schwertfisch	*pesce spada*
Seezunge	*sogliola*
Thunfisch	*tonno*

Nachspeise – Dolce

Eis	*gelato*
Kuchen	*torta*
Obst	*frutta*
Apfel	*mela*
Apfelsine	*arancio*
Aprikose	*albicocca*
Birne	*pera*
Erdbeere	*fragola*
Kirsche	*ciliegia*
Pfirsich	*pescha*
Pflaume	*prugna*
Trauben	*uva*
Zitrone	*limone*

Gemüse – Verdura

Artischocke	*carciofo*
Blumenkohl	*cavol' fiore*
Bohnen	*fagioli*
grüne Bohnen	*fagiolini*
Broccoli	*broccoletti*
Erbsen	*piselli*
Fenchel	*finocchio*
Kartoffeln	*patate*
Kohl	*cavolo*
Lauch	*porri*
Möhren	*carote*
Nudeln	*pasta*
Reis	*riso*
Spargel	*asparagi*
Spinat	*spinacci*
Tomaten	*pomodori*

Feiertage

(s. a. »Veranstaltungen« S. 429)
1.1. Neujahrstag *(Capodanno)*
6.1. Heilige Drei Könige *(Epifania)*
Ostersonntag *(Pasqua)*
Ostermontag *(Pasquetta, Lunedì dell'Angelo)*
25.4. Jahrestag der Befreiung *(Liberazione)*
1.5. Tag der Arbeit *(Festa del Lavoro)*
29.6. Sankt Peter und Paul (Patrone Roms)
15.8. Mariä Himmelfahrt *(Ferragosto)*
1.11. Allerheiligen *(Ognissanti)*
8.12. Mariae Empfängnis *(Immacolata)*
25.12. Weihnachtstag *(Natale)*
26.12. Weihnachtstag *(Santo Stefano)*

Internet

Über die Stadt Rom und ihre Sehenswürdigkeiten informieren ausführlich folgende Websites:

... in deutscher Sprache:
www.roma-antiqua.de
www.rom-im-internet.de
www.forum-rom.de
www.ciao.com

... in italienischer oder englischer Sprache:
www.comune.roma.it
www.selectitaly.com
www.archeologia.
beniculturali.it
www.romeguide.it
www.catacombe.roma.it

Kreditkarten

Das Zahlen mit einer Kreditkarte ist in Italien weit verbreitet, in Hotels, den meisten Pensionen und Restaurants, Qualitätsgeschäften sowie Kaufhäusern und an größeren Tankstellen.

Literaturauswahl

Standardwerk zur römischen Kunstgeschichte
Leo Bruhns, Die Kunst der Stadt Rom. Ihre Geschichte von den frühesten Anfängen bis in die Zeit der Romantik, München – Wien 1972

Zur Kunst der Antike
Wolfgang Helbig, Führer durch die öffentlichen Sammlungen klassischer Altertümer in Rom, 4 Bde., Hrsg. Hermine Speier, Tübingen 1963/1982
Herbert Alexander Stützer, Die Kunst der römischen Katakomben, DuMont, Köln 1983

Einzelthemen
Ernst Batta, Obelisken. Ägyptische Obelisken und ihre Geschichte in Rom, Frankfurt/M. 1986
Roloff Beny, Peter Gunn, Die Kirchen von Rom, Freiburg 1982
Maurizio F. dell'Arco, Petersdom und Vatikan. Ein Führer durch die Geschichte und Kunstwerke des Petersdoms und des Vatikan, Freiburg 1983
Deoclexio Redig de Campos, Raphaels Fresken in den Stanzen, Stuttgart 1984
Herbert Alexander Stützer, Frühchristliche Kunst in Rom, DuMont, Köln 1991

Klassiker der Geschichtsschreibung
Theodor Mommsen, Römische Geschichte, 8 Bde., Phaidon, Essen 2002
Alfred Heuss, Römische Geschichte, Schöningh, Paderborn 2003
Richard Krautheimer, Rom. Schicksal einer Stadt 312–1308, C. H. Beck, München 1996
Ferdinand Gregorovius, Geschichte der Stadt Rom im Mittelalter. Vom 5. bis 15. Jh., 4 Bde., München 1978

Rom und Italien
Harald Keller, Die Kunstlandschaften Italiens, 2 Bde., Insel, Frankfurt am Main 1960/1983
Rudolf Lill, Geschichte Italiens in der Neuzeit, Darmstadt 1986

Papsttum
Horst Fuhrmann, Von Petrus zu Johannes Paul II. Das Papsttum. Gestalt und Gestalten, Beck, München 1998
Leopold von Ranke, Die Päpste, 2 Bde., Gutenberg Verlag Christensen & Co., Wien – Hamburg – Zürich 1983
Josef Gelmi, Die Päpste in Kurzbiographien. Von

Petrus bis Benedikt XVI, Topos Plus, Kevelaer 2005

Römische Veduten
Das barocke Rom. Vorwort von Harald Keller (Die bibliophilen Taschenbücher 92)
Domenico Amici, Die Ansichten Roms, Nachwort und hrsg. von C. Grützmacher (Die bibliophilen Taschenbücher 425)
John Wilton-Ely, Giovanni Battista Piranesi. Vision und Werk, München 1978 (mit vollständiger Abbildung der »Vedute di Roma«)
Giambattista Piranesi, Vedute di Roma, 2 Mappen (Faksimile der Ausgabe Rom 1792), 138 Tafeln

Zitierte Literatur
s. S. 443

Museen

Folgende sehenswerte Museen werden im Besichtigungsteil des vorliegenden Buches nicht besprochen, daher sind die Öffnungszeiten und Adressen hier aufgeführt:

Casa di Goethe
Goethe-Museum
Via del Corso 18
Tel. 06 32 65 04 12
Mi–Mo 10–18 Uhr

Museo dell'Alto Medioevo
Museum des Hochmittelalters
Viale Lincoln 1 (E.U.R.)
Tel. 06 54 22 81 99
Di–So 9–20 Uhr

Museo delle Cere
Wachsmuseum
Piazza SS. Apostoli 67
Tel. 06 679 64 82
tgl. 9–19 Uhr

Museo Ebraico
Lungotevere dei Cenci 15 (Synagoge)
Tel. 06 687 50 51,
www.museoebraico.roma.it
Mo–Do 9–16.30 Uhr, Fr 9–13.30 Uhr, So 9–12 Uhr, an jüdischen Feiertagen geschlossen
Dauerausstellung der Israelischen Gemeinschaft in Rom

Museo dei Gessi dell'Arte Classica
Gips-Museum
Universitätsstadt (Facoltà di Lettere)
Tel. 06 49 91 43 15
geöffnet an Werktagen mit Sondergenehmigung

Museo internazionale del Cinema e dello spettacolo
Internationales Filmmuseum
Via Portuense 101
Tel. 06 370 02 66 und 06 589 88 99
Öffnungszeiten muss man tel. erfragen

Museo Keats and Shelley
Piazza di Spagna 26
Tel. 06 678 42 35
Mo–Fr 9–13 und 15–18 Uhr, Sa 11–18 Uhr
Mit interessanter Bibliothek

Museo Napoleonico
Napoleonisches Museum
Piazza di Ponte Umberto I.
Tel. 06 68 80 62 86
Di–Sa 9–19 Uhr, So und feiertags 9–13 Uhr

Museo del Presepio Tipologico Internazionale
Krippen-Museum
Via Tor di Conti 31/a
Tel. 06 679 61 46
Mi und Sa 18–20 Uhr, in der Weihnachtszeit tgl. 16–20 Uhr

Museo degli Strumenti Musicali
Museum für Musikinstrumente
Piazza Santa Croce in Gerusalemme 9/a
Tel. 06 701 47 96
Di und Do 9–19 Uhr, Mi, Fr und Sa 9–14 Uhr, So und feiertags 9–13 Uhr

Notruf

Carabinieri 112, 113
Polizeistation Zentrale 06 46 86
Notruf bei Verkehrsunfällen 116

Reiseinformationen von A bis Z

Autobahnpolizei 06 22 10 1
Erste Hilfe 118
Feuerwehr 115
Notarzt 118 und 06 58 20 10 30
Rotes Kreuz Ambulanzwagen 06 55 10
Abschleppdienst 116, 06 80 38 03 und 06 80 31 16
Automobil Club d'Italia 06 44 77

Öffentliche Verkehrsmittel

Pläne der öffentlichen Verkehrsmittel – die besser als ihr Ruf sind, wenn man es nicht eilig hat – erhält man kostenlos in den Touristenbüros. Einen ausführlichen Plan mit Straßen- und Linienverzeichnis (»Roma Metro-Bus«) kann man am Kiosk kaufen.

Fahrplanauskünfte für Metro, Bus und Tram erhalt man unter :
Tel. 800 43 17 84 und
www.atac.roma.it.

Für Bus, Tram und Metro gelten dieselben **Fahrkarten.** Die Biglietti kann man an den Automaten der Metrostationen, an Kiosken, meist auch in Bars und Tabakläden *(Tabaccaio,* erkennbar an dem großen ›T‹ über der Ladentür) sowie an manchen Zeitungsständen *(Edicola)* und an einigen Endhaltestellen der Busse *(Capolinea)* kaufen. Eine Einzelfahrt *(B.I.T.)* kostet 1 € und gilt 75 Minuten, die Tageskarte 4 €, die Wochenkarte 16 €.

Busse

Die innerstädtischen Busse verkehren Mo–Sa 6–22 Uhr alle 10–20 Minuten, So alle 20–40 Minuten. Die letzten Busse fahren zwischen 24 und 1 Uhr.

Zur Erkundung der historischen Altstadt eignen sich die Buslinien 116 (Porta Pinciana–Piazza Barberini–Piazza Navona–Campo de' Fiori–Vatikan), 117 (Lateran–Colosseum–Spanische Treppe) und 119 (Piazza del Popolo–Via del Corso–Piazza Venezia–Spanische Treppe). Zum Vatikan fährt ab Stazione Termini die Expresslinie 40 oder die Linie 64. Bus 170 verbindet Termini und Trastevere.

Mit dem Bus Nr. 110 ab Hauptbahnhof kann man zum Preis von etwa 7,75 € Stadtrundfahrten unternehmen.

Tram

Es gibt sechs Tramlinien. Für Touristen interessant sind die Linie 3 von Trastevere via Colosseum und Lateran zur Villa Borghese sowie die Linie 8 von Trastevere zur Largo Torre Argentina.

Metropolitana

Mit der Metro kommt man in Rom am schnellsten vorwärts. Sie verkehrt Mo–Sa alle 3–8 Minuten.

Linie A (rot): Von Battistini im Westen Roms über Valle Aurelia, Vatikanische Museen, Via Ottaviano (Nahe Sankt Peter), Flaminio/Piazza del Popolo, Piazza di Spagna, Piazza Barberini, Piazza Repubblica, Bahnhof Termini und über die Filmstadt Cinecittà bis Anagnina im Südosten der Stadt.

Linie B (blau): Von Rebibbia im Norden Roms über Tiburtina, Piazza Bologna, Bahnhof Termini, Sankt Paul vor den Mauern und das Stadtviertel EUR bis Laurentina im Süden der Stadt.

Taxi

Die Taxis sind weiß oder gelb und mit Taxameter ausgestattet. Vorsicht – besonders am Flughafen und am Bahnhof – vor Personen, die ihr Fahrzeug als Taxi anbieten!

Bei Fahrten außerhalb des Stadtgebietes, z. B. zu den Flughäfen, wird auf den vom Taxameter angezeigten Betrag ein hoher Aufschlag erhoben. Gepäck wird ebenfalls berechnet.

Nach 22 Uhr sowie sonn- und feiertags zahlt man einen Aufschlag.

Taxiruf: Tel. 06 49 94, 06 35 70 und 06 66 45.

Öffnungszeiten

Die Öffnungszeiten der Sehenswürdigkeiten Roms stehen jeweils in den Besichtigungskapiteln des vorliegenden Buches. In den **Kulturstätten** Roms – wie des übrigen Italiens – wird jedoch viel restauriert und renoviert. Man wundere sich darum nicht, dass Einlasszeiten sich häufig ändern, einzelne Gebäude oder Teile davon geschlossen sind (besonders auch jene, die sich in Privatbesitz befinden sowie Gärten) und das eine oder andere Kunstwerk sich gerade auf einer Reise oder in Händen der Konservatoren befindet. Anderseits sind manchmal Sehenswürdigkeiten zugänglich, die eigentlich als geschlossen oder als nur nach Anmeldung besuchbar angegeben werden.

Die aktuellen Öffnungszeiten findet man in der Regel im **Internet** (empfehlenswerte Websites s. S. 405). In den römischen Hotels oder Pensionen findet sich fast immer jemand, der für Sie schnell einmal im Internet bei Bedarf nachschauen kann.

Kirchen sind im Allgemeinen über Mittag geschlossen (ca. 12–16 Uhr), ausgenommen die Patriarchalbasiliken (S. Pietro, S. Maria Maggiore, S. Giovanni in Laterano und S. Paolo fuori le Mura).

Letzter Eintritt in Museen und Galerien ist jeweils 45 Minuten vor Schließung. Mehrere Museen können nur noch mit Vormerkung besucht werden. Auf der Eintrittskarte ist dann jeweils der genaue Aufenthaltszeitraum vorgegeben.

Post

Briefmarken

Briefmarken *(francobolli)* sind auf der Post und in den Tabakgeschäften *(Tabaccaio,* ›T‹ über der Ladentür) erhältlich.

Der Vatikanstaat hat eigene Briefmarken. Am Petersplatz bei den Kolonnaden befindet sich links und rechts je ein Postamt des Vatikans und auf dem Petersplatz ein Postamt auf Rädern, wo man Briefmarken kaufen kann. Um auch den Freistempel des Vatikans zu erhalten, muss man die Post in die blauen Briefkästen des Vatikanstaates einwerfen.

Postämter

Das römische **Hauptpostamt** befindet sich an der Piazza San Silvestro im Stadtzentrum und ist Mo–Fr 8.30–18.30 Uhr, Sa 8–13 Uhr geöffnet. Das **Postamt am Vatikan,** Viale di Porta Angelica, hat bis 18 Uhr geöffnet.
Öffnungszeiten sonst meist 8.30–14 Uhr.

Rauchverbot

In Italien gilt ein Rauchverbot in allen öffentlichen Einrichtungen, z. B. in Cafés, Bars, Restaurants, Museen, Bibliotheken, Zügen, Flughäfen, Bahnhöfen, Raststätten. Verstöße werden streng geahndet und mit Geldbußen bis zu 275 € bestraft. Nur ganz wenige Gastronomen bieten abgetrennte Raucherbereiche an.

Reisedokumente

Für den Aufenthalt in Italien (bis zu 3 Monate) genügt für EU-Bürger und Schweizer ein Personalausweis. Kinder benötigen seit 2012 ein eigenes Reisedokument. Kindereinträge im Reisepass der Eltern sind ungültig.

Seit Inkrafttreten des Schengener Abkommens gibt es für EU-Bürger – abgesehen vom Mitführen hoher Bargeld-Beträge (10 000 €) – kaum Devisenbeschränkungen, Grenzkontrollen finden praktisch nicht mehr statt (gilt nicht für Reisende aus der Schweiz).

Nicht zu vergessen sind: Europäische Krankenversicherungskarte, Gepäckversicherung, Führerschein, grüne Versicherungskarte (erhält man auch an der Grenze), Vollmacht des Besitzers, falls man nicht den eigenen Wagen fährt.

Bei Abhandenkommen des Reisepasses oder Personalausweises stellen die Konsulate ein Ersatzdokument aus. Es empfiehlt sich, bei Besichtigungsgängen in der Stadt nur eine Fotokopie von Ausweis oder Reisepass bei sich zu haben.

Reisen mit Handicap

Auch die Stadt Rom versucht, immer mehr Einrichtungen und Erleichterungen für Behinderte zu schaffen. Stets können Behinderte und ihre Angehörigen auf Verständnis bei den Römern für ihre Schwierigkeiten rechnen. Die Hilfsbereitschaft ist groß. Informationen über:

CO.IN
Via Enrico Giglioni 54
Tel. 06 712 90 11
Tel. 800 27 10 27 (gebührenfrei nur in Italien)
Tel. 06 71 28 96 76 (Buchungsservice)
Fax 06 71 29 01 79
www.coinsociale.it
coinsociale@coinsociale.it

Reisen & Genießen

Ein Muss, und sei es im Stehen – Antico Caffè Greco (S. 64, 216)

Das ›Alte Griechische Café‹ (Tel. 06 679 17 00) in der Via dei Condotti, nur ein paar Schritte vom ›Spanischen Platz‹ entfernt, ist nicht das größte, nicht das typischste, aber sicher das an Geschichte und Geschichten reichste Kaffeehaus Roms. In die großen Bars am Corso geht man, wenn man Hunger und Durst schnell loswerden will; in die Straßencafés an der Via Veneto setzt man sich, um zu sehen und gesehen zu werden. Das Caffè Greco hingegen betreten jene, die miteinander plaudern oder allein Zeitung lesen wollen, andere, die bei einem Cappuccino oder Campari, einem Vermouth und einem Tramezzino, wie hier ein mit Käse, Salami, Schinken, Fisch und Tomaten pikant gefülltes Sandwich-Dreieck genannt wird, neue Kraft schöpfen wollen.

Keine Frage, in den umliegenden Straßen kann man leicht viel Geld ausgeben, in der noblen Via dei Condotti, in der lebhaften Via Frattina oder der modischen Via Borgognona, im Corso ebenso wie an der Piazza di Spagna, wo man elegante Handtaschen, exklusive Pelze und viele andere schicke Sachen kaufen. Man lebt nur einmal und gönnt sich sonst nichts. (An der nächsten Straßenecke, am Tiber oder in Trastevere kann man gelungene Imitationen mancher nobler Marken für die Hälfte oder gar ein Drittel erhandeln. Was illegal ist, aber hilft, den Immigranten und dem eigenen Geldbeutel. Das ist jedoch kein Tipp!! Wir wollen den Carabinieri nicht das Leben schwer machen.)

Aber jene, die der Zufall vom Einkaufsbummel hierher weht, schaffen nicht die unverwechselbare Atmosphäre des ›Griechischen Cafés‹. Die ist schon da, seit mehr als 250 Jahren, als 1760 der Grieche Nicola della Maddalena einen Steuerbefehl vom Rechnungshof des päpstlichen Kirchenstaates bekam, unwillig zahlte und auf diese Weise der Nachwelt einen schriftlichen Beweis der Existenz des ›Greco‹ hinterließ. Schon Goethe besuchte bei seinen Aufenthalten in Rom den gastlichen Griechen.

Viel Fantasie braucht es nicht, ihn sich beim Rendezvous hier vorzustellen, etwa mit dem »bräunlichen Mädchen«, das der »eilende Barbare« in einer der »Römischen Elegien« besang: »lieblich – gab sie Umarmung und Kuss bald mir gelehrig zurück«. Oder mit der »guten Angelika«, wie der Dichterfürst etwas herablassend in seiner »Italienischen Reise« notiert; unter den vielen Gemälden, die an den Wänden des Cafés hängen, ist die Schweizer Malerin Angelika Kauffmann würdig vertreten.

Die Liste der berühmten Gäste ist lang. Grundsätzlich darf man annehmen, dass Deutsche, die nach Rom reisten, ihren Kaffee auch einmal im ›Greco‹ tranken, ob Ludwig I. von Bayern oder Richard Wagner, Arthur Schopenhauer oder Franz Liszt, den es immer wieder hierher zog. So sehr wurde das Café zum Treffpunkt deutscher Künstler, dass der Dichter Wilhelm Heinse vorschlug, aus dem ›griechischen‹ ein ›deutsches‹ zu machen: Caffè Tedesco. Der Plan drang nicht durch. Es wäre auch schade gewesen, wenn sich die Dichter und Denker, die Maler und Musiker, die Historiker und Schriftsteller aus anderen Ländern hier nicht mehr hätten heimisch fühlen können.

Amerikaner und Engländer, Franzosen und – natürlich – Italiener blieben dem

Caffè Greco treu. Auch als Mitte des 19. Jh. das immer noch ›griechische‹ Café eine deutsche Besitzerin bekam. Eva von Stauting, eine resolute und ungemein tüchtige Dame aus Bayern, kaufte das Ganze und heiratete in die römische Gesellschaft ein. Das Innere der Bottega di Caffè musste sein Äußeres ändern.

Der erste Saal, die heutige Stehbar, wo die Römer – und die edlen Touristen – rasch einen Espresso, dazu am Morgen noch ein Cornetto, ein Blätterteighörnchen, im Vorübergehen nehmen, wurde mit Ansichten von Venedig ausgemalt. Die weiteren Säle schmückte die fleißige Adlige mit Gemälden, Landschaften, Stadtveduten und Porträts, die im Lauf der Zeit zusammengekommen waren, nicht selten zum Begleichen einer lang gestundeten Rechnung. Bilder, Medaillons, ein paar Bücher und Urkunden hinter Glas, Erinnerungszeichen an große Namen, so sieht es heute noch aus in den hintereinander liegenden Räumen, von denen jeder wie ein Separee in dunkelrot gedämpften Farben zum vertraulichen Plausch einlädt.

Hier kann man sich wohlfühlen, wird in Ruhe gelassen, sieht kleine Schwärme von Touristen herein- und hinausziehen, hört Journalisten die neuesten Meldungen austauschen, Intellektuelle erregt die Missstände in Süditalien anprangern. Wenn man das Vertrauen des Kellners gewonnen hat, erzählt der zwischen zwei Cappuccini, dass der Herr dort drüben etwas schwierig sei und die Dame drei Tische weiter jeden Tag zur selben Stunde, doch immer mit verschiedenen Pelzmänteln komme, mal Zobel, mal Breitschwanz, dass, wie ihm sein Vorgänger erzählt habe, der im November 1980 verstorbene italienische Maler De Chirico Stammgast und im Grunde ein herzensguter, furchtsamer Mensch gewesen sei, dass ... Aber da kann er die hübsche Signorina, die zahlen möchte, nicht länger übersehen.

Geselligkeit im berühmten Caffè Greco gehörte einst zu den Freuden eines Bohemien

Reisezeit

Römische Saison
Rom ist eine Stadt für alle Jahreszeiten. An jedem Tag des Jahres kann die Sonne scheinen, kann es aber auch regnen. Letzteres zum Glück mit geringerer Wahrscheinlichkeit. Das Wetter ist zudem nie langweilig. Selten ist, dass sich ein Tief mit schweren, andauernden Regengüssen einige Tage lang hält, häufiger hingegen, dass die Sonne tagelang ein treuer Begleiter bleibt.

Jahreszeiten und Reisekleidung
Wahrscheinlich hat sich nur aus jahrhundertelanger Gewohnheit ergeben, dass Besucher und Pilger deutscher Sprache auch im 3. Jt. noch vornehmlich in den Monaten März bis Juni und von Ende September bis Anfang November die Ewige Stadt sehen wollen. Das lag früher wohl daran, dass man für die Anreise – oft den ›An-Weg‹ zu Fuß – günstige Witterungsbedingungen brauchte, und ebenso für den Aufenthalt in Rom. Denn im Winter wurde in der Ewigen Stadt schlecht geheizt, und im heißen Sommer, der früher auch wegen verbreiteter Krankheiten als recht ungesund gefürchtet war, konnte man an Kühlung durch Klimaanlagen nicht denken.

In Privathäusern lässt die Heizung auch heute noch zu wünschen übrig. Hotels und Pensionen haben sich jedoch in den letzten Jahren auf die Bedürfnisse ihrer internationalen Gäste eingestellt und sorgen auch für angenehme Temperaturen im Haus.

Ohnehin sind Temperaturen in einer Millionenstadt heutzutage zunehmend relativ geworden. Die Touristen aus deutschsprachigen Ländern fürchten meist nicht winterliche Grade in Rom. Der Tiber friert nur alle hundert Jahre einmal zu, was aber – leider noch nie persönlich erlebt, nur die Schienen vor dem Hauptbahnhof waren angefroren – nach den Berichten der Chronisten ein eindruckvolles Schauspiel ergibt.

Die aus dem Norden scheuen jedoch häufig die sommerliche Hitze in Rom. Das muss dann jeder seinem Gefühl und seiner Anpassungsfähigkeit überlassen, ob hochsommerliche Temperaturen ihm jegliches Vergnügen an einer Besichtigung rauben oder ob die Aussicht auf deutliche Kühle in einer Kirche, erfrischenden Marmorfußboden oder ein köstliches Eis in der nächsten Gelateria für Ausgleich sorgen können.

Wohltuend im Winter ist, dass die Zahl der Touristen deutlich zurückgeht und man so selbst in der Sixtinischen Kapelle noch ein Stehplätzchen findet. Nachteil sind die kürzeren Stunden zur Besichtigung, weil es am Morgen zwar früher als in Mitteleuropa hell wird, aber nachmittags dann bald dunkel. Blauer Himmel in den Wintermonaten hat einen überwältigenden Reiz. So gelten die Tage zwischen Weihnachten und Neujahr inzwischen als Geheimtipp.

Der Sommer von Mitte Juni bis Mitte September könnte sich dadurch empfehlen, dass – im Gegensatz zum Winter – nun die Zahl der Römer und ihrer Autos deutlich sinkt. Plötzlich tun sich viele freie Plätze in der Innenstadt auf. Bei einem kühlen Trunk auf einer Piazza verliert auch der eingefahrenste Nachtmuffel die Lust, früh ins Bett zu gehen. Allerdings sind im August auch viele Geschäfte geschlossen.

In jedem Fall sollte man für das überraschende Wetter gerüstet sein. Am besten ›thermostatisch‹ in der Kleidung, sodass man der häufig wechselnden Temperatur folgen kann. Das heißt, man sollte ohne Probleme für den kühlen Abend oder die Sonne über Mittag auch etwas zu- oder ablegen können. Ein Schirm kann gegen Regen wie Sonne in Rom gute Dienste leisten.

Restaurants und Einkaufstipps

Die folgenden Restaurant- und Einkauf-Tipps sind nach den Kapiteln im Besichtigungsteil des vorliegenden Buches geordnet; die in Klammern gesetzten Seitenzahlen verweisen jeweils auf den Beginn des entsprechenden Kapitels.

Kapitol und Piazza Venezia (S. 154)
Es verwundert fast, dass im Herzen der Stadt, im urbanistischen Heiligtum der Antike und im religiös-nationalen Zentrum, dem vaterländischen Altar Italiens, für Speis' und Trank gesorgt wird. So in der **Bar Caffarelli** (Tel. 06 39 96 78 00, www.museicapitolini.org). Und gar nicht schlecht. Auch wenn es mehr eine ›angerei-

cherte‹ Bar ist. Und erst die einzigartige Aussicht! Und das ohne Eintritt oder ohne Verbindung mit dem Museumsbesuch! Im Palazzo Caffarelli – beim Aufgang der Treppe des Michelangelo direkt rechts in die Via delle Tre Pile und zur Via di Villa Caffarelli – hat man von der Dachterrasse aus einen umfassenden Blick über die Innenstadt Richtung Sankt Peter. Angesichts des atemberaubenden Panoramas vergisst man beinahe Essen und Trinken.

Den Blick in die andere Richtung hat man von der **Bar an der (östlichen) Längsseite des Nationaldenkmals** Viktor Emanuel II, mit Blick auf die Via die Fori Imperiali und zum Kolosseum. Eingang vom Kapitolsplatz, links hoch neben dem Senatorenpalast.

La Taverna degli Amici – A Tormargana (Tel. 06 69 92 06 37, latavernadegliamici@tin.it) ist typisch römisch und herrlich fürs Gefühl ›so richtig in Rom‹ und fast wie an einem Dorfplatz. Die Rampentreppe vom Kapitol hinunter zur Piazza d'Aracoeli und dann links in die Via dei Delfini, Nr. 36, stößt man direkt auf die Piazza Margana. Dort findet man eine gute Küche in einem ansprechenden Ambiente. Nicht nur, dass man fast immer sehr schön auf der Piazza sitzen kann, man findet auch eine Gedenktafel, dass bereits Goethe dort gespiest habe.

Forum Romanum und Palatin (S. 166) sowie Vom Kolosseum zu den Kaiserforen (S. 186)

Nach einem Gang über das Forum Romanum und die Ruinenlandschaft des Palatin, nach den Erkundungen zwischen Kolosseum und der Torre delle Milizie sucht man intensiv nach einer physischen Stärkung. Die Ristoranti der ersten Reihe – von der Piazza Venezia bis zum Largo Romolo e Remo gegenüber dem Haupteingang des Forum Romanum, besonders am Trajansforum – stellen sich erfahrungsgemäß auf unkundige, leicht zu befriedigende Touristen ein.

Diese Trattorien bieten den Vorzug, dass man von dort aus einen direkten Blick auf die Antiken-Gegend hat und deshalb – zu Recht – nicht so genau auf Qualität und Preise achtet. Das gilt ähnlich auch für das **Dachrestaurant des Hotels Forum** (Tel. 06 679 24 46, info@hotelforum.com) mit einem fast unübertrefflichen Panorama.

Beneidenswert ist es, in der **Salita del Grillo** bei den **Malteser-Rittern** in der Loggia speisen zu dürfen (Tel. 06 67 58 11, info@orderofmalta.org). Aber die Trattorien, kleine und preiswerte, größere und elegantere, des alten Viertels mit den hügeligen Gassen geben auch das Gefühl, im Herzen Roms zu sein. Die zahlreichen Bars sind immer gut für einen wohlschmeckenden Imbiss.

Von der Piazza Venezia zur Piazza di Spagna (S. 202)

Die Qual der Wahl für Hotels, Ristoranti oder **Edel-Boutiquen** kann auf diesem Besichtigungsgang niemandem abgenommen, kaum erleichtert werden. Das ganze Preisspektrum ist vertreten. Der römische **Luxus-Juwelier Bulgari** muss die Konkurrenz von Billig-**Schmuckläden** erdulden. Und das noble Fünf Sterne Hotel Hassler Villa Medici muss es aushalten, die Pizzeria nebenan zu haben, in der Via Sistina, oder die beliebte **Trattoria Alla Rampa** (Piazza Mignanelli, 18, Tel. 06 678 26 21) rechts neben der Spanischen Treppe. Links bekommt man in **Babingtons Teestube** (Tel. 06 678 60 27) nicht nur Tee.

Das exklusive Gourmet-Restaurant **Imàgo** im sechsten Stock des Luxushotels **Hassler Villa Medici** (Tel. 06 69 93 40, booking@hotelhassler.it) mit einem spektakulären Blick über die historische Altstadt ist sicherlich für eine ganz besondere Gelegenheit zu empfehlen.

Direkt gegenüber an der Spanischen Treppe liegt das dazu gehörende **Il Palazzetto** (Tel. 06 69 93 40, booking@hotelhassler.it), ein Restaurant und eine Wine Bar mit einer herrlichen Dachterrasse. Dort befindet sich auch die International Wine Academy of Rome, in der Weinkurse und Degustationen stattfinden.

La Capricciosa (Largo dei Lombardi, 8, Tel. 06 687 86 36) zwischen Via del Corso und Piazza Augusto Imperatore neben San Carlo, bietet traditionelle römische Küche und die gleichnamige Pizza mit jener freundlichen Nachlässigkeit, die sich schon 50 Jahre für Qualität verbürgte und das auch noch in weiteren 50 tun will.

Quirino (Via delle Muratte, 84, Tel. 06 679 41 08) neben der Fontana di Trevi, hat ähnliche

Reiseinformationen von A bis Z

Wünsche auf höherem Niveau, weil man nach dem Münzwurf ja auch wiederkommt.

Etwas Besonderes ist das Pastamuseum, **Museo delle Paste Alimentari** (Piazza Scanderbeg 117, nahe dem Trevi-Brunnen, Tel. 066 99 11 09, tgl. geöffnet). Dort erfährt man alles über das italienische Nationalgericht – mit steigendem Appetit.

Gegenüber dem Haupteingang der Kirche an der Piazza di Sant'Ignazio liegt das **Le cave** (Tel. 06 679 78 21); sehr praktisch nach einem Konzert; und die Pizza war immer gut.

Innenstadt zwischen Via del Corso und Tiber (S. 218)

Wo soll ich hier bloß anfangen, wo aufhören mit Hinweisen zum Genießen, Ristoranti, Kaffeebars und Shops? Nirgendwo auf der Welt fällt man wie in diesem Viertel, in dem die italienischen Politiker zu Hause sind, praktisch von allein in die schönsten Genuss-Gelegenheiten. Warum eine bevorzugen?

Aber nun gut. Den besten Espresso der Welt nehme ich nicht von einer Maschine daheim, und sei sie noch so teuer, sondern in der Bar **Tazza d'Oro** (Via degli Orfani, 84, Tel. 06 678 97 92) beim Pantheon. Dort wird der Kaffee in dicken Säcken angeliefert, frisch geröstet und gemahlen – allein vom Duft wird man wach –, in gewaltigen Mengen mit dampfheißem Wasser unter großem Druck ausgepresst – besser geht nicht.

Andere reden von der **Bar Eustachio** (Tel. 06 68 80 20 48, info@santeustachioilcaffe.it) neben der gleichnamigen Kirche hinter dem Pantheon; unter uns gesagt, kein Vergleich; aber bitte.

Das beste Eis der Welt gibt es bei **Giolitti** (Via degli Uffici del Vicario, 35, Tel. 06 69 94 17 58) neben dem Palazzo Montecitorio, weil die italienischen Parlamentarier so gern schlecken.

Die beste Pizza ... überall; schon, um für die teuren Ristoranti zu sparen. Zum Beispiel für die **Osteria dell'Orso** (Via dei Soldati, 25C, Ecke Via dell'Orso, Tel. 06 68 30 11 92), oder **La Rosetta** (Via della Rosetta, 9, Tel. 06 686 10 02) vor dem Pantheon. Mit Sicherheit gibt man dort viel Geld aus und kann sich dem Gefühl hingeben, dass bedeutende Staatsmänner wie Bundeskanzler Helmut Kohl hier speisten; alles andere, Service, tadellose Küche und Weine ist nicht ganz so sicher.

Jüdisch-römische Verlockungen im früheren Ghetto ▷

Da ziehe ich drei Schritte weiter **Fortunato** (Via del Pantheon, 55, Tel. 06 679 27 88) vor, ein gediegenes, klassisch-römisches Speiserestaurant, in dem auch die Großen und Berühmten der Welt schon dinierten. Oder **Fontanella Borghese** an der gleichnamigen Piazza (Tel. 06 68 80 95 04, fontborghese@mclink.it), oder die **Enoteca Capranica** (06 69 94 09 92, info@enotecacapranica.it) ebenfalls an der gleichnamigen Piazza, nur auf einen Schluck Prosecco, wo sich die Politiker ein Stelldichein geben. Oder, etwas moderneres, Gusto an der Piazza Augusto Imperatore (Via della Frezza, 23, Tel. 06 322 62 73), das Ristorante von hoher Qualität, Pizzeria mit vielen Varianten und Wine Bar für die kleinen, noch nicht ganz so verpflichtenden Treffen vereint.

Südlich des Corso Vittorio Emanuele (S. 240)

Ein gewöhnlicher Rom-Besuch reicht nicht, um die besonders zahlreichen und allesamt reizvollen Trattorien südlich des Corso Vittorio Emanuele auszuprobieren. Sie locken besonders im früheren Ghetto, das die schmackhafte Variante einer jüdisch-römischen Küche, etwa mit (frittierten) Carciofi alla Giudea, hervorgebracht hat. So bei **Giggetto** in der Via del Portico d'Ottavia, 21 (Tel. 06 686 11 05), oder im **Pompiere** (Via di Santa Maria de' Calderari, 38, Tel. 06 686 83 77).

In der **Taverna Giulia** (Vicolo dell'Oro, 23, Tel. 06 686 97 68, info@tavernagiulia.it), hat man schon so manchen Kardinal oder Erzbischof gesehen; das Ambiente; Bedienung, Speisen sind gediegen, aber nicht übertrieben luxuriös. Premium findet man besonders im **Camponeschi** (Piazza Farnese 50, Tel. 06 687 49 27, www.ristorantecamponeschi.it), weshalb man sich dorthin am besten einladen lassen sollte ...

Höhere Mittelklasse bietet **Vecchia Roma** in der Via della Tribuna di Campitelli, 16 (Tel. 06 686 46 04); gratis gibt es im Innern ein festes Gemäuer und außen die Atmosphäre einer interessanten Piazza dazu.

Bei **Da Pancrazio** (Piazza del Biscione, 92, Tel. 06 686 12 46) taucht man inmitten von Ziegel-

Reiseinformationen von A bis Z

mauern und Büsten in die Antike ein. Die dort genossenen Cannelloni lassen mir bei der bloßen Erinnerung das Wasser im Munde zusammenlaufen.

Vorsicht in der **Hostaria Costanza** in der Via del Paradiso, 63, (Tel. 06 686 17 17). Schon die Vorspeisen (Antipasti) sind so reichlich, dass man kaum noch den folgenden römischen Leckereien gewachsen ist. Ähnlich üppig geht es bei **Pierluigi**, (Piazza de Ricci 144, Tel. 06 686 13 02) zu; reichliche Portionen sind angesagt und werden meist klaglos gegessen.

Piazza del Popolo und Villa Borghese (S. 258)

In den drei Straßen, die von der Piazza del Popolo Richtung Süden führen, an den Zwillingskirchen vorbei, kann man gut einkaufen. Ganz Unterschiedliches. **Antiquitäten** in der vornehmen Via del Babuino, was am Anfang durch das **Hotel de Russie** (Tel. 06 32 88 81, www.hotelderussie.it) – vielleicht kommt gerade ein Star heraus – angezeigt wird. **Jeans, Under- und Eyewear,** wie man auch in Rom sagt, in der Via del Corso. **Delikatessen** und **Weine** in der Via della Ripetta.

Alle sagen, **Dal Bolognese** direkt an der Piazza del Popolo, Ecke Via della Ripetta, (Tel. 06 361 14 26) sei ein ganz klassisches römisches Ristorante, stets mit aufregendem Publikum und entsprechenden Preisen. Auf alle Fälle sollte man jedoch die Bar daneben, **Rosati** (Tel. 06 322 73 78), nicht übersehen, wie auch zwillingsmäßig gegenüber die Bar **Canova** nicht, sei es für einen Cappuccino an der Theke oder, was beträchtlich mehr kostet, draußen im Sitzen und in Betrachtung des öffentlichen Treibens.

In allen drei Straßen und den Nebenstraßen dazwischen fehlt es nicht an ordentlichen Pizzerien. Gehobene Standards bietet die **Casina Valadier** (Tel. 06 69 92 20 90) mit einem noblen Ristorante oberhalb der Piazza del Popolo, den Viale Gabriele d'Annunzio oder den Fußweg der Salita del Pincio hinauf, neben den Terrassen der Piazza Napoleone. Ob zu einem Aperitivo im Garten oder bei der Cena am Abend, einen schöneren Blick beim Essen kann man kaum haben.

Tagsüber locken in der Villa Borghese drei **Außencafés,** am Viale dell'Orologio, am Viale del Lago und die **Casina delle Rose** (Tel. 06 42 01 62 24) am Largo Marcello Mastroianni ganz in der Nähe der Piazza di Siena.

Reiseinformationen von A bis Z

Vom Quirinal nach San Lorenzo fuori le Mura (S. 270)

Leider lädt der italienische Staatspräsident selten zum Frühstück in das Turmzimmer seines Amtssitzes ein; von dort hat man ein unvergleichliches Panorama über Rom, wenn auch nicht über das Forum Romanum wie der römische Bürgermeister. Man kann nicht alles haben. Aber doch etwas anderes in der Via Veneto, der Straße des Dolce vita, in den zahlreichen Straßencafés mit den großen Glasfenstern zum Hinaus- und Hineinschauen: einen vorzüglichen Überblick über die schönen Passanten; das hat der Präsident nicht. Die bekanntesten sind **Harry's Bar,** (Nr. 150, Tel. 06 48 46) nahe der Porta Pinciana, das **Café de Paris** (Nr. 183, Ecke Via Ludovisi, Tel. 06 42 01 22 57) oder das **Hard Rock Café** (Tel. 06 420 30 51, rome_sales@hardrock.com) in der Kurve gegenüber der Botschaft der Vereinigten Staaten.

Auch in den Seitenstraßen gibt es viele empfehlenswerte Ristoranti, je weiter weg von den Nobelhotels, desto günstiger. In der nahen Via Barberini, 79, kann man bei **Brioni** (Tel. 06 48 45 17) sich mal schnell einen Anzug anmessen lassen oder wenigstens eine Krawatte erstehen, zum Mitnehmen. Die Via Barberini bietet aber auch preiswertere Einkaufsmöglichkeiten.

Nahe dem Finanzministerium, Via XX Settembre, wo man aufs Geld achtet, isst man gut, etwa in der **Taverna Flavia** (Via Flavia 9, Tel. 06 474 52 14) oder **Da Vincenzo** (Via Castelfidardo, Nr. 6, Tel. 06 48 45 96).

In der Nähe der **Villa Massimo,** der deutschen Künstler-Akademie, zwischen Via Nomentana und Piazza Bologna, kann man abends immer mal wieder deutschen Literaten, Komponisten, Malern oder Bildhauern begegnen.

Eine Erfahrung wert ist es, im Quartiere von San Lorenzo und bei der Stazione Tiburtina in einer römischen Arbeiter-Osteria zu essen oder nahe der Universität in einer Studentenkneipe was zu trinken; erkenntlich am tristen Ambiente und dunklen Licht, an grauem Papier als Tischtuch und dicken Trinkgläsern; die Pasta ist jedoch nicht schlecht und der Wein kräftiger, als er schmeckt. Nie habe ich gehört, dass jemand dort vom Wirt ausgenommen wurde.

Zwischen Santa Maria Maggiore und Lateran (S. 292)

Vielleicht hält man es nicht für möglich, gegenüber von Santa Maria Maggiore, mit dem Blick auf die großartige Hauptfassade, am Beginn der Via Merulana, direkt an der Straße, ganz gemütlich einen Caffè Latte zu trinken und dabei den Lärm und die Gefahren des vorbeidröhnenden Verkehrs zu vergessen. Geht aber. So gibt es direkt entlang dieses Besichtigungsganges zahlreiche Gelegenheiten, sich zu stärken. Zum Beispiel, einige Schritte weiter, Via Merulana, 256, Ristorante **Pizzeria Scoglio Di Frisio,** (Tel. 06 487 27 65) ein großes, traditionsreiches Fisch-Restaurant, das vor 80 Jahren schon unsere Urahnen hat entzücken können, mit Risotto alla Pescatore oder Spaghetti alle Vongole, musikalisch untermalt.

Auch gegenüber von San Giovanni fehlt es nicht an gastlichen Stätten, **Le Virtu in Tavola** (Via Domenico Fontana, Tel. 06 77 20 63 63); oder, mal ganz etwas anderes, japanisch leicht, **Sushi Tei** (Viale Carlo Felice, 29, Tel. 06 700 18 21); oder, gleich um die Ecke, **I Buoni Amici Di Cadeddu** (Via Aleardo Aleardi, 4, Tel. 06 70 49 19 93) mit sardischen Spezialitäten.

In der Via San Giovanni Richtung Kolosseum bedarf es keiner namentlichen Empfehlung: Ristorante, Pizzeria, Fast Food, Enoteca, eins nach dem anderen. Wozu man gerade Lust hat und für jeden Geldbeutel.

Gegen Ende sucht man sich wieder einen Sitz draußen, in einer Bar gegenüber dem Kolosseum (**Rossi,** Piazza di Colosseo, Nr. 3) oder oberhalb im **Domus** (Via Nicola Salvi, 06 64 74 52 62), wo es vielerlei Appetitliches gibt.

Vom Celio zur Via Appia (S. 312)

Zum Start einen Caffè macchiato in einer Bar am Kolosseum, damit man sich entscheiden kann zwischen der Via San Gregorio (am Palatin vorbei) und der Via Claudia (über den Caelius).

Dann, hinter den Caracalla-Thermen, laden am Weg zahlreiche Ristoranti ein, eins verführerischer und ›antik-römischer‹ als das andere. Am Beginn der Via di Porta Latina, Nr. 5, **Orazio** (Tel. 06 70 49 24 01), in dem die Angestellten der FAO (Food and Agricultural Organization der

Vereinten Nationen) gern einkehren. Das große **Quo vadis** (Via Appia Antica, Nr. 38, Tel. 06 511 50 13) mit weitem Innenraum und Garten, die kleinere **Hostaria Antica Roma** (Via Appia Antica, Nr. 87, Tel. 06 513 28 88, www.anticaroma.it) mit persönlicher Bedienung, und das ebenfalls große **Cecilia Metella** (Nr. 125, Tel. 06 513 67 43, info@ceciliametella.it) mit Garten und weiten Räumen, verbreiten im Handumdrehen-Speisekartenaufschlagen das Gefühl, an der Via Appia zu sein und nirgendwo sonst, was sich selbstverständlicher anhört, als es anderswo ist. Vielleicht ist es zuweilen, was nicht verwunderlich wäre, etwas touristisch; nur etwas, weil die italienischen Touristen schon für Qualität sorgen. Enttäuscht war ich dort nie.

Von der Tiberinsel zum E.U.R.-Viertel (S. 324)

Zum Einkaufen ist dieser Besichtigungsgang nicht besonders verlockend; doch auch hier trifft man fliegende Händler, die manches Nette anbieten.

In den Sommermonaten wird auf der **Tiberinsel** gefeiert; die Abende sind lang und die Nächte lau. Das dann eingerichtete offene Ristorante an der südlichen Spitze hat etwas von Massenabfertigung; aber wenn man einen Tisch in der ersten Reihe ganz vorn gegenüber der Ruine des Ponte Rotto ergattert, wird es ganz romantisch-wild-römisch, kurz, unvergleichbar, Mond inklusive.

Nicht weit von der Insel, Richtung Forum Romanum, gibt es bei der Via San Teodoro einige nette, stimmungsvolle Trattorien, so in der Via dei Fienili **Teodoro** (Tel. 06 679 08 49) mit ansprechenden Ambiente (und kurzem Weg zu meinem römischen Lieblingsplatz am späten Abend: die Piazza della Bocca della Verità).

Manche Römer schwören darauf, dass man nirgendwo so gut römisch essen kann wie am Testaccio (andere sagen Trastevere; nächstes Kapitel). Von der Via Marmorata geht es in die Via Amerigo Vespucci, Nr. 28, zum alt-bewährten Ristorante **Antico Forno A Testaccio** (Tel. 06 574 62 80), das viele Geschmäcker, schmale und dicke Geldbeutel berücksichtigt.

Weiter von der Via Marmorata in die Via Galvani, vorbei an zahlreichen Ess-Gelegenheiten, zum eigentlichen Testaccio-Hügel. Viele rühmen dort als beste Speisestätte **Checchino Dal** 1887 (Via di Monte Testaccio, Nr. 30, Tel. 06 574 38 16, checchino_roma@tin.it) andere sagen, **Felice A Testaccio** (Via Mastro Giorgio, 29, Tel. 06 574 68 00) sei ebenso gut. (Über nichts reden die Römer übrigens so gern wie über Speis' und Trank; da kann man endlos und harmlos streiten, und muss sich nie seiner subjektiven Meinung schämen. Denn wie schon die alten Römer sagten: »De gustibus non est disputandum«. Über Geschmack ist nicht zu streiten.)

Unumstritten ist, dass man im EUR-Viertel vom **Fung** (Piazza Pakistan, Tel. 06 592 14 33, info@ristoranteilfungo.it), einem hoch aufragenden Wasserturm und unübersehbaren Wahrzeichen des modernen Viertels beim Sportpalast, einen grandiosen Blick über das Gelände hat, sei es im **Gran Caffè** oder in der **Enoteca**.

Jenseits des Tiber – Von Trastevere nach Norden (S. 338)

Jeder hat einen Restaurant-Hinweis für Trastevere, wenn nicht sogar einen Geheimtipp, wo man – ›praktisch ohne Touristen‹ – wunderbar essen und trinken kann. Ich muss gestehen, dass ich es in einem und demselben Ristorante mal gut, mal schlecht fand. Das gilt für jene an der Piazza in Piscinula, **Cornucopia** etwa (Tel. 06 580 03 80), und auch für die an der Piazza dei Mercanti (bei Santa Cecilia) wie die **Taverna dei Mercanti** (Tel. 06 588 16 93) und das **Da Meo Patacca** (Tel. 06 581 61 98; Abb. S. 422); da geht es richtig römisch zu, mit an den Decken hängendem Schinken und Tomaten – alle stecken sich mit guter Laune gegenseitig an –, und man isst meist gut. Das trifft auch für die vielen in der langen Via della Lungaretta, von der Piazza in Piscinula bis Santa Maria in Trastevere, zu, auf **Rugantino** etwa (Tel. 06 588 21 01) oder **Belli** an der Piazza di Sant'Apollonia, 11 (Tel. 06 589 48 75).

In der großen Pizzeria **Carlo Menta** (Tel. 06 580 37 33) an der Piazza G. Tavani Arquati kann man im Freien sitzen und den Strom der Passanten in aller Ruhe beobachten. Unterschiedliche Qualität, aber zu hohen Preisen, findet man auch bei **Galeassi** (Tel. 06 580 37 75) oder bei **Sabatini** (Tel. 06 581 20 26), jedoch mit dem Vorzug, direkt an der Piazza di Santa Maria in Trastevere zu speisen; Ähnliches gilt für jene an der Piazza Cosimati, **Alberto Ciarla** (Tel. 06 581 86 68) oder **Corsetti il Galeone** (Tel. 06 580 90 09).

Im Norden liegt die **Antica Dogana** (Via Caproprati, Tel. 06 37 51 85 58) am Ende des Lungotevere della Vittoria, mit einem Parkplatz und einer schönen Terrasse über dem Tiber. Am Piazzale di Ponte Milvio – nördlich des Tibers mit der berühmten Schlacht an der Brücke, auf der jetzt Verliebte ein Vorhängeschloss anbringen und den Schlüssel in den Fluss werfen – geben sich die schönsten und flottesten jungen Leute ein Stelldichein, mit Vorliebe im **Met** (Tel. 06 33 22 12 37), am Beginn der Via Flaminia Vecchia; es gilt als ›Kreuzungspunkt der Stile und Tendenzen‹ für Mode-Scouts. Im **Parco della Musica** kann man in den Bars vor dem Konzert (oder danach) einen exzellenten Imbiss einnehmen.

Joseph Ratzinger ging als Kurienkardinal zuweilen gern in die große **Trattoria Lo Scarpone** auf dem Gianicolo bei der Porta San Pancrazio (Via di San Pancrazio 15, Tel. 06 581 40 94) – als Papst Benedikt XVI. kann er das nicht mehr tun.

Vatikan – Città del Vaticano (S. 354)

Eine ›vatikanische Küche‹ gibt es nicht. Aber sehr wohl hungrige und durstige Kardinäle oder Bischöfe, Prälaten oder Angestellte des Vatikans, die sich nach getaner Arbeit stärken müssen oder für eine Einladung die passende Trattoria vorschlagen können. Noch mehr gilt es für deren

Reiseinformationen von A bis Z

Besucher. Nach einer Visite im Vatikan wollen sie gut römisch essen gehen.

Deutsche Bischöfe, die oft in der nahen Via delle Mura Aurelie logieren, schätzen das Restaurant **Quattro Mori** in der Via di Santa Maria alle Fornaci, Nr. 8 (Tel. 06 639 01 95). Weil es gleich um die Ecke von Sankt Peter ist. Auch Kardinal Karol Wojtyla, der spätere Johannes Paul II., speiste dort gern bei seinen Besuchen in Rom. Dabei geht es dort ziemlich eng zu. Aber auch das ist typisch römisch, neben den selbstverständlich guten Speisen.

Die andere Möglichkeit ist, den Borgo, das Viertel an der Porta Sant'Anna auszuwählen. Da sollte man sich nicht auf eine Trattoria festlegen. Das tun selbst Kardinäle nicht. Es kommt schon mal vor, dass sie an der Tür umdrehen, wenn sie einen nicht so geliebten Mitbruder aus dem Heiligen Kollegium drinnen sehen.

Ob das **Angeli a Borgo** im Borgo Angelico, Nr. 26 (Tel. 06 686 96 74), das **Vico del Ferro** im Borgo Vittorio, Nr. 91, oder das **Barca** in der Via Plauto, Nr. 38 (Tel. 06 68 39 22 20) – man kann nicht viel falsch machen bei der Auswahl. Und wenn, ist man in heiliger Gesellschaft. Der Augenschein und das Preisniveau der Speisekarten sind unersetzbare Kriterien und bescheren einem vielleicht wunderbare Erfahrungen.

Stadtrundfahrten und Ausflüge

Die öffentlichen Verkehrsmittel der Stadt Rom bieten etwa zweistündige **Stadtrundfahrten** für Touristen an (auch mit fremdsprachlicher Begleitung):

110 Open
Tour durch die Innenstadt in einem ›Cabrio‹-Doppeldeckerbus, Abfahrt an der Piazza della Repubblica/Via XX Settembre (Stazione Termini) ca. alle 30 Min. April–Sept. 9–20, Okt.–März 10–18 Uhr, ab 15 €.
Auskunft über:
Tel. 06 46 95 22 52
www.trambus.com

◁ *Im Da Meo Patacca in Trastevere geht es richtig römisch zu*

Archeobus
Sightseeing-Linie zur Via Appia mit zahlreichen Aus- und Einsteigemöglichkeiten unterwegs, Abfahrt an der Piazza dei Cinquecento (Stazione Termini) ca. alle 60 Min. 9–16 Uhr, ab 10 €.
Auskunft über:
Tel. 06 46 95 22 52
www.trambus.com

Weitere Büros, in denen man Stadtrundfahrten und Ausflüge in die Umgebung Roms buchen kann, mit Führungen in fast allen Sprachen:

Appian Line
Piazza del'Esquilino 6/7
Tel. 06 48 78 66 04
www.appianline.it

Carrani-Tours
Via Vitt. Emanuele Orlando 95
Tel. 06 474 25 01
carrani.viaggi@tiscalinet.it

Green Line
Via Farini 5a
Tel. 06 48 37 87
www.greenlinetours.com

Telefonieren

Alle Telefon- und Faxnummern in Italien sind so angegeben, wie man sie bei Verbindungen innerhalb Italiens wählt. Die Vorwahl für Anrufe aus Deutschland, Österreich oder der Schweiz ist: 00 39. Stets muss die Null am Anfang der italienischen Nummer mitgewählt werden. Dies gilt auch für alle Stadtgespräche, also innerhalb Roms 06.

Immer mehr Fernsprecher werden von Münzen auf Telefonkarten *(scheda telefonica)* umgestellt, die für 3–10 € beim Tabaccaio oder an Kiosken erhältlich sind (perforierte Ecke abreisen).

Mobiltelefone funktionieren in Italien uneingeschränkt. Um Kosten zu sparen, empfiehlt sich eine italienische Prepaid-Karte von Tim, Tiscali, Vodafone oder Wind.

Reiseinformationen von A bis Z

Vorwahl von Rom nach:
Deutschland 00 49
Österreich 00 43
in die Schweiz 00 41
Die Null vor der Ortsnummer wird weggelassen.

Vorwahl nach Italien
von Deutschland, Österreich, der Schweiz: 00 39.

Innerhalb Italiens
In Italien ist die Ortskennzahl (z. B. 06 für Rom) Bestandteil der Teilnehmernummer, die also immer – einschließlich der Null! – mitzuwählen ist.

Übernachten

Preiskategorien

Eine Übernachtung in den großen Hotels der Luxuskategorie kostet – je nach Betrachtung – manchmal ein kleines Vermögen. Aber ein Cappuccino oder ein Cocktail im Foyer, im Hof oder auf der Terrasse eines Luxushotels kostet auch nicht viel mehr als Ähnliches in einem Café. Da sitzt dann zuweilen ein weltberühmter Filmstar nebenan und genießt es, in Rom zu sein. Genauso wie wir.

Für die ›preisgünstigeren‹ Unterkünfte in Hotels und Pensionen muss man für ein einfaches Einzelzimmer mindestens 60–80 € rechnen, für ein einfaches Doppelzimmer 120–150 € und darüber. Wenn man es nicht von einem heimischen Reisebüro oder im Internet – bitte genau auf die Beschreibung und verräterische Angaben über fehlenden Komfort achten! – gebucht hat, empfiehlt sich der persönliche Eindruck mit Augen, Nase und Ohren.

Internet

Bei der Hotelrecherche im Internet sind u. a. folgende Websites hilfreich:
www.travelinside.de
www.hotelreservation.it
www.venere.com
www.romeby.com
www.bedroma.com
Besonders für preisgünstige Hotels und Ferienwohnungen ergiebig sind:
www.net4.com/rom-hotels

www.rome.hotelsfinder.com
www.romehome.de

Hotels

Römische Hotels sind nicht besonders preiswert. Es empfiehlt sich, günstige Angebote schon im heimatlichen Reisebüro einzuholen. Ihre Qualität hat sich in den letzten Jahren durch Wiederinstandsetzung, Generalrenovierung, Wechsel in den Besitz einer internationalen Kette verbessert. So stehen in bestem Ruf einige international anerkannte Luxushotels: Etwa das Hotel Hassler an der Spanischen Treppe, bei VIPs und Politikern sehr beliebt; das Hotel de Russie an der Piazza del Popolo, das eine alte Tradition wieder aufnimmt und gern von den modernen Schönen und Reichen aufgesucht wird; das geschichtsreiche Hotel d'Inghilterra neben der vornehmen Via Condotti; das noble St. Regis Grand in der Nähe der Stazione Termini; das ehemalige klassische Grand Hotel; das Bernini Bristol an der Piazza Barberini am Beginn der Via Veneto und schließlich das Cavalieri Hilton mit großen Sälen für Kongresse und einer wunderbaren Aussicht über Rom. Hinzugekommen sind zwei Hotels in modernem italienischen, fast futuristischem Design, das Aleph in der Nähe der Via Veneto, und Exedra an der großen Piazza della Repubblica nahe dem Hauptbahnhof, der Stazione Termini. Nachfolgend eine Auswahl bewährter Hotels.

Innenstadt (Luxuskategorie)

d'Inghilterra
Via Bocca di Leone 14, 00187 Rom
Tel. 06 69 98 11, Fax 06 679 86 01
reservation.hir@royaldemeure.com.
Sehr zentral zwischen den Straßen Corso, Condotti und Frattina, was günstig ist nach anstrengendem ›Powershopping‹. Reich an Geschichte und Geschichten. Nicht umsonst spielt mein Rom-Roman, »Das Lachen der Wölfin«, auch dort. Sehr romantisch.

De Russie
Via del Babuino 9, 00187 Rom

Vom Feinsten: einen Cocktail in den Gärten des De Russie genießen ▷

Reiseinformationen von A bis Z

Reiseinformationen von A bis Z

Tel. 06 32 88 81, Fax 06 32 88 88 88
reservations@hotelderussie.it
Das ›kosmopolitische‹ Hotel von Rom, direkt neben der belebten weiten Piazza del Popolo. Wenn man dort nicht nächtigt, so ist es absolut chic, im Hof vor dem ansteigenden, schön begrünten Hügel des Pincio einen Cocktail zu schlürfen.

Hassler Villa Medici
Piazza Trinità dei Monti 6, 00187 Rom
Tel. 06 69 93 40, Fax 06 678 99 91
booking@hotelhassler.it
Gilt als das luxuriöseste und prestigereichste Hotel von Rom mit der unvergleichlichen Lage neben der Spanischen Treppe. Ein Essen im neuen Dachrestaurant, sonntagmittags zum Bruch oder abends – man gönnt sich ja sonst nichts – bleibt unvergesslich, oder ein Drink in der Bar mit Klaviermusik.

De la Ville Inter Continental
Via Sistina 69, 00187 Rom
Tel. 06 673 31, Fax 06 678 42 13
rome@interconti.com
Nicht ganz so aufregend und exklusiv wie das Hassler nebenan, aber fast ebenso nah an der Spanischen Treppe und zudem preisgünstiger und etwa während ›Geschäftsreisen‹ nicht so auffällig. Eine echte Alternative.

Grand Hotel della Minerva
Piazza della Minerva 69, 00186 Rom
Tel. 06 69 52 01, Fax 06 679 41 65
minerva@hotel-invest.com
Auch dieses Hotel besticht durch seine fantastische Lage neben dem Pantheon, am Platz mit meinem römischen Lieblingselefanten, dem marmornen des berühmten Bernini.

Innenstadt (preisgünstiger)

Amalia
Via Germanico 66, 00192 Rom
Tel. 06 39 72 33 56, Fax 06 39 72 33 65
www.hotelamalia.com
Ansprechendes 3-Sterne-Haus vom Ende 19. Jh., nur wenige Schritte vom Petersdom entfernt.

Fellini
Via Rasella 55, 00187 Rom
Tel. 06 42 74 27 32, Fax 06 49 38 26 75
info@fellinibnb.com
Klein, aber fein, neben Quirinal und Via del Tritone.

Gregoriana
Via Gregoriana 18, 00187 Rom
Tel. 06 679 42 69, Fax 06 678 42 58
Familäre, sehr bequeme Atmosphäre in absolut zentraler Lage direkt neben der Spanischen Treppe.

Margutta
Via Laurina 34, 00187 Rom
Tel. 06 322 36 74, Fax 06 320 03 95
Kleines 2-Sterne-Hotel nahe der Spanischen Treppe.
3 Zimmer haben Balkon.

Modigliani
Via della Purificazione 42, 00187 Rom
Tel. 06 42 81 52 26, Fax 06 474 73 07
www.hotelmodigliani.com
Einfaches, auch im Preis angenehmes, kleines Hotel ganz in der Nähe der Piazza Barberini und der Spanischen Treppe.

Navona
Via die Sediari 8, 00186 Rom
Tel. 06 68 21 13 92, Fax 06 68 80 38 02
www.hotelnavona.com
Traditionsreiches Haus mit Stil, bereits Keats und Shelley wohnten hier.

Parlamento
Via delle Convertite 5, 00187 Rom
Tel. 06 69 92 10 00, Fax 06 69 92 10 00
hotelparlamento@libero.it
In einem alten Palazzo, einfach, doch ausreichend.

Pensione Barrett
Largo Torre Argentina 47, 00186 Rom
Tel. 06 686 84 81, Fax 06 689 29 71
Englischer Stil, bequem, zentrale, verkehrsgünstige Lage.

Via Veneto/Stazione Termini (Luxuskategorie)

In den letzten Jahren ist dieses zuvor etwas vernachlässigte Viertel in der Nähe des Hauptbahnhofes wieder aufgewertet worden und teilweise zu altem Glanz (des 19. und 20. Jh. – des ›bürgerlichen‹ Königreichs 1870–1946 – und der Nachkriegsjahres des *Dolce Vita*), auch in der Verbindung mit den ›aktualisierten‹ Monumenten der Antike (Diokletian-Thermen), zurückgekehrt.

Boscolo Aleph
Via San Basilio 15, 00187 Rom
Tel. 06 42 29 01, Fax 06 42 29 00 00
www.aleph.boscolohotels.com
Ein ultramodernes Designhotel, für den, der das mag und den Kontrast zur barocken Stadt genießen kann.

Ambasciatori Palace
Via Vittorio Veneto 62, 00187 Rom
Tel. 06 474 93, Fax 06 474 36 01
www.hotelambasciatori.com
Bevorzugtes Hotel vieler römischer Rotary-Clubs und ihrer zahlreichen Gäste.

Bernini Bristol
Piazza Barberini 23, 00187 Rom
Tel. 06 488 30 51, Fax 06 482 42 66
www.berninibristol.com
Die Liste erlauchter Gäste aus Adel, Politik und Gesellschaft reicht bis ins Gründungsjahr 1874.

Eden
Via Ludovisi 49, 00187 Rom
Tel. 06 47 81 21, Fax 06 482 15 84
www.starwoodhotels.com. Am meisten werden die Terrasse und das dortige Ristorante mit Panoramablick über Rom gerühmt.

Exedra
Piazza della Repubblica 47, 00185 Rom
Tel. 06 48 93 80 20, Fax 06 48 93 80 00
www.exedra.boscolohotels.com
Das moderne Designhotel und das Kinozentrum geben der Piazza einen gewissen lebhaften Chic und profitieren zugleich von der Umgebung, mitten in der Antike.

The Westin Excelsior
Via Vittorio Veneto 125, 00187 Rom
Tel. 06 470 81, Fax 06 482 62 05
www.excelsior.hotelinroma.com
Das alte ›Excelsior‹ des ›süßen Lebens‹, des ›süßen Nichtstuns‹. Vielleicht deshalb nicht gerade zum Übernachten geeignet, doch für einen Latte macchiato drinnen, nebenan bei Doney oder gegenüber im Cafè de Paris.

Majestic
Via Vittorio Veneto 50, 00187 Rom
Tel. 06 42 14 41, Fax 06 488 56 57
www.hotelmajestic.com
Die 1889 in neoklassischer Eleganz erbaute Villa Ludovisi schmiegt sich in Form eines Konzertflügels weich dem Straßenbogen an. Nicht nur die luxuriösen Bäder aus weißem Carrara-Marmor werden höchsten Ansprüchen gerecht. Um die Ecke der Park der Villa Borghese.

St. Regis Grand
Via Vittorio E. Orlando 3, 00185 Rom
Tel. 06 470 91, Fax 06 474 73 07
www.starwoodhotels.com
Das alte ›Grand Hotel‹ Roms zwischen Via Veneto und Termini vermittelt Luxusgefühle einer anderen Zeit, wenn man sich das etwas kosten lassen will.

Stazione Termini (preisgünstiger)

Gerade in der Umgebung der Stazione Termini gibt es eine Reihe von Hotels und Pensionen mit einem einleuchtenden Preis-Leistungs-Verhältnis. Ihre Qualität hat sich in den letzten Jahren stetig verbessert. Nach einem prüfenden Blick kann man dort vielleicht nicht Luxus, aber eine erschwingliche Unterkunft finden, auch für einen längeren Aufenthalt. Auch die Sicherheit ist trotz Bahnhofsnähe durch diskrete Präsenz der Polizei spürbar gestiegen.

Centro
Via Firenze 12, 00184 Rom
Tel. 06 482 80 02, Fax 06 487 19 02
www.hotelcentro.com
Gründlich modernisiert, verkehrsgünstig, nahe der Via Nazionale.

Reiseinformationen von A bis Z

Duca d'Alba
Via Leonina 12, 00184 Rom
Tel. 06 48 44 71, Fax 06 488 48 40
www.hotelducadalba.com
Kleines 3-Sterne-Hotel, nicht weit von Forum Romanum und Kolosseum.

Igea
Via Principe Amedeo 97, 00185 Rom
Tel. 06 446 69 13, Fax 06 446 69 11
igea@venere.it
Familienhotel, sauber, einfach und solide, nahe Termini, doch relativ ruhig.

Laurentia
Largo degli Osci 63, 00185 Rom
Tel. 06 445 02 18, Fax 06 445 38 21
www.hotellaurentia.com
Angenehmes Haus, die oberen Zimmer teilen sich eine Aussichtsterrasse.

Nord Nuova Roma
Via Amendola 3, 00185 Rom
Tel. 06 488 54 41, Fax 06 481 71 63
www.romehotelnord.it
Kürzlich renoviertes 3-Sterne-Hotel von 1935 (158 Zimmer) neben den Diokletiansthermen.

Sicilia
Via Sicilia 24, 00185 Rom
Tel. 06 482 19 13, Fax 06 482 19 43
Modern und elegant in zentraler Lage.

Nördlich der Innenstadt und Vatikan (Luxuskategorie)
Aldrovandi Palace Hotel
Via Aldrovandi 15, 00197 Rom
Tel. 06 322 39 93, Fax 06 322 14 35
www.aldrovandi.com
2004 renoviert, bietet die elegante Herberge in einem eigenen Park auch einen der schönsten Swimmingpools der Stadt.

Rome Cavalieri Hilton
Via Cadiolo 101, 00136 Rom
Tel. 06 350 91, Fax 06 35 09 22 41
www.hilton.com

Beherrschende Lage auf dem Hügel des Monte Mario und deshalb mit wunderbarer Aussicht auf die ganze Stadt. Das Dachrestaurant La Pergola unter dem deutschen ›Chef‹ Heinz Beck gilt seit Jahren als das beste von Rom.

Grand Hotel Parco dei Principi
Via G. Frescobaldi 5, 00198 Rom
Tel. 06 85 44 21
www.parcodeiprincipi.com
Inmitten einer üppigen Parklandschaft gewähren die Zimmerterrassen der Patriziervilla weite Ausblicke auf Rom und die umliegenden Hügel.

Lord Byron
Via Giuseppe de Notaris 5, 00197 Rom
Tel. 06 322 04 04, Fax 06 322 04 05
www.lordbyronhotel.com
Die Herberge von privater Eleganz profitiert vom Grün des benachbarten Borghese-Parks.

Residenza Paolo VI.
Via Paolo VI 29, 00193 Rom
Tel. 06 68 13 41 08, Fax 06 6 86 74 28
www.residenzapaoloVI.com
Im Innern eines ehemaligen Klosters, direkt gegenüber dem Papstpalast und dem Petersplatz

Nördlich der Innenstadt und Vatikan (preisgünstiger)
LLoyd
Via Alessandria 110/a, 00198 Rom
Tel. 06 44 25 12 62, Fax 06 841 98 46
Modernes, stilvolles 3-Sterne-Hotel nahe der Piazza di Porta Pia.

Villa del Parco
Via Nomentana 110, 00161 Rom
Tel. 06 44 23 77 73, Fax 06 44 23 75 72
Villa des 19. Jh. in ruhiger, grüner Umgebung mit geschmackvollen, individuell eingerichteten Zimmern.

Südlich der Innenstadt (preisgünstiger)
Best Western Hotel Piccadilly
Via Magna Grecia 122
00183 Rom

Tel. 06 77 20 70 17, Fax 06 70 47 66 86
In lebhafter Straße neben Basilika St. Giovanni
in Laterano.

Domus Aventina
Via Santa Prisca 11/b, 00153 Rom
Tel. 06 574 61 35, Fax 06 57 30 00 44
Von zwei alten Gärten gerahmt, nahe Zirkus Maximus und den Caracalla-Thermen.

Sant'Anselmo
Piazza Sant'Anselmo 2, 00153 Rom
Tel. 06 574 35 47, Fax 06 578 36 04
Villa in heller Eleganz, ruhig, auf dem Aventin gelegen.

Villa San Pio
Via di Sant'Anselmo 19, 00153 Rom
Tel. 06 578 32 14, Fax 06 578 36 04
Kleines Schwesterhaus von Sant'Anselmo, doch etwas romantisch eingerichet.

Pensionen

Bewährt, beliebt und preisgünstig sind in Rom die von Ordensschwestern geführten Pensionen, oft mit internationalem Flair, meist in der Nähe des Vatikans gelegen.

Casa Brigida
Piazza Farnese 96, 00186 Rom
Tel. 06 68 89 25 96
Im Herzen der Innenstadt, in der Nähe des belebten Campo de'Fiori.

Casa Elisabeth
Via dell'Olmata 9, 00184 Rom
Tel. 06 488 40 66
Gleich neben Santa Maria Maggiore.

Casa Pallottinerinnen
Viale delle Mura Aurelie 7/b, 00165 Rom
Tel. 06 63 56 97
Ein paar Schritte vom Vatikan entfernt.

Casa Valdese (Prati)
Via A. Farnese 18, 00192 Rom
Tel. 06 321 82 22, casavaldese@tiscali.it
Nicht weit von Piazza del Popolo und Vatikan im Prati-Viertel.

Villa Bassi (Gianicolo)
Via Giacinto Carini 24, 00152 Rom
Tel. 06 581 53 29
In gefälliger Lage auf dem Gianicolo-Hügel.

Weitere Pensionen befinden sich in der Nähe der Stazione Termini (Infos in den Touristenbüros).

Bed & Breakfast

B&B Association of Rome
Piazza de Teatro do Pompeo 2, 00186 Rom
Tel./Fax 06 687 73 48
www.b-b.rm.it

Jugendherbergen

Fawlty Towers Hotel and Hostel
Via Magenta 39, 00185 Rom
Tel. 06 445 03 74, Fax 06 49 38 28 78
www.fawltytowers.org

Ostello del Foro Italico
Viale Olimpiadi 61, 00194 Rom
Tel. 06 323 62 67, Fax 06 324 26 13
www.ostellionline.org

Unterhaltung

Kartenverkauf

Da die Theaterkassen verschiedene Öffnungszeiten haben, empfiehlt es sich, vorher anzurufen. Die meisten Kassen sind von 10 bis 13 und von 16 bis 18.30 Uhr geöffnet.

Programminformation

In der wöchentlich in mehreren Sprachen erscheinenden Zeitschrift »La Settimana a Roma« (Die Woche in Rom) werden die Programme von Oper und Theater veröffentlicht.

Verlässliche und detaillierte Angaben über kulturelle Veranstaltungen, Kinoprogramm etc. bieten auch die Tageszeitungen wie etwa der »Corriere della Sera« in ihrem römischen Lokalteil.

Theater

Die Theaterszene ist beständigen Änderungen unterworfen. Den aktuellen Stand entnimmt man am besten aus dem Lokalteil der Zeitungen

Reiseinformationen von A bis Z

(s. o.). Von den zahlreichen Theatern sind hervorzuheben:

Teatro Argentina
Largo Argentina 52
Tel. 06 68 80 46 01

Teatro delle Arti
Via Sicilia 59
Tel. 06 474 35 64

Teatro Eliseo
Via Nazionale 183
Tel. 06 488 08 31 und
06 488 21 14

Teatro del Satiri
Via di Grotta Pinta 19
Tel. 06 686 13 11

Teatro dei Servi
Via del Mortaro 22
Tel. 06 679 51 30

Teatro Sistina
Via Sistina 129
Tel. 06 482 68 41

Oper

In den Sommermonaten während der Estate Romana (s.»Veranstaltungen«) finden die Opernaufführungen unter freiem Himmel im Park der Villa Borghese statt.

Teatro dell'Opera
Via Firenze 72
Tel. 06 48 16 01
Dez.–Juni

Veranstaltungen

6. Januar: *Epifania* (Bescherungstag für Kinder, großes Fest auf der Piazza Navona); zugleich Ende des Weihnachtsmarktes auf der Piazza Navona.
Mitte Januar: *Alta Moda Italiana* (Frühjahrs- und Sommer-Modenschau der großen Modemacher)
Fastnachts-Dienstag: *Martedi grasso* (und bereits die Woche davor in den Straßen Roms Umzüge in fantasievollen Kostümen und Masken)
9. März: *Santa Francesca Romana* (Autoweihe am Kolosseum)
19. März: *San Giuseppe* (es werden überall *zeppole*, mit Creme gefüllte Brandteigkrapfen, verkauft)
März/April: Frühlingsfest, *Casaidea* (Möbelmesse)
Gründonnerstag: Fußwaschung in der Basilika San Giovanni in Laterano
Karfreitag: Kreuzweg am Kolosseum (Passionsprozession)
Ostersonntag: Segen *Urbi et Orbi* des Papstes vom Balkon der Petersbasilika
2. Hälfte April: Azaleen auf der Piazza di Spagna
Mai: Internationale Reitwettkämpfe auf der Piazza di Siena der Villa Borghese
2. Hälfte Mai: Antiquitätenschau in der Via dei Coronari
Mai/Juni: *Roseto di Roma* (Rosenschau auf dem Aventin)
Juni bis Oktober: *Estate Romana* (Römischer Sommer) – Konzerte, Theateraufführungen und Ausstellungen – meist im Freien – den ganzen Sommer
23./24. Juni: Johannisnacht (Feuerwerk)
Juli: Opernsaison in den Thermen des Caracalla; Konzertsaison der Musikakademie Santa Cecilia; Theatersaison in Ostia Antica; *Alta Moda Italiana* (Herbst-Winter-Modenschau)
Juli: *Tevere Expo* auf den Ufern des Tibers, Ausstellung von Produkten aus allen italienischen Regionen
15. Juli: *Festa de' Noiantri* (Volksfest in Trastevere; Feuerwerk, Spanferkelschmaus auf den Straßen)
August: Opernaufführungen im Garten der Villa Borghese; Theateraufführungen in den Ausgrabungen von Ostia Antica; Pop-Konzerte, Liederabende im Freien
5. August: *Festa della Madonna della Neve* (Fest der Madonna des Schnees) – mit religiösen Feiern in der Basilika Santa Maria Maggiore

15. August: *Ferragosto* (Mariä Himmelfahrt) – gesetzlicher Feiertag, alles geschlossen
September: *Tevere Expo Internazionale* (Ausstellung von Produkten aus aller Welt an den Ufern des Tiber)
September/Oktober: Antiquitäten-Messe
Oktober: MOA (Möbel- und Dekorationsausstellung)
8. Dezember: *Immacolata Concezione* (Mariae Empfängnis – religiöse Feier auf der Piazza di Spagna)
15. Dezember bis 6. Januar: Weihnachtsmarkt auf der Piazza Navona
Dezember: Krippen-Ausstellungen in Kirchen sowie auf der Piazza di Spagna; *Natale Oggi* (›Weihnachten heute‹) Ausstellung
24. Dezember: feierliche Christmesse in Sankt Peter
25. Dezember: Weihnachtsmesse in Sankt Peter, anschließend hält der Papst vom Balkon der Basilika aus die alljährliche Weihnachtsansprache

Ziffern (lateinisch)

I = 1
V = 5
X = 10
L = 50
C = 100
D = 500
M = 1000

Register

Accademia di Santa Cecilia 37
Aeroporto di Ciampino 35
Aeroporto Leonardo da Vinci 35
Agrippa 210
Agrippina 81
Alarich 63
Albano 391
Alberti, Leon Battista 163
Albigenser 107
Alexander VI. 46, 60, **108**, 252, 348
Alexander VII. 39, 358, 365
Algardi, Alessandro 347
Ambrosius 214
Ammanati, Bartolomeo 204
Anaglypha des Trajan 171
Andersen, Hans-Christian 214
Andrea del Sarto 254, 278
Anreise 403
Apennin 35
Apollodoros von Damaskus 199
Apostolischer Palast 52
Apotheken 404
Appartamento Borgia 374
Appius Claudius Caecus 320
Apuleius 344
Ara Pacis Augustae 238
Arco
  – degli Argentari 331
  – delle Campane 56
  – di Giano 330
  – di Costantino 191
  – di Settimio Severo 172
Argan, Giulio Carlo 71
Ariccia 391
Arnolfo di Cambio 108, 336, 340
Attila 103
Audienzhalle 55
Augustinus 25, 73, 100, 236, 363, 376
Augustus 13, 34, **80,** 161, 170, 195, 198, 211

Augustus-Forum 198
Aulus Postumius 174
Ausflüge 423
Auskunft 404
Aurelianische Mauer 123
Aventin 122, **332**

Bahnhöfe 403
Banken 406
Bar Kochba 83
Barberini, Familie 94, 145, 220, 228, 277
Barbo, Pietro 163
Barracco, Giovanni 247
Basilica
  – Aemilia 169
  – di Porta Maggiore 300
  – di San Pietro 360
  – Julia 174
  – Ulpia 199
Basilika
  – des hl. Petrus 55
  – des Maxentius 31, **193**
Bastione del Sangallo 127
Battisterio San Giovanni 305
Bed & Breakfast 428
Befana 23
Belisar 127
Bellini, Giovanni 268, 395
Benedikt XV. 365
Benedikt XVI. 53, 62
Benedikt von Nursia 395
Berlusconi, Silvio 18, 156, 204
Bernini 41, 51, 53, 70, 94, **97,** 124, 130, 133, 141, 159, 193, 204, 213, 222, 228, 230, 252, 262, 267, 276, 300, 311, 342, 355, 391
Bibliotheca Apostolica Vaticana 372
Bibliotheca Hertziana 65, 217
Bibliotheken und Institute 406
Bienenbrunnen 278
Bocca della Verità 329
Börse 207

Boncompagni, Familie 94, 271, 363
Bonifaz IV. 115, 220
Bonifaz VIII. 58, 60, **107,** 119, 304
Bordone 204, 385
Borghese, Familie 43, 94, 236, 265, 275, 280, 360
Borghese, Paolina 267, 268
Borgia, Familie 60, 108, 247, 252, 348, 374
  – Lukrezia, 47
Borromäus, Karl 214, 254
Borromini, Francesco **97,** 135, 146, 171, 216, 228, 231, 253, 276, 303, 318, 363
Botticelli, Sandro 268, 275, 379
Bracciano 388
Bramante **95,** 201, 220, 234, 247, 260, 318, 339, 346, 358, 365, 374
Bregno, Andrea 209, 246, 348
Brescia, Arnold von 92
Brescia, Prospero da 281
Bruno, Giordano 61, 250
Brutus 77, 80, 160, 172, 198
Burckhardt, Jacob 361, 366, 381
Byzantius 313

Caelius 123, 144, 313
Caesar, Gaius Julius 63, 73, **79,** 136, 169, 174, 195, 256, 323, 359
Caesar-Forum 195
Caetani, Familie 213, 323
Café de Paris 14
Caffè Greco 64, 216, 414
Caligula 81, 100, 113, 185, 359
Calvin, Johannes 250
Camera dei Deputati 213
Campo de' Fiori 17, 61, 249
Campo Verano 32, 291
Camposanto Teutonico 32

Der Haupteintrag ist **fett** hervorgehoben

Register

Camillo, Don 18
Cancelleria 70
Canova, Antonio 209, 267, 363, 370
Capo di Ferro, Girolamo 253
Cappella
 – Carafa 223
 – di Nicolo V. 378
 – di San Zeno 299
 – Sistina 378
Caracalla 86, 113, 173, 184, 193, 255, 283, 331, 392
Caracalla-Thermen 30, 86, **316**
Carafa, Familie 223, 234
Caravaggio 160, 204, 225, 236, 262, 268, 278, 385
Carcere Mamertino 168
Carracci, Annibale 251
Casa dei Crescenzi 330
Casa di Goethe 37
Casa di Livia 184
Casale Rotondo 323
Casino, Villa Doria Pamphili 39
Casino Borghese 266
Casino di Allegrezza 39, 348
Casoni, Antonio 280
Cassius 80, 198
Castel Gandolfo 49, 390
Castel Sant'Angelo s. Engelsburg
Catacombe
 – di Domitilla 321
 – di Priscilla 289
 – di San Callisto 321
Catilina 77
Cavallini, Pietro 342
Cenci, Familie 255
Centro storico 19, 71
Cerveteri 387
Cestius, Gaius 333
Cestius-Pyramide 13, 32, **333**
Chiesa del Giubileo 269, 353
Chiesa Nuova 234
Chigi, Familie 39, 262, 344
Christine von Schweden 124, 181, 345, 365
Chrysogonus 340

Cicero, Marcus Tullius 77, 180
Cimitero Israelitico 32
Cinecittà 389
Circolare 36
Circus Maximus 185
Città Universitaria 290
Civitavecchia 14, 34
Claudius 81, 113, 126, 314
Collegio Sant'Ignacio 205
Collegio Teutonico 65
Collegium Romano 36, **204**
Collezione d'Arte Religiosa Moderna 374
Colli Albani 389
Colombario 318
Colonna, Familie 91, 207, 238, 297
 – Girolamo 209
 – Marcantonio 161, 209
Colonna di Marco Aurelio 210
Colonna di Traiano 200
Comitium 171
Consalvi 111, 221
Consiglio dei Ministri 38
Constantina 90, 289
Constantinus, Valerius, Flavius 49, **84**
Cornelia 79
Cornelia (Vestalin) 176
Corridore del Bernini 53
Corsini, Familie 210, 345
Corso s. Via del Corso
Corso del Rinascimento 227
Corso Vittorio Emanuele 72
Cortona, Pietro da 169, 214, 230, 234, 243, 277, 385
Cranach, Lukas d. Ä. 269, 385
Crassus 79, 322
Crescenzi, Familie 327, 330
Criptoportico 184
Curia 170
Cybo, Givanni Battista 262

Dante Alighieri 59, 107, 349, 377, 381
Danti, Antonio 383
De Chirico, Giorgio 268, 374
Decennalien-Basis 173

Democrazia Cristiana 18
Derizet, Antoine 201
Diokletian 170, 173
Diokletiansthermen s. Terme di Diocleziano
Diplomatische Vertretungen 407
Domenichino 204, 247, 255, 268, 342, 365, 385
Dominikus 107, 223
Domitian 82, 100, 113, 135, 176, 180, 184, 229, 289
Domus Augustana 181
Domus Aurea 81, 86, 189
Domus Flavia 181
Doney 14
Doria, Familie 40, 204
Drusus-Bogen 127, 318
Dürer, Albrecht 268

E.U.R. 336
Eberlein, Gustav 64, 265
Eckermann, Johann Peter 65
Einkaufen 407
El Greco 278
Engelsbrücke 129, 130
Engelsburg 13, 26, **348**
Erste Hilfe 408
d'Este, Ippolito 46, 394
Esquilin 123, **293**
Essen und Trinken 408
Etrusker 76, 259, 269, 386

Fabricius 326
Falconieri, Familie 390
Farnese, Familie 45, 94, 242, 344, 363
 – Alessandro 44, 180, 242, 248
Farnesische Gärten 181
Faustina 176
Faustulus 75, 330
Feiertage 410
Felix IV. 115, 194
Ferdinand II. 121, 281
Ferrata, Ercole 223
Ferretti, Giovanni Mastai 111
Ferrucci, Sebastiano 246

433

Register

Filarete 361, 364
Fiumicino 13, 23, 35
Flavier 86, 181, 187, 269, 351
Flavius Josephus 178
Flughäfen 404
Fontana, Carlo 207, 213, 262
Fontana, Domenico 145, 211, 224, 281, 297, 303, 358, 373
Fontana, Francesco 208
Fontana, Lavinia 210
Fontana
– dei Quattro Fiumi 230
– del Mosè 281
– del Tritone 278
– della Barcaccia 214
– delle Api s. Bienenbrunnen
– delle Tartarughe 257
– di Trevi 209
– Paola 346
Fori Imperiali 195
Foro
– di Augusto 198
– di Cesare 195
– di Nerva 199
– di Traiano 199
– Italico 359
Forum Romanum 13, 86, 155, **167**
Foschi, Angelotto degli 249
Fra Beato Angelico 101, 224, 278, 378, 385
Fra Giocondo 358
Frangipani, Familie 91, 192, 330
Franz I. 94, 121, 227
Franz von Assisi 106, 305, 342
Franz Xaver 243
Frascati 390
Friedrich I. Barbarossa 106
Friedrich II. 107, 118, 307
Fuga, Ferdinando 275, 296

Galba 82, 113
Galilei, Alessandro 252, 303
Galilei, Galileo 110, 223
Galleria
– Borghese 259, **266**
– Colonna 38, 208
– dell'Accademia Nazionale di San Luca 210
– Doria Pamphili 40, **204**
– Nazionale d'Arte Antica **277**, 344
– Nazionale d'Arte Moderna 268
– Spada 45, 254
Gallier 76, 123, 160, 169
Gardini di Colle Oppio 189
Garibaldi, Anita 347
Garibaldi, Giuseppe 347
Gastaldi, Girolomo 262
Geiserich 63, 91
Germanen 59, 79, 82, 88, 104, 124
Geta 113, 173, 331
Gheenst, Johanna van der 38, 227
Ghetto 256
Ghirlandaio, Domenico 96, 379
Giacomo da Pietrasanta 236
Gianicolo-Hügel 13, 30, 47, 122
Giotto 58, 151, 304, 361, 385
Giovanni da Rimini 278
Girolamo I. 209
Giuliano da Maiano 164
Glossar 396
Goethe, August 32, 64, 334
Goethe, Johann Wolfgang von **65**, 69, 130, 137, 216, 227, 259, 265
Goethe Institut 37
Goldener Meilenstein 172
Goten 63, 91, 209, 285
Gouverneurspalast 48
Grassi, Orazio 205
Greco, El 278
Gregor I. der Große 91, **104**, 115
Gregor III. 116, 220
Gregor IV. 116, 163, 330
Gregor VII. **105**, 118, 349
Gregor IX. 201
Gregor XI. 118, 201

Gregor XIII. 45, 137
Gregorini, Domenico 301
Gregorovius, Ferdinand 64, 73, 232, 330
Grimaldi, Francesco 245
Grottaferrata 390
Gueffier 214
Guelfen 107
Guercino, Giovanni 254
Guiscard, Robert 92

Hadrian **82**, 86, 113, 130 163, 181, 207, 220, 323, 339, 348, 355, 394
Hadrian VI. 65, 182, 232
Händel, Georg Friedrich 62
Haus der Livia 184
Haus der Vestalinnen 175
Hebbel, Friedrich 189
Heinrich IV. 105, 118, 349
Heinse, Wilhelm 417
Helena 140, 162, 301, 305, 362, 369
Hilarius 305
Himmelsleiter 138, 161
Holbein, Hans 278
Honorius I. 193
Honorius III. 118
Horaz 73, 81, 377
Hotels 424
Humboldt, Wilhelm von 65
Hylas, Pomponius 318

Ignatius von Loyola 205
Il Gesù 241
Imperium Romanum 36, 167
Innozenz III. 92, **106**, 305
Innozenz X. 39, 135, 205, 213, 230, 347
Internet 410
Isaias aus Pisa 235
Italiker 76, 78

Jesuiten 205
Jesus von Nazareth 59, 81, 89, 100, 243, 305
Johannes XXIII. 56, 119, 366
Johannes Paul II. 121, 269, 35

434 Der Haupteintrag ist **fett** hervorgehoben

Register

Johanniter 198
Joseph II. 110
Jugendherbergen 429
Julia (Tochter des Augustus) 256
Julia Domna 331
Julian Apostata 170, 288
Julier, Familie 79, 176, 238
Julius I. 114, 342
Julius II. 60, 94, 109, 137, 310, 357
Julius III. 120, 144, 269
Justizpalast 30, 41

Kaisarion 80
Kaiserforen 195
Kaledonier 83
Kalixtus I. 321, 342
Kalixtus II. 329
Kalixtus III. 252
Kandinsky, Wassily 268, 374
Kapitol 13, 122, **155**
Kapitolsplatz 132, **156**
Kapitolinischee Museen 74, 155, **159**
Kapitolinische Venus 160
Karl V. 38, 64, 93, 109, 177
Karl der Große 50, 116, 360, 367
Karolinger 105, 330
Karthager 76
Kastor und Pollux 157, 174, 275
Katakomben s. Catacombe
Katharer 107
Kauffmann, Angelika 64, 210, 217
Keats, John 32
Kirchenstaat 50
Klemens VII. 93, 109, 137, 224, 227
Klemens VIII. 46, 274
Klemens IX. 359
Klemens XII. 210
Klemens XIV. 209
Kleopatra 80
Kolosseum 13, 27, 70, 139, **187**

Konservatorenpalast 160
Konstans II. 220
Konstantin der Große 156, 191
Konstantinsbogen 191
Konstantinus II. 156
Kreditkarten 410
Kopernikus, Nikolaus 64
Krankenhäuser 408
Kresilas 160
Kryptoportikus 184

La Regina, Adriano 70
Landini, Taddeo 257
Langobarden 91, 104
Lapis Niger 172
Largo di Torre Argentina 243
Lateran 299
Laterani, Familie 303
Lateransbasilika s. San Giovanni in Laterano
Latiner 78, 391
Lazio, Regione 33, 387
Lazzari, Donato d'Angelo 95
Leo I. der Große 103
Leo II. 330
Leo IV. 49, 91, 309
Leo X. 93, 109, 137, 224, 316
Leo XIII. 304
Leochares 370
Leonardo da Vinci 385
Lepidus 80, 170, 327, 334
Lessing, Gotthold Ephraim 64
Liberius 114, 293, 296
Licinius 84, 114, 192
Ligorio, Pirro 358, 394
Lippi, Filippino 223, 278, 385
Liszt, Franz 92
Literaturauswahl 410
Livius, Titus 25, 73
Loggia di Raffaelo 377
Longhi, Martino d. Ä. 158, 234, 237
Longhi, Martino d. J. 214, 255, 326
Longhi, Onorio
Lorenzo der Prächtige 96
Lotto, Lorenzo 269, 274

Lucius II. 118, 300
Ludovisi, Familie 41, 205, 213, 235
Ludwig I. von Bayern 417
Ludwig IX. der Heilige 224
Lukas 169, 210
Luther, Martin 109
Lysipp 247, 286, 372

MACRO 353
Maderna, Carlo 245, 252, 275, 281, 347, 358, 360
Maderna, Stefano 340
Märkte des Trajan 200
Maidalchini, Olimpia 230
Mamertinischer Kerker 168
Manzù, Giacomo 268, 361
Marcellus 253
Marcellus I. 207
Marcellus-Theater 65, 86, **255**
Marchionni, Carlo 287, 365
Margarete von Parma 38, 227, 350
Maria Kasimira 217
Marini, Marino 268, 374
Marius 77
Mark Aurel **83,** 113, 210
– Reiterstandbild 158,
– Säule 210
Markomannen 69, 83, 210, 285
Markus 163, 382
Marmor 69
Martin V. **93,** 207
Martini, Simone 278, 385
Mascherino, Ottaviano 235
Masolino da Panicale 309
Mausoleo di Augusto 128, **237**
Maxentius 84, 130, 177, 192, 207, 303, 377
Maxentius-Basilika 31, **193**
MAXXI 351
Mazzoni, Giulio 253
Medici, Familie 38, 93, 226, 247, 252, 316
– Giulio 109, 224, 350, 377
Meier, Richard 238, 269, 352
Melchiades 303
Melozzo da Forlì 209, 385

435

Mendelssohn Bartholdy, Felix 64, 216
Mercati di Traiano 200
Messalina, Statilia 81
Metelli, Familie 322
Metropolitana 35
Meysenbug, Malwida von 32
Michelangelo Buonarotti **96**, 99, 100, 124, 133, 141, 155, 214, 224, 248, 285, 310, 331, 355, 358, 362, 368, 378
Mietwagen 405
Miliarium Aureum 172
Milvische Brücke 23, 70, 124, 130, 192
Minerva-Statue 158
Minguzzi, Lucian 361
Ministerio degli Affari Esteri 38, 350
Mino da Fiesole 209, 378
Mommsen, Theodor 64, 73
Mons Oppius 81
Monte Testaccio 334
Monti, Mario 18
Monumento Nazionale a Vittorio Emanuele II. 155, **164**
Mozart, Wolfgang Amadeus 64
Moschea e Centro Culturale Islamico 351
Muratori, Domenico 209
Museen 411
Musei Capitolini 159
Musei Vaticani 368
Museo
– Barracco 247
– Borghese 259, **266**
– Chiaramonti 372
– Centrale Montemartini 335
– del Risorgimento 165
– della Civiltà Romana 337
– Gregoriano Egizio 383
– Gregoriano Etrusco 384
– Gregoriano Profano 369
– Missionario Etnologico 384
– Nazionale d'Arte Orientale 300
– Nazionale del Palazzo di Venezia 163
– Nazionale Etrusco 259, 269
– Nazionale Romano 285
– Nazionale Tarquiniense 388
– Pio Clementino 369
– Pio Cristiano 384
– Preistorico ed Etnografico Luigi Pigorini 337
– Sacro 373
– Storico 384
– Storico di Bersaglieri 287
Mussolini, Benito 39, 50, 98, 130, 163, 195, 287, 336, 350, 355
Myron 286, 372

Napoleon I. 44, 98, 110, 124, 203, 229, 243, 263, 267
Narses 127, 208
Nationalbibliothek 41
Nationaldenkmal für Viktor Emanuel II. 155, **164**
Neri, Filippo 234
Nero **81**, 99, 113, 179, 185, 201, 238, 350, 357, 395
Nerva 181, 195, 199
Nerva-Forum 199
Nervi, Pier Luigi 55, 269, 337, 351
Neuer Palast 160
Niebuhr, Barthold Georg 65
Nietzsche, Friedrich 275, 279
Nikolaus III. 119, 348
Nikolaus V. 49, 64, 93, 137
Normannen 92, 106, 306,
Notruf 412
Numitor 75

Octavia 81, 255
Öffentliche Verkehrsmittel 412
Öffnungszeiten 413
Olympiastadion 20, 38
Oratorio di San Giovanni, Oleo 318
Oratorio dei Filippini 234

Orsini, Familie 91, 235, 389
Orti Farnesiani 181
Ostia Antica 88, **391**
Otho 81, 113
Otto II. 64, 105, 117, 367
Otto III. 64, 117, 326
Ovid 73, 81, 251, 267, 325, 377

Palatin 19, 78, 122, 167, **179**
Palast der Flavier 181
Palazzo
– Altemps 235
– Barberini 277
– Bonaparte 203
– Borghese 236
– Braschi 229
– Cenci 255
– Colonna 145, **207**
– Corsini 344
– Chigi 33, 38
– dei Conservatori 160
– dei Senatori 158
– del Viminale 40
– della Cancelleria 51, **247**
– della Consultà 275
– della Sapienza 227
– dello Sport 337
– di Propaganda Fide 51, **216**
– Doria Pamphili 40, **204**
– Farnese 13, 44, **250**
– Laterano 302
– Madama 33, 38, **226**
– Margherita 44
– Massimo alle Colonne 228
– Montecitorio 33, 41, **213**
– Nuovo 160
– Orsini a Monte Savello 64
– Pallavicini-Rospigliosi 275
– Pamphili 40, **230**
– Penitenzieri 348
– del Quirinale 46, **271**
– Ruspoli 213
– Spada 45, **253**
– Torlonia 348
– Vaticano 367

– Venezia 39, 155, **163**
– Zuccari 65, 208, **217,** 407
Palestrina 395
Pamphili, Familie 39, 97, 230
– Camillo 39
Pannini 63
Pantheon 13, 86, 89, 145, 172, **219**
Parco della Musica **269,** 351
Parther 82, 83
Partitio Comunista 18
Paschalis I. 116, 151, 316, 340
Paschalis II. 118, 306, 322
Pastor, Ludwig von 75
Paul I. 116, 175
Paul II. 119, 136, 163
Paul III. 44, 120, 127, 137, 158, 181, 192, 205, 241, 250, 363, 381
Paul IV. 120, 223
Paul V. 43, **110,** 120, 346
Paul VI. 55, 98, 121, 352
Paulus 53, 60, 100, 169, 262, 304, 335
Pelagius I. 115, 208, 290
Pellegrini, Domenico 210
Pensionen 428
Peppone 18
Perugino 95, 268, 278, 374, 379, 385
Peruzzi, Baldassare 229, 252, 256, 344, 358
Petersdom 355
 – Benediktionsloggia 27
 – Bronzerelief Johannes XXIII 365
 – Bronzestatue des Apostels Petrus 362
 – Cathedra Petri 362
 – Denkmal Alexanders VII. 365
 – Denkmal Klemens' XIII 363
 – Denkmal für die schwedische Königin Christine 365
 – Denkmal für die Markgräfin M. von Tuszien 363
 – Grabmal Innozenz' VIII. 365
 – Grabmal für Pius VII. 365
 – Kuppel des Michelangelo 100, 362
 – Papstaltar 362
 – Pietà des Michelangelo 365
 – Sakramentskapelle 363
 – Statue Benedikts XV. 365
 – Statue Pius' X. 365
 – Statue Pius' XI. 363
 – Statue Pius' XII. 365
Petersplatz 22, 61, 133, 355, **255**
Petrarca, Francesco 167
Petrus 52, 89, 97, 99, 112, 169, 200, 236, 262, 297, 302, 304, 307, 310, 320, 332, 335, 346, 357, 362, 366, 396
Petrus von Illyrien 332
Phidias 247, 286
Philipp IV. 107
Phokas-Säule 172
Piano, Renzo 269, 339, 351
Piazza
 – Barberini 14, **145**
 – Campitelli 145
 – Capranica 224
 – Colonna 38, 132, 207, **210**
 – d'Aracoeli 145
 – dei Cavalieri di Malta 332
 – dei Mattei 145
 – del Campidoglio 132, **156**
 – del Collegio Romano 40
 – del Corso 38, 69
 – del Parlamento 42
 – del Popolo 13, 38, 69, 124, 132, **259**
 – del Quirinale 132, **275**
 – del Tritone 38
 – della Bocca della Verità 132, 175, 327
 – della Chiesa Nuova 145
 – della Madonna dei Monti 145
 – della Minerva 222
 – della Repubblica 282
 – della Rotonda 31, 132, 220
 – Darnese 70
 – di Campidoglio 156,
 – di Spagna 132, **214**
 – Farnese 132
 – Fermi 20
 – Garibaldi 122, **347**
 – Montecitorio 211
 – Navona 24, 135, 145, **229**
 – Nicosia 64, 145
 – San Bernardo 145, 280
 – San Giovanni 132, **301**
 – San Pietro s. Petersplatz
 – Sant'Ignazio 132
 – Santa Maria 132
 – Venezia 38, 69, 132, 139, **162,** 203
Piccolomini, Familie 246
 – Aeneas Sylvius 119, 246
 – Francesco Todeschini 120, 246
Pierleoni, Familie 91
Piero della Francesca 278
Piero di Cosimo 278
Pietro da Cortona 169
Pinacoteca Vaticana 385
Pinci, Familie 262
Pincio 262
Pinocchio 30
Pinturicchio 162, 261, 268, 374, 379, 385
Pippin 91
Piramide di Caio Cestio s. Cestius-Pyramide
Piranesi, Giovanni Battista 42, 44, 87, 128, 133, 140, 332
Pius II. 119, 245
Pius III. 120, 245
Pius IV. 120, 124, 254, 286, 367
Pius V. 120, 297, 367
Pius VI. 110, 121, 217, 229, 243, 275, 358, 363, 365, 369, 385
Pius VII. **110,** 121, 203, 221, 349, 361, 365, 372, 384

437

Register

Pius IX. 46, 53, **111**, 121, 229, 291, 384
Pius X. 121, 365
Pius XI. 121, 363, 384
Pius XII. 121, 361, 365
Platen, August von 64
Plinius d. Ä. 212
Plinius d. J. 64, 176
Pollaiuolo, Antonio 365
Polyklet 247, 372
Pomarancio 315
Pompejus 77, 85, 253, 323
Pompejus-Theater 86
Ponte
 – Bailey 130
 – Cavour 128
 – Cestio 131
 – Duca d'Aosta 130
 – Fabricio 70, 131, 326
 – Flaminio 130
 – Garibaldi 131
 – Industria 131
 – Magliana 131
 – Marconi 131
 – Matteotti 130
 – Mazzini 130
 – Metropolitana 130
 – Milvio s. Milvische Brücke
 – Molle 130
 – Nomentano 130
 – Palatino 131
 – Principe Amedeo 130
 – Rotto 131, **327**
 – Salario 130
 – Sant'Angelo s. Engelsbrücke
 – Scafa 131
 – Sisto 131
 – Sublicio 131
 – Tazio 130
 – Testaccio 131
 – Vittorio Emanuele 130
Pontelli, Baccio 234, 346
Poppäa Sabina 81
Porta
 – Capena 123, 127
 – Flaminia 124
 – Latina 127
 – San Lorenzo 14
 – Maggiore 14, 126
 – Metronia 127
 – Pia 13, 14, 124, 287
 – Pinciana 14, 65 124
 – San Giocanni 14, 127
 – San Paolo 14, 127, 334
 – San Sebastiano 14, 127, **318**
 – Sant'Anna 49
 – Tiburtina 126
Porta, Giacomo della 44, 144, 158, 224, 228, 242, 245, 250, 252, 257, 281, 305, 358
Porta, Guglielmo della 363
Portico di Ottavia 255
Portone di Bronzo 53
Pontificium Collegiom Germanicum et Hungaricum 64
Pontificia Universitas Gregoriana 37
Post 413
Poussin, Nicolas 209
Pozzo, Andrea 205, 243
Praxedis 298
Praxiteles 160, 286, 370
Probus 114, 124
Prospero da Brescia 281
Protomoteca Capitolina 159
Psametich II. 211
Puccini, Giacomo 247, 349
Pudens 298
Pudentiana 298

Quaden 69, 83, 210
Quintilier, Villa 323
Quintilius, Maximus u. Condinus 323
Quirinalspalast 18, 33, 45, 137, **271,** 357

Rabirius 181
Raffael 38, 56, 66, **95,** 103, 221, 233, 247, 251, 262, 268, 278, 344, 350, 355, 365, 368, 374, 385
Rainaldi, Carlo 159, 232, 236, 245, 257, 259, 262
Rainaldi, Girolamo 158, 181, 230, 232
Ramolino, Letizia 203
Ranke, Leopold von 73
Ratzinger, Joseph 53, 63, 65, 121
Rauchverbot 413
Reisedokumente 413
Reisezeit 414
Reni, Guido 213, 254, 275, 385
Restaurants 416
Rhea Silvia 75
Riario, Familie
 – Domenico 345
 – Girolamo 235
 – Pietro 209
 – Raffaele 247
Ribera, Giuseppe 210
Ricci di Montepulciano 263
Rienzi, Cola di 92, 156
Rimini, Giovanni da 279
Rocca di Papa 390
Romano, Antoniazzo 278
Romulus and Remus 75, 160, 172, 179, 330
Romulus-Tempel 177
Rosati, Rosato 255
Rossi, Mattia de 342
Rostra 172
Rouault, Georges 374
Rovere, della, Familie 205
 – Franceso 119
 – Girolamo Basso 262
 – Giuliano 94, 96, 109, 120, 310
Rubens, Peter Paul 160, 234, 268, 275, 385
Rucellai, Familie 213
Ruspoli, Familie 213

Sabiner 75, 78
Sacco di Roma 93, 109, 124
Salier 105
Sallust 73, 217, 285
Salvi, Nicola 210
San Bartolomeo 326
San Bernardo alle Terme 282

Der Haupteintrag ist **fett** hervorgehoben

San Carlo ai Catinari 254
San Carlo al Corso 214
San Carlo alle Quattro Fontane (San Carolino) 276
San Clemente 91, 148, 307
San Crisogono 340
San Francesco a Ripa 342
San Giorgio in Velabro 330
San Giovanni a Porta Latina 318
San Giovanni Decollato 331
San Giovanni in Laterano 61, 64, 90, 137, 251, **303**
San Girolamo 239
San Giuseppe dei Falegnami 169
San Gregorio Magno 313
San Lorenzo fuori le Mura 32, **287**
San Lorenzo in Damaso 248
San Lorenzo in Lucina 20, **213**
San Luigi dei Francesi 224
San Marcello 207
San Marco 163
San Martino ai Monti 299
San Paolo fuori le Mura 61, 90, 101, **335**
San Pietro s. Petersdom
San Pietro in Carcere 169
San Pietro in Montorio 346
San Pietro in Vincoli 310
San Salvatore in Lauro 235
San Sebastiano fuori le Mura 62, 90, 322
Sanctis, Francesco de 214
Sangallo, Antonio da d. Ä. 252
Sangallo, Antonio da d. J. 44, 127, 201, 250, 350, 358, 365
Sangallo, Giuliano da 358
Sansovino, Andrea 236, 262
Sansovino, Jacopo 236, 252
Sant'Agnese fuori le Mura 287
Sant'Agnese in Agone **231**, 271
Sant'Agostino 236
Sant'Andrea al Quirinale 275
Sant'Andrea delle Fratte 217
Sant'Andrea delle Valle 245

Sant'Eligio degli Orefici 252
Sant'Ignazio 205
Sant'Ivo 228
Sant'Onofrio 347
Santa Bibiana 300
Santa Caterina, Cappella 309
Santa Cecilia 340
Santa Costanza 150, 271, **288**
Santa Croce 62, 91, **300**
Santa Francesca Romana 192
Santa Maddalena 224
Santa Maria Antiqua 174
Santa Maria degli Angeli 286
Santa Maria dei Miracoli 262
Santa Maria dell'Anima 64, **232**
Santa Maria del Popolo 260
Santa Maria della Concezione 280
Santa Maria della Pace 233
Santa Maria della Vittoria 280
Santa Maria di Monserrato 252
Santa Maria di Pietà 56
Santa Maria in Aracoeli 155, **161**
Santa Maria in Campitelli 256
Santa Maria in Cosmedin 327
Santa Maria in Domnica 316
Santa Maria in Monte Santo 262
Santa Maria in Trastevere 342
Santa Maria in Vallicella 234
Santa Maria Loreto 200
Santa Maria Maggiore 13, 91, 61, 147, **293**
Santa Maria sopra Minerva 70, **223**
Santa Prassede 150, **298**
Santa Pudenziana 150, **297**
Santa Sabina 332
Santa Susanna 282
Santi, Giovanni 95
Santi, Raffaello s. Raffael
Santi Apostoli 208
Santi Cosma e Damiano 91, 150, **194**
Santi Giovanni e Paolo 313

Santi Luca e Martina 169
Santi Pietro e Paolo 337
Santi Quattro Coronati 306
Santissima Trinità dei Monti 217
Santissimo Nome di Maria 200
Santo Stefano Rotondo 91, **314**
Sapienza, Universität 36, 64, 227
Sardi, Giuseppe 224
Sarmaten 70, 211
Saturn-Tempel 173
Savonarola, Girolamo 109
Scala Santa 305
Scalinata della Trinità dei Monti 214
Schadow, Rudolf 217
Schopenhauer, Artur 64, 216, 416
Scipionen, Familie 317
Seianus 290
Senatorenpalast 34, 42, 78, **158**
Senatus Populusque Romanum S.P.Q.R. 172
Sepolcro degli Scipioni 317
Septimius Severus 113, 173, 175, 179, 255, 316, 331, 392
Septimius-Severius-Bogen 173
Sermoneta, Girolamo 278
Servet, Michael 250,
Servianische Mauer 123
Shakespeare, William 172
Shelley, Percy Bysshe 32, 334
Sienkiewicz, Henryk 321
Signorelli, Luca 379
Simplicius 115, 315
Siricius 114, 307
Sixtinische Kapelle 378
Sixtus III. 115, 296, 305, 310
Sixtus IV. 119, 159, 233, 239, 260, 262, 345, 367, 376, 378, 385
Sixtus V. 60, 120, 281, 302
Sodoma 268, 278, 344, 374
Sormani, Leonardo 281
Sosianus, Apollo, Tempel 256

Register

Sosius 256
Spada, Bernardino 254
Spanische Treppe 20, **214**
Spartakus 77
Spectaculum mundi 58
Stadio Domiziano 181
Stadio Flaminio **269**, 351
Stadtrundfahrten 423
Stanze di Raffaelo 374
Staufer 105, 107, 318
Stauting, Eva von 417
Stazione Centrale Roma Termini 13, 35, **282**
Stephan II. 91, 116
Strauss, Richard 65
Subiaco 395
Sueton 179, 237
Sulla 77, 170
Sylvester I. **101**, 114, 357
Symmachus 115, 288, 367

Taccone, Paolo 246
Tacitus 73, 189
Tarquinia 387
Tarquinier 173, 326
Teatro dell'Opera 21
Teatro di Marcello 255
Telefonieren 423
Tempel
 – der Concordia 173
 – der Dei Consentes 173
 – der Fortuna Virilis 78, **329**
 – der Kybele 184
 – der Magna Mater 184
 – der Vesta s. Vesta-Tempel
 – des Antonius und der Faustina 176
 – des Kastor und des Pollux 174
 – des Vespasian 173
Terme die Caracalla s. Caracalla-Thermen
Terme di Diocleziano 283
Terme di Settimo Severo 184
Tempietto di Bramante 95, 346
Theoderich 63, 158
Theodosius I. 114, 176

Thermen s. Terme
Thorwaldsen, Bertel 210, 221, 365
Tiber 127
Tiberinsel 13, **325**
Tiberius 81, 113, 174, 186, 190, 237, 290
Tintoretto, Domenico 278
Tintoretto, Jacopo 160, 204, 209, 278
Titus (Kaiser) 69, 81, 100, 113, 177, 181, 187, 199
Titus (Historiker) 25
Titus-Bogen 177
Tivoli 393
Tizian 160, 204, 210, 251, 254, 268, 278, 385
Tomba di Cecilia Metella 322
Tor di Quinto 130
Torione de Nicolò V 49
Torre delle Milizie 201
Torriti, Jacopo 296, 305
Totila 91, 185
Trajan **82**, 113, 127, 172, 181, 192, 195, 199, 210, 253,
 – Siegessäule 200
Trajansforum 82, **199**
Trajansmärkte 200
Transatlantico 18, 42
Trastevere 40, 339
Triumphbogen des Konstantin 191
Tullianum 169

Übernachten 424
Umberto I. 120, 130, 221, 259
Umbilicus Urbis 172
Università Cattolica del Sacro Cuore 37
Università di Roma 36
Unterberger, Christoph 265
Unterhaltung 429
Urban VIII. 94, 97, 120, 145, 159, 216, 220, 228, 277, 280, 362, 367, 390
Urbi et Orbi 62

Vacca, Flaminio 281
Valadier, Giuseppe 124, 260, 262, 360
Valerian 114, 322
Valeriani, Giuseppe 204
Vandalen 63, 88, 91, 303
Varro 75
Vasanzio, Giovanni 265, 275
Vasari, Giorgio 248, 382
Vassaletti, Familie 305, 336
Vatikan 32, 47, 56, 81, 155, **355**
Vatikanische Museen 368
Velázquez, Diego 160, 204
Veranstaltungen 430
Vercingetorix 169, 204
Vergil 73, 81, 251, 256, 371, 377
Vernet, Joseph 268
Veronese 209, 268
Vespasian 81, 100, 113, 167, 173, 177, 181, 187, 194,
Vespasian-Forum 198
Vesta-Tempel 78, **175**, **329**
Via
 – Appia Antica 34, 127, 156, 313, **320**
 – Aurelia 34, 65
 – Bissolati 28
 – Casilina 34
 – Cassia 34, 124
 – Clementino 137
 – Condotti 137, **216**
 – dei Fori Imperiali 139
 – del Babuino 137, **216**
 – del Belvedere 50
 – del Corso 20, **136**
 – del Pellegrino 48
 – del Tritone 20
 – della Conciliazione 22, 70, 138, **348**
 – della Pisana 18
 – della Scrofa 137
 – della Trinità 137
 – delle Calli 130
 – delle Quattro Fontane 138
 – Depretis 138

440   Der Haupteintrag ist **fett** hervorgehoben

– Flaminia 34, 124, 136
– Fontanella Borghese 137
– Giulia 137
– Lata 136
– Margutta 216
– Monte Brianzo 137
– Nomentana 287
– Pontina 20
– Prenestina 34
– Quattro Novembre 18
– Sacra 22, 155, 167
– Salaria 34
– Sardegna 65
– Tiburtina 34, 291
– Tusculana 34
– Veneto 14
– XX Settembre 146, 271
Vier-Ströme-Brunnen 230
Vignola 124, 180, 236, 241, 269, 358
Viktor Emanuel II. 45, 121, 143, 156, 163, 221
Villa
– Abamelek 44
– Adriana 394
– Borghese 19, 64, 260, **264**
– d'Este, Tivoli 46, 395
– Doria Pamphili 347
– Farnesina 38, **344**
– Giulia 259, 269
– Madama 38, **349**
– Malta 65
– Massimo 37, 65
– Medici 262
– Torlonia 287

Viminal 123, **293**
Vitelleschi, Giovanni 388
Vitellius 82, 113
Vlaminck, Maurice de 374
Volterra, Daniele da 383

Wagner, Richard 64, 216, 417
Waldenser 107
Welfen 107
Wilhelm II. 64
Winckelmann, Johann Joachim 64, 333, 369

Zecca 56
Zephyrinus 321
Ziffern, lateinische 431
Zola, Émile 179
Zoologischer Garten 268

Verzeichnis der Karten und Pläne

Kapitol und Piazza Venezia	156	
Forum Romanum	170	
Palatin	182	
Kolosseum	188	
Kaiserforen	196	
Von der Piazza Venezia zur Piazza di Spagna	208	
Pantheon	220	
Innenstadt zwischen Via del Corso und Tiber	225	
Il Gesù	243	
Südlich des Corso Vittorio Emanuele	246	

Piazza del Popolo und Villa Borghese 261
Vom Quirinal nach San Lorenzo fuori le Mura 272
Sant'Andrea al Quirinale 276
San Carlo alle Quattro Fontane 276
Palazzo Barberini 278
Diokletiansthermen 283
Santa Costanza 288
Zwischen Santa Maria Maggiore und Lateran 294
Basilika di Porta Maggiore 300
S. Giovanni in Laterano 304
Vom Celio zur Via Appia 319

Tiberinsel – Aventin 328
Jenseits des Tiber – Trastevere 339
Trastevere 341
Sankt Peter und der Vatikan 356
Peterskirche 364
Entwürfe für die Peterskirche 365

Cityplan Rom
   Umschlagklappe vorn
Übersichtskarte Umgebung von Rom
   Umschlagklappe hinten

Zitierte Literatur

Ammianus Marcellinus, Rerum gestarum libri. Das römische Weltreich vor dem Untergang, Artemis, Zürich und München 1974

Hans Christian Andersen, Eines Dichters Basar, Hrsg. G. Perlet, Weimar o. J.

Franz J. Bauer, Rom im 19. und 20. Jahrhundert, Friedrich Pustet, Regensburg 2009

Werner Bergengruen, Römisches Erinnerungsbuch, Freiburg 1966

Jacob Burckhardt, Der Cicerone. Eine Anleitung zum Genuss der Kunstwerke Italiens, Kröner, Stuttgart 1978

Charles Dickens, Italienische Reise, Hoffmann & Campe, Hamburg 1968

Ferdinand Gregorovius, Geschichte der Stadt Rom im Mittelalter, dtv, München 1980

Flavius Josephus, Der Jüdische Krieg, Goldmann, München 1966/1980

Friedrich Hebbel, Werke Band 4, Hrsg. G. Fricke, München 1966

Jean Paul, Titan, Werke, Band 3, Hanser, München 1966

Marie Luise Kaschnitz, Engelsbrücke. Römische Betrachtungen, Claassen Verlag, Hamburg 1955

Richard Krautheimer, Rom – Schicksal einer Stadt, 312–1308, C.H. Beck, München 2004

Theodor Mommsen, Römische Geschichte, dtv München

Michel de Montaigne, Tagebuch einer Badereise, Stuttgart 1963

Georg Satzinger, Sebastian Schütze (Hrsg.), St. Peter in Rom 1506–2006, Hirmer, München 2008

Stendhal, Römische Spaziergänge, Jena 1913

Christina Strunck (Hrsg.), Rom – Meisterwerke der Baukunst von der Antike bis heute, Imhof, Petersberg 2007

Tacitus, Annalen, Kröner, Stuttgart 1957

Hippolyte Taine, Reise in Italien, Diederichs, Düsseldorf – Köln 1967

Giorgio Vasari, Lebensbeschreibungen der ausgezeichnetsten Maler, Bildhauer und Architekten nach Dokumenten und mündlichen Berichten, Wiesbaden – Berlin

Johann Joachim Winckelmann, Briefe, Berlin 1952

Emile Zola, Rom, Th. Knaur Nachf., Berlin 1930

Abbildungsnachweis

akg-Images, Berlin: S. 86, 93 (Musée Condé, Chantilly), 63 (Musée du Louvre Paris), 133, 134 (Niedersächsisches Landesmuseum, Hannover), 77 (Palazzo Madama, Rom)

Bayerische Staatsbibliothek, München: S. 44, 46, 128

Bildagentur Huber, Garmisch-Partenkirchen: S. 274 (Gianni), 354 (Huber), 129 (Mackie), 312 (Pignatelli), Umschlagrückseite unten, 215 (Rellini), 138, 323, 324 (Simeone)

Bilderberg, Hamburg: S. 419 (Modrak)

British Museum, London: S. 51

picture-alliance, Frankfurt a. M.: S. 53 (EPA/Onorati), 147 (akg-images/Jemolo)

DuMont Bildarchiv, Ostfildern: S. 20, 28, 302

f1-online, Frankfurt a. M.: Titelbild (Pixtal)

Getty Images, München: Umschlagklappe hinten (Beanland)

laif, Köln: S. 22 (arcaid/Clapp), 185 (Bialobrzesky), 35 (Dombrowski), 16, 17, 201, 249 (Galli), 57, 131 (Gonzalez), 188, 250, 394 (hemis.fr/Mattes), 169 (Malherbe), 10/11 (Stand), Umschlaginnenklappe vorne, Umschlagrückseite unten, 31, 48, 74, 142, 146, 160/Spalte, 164/165, 178, 191, 206, 211, 239, 270, 284, 286, 287, 289, 290, 291, 296, 299, 301, 308, 326, 333, 337, 343, 349, 393, 415, 422 (Zanettini), 15, 402 (Zuder)

Look, München: S. 19 (Lubenow), 425 (Play)

mauritius images, Mittenwald: S. 90, 126, 193, 218, 244, 257 (age), 231 (Axiom Photographic), 162, 258, 314, 338, 352, 386 (Cubo Images), 148, 315, 317 (imagebroker/Handl), 1 (imagebroker/Kuttner), 359 (Movementway), 202, 263, 311 (imagebroker/Pösch), 125, 157, 175, 200, 240, 329 (imagebroker/Raim und Kutter), 37, 137, 159, 267 (Mattes), 264/265 (Merten), 152/153 (Mirau), 154, 166, 177 (Pereyra), 141, 198, 212 (Rossenbach), 388 (SuperStock), 237 (Waldkirch)

Musei Vaticani, Rom: S. 58, 380, 381

Werner Neumeister, München: S. 97 (Galleria Borghese), 101, 228, 242, 279, 309, 366, 369, 373

Scala, Florenz: S. 96 (Casa Buonarroti, Florenz), 102, 107 (Sacro Speco, Subiaco), 108 (Museo dell'Opera del Duomo, Florenz), 109 (Vatikanische Pinakothek, Rom), 111 (Musée du Louvre, Paris), 161, 205, 226, 233, 268, 266, 281, 306, 370, 371

Staatliche Museen Preußischer Kulturbesitz, Berlin: S. 42, 87, 94, 140

Städelsches Kunstinstitut, Frankfurt: S. 66

Martin Thomas, Aachen: Umschlagrückseite oben, S. 31, 54, 145, 146, 151, 163, 186, 221, 222, 245, 253, 254, 292, 334, 345

von Matt, Leonard, Buochs: S. 79, 80, 81, 82 (2), 83, 84

Kartografie:
DuMont Reisekartografie, Fürstenfeldbruck
© DuMont Reiseverlag, Ostfildern

Das Klima im Blick

Reisen bereichert und verbindet Menschen und Kulturen. Wer reist, erzeugt auch CO_2. Der Flugverkehr trägt mit einem Anteil von bis zu 10 % zur globalen Erwärmung bei. Wer das Klima schützen will, sollte sich für eine schonendere Reiseform (z. B. die Bahn) entscheiden – oder die Projekte von *atmosfair* unterstützen. *Atmosfair* ist eine gemeinnützige Klimaschutzorganisation. Die Idee: Flugpassagiere spenden einen kilometerabhängigen Beitrag für die von ihnen verursachten Emissionen und finanzieren damit Projekte in Entwicklungsländern, die dort den Ausstoß von Klimagasen verringern helfen. Dazu berechnet man mit dem Emissionsrechner auf *www.atmosfair.de*, wie viel CO_2 der Flug produziert und was es kostet, eine vergleichbare Menge Klimagase einzusparen (z. B. Berlin – London – Berlin 13 €). *Atmosfair* garantiert die sorgfältige Verwendung Ihres Beitrags. Klar – auch die DuMont-Redaktion fliegt mit *atmosfair!*

Notizen

Impressum

Umschlagvorderseite: Pantheon
Umschlagklappe vorn: Piazza Navona
Umschlagklappe hinten: Kolonnaden am Petersplatz
Umschlagrückseite: Grundriss St. Peter und Petersplatz;
  Kolonnaden am Petersplatz;
  Entwürfe für den Neubau von Sankt Peter von Bramante und Michelangelo;
  SS. Trinità dei Monti

Über den Autor:
Heinz-Joachim Fischer ist Journalist, Publizist und Schriftsteller. Aufgewachsen in Berlin, Ost und West. Studien der Philosophie, Theologie und Geschichte, der Kunst- und Politischen Wissenschaften. Promotion zum Lic. theol. (1970) und Dr. phil. (1973). Seit 1974 Redakteur der Frankfurter Allgemeinen Zeitung, seit 1978 deren römischer Korrespondent für Italien und den Vatikan. In diesem Auftrag besuchte er wiederholt alle Regionen Italiens und schrieb darüber Reiseberichte, Landschaftsporträts, Kunstbücher und Personenessays. Seine Erfahrungen mit dem Vatikan gingen in mehrere Sachbücher ein. Die Ewige Stadt bildet den Schauplatz für drei Romane, zwei theologische (»Das Lachen der Wölfin«, 1993; »Mistero«, 2008) und einen politischen (»Der Turm des Griechen«, 1995).

Bitte schreiben Sie uns, wenn sich etwas geändert hat!
Alle in diesem Buch enthaltenen Angaben wurden von dem Autor nach bestem Wissen erstellt und von ihm und dem Verlag mit größtmöglicher Sorgfalt überprüft. Gleichwohl sind – wie wir im Sinne des Produkthaftungsrechts betonen müssen – inhaltliche Fehler nicht vollständig auszuschließen. Daher erfolgen die Angaben ohne jegliche Verpflichtung oder Garantie des Verlages oder des Autors. Beide übernehmen keinerlei Verantwortung und Haftung für etwaige inhaltliche Unstimmigkeiten. Wir bitten dafür um Verständnis und werden Korrekturhinweise gerne aufgreifen:
DuMont Reiseverlag, Postfach 31 51, 73751 Ostfildern
E-Mail: info@dumontreise.de

7., aktualisierte Auflage 2013
© DuMont Reiseverlag, Ostfildern
Alle Rechte vorbehalten
Grafisches Konzept: Ralf Groschwitz, Hamburg
Printed in Polnad

Notizen